창조문학총서

한국시조 문예미학 연구

철학박사
문학박사 이 영 지

창조문학사

□ 머리말

한국시조 문예미학의 초장과 중장과의 이론은 글자 수는 같은 배열이되 의미의 중첩 또는 반대 · 그리고 상응이라는 시적 이론입니다. 한국시조 문예미학은 달이 차고 기우는 이동성의 리듬 초 · 중장 원리로 시작, 이 세상에서 한 달은 계속 반복되지만 그러나 한 사람의 생애는 그 한계성의 중요함으로 한 개인의 은유의 의미 초장 · 중장이 종장으로 넘어가면서 다시 15자를 만들어내는 절묘한 마감을 함과 같습니다. 한 사람의 생애는 처음과 끝이 있음과 같이 끝의 유한성을 시조종장이 대변합니다. 이 유한성의 생애에서 이 책은 본 연구사가 힐 수 있는 일을 하는 책 중의 하나입니다.

본 연구자는 대한민국 시조시인으로 1979년 등단하면서 일=싫일어나의 고어어나 오로지 시조 문예미학에 매진하고 은나 ȅna(하나)[1] 은나 힘쓰며 일어나 1997년 시(창조문학)로노 등난한 시인입니다. 저는 한국시조 문예미학의 한정된 리듬 안에 서열이 한국의 주된 주제임을 알게 되었습니다. 그러나 하루하루 한 날을 강조합니다.

본래의 우리말은 동국정운에 그대로 남아 있고 이들이 산스크리트어 · 히브리어 · 라틴어 · 한자 · 영어 · 아람어 · 아카드어에도 발견 됩니다. 우리가 늘 쓰는 아빠야가 히브리어에 אָבָיָה아빠야[2] · 라틴어 abba[3] · 아람어 아빠 άββά[4]아빠야[5] · 아카드어 ayabba[6]아

1) 스테반 원어성경 上(서울: 원어성서원 · 2000. · 627 · 레 8:26; 민 29:2; 5 · 8(2) · 10 · 16 · 19 · 20 · 22 · 25 · 28 · 31 · 34 · 36(2) · 38 · .

2) אָבָיָה(아빠야) 경외. 히브리어 אָבָה(아바 · 즐겨하다 · 원하다 · 기뻐하다 · 신 1:25).

3) 라틴한글사전(서울: 카톨릭대학교출판부 · 1995) · 2.

4) Hebäisches und Aramäisches Lexikon Zum Alten ament(by Jakob Hausheer

빠!에 있습니다. 한국시조 문예미학은 우리말이 지닌 매력, 가령 '하늘'하면 '하늘'이라는 말만 달랑 말하지 아니하고 '하늘이' 하거나 '하늘이다'라고 말함에 따라 3글자와 4글자가 생기는 한국시조 문예미학을 만들며 초장 중장 모두 이 3 · 4 · 3 · 4 리듬을 반복합니다. 두 번의 반복 문제는 반복되는 우리의 삶이 처음과 두 번 반복 혹은 서로 다른 그리고 상응되는 일 혹은 처음과는 다른 두 리듬의 일상입니다. 우리말과 히브리어 관련은 아주 우리의 사상과 습관과 철학과 일치해서입니다. 두 번의 리듬은 예수님 자리로 아버지 · 아바 아버지자리로 강조합니다. 둘이 하나가 되는 리듬입니다. 조상 이퇴계 할아버지가 주장하신 이기철학 상응원리 철학입니다.

초장 3 · 4 · 3 · 4
중장 3 · 4 · 3 · 4
종장 3 · 5 · 4 · 3

이 리듬 중 마지막 종장은 남자 여자의 문제로 말하자면 둘이 만나 아 좋다 하며 아이가 생기는 리듬입니다. 우리말의 아!는 산스크리트어 아 अ아와 동일 감탄 아! · 친구 만나 아! · 악수하며 아! · 기쁨 아! अ아· ओ오 · उ우 오오오의 3자[字] 감탄 기법입니다. 실제 종장 첫구 3자 '님이여 · 벗이여 · 어즈버 · 아희야 · 이육사 「청포도」 시의 아이야! · 이상시 오감도 9호 나는 참! · 아이야 · 아아

1865-1943) und Hermann Gunkel(1862-1932) · אַב: äββα.
A Greek-English Lexicon of the New Testment(The University of Chicago Press · 1958) · 1 : ἀββά(aRAM. אַבָּא)

5) אַבִּיָה(아빠야) אָבָה(아바 · 즐겨하다 · 원하다 · 기뻐하다 · 신 1:25).

6) David Toshio. Tsumura · 57 · *ayabba*(EA 74-20 · 9: 47 · 105: 13 · 114: 19 · 151-42,288:33,340:6), *ayabba*(<=a-ab-ba) · a-ab-ba=>*ayabba*>a(yabba>(a)yabba>(a)yamba>yamm->yūm (LAPO 13: Paris: Cerf · 1987) · 277-8.

아!' 이에 맞먹는 한국 시조미학의 묘미는 허사리듬 종장 끝구 3자입니다. 처음 감탄과 달리 생략형 '하노라' 입니다. 끝을 잘 마무리하는 이세보 시조 450여수는 모두 종장 마지막 이 3자를 생략합니다. 시조창에서 종장 끝 구 3자를 임금님 앞 · 어른 앞에서 말하지 않는 겸손입니다. 그리고 종장 3 · 5 · 4 · 3의 5 · 4 는 역시 첫구 3자에 대한 설명 설정으로 시의 마디를 시조다웁게 하는 한국시조 문예미학입니다.

쓰는 순서가 있는 우리 언어 습관은 전 세계에서 유일하게 하나님이 허락하신 사계절이 허락된 나날 안의 우리말 버릇입니다. 저는 한국시조 문예미학을 석사학위 논제 노산시조鷺山時調연구에서 수의 진정성 3 · 4 · 3 · 4 · 3 · 4 · 3 · 4 · 3 · 5 · 4 · 3의 표준치를 찾고 이상시에서도 박사학위 논문을 통해 한국시조 문예미학[1]을 발견 그리고 신학 전공 철학박사학위에서 우리나라 자생 한국시조 문예미학의 물을 통한 초월성과 현실성과 회복성으로 연구[2]했습니다.

그동안 자취도 없이 사라졌던 꼭지 이응 ㆁ[3]이 컴퓨터 자판기로

---

1) 학위논문: 이상시「오감도의 구조와 상징에 관한 연구」 명지대학교 (1986)

2) 철학박사:「물의 초월성과 현실성과 회복성에 관한 연구」 서울기독대학교 - 사랑의 U리듬을 중심으로」(2008).

3) 우리문자: [illegible]

6

다시 살아나듯 오래전 사라진 무제국[1]의 한국 여인[2]상이 문명발

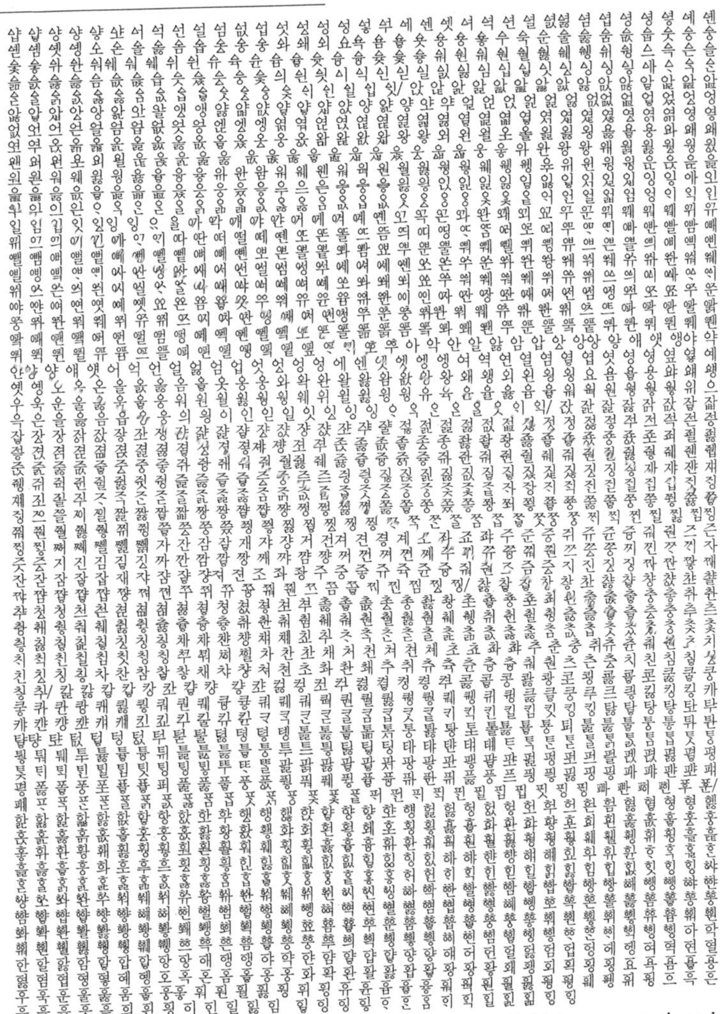

1) Col. James Churchward · *The Continent of Manu* as British army stationed in colony of India in 1868.

2) 강상원 · 21세기를 언어 문자 역사학으로 열어라 1 上古史學會 주최 (김경종 회장 · 판찰라스 박인수·금문 연구자·촬영) 방송 · 소남자(김재섭) 이관희회장 www.pancalass.co.kr

달의 소득 DNA로 증명됩니다. 사라진 무제국 언어 The the Ha ढ़ॢॢठ[저] ढ़ॢॢठ[저] हअ[河 하] 저저기 물[하 河][1] 바로 숨 쉬는 물의 언어 하!가 찾아진 사실은 숨 쉬며 헤헤거리는 우리의 산목숨 숨 쉬며 처음 태어나 감탄하던 아 अ[아]가 산스크리트어[2] · 구자라트어[3] · 벵골어[4] · 미안마어(버마어)[5]에서 찾아집니다. 산스크리트어[6]에서 우리들이 쓰는 ह[하] 웃는 ह[하] ह[하] ह[하]가 하늘 뜻과 현실을 초 · 중장으로 하고 회복하여 내 것으로 만드는 종장 리듬을 만듭니다. 하하하 웃으며 사는 목숨의 귀중한 자료 한국시조 문예미학에서 구원과 기쁨으로 나타납니다. 연구자는 아 하고 감탄하며 하하 웃을 일을 찾아내는 중입니다.

- 문학박사 철학박사 李 英 芝

(2017. 7. 15).

1) 강상원 · 「사라진(沈沒) 무제국- 東夷族에 母國」 (서울: 朝鮮世宗太學院 · 2013) · 27 · 63.

2) 필기체 ग(가) प(가) ञ(그셔) न(나) ण(나) ळ(나) ट(다) O(다) ड(다) Q(다) ठ(다) र(라) ल(라) ॠ(르) ऋ(르) ॠ(르) ॠ(르) म(마) फ(빠) व(박) ष(사) सि(사아) स(사) अ(아) आ(아^아) ग(아) ओ(오) उ(우) ॐ(에) ए(에) ऐ(에) अः(악) ऊ(우) इ(이) ज(자) ज(자) च(차) क(카) क(카) त(타) थ(타) फ(파) प(ㅂ파) ह(하); 산스크리트어를 데바나가리어라 한다. गga घgha नna ङṅa ञña णṇa डḍa दda धdha ढḍha रra लla ऋṛ/r̥ ॠṝ/r मma वva बba भbha सsa षṣa शśa ऌ4 अa आā इi ईī उu ऊū यya ḷ/l ॡḹ/ḹ एe/ē ऐai ओo औau जja झjha चca छcha कka खkha टṭa ठṭha तta थtha पpa फpha हha.

3) :구자라트어: : અ આ ઇ ઈ ઉ ઊ ઋ ઌ ઍ એ ઐ ઑ ઓ ઔ ક ખ ગ ઘ ઙ ચ છ જ ઝ ઞ ટ ઠ ડ ઢ ણ ત થ દ ધ ન પ ફ બ ભ મ ય ર લ ળ વ શ ષ સ હ ઽ ા િ ી ુ ૂ ૃ ૅ ે ૈ ૉ ો ૌ ્ ૐ ૠ ૡ ૢ ૣ ૦ ૧ ૨ ૩ ૪ ૫ ૬ ૭ ૮ ૯ ૱

4) 벵골어: ং ঃ অ আ ই ঈ উ ঊ ঋ ঌ এ ঐ ও ঔ ক খ গ ঘ ঙ চ ছ জ ঝ ঞ ট ঠ ড ঢ ণ ত থ দ ধ ন প ফ ব ভ ম য র ল শ ষ স হ ় া ি ী ু ূ ৃ ে ৈ ো ৌ ্ ৗ ড় ঢ় য় ৠ ৡ ৢ ০ ১ ২ ৩ ৪ ৫ ৬ ৭ ৮ ৯ ৰ ৱ ৲ ৳ ৴ ৵ ৶ ৷ ৸ ৹ ৺

5) 버마어: က ခ ဂ ဃ င စ ဆ ဇ ဈ ဉ ည ဋ ဌ ဍ ဎ ဏ တ ထ ဒ ဓ န ပ ဖ ဗ ဘ မ ယ ရ လ ဝ သ ဟ ဠ အ ဣ ဤ ဥ ဦ ဧ ဩ ဪ ါ ာ ိ ီ ု ူ ေ ဲ ံ ့ း ္ ၀ ၁ ၂ ၃ ၄ ၅ ၆ ၇ ၈ ၉ ၊ ။ ၌ ၍ ၎ ၏ ၐ ၑ ၒ ၓ ၔ ၕ ၖ ၗ ၘ ၙ

6) 강상원 · 「사라진(沈沒) 무제국- 東夷族에 母國」 (서울: 朝鮮世宗太學院 · 2013) · 27.

이영지
한국시조 문예미학 연구
목 차

제1부 서론

(1). 문제제기

본 연구는 한국시조 문예미학 연구이다. 이 연구는 전 세계에서 유일하게 문학 장르 중 현존하는 시조 문예미학리듬에 대한 연구이다. 지금은 몇 만 년 전의 일도 과학의 힘 DNA가 알아내는 시대이기에 우리의 말이 그대로 세계 각 곳에서 발견되는 이 시점에 시조 문예미학의 원리를 알려줄 수 있다는 데에 본 연구는 집중한다.

시조 문예미학은 서열을 중요시한다. 고조선에서 발견되는 글자의 형상 우리글이 원래 우리의 주변에서 늘 보는 만물의 형상 · 소리에 따라 글자가 만들어 진 상형문자이다. 따라서 한글은 단순한 소리글자가 아니라는 중요한 사실! 우리글은 본 한국시조 문예미학리듬 연구에서 문학성을 지닌 단계로 끌어 올리는 힘을 준다.

사람의 생애는 한 생애의 기간을 지닌다. 그 과정이 한국시조 문예미학리듬을 탄다. 처음과 중간과 마무리되는 중요한 대 전환을 거치면서 그때그때 일어나는 마음의 정서는 세상의 형상 물 · 불 · 바람 · 하늘 · 땅 · 연못 · 우레 등의 공감 언어들로 기록할 수 있다. 이 자생원소 우리나라 사계절 환경이 주는 그 때 그 때 느끼는 특별한 감성의 한국시조 문예미학이 우리에게는 있다.

우리에게 한국시조 문예미학이 있게 하는 이 논문은 철저히 한국시조 문예미학 · 그때그때 일어나는 정서를 본 연구자 시조시인의 오랜 창작 경험 근거를 바탕으로 한 본 연구자의 작품을 중심으로 연구함을 목적으로 한다. 여기에 시인의 감성이 조율되면서 겸하여 그 때 그 때의 한국시조 문예미학이 종장에서 초장과 중장 의미 3중 입체리듬을 확인하는 리듬이 있게 된다. 초장과 중장에서 이루어진 일을 종장에서 어떤 전개이던지 시인에 의하여 임의 마무리하는 책임 있는 종장이 있게 된다. 초장 중장 종장의 총 45자 내외의 한국시조 문예미학이 이루어진다.

시간으로는 하루 · 이틀이 1년 365일 · 평생으로 이어진다. 1일이 더해지는 때의 리듬[1] 한국시조 문예미학리듬은 다른 문학 장르와 대별되는 서열관계를 중요시한다. 바로 시조 문예미학리듬은 초장 · 중장 · 종장이 있는 서열관계 · 때의 리듬, 시조時調를 중요시한다. 때의 리듬은 항상 그 서열관계를 기본원칙으로 한 하루하루가 한국시조 문예미학리듬을 만든다.

한국시조 문예미학리듬은 한 달 · 두 달 등으로 이어지는 기준 즉 초장 1-10일 · 중장 11-20일 · 종장 21-30일 그리고 31과 성경에 근거한 하나님의 날 하루가 더해지는 순서접근이 가능하다. 더 나아가 하루하루 · 한 달 두 달 등으로 진행되는 초장 · 중장 · 종장을 가지는 한국시조 문예미학리듬이 가능해 진다. 시조時調 · 때의 리듬 하루 · 이틀 · 사흘 · 나흘 등으로 이어진 서열과 하루 · 한 달 · 1년이라는 때의 리듬인 일생 서열이 있게 된다. 글자에 서열 의미

---

1) 스티븐 F. 바커 지음 · 이종권 옮김 · 『數理哲學』(서울: 종로서적 · 1983) · 88.

가 있는 우리말과 히브리어와 헬라어 그리고 슈메르어를 예로 들 수 있다.

우리말이나 히브리어와 헬라어에는 숫자표시가 있다.

기 수基數			서 수 序数		
수	히브리어	헬라어	수	히브리어	헬라어
1	אֶחָד	εις, ίνα, ένα	첫째	רִאשׁוֹן	πρωτος
2	שְׁנַיִם	δυο	둘째	שֵׁנִי	δευτερος
3	שְׁלֹשָׁה	πρεις	셋째	שְׁלִישִׁי	πριτος
4	אַרְבָּעָה	τεσσαρες	넷째	רִיעִי	τεταρτος
5	חֲמִשָּׁה	πεντε	다섯째	חֲמִישִׁי	πεμπτος
6	שִׁשָּׁה	έξ	여섯째	שִׁשִּׁי	έκτος
7	שִׁבְעָה	έπτα	일곱째	שְׁבִעָה	έβδομος
8	שְׁמֹנָה	όκτω	여덟째	שְׁבִיעִי	όγδοος
9	שְׁעָה	έννεα	아홉째	תְּשִׁיעִי	ένατος
10	עֲשָׂרָה	δέκα	열째	עֲשִׂירִי	δέκατος
11	אַחַד עָשָׂר	ένδέκα	열한째	עַשְׁתֵּי עָשָׂר	ένδέκατος
12	שְׁנַיִם עָשָׂ	δώδέκα	열두번째	שְׁנֵים עָשָׂר	δώδέκατος
13	שְׁלֹשָׁה עָשָׂר	τριςκαιδεκα	열세번째	עָשָׂר שְׁלֹשָׁה	τριςκαιδεκατος
20	עֶשְׂרִים	είκοιν	스무번째	עֶשְׂרִים	είκοστος
21	אֶחָד עֶשְׂרִים	είκοσι και εις	스물한번째	וְעֶשְׂרִים אֶחָד	και πρώτος
30	שְׁלֹשִׁים	τριάκοντα	서른번째	שְׁלֹשִׁים	τριάκοστος
40	אַרְבָּעִים	τεσσαρακοντα	마흔번째	אַרְבָּעִים	τεσσαρακοστος
100	מֵאָה	έκατον	백번째	מֵאָה	έκατοστος
1000	אֶלֶף	χιλιοι	천번째	אֶלֶף	χιλιοστος
2000	אַלְפַּיִם	δισχιλιοι	이천번째	אַלְפַּיִם	δισχιλιοστος
3000	אַלְפֵי שְׁלֹשֶׁת	τριχιλιοι	삼천번째	אַלְפֵי שְׁלֹשֶׁת	τριχιλιοστος
10000	אֲלָפִים עֲשֶׂרֶת	μυριοι	일만번째	אֲלָפִים עֲשֶׂרֶת	μυριοστος
100000	מִלְיוֹן	δεκακισύριοι	십만번째	מִלְיוֹן	

우리말이나 히브리어와 헬라어 모두 숫자서열이 있다. 한국시조

문예미학은 서열의 중요성을 제시한다. 그 이동성의 리듬 초 · 중장과 종장까지 한 달이라는 숫자 30일이 지나는 은유의 의미 확장 한국시조 문예미학리듬이 되어 초장 · 중장에 그리고 종장 각기 모두 15자 내외라는 중층 입체리듬 댄싱리듬을 가진다. 종장에서는 초장 · 중장의 원리를 다시 조율하는 입체리듬을 가진다. 이 입체 원리는 이른바 양장시조 이론으로 증명되었다. 곧 초 · 중장이 동전의 양면으로 포개지는 시의 내포로 인한 종장이 더해지며 45자 내외의 한국시조 문예미학리듬 한편이 생성된다.

인간과 숫자의 기록은 한국시조 문예미학이 가지는 유일한 아름다움 곧 생애의 그 때 그 때 정서와 긴밀하다. 본 연구자의 한국시조 문예미학 제공을 근거로 한 편의 시조 문예미학 45자 내외를 본 연구의 기본으로 한다. 저작권 문제이기도 한 한국시조 문예미학리듬이어서이다. 시조 문예미학이 때의 리듬을 만드는 것 더구나 한국의 자연 사계절과 함께 마음의 정서를 드러낼 수 있는 행복한 한국시조 작품은 입체리듬이다. 이 리듬은 한국시조 문예미학 초장 · 중장이 한 달의 반을 근거로 하는 15자와 시적 연관성의 은유로 이루어진다. 여기에 종장이 초장 · 중장 각기 15자의 입체를 다시 마무리 한다. 의미 중첩 또는 상응 그리고 반대의 의미개념인 초장과 중장의 결과를 하나로 묶어 종장에서 3 · 5 · 4 · 3의 리듬글자로 한다. 종장 처음에서 종결의미 절대 3과 이에 아주 대립되는 끝구의 3의 리듬, 그리고 이를 설명하는 5와 그리고 이를 다시 설명하는 4가 있다. 이어 3의 종결리듬을 가진다.

한국시조 문예미학은 특별한 다음 리듬 글자 수를 가진다.

초장 3 · 4 · 3 · 4
중장 3 · 4 · 3 · 4
종장 3 · 5 · 4 · 3

한국 사람들은 우리나라 환경 삼한사온의 리듬 3 · 4 리듬의 자생리듬이 한국시조 문예미학 안에서 우리말의 자연스러운 리듬의 말 3 · 4 리듬으로 빛깔을 입힌다. 바이칼 호수의 이름 바로 빛깔[1] 이름 곧 우리 민족이 그 근처에 살았던 의미가 밝혀지는 아름다움을 물 투영 이미지로 드러낸다. 그야말로 호모사피엔스가 전해주는 우리 말 현재 그대로 아직도 우리는 우리의 말 · 구두어 그대로 리듬에 맞추며 우리말을 하고 산다.

이 특이한 한글 즉 우리말은 자연스러운 리듬 3 · 4 · 3 · 4 형태를 두 번 반복하는 초장 · 중장 리듬이 있게 한다. 자생의 그때그때 느끼는 감성으로 들어앉으면서 한국시조 문예미학 초장 · 중장 리듬은 두 번 반복의 3 · 4 · 3 · 4 · 3 · 4 · 3 · 4 숫자 리듬을 가진다. 왜 두 번 같은 리듬을 초장과 중장에서 반복하느냐 하는 문제는 처음과 두 번째의 서로 다른 의미라든지 혹은 서로 상응되는 일이라는 두 개의 뚜렷한 처음과 두 번째 형성에서다. 일상의 반복 리듬이다. 그리고 쉽게 설명하면 남녀로 설명되는 바 · 초장이 남자 · 중장이 여자 · 하늘 · 땅의 구분을 초장과 중장으로 한다. 철학으로 설명하면 이퇴계의 이기철학이다. 성경은 이 둘의 반복리듬을

1) 우리들은 지금도 빛깔이라는 말을 쓴다. cf.[S] vi -kala: 빛 쌀, the sun setting, 자료: 강상원 · 『사라진(沈沒) 무제국- 東夷族에 母國』 (서울: 朝鮮世宗太學院 · 2013) · 194.

예수 증명수로 한다. 물에서 증명된다. 성경은 두 개의 물을 가진다. 좋은 물 · 나쁜 물로 나누어진다. 좋은 물을 만들기 위해 절대자가 물에게 사역시키는 이론이 성경에 있다. 사람의 사역 또한 사람을 다시 만드는 의미이다. 시조이론 또한 이 둘의 원리를 중요시한다.

한국시조 문예미학리듬은 우리말의 대화체리듬이다. 이 리듬은 우리 말 명사 시어와 이에 따르는 접미사 혹은 접두에서 발견되는 첨가어로 말이 이어지게 되는 일이다. 가령 '하늘'하면 이 하늘은 그냥 하늘로서만이 아니고 반드시 의미가 주어지는 '하늘이' 하거나 '하늘에' 혹은 '하늘로' 한다. 그래서 3자가 자생된다. 그리고 이를 설명하는 '하늘이다' 혹은 '하늘에서' 라는 네 글자의 말이 따라 나온 자생리듬 3 · 4 리듬이 한국시조 문예미학리듬이다. 이를 이어 본다면 '하늘이 하늘이다' 한국시조 문예미학리듬이 자생된다. '하늘이 하늘에서 · 하늘이 흘러간다'라는 싯구가 자생된다. 그래서 3글자와 4글자가 합하여 만들어지는 자연스러운 리듬이 한국시조 문예미학리듬이다. 이 언어 구성은 슈메르어에서 우리말이 지닌 첨가음이 그대로 증명[김상일] 되었다. 첨가음을 지닌 이 우리말 리듬 반복이 초장과 중장에서 4번 반복 된다. 초 · 중장 리듬이다. 그래서 한국시조 문예미학은 자수율 리듬이 아주 중요하다. 더러는 이 율격이 어긋나기도 하지만 너무 어긋나면 그것은 한국시조 문예미학이라고 볼 수 없다. 그러기에 시의 우수한 은유와 비유가 무한히 생성되는 우리말 자생의 한국시조 문예미학의 우수성이다.

한국시조 문예미학리듬의 매력은 초장 · 중장 둘을 하나로 마무리 · 종합하거나 뚜렷이 어느 한 쪽을 택하는 종장리듬에 있다. 하나님이 허락하신 자아의 기록이다. 사람에게 자유가 주어지는 리듬 특징 3 · 5 · 4 · 3 시조 문예미학 종장 리듬이다. 유한한 한 사람 한 생애 자신의 이야기의 시적 확장은유이다. 중요한 시조 종장의 문예미학리듬이다. 그 중에서도 종장 첫 구 3자는 시조 문예미학 전체를 의미하는 의미다. 다름 아닌 한국인이 아주 즐겨 쓰는 서정적인 단 세 마디 말 '그렇다 · 아니다'의 서정성이다. 그래서 시조 문예미학 종장 첫마디 3자를 만든다. 세 마디 말 옛 시조 문예미학 '어즈버 · 아희야 · 여봐라' 등이 있다. 현대 시에서도 이육사 「청포도」 시의 '아이야' · 이상 시李箱詩 오감도烏瞰図 9호의 '나는참' 등이 있다. 같은 감탄시어다.

감탄[1] 아 아 아 अ아 अ아 अ아 그 자체이다. अ아 अ아 अ아! 금강산이 좋구나! 아 그대가 아름답구나! 등의 세 마디는 종장 첫 구의 3자를 그토록 중요시 하는 이유가 되는 동시에 설명이 된다. 천天 · 지地 · 인人 철학이다. 감탄 자생어이다. 한국인의 서정성 그 자체이다. 감탄은 한국시조 문예미학 종장 첫 구에서 백미 · 감탄 그 자체 · 세 마디 좋더라 · 좋다조오타 · 오호라 감성 अ아 अ아 अ아 이다.

이러한 감탄어가 왜 나왔는지를 종장 3 · 5 · 4 · 3 리듬 중 설명 5 · 4 · 3 리듬으로 한다. 종장 첫 3자의 절대 언어와 이의 상응 리듬 혹은 대립리듬 끝구 3자 · 마무리 허사리듬이 있다. 옛 시조 어법 '하노라'이다. 이세보 시조 450여수[2]는 모두 종장의 마지막 3자 생략, 임금님 앞 · 어른님 앞에서 시조창을 하면서 끝말을 흐리는 리듬이다. 그리고 종장 3 · 5 · 4 · 3 리듬 중 5 · 4자

---

1) अ a आ ā

2) 진동혁 역, 『이세보시조집』 서울: 정음사 · 1984.

는 이 초장 첫 구 3자의 감탄 설명 리듬이다.

한국시조 문예미학의 묘미는 한국시조 문예미학 종장리듬에 있다. 리듬을 절제하는 종장리듬이다. 이에 근거하지 않고는 시조 문예미학의 자유시와 구분이 불가능하다. 바로 자연스러운 한국말 리듬의 흐름원칙이 마냥 흘러가는 것이 아니라 인생도 유한하듯이 그리고 성경에서도 유한한 인간의 삶을 말하듯 한국시조 문예미학도 유한성을 종장에서 마무리 한다.

한국시조 문예미학리듬에서 초장은 시인이 꿈꾸는 하늘이다. 중장은 일상의 삶 · 하루하루 정말 일어나는. 일=싦일어나의 고어나 [은나 ȅna한개[1] 은나 ȅn한개[2]] 힘을 주며 일어나는 일상성이다. 한국시조 문예미학의 위대성은 유한한 하루하루를 영원으로 종장에서 이끌어 올려 초장과 중장 곧 하늘과 땅 만큼의 거리를 가깝게 하는 종장리듬이다. 우리들이 늘 말하는 얼마만큼의 좋아하느냐의 대답을 우리 한국인들은 하늘을 하늘만큼 좋아하는 천손민족天孫民族으로 대답한다. 마고성 아래서 북극성과 만나는 천륜산과 곤륜산의 정기로 우리 조상은 태어나서이다. 아이들이 무얼 얼마만큼 좋아하냐 물으면 '하늘만큼 좋아 한다' 한다. 이 말이 그냥 온 게 아니다. 하늘만큼 좋아하는 선택의 자유를 누리는 우리 동이족임을 DNA가 알려준다. 우리말 존재를 알려준다. 누구나 사랑하는 사람을 하늘만큼 좋아한다. 이 삶을 한국시조 문예미학의 초장과 중장으로 종장에서 끌어당긴다. 한국시조 문예미학리듬을 만든다는 일은 축복이다.

---

1) 스테반 원어성경 上(서울: 원어성서원 · 2000. · 627 · 레위기 8:26.

2) 상동.

(2) 시조 작품 초 · 중 · 종장의 45자 내외

한국시조 문예미학리듬을 시인들이 일어서 일=싫[일어나의 고어]로 [은나 ȅna[한개][1] 은나 ȅn[한개][2]]하며 힘주어 일=싫어서며 한 달 한 달 12달 일어나 1년 · 365일 · 평생의 삶을 한국시조 문예미학으로 만든다. 하루가 쌓이고 쌓이어 한 달이 지나 일 년이 모아져서 평생의 삶 한국시조 문예미학리듬이 시인에게 있다.

한국시조 문예미학리듬은 나열표기[3] 리듬원칙이 적용된다. 하루 하루 다시 일어나는 삶의 리듬이다. 한국시조 문예미학 리듬 45자 내외는 초장[15자 내외]과 중장[15자 내외]과 종장[15자 내외]의 45자 내외이다. 한국시조 문예미학리듬[4] 각 장의 기초리듬 15자수가 만들어 내는 45자 내외는 시가 지니는 은유리듬이다. 달이 떠오르는 15일과 달이 기우는 15일의 한 달 은유리듬 초 · 중장 리듬이다. 이 리듬이 먼저 만들어 지고 이에 종장 입체리듬이 더 하여 진다. 종장 리듬은 초 · 중장 리듬을 재조명하는 리듬이다. 입체리듬 중층 리듬이다. 복합리듬이다. 15자 내외의 각장 리듬이 합하여 한국시조 문예미학 한 편을 만드는 총 45자 내외가 된다. 45자 내외의 한국시조 문예미학이다.

45자 내외는 한국시조 문예미학의 초장 · 중장 · 종장의 45자이다. 한국시조 문예미학리듬이 필수요건으로 하는 45자 내외는 초장 꿈과 중장 일상과 자아 가치 의미내포 종장리듬이다.

---

1) 스테반 원어성경 上(서울: 원어성서원 · 2000. · 627 · 레위기 8:26.
2) 상동.
3) Wall · R 지음: 이영현 옮김 『수리언어학』(서울: 한신문화사 · 1987) · 3.
4) Ibid.

(3) 시조 문예미학 색채이론

한국시조 문예미학의 창작 기본원리에 색채리듬[1]이 있다. 숫자 개념의 색채리듬이 한국에는 있다.

다음은 한국의 색채 리듬이다.

1 - 백색
2 - 흑색r
3 - 벽색(푸른 돌 색 · 곧 푸른 이끼의 색)
4 - 녹색
5 - 황색
6 - 백색
7 - 적색
8 - 백색
9 - 자색

한국시조 문예미학의 마방진색채수리는 1 - 백색 · 2 - 흑색 · 3 - 벽색 · 푸른 돌 색 · 4 - 녹색 · 5 - 황색 · 6 - 백색 · 7 - 적색 · 8 - 백색 · 9 - 자색의미 이미지이다. 특히 한국인들의 색채기호논리 철학[2]은 유독 백색 3번 반복리듬이다. 위 예에서 1 · 6 · 8이 백색리듬이다. 이에서 한국인의 이 백색에 대한 선호도를 감지할 수 있다. 하얀 흰 옷을 즐겨 입는 한국인의 정서! 섣달의 하얀 눈을 맞으며 집집마다 새 배를 다니는 1월의 정서 · 6월의 하얀 푸르름의 정서 · 아주 뜨거운 여름날을 식히는 8월의 정서! 하얀 흰 구름을 좋아하는 한국인들의 정서가 그대로 녹아 있다. 한국인들을 일

1) Wall · R 지음: 이영현 옮김 『수리언어학』(서울: 한신문화사 · 1987) · 3.
2) Wall · R 지음: 이영현 옮김 『수리언어학』(서울: 한신문화사 · 1987) · 15.

켤어 백의의 민족이라 한다. 한국인들은 한복에 나타나는 흰 동정으로 마무리하는 한복 특유의 정서를 경험한다. 하아얀 흰 두루마기와 그리고 이불을 하얀 옥양목으로 덧씌워 그 정갈한 맛을 즐기는 감성! 하얀 흰 고무신! 태극기 무늬에 하얀 바탕! 백의의 민족이라는 명칭을 즐기는 우리의 정서는 그대로 면면히 이어오는 정서이다. 요즈음은 흰 운동화로 이 정서가 나타난다. 까만 옷을 입었더라도 흰 색을 꼭 가미하는 우리 대한민국의 정서이다.

한국시조 문예미학의 미묘한 색채 한국시조 문예미학이 있다. 초장 · 중장 · 종장은 서로 한 작품 내에서 동일한 15자 내외 자수[1]를 고집한다. 한국 수리철학이 가시는 한국 색채리듬 묘미이다.

한국시조 문예미학의 그 예를 들어본다.

4[녹색] · 9[자색] · 2[흑색]가 합하여 15자가 되는 초장
3[벽색] · 5[황색] · 7[적색]과 합하여 15자가 되는 중장
8[백색] · 1[백색] · 6[백색]이 합하여 15자가 되는 종장

한국시조 문예미학리듬은 나누어지는 것이 아니라 합하여 서로 어우러져 하나의 작품을 만드는 리듬이다. 색채리듬 · 수리리듬의 일치이다. 한국시조 문예미학은 시인에 의해 그때그때마다 색채와 서로 만나 입히며 한국시조 문예미학과 색채와 수리 일치에서 각장 15자 내외가 되는 신비다. 두 번의 반복 수리와 한 달 두 달 시조 문예미학리듬의 색채와 수리를 가진다.

---

1) Wall · R 지음: 이영현 옮김 『수리언어학』(서울: 한신문화사 · 1987) · 17.

①

수리	색채	수리	색채	수리	색채	15자
4	녹색	9	자색	2	흑색	15
3	벽색	5	황색	7	적색	15
8	백색	1	백색	6	백색	15
15	색채	15자	색채	15자	색채	45자

②

수리	색채	수리	색채	수리	색채	15자
1	백색	6	백색	8	백색	15
9	자색	2	흑색	4	녹색	15
5	황색	7	적색	3	벽색	15
15)	색채	15자	색채	15자	색채	45자

③

수리	색채	수리	색채	수리	색채	15자
7	적색	3	벽색	5	황색	15
6	백색	8	백색	1	백색	15
2	흑색	4	녹색	9	자색	15
15	색채	15자	색채	15자	색채	45자

한 달은 30일 기준이다. 그런데 2월 28일과 1 · 3 · 5 · 7 · 8 · 10 · 12월은 31일이다. 이러한 한 달은 연결 연접[1] 순환성이다. 달이 떠올라 달이 기우는 시간 한 달 은유원리가 한국시조 문예미학 이미지로 합한다.

한 달은 초순 · 중순 · 하순이 있다. 한국시조 문예미학리듬은 이 한 달 원리에서 이루어진다. 때와 관련한 시조 문예미학리듬과의

1) Wall · R 지음: 이영현 옮김 『수리언어학』(서울: 한신문화사 · 1987) · 18-19.

연관성은 색채 이미지까지 겸한 숫자 이미지이다. 더 나아가 한 달이 지니는 서열의 10일 · 20일 · 30일의 흐름이 한국시조 문예미학 초장 · 중장 · 종장 작품 조건1) 흐름 리듬이다. 마방진 수리 리듬이다. 한국시조 문예미학 초 · 중 · 종장이 지니는 각각의 15자 내외의 시조 문예미학리듬이다.

한국시조 문예미학리듬에 대한 이해는 횡으로 읽어 가면 시조 문예미학의 이야기 리듬을 만든다. 시조 한 작품을 그대로 처음의 왼쪽에서 오른쪽으로 한 작품을 다 읽는 일은 시조 문예미학 이야기의 의미를 아는 일이다. 그리고 종으로 한 묶음씩 보게 되면 시조 문예미학이해가 된다. 즐겨 쓰는 시어를 알아보는 일 · 같은 시어사용의 빈도 묶음을 모으면 시조 문예미학의 의미소가 된다. 종으로 그 의미를 묶으면 시조 작품에 대한 이해가 되는 일이다.

이 쌍 조건2)은 레비스트레스의 기호구조론3)에 접목된다. 따라서

---

1) Wall · R 지음: 이영현 옮김 『수리언어학』(서울: 한신문화사 · 1987) · 23.
2) Wall · R 지음: 이영현 옮김 『수리언어학』(서울: 한신문화사 · 1987) · 27.
3) R. Jacobson · Closing · Statement: Linguistics Poetics(김태옥 역) · 『언어과학이란 무엇인가』 (서울: 문학과 지성사 · 1980) · pp. 144~193 참조:

가 로 세로	1	2	3	4	5	6	7	8	9	계
	1	2		4			7	8		
		2	3	4		6		8		
	1			4	5		7	8		
	1	2			5		7			
		2		4	5	6		8		
계										

레비스트레스(Levi Strause) 구조이론은 그야말로 한국정서의 때의 시조 문예미학리듬과 견주어 보면 하잘것없는 리듬이다. 야콥슨은 특별히 모든 시적구조는 언어 행위의 기본적인 배열 양식이라고 할 수 있는 선택과 결합에 의하여 빚어지

어느 부분에서 강조되고 있는지의 선호도가 개인 한국시조 문예미학 선호도 진리치[1])이다.

이러한 연구과정을 통하여 한국시조 문예미학은 한국시조 문예미학의 이해 그리고 나아가 시조 문예미학 입체리듬에 대한 이해가 된다. 철마다 아름다운 색채의 나라 · 이 오묘한 자연의 아름다운 빛깔을 보여주는 우리나라의 사계절은 실제 우리의 아름다운 한복에서 드러난다. 자연의 아름다운 풀색 · 꽃과 나무에서 나오는 색채로 옷을 만들어 입었던 우리들의 슬기이다. 새해 첫날 초하루 싫일어나의 고어나 [은나 ȅna하나2) 은나 ȅn하나3)] 힘을 모아 한 걸음 한 걸음 발걸음을 삼가되 앞으로 나아가는 그 새해 첫날의 시작이 우리민족에게는 있다. 새로 다짐하는 감성의 하얀 발 디딤! 은근과 끈기로 어려움을 끝까지 참으면서 일을 마무리 하던 습성이 바로 한국시조 문예미학 종장에서 보여주는 리듬이다. 전통을 잘 지켜 나가려는 의지를 보인 우리들의 리듬이다. 끝을 잘 마무리 하는 마음으로 이어지는 때의 한국시조 문예미학 창작 허사 리듬이 시조 문예미학 종장에서 일어나는 일이다.

한국시조 문예미학은 한국의 태극기 표면을 그 모티브로 한다. 태극기는 ⚊ ⚋ ⚌ ⚍ ⚎ ⚏ 의 표시가 있다. 이들이 어울려 ☰하늘 ☱연못 ☲불 ☳우레 ☴바람 ☵물 ☶산 ☷땅이 되는 이치다. ☰하늘은 하늘 그 자

며 이 때 선택기준은 등가성 · 유사성 · 상이성 · 동의성 · 반복성 · 결합의 기준은 밀접성이라고 하였다.

1) Wall · R 지음: 이영현 옮김 『수리언어학』(서울: 한신문화사 · 1987) · 29.

2) 스테반 원어성경 上(서울: 원어성서원 · 2000. · 627 · 레위기 8:26.

3) 상동.

체와 강[1]건 · 서북방향 · 머리 · 말 · 우러러보는 이미지이다. 태극기의 각 사방에 있는 문예미학리듬! 마음의 고향 태극기이다. 태극도형은 삼국시대에도 사용되었으며 이조시대 태극주위에 8궤를 그려 넣음으로써 시작되었다. 대한민국의 국기는 대한민국을 상징하고 주권과 국위를 나타낸다. 태극기 가장 오른쪽에 차지한 하늘 ☰ 하늘은 시조작품에서 하늘 시어로 변하여 시인에 의하여 작품화될 수 있다. 의미는 하늘 그 자체이며 아버지와 강건함과 서북방향과 말의 의미를 가진다. 태극기를 좋아하는 우리 한국인들은 매우 긍정적이고 유머가 있어서 생활을 즐기는 기를 하늘로부터 받는다. 아주 크고 높음의 하늘이다. 사람의 마음과 관련하여 늘 우러를 수 있는 하늘! 우랄알타이 계통의 한국인! 하늘을 우러러 사는 민족! 지금도 근거로 남아있는 동국정운東国正韻 · 신숙주 우리 언어!

증거가 또 있다. 우리말이 지닌 뚜렷한 증거로 남아 있는 산스크리트어에서 가장 많이 나타나는 놀라운 사실이다. 수 억 만 년 전 호모사피엔스가 사용하던 언어가 지금 쓰는 우리말에 그대로 녹아 있는 사라진 무 제국이 남긴 증거다. 비록 천제지변으로 거대한 홍수로 인한 나라가 땅 속으로 사라졌어도 그 흔적이 남은 지금의 우

1) 갇 갊 갈 갉 갋 갋 갓 갔 갖 갗 갛 갇 갸 갈 갑 갇 갸 갈 갈 갓 강 갈 간 갃 갉 갎 갎 갎 갏 갏 값 갏 갈 갏 갈 갖 갋 갗 갗 갓 갔 강 갔 강 간 각 갢 갨 갱 걍 걍 걍 걍 갼 갻 걿 걿 겂 겁 겊 겁 겨 겼 겸 겅 겅 겅 건 건걸 검 겡 겯 겷 겹 겺 겨 겻 겿 겼 겅 경 겼 경 겡 곧 곫 곬 곯 곪 곬 곱 곱 곴 곳 공 곴 곪 곪 괎 괋 광 광 과 광 과 권 펄 고 골 광 곯 곱 공 과 괘 괠 과 괘 괠 괢 괴 괸 굮 굯 굴 굷 굻 굶 굶 굳 굳 굮 궁 굵 굴 궁 귀 관 감 광 개 권 궒 궝 권 권 궈 궤 구 굴 궝 궝 굻 굽 궁 궁 규 관 궈 권 궈 궉 권 궐 궔 궝 궝 궝 궤 궬 궯 궹 귀 귁 귈 귊 귕 귕 긋 긏 긑 긏 긑 긊 긆 긇 긂 긊 긊 긇 긇 긌 긋 궁 긍 거 게 구 그 긇 긍 긼 긴 긿 긿 깂 깂 깂 깁 깊 깂 깊 깂 깁 지 짒 짔 깃 깅 깅 가 갸 갼 걍걔 걔 죠 기 기 긴 긴 개 기 ㄱ 국 국 근 근 귭 귤 귥 귦 귪 귬 귬 귮 귪 귫 귫 귬 귫 귬 금 긍 귭 귫 긍 굿 굿 굽 굿 궁 궁 굸 굿 굿 굩 궁 거 건 겅 기 긱 긴 길 김 깁 깃 깅 깅 깂 깡 깐 꺙 껋 껑 껑 껌 껆 꺼 껑 꼽꽁 꽝 꼽 꽁 꾀 꿇 꿂 꿀 꿍 꽈 꿟 꿩 꿔 꿰 꿇 꿉 꿍 꿔 꿘 꿩 꿩 꿩 뀌 꿩 끓 꿍 끓 꾕 낄 낑 낑 깨 끄 끼 쩌 쯔

리말! 히말랴 부근 마고성과 천륜산 곤륜산 아래 북두칠성의 정기를 받고 살던 하늘만큼 높은 정기를 받은 우리조상! 1억이나 되는 인구증가와 혹한으로 인해 사방팔방으로 흩어진 우리말을 쓰던 우리 조상! 유난히 제사를 숭상하고 맏아들은 그 지방을 떠나 다시 마을을 이루어 사는 그로 인하여 제사를 숭상하는 우리! 신념으로 혈통을 이어온 지명 부여가 고어로 에덴이고 음차현상으로 우리에게 지금도 익숙한 언덕[1] 에덴이 있다. 우리나라에 꿋꿋이 살아 있는 언어들이 이를 증명한다.

하늘은 라틴어로 οὐρανου(우라노우)[2]이다. 바로 하늘을 우러른다. 우랄

---

1) 이영지, 『홍문표 에덴시학 연구』(서울: 창조문학사, 2019) · 94): 지금 지명 부여의 신비가 있다. 백제는 우리말 ᄋᆞᆫ돎 ·ᄋᆞᆫ돍의 음차(音借) 및 차자(借字)이다. 연진(連進) 발음되는 일본 건국신화에 그대로 전해진다. 신라 탈해왕이 무덤에서 들고 나왔다는 ᄋᆞᆫ돎 ·ᄋᆞᆫ돍이 지금의 백제 본 우리말 이름이다. 한자 차자가 된 百濟는 우리말 언덕이다. 百 · 100은 '온'이니 어려울 게 없고 百濟의 '濟(제)'는 제주도를 담라 · 탐라한데서 찾아진다. · 제주도에서 찾아진 '제'에서 백제의 이름을 찾을 수 있다. 百濟(백제)의 '濟(제)'와 ㄷ 원래발음 · 탐라도가 제주도 · 월미도가 달미도 등이 증명하여 주는 온 누리에 가득한 거대한 큰 땅이다. **언덕**이다. 백제는 韞櫝(온덕) · 安曇(안담) · 安積(안적)으로 한자(漢字)차자(借字) 등에서 찾아진다. '검소하지만 누추하지 않고 화려하지만 사치스럽지 않는' 나라! 두만강 부근 豆莫樓(두막루) 達末樓(달마루) 大莫樓(대막루) 大莫盧(대모루) 모두 부여이름이다. 중국 역사서에는 위나라가 백제와 싸웠다는 기록이 있다. 삼국사기 백제에 대한 소개로 백제와 전 백제 북부여라고 기록하고 있다. 장춘 · 하르빈 중간에 부여시가 지금도 존재한다. 지금도 부여 여씨 왕손 성이 존재한다. 그러기에 부여에서 고구려 · 신라가 나왔다. 중국 2세기 중엽부터 존재한 요서지방 중심으로 한 백제 근초고왕은 그의 세력을 지금의 남부여로 확장한다. 한성을 중심으로 한 충남 남부여 부여! 온돌 문화 부여는 성왕이 백제를 다시 부여제국이라는 명칭으로 바꿀만큼의 부여와 백제가 넓나 든다. 소부리는 부여에 지금도 있다. 이에 버금가는 '조선' 명칭이 바로 아츠라 아츰 · 아침의 나라이다. 백제의 우리말 이름은 가장 알기 쉽게 접근하면 으뜸가는 벌판 · 언덕이다. 언덕은 사투리 어덕(대전 광역시 중구 · 경부 상주 · 충북 청주) · 오덕(충남 부여 · 충북 옥천 · 평남 중산) ·안덕(전북 완주 · 경북 포항 · 평북 선천)이 지금도 불리어 진다. 1500년의 수면을 끝내고 백제시대

알타이란 말이 다름 아닌 하늘을 우러러 사는 우리 민족 근거가 된다. 바이칼호수 바로 빛깔호수이다. 우리들은 빛깔이라는 말을 자연스레 쓴다. 빛깔이 좋다 하는 우리말이 살아 숨 쉬는 우리민족 천손민족! 북두칠성을 숭상하는 사상! 제사민족! 천손민족! 하늘을 우러르는 민족이다. 아주 많이 그리고 크다는 뜻 산스크리트어 ह ha와 하늘이 우리에게 늘 있는 하늘이다.

≡≡물은 허준1546-1615동의보감東医宝鑑에서 믈[1]로 발음되었다. 세종대왕은

---

2) 요한복음 6:32 · 38 · 51 · 58, 부여이다. 부여의 신비가 있다. 백제는 우리말 ᄋᆞᆫ돎·ᄋᆞᆫ돍의 음차(音借) 및 차자(借字)이다. 연진(連進) 발음되는 일본 건국신화에 그대로 전해진다. 신라 탈해왕이 무덤에서 들고 나왔다는 ᄋᆞᆫ돎·ᄋᆞᆫ돍이 지금의 백제 본 우리말 이름이다. 한자 차자가 된 百濟는 우리말 언덕이다. 百 · 100은 '온'이니 어려울 게 없고 百濟(백제)의 '濟(제)'는 제주도를 딤라 · 탐라한데서 찾아진다 · 제주도에서 찾아진 '제'에서 백제의 이름을 찾을 수 있다. 百濟(백제)의 '濟(제)'와 ㄷ 원래발음 · 탐라도가 제주도 · 월미도가 달미도 등이 증명하여 주는 온 누리에 가득한 거대한 큰 땅이다. 언덕이다. 백제는 韞櫝(온덕) · 安曇(안담) · 安積(안적)으로 한자(漢字)차자(借字) 등에서 찾아진다. '검소하지만 누추하지 않고 화려하지만 사치스럽지 않는' 나라! 두만강 부근 豆莫樓(두막루) 達末樓(달미루) 大莫樓(대막루) 大莫盧(대모루) 모두 부여이름이다. 중국 역사서에는 위나라가 백제와 싸웠다는 기록이 있다. 삼국사기 백제에 대한 소개로 백제와 전 백제 북부여라고 기록하고 있다. 장충 · 하르빈 중간에 부여시가 지금도 존재한다. 지금도 부여 여씨 왕손 성이 존재한다. 그러기에 부여에서 고구려 · 신라가 나왔다. 중국 2세기 중엽부터 존재한 요서지방 중심으로 한 백제 근초고왕은 그의 세력을 지금의 남부여로 확장한다. 한성을 중심으로 한 충남 남부여 부여! 온돌 문화 부여는 성왕이 백제를 다시 부여제국이라는 명칭으로 바꿀 만큼의 부여와 백제가 넓나 든다. 소부리는 부여에 지금도 있다. 이에 버금가는 '조선' 명칭이 바로 아ᄎᆞ라 아ᄎᆞᆷ · 아침의 나라이다. 백제의 우리말 이름은 가장 알기 쉽게 접근하면 으뜸가는 벌판 · 언덕이다. 언덕은 사투리 어덕(대전 광역시 중구 · 경부 상주 · 충북 청주) · 오덕(충남 부여 · 충북 옥천 · 평남 중산) ·안덕(전북 완주 · 경북 포항 · 평북 선천)이 지금도 불리어 진다. 1500년의 수면을 끝내고 백제시대

1) 새배처엄기른우믈믈(정화수井華水 · ᄎᆞᆫ믈(한천수寒泉水) · 구화퍼기믿희셔나ᄂᆞᆫ믈(국화수菊花水) · 섯ᄃᆞᆯ납향삐온눈녹은믈(납설수臘雪水) · 정월처엄온빈물(춘우수春雨水) · ᄀᆞᄋᆞᆯ이슬믈(추로수秋露水) · 블근ᄃᆞᆯ애죠개에바ᄃᆞᆫ믈(방제수方諸水): 『고뎐 속의 물 이야기』 양동식 역편(순천: 순천태광미디어 · 2000) · 10.

물[水] 자를 물고기 모양에서 선택한다. 빠짐 이미지가 강해서 한자 몰 沒 없어지는 차자음借字音이 있다. 물은 녹이는 성질이 있다. 모든 산 것들을 물은 시간이 지나 그 형체조차 찾을 수 없게 한다. 물은 고조선 언어를 알아 볼 수 있는 첨수도와 명도전에서 물고기를 믈고기라 한다. 물로 발음되는 히브리어 물 מוּל물은 맞은편 · 앞 · 전면[1]의미이다. 또 할례를 물이라고 한다. 우리가 물이라고 말하는 물 히브리어 מַיִם마임은 말씀사역 마 임이다. "예수께서 대답하여 이르시되 이 물을 마시는 자 마다 다시 목마르려니와 내가 주는 물을 마시는 자는 영원히 목마르지 아니하리니 내가 주는 물은 그 속에서 영생하도록 솟아나는 샘물이 되리라"[2]하셨다[3]. 물은 히브리어에서 두 개 쌍수라는 문법을 지진다. 히브리어 물은 마임 מַיִם마임! 우리식으로 말하면 '마 임!'이다. 물을 양쪽으로 가운데 하나님의 아들 혹은 하나님의 손이 있어서 마 임 하나님의 역사가 일어나는 마 임의 일이다. 좋은 물을 만들기 위한 하나님의 위대한 역사가 있다. 물은 윗물과 아랫물로 나누어진다. 아랫물이 윗물로 올라가는 동적 이동이다. 사람에게 물 사역이 있다. 사랑의 영역 곧 물의 사역 곧 말씀 사역이다. 우리말로 보면 마음[4] 사역이다. 하나님이 우리 육

---

1) 출 18:19 · 26:9 · 28:25 · 27 · 37 · 34:3 · 39:18 · 39:20; 레 5:8 · 8:9; 민 8:2 · 3 · 22:5; 신 3:29 · 4:46 · 11:30 · 34:6; 수 8:33 · 9:1 · 18:18 · 19:46 · 22:11; 삼상 14:5 · 17:30; 삼하 5:23 · 11:15; 왕상 7:5 · 39; 대상 15:14; 대하 4:10; 미 2:8

2) 요 4:13-14.

3) 한국 사람들은 상대방 존경어 '하셨다'라는 말을 쓴다. 시편 136편 무려 26회 חסדו (하스도: 인자 · 성실 · 시 136) 기본형 헤세드 חֶסֶד(헤세드: 인자 · 성실) 26수치 여호와 י ה ו ה =5 + 6 + 5 + 10=26 신성 수.

4) מַיִם(마임 · 물).

체에 영혼을 불어 넣어1) 주시며 살아 있는 몸이 물과 피 있게 하는 사역이다. 이 물 표시가 바로 히브리어 글자 ‘마 מ’2)이다. 이 물이 산스크리트어 The the ha थ (tha) थ(tha) हअ 하 河 사라진 무제국이 남긴 산 언어 문자에서 발견된다. 우리가 쓰던 말이 발견 된3)다.

물 מַיִם 마임 앞에 ‘아이 ע’ 눈이 있으면 עַמִּים[암밈] 백성[암밈] · 민족[암밈] · 국민[암밈] · 백성 עַמִּים[암밈]4)이다. 성경은 하나님 백성 만들기를 명령받은 야곱의 눈앞에 나뭇가지를 벗겨 얼룩얼룩하게 하고 바라보아 양들을 만든다. 이 바라보는 일 그대로 되는 일은 일상에 무엇을 바라보며 마음을 늘 비추이면 그 모양이 형상화5)된 그대로 나타난 참으로 꿈이 이루어지는 물이다.

이러한 좋은 예는 소위 말하는 DNA 이야기다. 아무리 같은 DNA를 지닌 쌍둥이일지라도 서로 다른 인생을 걸어가고 먹는 음식이 다르면 변한다는 학설이다. 하나님 바라보면 그대로 되는 눈을 지닌 백성과 국민 모두 물 사역자6) 하나님의 모습 그대로 닮으려 늘 하나님 바라보는 일을 늘리는 일이다. 그래서 하늘 · 아주 늘 · 늘 항상 · 하늘이라는 이름이 나왔다. 늘 하나님 사랑이 인간의 마음에 들어 하나님 닮은 아름다운 하나님 백성이 된 하나님을 닮은 눈에 눈물이 가득 고이는 백성 암밈7)이다. 곧 보답하는 백성8)

---

1) בְּרֵאשִׁית בָּרָא(베레쉬트 바라 · 하나님이 창조하셨다).
2) מַ(마).
3) 자료: 강상원 · 『사라진(沈沒) 무제국- 東夷族에 母國』(서울: 朝鮮世宗太學院 · 2013) . 63; 강상원 · 『東國正韻 실담어 註釋』(서울: 明倫學術院 · 2018)
4) עַמִּים(암밈 · 민족).
5) 에모토 마사루 · 양억관 옮김, 『물은 답을 알고 있다』(서울: 나무심는 사람 · 2003).
6) עַמִּים(암밈 · 민족).

일 때 축복이 주어진다. 하나님 사랑의 눈물 · 물 가운데 하나님이 계신[1] 말씀 속에 풍덩 빠져 들면 자기 백성들의 마음을 읽고 그 소원을 들어 주신다. 야곱이 양떼들 앞에 눈앞에 나뭇가지를 벗겨 얼룩얼룩하게 하고 양들이 늘 바라보게 한 후 양떼 새끼는 양 떼들이 늘 바라본 그대로 얼룩얼룩[2]해 졌다. 바라본 백성암밈[3]에 보답되는 백성[4] 그들의 눈물 · 물 가운데 하나님은 계시면서 그 소원을 들어 주신다. 시인이 눈으로 보는 모든 사물들을 아름다움으로 들어낸 시인의 바라보는 힘은 아름다운 세상 만들기 시인의 위대한 힘이다.

우리나라 이름은 조선이었다. 조선은 원래 아스라[5] 아츰 · 아침의 나라이다. 고조선의 우리 본래 이름은 아스라 아츠라이다. 우리 마고환국 · 마한인 우리들 천손민족, 해 머리가 있는 땅에 살아서 천손민족을 상징하는 산 ☶산의 높음 아래 사는 민족이다. 우리의 옛 언어 어디에서든지 발견된 놀라운 사실! 현재 전라도 사투리가 인도의 드라비다어 즉 구자라트 언어와 동일성을 갖는다. 산 숭상 민족이 표현하는 산 ☶산은 산 그 자체다. 동북방향을 의미한다. 거대한 손의 이미지다. 천재시인 이상 시 오감도 9호에 거대한 손이

---

7) עַמִּים(암밈 · 민족).
8) גּוֹיִם(고임 · 민족).
1) אֻמִּים(움밈 · 민족).
2) 에모토 마사루 · 양억관 옮김, 『물은 답을 알고 있다』 (서울: 나무 심는 사람 · 2003).
3) עַמִּים(암밈 · 민족).
4) גּוֹיִם(고임 · 민족).
5) 아스라 곧 앚슨 · 앚슬 · 앚슨 · 앚흔 · 안츤이 변하려 아츰의 나라 조선이다. 앗. 아스라이 멀리 까지 펼쳐지는 거대한 땅 朝鮮이다.http://www. choistube.kr 소불도리.

있다. 높은 산 이미지를 형상화한 ☶[산] 이미지는 하늘아래 가장 높은 곳 의미다. 이 형상화는 ☶[산]이다. 가장 높은 곳을 마루라 한다. 집에서 가장 중심이 되는 용마름 · 용마루 이다. 이 마는 가르마이다. 이쪽저쪽을 가르는 가장 높은 곳이다. 마가는 북두칠성을 말한다. 천산과 곤륜산이 하늘 북극성에 맞닿아 있음으로써 정기를 얻는 한국족속을 천손민족이라 한다. 마고문명 바로 마한은 북두칠성과 관계 깊은 능력의 곳이다. 산마루 · 대들보는 가장 높은 곳이고 마루가 종가 집을 말한다.

☷[땅]은 땅 그 자체와 어머니다. 유순함이다. 다 뚫려 있는 서남방향이다. 배의 의미이다. 소의 의미를 지닌다. 아담과 이브가 사는 에덴동산 땅이다. 이 땅은 우리가 사는 땅이다. 바로 우리 땅이다. 우르는 땅 의미다. 이 우르가 구르 곧 코리아의 현재 우리가 인식하는 한국을 말한다. 왜람 되게도 성경이 하나님을 헬라어로 번역할 때 이 단어를 쓴다. 우리나라 코리아다. 히브리어 성경에서 여호와 יְהוָה[여호와]가 헬라어로 쿠리우 κυρίου[출 10:9. 16 · 등] · 쿠리우 κυρίω[출 12:11 · 27 · 48 등]로 그야말로 수도 없이 Korea가 성경에 나온다. '고려'발음이다. 우리민족이 왜 코리아 그리고 우리라는 말을 그토록 좋아하는 이유이다. 우리가 잘 쓰는 우리! 우리는 늘 우리 땅 · 우리나라! 우리 민족은 이 우리라는 말을 빼고는 대화가 아니 된다. 우리가 살고 있는 나라 울국 우리! 우리나라! 이 땅은 지혜: 딣혜의 땅이다. 정: 뎡[dhogong 정 情]이 있는 곳이다. 사실 지읒 ㅈ의 고어는 닿았다 뜻이다. 지혜를 말한다. 우리가 살고 있는 이 땅 민족의 지혜의 땅을 가리킨다.

☱연못은 연못 그 자체이다. 소녀이다. 물 위에 있어 즐거웁다. 사람에게 즐거움이 있다. 서쪽이다. 조잘대는 입이다. 밝음 양이다. 연못은 위로 물이 솟거나 혹은 물이 흘러 들어와 생긴 하늘에서 물이 수직으로 내려와 모이었다. 그리고 샘이다. 샘은 고어로 십 · 솟아남 · 기쁨 주다이다. 우물이다. 우 물이다. 와 물이다.

☲불은 불 그 자체이다. 붙음이다. 남쪽이다. 눈을 말한다. 빛을 가지고 있다. 꿩 이미지다. 불은 밝음 이미지로 현재 성 박朴씨를 지칭한다. 박사 곧 박식한 사람을 말한다. ☳우레는 우레 그 자체이다. 고래고래 소리 지르는 힘센 장남이다. 용 이미지 움직임이다. 동쪽방향이다. 발로 하늘을 나는 청천벽력을 지르는 형상! 한국인의 기를 나타낸다. 거대한 물줄기 바다의 모습! 온통 우레로 물위가 울렁인다. 우레 이미지는 계속 같은 어두움 (-- · --) · (-- · --) 끼리 만나면서 좋은 일을 꿈꾼다. 우레를 이기는 방법을 얻는다.

우레의 김매기는 보라매 날갯짓으로 그물망을 벗는 일이다

우레 밭 그 숨 막힘 하늘이 꽃피우려
하늘 땅 서로 만난
우레의 김매기는
보라메 날갯짓으로
그물망을
벗는다

- 「우레와 우레의 만남」 이영지[1]

다가오는 날벼락이라 하더라도 계속하여 맞게 되면 이에 적응하며 이겨나가는 지혜가 하늘로부터 온다. 여기에 신앙이 존재한다.

---

1) 그림, 이영지 『시조창작리듬론』 · 63. '결혼신화의 리듬'

☴[바람]은 바람 그 자체이다. 장녀이다. 들어감 이미지이다. 동남방향이다. 다리를 의미한다. 닭1) 이미지이다. 고조선 문자 사[士] 은둔 문자로 하여 바람을 표시한다. 士[사] 밑에 ㅂ[비읍]으로 바람이 분다와 연결된다. 시인은 이 거대한 진리를 바탕으로 하늘 향해 늘 웃음을 지어주는 한국시조 문예미학을 만든다. 시인은 한국시조 문예미학리듬을 만들어 끝을 잘 마무리하며 역사를 이어가는 생성의 원동력을 얻는 지혜의 시인이 된다.

하늘에 있는 해를 중심으로 시조 문예미학리듬을 놓을 수 있다.

> 눈
> 뜨면
> 아
> 른
> 아
> 른
> 감아도 떠오르는
> 하늘가 그쯤에서 떠 오른 해 덩어리
> 봄꽃을 입에다 물고
> 봄이 뜨면 먼저 핀
>
> -「햇살 보쌈」 이영지

하늘이 높은 만큼 푸른 꿈에 오르며 여름을 익혀두고 늘어진 가을 길을 열매로 불러대느라 주렁주렁 열린다.

---

1) 닷 닭 닾 닭 닯 닲 닳 닯 닶 답 닯 답 닦 닿 닸 당 닸 닿 당 돠 돨 댕 댱 당 댯 댜 덦 덮 덮 덧 덩 뎌 뎌 뎔 더 덜 덤 덴 덻 덿 뎝 뎡 뎡 돈 돎 돒 돌 돐 돎 돓 돕 돕 돘 돐 돓 돘 동 돇 돲 돵 도 돔 돕 돎 동 되 된 될 둗 둘 둟 둚 둥 둥 뒤 둔 뒹 둬 뒈 뒵 뒹 듥 듕 듕 듨 둬 뒨 뒬 뒳 뒹 뒈 뒝 뒤 뒨 뒹 듣 듣 듥 듫 듥 듭 듥 듭 듰 둥 듨 두 드 딃 딍 딅 딇 딥 딆 딇 딑 딧 딩 딩 대 댜 댠 댱 대 대 두 ᄃᆞ 독 ᄃᆞᆨ ᄃᆞᆫ ᄃᆞᆫ ᄃᆞᆫ ᄃᆞᆯ ᄃᆞᆰ ᄃᆞᆳ ᄃᆞᆱ ᄃᆞᆲ ᄃᆞᆹ ᄃᆞᆶ ᄃᆞᆶ ᄃᆞᆷ ᄃᆞᆷ ᄃᆞᆵ ᄃᆞᆴ ᄃᆞᆸ ᄃᆞᆵ ᄃᆞᆼ ᄃᆞᆺ ᄃᆞᆺ ᄃᆞᆽ ᄃᆞᆾ ᄃᆞᆹ ᄃᆞᆺ ᄃᆞᆼ ᄃᆞᆼ ᄃᆞᆽ ᄃᆞᆾ ᄃᆡ ᄃᆡᆨ ᄃᆡᆫ ᄃᆡᆫ 딜 딣 딤 딥 딧 딨 딩 딩 드 들 ᄃᆡ 딜 ᄯᆞᆯ ᄯᆞᆰ ᄯᆞᆶ ᄯᆞᆸ ᄯᆞᆸ ᄯᆞᆼ ᄯᆞᆼ ᄯᆞᆼ ᄯᆞᆼ 뚜 떠 떨 떪 떫 뗭 똚 똘 똥 똥 뙇 뙁 뙤 뙵 뚱 뚱 뛍 뛔 뛍 뜷 뜷 뜽 뚸 뚼 뛰 뛩 뜬 뜰 뚱 뜽 뜽 띓 띵 띵 때 ᄯᆞ 뚝 뚠 뚤 뚬 ᄯᆞᆺ 띡 띡 띨 띵 띵 ᄯᆡ 띵 ᄯᆡᆱ 대 매 ᄆᆞ ᄆᆞᆯ 뮤 ᄆᆞᆯ ᄆᆞᇰ 뜨 ᄯᆡ ᄯᆡᆨ 따 땅 ᄯᆞ

시조 이론을 설명하는 방법으로서의 접근법의 자생성은 한 달을 기준 한다. 시조이론은 30일로 설명되는 복랍리듬을 가진다. 한 달 30일이 지닌 초순과 중순과 하순의 각각의 10일 분리법으로도 설명된다. 이 술어논리[1] 리듬은 첫째 한국에서의 서열 중요성! 둘째 30은 한 달 30일을 기준으로 한 한 달 일 년 열두 달 · 1년 365일 · 평생의 그 때 그 때의 삶에 대한 한국시조 문예미학이론이다.

우리는 일제 강점기 때에도 우리 민족이 다시 일어 설 수 있었던 이유를 김소월 시의 예로 찾을 수 있다.

나보기가 역겨워
가실 때에는
말 업시 고히 보내 드리우리다

영변에 약산
진달래
아름 따다 가실 길에 뿌리우리다

영변에 약산
진달래
아름 따다 가실 길에 뿌리우리다

가시는 거름거름
노힌 그 꽃을
삽분히 즈려밟고 가시옵소서
나보기가 역겨워
가실 때에는
죽어도 아니 눈물 흘리우리다

- 김소월 「진달래꽃」

---

1) Wall · R 지음: 이영현 옮김 『수리언어학』(서울: 한신문화사 · 1987) · 61.

존경어가 표시되고 이별의 시간이 미래형으로 된 가실 때에는 현재 이별시간이 아니다. 미래시간 '...실 때' 이다. 만일if 시제이다. 소월시의 약산 진달래꽃은 약이 되는 진달래꽃이다. 이별 치유이다. 미래 그 어느 때 님이 나보기가 역겨워 가실 때! 이 님에 대한 처방으로 가실님을 못 가게 막는 약 꽃 진달래꽃! 아름 따다 가실 길에 뿌리오리다이다. 진달래꽃 약 효과는 미래 그 어느 때 가실 길에 아름 따다 뿌려진 이별 없음이다.

'아름따다'의 시어는 '아름'과 '따다'로 구분된다. 아름은 안다의 명사형 어미인 안음의 활음조의 유음화 현상이다. 한 아름 "노힌 그 꽃" 약 꽃이다. 원본에 의하면 "고히나 즈려밟고 가시옵소서" 설의법이다. 상대방이 가실 수 없다 이다. "고히나" 시어는 부정 의미로 1 연의, 님이 나를 역겨워하며 "가실 때"다. 평시조 문예미학의 종장 반전이다. 그럼에도 첫 연과 중복되는 4연을 생략해도 무관한 반복리듬을 놓아 4연 허구의 리듬을 만는다. 이미 약으로 고처졌기에 "죽어도" 이별이 없다. 한국 시조문예미학리듬과 일치한다.

이 리듬은 시 · 시조 · 오감도 시 리듬이 같다.

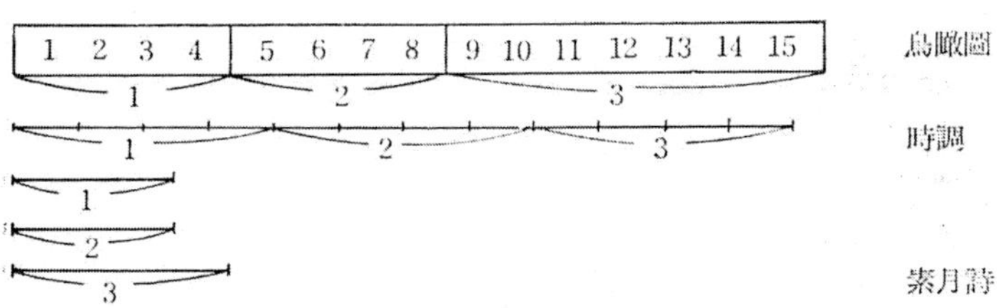

시조리듬 · 이상의 오감도 · 김소월 시「진달내 꼿」·「산유화」리듬이 같다.『진달내 꼿』1)도 시조와 오감도 리듬과 같다.

제2부 한국시조 문예미학의 우수성

1 한 달의 그때그때 시조리듬

시조 문예미학이 한국에는 있다. 태극기가 있다. 우리나라에만 있는 태극기에서 제시하는 하늘 · 땅 · 물 · 우레 · 바람 · 연못 · 불 · 산의 구별 원소는 그때 그 때의 시인 정서에 따라 표출된다. 서열의 규칙을 가진다. 전 세계적인 공유의 서열관계인 첫째 · 둘째 · 셋째의 관계와 일치하는 천 · 지 · 인天地人 3 공간 안에서 우리들 모두가 한글을 사용하는 하늘이 있고 땅이 있고 사람이 있다. 이 구조는 한국시조 문예미학의 기본 원리를 제공한다. 곧 초장 하늘 이미지 · 중장 땅 이미지 · 사람의 일이 있는 종장이미지이다.

시조시인들은 한국시조 문예미학리듬을 만든다. 한국시조 문예미학의 예화[1] 이론은 3의 입체리듬을 가진다. 기본적인 접근은 이 세상 내에서 가장 아주 조그마한 차이 · 상대방 혹은 나의 대상과의

---

1)  김소월(1)902~1934이 생전에 낸 유일한 시집인 『진달래꽃』 초판본(사진이 1억3500만원에 낙찰됐다. 경매사 화봉 등에 따르면 지난 19일 오후 서울 종로구 인사고전문화중심에서 열린 제35회 화봉현장경매에서 김소월의 『진달래꽃』 초판본이 처음 9000만원에 경매를 시작해 1억3500만원에 팔렸다. 『진달래꽃』은 1925년 12월26일 매문사에서 간행한 시집으로 · 책 제목과 같은 「진달래꽃」 시를 비롯해 먼 후일 산유화 엄마야 누나야 초혼 등 작품 127편이 16부로 나뉘어 수록돼 있다. 『진달래꽃』은 총판매소에 따라 중앙서림 총판본과 한성도서주식회사 총 판본으로 나뉘는데 이 책은 중앙서림 총판본이다.

1) Wall · R 지음: 이영현 옮김 『수리언어학』(서울: 한신문화사 · 1987) · 40.

차이가 0.000000…1mm라 하더라도 최초의 공간이 생긴다[1]는 원리로 접근된다. 이 구조는 절대자의 원점에서 허락된 이 세상에서의 삶의 구조 삼각형 · 지구위에 발을 딛고 사는 일생을 만들어 간다. 이 구조는 공간이 허락된 삼각형 구조이다. 이 지구상서 한 공간을 차지하는 입체리듬 사람의 일생이다. 절대의 한 지점에서 출발하여 만드는 사람의 이 세상의 존재 구조공간이 한국시조 문예미학 공간이다. 태어나면서의 처음 · 중간 · 끝 혹은 첫째 · 둘째 · 셋째의 인생기록이 있다. 이 원칙은 절대자의 권리를 인정하면서야 생기는 허락된 공간이다.

내가 이 세상에 태어나는 것은 내 마음대로 된 것이 아니다. 부모에 의해 태어난 나는 부모 다음의 나인 존재이다. 그러기에 나홀로가 아닌 절대자의 자리가 있다. 이 자리를 인정하는 · 첫째 자리에서 이어지는 다음으로 이어지는 나의 서열관계이다. 나'라는 존재는 울만의 트라이엥글의 원리[2]로 설명될 수 있다. 삼각형 구조이 입체의 나 3의 수리가 인정되는 한국시조 문예미학의 원리는 시조 문예미학리듬 초장 · 중장 · 종장 자리이다. 이 자리는 유기적 서열관계가 형성된다. 한국시조 문예미학 기본의소이다. 신라시대의 삼대목 三代目이 있다. 888년진성여왕2) 각간 위홍魏弘과 대구화상大矩和尙이 왕명에 따라 편찬한 향가집 삼대목은 삼국사기 신라본기新羅本記에 이 책에 대한 기록만 실려 있다. '삼대'는 상대上代 · 중대中代 · 하대下代이다. '목'은 절목節目 또는 요목要目을 뜻하는 최초의 가집歌集이다. 셋으

---

1) 모리스 클라인 저 · 박세희 역 · 『수학의 확실성』(서울: 민음사 · 1986) 20. ·

2) Kurt Baldinger · *Semantic Theory Guildford,*(London Oxford · 1977) · 110.

로 구분되는 중요한 자료이론이다. 3의 이력은 마한 · 진한 · 변한 · 고구려 · 신라 · 백제 이름의 셋의 분류 이름과 연계된다. 그대로 우리 정서에 연계되는 3으로 나눈다. 이 기록 이론이 그대로 한국 시조 문예미학 그대로의 전통 인식이다. 이 셋으로 나누는 기본구조는 한국시조 문예미학이다. 초장 · 중장 · 종장 셋으로 나누는 일은 술어논리에서의 조건증명[1] 첫째 · 둘째 · 셋째 서열이다. 삼각형 · 3장 · 입체삼각형 · 삼재三才 · 30일 · 중국 하도河図 · 삼 재수三才數 · 천백天白 · 지백地白 · 인백人白 · 상 · 중 · 하[2]의 조건을 모두 충족시킨다. 전 세계적인 공감대이다. 따라서 수학의 X · Y · Z 축을 이루는 공간이 형성된 한국시조 문예미학의 이론법칙이다.

하늘을 숭상하는 민족은 망하지 않는다. 온갖 어려움을 가지더라도 그 때 그 때 슬기를 만들어 내는 민족이어서이다. 하늘을 숭상하고 겸손하여 존경어를 쓰며 이웃을 사랑하여 우리라는 어울림의 맛 곧 나와 너와 그대를 사랑하는 우리의 고유 민족의식은 유구한 역사를 이어오는 원동력이다. 조상섬기기를 게을리 하지 않는 제사 민족은 어른에게 물어보고 그리고 답을 만들어 가는 자생성이 있다. 하늘을 움직이게 하는 민족은 오늘도 내일도 이어가는 역사를 가진다. 이 철저한 서열 의식에서 홀로 있으되 홀로 있지 않고 하늘에 지혜를 구하는 기도가 있다. 사랑이 있다.

우리말의 소중함은 우리말 그대로의 원어 발음 기록이 동이족의 광역 싱카포르 캄보디아 상해 산동반도 양자강 태평양 인도지나 남

---

1) Wall · R 지음: 이영현 옮김 『수리언어학』(서울: 한신문화사 · 1987) · 85.
2) 박경현 · 현대국어의 공간개념어 연구 · 한샘 · 1987 참조.

북 미주 등에서 발견[강상원]된다. 우리 귀에 익숙한 조선이란 뜻은 빛의 나라라는 뜻이다. 이 근거가 저 히말라야 부근 마고지방에서도 사용되어 왔다. 풍습과 우리말의 각 지방의 사투리까지 그대로 전해지는[김정민] 귀한 증거는 옥스프드 사전과 라틴-한글사전과 동이 원류사[東夷原流史]에서 증거로 전해진다. 연구에 연구 거듭 [강상원 동이원류사주석본]이 이를 증명한다. 뒷받침되는 동국정운[신숙주]이 있다.

이보다도 더 먼저 저 태평양 속으로 사라진 무제국 기록에서 찾아지는 원대한 우리민족의 역사가 있다. 조선은 동해에 있고 북극해 부근 조선은 산해경 경전에 조선은 북 위치 동서로 2만 리이고 남북으로 5만 리[환단고기]북극에서 남극까지 쭈욱 이어야 하기에 우리 고조선의 위치는 유럽에서 케나다 까지 광역지역 기록을 동이원류사[하광악]가 전한다. 지금은 사라진 · 몇 만 년 전 무 제국 당시의 원어 발음이 지금의 우리 토속 사투리에서 발견된다. 이 현실[1]은 산스크리트어서 증명된다. 그때에 썼던 아빠라는 말을 지금도 쓰는 일이 세계 방방 곳곳에서 발견 조금 표현은 다르지만 원음을 찾을 수 있는 기적이 계속된다. 영어[옥스포드사전]와 라틴어 히브리어와 아람어 그리고 한자어는 우리의 사상과 역사와 우리말이 전해진 귀중한 보고다. 각 지방의 각 사투리 경상도 말 전라도 말 이북 말 등등의 보고의 기록이 증거가 된다.

축복받은 우리말 한글사용에 감사하며 본 연구자는 국문학박사[오감도의 구조와 상징에 관한 연구]와 신학철학박사[물의 초월성과 현실성과 회복성에[관한 연구] 논문연

1) 강 상원 · 「사라진(沈沒) 무제국- 東夷族에 母國』(서울: 朝鮮世宗太學院 · 2013) · 64. 波茶留之國 Pancalas =桓仁國: 동서 20,000리 남북 50,000리. Pancalas in Pa-Mil lofty Heights of Him-a Laya Mt.

구로 히브리어와 우리말과의 유사성에서 연구 중 세계 방방곡곡에서 한국말 유사성 발견[물의 신학과 물의 시학(창조문학사)] 사실이다. 한국시조 문예미학[이영지 이상시학연구, 한국시조문학연구]이 증명한다. 우리말의 원어 · 전 세계를 석권해온 동이족의 역사가 증명되는 귀중한 말 · 가깝게는 집안의 어른들 할머니와 할아버지가 그대로 쓰는 그래서 아직도 남아있는 얼마나 귀하고 장한 우리들! 산스크리트어에 그리고 옥스퍼드 사전 나아가 동국정운에 그리고 도서관에서 소중히 보관되어 오는 옛 마고성을 중심으로 히말라야 인도 북부 부도지에 우리말이 그대로 기록되고 있는 풍습과 기록들 · 그동안 줄기차게 연구해 온 히브리어에서 발견되는 우리말의 소중함! 우리말의 소중함이 즐겁고 멋있게 쓰여 지는 우리민족의 귀중한 보고는 한국에 존재하는 한국시조 문예미학리듬에 당연히 투영되어진다.

성경은 우리 한국시조 문예미학리듬의 중요성을 하나님이 이 세상에서 하나밖에 없는 언어로 사용 했다[창세기 11:1]는 기록을 보여준다. 온 땅의 구음이 하나이요 언어가 하나이었음을 증명하는 시대! 과학의 힘으로 언어의 DNA가 밝혀지며 전 세계 내에서 속속들이 발견되는 이 즈음 비록 지금은 겨우 한 반도의 반을 차지하는 민족이지만 은근과 끈기로 생생하게 살아 증명해주는 한국시조 문예미학이 있다. 이 중요한 가치는 한국시조 문예미학리듬이 논증[1]해준다.

---

1) Wall · R 지음: 이영현 옮김 『수리언어학』(서울: 한신문화사 · 1987) · 89.

2 한국시조 문예미학의 우수성

1) 한국 전통시조

한국 전통시조 문예미학이 있게 되는 가장 큰 이유 중의 하나는 역사를 오래 가지고 있어서다. 집합체![1] 지금은 사라진 무 제국 언어에서 우리 토속사투리며 세계 방방곡곡 우리말이 쓰여 지고 있다는 사실 기록! 그 언어가 전 세계를 누빈 우리말이 그대로 녹아 대동강 변 기왓장에 쓰여 진 왔소 חָפַשׁ[화스]가 바로 일본 오사카지역에서 매 12월에 열리는 축제에서 왔소 축제[2]에서 찾아진다.

고조선의 무대인 대동강 변 와당에서 발견된 히브리어가 국립중앙박물관과 광주박물관에 소장되어 있다. 국립중앙박물관에 있는 와당에는 하나님나라 회복이 성도가 모여 기도함으로써 회복된다. 광주박물관에 있는 와당에는 단결 · 협력하다의 뜻을 지닌 우리 발음과 흡사한 카솨르[3] 히브리어가 역시 보관되어 있다.

---

1) Wall · R 지음: 이영현 옮김 『수리언어학』(서울: 한신문화사 · 1987) · 99.
2) 특집다큐: 아라가야 2부-바다를 건너 부활을 꿈꾸다http: www.mbcgn.kr or http://www.face.com/withmbcqn.
3) קשר(카솨르 · 협력하다 · 7194 · 7195: George V. Wigram, 『구약 성구사전: *The Koreans Hebrew and Chaldee Concordance of the Old Testament*』 · 김만풍 역(서울: 기독교 문화협회 · 1993) · 1456.

< 고대 히브리어가 새겨진 와당 >

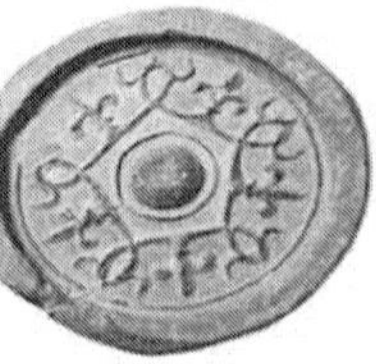

- 시대 : 고조선
- 출토 지역 : 평양 대동강 유역
- 전시실 : 국립 중앙박물관
- 유물번호 : 정내 211번 (구 186번)

이 와당은 일본의 이우치 이사오 선생님께서
1987년 국립중앙박물관에 기증한 유물 1,082점 중 하나이다.
이우치 이사오 선생님께서 어린 시절에 고대 한국의 기와와 벽돌의
아름다움에 이끌려 평생동안 60여 차례 한국을 오가며 직접 수집한
것으로 이는 대한민국 역사 연구의 중요한 자료가 되었다.

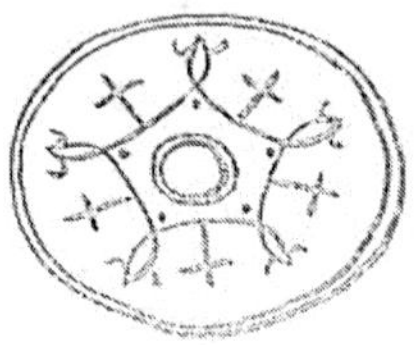

히브리어 해석 풀이

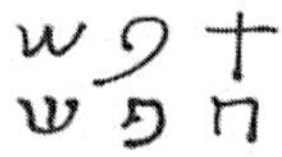

- 뜻 : '도착했다'
- 해석자 : 고 신사훈 박사(전 서울대학교 종교학과 교수, 히브리어 전문가)

< 고대 히브리어가 새겨진 와당 >

- 시대 : 고조선
- 출토 지역 : 평양 대동강 유역 (현 평남 대동군 임원면 상오리)
- 전시실 : 국립 중앙박물관
- 유물번호 : 정내 124번 (구 226번)
- 고대 히브리어 문양의 뜻 :
  와당 왼쪽 히브리어 - 잠언을 지휘하는 사사가 통치한다.
  와당 오른쪽 히브리어 - 성도가 모여 기도함으로 (하나님의 나라)가 회복된다.
- 해석자 : 고 신사훈 박사(전 서울대학교 종교학과 교수, 히브리어 전문가)

히브리어 해석 풀이

< left side of the tile>

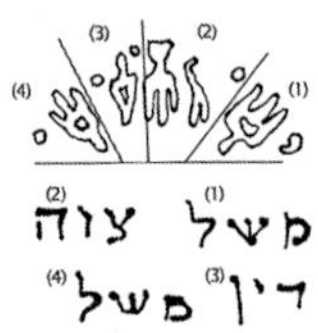

잠언을 지휘하는 사사가통치한다

<right side of the tile>

성도가 모여 기도함으로 (하나님의 나라)가 회복된다

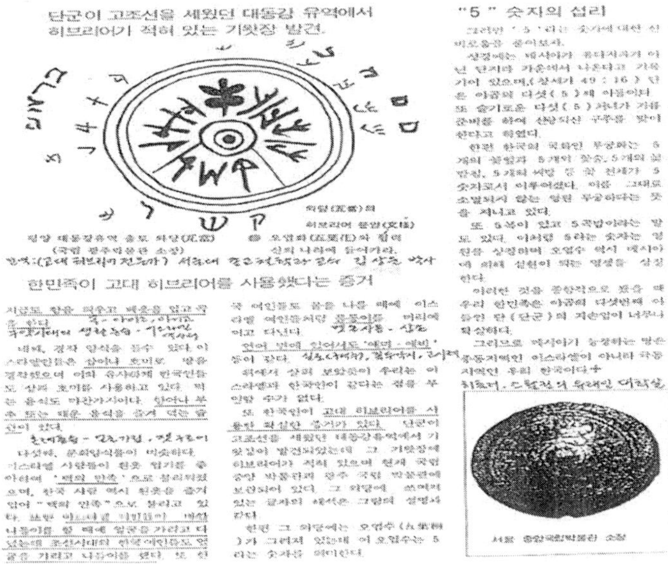

와당의 글자 협력 קָשַׁר[콰사르] · 협력이다. 본 연구자는 우리나라말 발음 '같이'로 보았나. קָשַׁר[1][카사르] · 같이 이다. 그리고 고조선 기왓장에서 발견된 חָפַשׂ를 본 연구자는 חָפַשׂ[2] 왔어 · 찾았어로 보았다. 무엇을 찾았어! 바로 일본 축제에서 지금도 왔오 축제로 열리는 이기이한 현실, 대동강 변의 기왓장에 쓰여진 חָפַשׂ[황스] 왔어 발음이다. 글자의 뜻은 한 지붕 아래서 하고 싶은 말을 다 한다는 뜻이다. 누가 누구에게 가까이 왔다는 뜻이다. 대동강 변의 기왓장에 쓰여 진 이 חָפַשׂ[황스]가 바로 일본 오사카지역에서 매 12월에 열리는 축제에서

---

1) קָשַׁר(카사르 · 매는 · 잠 3:3).

2) חָפַשׂ(횔스 · 찾았어 · ; 창 31:35 · 44:12: 삼상 23:23 · 28:8: 왕상 20:38 · 22:30: 왕하 10:23: 대하 18:29 · 35:22: 욥 30:18: 시 64:6; 잠 2:4 · 20:27; 습 1:2; 애 3:40; 습 1:2)

왔소 축제[1]가 열리는 것을 보아 우리말이 얼마나 전 세계에 그 영역을 가지고 있음을 본다. 아라安羅가야 문명조차 일본에서 꽃피우는 것을 보아도 알 수 있다. 왔소는 우리말이다. 이 언어의 확장의미는 누가 누구에게 가까이 와서 같이 하는 우리문화로 세계 어디에서든지 발견된다. 인도지방의 구자라트 한글발음도 이를 증명한다. 한국시조 문예미학 가치는 세계적이다. 곧 우리 것이라는 철학을 만들어 낸 우리문화 정서를 전개해 갈 수 있는 타당성이다.

최행귀의 역가서문 기록 향가의 향어의 3구 6명이 있다.

> 시구강사 마탁어오언칠자詩構唐辭 磨琢於五言七字
> 가배향어 절차어삼구육명歌排鄕語 切磋於三句六名

절차切磋나 마탁磨琢이란 퇴고에 퇴고를 거듭한다는 표면적 의미이지만 이 뜻을 시조와 연관시킨다면 오랜 역사 속에 다듬어진 민족적 생리에 맞는 한국시조 문예미학의 심층구조임을 알 수 있다. 3구 6명에서 구를 위한 이해는 우선 강희자전[2]에서 구句항 왕 편조에 언어장구야言語章句也라 하였다. 따라서 구에 대한 이해는 한 뜻의 종결어미로 끝맺어 있는 문절을 말하며 3구는 그 대무에 세 개의 종결어미를 가지고 있음을 유추할 수 있다. 구와 장은 같은 내용상의 같은 가치관계로 보아지고 3구와 3장은 같은 뜻[3]이다.

이에 대한 학설로는 이병기가 3구를 3자[4]로 · 서수생은 3구를 3

---

1) 특집다큐: 아라가야 2부-바다를 건너 부활을 꿈꾸다http: www.mbcgn.kr or http://www.face.com/withmbcqn.

2) 강희자전 · 상해신마로 덕형리조영 오채장복기석인(康熙字典 · 上海新馬路 德革里組英 五彩章福記石印).

3) 금기창 · 『한국시가의 연구』(서울: 형설출판사 · 1983) · 36.

언[1])으로 · 이근영은 뜻의 단위 2개가 합한 것[2]) · 김상선은 문[3])으로 · 지헌영은 구는 장[4])으로 · 이종출도 같은 견해[5])이다. 유창균도 3구는 3장을 뜻한다[6])는 같은 견해를 보인다. 따라서 향가는 우리말 노래이고 이 노래라는 말이 리듬을 가진 의미로 하여 언어 나열이 아니라 아름다움을 리듬을 더한 시가 된다. 그것은 신라 · 고구려 · 백제 · 고려 · 조선 · 현대에 연결되는 시조이다.

3장[7])은 3단 구조이고 · 12분절로 되어 있다. 초장의 1 · 2 · 3 · 4 분절과 중장에 1 · 2 · 3 · 4분절과 종장에 1 · 2 · 3 · 4분절의 총 12분절로 이루어진 한국시조 문예미학리듬은 자수 · 음절 · 음보 · 의미의 시조 문예미학리듬 관계 어느 방향으로든 설명이 가능[8])하다. 이것은 향가의 1 · 2구가 소난위로 묶이고 · 같은 방법으로 3 · 4구가 · 소단위로 묶이면서 이 소단위의 의미구조는 호응관계와 대 단위로 묶인다. 5 · 6구와 7 · 8구가 호응관계로 묶이는 한국시가 율격구조[9])이다.

---

4) 이병기 · 『국문학개론』(서울: 일지사 · 1965) · 108-109.
1) 서수생 · 『한국시가연구』(서울: 형설출판사 · 1970) · 90.
2) 이근영 · 향가 · 곧 사뇌가의 형식, 『한글』 통권 105호(1949),37.
3) 김상선 · 고시의 성격, 『국어국문학』 27호 · 37.
4) 지헌영 · 차례이견에 대하여 『최현배 선생 회갑 기념논문집』 1954 · 459.
5) 이종출 · 사모곡신고, 『국어국문학』 49 · 50호 합병호 · 60.
6) 유창균 · 한국시가 형식의 기조, 『가람 이병기박사 송수 기념논문집』 1966 · 224.
7) (1) 유만공 세시풍요…시절단가 음조탕 풍농월 일창 3장
(2) 성종실록 권 3 · 122… 장가 6장 단가 2장
(3) 서원섭 『시조문학연구』(서울: 형설출판사 · 1979) · 331.
8) 이영지 · 시조 3장의 논리와 그 상징성, 『시조학 논총』 창간호 · 1985. 141-181.
9) 김동준 · 시조 문예미학의 율격구조연구, 『국어국문학』 79 · 80. 국어국문학회 · 12.

2) 시조 문예미학 종장의 신비의소

전통시의 시율 구성 원리 4대법[1] 성립 한국시조 문예미학은 4구복구조이다. 대립성을 지시하는 정격구조의 종장 3음절 고정 탄구는 대립된 극단의 관계 · 혹은 상응의 좋은 결과를 합치는 의미의 정격음조 및 정격음수로 된다. 우리민족의 생활감정이 그 바탕이 된 감탄 서정은 음 · 양의 합으로 보든 이理와 정情의 대극적인 합일이든 반대 두 세계가 합쳐지는 우주적 보편성이다. 한국시조 문예미학 관계 함수[2]는 시인의 소리가 하늘에 닿아 대립의 합 종장 첫 분절 자리다. 이 절대 의미의 대등되는 끝 분절은 생략[3] 원리에 입각 종장 2분절과 3분절도 대립 성립된다. 초장과 중장은 같은 등가관계 · 혹은 대립관계 · 유사관계가 성립 종장에서 어느 한 쪽으로 마음의 정서를 자아 화 한다. 종장은 이 서정성 탄구에 대한 설명을 5자로 한다. 앞 초장과 중장에서 반복되는 3 · 4의 리듬기법에서 벗어나는 5자이다. 이 5자는 3자 고정 탄구 3마디 말 설명 묘미가 가장 왕성하게 드러난다. 종장 끝구는 종장 첫 구가 절대적인 만큼에 비례하는 아주 대립 · 혹은 상응 · 의미 절대화만큼의 무의미한 허사 리듬이다.

---

1) 유협 · 『문심조룡』 · 최신호역주 · (서울: 현암사 · 1975) · 14-146 참조.
…언대(言對란 추상적인 언어를 대(對)로 한 것이고 사대(事對)는 사람의 사적(事跡)을 병열한 것이며 · 반대(反對)는 서로 대립되는 내용에서 하나의 취지로 귀착하는 것이고 정대(正對)는 사실이 다르면서 내용이 공통된 것이다.

2) Wall · R 지음: 이영현 옮김 『수리언어학』(서울: 한신문화사 · 1987) · 123.

3) 진동혁 주역, 『이세보 시조집』(서울: 정음사 · 1985) 458수 종장의 끝 생략.

3 시조 문예미학의 초 · 중 · 종장

한국시조 문예미학리듬 한 수는 왜 시조 문예미학이 초 · 중 · 종장이 되어야 하는지를 밝힌다. 한 사람의 남다른 이야기가 그 때 그 때의 리듬으로 존재하는 시조 한 작품 내에 시조 3장이 45자 내외가 되어야 하는 일이 곧 시인이 작품을 쓰는 이유이다. 이 나날의 기록 이어짐 한 사람의 삶을 총망라한 의미다.

시조라는 말 자체가 나날의 의미소가 담기는 보다 철학적이고 한국적이게 하는 한국시조 문예미학 원리이다. 그 때 그 때를 건저 올리는 구원의 문예미학리듬이다. 우리들의 나날이 시로 쓰여 지는 의미이나. 절제의 미가 특징인 한국시조 문예미학은 황진이 시조 문예미학리듬이다. 이 리듬이 시조시인들에 의하여 오늘날도 만들어진다. 특히 시조시인이 아닌 시인들이라 할지라도 한국 사람이 쓴 시에는 시조 문예미학의 원리가 들어가[1] 있다.

시조 문예미학이 초 · 중 · 종장 3구분이어야 하는 논리는 추리하는 과학이어서이다. 추리는 추리가 잡고 있는 혹은 결론이 전체에서 이끌어지는 생각의 특수한 종류이다. 이것은 철학적 영역이다. 인생 3막이 되는 일이다. 우리 인간의 축적된 체험을 통하여 시로 나타나는 결과이다. 본연구자가 한국 시인들의 이미지를 조사한 결과 주로 경험유추를 통해서 작품이미지가 구성되는 예를 알아보았

1) 이영지 · 이상의 오감도의 구조와 상징에 관한 연구로 학위논문에서 증명됨.

다. 인간의 상상은 이 삼단계적 절차에 따라 처음과 중간과 끝이 있는 바 이 경험은 유기적으로 다른 세계 · 즉 과학이나 문학이나 기타 · 다른 세계에까지 연결된다. 그것은 인간 체험의식이 중심 에너지다. 인간의 위대함은 꿈이 이루어지는 일이다. 이 신비한 일은 하늘과 땅과 인간이 어울려 만들어 내는 기적적인 일이다. 그래서 변하지 않는 3세계는 종교 · 문학 · 철학의 논리에까지 투영된다. 이것은 놀랍게도 동 · 서양이 같은 궤를 보여준다. 성경에서의 성부 · 성자 · 성령은 물론이려니와 아리스토텔레스는 우주의 질서를 3계층[1]으로 지적했고 단체는 신곡에서 기독교 세계관에 의한 신화체계를 축도로서 지옥 · 연옥 · 천국 편으로 논하였다. 성서 창세기에서는 3계층[2]의미소를 중요시한다. 불교에 삼계(三界)[3]가 있다. 중

---

1) 3단논법은 Aristoteles의 Syllogism에서 비롯된다. Aristoteles는 Analytica priora(prior Analytics)와 Analytica posterior Analytics에서 다음과 같이 말하고 있다. 삼단논법은 논증이 아닌 까닭에 논증이전에 토론이어야한다. 3명사는 언제든지 마지막이 중간에 포함되는 하나의 다른 것과 관계되는 것처럼 전체에 관계되고 중간이 전체 안에 포함되는 것처럼 혹은 전체에서 제외되거나 첫째 것 이전체안에 포함되는 것처럼 혹은 전체에서 제외되거난 한다. 그리고 양극단은 완전한 삼단논법에 의하여 관계되지 않으면 아니된다.즉 우리는 모든 것으로 서술된다. 또 모든 C의 B로 서술된다면 C 아닌 것은 A로 될 것이라는 것은 필연이다. Aristoteles · Analytica Priora(BK · 1; ch. 3-4. p. 68-69) translated by A. J. J.Jenkinson.

2) 창세기 1장 8절 … 하나님이 궁창을 하늘이라 칭하시니리
1장 10절 … 하나님이 뭍을 땅이라 칭하시고
1장 27절 … 하나님이 자기 형상 곧 하나님의 형상대로 사람을 창조

3) 노승 30년 전 참선하기 이전에는 산은 청산이요 물은 녹수이었다. 그리던 것이 그 뒤 어진 스님을 만나 깨침에 들어서고 보니 · 산은 산이 아니요 물도 물이 아니더니 · 마침내 진실로 깨치고 보니 · 이제는 산이 의연코 · 그 산이요ㅕ 물도 의연코 그물이더라 · 그대들이여 이 세사지 견해가 서로 같은 것이냐 서로 다른 것이냐? 만일 이것을 터득한 사람이 있다면 그는 이 노승과 같은 경지에 있음을 허용하리라. 「경덕등록」 권 22-23.

생들이 생사 왕래하는 세계다. 대 우주로 잡는 동양의 천 · 지 · 인의 세계와 인간의 몸체 속에서 다시 우주를 찾는 동양사상은 한국에서 천지문天之文 · 지지문地之文 · 인지문人之文의 구분을 갖는다. 3구분[1]의 절대의 서열관계를 제일로 한다. 글을 보면 그 사람을 알 수 있다는 동양사상은 곧 마음이 글이요 글이 마음이 되는 아름다움까지 만들어 낸다.

한국문학에서 그 특징이 가장 뚜렷하게 드러나는 예는 한국시조 문예미학에서이다. 이 세계문학성이 되는 한국시조 문예미학은 한국 고유의 문학으로 단순한 문학 장르가 아니라 자연발생 구조이다. 한국시조 문예미학의 초 · 중 · 종장은 인간의 심층적 과정의 단계로서 변증법의 원리로 알려진 정 · 반 · 합의 원리이기도 하다. 이 조직은 헤겔의 변증법의 율동이 정립과 반정립의 대립을 찾아 그것을 통일하는 원리에 있는 조직과 관련[2]되기 때문이다. 이 조직은 헤겔의 변증법의 율동이 정립과 반정립의 대립을 찾아내는 인도의 인명因明[3]철학의 인명이 3단 론과 같다면 한국시조 문예미학도 3단 논법이다. 한국 민속의 동일성[4]이다.

---

1) 구본혁 · 3법구도 「한국가악론」『명대논문집』 · 107-108.

2) 이석윤은 「변증법에 관한 연구」(충남대 논문집) 370-371에서 정신은 단순한 존재를 부정하여 오성의 규정적 구별을 정립하지만 다시 이 구별을 해소한다는 점에서 변증법적이라는 것이다. 그러나 정신은 거기에 정체하는 것이 아니라 최초의 단순한 존재를 회복한다는 의미에서 긍정적이라는 것이다. 그리고 이 회복된 존재는 최초의 그대로가 아니라 구체적 부편성을 지닌다는 것이다. 헤겔은 이렇나 정진의 운동이야말로 개념의 내재적 발전이요 인식의 절대적 방법임과 동시에 0 내용 자체의 내재적 혼이라고 한다는 것이다.

3) 철학적 추리 1. 원리에서 결과를 이끌어 내는 추리(pürvant)
2. 결과에서 원인을 이끌어 내는 추리(śesavent)
3. 지각에서 추상적 원리를 이해하는 추리(sámányto)

더 보다 깊은 심층문학을 위해 그동안 연구하여 온 실제와 이론을 같이 하여 보다 깊이 있는 한국시조 문예미학리듬을 펼치려 한다. 이 가설을 전제로 할 때 연구 방법은 다양할 수 있다. 이 다양성 중에서 본 논문은 구체적 예로 실제 한국시조 문예미학 창작의 경험을 산 이론으로 하여 자연히 시조 문예미학을 짓기 위한 노력의 일환으로 우리의 것을 찾으려는 노력을 하였다. 곧 한국전통성의 맥을 잇고자 하였다.

시조 문예미학의 이론에 대한 신비를 푸는 리듬은 레비스트레스의 기호 구조도 연계된다.

가 로 세로	1	2	3	4	5	6	7	8	9	계
	1	2		4			7	8		
		2	3	4		6		8		
	1			4	5		7	8		
	1	2			5		7			
		2		4	5	6		8		
계										

레비스트레스Levi Strause1) 구조이론은 인구에 회자하는 이론이다. 한국 정서를 이해하는데 도움이 된 종 횡 란을 무시하고 왼쪽으로 오른쪽으로 계속 읽어 가면 어떤 이야기의 줄거리, 위에서 아래로의 순서로 읽어 가면 작가 · 혹은 작품의 의미소를 찾을 수 있다.

---

4) 어머니가 애기를 낳고 삼칠 만에 회복된다고 보는 민속이나 시집가서 삼일 만에 신행을 간다거나 · 아니면 석 달 혹은 삼년으로 그 날자를 잡는 풍습은 한국의 3구분에 대한 민속성의 뿌리가 된다. 어떤 것이 이루어지기 위한 절차이다. 정영자의 『한국문학의 원형적 고찰』(문학예술사) 249와 신광수의 『석북과 시집』 1책 권 7-8장 참조.

1) 레스스트레스(Levi Strause) 『구조인류학』 · 213-214 참조.

1) 초순

초하루 첫날은 일=잃(일어나의 고어)어 나는 날이다 · 일어나되 발걸음을 삼가고 입을 삼가며 시작을 새로 다짐한 처음이 주는 설렘과 즐거움과 반가움이 있다. 무엇인가 자신이 유익한 일을 남에게 줄 수 있는 기쁨 이겨나갈 수 있는 힘이 솟아나서 힘차게 출발하는 날이다. 마음의 겸손으로 이어지는 첫 날이다.

한국시조 문예미학은 時調, 곧 때의 리듬 때의 시조 문예미학 초장 문예미학리듬은 모든 나날이 누구에게나 연속이지만 자기 나름의 처음이 시작되는 때에 대한 기대감의 설렘으로 한다. 또한 시조 문예미학으로 말하면 초장리듬이 있게 된다. 이 때부터 한 달이 시작된다. 전 세계적인 공통의 질서 한 달 30-31 달력에서 제시되고 있다. 일 년 열두 달 이어지는 한 날의 시작이다. 하루하루 이어지는 한 달의 연속이 되는 1일 첫날은 나의 날이다.

한국에는 오묘한 날 첫 초순의 색채리듬 비유이미지가 있다. 첫날 정월 초하루는 온통 하얀색 이미지이다. 하얀 순결의 시작이다. 이 은유의 시조 문예미학리듬이 있다. 한 달을 기점으로 보면 초순 이미지의 날이 개인의 날로 채색되는 날들이다. 시조 문예미학 초장에 대한 리듬이 된다. 한 달을 기점으로 초순은 한 달의 처음 10일 동안 이다. 엄격히 날자로 따지면 8까지의 질서정연이 이루어지고 나머지 2일 곧 9-10일은 초순을 잘 정리하려는 초순의 결말 기간이다.

다음은 우선 10일 중에서 1-8까지의 이미지색채리듬이다.

① 백색 8		② 흑색 2	
백색 1	15	적색 9	15
백색 6		녹색 4	
③ 녹색 4		④ 자색 9	
자색 9	15	황색 5	15
흑색 2		백색 1	
⑤ 벽색 3		⑥ 녹색 4	
황색 5	15	벽색 3	15
적색 7		백색 8	
⑦ 녹색 4		⑧ 흑색 2	
황색 5	15	황색 5	15
백색 6		백색 8	

한국시조 문예미학의 초순 리듬 1-8간의 리듬은 기쁨과 두려움 그리고 희망과 설렘이 있는 시조 문예미학을 빛깔별로 시인에 따라 각기 채색된다. 시인의 각자 개인에 따라 1-8일까지의 날들이 시인에 따라 비유되면서 아름다운 날들이 이루어진다. 빛깔들, 여기에서 빛깔이라는 말을 사용하는 것은 우리조상들이 사용하였기 때문이다. 바로 저어기 바이칼 호수가 증명하는 우리말 빛깔이다. 우리민족이 사용하였던 언어 빛깔이 거기에 있다. 아름다운 빛깔호수가 있다. 우리조상들이 살았던 바이칼 호수가 있다. 흰 빛깔의 그 선명한 이들은 모두 백색과 녹색으로 선호되고 있다. 그리고 비교적 강한 그리고 힘찬 이미지이다. 이들 빛깔들이 은유와 비유의 리듬시어들로 시인에 의해 수놓아 진다.

나머지 초순 끝 9일과 10일은 초순의 끝맺음 이미지이다. 그래서 리듬구성도 45자 내외 리듬이 형성된다.

⑨ 녹색	자색	흑색	(4 9 2 15)	
벽색	황색	적색	(3 5 7 15)	45
백색	백색	벡섹	(8 1 6 15)	

⑩ 녹색	벽색	백색	(4 3 8 15)	
자색	황색	백색	(9 5 1 15)	45
흑색	적색	백섹	(2 7 6 15)	

⑨와 ⑩ 초순의 이미지 색채리듬은 희망이 부푸는 녹색으로 시작하여 백색으로 끝난다. 한 달, 처음을 잘 시작하는 희망메시지이다. 시조 문예미학 한 수 45자 내외에서 주로 흰색과 초록색을 이미지 색채로 하면서 시인의 심상이 투영된다.

한국시조 문예미학에서 한 달을 기준한 때와 긴밀한 초순의 리듬은 45자 내외로 기쁨이 암시되는 의미 내포 리듬이다. 마음각오를 단단히 하고 일어나는 초순의 색채 백색리듬은 백색으로 일관되는 리듬과 의미까지 포함된다. 백의민족답게 의미리듬도 백색이미지리듬으로 은유된 리듬이다.

흰색이미지는 순결과 정의와 자유의 색채이다. 모든 색채에서 자유로울 수 있는 유일한 색채 흰색 곧 하얀색 이미지는 큰 의미를 내포한다. 한 나라 큰 나라의 ㅎ과 ㄱ이 서로 넘나들면서 한국이라는 말의 뜻이 된다. 큰 나라 흰 나라이다. 큰 민족 한국인이 이 흰색을 좋아하는 이유가 된다. 바로 배달민족의 역사와 전통이 증명해주는 큰 민족 그리고 한글이라는 말이 주는 큰 글을 나타낸다.

2) 중순

한 달의 중순은 시조 문예미학리듬에서 중장이미지에 해당된다. 한 달의 중순은 한 달의 11-20일까지이다. 시조 문예미학의 중장이미지와 한 달의 중순 이미지가 연계되면서 이미지로서 인생에서 가장 황금의 때 중순의 나이 때이다. 이 때도 역시 가장 한국적 신비의소 백색이미지가 주를 이룬다. 중순 이미지이자 시조 문예미학의 중장 이미지의 가장 대표적인 색채 백색의 하늘 이미지이다. 땅이 한 달의 중순, 나이로 따지면 중년의 나이 때 이미지이다. 색채도 백색이다. 가장 왕성한 때의 사람 한국인, 백색 즉 한국인의 순결성과 장대함과 큼이 순전히 흰 색 이미지를 상징한다.

⑪ 백색 1
백색 6 15
백색 8

⑫ 자색 9
흑색 2 15
녹색 4

⑬ 황색 5
적색 7 15
벽색 3

⑭ 백색 1
자색 9 15
황색 5

⑮ 백색 6
흑색 2 15
적색 7

⑯ 백색 8
흑색 4 15
백색 3

⑰ 백색 8
흑색 2 15
황색 5

⑱ 황색 5
백색 8 15
흑색 2

한국시조 문예미학에서의 중장 이미지가 되는 땅의 백색 이미지가 강한 때의 비유는 보다 현실성이 강조된 흑색으로 끝나는 것이 특생이다. 그러나 이 어둠이미지가 흰색 이미지로 은유된다. 중장 혹은 중순이미지 그리고 나이로 보더라도 한 창 때는 한 달 내의 11-20까지 이미지이다. 현실이야기가 작품 내용으로 등재된다. 시인의 희喜 · 노怒 · 애哀 · 락樂이 중점적으로 전개된. 마음이 노출된다. 이 때[1]는 가장 달콤하고 또는 가장 슬픈 이야기가 전개 된다. 이 중순 때 그리고 중장 이미지는 사람으로 따지면 30 - 50때이다. 할 말이 많은 때이다.

한 달 중순 · 사람으로는 한창 때 · 한국시조 문예미학으로는 중장의 리듬전개에 대한 중장 리듬에 대한 이해의 결말이미지 구성은 한 달에서 19일과 20일에 해당된다.

⑲ 백색	백색	(백색	1	6	8	15)	
자색	흑색	(녹색	9	2	4	15)	45
황색	적색	(벽색	5	7	3	15)	
⑳ 백색	자색	(황색	4	3	5	15)	
백색	흑색	(적색	9	5	7	15)	45
백색	녹색	(벽색	2	7	3	15)	

한 달 중순의 ⑲-⑳일 때는 시인 삶의 의미가 한창 무르익는다. 확고한 신념과 사랑으로 일을 진행하는 때이다. 매일 시를 쓰는 사람일 경우 나도 모르게 아주 좋은 시어들이 쏟아져 나오는 기적을 만드는 때이다. 중순의 나날이 아름다운 색채무늬로 어울린다.

---

1) Wall · R 지음: 이영현 옮김 『수리언어학』(서울: 한신문화사 · 1987) · 40.

3) 하순

시인이 쓴 한 편의 시조 문예미학을 어떻게 마무리하는 하순 이미지는 한국시조 문예미학으로는 종장이다. 이 시조 문예미학 종장 이미지는 한 달에서 하순 21-30일 때이다. 이 종장 이미지 리듬은 지금까지의 살아온 나날들의 습관과 정열과 그리고 신념이 그대로 녹아난 끝마무리 리듬의 때이다. 한 달에서는 21로 시작하여 28일까지가 그 중심을 이룬다.

㉑	적색	7		㉒	백색	6	
	벽색	3	15		백색	8	15
	황색	5			백색	1	
㉓	흑색	2		㉔	적색	7	
	녹색	4	15		백색	6	15
	자색	9			흑색	2	
㉕	벽색	3		㉖	황색	5	
	백색	8	15		백색	1	15
	녹색	4			자색	9	
㉗	백색	1		㉘	흑색	2	
	흑색	2	6		벽색	3	9
	벽색	3			녹색	4	

빨갛게 채색된 생애 혹은 한 달의 마지막 때는 어떠한 결과에 대한 감탄으로 시작한다. 사람의 생애는 일생이 불행했건 그리고 행복했건 지나고 보면 감탄의 때이다. 살아온 나날이 꿈만 같은 일생이다. 한 달로 치면 하순 때이다. 시조 문예미학리듬으로서는 종장

이미지이다. 이 리듬은 감탄리듬이다. 가장 감탄의 정제된 리듬은 3자 감탄이다. 이육사의 「청포도」의 시어 '아이야'가 탄생한다. 이상의 시 「오감도 시제 9호」의 '나는참'이 등장한 감탄 한국 정서이다.

한국시조 문예미학은 6구 리듬이다. 이 6구 리듬에 대한 이미지가 있다. 이 상[李箱]시인은 그의 시 리듬을 69다방으로 실제 활용했다. 참으로 시적 은유의 삶이다. 6 · 9 이 감수성은 세속적 의미가 아닌 심상 정서이다. 시조 문예미학리듬에 접근하는 아주 예리한 시적 은유이다. 천재 이상은 한국시조 문예미학리듬 원리를 한국 수리과학으로 풀고 있다. 문학의 특징이 가지는 호기심을 시적 상응의 원리로 표시 의미로 한 남녀의 화합이미지화한 은유이다. 이상시의 오감도가 지니는 한국시조 문예미학리듬의 원리가 된다. 6 · 9의 합 15는 한국시조 문예미학리듬의 기본의소이다.

색채리듬에 따른 이제까지 열거한 시조 초 · 중 · 종 문예미학리듬은 입체리듬이다. 합 의소 글자 수 15의 3곱인 45자 내외가 만들어 낸 입체리듬이 한국시조 문예미학리듬의 특징이다. 그리고 마무리를 어떻게 하느냐를 이미지로 하는 한 달의 마지막 리듬이 있다.

그 비유는 한 달 중 ㉙ - ㉚일의 예에서 찾아진다.

㉙ 적색	백색	흑색	(7	6	2	15)	
백색	백색	녹색	(3	8	4	15)	45
황색	백색	자색	(5	1	9	15)	

㉚ 적색	벽색	황색	(7	3	5	15)	
백색	백색	백색	(6	8	1	15)	45
흑색	녹색	자색	(2	4	9	15)	

한 달에서 마지막 때 29-30일을 상징하는 한국시조 문예미학리듬은 지난날의 빨강 색의 이미지 삶을 투영된다. 그러나 중심 색채 이미지는 역시 백색 이미지다. 이제까지 쌓아온 일들이 그 결과를 드러내는 한 시인 시인 중심에 한국인의 고유정서 백색이 있다. 그리고 끝맺음 리듬을 허사 리듬 하여 백색 이미지가 더욱 강조된다. 소중한 생애 만큼에 버금을 허사리듬으로 하는 지혜가 한국인의 정서 한국시조 문예미학리듬이다. 나누어 주고 그리고 베풀고 남을 위해 무엇인가를 남기는 이미지 색채 리듬은 백색 리듬이다. 이 백색은 뜨겁게 살아온 삶에 중앙 그 중심에 백색 8월에 하얀 옷을 즐겨 입는 리듬을 거쳐 종장 리듬은 한 생애의 끝을 하얀 겨울의 흰 이미지로 고요하게 한다.

생애의 시작리듬이기도 한 1월의 하아얀 눈이 내리는 마음의 순결이 그 바탕을 이루면서 하얀 민족 한국인의 정서는 한국시조 문예미학리듬에는 언제나 하얀 색을 중심 색으로 하는 정서가 자리 잡는다. 우리들의 정서는 설날이 되면 아이들이 색동옷을 입고 어른들도 아주 낭만 어린 설날 옷을 입는다. 이 때 하얀 이미지는 하얀 동정이나 하얀 두루마기 그리고 이불을 감싸는 하얀 호청이다. 이 하얀 이미지 신비는 온 세상이 푸를 6월의 때도 하얀 푸르름이다. 하얀 푸르름의 대표색은 옥색이다. 우리의 정서는 치마 두루마기 저고리 모두 귀하고 정한 옥색 치마 옥색 저고리 그리고 남자들의 옥색 두루마기 그리고 옥색 바지저고리의 남성들 의복 모두 하얀색이미지가 강하다 못하여 푸르고 옥색이 귀한 하얀 이미지를 지닌다. 남자들로 하여금 정말 시인인양 하늘바라기 이미지의 최상이다. 여인들은 옥색 두루마기와 옥색 겉치마까지 쓰고 나면 영락없는 선녀모습이다. 한국여인의 아름다운 빛깔 입히기의 명수가 되는 고운 명주옷은 그 귀품이 세계적이다. 아름다움에 대한 색채 감각은 지금까지도 우리의 정서에서 마음을 설레게 하는 묘한 매력이다. 그리고 쨍쨍 더운 여름날 이 여름을 흰 색 이미지로 한다. 8월 백색 색채이미지로 하는 한국 특유의 색채이미지!

어디에서든지 자연을 보다 보면 모든 식물들이 잘 자라기 좋은 쪽으로 고개를 돌리는 것을 보게 된다. 아주 큰 나무는 하얀 햇빛이 잘 비춰는 쪽을 향하여 기울면서 배불뚝이가 된다. 식물들이 햇빛 쪽으로 손을 내밀며 햇빛이 나오는 하늘을 향하여 손짓을 하고 있다. 한국시조 문예미학은 하나님이 주신 아름다움을 한 달 기록으로 남기는 일이다. 생물들이 하늘 향하여 고개를 돌린다. 이 햇빛을 향한 살이있게 해 준 분에 대한 고마움이 한국시조 문예미학으로 남는다.

정말로 흰 색을 포기하지 못하는 리듬이 한국시조 문예미학리듬이다. 학생들까지 이 흰 색을 흰 운동화로 대신한다. 한 겨울에도 이 흰색 선호, 모두가 흰 색 운동화를 신는다. 이 흰 색 이미지는 한국시조 문예미학색채리듬 주 선호색채다. 첫째 시조 문예미학의 조장 15자 내외와 둘째 중장 반복 입체리듬 중장 그리고 셋째 종장에서 둘의 뜻을 다시 확인하는 일로 된 시조 한 수의 작품은 6구를 나열 시의 이미지로 변신 백색이미지를 강조한다. 15의 3곱인 45자 내외 글자 수는 한 달에 대한 시조 문예미학의 은유 기법은 하얀 마음 착한 마음이 시의 중요 의미기호이다.

4 방향 잡기

달이 완전히 기울어 한 달이 되는 것이 아니라 달이 다시 돋아 만개하는 이미지 그야말로 한국시조 문예미학리듬은 고도의 기법 입체리듬으로 흰 색을 선호한다. 이 백색 방향 이미지는 때의 리듬에 대한 관점에서 앞으로 나아가기는 첫째 혹은 둘째 셋째 그리고 그 다음 다음으로 이어지는 일이라든지 1 · 2 · 3 · 4 그리고 다음 숫자로 계속 이어지는 보편적인 순서의 진리를 존중하는 일이다.

성경은 이 서열이미지 되기를 히브리어 수치로 드러난다. 이에 본 연구에서는 한국시조 문예미학리듬과 긴밀한 서열문제를 히브리어와 관련하여서 서열관계를 풀어갈 수 있다.

성경은 방향잡기 이론으로 숫자에 대한 이론을 전개한다.

히브리어 알파벳의 수

자음	이름	뜻	발음	수치
א	אָלֶף 알렙	수소 · 나 · 왕	묵음	1
ב	בֵּית 벳	집 · 보호	b v ㅂ	2
ג	גִּמֶל 기멜	낙타 · 은혜 갚기	g · gh	3
ד	דָּלֶת 달렛	문 · 가슴	d · dh	4
ה	הֵא 헤	숨구멍 · 숨쉼	h	5
ו	וָו 와우	갈고리 · 연결	v	6
ז	זַיִן 자인	무기 · 남자무기	z	7
ח	חֵית 헤드	울타리 · 지붕	h	8
ט	טֵית 테드	뱀 · 지혜	t	9
י	יוֹד 요드	손. 하나님 손	y	10
כ	כַּף 카프(ך)	굽은 손 · 힘	k · kh	20
ל	לָמֶד 라멧	막대기 · 목적	l	30

מ	לְמֵם 멤(ם)	물 · 말씀	m	40
נ	נוּן 눈(ן)	물고기 · 신자	n	50
ס	סָמֶךְ 싸멕	지주 · 둘레	s	60
ע	עַיִן 아인	눈	.	70
פ	פֵּי 페(ף)	입	p · ph	80
צ	צָדֵי 짜데(ץ)	낚시 바늘 · 코	tz	90
ק	קוֹף 코프	바늘귀	q	100
ר	רֵישׁ 레쉬	머리	r	200
שׂ	שִׂין 신	이	s	300
שׁ	שִׁין 쉰	이	sh	
ת	תָו 타우	십자 · 끝	t · th	400

히브리어 글자를 보면 제일 처음 우리말 감탄법 발음 ‘아’ 로 시작한다. ‘아’는 동국정운이 제시하는 아 아 ᄋᆞ 이며 이를 산스크리트어는 अ아이며 감탄의미다. 나라는 존재는 하나님의 형상이기에 감탄 존재이다. 이유는 나는 유일하세 이 세상에서 말할 수 있는 입을 가진 존재이다. 하나님의 형상다운 말을 할 수 있어서다. 아 소리는 아기가 처음 태어나면서 가장 아 하고 소리를 낸다. 무엇을 보며 아 하고 감탄하는 사람은 신의 형상을 닮았기에 신의 거룩한 뜻을 배워 익혀서 마음에 감탄하는 생애를 만든다. 으뜸 사람은 갈수록 신의 형상을 닮아 어른이 된다. 아비가 된다. 집안의 어른이 되어간다. 점점 진짜 사람이 되어 간다. 바로 나이다. 그래서 집안의 장자 · 마을의 어른 · 나라의 어른이 되어간다.

한국시조 문예미학이 가지는 초장이니 중장이니 종장이니 하는 말 자체가 서열을 중요시한다. 그러기에 초장은 신의 뜻을 우러르는 감탄의 장이다. 이와는 다른 사람인 나는 절대자와는 다른 존재이다. 중장이다. 그러나 초장과 중장이 나란히 쌍 초장과 중장을 이룬다. 종장에서는 초장과 중장에서 이루어지는 이미지를 정리하는 리듬장이다.

한국시조 문예미학리듬은 가장 기본적인 시어 하늘 · 땅 · 물 · 불 · 우뢰 · 바람 · 연못 · 산의 이미지로 할 수 있다. 이 이미지 전달 방법은 시인에 따라 서로 다른 특징을 이루는 방법이 있게 된다. 첫째 · 무 방향 즉 0° 방향으로 하는 경우이다. 이 0° 방향으로 쓰여 지는 작품은 시조 내용이 한 가지 일념 그대로 시인의 마음에 변화가 없는 리듬이다. 둘째 · 30°도 방향 · 곧 편안한 마음의 삶이 시조 문예미학으로 지어질 수 있다. 셋째 · 45° 방향의 시조 문예미학이 있다. 사선방향으로 쓰여 지는 작품의 경우이다. 넷째 · 90° 방향이다. 방향이 초장과 중장과 종장을 거치면서 완전히 바꾸어진다. 다섯째 180°도로 전환되는 경우이다. 초장과 중장의 내용이 하늘만큼 먼 거리로 다르게 전개되는 경우이다. 종장에서 이 전연 다른 어느 쪽을 선택하거나 두 개의 초장과 중장을 종합한다.

첫째 · 0° 둘째 · 30° 셋째 · 45° 넷째 · 90° 다섯째 · 180°

1) 0° 무 방향 지시시어소

(1) 하늘 → 하늘 (2) 땅 → 땅 (3) 산 → 산 (4) 우레 → 우레
(5) 바람 → 바람 (6) 연못 → 연못 (7) 물 → 물 (8) 불 → 불

2) 30° 방향 지시시어소

(1) 만남의 ① ②
① 땅 → 산 → 산 → 땅 ② 우레 → 땅 → 땅 → 우레
(2) 영원한 나란함의 ③ ④
③ 하늘 → 우레 → 우레 → 하늘 ④ 하늘 → 산 → 산 → 하늘

(3) 만남의 ⑤ ⑥

⑤ 우레 → 바람 → 바람 → 우레 ⑥ 연못 → 산 → 산 → 연못

3) 45° 방향 지시시어소

(1) 영원한 나란함의 ① ②

① 연못 → 물 → 물 → 연못 ② 물 → 바람 → 바람 → 물

(2) 만남 ③ ④

③ 바람 → 불 → 불 → 바람 ④ 불 → 연못 → 연못 → 불

4) 90° 방향 지시시어소

(1) 하늘 → 불 → 불 → 하늘 (2) 하늘 → 땅 → 땅 → 하늘

(3) 물 → 띵 → 땅 → 물 (4) 하늘 → 물 → 물 → 하늘

(5) 땅 → 불 → 불 → 땅 (6) 물 → 불 → 불 → 물

5) 180° 방향 지시시어소

(1) 영원한 나란함의 ① ②

① 물 → 우레 → 우레 → 물 ② 산 → 물 → 믈 → 산

(2) 영원한 나란함의 ③ ④

③ 바람 → 하늘 → 바람 → 하늘 ④ 하늘 → 연못 → 연못 → 하늘

(3) 영원한 나란함의 ⑤ ⑥

⑤ 연못 → 우레 → 우레 → 연못 ⑥ 산 → 바람 → 바람 → 산

(4) 영원한 나란함의 ⑦ ⑧

⑦ 우레 → 산 → 산 → 우레 ⑧ 연못 → 바람 → 바람 → 연못

(5) 만남의 ① ②

① 땅 → 연못 → 연못 → 땅 ② 바람 → 땅 → 땅 → 바람

(6) 만남의 ③ ④

③ 산 → 불 → 불 → 산 ④ 물 → 우레 → 우레 → 물

① 0°= 무 방향 지시어군으로 방황의 늪을 말한다. 곧 어느 방향으로도 나아가지 못하는 시조 문예미학의 리듬.

② 30°= 가장 안전방향지시어군으로 휴식리듬

편안한 시조나 내용이 편안한 리듬

③ 45°= 신비한 세계 · 전연 다른 세계의 방향지시리듬
삶의 가파름에서 얻어지는 굴곡 리듬

④ 90°= 바로 옆자리 · 가장 가까운 자리와 멀고도 가까운리듬
바로 옆자리에서 배신 · 죽음 영향리듬
부부사이의 리듬이어서 모든 비밀리듬

⑤ 180°= 가장 먼 거리 · 그리움의 자리지시어 리듬.

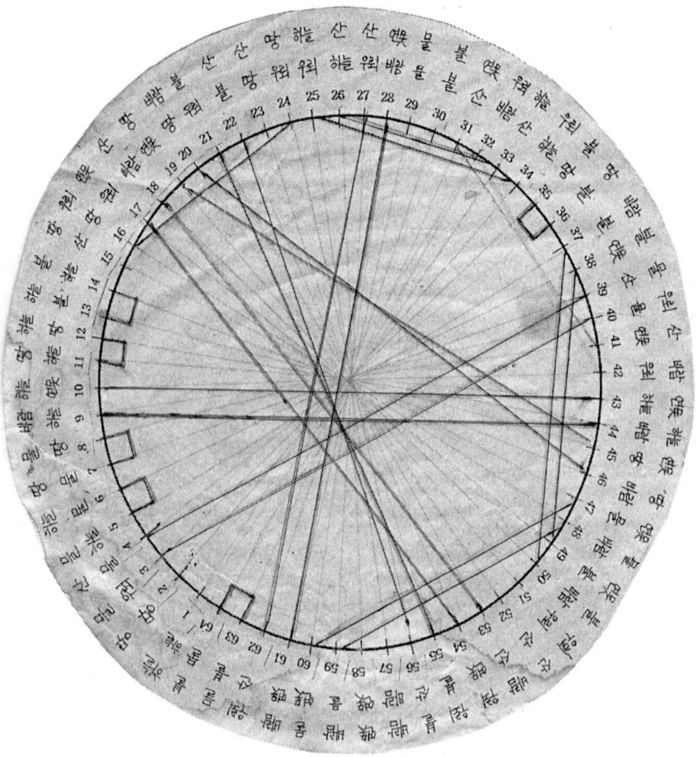

8개 원소 하늘 · 땅 · 물 · 불 · 우뢰 · 바람 · 연못 · 산의 한국에서 쓰이는 공식적인 시어의 은유방향이다.

제3부 시조 문예미학 때의 리듬

1 한 달의 때 시조 문예미학리듬

1) 1과 1일. 초하룻날 한 날의 시조 문예미학리듬

(1) 첫날 한 날의 시조 문예미학리듬

우리의 조상나라 환국이 즐겨 쓰던 수치가 그대로 전해진[김상일]다. 이 증명은 삼국사기에 일 1[아사, 아시] 이 2[두르] 삼 3[에스] 오 5[이오]로 전해진다. '애초' '아시' 빨래 할 때의 '아시'는 첫날의 첫을 의미한다. 경상도 사투리에서는 '아이 빨래라고도 한나. 인나 קָם - קוּמוּ[꾸무]1): 훈민정음에 백성을 꾸물거리는 으로 표현하였다. 우리나라 말은 참으로 오묘하여 이미 이 표현이 놀랍게도 히브리어에서 일어나라는 표현이다. 우리들은 지금도 야 꾸물거리지 말고 일어나라고 독촉한다. 이 뜻은 깊어서 성경은 1을 첫째라 하지 않고 완전한 1, 전체를 통 털어 한[大]으로 표현한데서 출발한다. 꾸물거리지 말고 일어나 우두머리가 되도록 일하라! 공부하라! 연구하라! 다스리라!

부모들이 아이를 향해 '인나'하며 깨운다. 산스크리트어 [illegible] 인나! '인나'2) 仁3)은 왕을 말하고 헬라어 ἰνα4) 그대로이다. 우리

---

1) יִרְחַץ(VQIMZS, 이레하쯔 · 씻고 계시는, 레 1: 9, 13, 9: 14).

고어 ㆆ 후음 喉音 성천 声浅 단음 短音 여흡자초발성 如恰字初発声상 훈민정음 혜례본에 ㄴ이 붙은 '흔ㄴ나'이다. 사투리 은나[1]이다. 운동장에서 운동 하는 무리들의 호령 은나 êna: -1에서부터 1까지 오는 수 이미지의 순수 우리말)! 두울 세엣!!. 꿈[2]을 가지고 일어나라, 꾸물거리지 말고 일어나! 인나! 일어나 왕, 우두머리가 되라! 꿈 라틴어 인나[3]이다. '은나! 동국정운의 흔나 우리나라에서 쓰이는 우리말[4]이다.

인나! 하나[5] 인나! 우리 국민은 꿈 קוּם 꿈[6]을 들고 일어서기를 잘한다. 일 나가갈 때도 일 나간다 한다. 일어나 일을 시작한다. 일어나기의 절대성[7] 공유그리움 영어 A · 히브리어 א 엘레프[8]이다. 엘레

---

2) 강상원 · 『東國正韻 실담어 註釋』(서울: 明倫學術院 · 2018) · 167.
3) 강상원 · 『東國正韻 실담어 註釋』(서울: 明倫學術院 · 2018) · 194.
4) 인나, 마태복음 9:6: GREEK-ENGLISH NEW TESTAMENT(1971, 21.
1) 필기체 (가) (가) (그셔) (나) (나) (나) (다) (다) (다) (다) (다) (라) (라) (르) (르) (르) (르) (마) (빠) (박) (사) (사아) (사) (아) (아^아) (아) (오) (우) (에) (에) (에) (악) (우) (이) (자) (자) (차) (카) (카) (타) (타) (파) (ㅂ파) (하); 산스크리트어를 데바나가리어라 한다. ग ga घ gha न na ङ ṅa ञ ña ण ṇa ड ḍa द da ध dha ढ ḍha र ra ल la ऋ ṛ/r̥ ॠ ṝ/r म ma व va ब ba भ bha स sa ष ṣa श śa ऌ4 अ a आ ā इ i ई ī उ u ऊ ū य ya ḷ/l ॡ ḹ/ḹ ए e/ē ऐ ai ओ o औ au ज ja झ jha च ca छ cha क ka ख kha ट ṭa ठ ṭha त ta थ tha प pa फ pha ह ha.
2) קוּם(쿰 · 일어나, rise up. δυναστήσονται, 신 29:21, 창 14:3, 19:26, 레 19:26, 민 18:19, 34:3, 12, 신 3:17.),
3) êna 스테반 원어성경 上(서울: 원어성서원 · 2000. · 627 · 레위기 5:7,
4) 산스크리트어와 한민족사투리 부로그:
http://blog.daum.net/paulsong/15863203/
5) 온 땅에 구음이 하나 ёv(은나)이요 언어가 하나 ёv(은나)이었더라(창 11: 1);
http://blog.daum.net/paulsong/15863203/
6) קוּם(쿰·일어서다, 창 37:7, 41:30, 출 10:23, 33:10, 레 25:30, 27:19, 민 24:17, 30:4, 32:14).
7) E. W 벌링거 · 장상선 감수, 『성경에 나타난 숫자 해설』(서울: 나단 · 2001) · 70.
8) אֶלֶף(알레프 · 하나) · 히브리어 알파벳과 그 의미 · ANCMS · εἰς. μια · ἐv · 창

프 소 이미지다. 소는 되새김질로 든든히 먹고 일어선다. 은유시법 나이다. 아담한 존재 아담이다. 하나님으로부터 선물 받은 귀중하고 아담한 나이다.

이 하나의 귀중함은 아버지와 아들관계로 볼 때는 아버지 일을 많이 하는 아들이다. 이 아들의 귀중함은 아드님 עַד아드[1]님이다. 아드님은 "이스라엘아 들으라 우리 하나님 여호와는 오직 하나인 여호와시니"에서 원본이 보여주는 큰 글자 둘이 합하여 '아드' 아들이다. 성경은 이 문장을 대문자로 표시한다. 성경 신명기 6장 4절 히브리어 שְׁמַע 쉐마아의 끝 ע아와 אֶחָד에하드의 ד드로 모아진 두 글자 דע아드[2]님 곧 증거 이 아들은 우리들에게 보여준 하나님의 가슴 아들[3] 증거[4]이다. 아드[5]님은 우리를 눈에 보인 바 따뜻한 사랑의 가슴으로 십자가에 못 박히신 하나אֶחָד 에하드 곧 하나이다. 글자로는 י요드 처하는 없어질지라도 없어지지 않는 하나! 한! 첫! 글자!

영어는 A a 히브리어 א에[6]이다. אֶחָד에하드에서 묵음 א아를 빼면 '하다'이다. 하다![7] 하나 אֶחָד에하드[8]가 하드[9]이고 하나이다. 하나 אֶחָד 에하드[10]이다. 첫째 날을 한 날의 하나 אֶחָד에하드[11]이다. 하드와 אֶחָד 에하

1:5)

1) עַד(아드).

2) אֶחָד | שְׁמַע יִשְׂרָאֵל יְהוָה אֱלֹהֵינוּ יְהוָה(쉐마아 이스라엘 엘로헤이누 여호와 | 에하드 · 신 6: 4).

3) הָעֵדֻת(하에두트 · 증거) -עַד(아드 · 증거).

4) הָעֵדֻת(하에두트 · 증거 · 출 26: 34 · 27: 21 · 30: 6 · 26 · 36 · 31: 7 · 39: 35 · 40: 5; 레 24: 3; 민 7: 89.

5) -עַד(아드 · 증거).

6) אֶ(에).

7) 河屯(하둔) 진태하, 『鷄林類事 硏究』(서울: 탐출판사 · 1975) · 273-274.

8) אֶחָד(에하드 · 하나 · 창 1:3).

9) 진태하, 『鷄林類事 硏究』(서울: 탐출판사 · 1975) · 273-274.

드1): 우리나랏말 하나는 히브리어 אֶחָד[에하드]이다. 하나이다. 첫 글자에 א는 묵음으로 하나가 바로 하드2)이다.

히브리어 הֲדָה 하다3)에서도 찾아진다. 십계명에서도 이 하나는 이른바 첫 계명을 첫 개념이 아닌 전체, 10계명 전체 에트[את]와 에하드는 같다. 이 한 날을 성경은 전체라는 표현으로 한다. .

① 한 날 하늘 - 에트 אֶת(1: 1) → 땅 베에트 וְאֵת(1: 1) →
빛 - 에트 אֶת(1: 4)

이 하나4) 에하드 אֶחָד[에하드 · 창 1: 5 · 9 등]는 첫째 로숀 רִאשׁוֹן[로숀 · 첫째 · πρωτος · 첫재]과 구별된다. 창세기 1:1의 한날! 하나 창세기 1:1 예수! 예수, 슈메르어 아시, 아카드어 아스5), 히브리어 에하드 모두 하나 1 발음 이다. 크다 그리고 왕이라는 의미가 있다. 10을 하나로 묶은 하나! 십계명6)중 1계명이 십계명 전체의미다. 다 바치면 하나님이 10개 중에서 하나만 하시고 9를 돌려주신 11조의 개념이다. 서열을 중시하면서 하나하나의 개별을 하로 하고 하나7) 은나 은나 두울 일어서라! 이 표시는 하나님 손8)이다. 하나님의 손 · 곧 예수님 손

---

10) אֶחָד(에하드 · 하나 · ANCMS · εἱς. μια · ἑν · 창 1:5).
11) אֶחָד(에하드 · 창 1: 5 · 9 등).
1) אֶהָד(에하드 · 하나, 창 1:3).
2) 진태하, 『鷄林類事 연구』(서울: 탑출판사, 1975), 273-274.
3) הֲדָה(하다· one,, AFS, 단 4:16).
4) אֶחָד(에하드 · 창 1: 5 · 9 등).
5) 엄원식, 『아카드어 문법』(대전, 침례신학대학교출판부, 1997) · 296
6) Patrick D · Miller Jr · "The Place of Decalogue in the Old Testament and It's Law," *Interpretation* 43 (1989) · 229.
7) אֶחָד(에하드 · 창 1: 5 · 9 등).
8) י(요드).

하나 10 : 10이 하나 곧 절대자 그 분의 손으로 한다. 성경은 하나님을 그He[1]로 한다. 하나님[2]은 품 군들을 향하여 한 데나리온의 약속[3]으로 하신다. 우리 사람은 하나님 손에 의해 좌우되는 한 생애 한 알의 씨앗이다. 한번뿐인 생애 · 하나님의 영광을 드러내는 한 생애 · 이 한 생애는 한국시조 문예미학을 쓰는 시인에 의하여 남겨진다. 한 생애 시조 문예미학 한 편 곧 전부이다.

한 날은 욤 에하드אחד יום[4]이다. 한 날은 첫째 둘째의 첫째가 아닌 한 날이다. 에덴의 강이 있다. 이 강에 첫째 강이 있다. 원문은 에하드אחד 강[5] 한 강 비손[6] 한 강이다. 비전의 강,. 미래가 있는 강 이 강은 하나님이 시키시는 일을 입으로 끝까지 말씀전하는 한 생애 사역 강 한 상 비손 비진을 기진 유토피아 강! 에덴의 강이다.

하나의 중요성은 숨 쉼 히브리어 헤ה[7]에서 드러난다. 숨 쉼 사이에 예수님 상징 연장이라는 히브리어[8] 글자에서 숨쉬기가 두 번 들어가는 הַזָּהָב하자하브[9]가 있다. 이 하자하브 הַזָּהָב[10]는 숨 쉼 표시 ה하 · ה하[11] 양쪽 안에 연장[12]이 있다. 숨 쉼 표시이다. 예수님으로 하

---

1) י(요드): 프릿만(David Noel Freedman)이 감수한 ABD 사전: David Noel Freedman · Hebrew Letters "yod · He," *ABD: The Anchor Bible Dictionary* · (New York,: Doubleday · 1992) · 1011.

2) 사 43: 10-12 · 44: 6.

3) 마 20: 13.

4) יוֹם אֶחָד(욤 에하드 · 한 날 · 창 1: 5).

5) שָׁם הָאֶחָד(쉠 하에하드/그 하나 거기 · 창 2:11).

6) פִּישׁוֹן(비손).

7) ה(헤/숨쉼).

8) ז(자인/연장).

9) הַזָּהָב(하자하브/금이 있는 · 창 2:11).

10) הַזָּהָב(하자하브).

11) הָ הַ(하 하).

여 숨 쉬는 표시다. 사람은 숨 쉬어야 산다. 예수님이 있어서다.

지금 서울에는 한 강이 있다. 우리에게 친근감이 가는 한 강은 백제시대에는 욱리하[1]다. 울타리가 되어준 큰 강 하나의 한 강이 대한민국 서울에 있는 한 강이다. 이 한 강 이야기는 성경에서 모래땅이 숭숭 구멍이 나 있는 사금 땅이 옳은 금을 만들기 위해 빙빙 돌아 춤추며 강으로 한다. 뱅글뱅글 돌며 위로위로 오른다. 한 강은 금을 만드는 비전의 강이다. 말씀 싸 바른[2] 강이다. 금[3]을 만들기 위해 흐르는 강이다. 목적이 있는 삶 · 금을 만들기 위해 있는 한 강이다. 주의 계명을 지키기 위해 좋아[4]하며 흐르는 강이다. 좋은 비전이 있어서이다. 두 번의 숨 쉼 하 하 하ה ה ה웃으며 사는 삶이다. 하하하ה ה ה 웃는 웃음은 강이 그 예다. 강이 하하 한자로 강河 하하 웃음 강 우리 동국정운의 글자를 빌려 쓴 산스크리트어 ह하 ह하 ह하이다.

성경은 이 숨 쉬는 삶이 즐거움이 되는 이유를 내가 숨 쉬며 살 수 있는 것으로 한다. 예수님이 두 손을 들고 있는 하솨함הַשֹּׁהַם[5] 한다. 양쪽에 히브리어 ה ה 두 개, 산스크리트어 하 하 ह하 ह하[6] 두 개 놓고 웃는다. 그 분 안에 내가 숨 쉬는 일이다. 나를 위해 일 하

---

12) זַ(자인/연장).

1) וּנָהָר(우나하르).

2) הַסֹּבֵב(하소베브 · 창 2:11 · 싸비비 · 시 44:14; 레 9:18; 욥 22:10).

3) 곧 예수님이 만들어 지는 문학적 비유이다. 진주가 만들어지는 비유를 진주 베델리엄 הַבְּדֹלַח(하브돌라/진주,창 2: 12) 단어로 한다. 금이 만들어지는 땅으로 물이 광야 하윌라 땅을(창 2: 11) 둘러싸 그 곳의 금(주의 계명)을 나오게 한다. 일곱째 날에야 애굽에서 가지고 나온 금을 성전에 바른다.

4) טוֹב-לִי(토브/승하니이다 · 시 119: 72)

5) הַשֹּׁהַם(하솨함/호마노 · 창 2:12).

6) הַ(하/숨 쉼).

심에 웃을 수 있다. 십자가의 달리신ש 분1)때문에 나의 가치는 귀하다. 웃음이 나는 생애이다. 나의 귀한 존재가 일하고 나서 자기 위해 저녁에 땅에 배 델려면2) 낮에는 금이 섞인 모래가 있는 한 강에서 일하는 모습 빙빙 돌아3) 하늘로 오른다. 처음 천천히 돌다가 차츰 빨리 빨리 돌아가며 햇 가닥 돌아4)가기까지 가야 금 보다 나은5) 하늘로 커다랗게6) 오를 수 있다. 시를 쓸 수 있다. 커다랗게7) 빙빙 돌며 올라 금을 만들어 내는 시인이다.

언어와 문화의 시초 슈메르 문화 설은 환국에서 전해진 것이다. 수의 일치 일 1^아사, 아시^ 이 2^두르^ 삼 3^에스^ 오 5^이오^는 슈메르 수치와 동일하다. 김상일 박사는 우르 · 구르 · 코리아^Korea^8) · 울국 · 우리나라^한국^을 밝히고^상생방송 STB 클루키움/ 수메르 문명의 기원 2018. 8. 16^ 있다.

성경은 첫째와 하나를 구별한다. 하나님의 일 사역자 중에서 첫째 곧 1월 · 정월의 사역자 반장9) 야소보암이 있다. 하나님의 손으로 연단된 자의 눈을 가진 왕 사역자다. 첫째 ראשן^로오손^10)은 우두머리 사역자다. 우리나라에도 첫째 아들을 장자라 하여 크게 대우한

---

1) ש(소/연단).
2) 창 2: 1.
3) גְדֹלָה(게도라 · 큰 · 출 32:30 · 31).
4) הַגָּדֹל(핫가돌 · 창 1:16).
5) 시 119: 72,
6) גְדֹלוֹת(그도로트 · 커다랗다 · 대상 17:21; 욥: 5:9).
7) גְדֹלוֹת(그도로트/커다랗다 · 대상 17:21; 욥: 5:9) · 기본형은 크다 גָּדוֹל(가돌/크다 · 출 32:10 · 11 등) · גְדֹלָה(게도라/큰 · 출 32:30 · 31).
8) 묘민=구려지군(苗民=九黎之君), 산스크리트어 Kuru Kuru-Ri=高麗=Korea.
9) עַל הַמַּחֲלֹקֶת הָרִאשׁוֹנָה לַחֹדֶשׁ הָרִוֹשׁוֹן(알 하마로케트 하리소나 라호데쉬 하로손 · 정월 첫 반의 반장은 · 대 상 27:2) 이름은 יָשָׁבְעָם(야소브암 · NE · 대상 27:2).
10) רִאשׁוֹן(리손 · 첫째 · Σv ἀρχή · πρωτος).

다. 첫째 아들이야기는 야곱의 12아들 중 첫째아들 루우벤[1]이 있다. 루우벤의 사람 관장 나기드[2] 엘리에제르[3]가 있다. 가르치는 사역이다. 지도자 נָגַד[나가다][4] 앞으로 나가 가르치는 선생은 앞으로 나가는 일만 한다. נָגַד[나가다]는 선지자다. 레아는 야곱의 아들 루우벤을 낳고 여호와께서 나의 괴로움을 권고하셨으니 이제는 내 남편이 나를 사랑하리로다 로 한다. 앞으로 나아갈 일만을 좋아했다.

하늘아래 첫 사람 혹은 장자 그리고 첫째는 배우는 사람이다. 아무거나 배우는 것이 아니라 사람으로서의 도리를 배우는 존재이다. 사람의 귀중함은 아무거나 함부로 배우지 아니하고 사람의 본분과 도리를 배운다. 나를 낳아준 어머니와 아버지 그리고 하나님의 존재를 바르게 배워 익히면서 창조주의 신적인 영적인 면을 배운다. 바로 진리 안에서 배우는 일은 앞장서서 불의 일을 절대이치로 배워 익히면서 정말로 존경받는 큰 바위얼굴이다.

불의 역할은 배움의 열정을 불로 켜서 거짓과 잘못된 일을 바로잡고 그 입에서 나오는 말은 한 말 한 말이 참되어 불을 켜는 일이다. 그래서 사람을 영적인 존재라 한다. 진리와 양심이 있어서 바르지 않은 일은 금방 양심의 가책을 받는다. 신의 뜻대로 따려가는 힘이 용솟음치기 때문이다. 가르치면서 바로 살게 한다. 남김없이

---

1) 첫째 : 르우벤 = 보라 아들이라 둘째 : 시므온 = 들으심 셋째 : 레위 = 연합함 넷째 : 유다 = 찬송함 다섯째 : 단 = 억울함을 푸심 여섯째 : 납달리 = 경쟁함 일곱째 : 갓 = 복됨 여덥째 : 아셀 = 기쁨 아홉째 : 잇사갈 = 값 열번째 : 스불론 = 거함 열한번째 : 요셉 = 더함 열두번째 : 베냐민 = 오늘손에 아들.

2) נָגִיד(나기드 · 관장 · NMS · the ruller · 대상 27:16).

3) אֱלִיעֶזֶר (엘리에제르).~

4) נָגַד(나가드 · 선포 · 시 9:11).ㄴ

본인의 생애가 바로 쓰이기를 희망하는 불을 켠다.

한 날의 한국시조 문예미학리듬을 만들 수 있다.

사랑을 꿈꾸면서 가만히 들이밀면
가슴이 울렁이는 이끼가 얹혀 지고
하아얀 그대의 순결 나에게로 오른다

- 「1일 사랑을 꿈꾸면서」 이영지

첫날과 한 날의 색채리듬은 초장과 중장과 종장 모두 백색으로 채색된 날이다. 그래서 한국인을 백의의 민족이라 한다. 이 리듬은 한국시조 문예미학만이 가지는 초장과 이에 입체리듬으로 중장이 있게 되면서 그 근거가 되게 되는 모두가 백색 이미지이다. 새하얀 바램의 세계이다. 바로 꿈꾸는 푸른 세상이다.

이러한 시적 은유의 색은 하얀 사랑이 푸른 마음이 짙어지기에 "사랑이 꿈꾸면서 가만히 들이밀면"이라는 시조 초장이 나온다. 중장에서 "가슴이 울렁이는 이끼가 얹혀 지고" 중장의 시조 문예미학을 만든다. 하얀 눈 쌓인 골목을 쓸면서 기다리는 님이 올 것을 기대한 날의 기대 · 갓을 쓰고 옷을 단정히 입고 앉아 먼 그리움의 님이 오면 새날의 인사를 받는다. 중장에서의 시인의 긴 기다림은 기다림만으로 머물지 않고 그리움이 현실화된 종장리듬 귀한 손님이 오도록 하얀 골목을 쓸고 난 뒤 그 하얀 길을 밟고 오신 기다린 사람에게 닥아 오는 행운 리듬이다. 서로 나누는 덕담의 종장 색채리듬은 아름다운 리듬감과 색채의 조화를 나타내는 리듬이다.

초장에서 꿈을 들어내고 그리고 중장에서 보다 현실적인 이야기를 하게 되고 종장에서 초장과 중장의 결과를 나타낸다. 특히 초하루의 꿈은 설레임과 이로 인한 마음의 동요가 나타난다.

> 파란 물 떠 담으신 첫날의 귀한 손님
> 희디흰 앞치마에 돋도록 하얀 이끼
> 하야디 하얀 골목을 살풋 딛고 오소서
>
> - 「1월 1일」 이영지

첫날의 기대인 푸른 하늘의 하얀 뭉게구름이기에 새 해의 첫날 바로 1일에 대한 이미지이다. 더구나 일 년의 가장 첫날 초하룻날은 모든 경기에서 1등을 하는 기대만큼이나 우리들의 마음을 설레게 한다. 마음의 기쁨을 주는 더욱 한 해의 첫날! 이 날이 있어서 더욱 한 해에 행운이 올 것이라는 마음속의 기쁨을 주는 날이다. 종장에서 이를 정리 "하아얀 그대의 순결 나에게로 오른다"이다. 여자들이 하얀 보선을 신고 출입을 삼가며 앞치마를 두르고 부엌으로 간다. 기다림의 결과에서 오는 긴 날 푸른 이끼가 돋는 중장리듬이다. 중장에서의 하얀 그리움이 되는 색채리듬은 우리 한국인들의 하얀 바탕리듬이 되면서 그 뜻을 초장에 모아주는 리듬이다.

다음은 공인된 한국의 색채리듬표시이다.

> 1 - 백색 2 - 흑색r 3 - 벽색(푸른 돌 색 · 곧 푸른 이끼의 색)
> 4 - 녹색 5 - 황색 6 - 백색 7 - 적색 8 - 백색 9 - 자색

이러한 마방진색채수리는 1 백색 · 2 흑색 · 3 벽색 · 푸른 돌 색 · 4 녹색 · 5 황색 · 6 백색 · 7 적색 · 8 백색 · 9 자색이다. 동시에 달로 표시하여도 마찬가지이다. 혹은 해로 표시하여도 그러하다.

우리나라 색채리듬은 우리의 즐겨 입는 색동옷에서 발견된다.

이러한 자연리듬은 우리나라의 사시사철 그 아름다운 자연의 환경이 주는 오랜 역사에서 얻어진 자연스러운 리듬이다.

초순의 시조시학 문예미학리듬들은 다음과 같다.

① 백색 8
백색 1　15
백색 6

② 흑색 2
적색 9　15
녹색 4

③ 녹색 4
자색 9　15
흑색 2

④ 자색 9
황색 5　15
백색 1

⑤ 벽색 3
황색 5　15
적색 7

⑥ 녹색 4
벽색 3　15
백색 8

⑦ 녹색 4
황색 5　15
백색 6

⑧ 흑색 2
황색 5　15
백색 8

3색이 합하여져서 15자가 되는 한국시조 문예미학의 초 · 중 · 종장의 이야기도 밝힐 수 있다. 우리들은 모든 사물에 은유 혹은 비유로 정서를 만들어 낸다. 시를 쓴다.

이에 날마다 사랑하는 사람과 만나는 날에 대하여 아흐레째나 열흘째에는 다음과 같은 마음가짐을 가진다.

⑨ 녹색　자색　흑색　(4　9　2　15)
벽색　황색　적색　(3　5　7　15)　45

백색 백색 백색 (8 1 6 15)

⑩ 녹색 벽색 백색 (4 3 8 15)
자색 황색 백색 (9 5 1 15) 45
흑색 적색 백섹 (2 7 6 15)

초순의 끝 ⑨ 번과 ⑩번같이 놓여 진다면 한국시조 문예미학의 초 · 중 · 종장에 대한 이해로 45자 내외임을 유추하게 된다.

첫 날의 첫 시작은 시조에 있어서도 초장에 해당한다.

1이 가지는 신비한 마방진의 숫자이다.

1x1=1
11x11=121
111x111=12321
1111x1111=1234321
11111x11111=123454321
111111x111111=12345654321
1111111x1111111=1234567654321
11111111x11111111=123456787654321
111111111x111111111=12345678987654321

숫자 1의 마방진 집합은 낮은 계형 보다 한 단계 그 높이에 상상력을 동원한 꿈을 키워간다. 숫자가 곱으로 더해지며 더욱 더 높은 별개의 또 다른 날들을 쌓아가며 가능성의 공리[the axion of reducibility]를 이룬다. 1이 주는 기쁨은 온 생애의 나날로 단독의 중복이라는 점에서 단독의 원소 · 즉 365일의 연속인 일생의 나날이다. 성경에서는 천 날과 하루를 동일시한다. 우리말 속담에 첫 단추를 잘 꿰어야 한다는 말이 있다. 처음을 잘 시작하는 일은 곧 전체를 잘 하기 위한 첫 발걸음이 된다. 또 시작이 반이라는 말이 있다.

(2) 1과 1일=첫날 한 날에 하늘을 꿈꾸는 시조 문예미학리듬

초장: 하늘 → 중장: 하늘 → 종장: 하늘 오르기 참조 주역 궤 1

하늘 · 부 · 강건 · 서북 · 머리 · 말 → 하늘 · 부 · 강건 · 서북 · 머리 · 말
(— · —) · (— · —) · (— · —) = (1구 · 4구) · (2구 · 5구) · (3구 · 6구)

하늘을 꿈꾸는 자 하늘을 물들이며
그 물살 나올 엮어 청 푸른 비상으로
하늘의 구름 뉘이고 비 내린다 내린다

- 「하늘을 꿈꾸는 자」 이영지[1)]

1구: 초장: 하늘 → 중장: 하늘의 방향은 0° 방향이다. 온통 마음의 밝기 하나로 된 하늘바라기로 충만한 —— · —— · ——의 0° 방향 지시기호 하나, 1과 1일, 첫 번째 일어나라! 우리말 흔니 히니! 우리들은 하나로 뭉치고 일어나 은나ênа: -1에서부터 1까지 오는 수 이미지의 순수 우리말 일어나 일 나가는 날은 첫 시작을 하나님으로부터 선물 받았기에 하나로 일어선다.

성경에는 두 개의 하늘이 있고 두 개의 물이 있다. 바로 물 마임ם מ앞 한 글자 쇠ש 가 더 하여져서 두 개의 하늘이 된다. 두 개라는 말은 성경의 하늘은 쌍수이어서다. 하늘은 하늘위로 오르는 물과 아래로 흐르는 물의 차이를 들어내면서 두 개의 하늘이 만난다. 마음속에 하늘로만 가득한 사람은 하늘같은 꿈을 이루려는 마음으로 가득하다. 이러한 시인은 하늘 시어가 수직상승을 한다.

하늘을 꿈꾸는 자는 우선 저 깊은 연못에서 푸른 낚시로 고기를 낚을 준비를 한다.

---

1) 그림 · 이영지 『시조창작리듬론』 · 15. '우레와 우레의 만남'

태산이 높다하되 하늘아래 뫼이로다
오르고 또 오르면 못 오를 리 없건마는
사람이 제 아니 오르고 뫼를 높다 하더라

- 양사언

하늘을 향한 인간의 꿈을 담은 양사언의 시조이다. 한국시조 문예미학은 가장 낮은 아래와 가장 높은 공간이 설정되어 있다.[1] 이 아이러니의 출발점은 가장 낮은 지점이다. 하늘의 공간기호는 인간의 머리 위라는 보편적 의미기호임에도 불구하고 낮은 곳에서부터 출발한다. 가장 낮은 공간에 있는 생물은 물속의 고기일 수 있다. 고기가 하늘에 오르고픈 이야기를 시인들은 그들의 작품 속에서 구체화 한다. 우리들의 이야기이다. 그래서 이 한국시조 문예미학이미지는 흥미로운 전설로 남는다.

- 하늘을 꿈꾸는 자 의미기호 -

2구: 이번에는 물속에 있어야 할 고기로 등장한다. 물에만 늘 사는 고기를 시인은 고기가 그 머리를 내밀고 하늘을 나르고 싶은 밝음으로 한다. 처음 하는 몸짓이 존재를 세상에 알린다. 모양은 찬란하고 수려하고 화려하다.

- 하늘을 물 밖으로 자 의미기호 -

3구: 하늘로 오를 줄 알았던 물속 고기는 다시 못 속에 발을 잠그고 미래의 비상을 위하여 에너지를 충전한다. 위대한 힘 · 강건하게 하늘을 오르기 위해 함부로 날뛰지 아니한다.

---

1) 송 욱 · 「여의주」 『송욱시선』 (서울: 민음사 · 1979) · 139 참조.

- 그 물살 나올 엮어 의미기호 -

4구: 이제 청 푸른 물결 위로 삐죽이 나온다. 못이 큰 하늘에 오르고픈 물고기를 담기엔 너무 작다.

- 청 푸른 꿈 머리로 의미기호 -

5구: 우리가 꿈꾸는 하늘은 우리들의 하늘이다. 하늘은 환상적인 꿈꾸기의 본산지이다. 현실은 이러하지만 하늘나라는 그렇지 아니할 것이라는 우리들의 하늘 꿈꾸기이다. 서동은 백제 무왕으로 신라 진평왕의 셋째 딸이 매우 아름답다는 말만 듣고 그녀를 얻기 위한 목적을 달성한다. 하늘을 꿈꾼 실현이다. 부지런히 아이들을 마를 나누어 주면서 노래를 가르쳐 준 결과 아내를 얻은 이야기이다. 또한 환인의 서자 환웅이 수의천하 빈구인세 하는 홍인인간의 뜻을 품고 인간계에 강림하는 역설적인 천공지향의 예도 있다. 우리가 꿈꾸는 순수지향이다. 신라 화랑들도 하늘을 꿈꾸는 찬기파랑기를 읊었다. 금강산 선녀 담에 내려와 목욕하던 선녀도 날개옷을 감춘 나무꾼 머슴의 아내로 살지만 기회를 얻어 하늘로 오른다.

- 하늘 꿈 의미기호 -

6구: 하늘로 올라가서는 어떻게 하는가. 다시 구름을 타고 내려와 비를 내리어 베푼다. 홍길동이 동서출몰하면서 지상천국을 이루고 세상 사람들을 낙원으로 이끌어 주려 한다. 지상의 하늘공간이다.

- 구름 내리고 비 내린다 내린다 의미기호 -

우리는 물 늪에서 하늘을 꿈꾸는 새

그 물살 나올 엮어 청 푸른 꿈 머리로
이제는 구름 내리고 비 내린다 내린다

- 「구름 내리고 비 내린다 내린다」 이영지

하늘 → 하늘의 6구 입체리듬은(━ · ━) (━ · ━) (━ · ━) 세 묶음의 온통 밝은 리듬만으로 되어 있다. 의미소하늘 · 부 · 강건 · 서북 · 머리 · 말 → 하늘 · 부 · 강건 · 서북 · 머리 · 말의 두 번 리듬 반복이다. 푸르른 계절 가을 하늘 높음이다. 현실보다도 마음의 세계인 하늘을 오르는 우리의 꿈이 이루어지기를 원하는 한국시조 문예미학에서의 가능성이다.

하늘 → 하늘의 세계는 하늘을 향한 우리들의 집념의 장소이다. 몇 번이고 탈바꿈하다 5구에서 하늘에 오르는 꿈을 이룬다. 그런 다음 많은 사람의 마음을 적셔주는 비가 되어 아래로 내려오는 리듬이다. 이 리듬은 은혜를 베푸는 리듬[1]이다.

세상 삶에는 어느 정도 이루면 베푸는 리듬이 있다. 이 이미지는 하늘을 꿈꾸는 리듬이다 한국시조 문예미학리듬을 만드는 이들의 눈물겹도록 아름다움 이야기 사랑을 알리는 일이다. 서로 상대방을 진정으로 사랑하는 사랑이야기이다. 나를 보내신 아버지께서 친히 나[예수]를 위하여 증거 하셨음 [요 5:37]을 알리는 일이다

1) 작품배경: 초장과 중장 모두 하늘이 소재이자 배경이다. 종장은 이러한 원대한 마음을 가진 자의 세계를 한 남자의 원대한 포부로 한다. 그리고 성공한 한 남자 · 혹은 성공한 자는 넉넉히 베풀 줄 아는 사람을 그린다. 명지어문학 204 · 시조문예미학 13-18 참조.

(3) 첫사랑의 영원성

첫사랑은 흔히 사람이 갖는 이성과는 전연 관계없이 겪어지는 열병이다. 첫사랑은 단 한 번의 사랑 한 사람의 생애 전체에서의 한 번의 사랑이다. 흔히 첫눈에 반하여 이루어지는 감정의 텔레파시이다. 대상과 나의 관계가 직업이나 신분이나 나이나 국경에 관계없이 이 이루어짐으로써 아주 위험한 일일 수도 있다. 또 어떤 경우에는 이데올로기와도 상관없이 일어나는 일이므로 나라의 아주 중요한 기밀을 빼내는 일도 감행하게 된다. 인구에 회자하는 낙랑공주와 호동 왕자와의 사랑은 나라의 존립까지도 좌우한 일이 있는 심화를 가지고 있다. 이 사랑의 열병은 그러기에 아주 순간적으로 일어나는 일인 동시에 영원히 한 개인에 있어서 중요하고도 아주 무서운 열병이다. 평생의 한 사람을 인도하는 길잡이기도 하다.

굽 구비 두루마리 옛날엔 내 걸음만큼
당신이 펴 놓으시고 바람도 잠 자거라
하늘이 호수가 되어 몸담으며 숨는다

굽 구비 두루마리 오늘은 마음만큼
당신이 보이시고 디딜 땅을 밟아라
마음이 맑아져 가는 구술로서 지낸다

굽 구비 두루마리 내 모습 닮아있는
올리신 당신 뜻이 그대로 나에게로
스무 곱 나보다 나은 당신 얼굴 뵈온다

- 「두루마리 길 펴 주시고」 이영지

나보다 스무 곱이나 나은 나의 삶의 지표가 되는 이는 하나님이다. 전 생애를 걸어 맹세하는 삶의 지표자이다. 이 대상 표시를 첫사랑으로 한다면 첫사랑은 첫사랑으로서의 가치기준이다.

하늘가 그쯤에서 한 번의 만남으로
땅 가에 그쯤에서 한 번의 만남으로
내 삶은 그 웃음으로 달콤달콤 뜨는 강

나보다 먼저 웃는 물결의 바람소리
나보다 먼저 가는 바람의 펄럭임에
여미는 내 앞자락은 그대로만 서있는

놓쳐진 그 바람 가 그 창가 그 길섶에
가슴의 바람소리 그 강가 물결소리
이 자리 한 생애만큼 그대로 서 멈춰진

- 「첫 사랑」 이영지

첫사랑 하면 아주 매혹적인 느낌으로 닥아 온다. 처음으로 맛본 신선한 느낌 · 그 신비의 아름다움 때문이다. 처음으로 받는 사랑 · 결혼 · 첫 만남이 가슴 설레임의 날이다. 처음 · 처음으로 가장 가깝게는 나의 존재에 대한 것이다. 나란 사람이 어떻게 이 세상에 첫사랑의 선물로 태어났는가 하는 것에 대한 성경적 기록은 우선 첫 남자 아담을 들 수 있다. 아담은 성경에서 우리 셋 곧 성부와 성자와 성령이 합하여 삼위일체가 만들어 낸다. 하나님의 형상이다. 아담은 성령과 피와 물로 성경은 증거 하는 이가 셋이니 성령과 물과 피라 이 셋이 합하여 하나니라[1] 하였다. 증거가 된 아담한 남자

---

1)요한 일서 5:8.

아담은 하나님이 주신 진리를 인식하고 배워 내는 존재 나이다.

일반적으로 남자는 아담하게 기억하는 존재이다. 이 세상에는 남자와 여자뿐인데 이 남자의 첫사랑 여자가 생기게 된 이유가 있다. 남자 아담이 너무 외로워하니까 하나님이 남자 아담의 왼쪽 갈빗뼈로 여자를 만들어 준다. 오죽하면 하와에 대하여 이는 내 뼈 중에 뼈요 살 중의 살[1]이라 했을까. 시적 조명[2]이다. 힐만은 아담의 하와[3]를 부부로서 부모가 되는 관계[4]라 하였다. 남자 아담의 갈빗대 하나를 빼내서 하와를 만들었기 때문에 둘의 관계는 혈연관계이다. 아담은 인식하고 배워서 이끌어내는 문자적 의미다. 남자는 하나님의 뜻을 지키는 · 지키려[5]하는 존재이다. 그런데 여자는 남자의 기어을 기록할 녹명 인자[6]이다. 여자는 남자가 여자를 보고 내게 봐[7] 하는 존재이다. 남자인 아담이 내게 와 하는 존재 여자는 남자에게로 가 부부가 된다. 성경부부는 혈연관계[8]다. 갈빗대 대신으로 번역된 이내신이 바로 밑바닥에 닿았다. 이 닿았다[9]의 부부관계는 살[10]이 닿았다. 복음 곧 여성[11] 이미지다. 두 부부는 서로 살이 닿아 남성의 씨를 낳는 것이 여성이다. 이 때 중요한 사람이 살아야하는

---

1) 창 2: 23.
2) 홍문표 · 『기독교 문학의 이론』 (서울: 창조 문학사 · 2005) · 533.
3) 창 2: 22.
4) James Hillman *The Myth of Analysis* (New York: Harper colophon books. 1978) · 216~217.
5) זָכָר(자카르 · 남자 · 창 1: 27 · 32: 13).
6) 錄名因子.
7) נְקֵבָה(내게바 · 여자 · 창 1: 27).
8) 창 3: 16.
9) תַּחְתֶּנָּה(타흐타나 · 밑바닥 · 창 2: 21).
10) בָּשָׂר(빠사르 · 살 · 창 2: 21).
11) Bratsiotis · N. P,“בשׂר,” *TDOT* II · 317-332 ·

이유가 있는데 다름 아닌 고기 덩어리이다. 신분을 확인하려 할 때 고기를 그리면 믿는 신앙인을 알려주는 일이다.

사람은 살덩이 고기 덩어리 · 영적 생명으로 태어났으면서도 살을 지닌 자식을 낳고 죽어야 하는 살덩어리를 자식에게 주는 · 희생의미 바로 고기[1]라는 먹을거리이다. 먹히어가는 부모이다.

아내는 복음 의미가 있다. 복음을 전하는 자는 아담한 남자 아담의 안[2]인 첫사랑 여자이다. 안에 있는 아내이다. 안에 안 해 아내이다. 아내가 바로 안에 있는 아내이다. 하나님의 형상으로 되면서 언약을 받은 아담하게 생긴 아담이 하나님으로부터 배운 다음 아내를 길들여서 데리고 사는 남편 아내의 남편이다.

아담과 아담의 아내 하와의 관계는 십자의 모습으로 설명되어 질 수 있다. 보편성[3]의 이해다. 아담은 하나님의 형상을 받았으므로 수직[4] 형태다. 오실자의 표상으로[5] 아내의 수평적 이미지와는 서로 공유그리움이다. 인격성[6]에서는 성소를 향하여 선[7] 두 사람이지만 하나님의 일을 해야 하는 장소[8]에 늘 서야 하는 부부는 십자 모양으로 긴밀하게 구성된다.

---

1) 출 16: 12.
2) כָל- בָּשָׂר.בְּכָל- בָּשָׂר.(콜 빠사르.베콜-빠사르 · 복음을 전하는 그 안 · 창 9: 16).
3) Johan Coetzee," And Jonah Swam and Swam: Jonah's Body in deep Waters," *OTE* 17 · 4 (2004) · 525.
4) E · J. van Wolde · *A Semiotic Analysis of Genesis* 2-3 · (The Netherlands's Assen: van Gorcum · 1989) 15)2.
5) Cedric H. Whitman · *Euripides and the Full Circle of Myth* · (Massachustts: Harvard University Cambridge Press · 1974) · 110.
6) 창 2: 18-25.
7) 송재근 · 『오경과 구약의 언약신학』(서울: 두란노 · 2003) · 64-65.
8) 시1: 6 · 7: 12 · 13: 18 · 19: 22 · 23: 24.

아내는 아담을 그리워하며 산다. 그래서 여성은 늘 그립다는 말로 시를 짓는다. 하늘을 소망하는 땅 이미지이다. 하늘과 짝[1]을 이루는 아다마[아담아] · 땅[2] · 아담은 배워서 하나님의 말씀을 가슴에 담는다. 이 모습을 좋아 그리워하는 이가 여자 아다마[아담아]이다.

아담의 첫 글자 아[3]는 시작을 좋아하는 신적인 요소를 지닌 남자 바로 나[4]이다. 따라서 성경에서 아[5]는 하나님 자신을 가리킨다. 이 절대자를 닮은 이가 아담이다. 절대자를 좋아하여 가슴에 담은 이 · 그래서 하나님 모습을 닮아가기를 소망하는 이가 아담이다. 이러한 아담을 아담의 아내 아다마[아담아]는 아담을 부르며 그리워한다.

절대자 바로 나는 여호와라 나 외에 구원자가 없느니라 로 한 하나님을 닮은 아담은 가슴의 깊은 곳에 있는 하나님의 말씀을 기억한다. 바로 남자 특징이다. 그래서 큰일을 한다. 여자는 이 아담을 좋아해 늘 사모하며 그리워한다. 첫사랑을 그리워한다. 생기를 코에 불어 넣어 살려낸 하나님을 기억하는 아담을 아다마[아담아] 하는 하와는 땅이 되어 하늘의 뜻을 키우는 남자의 아내가 된다. 하늘같은 남편을 그리워한다. 첫사랑으로 그리워한다. 아담과 아담의 부인은 부부일심동체이다. 그래서 같이 물을 먹어야 사는 자[6]이다. 음식을

---

1) 창 2: 6.

2) Theodore Hiebert · "Adam and Eve," *The Yahwist's Landcpe: Nature Religion in Early Israel* (Oxford: Oxford University Press · 1996) · 34.

3) א(알레프).

4) 최명애, 『알기 쉬운 히브리어』 (서울: 쿰란 출판사 · 2005) · 64 ·

5) א(알레프)

6) 명철한 사람의 입의 말은 깊은 물과 같고 지혜의 샘은 솟쳐 흐르는 내와 같으니라(잠 18: 4)/ 사람의 마음에 있는 모략은 깊은 물 같으니라 그럴찌라도 명철한 사람은 이것을 길어내느니라(잠 20: 5).

먹고 피를 가진 사람으로 살아간다. 거룩한 유전자 하나님을 닮은 지혜와 명철을 지니면서 이제는 은혜로 마음의 물을 퍼내 주는 아담을 그리워하며 하와는 산다. 하나님은 인간에게 필요한 피를 주시어서 살게 하였고 아담과 아내 하와는 사랑의 띠인 갈비뼈로 연결되었다. 따라서 성경의 부부 관계는 혈연의 관계이다. 실제의 현실에서는 혈연이 아니지만. 하나님으로부터 영과 육의 사랑을 받은 남자와 여자는 첫사랑 보물을 가진 자들이다.

첫사랑을 그리워하는 아담과 아담을 아주 많이 그리워하는 하 아다마 땅 이미지의 시조 문예미학리듬1)을 가진다. 서로 첫사랑이 된 둘 · 첫사랑들 아담과 하아다마는 인생의 물결무늬2)를 만든다. 첫

---

1) אָדָם (창 1:26)→הָאָדָם (1:27)→ וְהָאָדָם (2:5) הָאָדָם (2:7) הָאָדָם(2:7)→ הָאָדָם (2:8)
↓ ↗ ↘ ↑ ↓ ↗
הָאֲדָמָה (2:5) → הָאֲדָמָה (2:6) הָאֲדָמָה (2:7) הָאֲדָמָה (2: 9)

הָאָדָם (2:15)→עַל-הָאָדָם (2:16)→ הָאָדָם (2:18) הָאָדָם (2:19)→הָאָדָם (2:19)→הָאָדָם(2:20)→
↘ ↑
הָאֲדָמָה (창 2:19)

עַל-הָאָדָם (2:21) → הָאָדָם - מִן (2:22) → אֶל-הָאָדָם (2:22) → הָאָדָם (2:23) →
הָאָדָם (2: 25) → הָאָדָם (3:8) → אֶל-הָאָדָם (3:9) → הָאָדָם (3:12)→

(3:17)וּלְאָדָם לְאָדָם(3:21)→ הָאָדָם(3:22) אֶת-הָאָדָם(3: 24)→וְהָאָדָם(4:1)
↓ ↗ ↘ ↗ ↘
הָאֲדָמָה (3:17) → הָאֲדָמָה (3:19) אֶת-הָאֲדָמָה (3:23) אֲדָמָה(4: 2)→

הָאֲדָמָה (4:3) → (4:5) אָדָם 아담→ (4:5) אָדָם:→

→ הָאֲדָה - מִן (4:11) → הָאֲדָמָה (4:12) → הָאֲדָמָה (4:14) →

אָדָם (아담 5:3) → יְמֵי-אָדָם (아담 5:3) → יְמֵי אָדָם (창 5:3) הָאָדָם (6 1) הָאָדָם (6 2)→
↘ ↗ ↘ ↑
הָאֲדָמָה - מִן (5:29) הָאֲדָמָה (6:1)

בָּאָדָם (6:3) → בָּאָדָם (6:3) → הָאָדָם (6:5) → אֶת-הָאָדָם (6:6) → אֶת-הָאָדָם (6:7) מֵאָדָם (6:7)→
↓ ↗
הָאֲדָמָה (6:7)

עַל-הָאָדָם (7:6) הָאָדָם (7:21) מֵאָדָם (7:23)
↗ ↘ ↗ ↘ ↑ ↘
הָאֲדָמָה (6:20) עַל-הָאֲדָמָה (7:8) הָאֲדָמָה (7:23) הָאֲדָמָה (8:8)→ הָאֲדָמָה (8:13) →

הָאָדָם (8: 21) הָאָדָם (9: 5) → הָאָדָם (9:5) → הָאָדָם דַּם (9:6) → בָּאָדָם (9: 6)
↑ ↘ ↗
הָאֲדָמָה - אֶת (8: 21) הָאֲדָמָה (9: 2)

→הָאָדָם - אֶת (9: 6) (창 1: 26- 9: 6).

2) →

사랑을 가진 아담과 하 아다마의 시조 문예미학리듬은 물 흐름의 이미지이다. 첫사랑 그리움의 대표적인 무늬는 아담 → 아다마 → 아담[1]의 무늬이다. 바로 하나님의 이 세상에서 남기고 싶어 하시는 첫사랑의 끈은 온 세상을 사랑으로 덮는 이미지이다.

사람 부부를 시켜서 내가 너희들에게 준 첫사랑으로 세상을 덮어가라는 하나님의 명령 흔적이다. 세상을 사랑으로 덮는 일은 바로 하나님이 주신 첫사랑을 그대로 간직하며 그 사랑을 그리워하며 살아가는 일이다. 이 세상에 영원히 남기는 첫사랑뿐이다. 아담한 아담의 피 이어지기 관계이다. 그래서 아담을 그리워하는 아내 하아다마[2]와 더불어 이 세상을 같이 살아간다. 희망이다. 꿈이다. 바로 하나님을 닮은 사람이 되는 일이다. 바로 첫사랑 공유그리움이다. 바로 하나님이 이 세상에 사람 남자를 만들 때 하나님을 닮은 사람 아담한 남자이다. 이 아담이 하는 일은 하나님의 말씀을 배워서 아담하게 사는 일이다. 곁에 사기 아담을 소망하는 여자와 평생 같이 살면서 서로 하나님 세계를 그리워하는 첫사랑이게 하시었다. 이 첫사랑이 이어짐은 자식 관계[3]로 이어지고[4] 소멸하지 않는 부모[5]로서 아담 계보[6]는 10대째 노아[7] 다시

↓ ↗↘↑ ↓ ↗ ↘ ↑ ↓ ↗ ↘↗ ↘ ↗ ↘↗↘↑
→ → → → →→

→ → → → → → → →
↓↗↘↗↘↗↘ ↑↘↗ (창 1: 26- 9: 6)
→

1) 창 1: 26-9: 6.

2) הָאֲדָמָה(하아다마 · 아담을 소망).

3) John Paul Heil · *Blood and Water: the death and resurrection of Jesus in John* 18-21 (Ann Arbor: U · M · I · 1995) · 105.

4) Robert D. Bergen · *Biblical Hebrew and Discourse Linguistics* (International Academic · 1994) · 258-259.

10의 10곱인 100세 때 아브라함이 이삭[1]을 얻는다.

구약의 죽음 문법은 진행형이다. 아벨[2]의 죽임 당함에서 죽음이 헛되지 않을 첫사랑을 두어 첫사랑을 죽음 진행형[3] 그리움의 문법으로 한다. 여자는 남자를 그리워하며[4] 남자는 첫사랑 하나님 아버지를 그리워하며 살아간다. 남자 아담은 일을 잘 꾸미고 시작하고 회사를 세우고 그리고 나라를 구하고 모두모두 첫사랑을 그리워하는 몸짓이다. 아내의 그리움은 남편이고 남편의 그리움은 처음으로 이 세상에서 하나님처럼 가정을 책임지며 일을 하는 일이다. 바로 목숨바치는 일이다. 아담과 예수님과의 구별은 아담은 땅에서 하나님이 그의 코에 생기를 불어 생명을 가진 자이고 예수님은 인간 죄를 감당하시었다. 첫사랑 절대자를 그리워하며 아담과 아내 하와 둘은 그리움에 선다. 첫사랑을 그리워하면서 이 세상 사람들은 그리움으로 산다. 그리움은 삶을 풍부하게 한다. 부모자식 간에 떨어져 있으면 보고 싶어지고 서로 사랑하는 사람은 만나고파한다. 고향을 떠나 있으면 고향이 그립고 조국을 떠나 있으면 조국이 그립다. 첫사랑이어여서 그러하다.

---

5) James Hillman *The Myth of Analysis* · 216~217.
6) 창 2: 4-5장.
7) 창 6: 1-11장.
1) 창 21: 5.
2) הֶבֶל(헤벨 · 창 4: 8).
3) וַיַּהַרְגֵהוּ(바야하레게후 · 창 4: 8.
4) הָאֲדָמָה(하아다마 · 아담 소망 · 창 4: 10).

2) 2와 2일과 이틀째 일을 시작하는 시조 문예미학리듬

(1) 2와 2일과 이튿날

2와 2일 두 번째 혹은 이틀째 되는 2일은 서로 다른 것으로 나눌 수 있는 의미[1] 공유그리움이다. 알파벳의 B 자리이며 히브리어로는 ב[베트] 창조주가 사역하는 장소 · 우리가 흔히 말하는 아기집 자리이다. 어머니 뱃속에서 아기가 자라는 장소 공간[2]이다. 영어의 AB 히브리어의 처음과 히브리어 첫글자 א[아]와 둘째 글자 ב[브]가 모이어 אב[아브]가 된다. 아비가 된다. 아버지가 된다. 곧 양육자[3]이다. 하나님 집안에 있는 사람 아브라함이나. 우상의 우르 땅을 오로지 말씀하나 의지하고 하나님 집 안에서 사는 삶이다. 원문 제일 처음이 둘째자리로 시작되는 하나님 집안에서의 삶은 2와 2일 혹은 이틀째 되는 날이다. 일을 시작하는 날이다. 둘이 서로 마음을 모은 부부 사이다. 성경에서 부부는 혈연[4]이다. 갈비뼈로 지어진 아내는 남편과 바닥에 닿았다[5] 살[6]이 닿았다 · 복음 곧 여성[7]이미지이다.

둘째 날은 하하 웃는다. 하 하고 짧게 말하면 슬픔표시다. 하하하면 목구멍 깊숙이에서 웃는 하 아아 이다. 산을 오르며 하하 숨을

---

1) E. W 벌링거 · 장상선 감수, 『성경에 나타난 숫자 해설』(서울: 나단 · 2001) · 121.

2) 최명애 · 『알기쉬운 히브리어 기초와 그 의미』(서울:쿰란출판사 · 2005) · 69.

3) 최명애 · ob cit · 71.

4) 창 3: 16.

5) תַּחְתֶּנָּה(타흐타나 · 밑바닥 · 창 2: 21).

6) בָּשָׂר(빠사르 · 살 · 창 2: 21).

7) Bratsiotis · N. P,“בשׂר,” *TDOT* II · 317-332.

크게 쉰다. 이 둘째 날은 암흑과 죽음에서 벗어나는 날이다. 둘째 날과 둘을 성경은 שְׁנַיִם[스네임][1)]으로 한다. 쓰네 임 혹은 서네 임이다. 일을 하는 둘째 שֵׁנִי[세네][2)]이다. 활동하는 이미지로 쓰이는 존재다.

둘째 날에 하나님은 궁창을 그의 사람들을 위하여 이 세상에서 사는 동안 곧 태어나서 죽기까지를 가진 사람을 만드시었다.

둘재 날 궁창 - אֵת[에트] 창 1: 7

둘째 날에 궁창이 있다. 거할 곳이다. 둘째 날은 2월 이미지이다. 성경에서 2월 반장[3)] 도데와 마글롯[4)]이 있다. 가슴에 돋는 곧 하나님 말씀만으로 사는 사람이다. 이 사역 반열에 24,000명이 있다. 유목민이나 다를 바 없는 우리 인생의 길을 걸어간 야곱에게 12아들 중 둘째 시므온은 설득하는 역할이다. 입으로 일을 하는 역할이다. 12아들 첫째 : 르우벤 = 보라 아들이라! 둘째 : 시므온 = 들으심! 셋째 : 레위 = 연합함! 넷째 : 유다 = 찬송함! 다섯째 : 단 = 억울함을 푸심! 여섯째 : 납달리 = 경쟁함! 일곱째 : 갓 = 복됨! 여덟째 : 아셀 = 기쁨! 아홉째 : 잇사갈 = 값! 열 번 째 : 스불론 = 거함! 열한 번째 : 요셉 = 더함! 열두 번째 : 베냐민 = 야곱의 아들이다.

둘째는 시므온이다. 둘째 아들 시므온 사람 관장 스바다[5)]는 입의 지혜를 가진 자로 가르치는 역할이다. 시므온은 설득하는 역할

---

1) שְׁנַיִם(스네임 · 둘 · δυο).
2) שֵׁנִי(쉐네 · 둘째 · ANOMS · the second · δευτέρα · δευτερος · 창 1:8).
3) וְעַל הַמַּחֲלֹקֶת חֹדֶשׁ הַשֵּׁנִי(우알 하하로케트 하호데쉬 하쉐니 · 2월 · 대상 27:4).
4) דּוֹדַי וּמִקְלוֹת(도다이 우 미글리트 · NE · 대상 27:4).
5) שְׁפַטְיָה(스바다 · 관장 · NMS · the ruller · 대상 27:16).

이다. 둘째 아들의 사람은 앞에 서서 보이는 대상을 입으로 잘 설득하는 역할이다. 레아는 야곱의 아들 시므온을 낳고 여호와께서 나의 총1)이 없음을 들으셨으므로 내게 시므온을 주셨다 하였다. 곧 야곱이 레아를 미워하므로 하나님이 위로하고자 시므온을 주셨다이다. 우리 나라말에 '…을 심은' 이라는 말이 있다. 심다 심은 설득하는 역할임을 성경은 말하고 있다.

다음은 2일이나 혹은 2월 이미지 시조 문예미학 예이다.

하늘의 하늘껍질 두께는 오리무중
날개가 바다껍질 해발 1500미터
비늘이 산바람 파도 해파리가 파랗다

- 「겨울파도」 이영지

2일 이미지 색채리듬은 어두움의 극치인 흑색 이미지에서 2월 바른 길로 들어간 사람의 출발의 때이다. 2일의 색채리듬이 한국에서 통용되는 수리 2의 의미는 흑색 이미지와 적색 9 녹색 4로 채색된다. 이들은 모이어 15자를 만든다. 이 리듬은 시조 문예미학만이 가지는 초장과 이에 입체리듬으로 중장이 있게 되면서 그 근거가 되게 되는 어두운 혹은 절망을 어떻게 슬기롭게 열정으로 녹색 이미지를 만드는가이다.

이러한 시적 은유의 색이 되는 2일 혹은 두 번째의 시조 문예미학은 "하늘의 하늘껍질 두께는 오리무중"이라는 이미지 시조리듬이 되게 한다. 이 때 중장의 시조 문예미학은 "날개가 바다껍질 해발 1500미터"라는 임의의 시조 문예미학을 만들 수 있다. 그래서 종장

---

1)사랑받지 못함 · 미워함.

에서 이를 정리하는 "비늘이 산바람 파도 해파리가 파랗다"의 종장의 한국시조 문예미학을 만든다. 이 어둠에서 밝음으로 나아가는 힘겨운 마음의 이미지는 안타까움과 설레임과 호기심과 용기가 필요한 둘째 날의 때이다. 많은 신화소를 낳을 수 있는 이 둘째 날 이미지는 그토록 힘든 십자가의 길일 수 있다. 첫 아담이 아니라 둘째 아담이 되는 이미지이다. 시의 은유 영역이다.

모세에게서의 메시야의 익명성을 볼 수 있다. 모세는 그토록 어려움을 겪고 홍해를 건넜지만 그러나 축복의 땅에는 들어가지 못했다. 그리고 가난한자의 규례 반복[1]이 말하는 저주와 축복[2]을 겸하여 가지는 갈림길에서 이를 하나님의 뜻으로 받아 들였다.

온통 성경은 이 둘째 번의 상징을 들어내려 2회 리듬을 반복한다. 모세는 예수님의 의미로도 해석된다. 죄악[3]의 길에서 말씀 능

---

1) 신명기 15)장과 24장.

2) 신명기 11장.

3)* 이스라엘의 죄악 문제는 욥기에서 뚜렷(윤대영, 『시가서』 (서울: 방이블 동 · 서 · 남 · 북연구원 · 2005) · 78)하다. 하나님은 그의 사랑하는 자에게 하나님은 절대 순종을 요구(욥기 1장)한다. 하나님은 정금같은 신앙을 요구(2장)한다. 2회의 시험에서 하나님의 깊은 뜻을 헤아리지 못하는 욥은 ".라면"을 17회 반복 한다(3장). 이 17회는 하나님의 신성수이다.

욥의 친구 엘리바스는 욥의 고난을 인과응보로 정죄(4장)하고 회개하라(5장)한다. 욥은 지나친 의의 주장으로 답변하고(6장) 왜 나에게 이런 고난이 오는가라고 탄식하게 된다(7장). 이번에는 욥의 친구 빌닷이 전통주의로 정죄(8장)하자 욥은 중보자의 필요성을 제시하고(9장) 욥이 고통 받는 이유를 알고 싶어 한다(10장). 욥의 친구 소발이 교리주의로 정죄하자(11장) 욥은 극단적 대립상태(12장)를 보이면서 스스로 학대(13장)하며 부활을 기대(14장)한다. 다시 엘리바스가 조상의 이름으로 정죄(15)장)하자 욥은 더욱 중보자를 갈망(16장)하면서 죽음을 갈망한다(17장). 빌닷은 열 받아(18장) 정죄하였으나 욥은 부활을 소망한다(19장). 소발이 욥을 두 번 죽이려(20장) 하자 반박(21장)한다.

엘리바스는 다시 자기가 하나님 위치에 있는 것으로 정죄(22장)하자 욥은 이제 성숙한 · 그리고 정금 비유로 대답(23장)하며 친구들의 오해를 불식(24장)한다.

력[1]자를 따라 나선 축복이 있는 날이다. 알 עַל알[2]과 베알 וְעַל베알[3]의 2회 리듬처럼 반복되는 성경구절이 증명하는 바이다. 바로 죄사하여 질수 있는 길에 들어서는 날이다. 이스라엘 백성들의 큰 죄악과 이에 하나님이 우리에게 주는 구원의 길이 둘째 이미지에서 찾아지는 예수님[4]에서 찾아진다. 숨 쉼조차 2회 리듬 중요성을 하하[5]로 한다. 목적은 절대자가 사람들을 숨 쉬게 하시기 위해서다.

둘째 날에는 하늘에 궁창이 있다.

둘째 날 궁창 - אֵת에트 창 1: 7

일곱째 날 중에서 둘째 날은 궁창 - אֵת에트 창 1: 7로 한다. 둘째 날 이미지는 현실의 불가사의한 일 앞에서 노아[6]처럼 전부를 절대자와 백성을 위해 바치며 얻어지는 은혜 속에 사는 날이다. 하하 웃으면서 사는 날이다. 목구멍 깊숙이에서 나오는 웃음을 웃으면서

빌닷은 구더기 같은 욥이라고 욥을 정죄(25장)하자 욥은 놀라운 지식으로 반박(26장) 한다. 욥은 순전을 압축 피력(27장)하고 지혜 송가(28장)를 부르면서 과거의 축복의 삶(29장)과 현재 고난의 삶(30장)을 호소하는 동시 끝까지 결백을 주장(31장). 엘리바스와 빌닷과 소발이 이에 더 정죄하지 못하자 엘리후가 중재에 나서며(32장) 사랑의 부족(33장)과 회개하라(34장)는 것이다. 기도 응답 없는 이유(35장)와 연단을 위한 시련(36장)이 필요함과 창조주 하나님을 상기시킨다(37장). 하나님이 그의 창조 세계(38장)를 들며 동물 세계(39장)와 하마 교훈(40장)과 악어 교훈(41장)이 이어지자 욥은 회개하고 복을 얻게 된다(42장).

1) Garth E. Runion · *The Golden Section* (Dale Seymour Publications: Palo Alto · CA · 1990) · 84: 85.

2) עַל.

3) וְעַל.

4) Garth E. Runion · *The Golden Section* (Dale Seymour Publications: Palo Alto · CA. 1990) · 84-85; 『하나님의 수학』,. op. cit · 79-85. וְאֵת(창 1: 1 · 16 · 16 · 21 · 21 · 25 · 25 · 29)는 8회이다.

5) הָהּ(하하).

6) 박기용, 『말』 (서울: 규장각 · 1997) · 488-490.

사는 날이다. 둘째 날은 죽을 것 같은 암흑에서 벗어나 하하 하고 숨을 크게 쉬며 웃는 날이다.

둘째 날과 연관되는 두 번째의 강은 긴 강 기혼 강이다. 예루살렘 강줄기로 탈바꿈하는 하는 권위의 강이다. 성경은 네 강중에서 강이라는 표현을 두 번째 강으로 한다. 이 때 두 번째 강조 곧 변화되어 탈바꿈하는 강이다. 둘째 기혼 강은 구스 땅을 휘돌아 싸안고 돈다. 바로 구스 땅이 검은 땅이라는데 문제가 있다. 에덴동산의 두 번째 자리인 이 강은 거듭남의 이미지이다. 두 번째 강 הַנָּהָר 하나하르[1]이다. 하나 하려 흐르는 강이다. 처음 강 비손과 같이 숨 쉼 표시를 2회 사용한다. הַנָּהָר 하나하르[2]의 두 번 숨 쉼 하 · ה ה 하 하[3]는 יְהוָה 여호와[4]글자가 지니는 ה ה 하 하의 숨 쉼의 2회 리듬 ה ה 하 -하[5]이다. 이 두 번의 숨 쉼 표시는 바로 탈바꿈의 의미다. 하나님의 백성들이 숨 쉴 수 있는 조건이 된 강이다. 두 번째 강은 오로지 은혜를 갚기 위해 흐르는 긴 강 기혼[6]이다. 솟아나는 긴 강은 티그리스 강과 유프라테스 강 사이에, 바로 이 강과 저 강 사이에 놓이어 졸졸 흐르며 아름다운 무늬를 놓으며 נַחַל 나할[7]일을 한다. 시냇물은 sina 곧 서늘한 물[8]을 말한다.

내 할 일 נַחַל 나할[9]강이다. 내 기업의 강이다. 작은 일[10]에 충성하

---

1) הַנָּהָר(하나하르/강 · 창 2:14).
2) הַנָּהָר(하나하르/강 · 창 2:14).
3) הָ הַ(하 하/두 번의 숨쉼 의미).
4) הַ(하 하/두 번의 숨쉼 의미).
5) ה ה(흐 흐/ 두 번의 숨 쉼 의미).
6) גִּיחוֹן(기혼).
7) נַחַל(나할/시냇가).
8) 강상원 · 「사라진(沈沒) 무제국- 東夷族에 母國」(서울: 朝鮮世宗太學院 · 2013) · 194.

여 기업을 얻는 נַחַל[나할] 일[1])은 궂은 땅 구스 땅에서 예루살렘 성 밖의 동쪽 기다란 기드론 골짜기를 졸졸졸 흐르며 예루살렘에 물을 공급하는 일이다. 솔로몬이 부름을 받아 왕이 될 때[2])도 이 궂은 구스 땅에서이다. 예수님은 궂은 검은 땅에 오시어 그 분만이 받을 수 있는 잔을 하나님으로부터 받았다. 중심 버팀목이 되는 궂은 땅 구스 땅의 긴 기혼 강은 은혜가 차고 넘치는 강이다.

지금의 이란 땅 페르시아에는 구스 인이 살았다는 학설이 있다. 역사에서는 그들이 세운 국가를 카사이트[Kassite] 또는 카슈[Kassu]라 불렀는데 · 카슈가 성경에서 말하는 구스라는 점이다. 그러나 구스(카슈)인은 이사야 18장에 기록된 말씀처럼 홍해를 건너 아프리카로 떠나갔으며 · 그 땅에 지금은 페르시아 인들이 들어와 있고 · 기혼강도 그 이름이 없어진 상태이다. 다만 오늘날 직선거리로 300km도 안 되는 아주 작은 카룬 강이 있는데 시냇물에 가까우며 이란 땅을 굽이굽이 돌아 무려 820km나 길게 흐른다. 이란의 젖줄 예루살렘 강줄기가 탈바꿈하면서 유프라데 강을 향한다.

성경에서는 기손 강을 옛 강[3]) 축복의 강[4])이라 한다. 다볼 산에

---

9) נַחַל(나할/시냇가).

10) נַחַל(나할/시냇물).

1) 가 נַחַל(나할/시냇가 · 민 · 34: 5시 124: 4) · 강 נַחְלָה(나흘라/강 · 겔 47: 19; 민 34: 5) · 시내를 따라 נַחֲלָה(나할라/시내 · 겔 48: 28) · 기업이 되게 하리라 וְנָחֲלוּ(베나할루라/기업 · 출 32: 13) · 유업 נַחֲלָה(나할라 · 신 15):4 · 26: 1) · 기업을 נַחֲלָתוֹ(나할라토/기업을 · 민 33: 54) · 기업으로 나눌 יִנְחֲלוּ(인느할루/기업 나눌 · 민 34: 17) · 기업을 나누기 위해 לִנְחֹל(린느홀/기업을 나누기 위해 · 34: 18)

2) 왕이 저희에게 이르되 너희는 너희 주의 신복들을 데리고 내 아들 솔로몬을 나의 노새에 태우고 기혼으로 인도하여 내려가고(열왕기상 1:33)

3) 삿 5:21.

4) 삿 4;13-15) · 5;20-21.

서 가나안의 야빈의 지휘아래 움직이는 9백대의 철거 병을 이끄는 시스라 군대를 몰살시키는 에스겔 47장이나 요한계시록 22장 2절에서는 하나님 보좌에서 흐르는 성령의 강물이다. 따라서 에덴동산의 강이다. 유업을 받아 유일하게 드보라를 도와 전투에 참여한 스불론과 납달리의 두 지파나 사사기 5장 전체에서 강조하는 2회 언어 리듬에 있다. 성경이 두 번째의 의미를 강조[1]한 예이다.

---

1) 사사기 5:1-31까지의 리듬

삿:5	원문	발음	의미	글자의미	회수	순
3절	לַיהוָה	라여호와	여호와 위하여	숨 쉬려고	2	1
3절	אָנֹכִי	아노히	나	배움 영원히	2	2
4절	נָטְפוּ	나트푸	dropped	지혜입술	2	3
5절	מִפְּנֵי	미프네	앞에서	입술의 은혜	2	54
5절	יְהוָה	여호와	하나님	숨쉬게 하시는 분	2	6
6절	אֳרָחוֹת	아라호트	대로	머리가 되는	2	7
7절	בְּיִשְׂרָאֵל	이스라엘	이스라엘 안	하나님의 속죄하심	2	8
10	-עַל	-알	-에	-번제	2	9
11	צִדְקֹת	지드코트	의	향기로움	2	10
12	עוּרִי	우리	일어나라	하나님의 눈 안에	2	11
13	-יְרַד	-예라드	강림	하나님 가슴이 옴	2	12
19	מַלְכֵים	믈라킴	열왕들	가나안 왕들	2	13
19	נִלְחָמוּ	니르하무	싸움	전쟁(가나안)	2	14
20	נִלְחָמוּ	니르하무	싸움	전쟁(이스라엘)	2	15)
21	נַחַל(	나할	강	유업	2	16
21	קְדוּמִים	가손	강	옛 강	2	17
22	דַּהֲרוֹת	다하로트	달리다	가슴을 내밀었다	2	18
23	לְעֶזְרַת	리즈라트	돕다	와주었다(안도움)	2	19
23	יְהוָה	여호와	여호와	하나님(안도움)	2	20
24	תְּבֹרַךְ	트보라크	복을 받다	하나님 일 하다	2	21
24	מִנָּשִׁים	미나쉼	다른 여인들	여자	2	22
27	כָּרַע	카라	구부러지다	굽다	3	23
27	נָפַל	나팔	엎어지다	떨어지다	3	24
28	בְּעַד	브아드	으로 · 에서	보이는	2	25
28	מַדּוּעַ	마두아	어찌하여·왜	가슴으로 들어오는	2	26
30	שָׁלָל	솰랄	노략 물	부서지고 부서지는	4	27
30	צְבָעִים	즈바임	채색 옷	눈으로 드는 향기	3	28
30	לְקָמָה	리크마	처녀	갖고 싶은	2	29

둘째와 둘은 구분된다. 성경은 이 구분 둘을 히브리어 쓰임 이미지 스네임 שְׁנַיִם스님 · 둘 · δυο으로 한다. 성경에서는 물고기 두 마리의 둘 의미 강조로 5천명을 먹이고도 남은 말씀이 전해진다. 둘째는 히브리어 세 네 שֵׁנִי쇄네 · 둘째 · δευτερος이다. 둘째 날 역할은 우리들의 먹을거리를 꺼내 파 내[1] 하나님이 먹여준 날이다. 쓰이는 의미다.

이사야서는 총 66장인데 그리고 성경의 각 파트별 성경 내용 구분을 66으로 함과 같이 둘째의 자리 예수님 나이 33세의 2회 리듬이 들어난다. 둘째의 자리는 오묘하다. 반복되는 둘째의 시조 문예미학리듬을 암시하는 결정적 증거, 곧. 흔히 66을 사탄의 대명숫자로 하기도 하는데 아이러니가 숨은 시적 이미지이다. 바로 마음 안에 이 사탄의 세력을 이기는 방법으로 성경 66장을 내 놓는다. 하물며 모세가 기록했던 두 돌 판 이야기에서조차 첫째 돌판 1 - 35장 · 둘째 돌판 36 - 66장에서 드러낸다.

가 봐 가 봐 גָּוַע גָּוַע 기봐 가바[2]하며 하나님에세 가 봐 보도록 죽는 마음이 있어야 길이 있음을 암시한다. 우리의 생애는 하나님에게 가봐야 은혜를 갚는 일이 생기는 생애이다. 나에게 잘 해 줄 분이 가 봐 가 봐 하신다. 평생 갚아도 못 갚을 은혜를 갚는 첫 번째 은혜 받음 하나. 은혜를 꼭 갚는 두 번째 우리의 생애는 가치 있다.

> 어딘가 어딘가요 東내에 다니시나 여긴가 西리에만 사시나 거긴가요 西산에 숨바꼭질만 하시는가 해서요. 南가에 남아서만 나날이 님 노래로 이 內가 남아서만 북소리 부끄럽게 소리 북 아니더라도 울리는 가 해서요
>
> - 「동서남북」 이영지

---

1) פָּלַל.

2) גָּוַע גָּוַע(가바 가바 · 정녕 죽어봐.

이 리듬은 그대를 찾는 절망감 절규로 소리 북 이미지로 했다.

하늘의 가에서나 한 번만 눈웃음을
나날이 땅 가에서 흐르는 물가에서
나보다 먼저 그이에게만 먼저 가는 소리를

나보다 그이에게 가시는 바람소리
나보다 더 먼저로 가는 너 그이에게
여미는 옷섶으로만 내 손안은 오를 뿐

여미는 옷섶으로 내 숨은 마셨을 뿐
하늘가 거기에나 웃음을 소리 없는
땅 가의 발자국으로나 하늘하늘 소매를

- 「소매 끝으로나」 이영지

차마 사랑한다는 말을 입으로 낼 수 없지만 그대를 향해 가는 이미지를 땅 가의 발자국으로나 소매의 끝으로나 그대를 향한 웃음이다. 그러기에 하늘이 아닌 땅이 가지는 이미지에서 경험했던 바로 내 앞에 산이 가로막혀 있는 현실을 이겨간다.

해와 달 나란히 서 잘사는 山의 山 山
호수는 그 달 해를 빌리는 山의 山 山
창문은 하늘 하늘로 이층 여는 山의 山

- 「山」 이영지

내 앞에 산이 가로막혀 있을지라도 시를 통해 오히려 2층을 "山의 山"으로 한 열정은 "창문은 하늘 하늘로" 한다. 하늘에 하늘 하늘 나부끼는 이 하늘을 2회의 시조 문예미학리듬으로 하여 하늘로 오른다. 올라올라 2회 리듬을 만든다.

「하늘 한 장 무너지면」 시조 문예미학을 창작했다. 절대자 힘이미지 리듬이다.

파르르 하늘 한 장 무너짐 난 몰라요
긴 장마 길 한쪽이 무너짐 난 몰라요
난 몰라 내 구두뒤축 그 끝이 다 닳으면.

이아침 새 콤 공기 한 그릇 마시고도
그러남 점심나절 태양을 마시고도
그래요 해거름황혼을 반기고도 그래요.

백합화 피었으니 그러엄 피었으니
파랑새 나르니이 나르니 그러믄요
그럼요 내 지붕에도 그러믄요 .그러니

- 「하늘 한 장 무너지면」 이영지

그리움 어딘가요 땅으로 내리나요
하늘이 가까이와 손잡아 주신다면
여기의 구름 거두어 햇빛 보러 나서요

- 「어디에」[1] 이영지

처음 다음으로 오는 그 다음 둘째의 자리는 진정한 삶으로 거듭나게 해 주는 누군가의 힘이 있다. 이 자리는 나 홀로 깨우치고 잘해야겠다는 것이 아니라 누군가 그 능력자의 도움 받아 녹색의 싱싱한 그리움을 그리는 일이다. 새로 거듭난 생애는 그야말로 제 2의 인생을 살아가는 즐거움과 기쁨이 마음에서 샘솟아 얼굴에 한가득 웃음을 띠고 살아가게 하는 일이다.

---

1) 새벽기도 · 948(1988. 2. 28. 22시 44분 14초에 기록).

(2) 2일. 무사한 항해의 시조 문예미학리듬

초장: 땅 → 중장: 땅 → 종장: 어머니 마음 참조 주역 괘 2

땅 · 어머니 · 유순 · 서남 · 배 · 소 → 땅 · 어머니 · 유순 · 서남 · 배 · 소
(-- · --) · (-- ·) · (-- · --) = (1구 · 4구) · (2구 · 5구) · (3구 · 6구)

서리는 하얀 옷의 겨울에 안기느라
안으로 타는 웃음 옥구슬 진주날개
황금의 벌판 아래로 황금물결 이룬다

- 「어머니 마음」 이영지[1)]

1구: 2일의 색채리듬은 초장 자색[9]와 중장 황색[5]과 종장 백색[1]이 어울려 15자가 되는 리듬이다. 이 리듬은 불모지에서 황금벌판을 만드는 어머니 힘 리듬이다. 차츰 어머니의 힘이 강해지는 리듬이다. 자색 사랑으로 시작하여 황금벌판을 이루는 어머니 힘 리듬이다. 드디어 하아얀 어머니의 모습이 되는 리듬이다.

사실 처녀가 처음 어머니가 되기 시작하는 날은 뭐든지 새롭고 어렵고 낯설음의 리듬이다. 이 이틀째 되는 날의 마음은 처음의 먹었던 마음의 실행이거나 아니면 포기의 날이기도 하지만 이를 이기고 이틀째 새로움의 확인이 되는 꿈속에서의 일 실현의 설레임이 우쭐되어 지는 날이다.

초장: 땅 → 중장: 땅의 땅이 땅을 만나는 방향 0° 방향리듬이다. 온통 제자리걸음으로 집에서 맴도는 어머니 리듬은 음기가 가득한 땅과 땅으로만 된 땅이 땅을 만나는 0° 방향 지시기호이다. 낮고 낮

1) 그림 · 이영지 『시조창작리듬론』 · 18. '우레와 우레의 만남'

음으로 빨려들며 아래로만 내려가도 일어서는 리듬이 된다.

어두움 · 음 --과 어두움 · 음 --의 의미는 하늘로부터 서리가 내리는 음습함에서 출발한다.

- 서리가 내리네요 의미기호 --

2구: 땅은 서리가 오거나 눈이 오거나 얼음이 얼거나 그대로 그냥 받아들인다. 어머니의 품이다.

- 겨울을 안아 봐요 의미기호 --

3구: 본인의 뛰어난 재능도 내조로 승화시키고 안으로 · 안으로 그 품을 넓힌다.

- 안으로 타는 웃음 의미기호 --

4구: 흙 속에 든 옥구슬 진주는 함부로 흙 밭으로 나오려 않는다. 흙 속에 파묻힌 진주는 하늘의 이슬이다.

- 옥구슬 진주날개 의미기호 --

5구: 흙빛은 황금색 중앙을 표시하는 빛이다. 사랑이 이 중심에 있다. 자신을 희생한 결과 모든 영광이 되 돌아오는 자리이다. 세발가진 새의 자리 · 황금의 자리 · 삼족오의 자리이다.

- 황금의 의미기호 --

6구: 씨도 땅 속으로 들어야 싹이 돋아난다. 물도 땅 속으로 들어야 맛있는 새물이 된다. 태양이 흙에 씨앗의 힘을 준다.

- 벌판 아래로 황금물결 이룬다 의미기호 --

땅→ 땅의 6구(-- · --) (-- · --) (-- · --)의 땅이 땅을 만나는 입

체리듬은 한없이 어머니의 가슴에 얼굴을 파묻을 수 있는 넓은 마음이 있는 둘째 날 이미지다. 노아의 날[1]이다. 성경에서 이 둘째의 중요성을 예수 그리스도로 한다. 사람으로서는 거듭나서 새로운 사람이 되는 날이다. 이 날은 땅 · 유순 · 서남 · 배 · 소 → 연구 땅 · 어머니 · 유순 · 서남 · 배 · 소 이미지이다. 흔히 나라를 움직이는 것은 남자지만 남자를 움직이는 것은 여자이다.

하나님이 이 세상을 만드셨고 그의 아들 예수 그리스도 사랑이 실천하는 때이다. 빛이 하늘에서 내려와 얼고 추운 대지를 밝게 비추어 준다. 모든 식물이 자라고 사람이 숨을 쉬는 그리고 풍요의 땅이 되는 기적이 일어난다. 모두 받아들이는 버릇으로 하여 넉넉한 알곡을 황금의 알로 누렇게 대지 위에 낳아 놓는다.

거대한 배한척이 바다에 떠 무사히 항해 하는 리듬이다.[2]

꿈꾸는 그대하늘 촛불을 켜오리까
비단길 이리로 와 환상의 꽃구름 길
그대의 하늘거리는 창가에 서 있어요

- 「어디에」 이영지

물길을 사모 하오 나의 님 찾았어요
가을로 익게 하여 난 여기 해바라기
물 하늘 둘레 둘레에 담아있는 그리움

- 「찾았어요」[3] 이영지

---

1) 박기용, 『말』 (서울: 규장각 · 1997) · 488-490.
2) 새벽기도 · 948(1998. 2. 28. 22시 44분 14초에 기록).
3) 새벽기도 · 948(1988. 2. 28. 22시 43분 57초에 기록).

3) 3과 3일째의 날 사흘: 우리 셋이의 시조 문예미학리듬

(1) 3과 3일과 사흘째 날

3과 3일과 사흘째는 셋이라는 의미로 하여 입체성[1] 공유그리움이다. 곧 1 성부 · 2 성자 · 3 성령 의 힘! 3 기멜 ג 기멜 · 낙타 · 은혜갚음[2] 공유이다. 우리 셋이 합하여 사람을 만들자는 공유그리움이다. 사람이 하나님 나라를 엿볼 때 성부와 성자와 성령 우리 셋이 내려가서 언어를 흩자고 한다. 이로 세계만방에는 언어가 서로 다르다. 한 언어로 되어 있었음을 한국 언어가 세계만방에서 그대로 지금 과학의 힘으로 노출되고 있다. 아들숭 제일 받아들은 그 땅을 떠났다. 바로 조상 잘 모시는 민족이다. 제사민족 우리 민족이다.

믿음이 깊은 사람들이 세례를 받을 때는 3위 일체[3] 셋 · 성부와 성자와 성령의 이름으로 세례를 받는다. 이 은혜 받은 것을 갚으려 3과 3일과 사흘째 되는 날에 사람다운 사람이 있다. 아브람이 아브라함이 되어 아버지 노릇 한다.

3 셋이 서로 모임을 새로 사 שְׁלֹשָׁה 쉐로솨 · 셋 · τρεις 셋째를 셀시 ישִׁי שְׁלִ 쉐리시 · 셋째 · ANOMS · the third · τριτη · τριτος · 창 1:13 라 한다. 새로 사

---

1) E. W 벌링거 · 장상선 감수, 『성경에 나타난 숫자 해설』(서울: 나단 · 2001) · 140.

2) VTMMYS: 『스테판 원어 성경: The Stephen Korean Text of the Hebrew Old Testament Published by Institute of Biblical Languages』 · 서울: 원어성서원 · 2000. 히브리어 알파벳.

3) 홍문표 · 말씀이 육신이 되어(요 1:14-18) 설교문 「한국문인교회」(서울 · 동천아카데미5층 · 2012. 10.14. 늦은 4시)

는 날이 셋째 날이다. 말씀 · 물이 일어서는 셋째 날[1]이다. 물이 일어서 · 말씀이 일어서서 하나님 백성인 날 그 분이 구원하려 일어서신[2] 날이다.

하나님[3] 샘이 있다. 이 샘과 우물의 물 모두 물 쌍수이다. 물 셋 샘과 강과 우물[4]이 만나는 거기에 예수님의 손[5]이 있다. 셋째 강은 예루살렘 근처를 둘러싸 튀어나와 · 물을 내뿜어 터져 나와 아주 뜨겁게 흐르는 앗 뜨거워[6]강이다. 이 힛데겔 강은 하드 + 칼 두 단어의 합성어이다. 의미는 날카롭고도 빠르고 신속하고 예리한 물살의 강이다. 빨리 흘러가서 다니엘이 포로기 때 정월 이십사일 힛데겔 강가에서 일어난다. 다니엘은 환상 중에 본 세마포 옷을 입은[7] 이상을 본다.

물을 내뿜어 터져 앗 뜨거워 힛데겔[8] 강! 이 강은 아래에서 위로 솟구쳐 오르며 한 방에 남쪽에서 북방 유부라테 까지 가는 강이다.

---

1) 창 1: 9.

2) 민대훈 · "장자를 살림과 장자를 죽임," 『구약과 설교』 (서울: 서울 기독 대학교 대학원강의실 · 2006) · 11월 7일: 생명줄에 대한 본질을 생각하게 하는 일은 장자 죽음과 이스라엘 백성 살리기의 비교이다. 결국은 유월절 어린 양을 통해 하나님의 나라를 이루시는 내용이다.

3) יָה(야).

4) 창 18: 2; 출 25: 33 · 27: 14 · 15) · 37: 19 · 38: 14 · 15); 신 19: 9; 삼상 1: 24 · 10: 3 · 20: 20; 삼하 14: 27 · 18: 14; 왕상 7: 25; 대하 4: 4; 욥 1: 2 · 4 · 42: 13; 사 19: 24; 겔 40: 10 · 21 · 48: 31 · 32 · 33 · 34; 단 6: 2 · 7: 8; 마 17: 4; 막 9: 5; 눅 9: 33 · 12: 52; 고전 14: 29; 요일 5: 8.

5) י(요드); "Hebrew Letters 'yod' He" ABD: David Noel Freedman · *The Anchor Bible Dictionary* (USA: Doubleday · 1992) · 1011. 여호와의 손(창 49: 8; 사 10: 13; 합 3: 3; 겔 8: 1 · 3).

6) 창 2: 14.

7) 단 10: 4.

8) הִדֶּקֶל(힛데겔/창 2:14).

한국에서 셋째 딸은 가장 예쁘다. 그래서 시집가는 혼담이 오고 갈 때 물어 보지도 말고 셋째 딸은 통과가 되어 결혼이 이루어진다. 바늘귀의 어려움 통과한 믿음이 신뢰도로 이어지기 때문이다.

힛데겔 강은 앗수르 동편으로만 흘러 죽음의 땅 동편의 사람들을 살린다. 그리스도의 재림[1]을 상징한다. 이 강을 현대인들은 힛데겔의 음역에 가까운 티그리스 강이라 부른다. 상류는 강폭이 유프라데 강보다 좁고 · 터키 국경과 바그다드와의 고도차가 300m 이상 될 정도로 커서 강물이 많고 흐르는 속도가 빠르다. 에스겔을 통하여 제시한 에덴의 셋째 강은 그가 나를 데리고 문에 이르니 · 곧 동향한 물이라 하였다. 이스라엘 하나님의 영광이 동편에서부터 온다. 하나님의 음성이 많은 물소리 같고 땅은 그 영광으로 인하여 빛난[2]다.

아담은 성경에서 우리 셋 곧 성부와 성자와 성령이 합하여 삼위일체가 만들어낸 하나님의 형상 사람이다. 성경은 셋 우리 셋이 합

---

1) 보라 내가 너희에게 비밀을 말하노니 · 우리가 다 잠잘 것이 아니요 · 마지막 나팔에 순식간에 홀연히 다 변화하리니 · 나팔 소리가 나매 죽은 자들이 썩지 아니할 것으로 다시 살고 우리도 변화하리라. 이 썩을 것이 불가불 썩지 아니할 것을 입겠고 · 이 죽을 것이 죽지 아니함을 입으리로다. 이 썩을 것이 썩지 아니함을 입고 · 이 죽을 것이 죽지 아니함을 입을 때에는 사망이 이김의 삼킨바 되리라고 기록된 말씀이 응하리라. 사망아 · 너의 이기는 것이 어디 있느냐? 사망아 · 너의 쏘는 것이 어디 있느냐?(고전 15):51~55)

2) 그 후에 그가 나를 데리고 문에 이르니 · 곧 동향한 문이라. 이스라엘 하나님의 영광이 동편에서부터 오는데 · 하나님의 음성이 많은 물소리 같고 · 땅은 그 영광으로 인하여 빛나니 · 그 모양이 내가 본 이상 · 곧 전에 성읍을 멸하러 올 때에 보던 이상 같고 · 그발 하숫가에서 보던 이상과도 같기로 내가 곧 얼굴을 땅에 대고 엎드렸더니 · 여호와의 영광이 동문으로 말미암아 전으로 들어가고 · 성신이 나를 들어 데리고 안뜰에 들어가시기로 내가 보니 여호와의 영광이 전에 가득하더라" (겔 43:1~4).

하여 사람을 만들자고 한다. 그리하여 아담이 만들어 진다. 아담한 사람은 성령과 피와 물로 증거 하는 이가 셋이나 있다. 성령과 물과 피 셋이 합하여 하나[1]가 된 사람! 하나님 형상이다. 사람의 귀중함 증거가 된 아담한 남자 아담은 하나님이 주신 진리를 인식하고 배워서 이끌어 낸다. 남자는 아담하게 기억하는 존재 잘 기억하는 남자이다. 하나님의 뜻을 지키는 존재 · 지키려[2]하는 존재이다.

이 때문에 여자는 남자의 기억을 기록할 녹명 인자[3]를 분담 받는다. 여자는 남자가 여자를 보고 내게 봐 נְקֵבָה[내게 봐][4]하는 존재이다. 이에 감성적으로 감동하여 남자에게 시집가서 평생 시집살이를 잘 한다. 아이를 낳는다. 그래서 한 가정에 셋이 있게 되었다. 이 때문에 셋의 의미는 가정에서 공동으로서의 삶인 동시에 어울림의 근원이다. 아내는 남편과 살이 닿아 남성의 씨를 낳는 희생이미지다.

성경은 결혼과 관련하여도 셋째 강을 펼친다. 물을 내뿜어 터져 나오는 힛데겔[5]강에서의 생활! 빠르고 신속하게 세월을 잘 견딘다. 바로 진리의 말씀을 잘 전달하는 역할이다. 아내가 속삭이면서 하는 말에 따라 남편은 그대로 변하여 진다. 좋은 아내를 얻은 남편은 좋은 남편이 되어간다. 나쁜 아내를 얻은 남편은 나쁜 남편이 되어 간다. 이 중요한 아내의 위치는 셋째 날 일어나는 기적이다. 한 가정에 아내 · 여자가 얼마나 중요한지를 알려준다. 복음이 얼마

---

1) 요한 일서 5:8.
2) זָכָר(자카르 · 남자 · 창 1: 27 · 32: 13).
3) 錄名因子.
4) נְקֵבָה(내게바 · 여자 · 창 1: 27).
5) הִדֶּקֶל(힛데겔 · 창 2:14).

나 중요한지 알려준다. 유태인 가정에서 여자를 복음 의미로 중요시한다.

우리는 흔히 고맙습니다라는 말을 한다. 식물에도 고마우러 풀[1]이 있다. 어지러운 물가에서 물을 정화시키는 고마우리 풀이다. 히브리어도 셋째자리 기멜 ג[기멜]은 보답의미다. 사라에게서 젖을 뗀 이삭이 되는 이 날 아브라함은 사람들을 불러서 잔치를 베푼다. 젖 떼는 날이다. 흠뻑 좋은 교육을 받고 이제 말씀으로 올바르게 서서 살아가는 때이다. 홀로 서기 할 때이다. 평생 잘 살아온 사람이 재산을 사회에 환원하는 때이다.

이제는 말씀을 말하지 않고는 견딜 수 없는 열정으로 올라 남쪽에서 북방 유브라데 까지 가는 강이다. 유부라데 강을 위한 강 말씀을 전하는 강이다. 말씀 전하기 위해서 서로 합친다. 말씀을 빠르게 잘 전하기 위해 살아간다. 환상 중에 세마포 옷을 입은[2]분을 보는 때이다. 예수 그리스도의 재림[3]을 보는 때이다.

셋째 강 티그리스 강은 강 상류가 넓으며 · 강폭이 유푸라테 강보다 좁고 · 터키 국경과 바그다드와의 고도차가 300m 이상 될 정도로 크기 때문에 강물이 많고 흐르는 속도가 매우 빠르다. 화살처

---

1) 충북 청주에서 발견 고마우러 풀은 주위를 정화하는 풀이다.

2) 단 10: 4.

3)보라 내가 너희에게 비밀을 말하노니 · 우리가 다 잠잘 것이 아니요 · 마지막 나팔에 순식간에 홀연히 다 변화하리니 · 나팔 소리가 나매 죽은 자들이 썩지 아니할 것으로 다시 살고 우리도 변화하리라. 이 썩을 것이 불가불 썩지 아니할 것을 입겠고 · 이 죽을 것이 죽지 아니함을 입으리로다. 이 썩을 것이 썩지 아니함을 입고 · 이 죽을 것이 죽지 아니함을 입을 때에는 사망이 이김의 삼킨바 되리라고 기록된 말씀이 응하리라. 사망아 · 너의 이기는 것이 어디 있느냐? 사망아 · 너의 쏘는 것이 어디 있느냐?(고전 15):51~55)

럼 흘러가는 세월 속에서 능력을 발휘하는 때이다. 에덴의 셋째 강 동편은 성경에서 그 후에 그가 나를 데리고 문에 이르니의 동향한 문이라 이스라엘 하나님의 영광이 동편에서부터 오는데 하나님의 음성이 많은 물소리 같고 땅은 그 영광으로 인하여 빛나니 그 모양이 내가 본 이상 곧 전에 성읍을 멸하러 올 때에 보던 이상 같고 · 그발 하숫가에서 보던 이상과도 같기로 내가 곧 얼굴을 땅에 대고 엎드렸더니 여호와의 영광이 동문으로 말미암아 전으로 들어가고 성신이 나를 들어 데리고 안뜰에 들어가시기로 내가 보니 여호와의 영광이 전에 가득 하더라[1]의 강이다.

부부가 합심하여 하나님의 일 하는 때이다. 홀로는 나약하지만 두 사람이 결혼하여 얻는 좋은 자리이다. 죄 지은 인간에 대하여도 하나님은 할 수 없이 그러면 내가 주는 모자[2]를 쓰고 하나님의 싹을 내는 표징[3]을 보여주라 하신다. 그러면 살리라 하시었다. 뛸 듯이 기뻐 아내 잉태[4]까지 시킨다. 첫째 남자 에녹이 낳아[5]진다. 에녹은 하나님과 동행한 에녹 성[6]에 살았다. 아담과 이브는 셋 세트[7]를 얻어 여호와라 부르짖어 부르며 살아간다. 하나님은 언어 하나로 이들을 다스렸다.[8] 그러나 이들이 모이어 신의 자리를 넘보자

---

1) 겔 43:1~4.
2) מֹצְאוֹ(모즈오 · τόν εὑρίοκόντά αὐτόν · 만나는 · 창 4:15)
3) אוֹת(오트 · 표징 · 출 31: 17)
4) וַתַּהַר(바타하르 · καὶ συλλαβοοσα 잉태하여 · 창 4:17)
5) וַתֵּלֶד(바테레드 · ἔτεκεν · 낳은지라 · 창 4:17)
6) 창 4:17
7) 창 4:25
8) וַיֹּאמֶר יְהוָה הֵן עַם אֶחָד וְשָׂפָה אַחַת לְכֻלָּם וְזֶה הַחִלָּם לַעֲשׂוֹת וְעַתָּה לֹא- יִבָּצֵר מֵהֶם כֹּל יָזְמוּ לַעֲשׂוֹת(바요메르 예흐바 헨 암 에하드 비솨카 아하트 리쿨람 베쩨하 하힐람 라아소트 베아타 로- 이바제르 메헴 콜 야지무 라아소트 · 여호와께서 가라사대 이 무리가 한

· 나불거리자 하나님은 이에 대응하여 우리 셋 성부와 성자와 성령이 내려가서 그들이 서로 못 알아듣게 하자![1]한다. 성삼위일체 세 분이 땅으로 렛 어스 고우 다운[2]! 셋이 내려가 그들의 언어를 흩으신[3]다. 삼위일체 하나님 손으로 입 향기를 내신다.

말씀을 아니 듣는 무리조차 하나님 일을 하는 아이러니가 있다. 서로 흩어져 가라[4]의 명령은 사실은 하나님이 불러서[5] 그들을 하늘에 못 오르게 하시어서이다. 평생 땅에서 하나님이 시키시는 말만 하는 여러 민족이 된다. 각각 흩어져서 그 곳에서 죽도록 하나님 일하면서 살아간다.

이러한 그분의 능력은 하늘 샤마임 שָׁמַיִם[솨마임][6]에 물 마임 מַיִם[마임][7]을 포함시켜 물을 마르게 하신다. 그 물의 초월성[8]을 통해 물이

족속이요 언어도 하나이므로 이같이 시작하였으니 이 후로는 그 경영하는 일을 금지할 수 없으리로다 · καί. εἶ.πεν κύριος Ιδου τένος ἕν καί κέιλος έν πάντων καί τούτο ἤρζαντο πόιἤσαι καί νύν ούκ έκλείψει έζ πάντα δσα ᾆν επιδώνται πόιεν · 창 11:6).

1) הָבָה נֵרְדָה וְנָבְלָה בְּלָל שָׁם שְׂפָתָם אֲשֶׁר לֹא יִשְׁמְעוּ שְׂפַת רֵעֵהוּ(하바 내리다 베나발 솸 스파탐 아세르 로 예스무 이스 소파르 라에후 · 자 우리가 내려가서 거기서 그들의 언어를 혼잡케하여 그들이 서로 알아듣지못하게 하자 하시고 · δεύτε καί καταβάντές συγκέοψεν έκει αύτῷν γλῷσσαν ίνα μἤ άκούσιν ἓκαστοσ τἤν φυνἤν τού πλεσίον · 창 11:7).

2) let us go dawn · 창 11:8.

3) וַיָּפֶץ יְהוָה אֹתָם מִשָּׁם עַל-פְּנֵי כָל-הָאָרֶץ וַיַּחְדְּלוּ לִבְנֹת הָעִיר(봐야페즈 여호와 오탐 미쉠 알-프네 콜-하아레쯔 바야흐델루 소페트 레우 · 여호와께서 거기서 그들을 온 지면에 흩으신고로 그들이 성 쌓기를 그쳤더라 · καί διέσπειρεν κύριος ούτούς έκεíΘεν έπι-πρόσωπον πάσης-τἤς γἤς καί έπαύσαντο · 창 11:8).

4) קָרָא(카라 · VQAMZS · is called · ζκλἤΘε · 창 11:9).

5) 김영진, 『성서히브리어』 (서울:올람하타낙 · 2001) · 88.

6) שָׁמַיִם(솨마임 · 하늘).

7) מַיִם(마임 · 물).

8) 겔 37: 3 · 7.

하나도 없는 말라빠진 뼈들에게 절대자가 명령하자 이 뼈 · 저 뼈들이 서로 연락[1]되며 피와 살이 있게 하시었다.

셋째 날 아브라함의 날에는 처음과 끝 · 전체[2] 구조에서 물이 없는 때다. 그 분은 물 없는데서 생명 만드시는 물이 있게 하신다. 셋째 날에는 물이 없다.

셋째 날[1]

셋째 날은 처음과 끝에 소속되지 않는 날이다. 셋째 날은 처음과 끝이 있는 전체인 에트 **את**[2]가 없음으로 이를 증명한다. 다른 날은 다 있는데 셋째 날은 처음과 끝 에트가 없다. 왜 없을까. 물이 없는데도 그 분만이 물을 만드는, 생명을 만드는 일로 보여준다.

셋 의미의 중요성은 야곱에게서 난 셋째 아들 레위에서 찾아진다. 레위족속들은 오늘날 교회목사나 혹은 장로의 역할이다. 사역으로는 군대의 셋째 장관[3] **בניהו**브나야[4]가 있다. 하나님 집안에 들어 영원히 숨 쉬게 되는 영광을 누리는 명령을 가르치는 우두머리 역할이다. 명령장관이다. 그러기에 30인 중에 위에 있는 용사라 하였다. 하나님 말씀 따라 하는 가슴을 가진 암미사밧이 있다. 그 반열

---

1) 겔 37: 7.

2) את(에트 · 창 1: 1-2: 3).

1) 제3일에는 אֶת(에트 · 처음과 끝)가 없다. 다만 הַמַּיִם(하마임 · 그 물)이 한 곳으로 모이어 יִקָּווּ(이카부 · 대망 · 창 1: 9)하고 있다. 참조: 왕상 7: 23; 시 25: 3; 사 5: 4 · 28: 10 · 34: 11 · 40: 31.

2) אֶת(에트).

3) שַׂר הַצָּבָא הַשְּׁלִישִׁי לַחֹדֶשׁ הַשְּׁלִישִׁי(사르 하제바 하슬리쉬 호데쉬 하슬리쉬 · 3월 · 대상 27:5).

4) בְּנָיָהוּ(브나야후 · NE · 대상 27:4).

에 24,000명을 둔다.

셋째 사람 레위의 계열의 관장 하사바[1]는 숨 쉬도록 상대방을 가르치는 역할 담당자다. 하나님의 목적을 달성하려는 임무를 지닌 레위는 몸소 실천하는 일을 보여주는 역할이다. 레아는 야곱의 아들 레위를 낳고 세 아들을 주었으니 남편과 함께 연합하리라 하였다. 연합의 의미이다. 화합문제는 히브리어 라바 לָוָה[2]기본형에에서 찾아진다. 일라베 יִלָּוֶה[3] 즉 절대자의 손으로 남편과 연합하여 큰일을 하게 한다. 하나님이 강력하게 역사하심으로 숨 쉬는 온전한 화합은 희망이 있게 하고 있다. 연합이란 하나님의 손을 빌리다 · 빌려주다의 연합의미다. 내게 있는 것을 주기도하고 또 없으면 빌려서리도 서로 함께하는 연합은 서로 힘을 합치기 위하여 상부상조하는 일이다.

우리나라 사람들은 혼자도 아니고 둘도 아니고 셋이 같이 함을 그리움으로 한다. 그래서 우리라 한다. 나 · 너 · 그 셋이다. 이울려 우리라며 같이 일 한다. 나와 너와 단 둘이 있을 때도 보이지 않지만 하나님이 있는 우리다. 우리의 긴 역사를 만들었다. 전 세계의 반에서 찾아지는 우리 언어가 있다. 주인공 우리 대한민국 백성들이 있다. 우리는 우리라고 늘 말하면서 잘 살아간다. 왜냐하면 하나님조차 절대로 혼자 하시지 아니하시고 셋이서 합하여 사람을 만들자 하였음에서 증명된다. 바벨탑으로 하나님에게 도전하는 자들의 언어를 성삼위로 흩으시었다. 우리 셋이서 이를 막자 하시었다. 아

---

1) הַשַׁבְיָה(하사바 · 관장 · NMS · the ruller · 대상 27:17).

2) לָוָה(라바 · 연합).

3) יִלָּוֶה(일라베 · 연합하리로다 · VNIMZS · will be joined 창 29:34).

브라함이 아들을 하나님이 원하는 제물로 들이기 위해 산을 오를 때도 아브라함 · 이삭 · 하나님과 셋이서 동행하였다. 죽으러 모리아 산으로 끌려 갈 때 이삭은 아버지 우리 둘 뿐인데 하나님께 들일 제물은 어디 있느냐고 묻자 아브라함은 하나님이 알아서 준비하셨다[1] 했다. 셋이 어울려 힘을 합 하신다 이다. 우리나라에서는 형제간에 하도 싸우니까 아버지가 유언으로 한사람은 힘이 약하지만 셋이 합하여 나가면 어려움이 없을 거라고 뭉쳐서 이 어려운 세상을 살아가라고 권고 유언한 속담이 있다. 바로 셋이 합할 때 셋의 의미이다.

이러한 진리를 한국시조 문예미학으로 할 수 있다.

우리 셋 해달별이 있는 걸 보고 싶음
산으로 오십시요 산머리 저 너머에
어울려 지금 하나로 보여주고 있네요

하아얀 손바닥을 펴시어 보십시요
사랑함 이라고 쓴 얼룩진 사랑 눈물
별 달 해 넘어가면서 남겨주고 갔네요

당신의 고운 손에 별처럼 무늬지어
어리는 유리창에 달덩이 그대 얼굴
해같이 빛나는 사람 바라느라 별 가슴

하여서 내님이라 여기며 사는 우리
가슴에 반짝이는 별같이 살아가는
사랑의 별들이 사는 해달별의 우리는

---

1) 한국 사람들은 상대방 존경어 '하셨다'라는 말을 쓴다. 시편 136편 무려 26회 חַסְדּוֹ (하스도: 인자 · 성실 · 시 136) 기본형 헤세드 חֶסֶד(헤세드: 인자 · 성실) 26수치 여호와 י ה ו ה =5 + 6 + 5 + 10=26 신성 수.

뽀오얀 새바람이 언제나 일게 하는
거울로 서로 비춰 오르막 오를 때에
손잡고 셋이서 가는 해달별이 빛나요

- 「셋의 공존」[1]이영지

달 · 별 · 해 셋은 물과 관련이 있다. 물은 샘물 · 강물 · 바닷물이 있는데 샘물은 하나님이 '마 애 놓듯'[2] 깊은 산중에서 우리 앞에 놓으시었다. 깊은 바다에도 샘을 놓으셨다.[3] 사람도 물에 태워[4] 물 위에 뜨게 하시는 날이 3일째이다. 3일째 우리 몸은 그 분의 선히 여기시는 배[5] 위에 타기만 하면 물 위 뜬 사람[6]이 된다.

3일 · 3월 · 30년이나 모두 3번째에서 일어나는 일이다. 물 세 글자 곧 마아임![7] 바로 내 임이 되는 이야기다. 이 황홀한 대상에 대한 그리움은 하나님이 명령하여 이 뼈 · 저 뼈가 들어맞아서 뼈들이 서로 연락[8]되며 사람 몸에 피와 살이 있게 하시었다.

성경은 셋과 셋째를 구분한다. 셋 새로 사 שְׁלֹשָׁה(슬로솨 · 셋 · τφεις[9]). 마른 뼈들을 살리기를 희망하는 소망사로 한다. 우리를 살게 하는 물의 사역 · 물의 이름은 마 임[10]이다. 바로 임이다. 임이라고 말 하

---

1) 새벽기도 · 781.
2) מַעְיָנֹת(마에이노트 · 샘물 · 창 8: 2; 시42: 7).
3) עֵינֹת מַיִם(에노트 마임 · 샘물 · 출 15): 26).
4) עִינוֹת תְהוֹם(이노트 테홈 · 깊은 바다의 샘 · 잠 8: 28).
5) בְעֵינֵי יְהוָה(베에네 여호와 · 여호와의 선히 여기심 · 민 24: 1).
6) N. Wyatt · "Water · water everywhere · " *The Mythic Mind: Essays on Comology and Religion in Ugaritic and Old Testament Literature* (London: Equinox · 2005) · 222.
7) מַיִם(마임 · 물 · 출 17: 6).
8) 겔 37: 7.
9) שְׁלֹשָׁה(슬로솨 · 셋 · τφεις).
10) מַיִם(마임 · 물).

는 때의 '마 임'이다. 이 마임 מַיִם마임인 물은 이제 곧 황색의 봄 땅에서 싹 생명들이 파랗게 돋아나게 한다. 가을이면 사랑의 열매 곡식들을 만들어 낸다.

셋째는 히브리어로 셋째 셋이다. 새로 시 שְׁלִישִׁי쉘리쉬 · 셋째 · τυιτος이다. 우리 속담에 셋째 딸은 물어 보지도 않고 아내로 삼거나 며느리 감으로 데려간다. 그만큼 조화를 잘 이루는 인물이다. 아름다운 여인이다. 서동이 반한 선화공주다. 아름다운 셋째 딸[1]이다. 이름이 선화善花이다. 화花나 화化는 선화의 '선'이 셋째임으로 셋째 딸

---

1) 聞新羅眞平王第三公主善花(一作善花美艷無雙削髮來京師 以薯草.창.乃作謠 誘群童而唱之云 향가: 한자의 음과 훈을 빌어 적는 향찰 표기에 의해 기록되어 전하는 신라 및 고려 시대의 시가를 말한다. 「삼국유사」에 실린 14수와 「균여전」에 실린 11수 등 모두 25수의 시가이다. 나라 노래 · 우리 노래 등으로 향가라는 명칭 외에 도솔가사뇌가사내 등으로 불린다. 우리나라 최초의 정형시 4구체와 8구체 · 10구체로 4구체는 민요적 시형 · 8구체는 4구체를 중첩시킨 시형 8구체에 감탄사로 시작되는 낙구 2구를 보태어 10구체이다. 민요적 성격임으로 광범위한 작가층이다. 그 중 서동요는 현전 향가 중 가장 오래된(眞平王代 · 6세기 전「삼국유사」권2 武王조에 실려 있다. 가사는 3구절에 · 총 25자의 한자로 기록된다.

善花公主主隱 선화공주니믄 善花公主니믄
他密只嫁良置古 남 그지 얼어두고 그 어러 두고
薯童房乙 맛둥방 薯童 방
夜矣卯乙抱遣去如 바 몰 안고가다 바매 알 안고 가다

<원문> <양주동 해독="해독"> <김완진 해독="해독">

武王(古本作武康.非也.百濟無武康: 第三十,武王名璋.母寡居.築室於京師南池邊.池龍交通而生.小名薯童.器量難測.常掘薯.賣爲活業.國人因以爲名.聞新羅眞平王第三公主善花(一作善化.美艷無雙.剃髮來京師.以薯餉閭里童.童親附之.乃作謠.誘群童而唱之云.善化公主主隱他密只嫁良置古薯童房乙夜矣卯乙抱遣去如.東謠滿京.達於宮禁.百官極諫.竄流公主於遠方.將行.王后以純金一斗贈行.公主將至竄所.薯童出拜途中.將欲侍衛而行.公主雖不識其從來.偶爾信悅.因此隨行.潛通焉.然後知薯童名.乃信童謠之驗.同至百濟.出母后所贈金.將謀計活.薯童大笑曰.此何物也.主曰.此是黃金.可致百年之富.薯童曰.吾自小掘薯之地.委積如泥土.主聞大驚曰.此是天下至寶.君今知金之所在.則此寶輸送父母宮殿何如.薯童曰可.於是聚金.積如丘陵.詣龍華山師子寺知命法師所.問輸金之計.師曰.吾以神力可輸.將金來矣.主作書,幷金置於師子前.師以神力. 三國遺事 卷二 武王.

인 셋 희, 셋째 딸[1]이다. 한국민속에 따르면 혼인미담으로 셋째 딸은 물어보지도 말고 데려 간다는 속설이 있다. 따라서 셋째 딸은 가장 아름다운 여인이라는 말이다. 서동이 실제 인물이 아니고 서동요가 백제와 신라와의 유대관계를 위한 의도적인 인물의 작품[2]이라고 본대도 셋째는 아름다움뿐만 아니라 가장 조화를 의미지수로 한다.

한국의 문학에서 자랑거리인 수로부인[3]이 있다.

> 븕게 핀 바회 ᄀᆞᆺᄒᆡ
> 자ᄇᆞ 은 손 암 쇼 노ᄒᆡ시고
> 나ᄒᆞᆯ 안디 븟그리샤ᄃᆞᆫ
> 곶을 것가 받ᄌᆞ오리이다

실명노인 「헌화가」[4]

일연이 지은 헌화가이다. 셋째 곧 히브리어 '쉬로 쉬' 발음 그대로 쉬게 하는 여인이다. 수로부인 신라 성덕왕 시절 강릉태수 아내이다. 수로 부인이 간절히 원하는바 암벽이 병풍을 둘러쳐 있는 절경 가에 핀 꽃을 실명노인이 꺾어 준다는 실명노인과의 일화가 있다. 또 수로부인은 이틀째 병곡의 대진마을을 지나던 중 갑자기 먹구름과 함께 바다의 해룡으로 하여 바다 속으로 끌려간다. 이 때도 역시 동행하던 실명노인이 즉석에서 해가海歌를 지어 마을 사람들과

---

1) 양주동 · 『고가연구』(서울: 박문관. · 433.
善化公主主隱他密只嫁良置古薯童房乙夜矣卯乙抱遣去如.

2) 이재선 · 『향가의 이해』(서울: 삼성미술 문화재단. · 188-199.

3) 삼국유사 권 2 · 수로부인에서

4) 紫布岩乎邊希(자포암호변희) 執音乎手母牛放教遣(집음호수모우방교견) 吾肹不喩慚肹伊賜等(오힐불유참힐이사등) 花肹折叱可獻乎理音如(화힐절질가헌호리음여)
김완진 · 『향가 해독법 연구』(서울대학교 출판부 · 1980. · 70. 참조

노랫소리가 용궁에까지 들리도록 부른다.

> 거북아 거북아 수로를 내어 놓아라
> 남의 아녀자를 약탈한 죄가 어찌 크지 않으리오
> 네가 만약 거절하고 내어놓지 않는다면
> 그물을 놓아 기필코 잡아다 불에 구워먹으리[1)]

거북이는 수로부인을 돌려주었다. 물가나 큰 연못을 지날 때마다 일어난 이 셋째여인의 신비 의소는 다름 아닌 성경이 말하는 셋째 날과 셋째의 여인과 셋째의 아브라함이 믿음의 조상이 되는 신비소 공유그리움이다. 시적 표현으로 물로 일어서는 이미지이다.

처음과 끝[2)]이 없는 이 셋째 날은 일어서는 이미지이다. 이 무한의 신비 의소는 물[3)]과 하늘[4)]이 어울려지면서 초월성을 만들어 낸다. 전체[5)]구조에도 들지 않는 기적이 만들어 지는 일은 생명이 눈으로 보이는 때이다. 사람이 어머니 태속에서 만들어지는 기적이다. 하나님과 백성간의 계약[6)]이다. 물이 하나로 모이어[7)]일어선 날 계

---

1) 龜乎龜乎出水路(구호구호출수로) 掠人婦女罪何極(약인부녀죄하극)
汝若悖逆不出獻(여약패역불출헌) 入網捕掠燔之喫(입망포락번지끽).

2) את(에트 · 전체 · 창 1: 1-2: 3).

3) מַיִם(마임 · 물).

4) שָׁמַיִם(솨마임 · 하늘).

5) אֹתוֹ(오토 · 전체 · 창 2: 3).

6) John Bright, 『이스라엘의 역사: A History of Israel』 · 박문재 역(서울: 크리스챤다이제스트 · 2005) · 190-243: 존 브라이트는 초기 이스라엘 체제와 신앙지파 동맹을 초기 이스라엘 체제와 신앙지파 동맹을 여호와의 호의와 이스라엘의 응답으로 보았다. 하나님은 헷 족속의 주군 봉신관계와 연관 짓는데 나와 그대 사이의 계약 관계의 특징인 오직 그대만을 위하여라는 계약형식은 헷 족속(BC 2000)에서 시작된다. 그 언어가 나와 그대, 오직 그대만을 위하여, 그대의 마음을 다하여라는 체결특징을 가진다. 헷족속 멸망(BC 1300) → 앗시리아와 아람 조약 → 신명기 언약(주전 BC 10) [내 조상은 유리하는 아람사람(신 26: 5)] → 호세아서에서

약에 의해서이다. 셋째 날[1]은 하나님이 하나님의 백성을 바다에서 구원하기 위해 일어서신[2] 날이다.

3위 일체[3] 셋 성부 · 성자 · 성령의 힘은 우리를 도우신다. 성경은 결혼과 관련하여도 셋째 강을 펼친다. 물을 내뿜어 터져 나오는 힛데겔[4]강이 셋째 강이다. 어려움을 잘 통과하며 말씀을 말하지 않고는 견딜 수 없는 열정을 아래에서 위로 솟구쳐 오르는 이 셋째 강으로 한다. 말씀을 전하는 강이다.

3은 셋[5] · 셋째 · 세 번 · 삼지창 · 삼중의 · 트라이 엥글 · 두령 · 삼 현금 · 방패든 자 모두 합쳐지는 우주의 힘을 의미한다. 아브

두세 번 표시된다.

초창기부터 이스라엘은 여호와의 유대를 알고 있었던 것이고 이스라엘 공동지파 동맹은 이스라엘이 하나의 민족으로 탄생시킨 언약에 있다(주전 BC 10)고 보았다. 가장 오래된 시가(출 15): 1-18)에서 여호와의 백성이 여호와의 은혜의 관계를 가진 것은 여호와를 왕으로 한(출 15): 18; 민 23: 21) 언약 관계라 하였다. 이스라엘의 해이었던 사람들에 의해 공동체의 기억의 뿌리는 시내 산으로 옮겨간 역사적 체험과 더욱 단단해진 신앙 지파동맹의 결성은 "나는 너의 하나님 여호와로라"(출 20: 2)에서 보여 진다. 여호와의 호의로 시작되는 처음부터의 이 관계는 여호와가 자기 백성을 다스린다는 사상이다.

여호와의 왕권개념는 마지막 일들이나 종말예견도 없으며 미래에 대한 소망의 씨앗으로 미래에 대한 신뢰가 된다. 여호와가 하나님의 백성을 약속의 땅으로 인도(출 15): 13-17)한 것은 · 보호와 보장(민 24: 3-9) · 승리(신 33: 25)가 처음부터 여호와와 하나님의 백성간의 계약이며 이스라엘 신앙이다.

7) יִקָּוּ(이카부 · 하나로 모이는 · 창 1: 9).

1) 창 1: 9.

2) 민대훈 · "장자를 살림과 장자를 죽임," 『구약과 설교』 (서울: 서울 기독 대학교 대학원강의실 · 2006) · 11월 7일: 생명 줄에 대한 본질을 생각하게 하는 일은 장자 죽음과 이스라엘 백성 살리기의 비교이다. 결국은 유월절 어린 양을 통해 하나님의 나라를 이루시는 내용이다.

3) 홍문표 · 말씀이 육신이 되어(요 1:14-18) 설교문 「한국문인교회」(서울 · 동천아카데미5층 · 2012. 10.14. 늦은 4시)

4) הִדֶּקֶל(힛데겔 · 창 2:14).

5) שָׁלשׁוֹ(솰로쉬 · 셋) · 셋 שָׁלשׁ(솰로쉬 · 셋) · 셋 שְׁלוֹשָׁה(쉘로솨 · 셋).

라함 · 이삭 · 야곱 3대에 걸쳐지는 믿음의 조상이야기이다. 셋은 합하여서 막강한 힘을 발하는 강화 의미이다. 삼 겹줄[1]는 악기 삼현금과 연계된 영적 강건 기쁨 의미이다. 몸은 쇠하여도 기쁨으로 주를 청종하고 기뻐하며 주로 인하여 기쁨이 솟아나는 성가대 의미이다. 우리나라에서도 이 삼 겹줄에 대한 아버지 유언전설이 있다. 힘을 합하라 명령이다.

3에 대한 언급은 한국시조 문예미학 한 편으로 설명된다. 그리고 한국시조 문예미학은 3 · 4 리듬으로 되어 있다. 우리말의 특징이 살려진 리듬이다. 시조 문예미학의 3은 초 · 중 · 종장의 셋의 의미 특히 그 중에서도 종장의 첫 자인 3자는 합하여서 하나를 이루는 의미이다. 이병기는 3음절을 3구를 3[2]자로 · 서수생은 3구를 3언으로[3] 이해하였다. 성경에서는 셋째 하늘에 올라간 사무엘과 바울의 예와 더불어 3일[4] · 4일[5] · 사흘[6]과 나흘[7] · 30년[8] · 33[9] · 40

1) הַמְשֻׁלָּשׁ(함메술라쉬 · 삼 겹줄 · 전 4: 12).
2) 이병기, 『국문학 개론』 (서울: 일지사 · 1965) · 108-109.
3) 서수생, 『한국 시가 연구』 (서울: 형성 출판사 · 1970) · 90.
4) 창 22: 4 · 31: 22 · 34: 25 · 40: 20 · 42: 17 · 18; 출 10: 22 · 19: 11 · 15) · 16; 레 7: 17 · 18 · 12: 4 · 19: 6 · 7; 민 7: 24 · 10: 33 · 19: 12 · 19 · 31: 19 · 33: 8; 수 1: 11 · 3: 2 · 9: 16 · 17; 삿 14: 14 · 19: 4 · 20: 30; 삼상 20: 5 · 21: 5 · 30: 1; 삼하 1: 2 · 20: 4 · 13; 왕상 3: 18 · 12: 5 · 12; 왕하 20: 5 · 8; 대하 7: 10 · 5 · 12; 스 6: 15) · 8: 15) · 32 · 10: 8 · 9; 느 2: 11; 에 3: 12 · 13 · 4: 16 · 5: 1 · 8: 9 · 12 · 9: 1 · 17 · 18; 호 6: 2; 암 4: 4; 욘 1: 17 · 3: 3; 마 16: 21 · 17: 23 · 20: 19; 눅 9: 22 · 13: 32 · 18: 33 · 24: 7 · 46; 행 25: 1; 계 11: 11.
5) 민 7: 30; 왕하 8: 21;대하 20: 26; 스 8: 33; 슥 7: 1.
6) 창 30: 36 · 40: 12 · 13 · 18 · 19; 출 3: 18 · 5: 3 · 8: 27 · 15): 22; 수 2: 16 · 22; 삼상 9: 20 · 20: 19 · 30: 12 · 13; 왕하 2: 17; 대상 12: 39 · 21: 12; 대하 20: 25; 마 12: 40 · 15): 32 · 26: 61 · 27: 40 · 63 · 64; 막 8: 2 · 31 · 14: 58 · 15): 29; 눅 2: 46 · 21; 요 2: 1 · 19; 행 9: 9; 행 10: 40 · 27: 19 · 28: 7 · 12 · 17; 고전 15): 4; 계 11: 9.

년[1] · 300년[2] · 사흘[3]이라 하였다.

하나님[4]은 샘과 우물이 만나 샘의 쌍수까지 합하여 물 셋[5]이 되게 하시었다. 성경의 셋은 우리 셋이 합하여 사람을 만든 예가 가장 대표적이다. 샘과 강이 만나는 거기에 떡 하니 예수님의 손[6]이 있다. 사람 아담은 성경에서 우리 셋 곧 성부 · 성자 · 성령이 합하여 삼위일체가 만들어낸 하나님의 형상 존재이다. 아담의 의무는 하나님을 배워서 익혀서 토해내는 존재이다. 이를 그의 아내와 같이 한다. 드디어는 성령과 피와 물로 성경은 증거 하는 이는 셋이니 성령과 물과 피라 이 셋이 합하여 하나니라[7] 하였다.

사람에게서 셋째의 중요성은 잘못을 저지른 인간이라도 하나님이 주는 모지[8]를 쓰고 하나님이 싸을 내는 표징[9]으로 살아가는 일을

---

7) 삿 11: 40 · 19: 5; 요 11: 17 · 39; 행 10: 30.

8) 겔 1: 1.

9) 레 12: 4; 삼하 5: 5; 대상 3: 4 · 29: 27.

1) 출 16: 35; 민 14: 33 · 34 · 32: 13 · 33: 38; 신 1: 3 · 2: 7 · 8: 2,4 · 29: 5; 수 5: 6; 삿 3: 11 · 5: 31 · 8: 28 · 13: 1; 삼상 4: 18; 삼하 5: 4; 왕상 2: 11 · 11: 42; 왕하 12: 1; 대상 26: 31 · 29: 27; 대하 9: 30 · 24: 1; 느 9: 21; 시 95: 10; 겔 29: 11 · 겔 29: 12 · 29: 13; 암 2: 10 · 5: 25; 히 3: 9 · 3: 17.

2) 창 5: 22; 15): 13; 삿 11: 26; 행 7: 6.

3) 창 40: 18.

4) יָה(야).

5) 창 18: 2; 출 25: 33 · 27: 14 · 15) · 37: 19 · 38: 14 · 15); 신 19: 9; 삼상 1: 24 · 10: 3 · 20: 20; 삼하 14: 27 · 18: 14; 왕상 7: 25; 대하 4: 4; 욥 1: 2 · 4 · 42: 13; 사 19: 24; 겔 40: 10 · 21 · 48: 31 · 32 · 33 · 34; 단 6: 2 · 7: 8; 마 17: 4; 막 9: 5; 눅 9: 33 · 12: 52; 고전 14: 29; 요일 5: 8.

6) י(요드); "Hebrew Letters 'yod' He" ABD: David Noel Freedman · *The Anchor Bible Dictionary* (USA: Doubleday · 1992) · 1011. 여호와의 손(창 49: 8; 사 10: 13; 합 3: 3; 겔 8: 1 · 3).

7) 요한 일서 5:8.

8) מֹצְאוֹ(모즈오 · τόν εὑρίσκοντά αὐτόν · 만나는 · 창 4:15)

9) אוֹת(오트 · 표징 · 출 31: 17)

그리움으로 한다. 이에 뛸 듯이 기뻐 잉태[1])소식을 들으며 사는 존재이다. 에녹을 낳[2])는다. 에녹은 하나님과 동행한 에녹성[3])에 산다. 아담과 하와사이에서 셋[4])을 낳아 여호와 이름을 부르며[5]) 사는 존재이다. 아담과 이브는 셋[6])을 얻어 여호와라 부르며 살아간다. 이 부르다는 말은 간절히 부르는 이미지이다.

하나님은 언어가 하나이어서 우리들을 쉽게 다스렸는데[7]) 인간들이 신의 자리를 넘보아 입을 나불거리자 하늘나라의 성부 · 성자 · 성신이 함께 힘을 모아 이 땅의 사람들이 서로 못 알아듣게 하자[8]) 하시고 Let us go dawn(렛어스 고우 다운)[9])으로 하나이던 언어를 흩으신[10])다. 삼위! 서로 흩어져 가라[11])라는 명령을 내리는 분이다. 삼위

---

1) וַתַּהַר(바타하르 · καὶ συλλαβοοσα 잉태하여 · 창 4:17)
2) וַתֵּלֶד(바테레드 · ἔτεκεν · 낳은지라 · 창 4:17)
3) 창 4:17
4) 창 4:25
5) 창 4:26
6) 창 4:25
7) וַיֹּאמֶר יְהוָה הֵן עַם אֶחָד וְשָׂפָה אַחַת לְכֻלָּם וְזֶה הַחִלָּם לַעֲשׂוֹת וְעַתָּה לֹא- יִבָּצֵר מֵהֶם כֹּל יָזְמוּ לַעֲשׂוֹת(바요메르 예흐바 헨 암 에하드 비솨카 아하트 리쿨람 베쩨하 하힐람 라아소트 베아타 로- 이바제르 메헴 콜 야지무 라아소트 · 여호와께서 가라사대 이 무리가 한 족속이요 언어도 하나이므로 이같이 시작하였으니 이 후로는 그 경영하는 일을 금지할 수 없으리로다 · καὶ εἶιπεν κύριος Ιδου τένος ἕν καὶ κέιλος ἑν πάντων καὶ τούτο ἤρζαντο πόιήσαι καὶ νύν οὐκ ἐκλείψει ἐζ πάντα δσα ᾇν επιδώνται πόιεν · 창 11:6).
8) הָבָה נֵרְדָה וְנָבְלָה בָלָל שָׁם שְׂפָתָם אֲשֶׁר לֹא יִשְׁמְעוּ שְׂפַת רֵעֵהוּ(하바 내리다 베나발 솸 스파탐 아세르 로 예스무 이스 소파르 라에후 · 자 우리가 내려가서 거기서 그들의 언어를 혼잡케 하여 그들이 서로 알아듣지 못하게 하자 하시고 · δεύτε καὶ καταβάντ ἐς συγκέοψεν ἐκει αὐτῷν γλῷσσαν ἱνα μὴ ἀκούσιν ἓκαστοσ τὴν φυνὴν τού πλ εσίον · 창 11:7).
9) let us go dawn · 창 11:8.
10) וַיָּפֶץ יְהוָה אֹתָם מִשָּׁם עַל-פְּנֵי כָל-הָאָרֶץ וַיַּחְדְּלוּ לִבְנֹת הָעִיר(봐야페즈 여호와 오탐 미쉠 알-프네 콜-하아레쯔 바야흐델루 소페트 레우 · 여호와께서 거기서 그들을 온 지면에 흩으신고로 그들이 성 쌓기를 그쳤더라 · καὶ διέσπειρεν κύριος οὑτούς ἐκεἰ

가 되시는 하나님이시다.

이스라엘 풍속은 부모를 떠나 결혼을 할 때에도 결혼 서약 식을 한 후 · 신부의 부모가 사는 천막 근처에 임시로 초당을 짓고 3일 동안 신방을 꾸민다. 이 사흘의 풍속은 한국에 그대로 있다. 한국에서는 결혼하면서 친정집에 사흘을 머물고 시집으로 간다. 3일에 안 가면 한 달 곧 30일에 시집에 간다. 이도 못가면 3년 뒤에 시집에 간다. 우리 속담에 삼년에 시집으로 가는 날 속옷을 불에 말린다는 속담이 있다. 오늘날은 결혼식 마치고 신혼여행을 사흘 간다. 시집으로 와서 3일간 머물다가 친정집에 인사를 간다. 친정집에 가서 3일을 머물다가 온다.

부모의 그리움을 떠나서 신랑 집에
온 신부 낯설어서 울면서 지내는 날
어르신 앞마당에다 해를 심어 주시샤

해 안고 돌으시며 별들이 잉잉거린
꽃잎의 아카시아 단맛을 모아 모아
큰 별을 받으시느라 삼년이 더 걸리샤

인삼 밭 한 뿌리의 하나의 줄기라도
다칠까 꼬챙이로 조심조심 캐내시어
아직도 모자랄세라 따스함을 넣으샤

들판에 묻혀있을 깨소금 참깨 밭에
세 개도 서른 개도 더 들어 있을 깨를
동그란 해 닮은 해로 탁탁 털어 내시샤

Θεν ἐπι-πρόσωπον πάσης-τής γής καί ἐπαύσαντο · 창 11:8).
11)קָרָא(카라 · VQAMZS · is called · ζκλήΘε · 창 11:9).

온 누리 녹아 있을 햇살로 반짝반짝
은빛을 맑게 흘려 내리신 시냇물에
사알짝 채를 드시고 따스함만 받으샤

돌쇠가 싸리비로 휑하니 썩썩 써 논
마당의 한복판에 시집을 오실 때에
가져온 낡은 돗자리 툭툭 털어 펴시샤

시집을 오던 날의 햇살의 싱싱함을
지금은 낡아져서 구멍이 빼엉 뚫린
구름을 쭈욱 펴시고 쓰윽 쓸어 해 속에

앉히고 덩어리의 참깨를 손으로만
해 손에 고루고루 펴시어 하늘 펴셔
당신의 삼베 보자기를 반듯이 펴 놓으샤

얇게 펴 말리시고 행여나 병아리를
데리고 마당 돌던 어미가 꼬옥꼬옥
넘을까 안절부절로 마당둘레 보시다

아예에 방문 열어 놓으샤 문지방 곁
거기에 걸터앉아 보시다 못 미더워
아예에 문지방 넘어 살피시는 시어른

코 박고 물 한 모금 입에 문 하늘 한번
물어본 어미닭1)들 구구구 병아리들
콕콕콕 절구통 세 번 쬏고 쬏고 또 세 번

쬏다가 저어기에 흰 구름 하늘 끝에

1) [illegible]

천천히 넘어가는 해를 보시다가
갑자기 급해 서른셋 서른 번을 버무린
어머니 아들 딸 들 보고파 보고파도
어른은 꿀 약이야 석 달을 잠겨 얀 단
말씀에 손가락으로 하나 둘 셋 꼽으신

하루가 가고가고 이틀이 가고가고
삼년의 스무 아흐레 되던 날 밤
밤잠을 설치시면서 보퉁이에 짐 꾸려

밤잠을 잃은 채로 바빠서 종종걸음
겨울 낮 몹시 춥고 눈길도 미끄러운
꿈마저 넘어 질까봐 조심조심 길 건너

따뜻한 아랫목에 요 깔고 엎드려서
고향을 생각조차 아니 한 그 환한 방
불보다 더 환한 등불 초인종을 누르샤

- 「신부의 시집살이」 이영지

본 저자의 작품 원본은 다음과 같다.

삼일에
신랑 앞세우고
삼 뿌리로 신행 온
안 해가 되더니

석 달에
실린 시집은
꿀단지로 보배단지로 맴도더니

삼년은 길어 곱곱이로 삼신께 빌고 빌더라니
고추 셋 숯 꺼멍 셋 돌 셋을 주렁주렁 새끼줄에 달아
셋 마을 사람들 못 오게 금색이더니
시아버진 조심조심 너른 들로 나가셔
하늘 해를 줄여 땅 속에 씨앗으로 묻으셨다.

드디어 새 새 애기 씨는
인삼이 되어
꿀맛이 되어
참깨 맛이 되어
해를 안고서 읽는다

삼 일 만에 해를 그려
석 달 만에 해를 안으며
삼 년 만에 해를 낳아
삼십년인 지금도
안 해 되어
해. 그대 · 어머니여

- 「해 그대 어머니여」 이영지

흔히들 달은 여성의 상징이요 · 해는 남성의 심볼이라 한다.

바람이 불고 추운 겨울이다. 썰렁하니 돌아간 학생들의 빈 의자의 줄을 바로 놓다가 햇살이 유리창 사이로 의자에 앉은 것을 보고 · 그 따스할 것 같은 빈 의자의 자리를 나도 몰래 앉았다.

따스함.
이제 나이가 들어 어머니를 떠나 있다.

벌들이 잉잉 거리며 아카시아 꽃잎의 단 맛을 모으고 모아 다독거린 꿀을 어머님 큰 벌이 되어 받으시더니 · 삼년이 더 걸려야 하는 인삼을 인삼밭에서 길러 · 한 뿌리의 가는 줄기라도 다칠까 보아 긴 꼬챙이로 조심조심 캐어 낸 인삼을 모으시더니 · 온 절구를 내어 놓으시고 빻으시더니 · 모자랄세라 · 따스함이 모자랄세라 시아버지가 하늘의 해를 묻어 지금은 참깨가 돼 있을 들판을 바람같이 빠른 걸음으로 그러나 수줍게 달려가신다.

하늘의 해가 아주 조그만 집 속에 세 개도 · 서른 개도 3백 개도 더 들어 앉은 둥그런 해 닮은 참깨를 햇살이 지기 전에 따 들고 종종걸음을 치시고선 · 이튿날 한나절쯤 해가 온 누리를 녹여 햇살이 물 위에 반짝반짝 은빛을 내며 맑게 흘러내리는 개울가 냇물에 가셔서 · 채를 드시고 ·

또 씻고 씻고 씻어 따스함만 받아오시고선 · 아침 일찍 돌쇠가 일어나자마자 싸리비를 들고 휑하니 싹싹 쓸어 놓은 넓은 마당 한 복판에 시집오실 때 가지고 오신 · 그러나 지금은 낡은 돗자리를 툭툭 털어 쭈욱 피어 다시 비로 한 번 쓸고 하늘의 해로 내려앉은 따스한 덩어리의 참깨를 깨끗한 삼배 보자기를 반듯이 편 위에 얇게 피어 말리신다.

행여나 병아리를 데리고 마당을 돌던 어미 닭이 꼬옥 꼬옥 하고 병아리 새끼에게 먹일까 봐 어머니는 아예 방문을 열어 놓으시고 문지방 겨에 앉으셔서 보시다간 · 그것도 못 미더워 나오셨다. 들어가셨다. 세1번도 서른 번도…

그 사이 해는 따스함의 두께가 쌓여 따뜻한 열을 내며 말끔히 닦아 놓고 알알이 아주 조그만 해가 된 따스한 깨 · 참깨를 만들어 낸다.

기침소리를 어 흠 어 흠 하며 헛기침으로 집을 울리는 아버지가 갑자기 짚으로 망태를 만들어 그 속에 가득가득 넣어 놓으시는 밤사이 깎은 곶감이 지붕에서 줄을 맞추어 있는 마당으로 내려오는 사이 어머니는 절구통을 들고 나오신다.

고추 잎이 밤사이 하얗게 내린 서리를 맞아 유난히 더 붉은 고추를 방금 마당쇠가 한 짐씩 마당 한구석에 내려놓는 마당으로 · 어머니는 새끼줄로 꼰 방석에 한 마리 나비인양 살포시 앉으시고

알알이 해가 들어앉은 참깨를 절구에 넣고 찧기 시작하신다. 세 번을 찧으시고 · 다시 세 번을 찧으시고 ·

인삼 · 꿀 · 참깨

셋은 어머니가 시집오셔 삼일 만에 신행 드시고 · 석 달 만에 친정 가시고 · 삼년 만에 시집으로 오셔서 애기를 낳으시고 · 이제 삼십년이 넘어선 오늘, 날자 기억하시고 · 햇수를 꼽으시지도 않으셨지만 서른 세 해 이해에

꿀 · 인삼 · 참깨를 함께 넣어 셋을 한데 모아 절구통에 넣으시고 절구로 찧으신다.

세 번을 · 다시 세 번을 ·

저어기 마당 한구석에 어미 닭이 동이에 담긴 물 한 모금을 먹고 하늘 한 번 쳐다보고 물 한 모금 먹고 구구구 병아리를 모으는 것을 무심히 보시며 · 하늘 한 번 쳐다보시고 절구 한 번 찧고 다시 한 번 쳐다보시고

다시 한 번 찧고 다시 한 번 쳐다보시다가 마침 흰 구름이 하늘 끝 저 먼 곳에서 천천히 넘어가는 것을 보시다가

갑자기 급해지신 어머니는 한 번에 서른 번을 버무린 꿀을 급히 자그만 동이에 넣으시고 어 흠 어 흠 헛기침을 하시는 아버지에게 나이가 서른이 넘은 아이들 집에 가시겠다는 것이다.

아버지는 헛기침을 어 흠 어 흠 하시며 약은 석 달은 잡숴야 효과가 있는 것이라고만 하신다.

어머니는 그날부터 손의 달력을 꼽으시기 시작하신다.

하루가 가고 이틀이 가고 스무 아흐레 되던 날 밤 기차를 타셨다.

힘에 겨운 보퉁이를 드시고 잠도 설친 채 바쁘고 급하시기만 하다.

겨울 날씨라 몹시 춥고 눈길마저 미끄럽다.

돈을 많이 주고 탈 수 있는 그 많은 돈이야 주머니 깊숙이 들어 있지만 택시를 타실 생각은 아예 없으시다.

따뜻한 아랫목에 요를 깔고 엎드려 어머니는 생각조차 않고 있는 그 환한 발 불보다 더 환한 등불을 다시고 아니 해보다 · 더 뜨거운 사랑 불을 드시고 계단도 두어 개 씩 짚어 넘으시며 초인종을 누르신다.

해. 그대 · 어머니여

따스함
우리창 너머 햇살이 따스하게 들어와
나도 해가 되어 · 그대가 되어 · 어머니가 되어 일어섰다.

- 「해 · 그대 · 어머니여」 이영지(명지대학교 명대신문 · 1981). 12집

3일의 색채리듬은 초장 벽색(3)와 중장 황색(5)과 종장 적색(7)이 어울린다. 3일이나 3월이나 모두 벽색 곧 푸른 돌 색 · 곧 푸른 이끼의 색은 성경적으로 말하면 삼위 곧 성부와 성자와 성령이 함께하시는 절대자의 오랜 기다림의 색이다. 시인에게 있어서는 그리움의 색이 짙어진 때이다. 파랗게 그리움이 짙어져서 돌에게 조차 푸른 그리움을 덧 씌워 놓았다. 푸른 하늘을 그리워하고 보고 싶은 사람

을 그리워하고 결정적으로 이제 파아란 싹 돋아날 때 기다리는 3일째 · 3달째 · 3년째의 날이다.

일찍이 유관순은 3월의 하늘을 대한 독립만세의 날로 만들었다. 3일이나 3월이나 3자가 들어가는 초순의 3일에는 시조시인에게는 벽색(3) 황색(5) 적색(7) 3색의 푸른 그리움이 들어간 15자 시조 문예미학의 초 · 중 · 종장이 만들어 지는 때이다. 모든 사물에 은유 혹은 비유시어로 그리움이 솟아나게 창작한다.

사흘 째 일어서는 돌이끼 물집에는
우리가 한 오백년 사자는 그리움이
돋아나 휘감아오는 3월이어 이어라

하늘에 옥색구름 땅에는 파란 이끼
삼월에 내리는 삶 온 산이 푸른 기운
돋아난 옥색 구름이 내려앉는 이어라

- 「돌이끼」[1]이영지 창 9:1-27 (20130929)

이 리듬이 동시에 한국시조 문예미학만이 가진 입체리듬의 근거가 되게 하는데 초장과 중장과 종장으로 자리를 옮기면서 초장에서 꿈을 들어낸다. 그리고 중장은 보다 현실적인 이야기를 하게 되고 종장에서 초장과 중장의 결과를 나타낸다. 특히 초하루의 꿈은 설레임과 이로 인한 마음의 동요가 나타난다.

사랑은 나 하나뿐 정말로 하나뿐인
가로가 셋이 되며 세로가 넷이 되는
빠알간 꽃 한 송이에 새 파라안 세 잎이

---

1) 1995. 7. 26. 수요일 · 6시 58분 6초에 기록.

돋아[1]난 꽃잎길이 꽃 뿌리 하나로도
꽃 대궁 가지대궁 하나로 이어지는
내 사랑 하나이노라 넘치도록 주느라

잎 모아 파란 잎이 돋아나 똘똘 뭉쳐
나 있는 하늘로만 오르려 뭉게나무
서로들 돋아 오르며 하늘까지 자라네

촘촘히 엮이느라 온 산이 푸르르고
골목을 드나들며 낳고오 낳고낳고
서로들 눈물골짜기 피어나는 잎들이

청처엉 하늘에는 별들도 많고 많고
우리네 살림살이[2] 말도오 많은 많은
정말로 눈물 마를 날 엄마 아빠 살아라

- 「우리네 살림살이 말도오 많은 눈물골짜기」 이영지
창 9:1-27 (20130929)

둘이는 지금 마주 섰어요 셋이에요
둘이는 지금 마주 33의 둘 둘이로
앞 3은 등을 돌려서 서로서로 마주서

앞 1은 등을 돌려 서로들 마주서고
둘이는 사실로는 셋이요 셋이에요
뒤 3을 보시라고요 뒤의 1을 보세요

뒤의 3 앞의 3을 안고들 다독이며
허리를 안고안고 뒤 1이 앞의 1을
안고서 기울이면서 손 감싸며 안으며

다독인 둘이둘이 사실은 셋이에요

---

1) 기본형 돋아 תֹּדָה(토다) 본문 תוֹדֹת(토도트 · 감사 찬송하는 자의 · 느 12:31).
2) 살림살이: 살집과 먹을 이밥 · 야생쌀이 있는 것 彝 ni viar 宴 이바지 연 · 야생쌀로 만든 음식으로 서로 모이어 연회를 베푼다. 이바지: 서로 도움 되도록 하는 일.

그 안에 사랑 들어 안고서 싸고도는
예수님 그 뜻이에요 그 사이에 사랑 줄
바로 뒤 3을 닮아 뒤에 서 행복해요
안을 수 있어서요 위로를 할 수 있어
그 분의 손 안에서요 작은 사랑 펴어요

내 손을 들어 주샤 깃발을 들어 주샤
허리가 굽도록에 아아주 휘청이며
셋이 다 머리를 들어 하늘만을 모아요

그리움 두께로도 돌에 핀 이끼로도
33의 나이로도 내 등에 날개 돋아
안아준 33살 날개 11이 둘이 셋이서

- 「둘이는 사실은 셋이에요」 이영지 창 33:1-11

야곱이 에서와 단 둘이 마주 선 때는 창세기 33장 11절. 33과 11은 둘이 마주 서 있는 모양이다. 그런데 앞의 3과 1은 등을 돌리고 있고 뒤의 3과 1은 껴안고 있다. 이러한 시적 특징의 접근 배경은 뒤의 3과 1이 즉 · 야곱이 가지고 있는 하나님이 강권적으로 시키시는 모습이다. 고향으로 들어가기 위한 필사의 노력이 이루어지는 일은 둘이 아니라 셋의 모습으로 암시된다. 사실은 야곱과 야곱을 조종하는 하나님이다. 야곱의 경험의 세계는 늘 할 수 있다는 긍정성이다. 야곱은 가장인 형을 괴롭히고 그리고 부모를 속인 자이면서도 우리의 삶에서 말씀으로 일어서는 강을 하나님이 허락하셨다. 셋째 강은 예루살렘 근처를 둘러싸 튀어나와 · 물을 내뿜어 터져 아주 뜨겁게 흐르는 앗 뜨거워 핫데길[1]강이다. 힛데겔은 하드 + 칼로 두 단어의 합성어이다. 의미는 날카롭고도 빠르고 신속하고 예

1) 창 2: 14.

리한 물살의 강이다. 빨리 흘러가서 다니엘이 포로기 때 정월 이십사일에 힛데겔 강가에서 일어난 환상 중에 본 세마포 옷을 입은[1] 이상을 볼 수 있는 날이다. 그러기에 우리의 배에서 힘이 나와 핫소리 지르는 기적의 삶의 날이다.

셋째 강은 아래에서 위로 솟구쳐 올라 한 방에 남쪽에서 북방 유브라데 까지 가는 강이다. 물을 내뿜어 터져 앗 뜨거워 힛데겔[2] 강. 오직 가슴으로 작은 구멍인 바늘귀 어려움을 통과한 기쁨이 있는 날이다. 바로 시조 문예미학 초장과 중장과 종장을 만들어 내는 가슴에 있는 말씀을 시로 옮겨 적는다. 진리를 말하지 않고는 견딜 수 없는 열정의 삶의 강이다. 뜻을 전하는 물줄기는 강하게 흐른다. 날카롭고도 빠르고 신속하고 예리한 물살로 흐른다. 다니엘은 포로기 때 정월 이십사일에 힛데겔 강가에서 세마포 옷을 입은[3] 분을 보듯이 화살처럼 빨리 흐르는 능력 있는 시조 문예미학리듬이다.

그 의미는 힛데겔 강이 앗수르 동편으로만 흘러 죽음의 땅 동편의 사람들을 살리듯이 우리의 시조 문예미학의 첫째 둘째 셋째의 초 · 중 · 종 · 장이 셋으로 구분된 이 의미는 시조 문예미학이 산 날을 상징한다. 이 지구위에서 살아 있는 날의 기록이다. 푸른 돌이끼는 마음의 열정과 황색으로 처음 초장은 돌이끼의 그리움이 짙어 진데서 시작이다. 차츰 그 의미를 좁혀 속도가 빠르게 진전된다. 에덴의 셋째 선 그 분이 나를 데리고 언제나 인도하는 시조 문예미학이 지어지는 일이다. 이 일은 작품 속에 나 혼자만이 아닌 듣는 대

1) 단 10: 4.
2) הִדֶּקֶל(힛데겔/창 2:14).
3) 단 10: 4.

상 · 작품을 읽는 대상과 보이지 않는 그분에 대한 감사가 있다.

3은 히브리어로 셋 솰로쉬[1] · 솰로쉬[2] · 쉘로솨[3]이다. 모두 꿈을 가진 의미이다. 셋째 · 세 번 · 삼지창 · 삼중의 · 트라이앵글 · 두령 · 삼 현금 · 방패가 만들어내는 조화를 전제로 무엇을 만들어 낸다. 합하여 지는 의미를 지닌 삼 겹줄 술라쉬[4]는 악기 삼현금과 연계된 영적 강건 기쁨의미이다. 청종하고 기뻐하며 주로 인하여 기쁨이 솟아난다. 각기 셋으로 분리되면서도 분리로 끝나지 아니하고 순서를 중요시하는 초 · 중 · 종장의 첫째 둘째 셋째 서열은 드디어 그 진가를 드러내는데 바로 종장의 첫 자인 3자가 합하여서 하나를 이루는 아주 중대한 철학이 있다. 이병기는 3음절을 3구를 3자로[5] 하였고 서수생은 3구를 3언으로[6] 이해하였다. 신라시대 작품 3대목이 있다. 3은 성경에서 셋째 하늘에 올라간 사무엘과 바울 · 그리고 성경은 세 광주리 · 사흘[7]로 표시 3일[8]과 사흘[9]과 30

1) שְׁלשׁוֹ.
2) שְׁלשׁ.
3) שְׁלוֹשָׁה.
4) הַמְשֻׁלָּשׁ(함케쉘레쉬 · 전 4: 12).
5) 이병기,『국문학 개론』(서울: 일지사 · 1965) · 108-109.
6) 서수생,『한국 시가 연구』 (서울: 형성 출판사 · 1970) · 90.
7) 창 40: 18.
8) 창 22: 4 · 31: 22 · 34: 25 · 40: 20 · 42: 17 · 18; 출 10: 22 · 19: 11 · 15) · 16; 레 7: 17 · 18 · 12: 4 · 19: 6 · 7; 민 7: 24 · 10: 33 · 19: 12 · 19 · 31: 19 · 33: 8; 수 1: 11 · 3: 2 · 9: 16 · 17; 삿 14: 14 · 19: 4 · 20: 30; 삼상 20: 5 · 21: 5 · 30: 1; 삼하 1: 2 · 20: 4 · 13; 왕상 3: 18 · 12: 5 · 12; 왕하 20: 5 · 8; 대하 7: 10 · 5 · 12; 스 6: 15) · 8: 15) · 32 · 10: 8 · 9; 느 2: 11; 에 3: 12 · 13 · 4: 16 · 5: 1 · 8: 9 · 12 · 9: 1 · 17 · 18; 호 6: 2; 암 4: 4; 욘 1: 17 · 3: 3; 마 16: 21 · 17: 23 · 20: 19; 눅 9: 22 · 13: 32 · 18: 33 · 24: 7 · 46; 행 25: 1; 계 11: 11.
9) 창 30: 36 · 40: 12 · 13 · 18 · 19; 출 3: 18 · 5: 3 · 8: 27 · 15): 22; 수 2: 16 · 22; 삼상 9: 20 · 20: 19 · 30: 12 · 13; 왕하 2: 17; 대상 12: 39 · 21: 12;

년[1] 33[2]과 300년[3]이 예이다.

3과 4는 합하여 7이다. 7은 신성수이며 완전의 수치이다. 여호와께서 그 백성의 상처를 싸매시며 그들의 맞은 자리를 고치시는 날에는 달빛은 햇빛 같겠고 햇빛은 칠 배가 되어 일곱 날의 빛과 같으리라[4] 하였다. 일곱 집사[5]를 비롯하여 바알에게 무릎 꿇지 아니하는 칠천[6]명 · 수양 일곱과 수송아지 일곱 번제[7] 일곱인[8]과 일곱 나팔[9]과 일곱 천사[10] 일곱 대접[11] 등 일곱은 203회 반복된다.

셋째의 중요성은 모든 자연계[12]와 우가릿 판독[13]에서 원형적 신화[14] 신화다발[15]로 나온다. 한국 전통 시 시조 문예미학에서의 주요

대하 20: 25; 마 12: 40 · 15): 32 · 26: 61 · 27: 40 · 63 · 64; 막 8: 2 · 31 · 14: 58 · 15): 29; 눅 2: 46 · 21; 요 2: 1 · 19; 행 9: 9; 행 10: 40 · 27: 19 · 28: 7 · 12 · 17; 고전 15): 4; 계 11: 9.

1) 겔 1: 1.

2) 레 12: 4; 삼하 5: 5; 대상 3: 4 · 29: 27.

3)창 5: 22; 15): 13; 삿 11: 26; 행 7: 6.

4) 사 30: 26.

5) 행: 5.

6) 왕상 19: 18; 롬 11: 4.

7) 욥기 42: 8.

8) 요계 8: 8.

9) 요계 8: 6.

10) 요계 8: 6.

11) 요계 16.

12) Livio 2003: 65.

13) N. Watt · Religious tet from Ugarit: the words of Limilku and his colleagues · Sheffield (England: Sheffield Academic press · 1998) · 14.

14) G. R. Driver · *Canaanite Myths and Legends* (Edinburgh: T&T Clark · 1956). 1-2; J. B. Pritchard · Archaeology and Old Testament (New Jersey: Princeton University press · 1968) · 107-108; P. C. Craigie · Ugarit and Old Testament · 7-25; 문희석 편 (서울: 대한기독출판사 · 1973) · 409-415) · C. G. Jung and Kerényi · Essay on a Science of Mythology(Princeton · NJ: Princeton University Press · 1973) · 101-126. 켄 제이는 이 황금률을 · 융은 3을 남자의 상징으로 보았고 · 인도 만다라는 여성상징 · 그리스에서는 여신상징

리듬[1]이다. 셋째 날 물이 하나로 모인[2]다. 사람은 물위에 떠 있다. 70퍼센트 이상이 물로 된 사람의 몸은 물에 떠 있지 않으면 사람목숨이 없다. 물에 떠 있는 나라는 이스라엘이다. 갈릴리 바다의 남부와 사해의 북구 간의 거리가 100여 킬로미터를 이루는 고도의 격차가 187m나 되는 경사를 따라 요단강이 갈릴리 바다로부터 사해까지 구불구불 흘러 들어간다. 물을 떠나서는 그 의미를 열 수 없다. 물의 중심에 있으면서 하나님에 의해 보호로 물에 떠 있는 나라!

이스라엘 땅과 이 땅의 예루살렘 성은 세 골짜기, 동쪽 기드론[3] 골짜기와 힌놈[4]골짜기 사이의 티로피온 골짜기로 둘러싸여 있는 치아 ש 모형이다. 곧 하늘 솨마임 שָׁמַיִם[5]의 ש 솨[6] 모형이다. 기드론 골짜기와 힌놈의 골짜기는 예루살렘 성의 서쪽에 위치한다 북에서 남으로 흐르다가 시온 산을 따라 그 방향을 바꾼다. 그런 다음 서에서 동으로 뻗어 내리면서 기드론 골짜기와 합류 · 예루살렘

으로 3이며 · 제우스와 관계되는 신화에서는 hea · 아내 Demeter · 딸 Persephone가 이에 속한다. 피카로라스인에게는 남자가 3 · 여자는 둘로 된 4라 하였다. 융의 3이 남성 · 4가 여성이라는 것은 만다라 상징이라 하였고 · 아프리카에서는 남자 3 · 여자가 4 · 대서양에서는 얀원자로 남자가 4 · 여자 3 · 그리고 북 Erythean에서는 남자 3 · 여자 2로 되어 있다. Syrtain은 남자가 달로 되면서 그 수가 3이고 여성은 태양으로 그 수가 4를 상징한다. 고대 언어에서는 여성이 달이고 태양은 남성이다. 이것은 문화에 따라 다르며 우리나라에서는 홀수가 음이고 짝수는 양이다.

15) 김은호, 『유다 왕국의 산당파괴에 대한 역사적 연구』 평택 대학교 박사 학위 논문 (경기: 평택 대학교 · 2006) · 51.

1) 이영지, 『한국 시조 문학론』 · 12-25. 『이상 시 연구』 · 212. "시조와 리머릭의 비교," 『새국어 교육』 (1981) · 33~4 · 242.

2) יִקָּווּ(이카부 · 하나로 모이는 · 창 1: 9).

3) קִדְרוֹן(Kidron).

4) הִנֹּם(Hinom).

5) שָׁמַיִם(솨마임 · 하늘).

6) 솨 · 연단 · 이: 齒.

성을 서쪽과 남쪽에서 격리시켜 천연 요새이다. y자의 옳은 쪽 긴 변과 기드론 골짜기 동편으로 3개의 산이 있는 y자형의 왼쪽의 짧은 획이 힌놈 골짜기를 따라서 서산과 나쁜 충고의 산이 놓여 있다.

기드론 골짜기는 예루살렘 성을 감람산과 동 · 서로 분리시키고 주변 산들로 하여금 천연방벽의 역할을 한다. 힌놈의 골짜기는 힌놈골짜기와 더불어 기도하는 모습이 되면서 예루살렘 성을 보위한다. 두 골짜기는 예루살렘 성의 남쪽에서 합류하여 사해로 흘러 예루살렘을 동쪽으로 보호, 그 첫째 산 감람산은 맞은 벽 편에 있고 예루살렘 성보다 높다. 둘째는 감람산 북쪽에 있는 스코푸스산은 감람산과 연결되면서 북방의 방어 담당한다. 셋째산은 감람산 남쪽으로 연결된 범죄산 동남쪽에서 예루살렘을 호위, 기드론 골짜기를 따라 세 개의 산이 예루살렘 성을 두른다.

> 삼년 된 암소와 삼년 된 암 염소와 삼년 된 수양과 비둘기 집비둘기 새끼를 얻을지니라 그 중간을 쪼개고
>
> - 「삼년 된」 이영지

> 우물가 그 곁에서 세 양떼 누었는데 큰 돌로 우물 아구 덮어서 물모이면 돌 열어 물을 먹이니 구름같이 모인다
>
> 첫 양떼 몰려오면 우물을 길어주고 둘 째 떼 몰려오면 그에게 먹이우고 세 떼가 가까이 오면 그에게도 먹이고
>
> 첫 번째 있던 하늘 하늘에 없는 하늘 두 번째 하늘에선 그전에 없던 하늘 세 번째 하나님 계시는 셋째 하늘 보아라
>
> - 「양 세 떼」 이영지

> 첫 번째 하늘이란 보아온 하늘 없고 두 번째 하늘에는 새 땅과 새 하늘로 세 번째 셋째하늘엔 당신 계셔 그리운 - 「셋째 하늘」 이영지

(2) 3일. 탄생의 시조 문예미학리듬

초장: 물 → 중장: 우레 → 종장: 탄생 참조 주역 궤 3

물 · 중남 · 빠짐 · 북 · 귀 · 대지 → 우레 · 장남 · 고기 · 움직임 · 동 · 발
(-- · —) · (— · --) · (-- · --) = (1구 · 4구) · (2구 · 5구) · (3구 · 6구)

아직은 기다려요 보고파 나왔어요
아유우 넓디넓어 살라앙 흔들어요
푸르름 키다리 되려 한걸음씩 올라요

–「한걸음씩 올라요」 이영지[1)]

1구: 물 → 우레의 시조 문예미학리듬은 (-- · —) · (— · --) · (-- · --) = (1구 · 4구) · (2구 · 5구) · (3구 · 6구)의 물이 우레를 만나는 입체리듬이다. 물의 수분이 그 기운을 발휘하여 180°까지 그 탄생의 신비를 열어 가는데 있다. 그 비결은 물이 지닌 신비의 힘이다. 물은 말씀의 의미가 있다. 생명의 말씀이 태어나는 힘이 있다. 물이 꿈틀거린다. 물의 움직임이다. 새로운 탄생을 위한 길고긴 겨울 동안의 흙속의 싹의 뿌리가 살아 있다. 물을 가진 까닭에 · 초장(---—) 중장(—---) 종장(----) 의 ≡≡물이 ≡≡우레를 만나는 리듬이다. 물이 우레를 만나는 리듬은 동양권에서는 가장 밑이 1번이 됨으로 ≡≡물이 먼저 놓이고 다음이 ≡≡우레의 순서이다. 그러므로 물이 우레를 만나는 리듬은 물이 아래 놓이고 그 위에 우레가 물 위에서만 있는 리듬이다. 물 밖으로 나오고 싶음에 꽃 한 송이 피우는 리듬이다. 우레는 바람의 성질을 가지므로 하여 바람꽃이 핀다. 자유로

1) 그림, 이영지 『시조창작리듬론』 · 153. '오름 리듬'

움을 추구하는 꽃이다.

- 아직은 기다려요 의미기호 --

2구: 우리 안 사슴 같은 리듬이다. 시인이 설 곳을 찾아 나서는 마음리듬이다. 그러나 그것이 잘 아니 되는 향수를 가진 리듬이다. 단단한 껍질을 깨고 조그만 눈이 보인다. 참으로 우리말은 오묘하여 새싹의 표시 눈이다. 희망을 눈으로 보는 일이다.

- 보고파 나왔어요 의미기호 -

3구: 깜깜한 곳에서 나온 새싹이 바깥을 바라본다. 아주 여리 디 여린 풀잎의 싹이다. 풀꽃이 손 흔든다. 고요한 땅에서 풀꽃을 피우는 리듬이다. 이로 하여 시인이 숨 쉬는 리듬이다.

- 아유우 넓디넓어 의미기호 --

4구: 숨을 쉬기 시작한다. 하늘이 햇살을 준다. 바람이 다가온다. 맛을 느낄 수 있는 자연의 아름다움과 그 자연 속에서 우리를 향하여 손짓하는 풀꽃의 향연 찾아 사람도 나서는 리듬이다.

- 살라앙 흔들어요 의미기호 -

5구: 무채색 · 가장 귀한 것은 물맛이다. 물맛이 사람을 살게 하듯이 자연의 모습을 많이 만들어야 사람이 살 수 있다. 한 키씩 오늘도 자라고 내일도 자라고 나는 푸르러 간다.

- 푸르름 의미기호 --

6구: 우레 같은 마음의 꽃을 피워 보는 사람이 사는 리듬이다.

- 키다리 되려 한걸음씩 올라요 의미기호 --

전산화 거리마다 우리 안 사슴 같네
풀꽃이 흔들린다 되돌기 되돌기다
무채색 마음의 꽃에 봄바람을 부르자

- 「탄생의 신비」 이영지

물 → 우레의 (-- · —) · (— · --) · (-- · --) = (1구 · 4구) · (2구 · 5구) · (3구 · 6구)의 물이 우레를 만나는 입체리듬은. 탄생리듬이다. 신비한 생명력 의소로 이 세상 밖으로 나오는 리듬이다. 1구 음 · 2구 밝음 · 3구 밝음 · 4구 음 · 5구 밝음 · 6구 음 탄생의 기적은 휴식의 품에서 은밀히 이루어진 리듬이다. 탄생의 싹은 물 수분이 그 기운을 발휘하여 180°까지 그 탄생의 신비리듬이다.

물과 탄생은 물 안에 물의 생명력이 있는 실효성에서다. 성부와 성령과 성신 셋이서 사람을 만들자 했고 사람은 생명수를 먹어야 산다. 영적으로 하늘의 깨끗한 물을 마셔야 산다. 하늘의 · 하늘의 하늘에 있는 셋째 하늘의 물을 하늘로부터 받아먹는다. 물은 성경에서 물 ם 맴이나 מ 맴 두 개 언어가 있다. 우리말 흠은 뭄 מוּם물이라 하고 물이라는 발음은 할례라 하여 할례 물 מוּל물물로 발음한다. 죽음은 무트라 하여 죽음 무트 מֵת무트라 하고 우리말 물은 마임이라 하여 마임 מַיִם마임 물 마 임이다. 하늘 솨마임 שָׁמַיִם[1]솨마임은 마임 מַיִם[2] 어두에 분쉐 의미 글자 שָׁמַיִם 솨마임의 שָׁ 솨[3]를 놓아 글자로 3 · 4 리듬이 탄생한다. 바로 한국시조 문예미학리듬이다.

---

1) שָׁמַיִם.

2) מַיִם; J. Weingreen, 『구약 성경 히브리어완성: *A Practical Grammar for Classical Hebrew*』 (서울: 기독교 문서 선교회 · 1999) · 31.

3) אֶחָד(에하드 · 하나 · 창 1: 5).

4) 4와 4일. 나흘 날 · 넷째 날 샘물의 시조 문예미학리듬

(1) 4와 4일과 나흘째 날

4와 4일은4 '데트 ד 데트 · 문 · 가슴[1]'의 문 의미와 가슴 의미 공유 그리움이다. 나흘째는 곧 1 성부 · 2 성자 · 3 성령 · 4 피조물 이미지 때이다. 3과 1로 구성되어 4를 만드는 창조적 역사[2]가 있는 때이다. 마음에 가득 사랑을 가진 자는 절대자에게 기대어 그의 능력을 발휘하는 폭 넓은 가슴 달레트 ד = דלת 달레트를 가진 때이다. 4와 넷째 · 혹은 네 번째는 단단히 진리의 확신을 가지고 사방팔방 알아 봐 그 세를 확장하는 때이다. 독립된 4 넷은 히브리어로 알아 봐 אַרְבָּעָה 알아 봐 · 넷 · τεσσαρες이다. 넷째는 리비이 רְבִיעִי 레비이 · 넷째 · ANOMS · forth · τεταρτή · τεταρτος · 창 1:19이다. 절대자로부터 알아 봐 אַרְבָּעָה 알아 봐! 명령을 받는 날이다. 알아 봐 אַרְבָּעָה 알아 봐! 명령 받아 알아 봐 אַרְבָּעָה 알아 봐 사는 삶이다.

넷째 날 두 광명 - 에트 אֶת(1: 16) →
큰 광명 - 에트 אֶת(1: 16) → 작은 광명- 베에트 וְאֵת(1: 16) →
별들 베에트 וְאֵת(1: 16) → 그들 אֹתָם(1: 16)

넷째 날은 두 개의 빛이 있다. 이 빛의 움직임은 일반 움직임과

---

1) VTMMYS: 『스테판 원어 성경: The Stephen Korean Text of the Hebrew Old Testament Published by Institute of Biblical Languages』 · 서울: 원어성서원 · 2000. 히브리어 알파벳.

2) E. W 벌링거 · 장상선 감수, 『성경에 나타난 숫자 해설』 (서울: 나단 · 2001) · 159.

는 다르다. 낮의 빛이 차츰 커짐을 상징하여 밤까지 지배한다. 사역자 중에는 넷째 장관[1] 아사엘[2]이 있다. 눈으로 보이는 우두머리이다. 30인 중에 위에 있는 용사이다. 하나님 말씀 따라 하는 가슴을 가진 아들 스바다니도 있다. 이 반열에 24,000명을 둔다.

야곱에게는 12아들이 있었다. 넷째 아들 유다는 찬송하는 자이다. 야곱의 아내 레아는 야곱의 아들 유다를 네 번째로 낳는다. 축제야 다 파앙[3] 터드리는 축포! 레아가 이제는 찬송하리로다[4] 했다. 내가 간절히 마음으로 바라던 일이 그대로 입으로 · 눈으로 보이게 하셨다.[5] 하나님을 향하여 찬송하며 즐거워한다. 하나님이 숨 쉬도록 해 주시는 유다 형 엘리후도 있다.

에덴동산에 네 강이 있다. 이 넷은 우리말 그대로 알아 봐라이다. 알아 봐 אַרְבָּעָה[알아 봐 · 넷 · τεσσαρες]강이다. 잘 알아 봐 흐르는 네 강이 합하여 한 강을 만든다. 사방팔방 합하여 큰 하나 강을 만든다. 네 강으로 에덴동산이 만들어 진다. 넷이 어울려 힘을 합하는 일을 통일이라 한다. 이 넷은 하나 둘 셋 넷의 각기 떨어진 공동체의 합이다. 반면 넷째는 히브리어로 넷째 레비 רביעי[레비 · 넷째 · τεταρτος]이다. 등수에도 들지 않는 우리말 대타로 쓰이는 자리이다.

4월이나 4일이나 넷째에 해당하는 이미지 색채는 추운겨울을 이

---

1) הָרְבִיעִי לַחֹדֶשׁ הָרְבִיעִי(하르비이 라호데쉬 하르비 · 4월 넷째 장관 · 대상 27:7).

2) עֲשָׂה-אֵל(아사헬 · NE · 대상 27:7).

3) יָדָה פַּעַם(파암 야다).

4) אוֹדֶה הַפַּעַם(오데 하파암 · 이제는 찬송하리로다 · D.NFS VHICXS · now will I praise 창 29:35).

5) 한국 사람들은 상대방 존경어 '하셨다'라는 말을 쓴다. 시편 136편 무려 26회 חַסְדּוֹ(하스도: 인자 · 성실 · 시 136) 기본형 헤세드 חֶסֶד(헤세드: 인자 · 성실) 26수치 여호와 ה ו ה י =5 + 6 + 5 + 10=26 신성 수.

긴 넉넉함이 드러난 4월 · 삶의 그 간절한 희망이 일어나는 계절이다. 자색이 투영된다. 이 색은 완전을 간절히 갈망하는 동력이 되는 녹색 4의 이미지이다.

꿈꾸듯
옥색치마 입고 온 그녀에겐
꿈꾸듯 옥대님을 풀어도 될 날이다
꿈꾸듯 옥색넥타이 메어도 될 날이다

- 「옥색고무신」 이영지

녹색의 계절이 되는 4월색은 성경에서의 넷째 날 진리와 같다. 어둠이 물러가고 밝음 곧 낮 이미지가 녹색으로 물들어진다.

넷째 날은 두 광명을 나타낸다. 낮의 밝음이 밤의 어둠을 차츰 밝힌다. 곧 녹색의 때이다. 성경은 이 넷째날 하나님이 하늘에 큰 광명과 작은 광명을 두었다고 한다. 히브리어 문법으로 보면 하나님의 큰 능력이 밤의 어둠을 없애는 것으로 하고 있다. 이 분의 큰 능력으로 4월의 봄은 가득가득 고랑에 차고 넘친다.

고랑에
가득가득
꿈이랑 봄 순이랑
꿈이랑 고랑이랑
꿈이랑 물이랑이
논에도
꿈이랑이랑
그대이랑 꿈이랑
꿈이랑
풀잎이랑
순이랑 당신이랑

나날이 그림이랑
자라는 논둑이랑
밭이랑
파아란 이랑
당신이랑
꿈이랑

- 「이랑」 이영지

눈뜨면
아
른
아
른
감으면 떠오르는
하늘가 그쯤에서 떠 오른 해 덩어리
봄꽃을 입에다 눌고
봄이 뜨면 먼저 핀

안 봐도 떠오르는
그 쯤에
종
종
걸
음
앞으로 아장아장 삼삼히 걸어가서
떠 오는 햇살보쌈

훗훗한 봄바람을 비비며 울렁울렁
정말로 꽃이 되는 봄 가슴 찰랑찰랑
꽃비가 꽃바람으로 가는 길에 봄 가슴

- 「봄 가슴 찰랑찰랑」 이영지

비
오
며

조잘조잘
봄밭을 두드린다

두드린 빗소리는 내 귀에 풍덩 빠져

그리움 봄 비 소쿠리
그대 내게
비
오
며

- 「봄 비 소쿠리」 이영지

사
랑
의
멜로디가 들린다
토
닥
토
닥
단모음 동그라미 물둘레[1)]
또
그
루
루
또르르 달콤콤하게 속삭이는
봄
밤
비

- 「봄 밤비」 이영지

맨발로
오돌토돌 돌길을 걷느라면

---

1) 최기호 · 『사전에 없는 토박이말 2400』 (서울: 토담 · 1995) · 151.

달콤히 떨립니다 돌이랑 맨발이랑
달콤히 따끔 따끔히 디딜 만큼
맨발로

- 「맨발이랑」 이영지

하루도 거르잖고 디디는 파아란 들
돋았다 옥색바다
달렸다 옥색하늘
달디 단 옥색치마로
그리움을 보이는

파아란 들판 위에 연분홍 목소리로
들리는 희망음성
햇살이 두 손 펴고
날 향해 힘내라 힘내
꾸욱 삗이
보이는

- 「달디 달게 그리움을」 이영지

웃음을
도톰도톰
도톰히
달아 들고
바람이 디딤돌을 토도독
뛰다뛰다

달디 단 웃음보따리
볼록볼록
볼로록

새싹이 볼록볼록
뒷담을 다 돌도록
돋느라 도톰도톰
돋느라 토독토독
토다닥 한 키 더 자라 볼록볼록

볼로록

- 「바람웃음」 이영지

꽃잎은 꽃잎끼리 이마를 맞대면서
사이에 풀 잎 꿈을 파랗게 달아놓고
봄 가슴 열어놓으면 빠알갛게 들리라
- 「봄 가슴 열어놓으면」 이영지

허리를 돌릴 때의 꽃 보라 철쭉보라 물결이 울렁울렁 행복이 몽올몽올 사랑 잎 함께 어울려 행복으로 돌리며

- 「철쭉보라」 이영지

시메 산 진달래가 산드을 어리느라
물이랑 살랑살랑 하느을 알랑알랑
어리네 물 진달래로 야리끼리 아리네

- 「시메 산 진달래」 이영지

빨강에 진노랑 둘 꽃술이 모여들면
빨강의 꽃 가슴이 더욱더 빛이 난다
꽃물이 꽃술로 들어 떠받들어 주기에

- 「떠받들어 주기에」 이영지

이 때다 햇빛비상 첨버덩 거릴 것을
잠자리 날아올라 하늘이 온통 온통
꽃밭일 햇빛꽃밭일거 비상이다 알리라

- 「햇빛꽃밭일」 이영지

너에겐 향기소리 들린다 새의 노래
너에겐 하늘소리 들리는 노래마당
가만히 귀 기울이면 봄이 온다 알리는

- 「가만히 귀 기울이면」 이영지

그대의
자목련이 날 보며 피어난다
목련이 그리하면

밤 가고 해가 뜨고
만발한 그대볼우물 창공에만 뜨리아
가만히 귀 기울이면

- 「그대 볼우물」 이영지

웃옷을 입음같이 꽃으로 갈아입고
하늘을 휘장같이 치시는 그 안에서
꽃 누각 들보를 얹어 사랑으로 수레다

- 「사랑수레」 이영지

이맘때
봄 향기가 폴포올 풍기는 날 책보를 던져놓기 무섭게 뛰어간 산에서 해 저물도록 진달래 따 먹는

이야기 구릉사이 아리랑 아지랑이
산새들 재잘재잘 졸졸졸 시냇물로
망태기 하나 가득히 따 안기는 진달래

문둥이 참꽃 따러 온 애들 간 뺀다는
이야기 들려오는 무섬증 따라오는
산새들 내려오느라 소리지며 날린다

엄마아 엄마아아 오금이 저려오는 산길을 쏜살 같이 달리며 또 달리느라 고무신 벗겨지도록 헝 헝 같이 가아아!

- 「진달래 이야기」 이영지

찬장 위 맨 안쪽에 감춰 둔 조청 단지 모올래 꺼내다가 방금 따온 진달래 달콤히 묻혀 먹느라고 봄 가슴

- 「봄 가슴 찰랑찰랑」 이영지

알아 봐 하나하나 잘 견디는 찬란한 봄을 맞으며 사는, 그래서 나흘[1]이 지나 40년[2] 광야생활을 잘 지내는 나의 삶이다.

---

1) 삿 11: 40 · 19: 5; 요 11: 17 · 39; 행 10: 30.

(2) 3과 4의 시조 문예미학리듬 유추

성경의 3과 4와의 연계성인 이 수는 죄악과 관련된다. 우선 4에 대하여는 애굽의 죄악과 관련된다. 출애굽기에서 여호와의 이름이 400번이나 된다. 이스라엘 백성들의 애굽 400년간 종살이는 죄악과 관련된다. 그럼으로 하여 서너 가지와의 관련 십자가형의 3대 4의 비율을 들 수 있다. 이 리듬이 가지는 비율은 이 천지간의 생성비율이고 그 물증으로는 예수님의 가슴 한 가운데로 모아지며 사랑의 나선으로 피어난 삶이다.

하나님의 결단[1]을 성경은 삼사 대까지[2]와 서너[3]와 서넛과 죄악을 씻어주는 셋[4] + 넷[5]으로 계속 반복한다. 서넛은 성경에서 단지 4회뿐[6]이다. 이 상징성[7]은 죄악과 관련한 4와 3의 숫자가 하나

---

2) 출 16: 35; 민 14: 33 · 34 · 32: 13 · 33: 38; 신 1: 3 · 2: 7 · 8: 2,4 · 29: 5; 수 5: 6; 삿 3: 11 · 5: 31 · 8: 28 · 13: 1; 삼상 4: 18; 삼하 5: 4; 왕상 2: 11 · 11: 42; 왕하 12: 1; 대상 26: 31 · 29: 27; 대하 9: 30 · 24: 1; 느 9: 21; 시 95: 10; 겔 29: 11 · 겔 29: 12 · 29: 13; 암 2: 10 · 5: 25; 히 3: 9 · 3: 17.

1) 서인석, 『성경과 언어 과학』(서울: 성바오로 · 1992) · 123.

2) עַל - שִׁלֵּשִׁים וְעַל - רִבֵּעִים(알-쉬레쉼 베알-리베임 · 삼사대까지 · 민 14: 18).

3) שְׁלֹשָׁה(쉐로솨 · 서) אַרְבָּעָה(아르바아 · 너): 암 1: 3 · 6 · 9 · 11 · 13 · 2: 1 · 4 · 6.

4) 출 25: 33 · 27: 14 · 15) · 37: 19 · 38: 14 · 15);.왕상 7: 25; 대하 4: 4.

5) 출 22: 1 · 25: 12 · 26 · 34 · 27: 4 · 16 · 37: 3 · 20 · 38: 5 · 19; 민 7: 7 · 8: 왕상 7: 34 · 18: 33; 대상 9: 26; 잠 30: 24; 겔 1: 10 · 16 · 10: 10 · 40: 41 · 42 · 43: 15); 단 7: 3 · 6 · 8: 8; 행 12: 4 · 21: 9 · 27: 29.

6) 거머리에게는 두 딸이 있어 다고 다고 하느니라 족한 줄을 알지 못하여 족하다 하지 아니하는 것 서넛이 있나니(잠 30: 15) · 내가 심히 기이히 여기고도 깨닫지 못하는 것 서넛이 있나니(잠 30: 18) · 세상을 진동시키며 세상으로 견딜 수 없게 하는 것 서넛이 있나니(잠 30: 21) · 잘 걸으며 위풍 있게 다니는 것 서넛이(잠 30: 29) 있나니.

7) "수학은 의미를 가진 상징성이 있다" Morris Kline, 『수학의 확실성:

님의 백성이 애굽에 거한 430년[1]의 흔적으로 보여주신다. 하나님의 수치는 우리들이 흔히 아는 지금의 수치법이 아니다. 우리들은 서너나 사나흘이라는 말을 즐겨 쓰지만 이 수치가 바로 족한 줄을 알지 못하여 족하다 하지 아니하는 것 죄악 서넛[2]이며 내가 심히 기이히 여기고도 깨닫지 못하는 것 서넛[3]이며 그리고 세상을 진동시키며 세상으로 견딜 수 없게 하는 서넛[4]과 그리고 잘 걸으며 위풍있게 다니는 것 서넛[5] 4회로 한다. 죄 지으면서도 하나님의 은혜로 이 세상에서 살아가는 삶의 리듬이 삼사리듬이다.

서너 가지의 죄의 구체성[6]은 다메섹에서 가장 먼 거리인 가사[7]와 형제의 계약을 기억하지 아니하고 모든 사람을 사로잡은 자를 에돔에 붙인 죄[8] · 형제에게 분을 끝없이 품은 죄[9] · 자기 지경을 넓히고자 하여 길르앗의 아이 밴 배를 가른 죄[10] · 에돔왕의 뼈를 불살라 회를 만든 죄[11] · 유다가 여호와의 율법을 무시하며 그 율례를 지키지 아니하고 그 열조의 따라가딘 거짓 것에 미혹된 죄[12] ·

Mathematics the Loss of Certainty』 · 박세희 옮김 (서울: 민음사 · 1986) · 280.

1) 출 12: 40.
2) 잠 30: 15).
3) 잠 30: 18.
4) 잠 30: 21.
5) 잠 30: 29.
6) 암 1: 3.
7) 암 1: 6.
8) 암 1: 9.
9) 암 1: 11.
10) 암 1: 13.
11) 암 2: 1.
12) 암 2: 4.

이스라엘이 은을 받고 의인을 팔며 신 한 켤레를 받고 궁핍한 자를 판 죄[1] 8회로 한다. 이러한 서너 나열은 죄악 씻기에 사용된 하나님의 법이다. 물이 하나로 모이어[2] 일어서며 애굽 군대를 덮어 버리신 하나님의 법 3과 4가 합 일곱[3]이 되면서 일어서는 리듬이다.

이 리듬은 모든 자연계[4]와 우가릿 판독[5]에서나 원형적 신화[6]의 신화다발[7]이다. 서 너[8] 죄악도 야곱을 앞세운 아모스의 기도로 너희들이 "나의 준 땅에서 다시 뽑히지 아니하리라[9]"고 하신다. 천

---

1) 암 2: 6.

2) יִקָּווּ(이카부 · 하나로 모이는 · 창 1: 9).

3) William Empson · *Seven Types of Ambiguity* (London: Chatto and Windus · 1947) · 1.

4) Livio 2003: 65.

5) N. Watt · Religious tet from Ugarit: the words of Limilku and his colleagues · Sheffield (England: Sheffield Academic press · 1998) · 14.

6) G. R. Driver · *Canaanite Myths and Legends* (Edinburgh: T&T Clark · 1956). 1-2; J. B. Pritchard · Archaeology and Old Testament (New Jersey: Princeton University press · 1968) · 107-108; P. C. Craigie · Ugarit and Old Testament · 7-25; 문희석 편 (서울: 대한기독출판사 · 1973) · 409-415) · C. G. Jung and Kerényi · Essay on a Science of Mythology(Princeton · NJ: Princeton University Press · 1973) · 101-126. 켄 제이는 이 황금률을 · 융은 3을 남자의 상징으로 보았고 · 인도 만다라는 여성상징 · 그리스에서는 여신상징으로 3이며 · 제우스와 관계되는 신화에서는 hea · 아내 Demeter · 딸 Persephone가 이에 속한다. 피카로라스인에게는 남자가 3 · 여자는 둘로 된 4라 하였다. 융의 3이 남성 · 4가 여성이라는 것은 만다라 상징이라 하였고 · 아프리카에서는 남자 3 · 여자가 4 · 대서양에서는 얀원자로 남자가 4 · 여자 3 · 그리고 북 Erythean에서는 남자 3 · 여자 2로 되어 있다. Syrtain은 남자가 달로 되면서 그 수가 3이고 여성은 태양으로 그 수가 4를 상징한다. 고대 언어에서는 여성이 달이고 태양은 남성이다. 이것은 문화에 따라 다르며 우리나라에서는 홀수가 음이고 짝수는 양이다.

7) 김은호, 『유다 왕국의 산당파괴에 대한 역사적 연구』 평택 대학교 박사 학위 논문 (경기: 평택 대학교 · 2006) · 51.

8) 참조: 박정복, 『예언자 호세아의 바알종교 비판에 관한 한 연구』 목원대학교 박사 학위 논문 (대전: 목원대학교 · 2005) · 14.

9) 암 9: 15).

지 삼라만상에 있는 생물들의 분포 비율 한국 전통 시 시조 문예미학에서의 시조 문예미학리듬[1] 3 · 4 리듬이다. 이 엄청난 의미를 다 가지고 있는 서 · 넛은 하나님 사랑으로 용서해시겠다는 계약[2] 증서이다. 그 때를 물이 하나로 모이는[3] 때로 한다. 그 날은 셋째 날 이다. 그 증거는 히브리어 את[에트]가 없이 물과 하늘이 결합하여 십자의 형상을 이루는 모형으로 보여주신다. 십자가에 돌아가심으로 우리가 죄 사함을 받는 예수님의 흔적[4]이다.

네 째 강 은 네 째의 개념이 아니다. 4/4로서의 하나אחד[에하드][5]

---

1) 이영지, 『한국 시조 문학론』 · 12-25. 『이상 시 연구』 · 212. "시조와 리머릭의 비교," 『새국어 교육』 (1981) · 33~4 · 242.

2) John Bright, 『이스라엘의 역사: A History of Israel』 · 박문재 역(서울: 크리스챤다이제스트 · 2005) · 190-243: 존 브라이트는 초기 이스라엘 체제와 신앙시파 동맹을 초기 이스라엘 체제와 신앙지파 동맹을 여호와의 호의와 이스라엘의 응답으로 보았다. 하나님은 헷 족속의 주군 봉신관계와 연관짓는데 나와 그대 사이의 계약 관계의 특징인 오직 그대만을 위하여라는 계약형식은 헷 족속(BC 2000)에시 시작된다. 그 언어가 나와 그대, 오직 그대만을 위하여, 그대의 마음을 다하여라는 체결특징을 가진다. 헷족속 멸망(BC 1300) → 앗시리아와 아람 조약 → 신명기 언약(주전 BC 10) [내 조상은 유리하는 아람사람(신 26: 5)] → 호세아서에서 두세 번 표시된다.

초창기부터 이스라엘은 여호와의 유대를 알고 있었던 것이고 이스라엘 공동지파 동맹은 이스라엘이 하나의 민족으로 탄생시킨 언약에 있다(주전 BC 10)고 보았다. 가장 오래된 시가(출 15): 1-18)에서 여호와의 백성이 여호와의 은혜의 관계를 가진 것은 여호와를 왕으로 한(출 15): 18; 민 23: 21) 언약 관계라 하였다. 이스라엘의 핵이었던 사람들에 의해 공동체의 기억의 뿌리는 시내 산으로 옮겨간 역사적 체험과 더욱 단단해진 신앙 지파동맹의 결성은 "나는 너의 하나님 여호와로라"(출 20: 2)에서 보여 진다. 여호와의 호의로 시작되는 처음부터의 이 관계는 여호와가 자기 백성을 다스린다는 사상이다.

여호와의 왕권 개념은 마지막 일들이나 종말예견도 없으며 미래에 대한 소망의 씨앗으로 미래에 대한 신뢰가 된다. 여호와가 하나님의 백성을 약속의 땅으로 인도(출 15): 13-17)한 것은 · 보호와 보장(민 24: 3-9) · 승리(신 33: 25)가 처음부터 여호와와 하나님의 백성간의 계약이며 이스라엘 신앙이다.

3) יִקָּווּ(이카부 · 하나로 모이는 · 창 1: 9).

4) Richard Rutt · *The Bamboo Grove* (Losangels · 1971) · 1-22.

하나 의미이다. 완전한 동침 즉 4 : 4로 하나가 되는 강이다. 넷째 강 앗수르 동편이라는 말이 의미하듯 동쪽을 향해 빨리 죽으러 가는 행복의 강이다. 넷째 날의 모세 이미지를 지닌 유프라데 강은 입으로 말씀을 전하는 강이다. 유프라데 강은 열매 이미지와 하나의 의미가 합쳐 죽어야 사는 의미이다. 생명을 살리는 유브라데 강은 문門과 입술 의미 말씀과의 긴밀성으로 입으로 말씀을 전하는 강이다.

이 이미지는 녹색의 4월 이미지이다.

녹색	4	
황색	5	15
백색	6	

3색이 합하여져서 15자가 되는 시조 문예미학의 초 · 중 · 종장의 이야기이다. 모든 사물에 은유와 비유 시어로 대치되는 일이다.

이에 시조를 이해하다고 할 때 다음과 같이 놓여진다.

⑨	녹색	자색	흑색	(4	9	2	15)	
	벽색	황색	적색	(3	5	7	15)	45
	백색	백색	벡섹	(8	1	6	15)	
⑩	녹색	벽색	백색	(4	3	8	15)	
	자색	황색	백색	(9	5	1	15)	45
	흑색	적색	백섹	(2	7	6	15)	

⑨ 번과 ⑩번같이 놓여 진다면 시조 문예미학의 초 · 중 · 종장에 대한 이해로 45자 내외로 이 세상을 사는 우리들의 삶이 비록

5) אֶחָד(에하드 · 하나 · 창 1: 5).

아비의 죄악을 자식에게 갚아 삼사 대까지 이를[1]지라도 하나님이 살려 주시어 사는 삶의 길이다. 이스라엘 백성들의 큰 죄악과 이에 대응되는 하나님의 맞불 놓기는 예수님의 탄생[2]이다. 죄악에 대하여 아모스는 '야곱이 미약하오니'[3]로 간절히 간청하자 하나님이 들으시고[4] 나의 준 땅에서 다시 뽑히지 아니하리라[5] 단 한마디 1회 말씀으로 용서하여 주신다.

하나님의 결단은 하늘 솨마임 שָׁמַיִם 솨마임[6]의 글자에 있다. 물을 마임[7]이라 하시면서 어두에 분쉐 하는 글자 쉰을 놓아 1회[8]로 삼사 리듬이 탄생한다. 삼사 대까지 "알-쉬레쉼 베알-리베임[9]" · 서 · 쉐로솨 שְׁלֹשָׁה 쉐로솨[10] · 너 · 아르바아[11] · 서넛 · 죄악을 씻어주는 셋[12] + 넷[13]을 반복히면서 서넛만은 4회뿐[14]이다. 죄악 씻기[15]이다.

---

1) 민 14: 18.

2) Garth E. Runion · *The Golden Section* (Dale Seymour Publications: Palo Alto · CA. 1990) · 84-85; 『하나님의 수학』,. op. cit · 79-85. וְאֵת(창 1: 1 · 16 · 16 · 21 · 21 · 25 · 25 · 29)는 8회이다.

3) 암 7: 2 · 5.

4) 암 7: 3 · 6.

5) 암 9: 15).

6) **שָׁמַיִם**.

7) **מַיִם**; J. Weingreen, 『구약 성경 히브리어완성: *A Practical Grammar for Classical Hebrew*』 (서울: 기독교 문서 선교회 · 1999) · 31.

8) אֶחָד(에하드 · 하나 · 창 1: 5).

9) עַל - שִׁלֵּשִׁים וְעַל - רִבֵּעִים(사대까지 · 민 14: 18).

10) שְׁלֹשָׁה(쉐로솨 · 서).

11) אַרְבָּעָה(아르바아 · 너 · 암 1: 3 · 6 · 9 · 11 · 13 · 2: 1 · 4 · 6.

12) 출 25: 33 · 27: 14 · 15) · 37: 19 · 38: 14 · 15);.왕상 7: 25; 대하 4: 4

13) 출 22: 1 · 25: 12 · 26 · 34 · 27: 4 · 16 · 37: 3 · 20 · 38: 5 · 19; 민 7: 7 · 8: 왕상 7: 34 · 18: 33; 대상 9: 26; 잠 30: 24; 겔 1: 10 · 16 · 10: 10 · 40: 41 · 42 · 43: 15); 단 7: 3 · 6 · 8: 8; 행 12: 4 · 21: 9 · 27: 29.

14) 거머리에게는 두 딸이 있어 다고 다고 하느니라 족한 줄을 알지 못하여 족하다 하지 아니하는 것 서넛이 있나니(잠 30: 15) · 내가 심히 기이히 여기고도 깨닫지

한국시조 문예미학리듬이 초장과 중장에서 3 4 3 4 리듬을 같이 반복하는 리듬의 비밀은 성경에서 이렇게 표현한다. 내가 심히 기이히 여기고도 깨닫지 못하는 것 서넛[1]일지라도, 견딜 수 없는 서넛,[2] 서넛[3]일지라도 서너 가지는 하나님의 결단력 죄악을 씻어주실 증거인 아들로 물이 일어나게 하나님이 일으켜[4] 세우시는 말씀 삼사 대까지[5]와 서너[6]와 서넛과 죄악을 씻어주는 셋[7] + 넷[8]리듬이다. 서넛은 4회뿐[9] 삼라만상에 있는 생물들의 분포 비율 한국시조 문예미학리듬[10]이다. 이 엄청난 의미를 다 가지는 서넛은 하나님의 백성을 향한 사랑의 용서 계약[11]리듬이다.

못하는 것 서넛이 있나니(잠 30: 18) · 세상을 진동시키며 세상으로 견딜 수 없게 하는 것 서넛이 있나니(잠 30: 21) · 잘 걸으며 위풍 있게 다니는 것 서넛이(잠 30: 29) 있나니

15) Morris Kline, 『수학의 확실성: *Mathematics the Loss of Certainty*』 · 박세희 옮김 (서울: 민음사 · 1986) · 280.

1) 잠 30: 18.

2) 잠 30: 21.

3) 잠 30: 29.

4) יִקָּווּ(이카부 · 하나로 모이는 · 창 1: 9).

5) עַל - שִׁלֵּשִׁים וְעַל - רִבֵּעִים(알-쉬레쉼 베알-리베임 · 삼사대까지 · 민 14: 18).

6) שְׁלֹשָׁה(쉐로솨 · 서) אַרְבָּעָה(아르바아 · 너): 암 1: 3 · 6 · 9 · 11 · 13 · 2: 1 · 4 · 6.

7) 출 25: 33 · 27: 14 · 15) · 37: 19 · 38: 14 · 15);.왕상 7: 25; 대하 4: 4.

8) 출 22: 1 · 25: 12 · 26 · 34 · 27: 4 · 16 · 37: 3 · 20 · 38: 5 · 19; 민 7: 7 · 8: 왕상 7: 34 · 18: 33; 대상 9: 26; 잠 30: 24; 겔 1: 10 · 16 · 10: 10 · 40: 41 · 42 · 43: 15); 단 7: 3 · 6 · 8: 8; 행 12: 4 · 21: 9 · 27: 29.

9) 거머리에게는 두 딸이 있어 다고 다고 하느니라 족한 줄을 알지 못하여 족하다 하지 아니하는 것 서넛이 있나니(잠 30: 15) · 내가 심히 기이히 여기고도 깨닫지 못하는 것 서넛이 있나니(잠 30: 18) · 세상을 진동시키며 세상으로 견딜 수 없게 하는 것 서넛이 있나니(잠 30: 21) · 잘 걸으며 위풍 있게 다니는 것 서넛이(잠 30: 29) 있나니.

10) 이영지, 『한국 시조 문학론』 · 12-25. 『이상 시 연구』 · 212. "시조와 리머릭의 비교," 『새국어 교육』 (1981) · 33~4 · 242.

11) John Bright, 『이스라엘의 역사: A History of Israel』 · 박문재 역(서울: 크리스

(3) 4일. 샘물의 시조 문예미학리듬

초장: 산 → 중장: 물 → 종장: 샘물 참조 주역 궤 4

산 · 소남 · 정지 · 동북 · 손 · 개 → 물 · 중남 · 빠짐 · 북 · 귀 · 대지
(-- · --) · (-- · —) · (— · --) = (1구 · 4구) · (2구 · 5구) · (3구 · 6구)

산울림 바다에서 깊은 물 마셔가며
등어리 목마름을 바다로 준비한다
푸르름 마음깊이에 맑은 물이 솟는다

– 「깊은 물 마셔가며」 이영지[1)]

1구: 산 → 물의 시조 문예미학리듬은(-- · --) · (-- · —) · (— ·

챤 다이제스트 · 2005) · 190-243: 존 브라이트는 초기 이스라엘 체제와 신앙지파 동맹을 초기 이스라엘 체제와 신앙지파 동맹을 여호와의 호의와 이스라엘의 응답으로 보았다. 하나님은 헷 족속의 주군 봉신관계와 연관짓는데 나와 그대 사이의 계약 관계의 특징인 오직 그대만을 위하여라는 계약형식은 헷 족속(BC 2000)에서 시작된다. 그 언어가 나와 그대, 오직 그대만을 위하여, 그대의 마음을 다하여라는 체결특징을 가진다. 헷족속 멸망(BC 1300) → 앗시리아와 아람 조약 → 신명기 언약(주전 BC 10) [내 조상은 유리하는 아람사람(신 26: 5)] → 호세아서에서 두세 번 표시된다.

초창기부터 이스라엘은 여호와의 유대를 알고 있었던 것이고 이스라엘 공동지파 동맹은 이스라엘이 하나의 민족으로 탄생시킨 언약에 있다(주전 BC 10)고 보았다. 가장 오래된 시가(출 15): 1-18)에서 여호와의 백성이 여호와의 은혜의 관계를 가진 것은 여호와를 왕으로 한(출 15): 18; 민 23: 21) 언약 관계라 하였다. 이스라엘의 핵이었던 사람들에 의해 공동체의 기억의 뿌리는 시내 산으로 옮겨간 역사적 체험과 더욱 단단해진 신앙 지파동맹의 결성은 "나는 너의 하나님 여호와로라"(출 20: 2)에서 보여 진다. 여호와의 호의로 시작되는 처음부터의 이 관계는 여호와가 자기 백성을 다스린다는 사상이다.

여호와의 왕권 개념은 마지막 일들이나 종말예견도 없으며 미래에 대한 소망의 씨앗으로 미래에 대한 신뢰가 된다. 여호와가 하나님의 백성을 약속의 땅으로 인도(출 15): 13-17)한 것은 · 보호와 보장(민 24: 3-9) · 승리(신 33: 25)가 처음부터 여호와와 하나님의 백성간의 계약이며 이스라엘 신앙이다.

1) 그림, 이영지 『시조창작리듬론』 · 158. '솟아나는 리듬'

--) = (1구 · 4구) · (2구 · 5구) · (3구 · 6구)의 산이 물을 만나는 입체리듬이다. 어두움의 기운이 모이어 밝음을 만드는 형상이다. 산에 물이 있는 샘물이 그 예이다. 어떻게 높은 산에 물이 있을 수 있는가. 물이 180°까지 치솟으며 강력한 힘을 드러내서이다. 이 리듬[1]은 180°까지 오르는 아주 높이 오르는 힘이 중요하다.

이 리듬은 이순신의 충성심을 그 예로 들 수 있다. 이루지 못할 사랑 조건이지만 드디어 종장에서 아주 중요하게 나라를 구하는 리듬이다. 목숨을 잃는 리듬이다. 산이 물을 만나는 리듬이다. 동양권에서의 순서 개념으로 ☶산이 먼저 놓이고 그 다음이 ☵물의 순서이다. 그러므로 물아래 산이 놓인 리듬이다.

산이 물을 만나는 리듬은 1구 어두움 · 2구 밝음 · 3구 밝음 · 4구 어두움 · 5구 밝음 · 6구 어두움 순서이다. 이순신 장군은 53세에 산울림 포효물결의 바다에서 승리하였다. 임진왜란 그가 쓴 「난중일기」 필사본국보 76호에는 한산대첩 승리가 흐른다. 물 아래 산이 있음으로 수심이 깊다. 물결은 사납다. 물의 산파도가 있다. 검푸른 급류가 흐른다. 황량한 겨울벌판같이 맹수와 같은 성난 파도 포효의 물결 · 산울림이 겹친다. 하늘에 닿아 있다. 산 사이의 공간은 온통 노호의 도가니다.

- 산울림 바다에서 의미기호 --

2구: 북해를 건너려고 한다. 산 너머 또 강이 있다. 강을 넘고 산을 넘어야 하는 어려움이 있지만 최선을 다한다. 충무공은 원균의

1) 참고: 산이 물을 만나는 거리의 이순신의 시조 문예미학 39) .

모함에 의하여 조정을 기만하고 임금을 무시한 죄와 적을 토벌하지 않고 나라를 저버린 죄 · 다른 사람의 공을 빼앗고 모함한 죄명으로 붙잡혀 고문을 당한다. 애국 혼을 막는 북해를 건너가 나라를 구했다. 그 후 1957년 4월 초하루 옥문을 나와 행주대첩의 도원수 밑에서 백의종군 하고 42세 때도 녹문도鹿屯島 사건으로 백의종군하기도 한다. 효자인 그는 출옥한지 열흘 만에 4월 11일 새벽에 꿈이 몹시 산란하여 병드신 어머니를 생각하며 종일 어머니 안후를 알아오는 효성도 아랑곳없이 4월 13일 · 부고를 접하고 뛰쳐나가 뒹구니 하늘의 해조차 캄캄하다.

- 깊은 물 마셔가며 의미기호 --

3구: 이순신은 어머니의 마음이 있는 마을을 바라보며 찢어지는 아픔이야 어떻게 다 말 할 수 없지만 집에 이르러 빈소를 차린다. 비가 억수같이 쏟아지고 맥이 다 빠진다. 부르짖으며 울었다. 다만 어서 죽기를 기다릴 뿐이다…(정유년 4월 16일)… 어찌하랴 천지간에 나같은 사정 또 어디 있을 것이랴 · 어서 죽은 것만 같지 못하구나…(정유 4월 19일). 그에게 있던 군양미를 제외한 약 1만석과 화약 4천근 · 총통 각 선척에 적재한 것 외에 3백 자루는 옥에서 나올 때 겨우 군사 1백 20인과 병선 12척을 가지고 좋은 배 어머니 혼으로 왜군과 전쟁하게 된다.

- 등어리 목마름을 의미기호 -

4구: 바다를 준비한다. 죽으려 하면 살고 살려고 하면 죽는다는 마음으로 이렇게 전하는데 이 날 밤 신인이 나타나 이렇게 하면 이기고 저렇게 하면 진다고 알려 주었다 정유년 9월 15일. 그는 바다를 준비한다. 숨을 쉬기 시작한다. 하늘이 햇살을 준다. 바람이 다가온다.

- 바다를 준비한다 의미기호 --

5구: 한 키씩 오늘도 자라고 내일도 자라고 나는 푸르러 간다. 이순신은 산 바다 · 혼자가 산 바다가 되어 왜군을 막는다.

- 푸르름 의미기호 —

6구: 물 흐름을 타 파도 타고 건넌다. 바다를 건넌 자들의 만찬이 시작된다. 웃음소리와 파도가 축배로 어우러진다. 물 흐름을 타 파도 타고 건넌다. 우레 소리를 내 본다. 쑤우욱 자란다.

- 마음깊이에 맑은 물이 솟는다 의미기호 --

> 산울림 포효물결 북해를 건너려면
> 좋은 배 만들어라 바다를 준비하라
> 산 바다 물 흐름 타 파도타고 건너라

– 「물이 파도타고」 이영지[1]

이순신이 왜적을 물리치는 리듬은 산 → 물의 입체리듬이다. 그토록 목숨을 초개같이 버릴 수 있는 마음은 한국인이 가지고 있는 위대한 지금의 우리 마음이다. 이 리듬은 초장(----) 중장(---—) 종장(—---) 리듬이다. 산이 물을 만나는 리듬이다. 이 지시기호처럼 처음은 어둠 · 즉 어려움에서 출발한다. 그리고 샘물이 솟는다. 이 샘물은 험난한 산파도 (-- -- --)가 지나는 강한 힘을 만든다. 난관을 뚫는다. 가장 거센 파도를 타는 리듬이다. 물이 치솟아 물결 파도 흐름을 탄 리듬이다. 나라를 구하고 나를 구하는 리듬[2]이다.

---

1) 그림, 이영지 『시조창작리듬론』 · 160. '이순신 리듬'

2) 참조 · 명지어문학 205 · 시조문예미학 20 · 시조창작리듬론 15)9-161 —--☰☵ ☶☷ ☰하늘 ☱(연못) ☲(불) ☳(우레) ☴(바람) ☵(물) ☶(산) ☷(땅).

5) 5와 5일. 닷새 날 기다림의 시조 문예미학리듬

(1) 5와 5일과 닷새째 날

5와 5일은 구속의 은혜[1] 이미지이다. 숨 쉼 의미 5 헤 ה[헤 · 숨 쉼][2]의 이미지이다. 곧 1 성부 · 2 성자 · 3 성령 · 4 피조물 · 5 구속 은혜[3] 이미지 때이다. 만물이 숨을 쉬며 큰 호흡을 하는 때는 5월이다. 숨 쉼의 때는 히브리어로 헤 ה[헤]라 표시된다. 5의 이미지는 아름다운 별자리 수 이미지이다. 조화를 원칙으로 하는 이미지이다. 5와 다섯째 · 혹은 다섯 번째가 되는 5일은 서로 서로 공유그리움이다. 5와 5일 혹은 닷새 되는 날은 다윈처럼 힘이 강해지는 날이다. 독립된 5 다섯은 '하마솨 חֲמִשָּׁה[하마솨 · 다섯 · πεντε]'이고 다섯째는 '하마쉬 חֲמִישִׁי[하미쉬 · 다섯째 · ANOMS · fifth · πεμπτή · πεμπτος · 창 1:23]'이다. 하 모서 쉬며 풍요롭게 아름답게 사는 삶이나. 그분이 나를 살 보셔주는 황홀함에서이다. 다윈 이미지이다. 이 곳에서는 물고기가 있고 바닷물이 있다.

다섯째날 물고기 - 에트 אֶת(1: 21) → 생물 - 베에트 וְאֶת(1: 21) →
새 베에트 וְאֶת(1: 21) → 그들 오탐 אֹתָם(1: 22)
바닷물 - 에트 אֶת(1: 22)

---

1) E. W 벌링거 · 장상선 감수, 『성경에 나타난 숫자 해설』 (서울: 나단 · 2001) · 173.

2) VTMMYS: 『스테판 원어 성경: The Stephen Korean Text of the Hebrew Old Testament Published by Institute of Biblical Languages』 · 서울: 원어성서원 · 2000. 히브리어 알파벳.

3) Ibid.

물고기도 숨을 쉬고 바닷물도 숨을 쉬고 새도 숨을 쉬고 모든 때가 숨을 쉬는 곳에 사는 나이다. 이 때는 야곱의 12아들 중 다섯째 단 때 · 하나님께서 모든 것을 푸시는 때이다.

다섯째 장관[1]으로는 삼훗[2]이 있다. 끝까지 연단하여 가는 우두머리 사람이다. 30인 중에 위에 있는 용사이다. 이 반열에 24,000명을 둔다. 잇사갈 사람: 관장은 레아의 아들 루우벤이 어미를 위하여 합한 체를 주어서 레아가 야곱과의 사이에 아들 잇사갈을 다섯 번째로 얻는다. 잇사갈은 레아가 그녀의 시녀를 야곱에게 주었으므로 그 값으로 얻은 이름이다. 잇사갈[3]은 하나님의 손으로 연단되고 연단되어 중심을 잡는 머리 뜻이 있다. 잇사갈 사람 관장 오므리[4]가 있다. 눈으로 보이도록 하나님의 일을 잘 가르치는 역할을 담당한다. 하나님이 사람의 마음속에 들어 있어 행동으로 나타나게 가르치는 역할이다. 오므리는 왕으로 추대된 이력을 가진다.

한 계단 건너뛰며 와요
와
그대 불빛
화안한 진달래
꽃
안기며
와요
와요

---

1) הַחֲמִישִׁי לַחֹדֶשׁ הַחֲמִישִׁי(하미쉬 라호데쉬 하미쉬 · 5월 다섯째 장관 · 대상 27:8).
2) שַׁמְהוּת(삼훗 · NE · 대상 27:8).
3) יִשָּׂשכָר(잇사갈 · 잇사갈 · NE · Issachal · Ισσαχαρ · 창 29:18).
4) עָמְרִי(오므리 · 관장 · NMS · the ruller · 대상 27:18).

이래도 모르느냐며
와요와요
와아요
한번을 더 오르면
와요
와
그대 바람
수줍은 아지랑이 눈앞에
와요와요
이래도 안보이냐며
와요와요
와아
요

- 「봄이 와요」 이영지

춘향이 그네에게
철쭉꽃
들고 오는
이 도령
봄 향기로 오네요
남자답게
춘향아 안 보이냐며
봄 한나절
웃네요

춘향아
봄이 좋나
사랑이
진달래라
그냐앙 좋아좋아
나도오 좋아좋아

춘향아
봄 치마 자락
팔랑팔랑 웃네요

춘향아
우리 웃자
봄에는
너도 웃고
둘이가 웃어 들어
사랑아
들어오라
춘향아
하늘 푸르름
어화 좋아
좋네요」

- 「춘향이의 봄」 이영지

다섯째 날 5월의 그 푸르름 초장 벽색(3)과 중장 황색(5)과 종장 백색(8)이 어울려 15자를 만드는 날이다. 초장 기다림의 푸른 하늘이 미지 · 중장은 보다 꽃피는 철쭉과 만남 이야기 · 종장에 초장과 중장의 결과 5월 푸르름과 꽃이 어울리는 이미지를 손에 든다. 푸르름과 꽃빛의 자색과 땅의 기운이 충만한 꽃이 나에게 아름다운 5월로 선사한다. 5월! 고기들이 새끼들을 낳기 위해 산란을 낳는다. 새끼들이 줄줄이 물에 넘나든다. 다섯째 날 그리고 다섯째 달 모두 바닷물에 물고기가 좋아하며 넘나든다. 다섯째 날과 다섯째 달 들 모두 숨을 유난히 잘 쉰다. 모든 생물이 서로 웃음을 나눈다. 숨 쉬는 방법을 아는 기쁨에 두 손을 활짝 올리고 하늘을 본다. 길게 숨을 내 뿜는다. 참 숨 쉼의 사람들은 마음의 숨 · 글 쓰는 사람은 글로 · 남을 돕는 사람은 남을 돕는 일로 · 숨을 쉰다.

(2) 5일. 기다림의 시조 문예미학리듬

초장: 하늘 → 중장: 물 → 종장: 기다림 참조 주역 궤 5

하늘 · 부 · 강건 · 서북 · 머리 · 말 → 물 · 중남 · 빠짐 · 북 · 귀 · 대지
(━ · --) · (━ · ━) · (━ · --) = (1구 · 4구) · (2구 · 5구) · (3구 · 6구)

여름에
봄을 심는
수레의 꽃바구니
마음이 타 들어가는
그대를 넣으리라
나래로 물결소리를 바람소리 나른다

- 「수레의 꽃바구니」 이영지[1)]

1구: 초장: 하늘 → 중장: 물의 시조 문예미학리듬 기호(━ · --) · (━ · ━) · (━ · --) = (1구 · 4구) · (2구 · 5구) · (3구 · 6구)의 하늘이 물을 만나는 입체리듬이다. 날개를 내리고 있는 형상이다. 아직 날기까지는 기다림이 필요하다. 이 기다림의 시조 문예미학리듬은 여름에 봄을 심는 리듬이다.

이 입체리듬 ☰하늘이 ☵물을 만나는 · 하늘이 물을 만나는 리듬이다. 동양권에서는 가장 밑이 1번이 됨으로 ☰하늘이 먼저 놓이고 그 다음 순서 ☵물이다. 하늘이 물을 만난다. 하늘이 아래 놓이고 그 위에 물이 있다. 하늘은 자기 본래의 자리로 올라가려하고 물은 자기의 본래 자리 아래로 흐르는 속성으로 하여 이 리듬이 비상을 만들며 서로 만나는 리듬이다. 그런데 만나려면 기다려야 한다.

---

1) 그림, 이영지 『시조창작리듬론』 · 103. '비상의 축적 리듬'

1구 밝음 · 2구 어두움 · 3구 밝음 · 4구 밝음 · 5구 밝음 · 6구 밝음이 형성된다. 서로 자기의 속성을 알기 까지는 얼떨떨하여 아직 인식이 이니 되는 리듬이다. 그러나 누구나 본성에 충실하다보면 누구나 자기의 세계를 만들고 비상의 날개를 가지며 본래의 자리로 돌아온다. 누구나 자기만의 독특한 하늘로 부여받은 일에 충실히 함[1]을 의미한다.

- 여름에 봄을 심는 의미기호 ⚊

2구: 물가에 이르렀으나 아직 물에 들어간 것은 아니다. 구름이 몰려오기 시작한다. 아직 비가 내리는 건 아니다. 최후 5분간 기다림이야말로 가장 중요한 순간이다. 아홉 길 쌓아 올린 공든 탑도 마지막 한 삼태기가 중요하다. 땐 굴뚝이어야 연기가 나는 것이며 심은 씨앗이라야 싹 나기를 기다릴 수 있다. 기다린다는 말은 힘을 기른다는 말이다

- 수레의 꽃바구니 의미기호 ⚊

3구: 어떻게 맞을 갓인가의 긴장 5분전이다. 이 긴장의 기다림은 파도가 물결치는 물가의 진흙이다. 바다를 어떻게 건널 것인가. 준비하고 출발 신호를 기다린다.

- 마음이 타들어가 의미기호 ⚊

4구: 가장 작은 마찰부터 시작한다.

- 그대를 넣으리라 의미기호 ⚋

1) 참조 · 명지어문학 199 · 시조문예미학 102-104 수정 ⚊⚋⚌⚍⚎⚏ 참고 ☰하늘 ☱(연못) ☲(불) ☳(우레) ☴(바람) ☵(물) ☶(산) ☷(땅).

5구: 그리고 날개를 달리라.

- 나래로 의미기호 -

6구: 오랜 준비와 기다림은 그 끝이 화려하다. 늘 비상으로 축적하여 준비한 결과이다

- 물결소리를 바람으로 나른다 의미기호 -

해에다
물을 섞어 아침의
사랑 띠를
햇살이 장미 안에 햇볕을 널어놓아
숨구멍 하나하나에 별이 송송
뜨누나

웃음에 별이 뜨고 울음이 앉는다며
예쁘게 콩콩거릴
장미의
물방울이 장미 빛 햇살을 열러 포동포동
뜨누나

- 「장미의 물방울」 이영지

장미야
발가벗고 오느라 방울방울
물 묻여
오 오느라

또 내가
간지럽다

장미를 가슴에 안고
꽃가지 끝
건네자

-「장미 飛」 이영지

이 아침
장미꽃잎 떨어져
이른 아침
장미의 꽃잎 잎이 나포울 땅에 내려
장미 잎 내려앉으면 청소부가 줍는다

길가에 떨어지자 장미 잎 청소부가
장미 잎 모아두면 장미가 피어난다
장미 잎 아름다워라 꽃다발의 장미 잎

청소부 가슴에도 장미 잎 나풀나풀
청소부 빗자루에 나포올 나풀나풀
장미꽃 다발빗자루 장미 꽃 잎 덩어리

장미 잎 청소부의 빗자루 장미 잎이
장미가 넝쿨에서 내려와 아롱아롱
꽃길로 장미 차 빵빵 빠방바방 빵빠앙

-「장미꽃잎과 청소부」 이영지

노오랑 나랑 장미 그 뿐 홍 부끄장미
빠알강 알알장미 동그란 입을 열어
오라는 웃음으로만 함빡함빡 달리는

오오오 달이 뜨면 달덩이 딸 빛이야
오오오 별이 뜨면 별 꿈이 별 빛이야
하늘에 휘늘어지며 장미넝쿨 오오오

-「그리움이 물들면」 이영지

오월의 장미 남자 빠알간 모자 쓰고
빠알간 티셔츠로 그리움 하늘 높이
꿈 덩이 하나로 하여 초록 덩이 안에서

빠알간 모자 쓰고 빠알간 티셔츠로

힘겨운 목숨덩이 아예에 하늘에다
두고는 나 보란 듯이 모자 쓰는 남자다

- 「오월의 장미는 男」 이영지

딱 눈을 들어 본 때 장미가 아롱아롱
하늘의 중간쯤에 빠알간 노란 분홍
장미님 저도 놀라서 노란 장미 장미다

딱 눈을 들어 본 때 장미는 분홍장미
분바른 분홍 장미 초록의 잎사귀에
풀 푸른 분홍장미로 부끄러이 장미다

딱 눈을 들어 본 때 그리움 빨강장미
빠알간 대답으로 초록의 잎사귀에
풀 푸른 빠알강 노랑 분홍 장미 옆이다

노오란 현기증을 터는 결 분홍으로
빨강을 물들이는 행복한 그리움이
풀 푸른 그대 옆이라 아주 행복 앵두다

-「눈을 들어 본 때」 이영지

사랑만 하라시며 장미의 무늬 옷을 주셨죠 밭에서도 보이죠 열두 단이 절하며 일어서서들 둘러리로 절하죠

해와 달 열 한 별이 나에게 모두모두 절하여 엎드린다 했더니 우향 몰약 은 이십 값어치로도 팔려가라 묻었죠

그래도 사랑하라 하셔서 먹는 앵두 열일곱 나이에도 장미 잎 파랗도록 당신을 사랑 하라셔 앵두 먹고 살아요

- 「사랑 장미의 길」 이영지

장미의 아빠 엄마 장미로 예쁘라고 잘 자라 이리저리 한드을 행복하라 입가에 장미웃음의 앵두 먹게 하여라 - 「장미웃음」 이영지

6) 6과 6일. 엿새 끝날 시조 문예미학리듬

(1) 6과 6일과 엿새째 날

6과 6번째 엿새의 날은 곧 1 성부 · 2 성자 · 3 성령 · 4 피조물 · 5 구속 · 6 세상적인 완전함의 날 홀수 6과 엿세째 · 여섯 번째가 되는 6과 6일 '6 와우 ו 와우 · 이어짐 · 그리고[1]'의 합 함 이미지 공유그리움이다. 정말로 하나님이 쉬시는 날이다. 독립된 6 여섯은 '쉬사 שִׁשָּׁה 쉬솨 · 여섯 · ἕξ'이고 여섯째는 '쉬시 שִׁשִּׁי 쉬쉬 · 여섯째 · ANOMS · sixth · τεταρτῄ · ἕξτῄ · ἕξτος창 1:31'는 날이다. 하나님께서 쉬 시는 날이다. 예수님의 날이다. 사람이 산다 한다. 하나님의 아들 예수를 고리로 사람과 하나님 사이를 잇게 하는 사람 人 자가 있다.

하나님은 여섯째 날에 사람들에게 그 분을 주시었다.

여섯째 날 짐승 - אֶת(1: 25) → 육 축- וְאֵת(1: 25) →
모든 기는 - וְאֵת(1: 25) →
사람 - אֶת(1: 27) 그를 אֹתוֹ(1: 27) →
그들 אֹתָם(1: 27)
그들 אֹתָם(1: 28)
땅 - אֶת(1: 28) →
채소 - אֶת(1: 29) → 나무 - וְאֵת(1: 29) →
모든 - אֶת(1: 31)

정말로 나에게 엣따 אֶת 하고 하나님이 히브리어로 말씀해 주시

1) VTMMYS: 『스테판 원어 성경: The Stephen Korean Text of the Hebrew Old Testament Published by Institute of Biblical Languages』 · 서울: 원어성서원 · 2000. 히브리어 알파벳.

듯이 6일째 되는 날은 편안히 쉬는 토요일이다. 휴일을 하루 앞둔 날의 설레임이다. 유별나게 마음이 안정 되는 날이다.

야곱에게는 12아들이 있었는데 여섯째는 납달리다. 남달리 복을 받은 날이다. 야곱의 아들들은 레아에게서 1 루우벤 2 시므온 3 레위 4 유다 · 라헬에게서 5 단[시녀 빌하] 6 납달리[시녀 빌하]이다. 순서 6째 아들 납달리[1]이다. 남달리 경쟁한 납달리 사람 관장에 납달리라가 있다. 물고기처럼 물 · 말씀에서 자유로울 수 있음을 가르치는 역할이다. 납달리 사람 관장 여레못[2]도 늘 말씀이 머리에 가득하도록 가르치는 역할을 담당한다.

레아의 계열로 보면 1 루우벤 2 시므온 3 레위 4 유다 그리고 5 갓[시녀 빌하] 6 아셀[시녀])이나. 레아의 직계로 5 잇사갈 6 스불론이다. 이 스불론[3]은 지키고 수호하는 책임을 끝까지 하도록 가르치는 역할이다. 스불론 사람 계열의 관장 이스마야[4]가 있다. 늘 말씀의 일이 눈에 보이도록 하나님의 일을 잘 가르치는 역할을 맡는다. 6월 6월 여섯째 장관[5] 이라[6]도 있다. 눈으로 보게 하시는 우두머리 역할이다. 예수 의미가 내포된 반열에 24,000명을 둔다.

> 누구나 태양같이 뜨거운 사랑 하지
> 사랑이 밀물처럼 벅차게 올라오는
> 얼마나 아름다운지 알게 되는 여름밤

---

1) נַפְתָּלִי(낲달리 · 납달리 · NE · Naphtali · ΝεφΘαλι 창 29:8).
2) יְרִימוֹת(예리못 · 여레못 · 관장 · NMS · the ruller · 대상 27:19).
3) זְבֻלוּן(스불룬 · 스불론 · NE · Zebulun · 창 29:19).
4) יִשְׁמַעְיָהוּ(이스마야 · 관장 · NMS · the ruller · 대상 27:19).
5) הַשִּׁשִּׁי לַחֹדֶשׁ הַשִּׁשִּׁי(하쉬쉬 라호데쉬 하쉬쉬 · 6월 여섯째 장관 · 대상 27:9).
6) עִירָא(이라 · NE · 대상 27:9).

마음을 뒤척이는 뜨거운 사랑이라
이별은 정말 잠깐 온 몸이 달아오른
물속에 담 구어 내며 태양아래 서는 날

- 「꽃 여름」 이영지

하늘 손 붙들고서 말씀을 펴가느라
여기에 자빠지며 돌베개 비느라고
한 밤은 깊은 숨쉬기 들여가며 내쉬며

- 「말씀 펴가느라」 이영지

가만히 속삭이는 흰 살결 따라가다
차츰음 사랑 깊이 빠져서 노래지며
가슴이 온통 그리워 노랗도록 오므린

- 「사랑 깊이」 이영지

꿈에도 뵈어야 할 님[1]이라 하오실제[2]
오오오 사닥다리[3] 비로소[4] 향기 나네
사랑의 내 여인 꽃이 순결로만 반듯이

- 「님이라 하오실제」 이영지

아브람 아브라함[5] 된 날에 숨 쉬어요
아비[6]가 되게 하신 이삭[7]에 싹이 나요
아래쪽[8] 이 땅 안에서 살게 함을 아시라[9]

- 「순결 즙」 이영지

노랑이 농익어서 흙 속에 묻힌 열매

---

1) הָלַם · וַיַּחֲלֹם(할람 · 바야할렘 · 꿈 · CW.VQIMZS · And he dreamed · καὶ ἐνυπνάσ Θε · 창 28:12).
2) הִנֵּנִי(힌네니 · 본즉 · Q.CXS · and behol · καὶ ἰδοὺ · 창 28:12).
3) סֻלָּם(술람 · 사닥다리가 · a ladder · κλίμαξ · 창 28:12).
4) וְרֹאשׁוֹ(브로소 · 그 꼭데기가 · C.NMS,MZS · and the top of it · ἧς ἡ κέφαλή · 창 28:12).
5) אַבְרָהָם(아브라함 · 아브라함. NE · Abraham · Αβραμ · 창 28:13).
6) אָב · אָבִיךָ(아브 · 아비하 · NMS.MYS,thy father · τοῦπατρός σου · 창 28:13).
7) יִצְחָק(이즈학 · 이삭 · NE · Isaac · τόν Ἴσαακ · 창 28:13).
8) הָאָרֶץ(하아레쯔 · 온 땅과 · D.NFS · the land · ἡ γῆ · 창 28: 13).
9) אֲשֶׁר (아세르 · whereon · ἐφ' ἧς · 창 28:13).

떠오른 가슴수염! 숨 쉬어[1] 나오느라
아래쪽[2] 그 깊이에서 숨 쉬느라 후우우

- 「아버지의 콧수염」 이영지

마음이 숨 쉬는 뜰 어디에 가보아도
내게 와[3] 하오시는 내 안에 사랑 돋아
정말로 눈 둘 곳이라 그대 앞에 몰라에

-「몰라 예」 이영지

아브라함과 야곱의 꿈이었던 하늘바라기들이 지닌 꿈이 시조 문예미학 초장의 이미지이다. 이 꿈을 실현하고픈 절박함이 시조 문예미학 중장에 전개된다. 드디어는 종장에서 하나님이 원하시는 사역을 담당한다. 기적이 일어난다. 일어서는 기적을 맛본 다음의 휴식이 있는 때이다. 이 토요일인 여섯째 날에는 보든 생물들이 휴식한다. 열매들이 익어있고 싸리 꽃이 피어난다.

일곱째 날 중에서 여섯 째 날은 동시에 예수님의 열정이 어우러지는 계절이다. 생물들은 행복하다. 그분과 하나님의 관계가 돈독해짐으로 하여 사람도 덩달아서 하나님을 향하여 당신이라고 말하며 좋아하는 때이다.

---

1) הָיָה · וְהָיָה(하야 · 브하야 · 되어서 · VQAMZS · And -shall be · καὶ ἔσται · 창 28:14).
2) אֶרֶץ · הָאָרֶץ(하아레쯔 · 땅의 · -the earth · τῆς γῆς · 창 28:14).
3) נֶגֶב · וָנֶגְבָּה(바네그바 · 남 · C.NMS.H · and to the south · καὶ ἐπ' ἀνατολάς · 창 28:14).

(2) 6일. 끝 날의 시조 문예미학리듬

초장: 물 → 중장: 하늘 → 종장: 끝 참조 주역 궤 6

물 중남 · 빠짐 · 북 · 귀 · 대지 → 하늘 · 부 · 강건 · 서북 · 머리 · 말
(-- · —) · (— · —) · (-- · —) = (1구 · 4구) · (2구 · 5구) · (3구 · 6구)

날개를 사아알짝 물 무리 솟아올라
얼굴이 반짝반짝 화려한 오색날개
물 둘이 하늘이 되어 말씀으로 찼어요

–「이해 해 주세요」 이영지[1)]

1구: 초장: 물 → 중장: 하늘의 시조 문예미학리듬 기호(-- · —) · (— · —) · (-- · —) = (1구 · 4구) · (2구 · 5구) · (3구 · 6구)의 물이 하늘을 만나는 입체리듬이다. 가운데 중심의 양 기운을 잘 받아 날개를 사아알짝 올리는 형상이다. 이 입체리듬은 ☵[물]이 ☰[하늘]을 만나는 물이 하늘을 만나는 리듬이다. 물이 하늘을 만나는 리듬은 동양권에서는 가장 밑이 1번이 됨으로 ☵[물]이 먼저 놓이고 그 다음이 ☰[하늘]의 순서이다. 하늘을 만나는 물이 아래 놓이고 그 위에 하늘이 있다. 물이 하늘로 오른다. 햇빛이 있어 수증기로 변하고 하늘이 아래로 내려온다.

- 날개를 사아알짝 의미기호 --

2구: 물이 하늘로 가는 길은 수증기로 변하는 법 밖에는 없다. 물이 날개를 단다. 햇빛을 받아야 한다. 햇빛은 하늘에서 내려주어야 한다. 그런데 바로 옆자리이다. 물과 하늘 사이는 90° 방향이다. 옆

1) 그림, 이영지 『시조창작리듬론』 · 101. '끝 날의 리듬'

자리 가깝고도 먼 거리 서로 사랑하면 가장 먼 하늘을 내 가슴에 들일 수 있다. 서로 물이 필요하고 햇빛이 필요하다.

마음을 몰라주는 90°옆자리이기도 하다. 항상 배반은 옆자리에서 일어난다. 마음의 침체 속에 빠지는 절망감 리듬[1]이다.

물이 하늘을 만나는 리듬 1구 어두움 · 2구 밝음 · 3구 밝음 · 4구 밝음 · 5구 어두움 · 6구 밝음의 물이 하늘을 만나는 순서이다. 물은 아래로 내려가는 속성과 하늘은 하늘 높은데서 머무는 리듬으로 하지만 물이 햇빛을 받아 그 높이를 올린다. 해가 햇살을 내리는 기운이 아주 왕성한 때 물이 하늘로 비상구를 만들어 놓는다.

- 물 무리 솟아올라 의미기호 -

3구: 물이 해를 직접 못 만나지만 햇살을 받아 물이 빛난다.

- 얼굴이 반짝반짝 의미기호 --

4구: 하늘로 오르는 화려한 삶이 야난스럽다.

- 화려한 오색날개 의미기호 -

5구: 물은 하늘의 은혜를 입어야 하늘에 오른다.

- 물 둘이 의미기호 -

6구: 물이 하늘에 오를 수 있는 표시는 물 מַיִם 마임이 하늘 שָׁמַיִם 솨마임이 되는 한 식구 사랑의 승리다.

- 하늘이 되어 말씀으로 찼어요 의미기호 -

---

1) 참조 · 명지어문학 199 · 시조문예미학 101-102 페이지 수정 ⚊⚋☰☱☲☷ 참고 ☰하늘 ☱(연못) ☲(불) ☳(우레) ☴(바람) ☵(물) ☶(산) ☷(땅).

7) 7과 7일. 이렛날 쉬는 날 시조 문예미학리듬

(1) 7과 7일과 이레째 날

7과 7일과 이레째 날은 '7 자인 ז자인 · 연장 · 역활[1])'의 합 함 이미지 공유그리움이다. 연장역할을 하는 날이다. 곧 1 성부 · 2 성자 · 3 성령 · 4 피조물 · 5 구속 · 6 세상의 완전 · 7 성령의 완전[2]) 이미지 때이다. 이 7과 7일의 영적 완전[3]) 공유그리움이다.

성경은 이 7을 287번 일곱 번째를 98번, 사용[4])한다. 하나님이 휘두르신다. 남자들은 결혼하여 그의 아내에게 무기를 사용하여 자손을 번지게 한다. 히브리어로 무기 자인 זין자인 · 무기 · 도구이다. 일곱째 날에 절대자[5])는 윗물과 아랫물로 나누어 좋은 물이 되게 하시었다. 하나님 이름을 두시려[6]) 흠 없고[7]) 완전한[8]) 하나님 아들의 무흠을 들어내시는 날 우리에게 예수님이 물을 먹으라고 내미신다.[9]) 말씀을 내미신다. 하나님의 언약은 일곱째 날에 완성된다. 성경에서 일

---

[1]) VTMMYS:『스테판 원어 성경: The Stephen Korean Text of the Hebrew Old Testament Published by Institute of Biblical Languages』· 서울: 원어성서원 · 2000. 히브리어 알파벳.

[2]) Ibid.

[3]) E. W 벌링거 · 장상선 감수,『성경에 나타난 숫자 해설』(서울: 나단 · 2001) · 201.

[4]) Ibid.

[5]) 강성열 · "구약 성경의 창조기사와 우리나라의 창세신화 비교,"『신학이해』제 27집(광주: 호남 신학 대학교 · 2004) · 32.

[6]) 신 12: 5 · 11 · 12: 21 · 14: 23 · 24 · 16: 2,6 · 11 · 26: 2; 왕상 14: 21.

[7]) תָּמִים(탐밈 · 흠 없는 · 민 · 28: 9; 시 119: 80; 잠 11: 5; 암 5: 11).

[8]) 흠없는 תְּמִימִם(테밈밈 · 흠 없는 · 레 9: 2; 겔 43: 25 · 45: 20 · 46: 4.

[9]) John Peter Oleson · Ibid.

곱째 날[1]은 3회 반복된다. 일곱째 날[2]은 일곱째[3] 날에 완료된다. 이 일곱째 날은 여섯 번 반복되는 저녁이 되며 아침이 되니[4] 순서 다음에 있다. 여리고성도 여섯 번 여리고성을 돈 이스라엘 백성들이 일곱째 날에 성이 무너지게 하였다. 이 일곱째 날은 저녁에서 아침이라는 순서가 완료된 날 하나님은 쉬신다. 아들은 주일날 일하신다. 7일을 한국인들은 이레라고 말한다. 이 이레는 성경에서 찾으면 여호와 이레의 이레에서 찾아진다. 하나님이 준비해 놓으신 날이다. 이삭을 하나님의 명령 따라 제물로 바치려 하는 순간 하나님께서 제물을 준비해 놓으신 여호와 이레 날이다.

이 이레로 발음되는 7과 7일은 서로 공유그리움이다. 독립된 7 일곱은 '일곱 쉬어 שִׁבְעָה 쉬브아 · 일곱 · ἑπτα'이고 '일곱째 '쉽이 שְׁבִיעִי 쉐비이 · 일곱째 · ANOMS · seventh · ἑβδομος · ἑβδόμη · 창 2:3'이다. 남녀 서로 어울려 휴식을 즐기는 날이다.

그렇다면 이 이레와 관련된 7일째는 어떠한 일이 일어났는가.

일곱째 날 날 - אֵת(2: 3) → 그를 אֹתוֹ(2: 3)

7일째 날은 알파와 오메가가 되시는 그래서 처음과 끝을 우리에게 주신 우리의 삶이 있다. 에따 하시며 허락하신 날 우리들은 이

---

1) אֵת - בַּיּוֹם הַשְּׁבִיעִי(에트-바욤 하십비이 · 일곱째 날) ← בַּיּוֹם הַשְּׁבִיעִי(바욤 하십비이 · 일곱째 날) ← בַּיּוֹם הַשְּׁבִיעִי(바욤 하십비이 · 일곱째 날).

2) אֵת - בַּיּוֹם הַשְּׁבִיעִי(에트-바욤 하십비이 · 일곱째 날).

3) 그 지으시던 일이 다하므로 일곱째(창 2: 2)날에 안식 · 일곱째 날은 안식일(레 23: 23) · 일곱째(대상 2: 15)로 다윗을 낳았으며 · 일곱째(계 8: 1) 인 · 일곱째(계 11: 15) 천사 · 일곱째(계 21: 20)는 황옥이요.

4) וַיְהִי עֶרֶב וַיְהִי בֹקֶר(바예히 에레브 바예히 보케르 · 저녁이 되며 아침이 되니).

세상에 나왔고 사는 목적은 내가 십자가 지는 삶을 사는 날이다. 예수님처럼은 못살지만 이 삶을 본받아 참다운 삶이 되게 하는 의미가 이 일곱째 날이다.

사역의 의미로서 일곱째 장관[1] 헬레쯔[2]가 있다. 글자의미소는 하나님의 지붕걸기의 우두머리 향기이다. 사역으로서의 향기는 신앙인도 소명을 말한다. 그런데 반드시 향기가 나야 한다는 조건이다. 이 세상에서의 삶은 향기가 나야 하는 조건이다. 이 반열에 24,000명을 둔다. 야곱에게는 12아들이 있었는데 이 중 일곱째 아들은 갓이다. 복됨 이미지이다. 일곱째 · 일곱 · 7일 · 바로 이레 날은 복됨 이미지를 지닌다. 이유는 복 받을 만한 사역이 있어서이다.

마당에 이름 모를 한 새가 마당 안에 드맑은 신발장에 문 열린 그 사이로 그 열린 신발장 안에 알을 까고 있네요

새끼들 회색바탕 눈 까만 별을 달고 서로들 구분 없는 몸이랑 맞대면서 일곱 개 나란히 누워 고물고물 거려요

눈만이 겨우겨우 보이는 별들이네 어미는 앞 빨랫줄 왔다가 갔다 왔다
모이를 물어들고서 왔다갔다 급하네

행여나 안절부절 사람이 헤칠까봐 정말로 안절부절
문반쯤 열린 틈에 어미의 동그런 자리 사랑만이 앉느라

동글게 비어있는 새끼들 앞에 옆에 네 마리 바로 뒤에 세 마리 V자형을 눕히며 털로도 얽히이면서 정말정말 똑 같네

서로들 눈 감고도 서로들 털만으로 감싸며 서로들의 주둥이 앞으로 내

---

1) הַשְּׁבִיעִי לַחֹדֶשׁ הַשְּׁבִיעִי(하스비 라호데쉬 하스비 · 7월 일곱째 장관 · 대상 27:10).
2) חֶלֶץ(헬레쯔 · NE · 대상 27:10).

꽁지를 뒤로 하고도 까만 별을 달아요

- 「새둥우리」 이영지

사랑을 먹고 나야 향이 날 사향제비
주황의 향을 찍어 등에다 뿌려가며
그리움 사향제비나비 그리움의 나비야

그리움 달맞이꽃 노랗게 피어날 때
칡덩굴 남보라 꽃 향으로 흩뿌리며
검은 등 푸르게 반짝 빛내가는 향 나비

엄동의 칼바람을 번데기 그 하나로
견디어 반달 들고 나오는 사향제비
일곱의 반달나비가 낮에 뜨는 나비야

- 「사랑 향 사향제비나비[1]」 이영지

작열하는 태양이미지와 푸르름이 어울려 푸른 하늘에 흰 구름이 두둥실 뜬다. 시조 문예미학만이 가진 입체리듬이 초장과 중장과 종장으로 자리를 옮기면서 초장에서 꿈을 들어낸다. 그리고 중장은 보다 현실적인 이야기를 하게 되고 종장에서 초장과 중장의 결과를 나타낸다. 3색이 합하여져서 시조 한 수를 만드는데 시조 문예미학의 초 · 중 · 종장의 이야기는 모든 사물에 은유 혹은 비유 시어로 대치되는 일 시조 문예미학 초 · 중 · 종장의 45자 내외임을 유추하게 된다.

하나님에게서 나는 향기가 있다. 예수님에게서 나는 향기가 있다. 사람에게서 나는 향기가 있다. 향기는 하나님이 하나님의 백성이 하나님이 명하신 사랑의 표현을 법대로 하라는 것을 수행할 때 하

1) 호랑나비과(Papilionidae) 학명 Byasa alcinous (Klug · 1836) 한반도(제주도 · 울릉도 제외)와 중국 · 타이완 · 연해주 · 일본에 5~6월과 7~9월 연 2회 발생.

나님의 백성에게서[1] 나는 향기다. 순종에서 나는 향기이다. 할례를 행하고 만나를 먹으며 군대장관에 의해 도움을 받은 이스라엘 백성들은 유월절을 가진[2] 뒤 7일 동안 여리고성을 매일 한 번씩 돌고 다시 7일째에 7바퀴를 돌아 총 13회에 걸쳐 여리고 성[3]을 무너뜨린다. 이 성은 하늘 높이 솟아 하늘과 가까이 있는 U 모형이어서 하늘향기가 있다. 감람나무의 향기 · 희생자의 향기 · 씨를 뿌리어 열매를 맺는 향기 · 쓰임 받는 사람의 향기가 있다.

스메르 신화에서는 하늘이 신[4]으로 되어 있다. 이 좋은 곳을 헛된 신으로 메우고 있었기에 하나님은 여호와의 군대장관을 여호수아 앞[5]에 보내어 이스라엘 백성들이 여리고 성을 6일 동안 돌게 하고 7일째 들어가게 하시었다. 함께[6] 무교병을 먹으며[7] 하나님 일을 했다. 일곱째 날은 축제와 날이다. 일곱째 날은 내가 완전하게 되기를 소망하는 날이다.

일곱째 날 날 - אֵת(2: 3) → 그를 אתוֹ(2: 3)

일곱째 날은 하나님이 쉬시고 아드님은 일하시는 날이다.

---

1) 순종으로 하여 이스라엘 백성들이 얻은 축복의 결과는 모압땅 평지에서 가나안 입성준비(여호수아 1장)로 그들은 여리고 탐정을 하였으며(여호수아 2장) 요단강 한가운데 제사장이 서 있는 것은 홍해의 사건을 경험하지 못한 2세대들에게는 절대체험이었으며 때문에 건넌 후(3장) 두 기념비를 세웠다(4장).

2) 5장.

3) 6장.

4) 장국원, 『고대 근동 문자와 성경』 (서울: 기독교 문서 선교회 · 1996) · 165-166.

5) 수 5: 13.

6) 출 22: 29.

7) 출 34: 18.

(2) 7일. 전쟁의 시조 문예미학리듬

초장: 물 → 중장: 땅 → 종장: 전쟁 참조 주역 궤 7

물 · 중남 · 빠짐 · 북 · 귀 · 대지 → 땅 · 어머니 · 유순 · 서남 · 배 · 소
(-- · --) · (— · --) · (-- · --) = (1구 · 4구) · (2구 · 5구) · (3구 · 6구)

물
위에
땅이
있네
물길이
솟아올라
아래로
떨어지면
그리움 스며들어
물과 땅 아름다움의 우리 둘이 되어서

- 「그리움 스며들어」 이영지[1]

1구: 초장: 물 › 중장: 땅의 시조 문예미학리듬 기호 (-- · --) · (— · --) · (-- · --) = (1구 · 4구) · (2구 · 5구) · (3구 · 6구)의 물이 땅을 만나는 입체리듬이다. 온통 어두움의 음이 많다. 그러나 두 번째의 양 묶음으로 하여 물의 속성을 드러내 물이 살아 있음을 유지한다.

- 물 위에 땅이 있네 의미기호 --

2구: 2구는 양이므로 이 물 기운이 하늘로 위로 솟아오르는 샘의 형상이다. 나의 존재가 솟는 리듬이다. 물이 하늘로 비상구를 만들

1) 그림, 이영지 『시조창작리듬론』 · 98. '사랑 리듬'

어 올라가는 분수의 시조 문예미학리듬 · 물기둥이 된다. 리듬형태가 ☵[물]이 ☷[땅]을 만나는 물이 땅을 만나는 리듬은 동양권에서는 가장 밑이 1번이 됨으로 ☵[물]이 먼저 놓이고 다음이 ☷[땅]의 순서이다. 물이 땅을 만나서 물이 위로 솟는 형태이다.

- 물길이 솟아올라 [의미기호] -

3구: 물이 하늘로 올라가는 힘은 한계가 있다. 올라간 뒤에는 반드시 아래로 떨어진다. 이 힘은 물이 어느 위치에 있느냐에 따라 서로 공유그리움이다. 땅에 내려온다. 아니 떨어진다.

- 아래로 떨어진다 [의미기호] --

4구: 물은 떨어지며 어디로 가는가. 땅으로 들어간다. 태양이 비치지 않는 아주 깊은 물속에서는 물속으로 빠져든 모든 것들이 분해되면서 눈송이가 되어 땅 속으로 스며들고 살아 있는 어류들은 이 것을 먹고 산다.

현미경으로 보면 6각형의 물 그것은 6마디의 각을 이루며 물의 의소는 6각형이다. 물에 있는 거북이 등도 6각형으로 되어 있다.

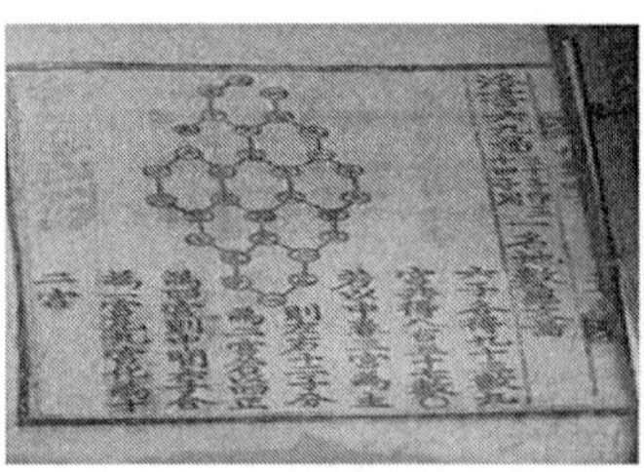

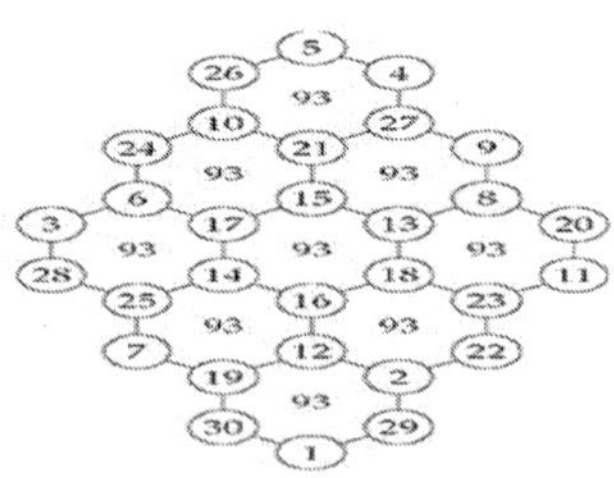

1)

---

1) 최석정의 지수귀문도(地數龜文圖) 또는 낙서육구도(洛書六九圖)라 불리는 육각진은 최석정의 독창적인 연구로 · 아직까지도 그 전모가 밝혀지지 않고 있다. 1부터 30까지의 수가 아홉 개의 육각형을 이루고 · 육각형을 이루는 여섯 수의 합이 모

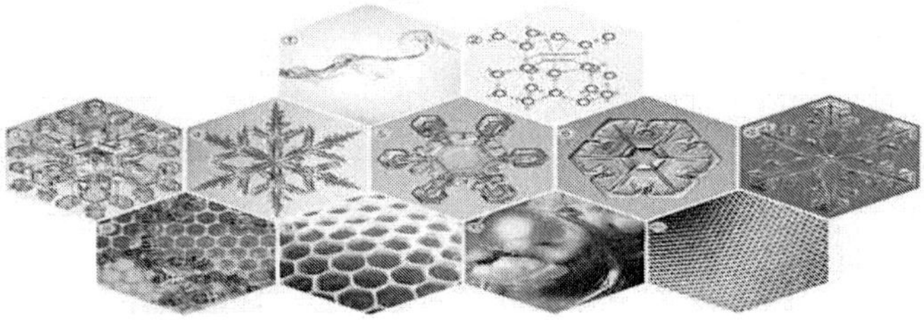

1)

각기의 6각형을 지닌 거북이 등 내각내의 수치는 전부 93으로 한 달의31의 3합이 된다. 이 3합은 한국전통의 의미소이다.

물의 각은 육각형이고 육각형의 내각의 총합은 720° 이고 외각은 360°이며 · 정육각형의 경우 한각은 720°에서 6을 나눈 120°이다. 눈도 물 분자들이 육각형으로 배열되며 아름다움을 이룬다. 포근함을 느끼기 까지 한다. 물을 구하기 어려울 때 석 달 동안 고로쇠 물로 밥을 짓고 보리차 마시듯 마신다. 고로쇠로 만든 밥은 파르스름하게 윤기가 돌아 한눈에 식욕이 생긴다고 한다. 또 3월말쯤 약수가 떨어질 때쯤이면 물이 오를 때로 오른 박달나무와 자작나무에서 물을 받아 도시 사람들은 꿈도 못 꿀 물대신 마신다고 한다. 영원히 소멸되지 않는 물은 어디에든지 스며들어 언제나 물의 성격 그대로[2] 지닌다. 물은 말씀의 의미다.

두 93으로 일정하다. /이장주 교수 제공

1) ① 물 ② 낮은 밀도에서 4개의 물 분자덩어리 2개가 결합되어 입체적 형태의 육각형을 이루고 있는 구조 ③~⑦ 눈 결정의 육각형 기본 구조들 ⑧~⑨ 육각형 벌집 ⑩ 잠자리 눈 ⑪ 약 2만 8천 개 육각형 낱눈으로 이루어진 잠자리의 겹눈.

2) 참조 · 명지어문학 205 · 시조문예미학 97-98 페이지 참조 ⚊⚋⚌⚍⚎⚏ ☰(하늘) ☱(연못) ☲(불) ☳(우레) ☴(바람) ☵(물) ☶(산) ☷(땅).

- 그리움 스며들어 의미기호 ··

5구: 물의 포용력은 천하를 갖고 도도한 물굽이를 만든다. 물의 유순함이 만드는 위대함이다. 땅은 이 물이 흐르게 놔둔다.

- 물나라 의미기호 ··

6구: 물과 땅 모두 모두와 만나면서 그들을 이롭게 한다. 물이 땅을 만나는 리듬은 사랑을 만들어 낸다. 사랑의 승리다.

- 아름다움의 우리 둘이 되어서 의미기호 ··

우리가 서로 만나 서로를 익혀가며
스며든 나의 너는 너의 나 하늘나라
물나라 물기둥으로 물무늬가 바안짝

- 「너의 나 하늘나라」 이영지

일곱 날에 예수님의 부활하여 그리스트가 되는 푸르름 이미지이다. 이 혜택으로 바로 온 땅의 기쁜 소리가 올라 푸르른 계절이 주는 풍성함이 있다. 땅에서 온갖 살아있는 것끼리 서로 왔다가 갔다가 하면서 살아있음을 나눈다. 푸르름은 혼자가 아니라 모두 모여 같이 즐기며 하늘을 숭상 우러러 사는 삶이 주어지는 은혜로 하여 오는 행복이다. 이렇게 서로 힘을 합하여 만들어 내는 이야기는 서로 다르지만 각기의 풍성한 삶이 주어진다. 피를 나누지 않더라도 서로 믿음으로 뭉쳐 있는 자들이 서로 공유하며 서로 도우며 사는 삶의 행복이 있다.

8) 8과 8일. 여드렛날 · 8번째 더하기의 시조 문예미학리듬

(1) 8과 8일과 여드레째 날

8과 8일은 살찌는 사모님 의미[1] 공유그리움이다. 8 울타리 ח[헤트 · 지붕 · 울타리][2] 이미지 공유그리움이다. 곧 1 성부 · 2 성자 · 3 성령 · 4 피조물 · 5 구속 · 6 세상의 완전 · 7 성령의 완전 · 8 살찜[3] 이미지의 때이다. 이 8과 여드레째 · 혹은 8일은 서로 공유그리움이다. 이른바 우리말 사모님 שְׁמוֹנִים[사모님][4]은 남편 덕에 기름진 여인 '8 שְׁמֹנָה[쉐모나 · 여덟 · όκτω][5]' 기세가 등등하다. 여덟째 שְׁמִינִי[쉐미니 · 여덟째 · 대상 7:11]이다. 부활한 하나님의 자녀가 되는 권세 사모님의 권세는 님을 가진 사람이어서이다.

야곱에게는 12아들이 있다. 여덟째아들은 아셀이다. 기쁨 의미이다. 사모의 기쁨을 누리는 사람이다. 하나님께서 제 8일에 아브라함의 후손이 되는 예수에게 언약의 증거로 "난지 8일 만에 할례를 받아"[6] 이름을 예수라 하니 곧 수태하기 전에 천사의 일컬음[7] 그대

---

1) E. W 벌링거 · 장상선 감수, 『성경에 나타난 숫자 해설』(서울: 나단 · 2001) · 249.

2) VTMMYS: 『스테판 원어 성경: The Stephen Korean Text of the Hebrew Old Testament Published by Institute of Biblical Languages』 · 서울: 원어성서원 · 2000. 히브리어 알파벳.

3) Ibid.

4) שְׁמוֹנִים(쉐모님 · 팔십 · 기름진 · 창 5: 26).

5) שְׁמֹנָה(쉐모나 · 여덟 · όκτω)

6) 레위 12: 13.

7) 눅 2: 21.

로 되었다. 이 8일은 부강하고 든든한 의미를 지닌다.

얼마나 강한 의미인지는 다음의 마방진 수에서 증명된다.

9 x 9+7=88
98 x 9+6=888
987 x 9+5=8888
9876 x 9+4=88888
98765 x 9+3=888888
987654 x 9+2=8888888
9876543 x 9+1=88888888
98765432 x 9+0=888888888

예수님의 재림의미인 이 날은 하나님이 우리에게 부요함을 주시는 날이다. 영적으로 옛 계약과 새 계약 사이에서 하나님 법을 지킬 수 있는 풍부가 있다. 현재와 미래가 있는 날[1]이다. 심판의 날이기도 하다. 이 날은 새 하늘과 새 땅이 열리는 날이다. 사역하는 여덟째 장관[2] 십브개[3]는 하나님사역이 풍성해지는 우두머리이다. 제 8일의 의미로 부활절 다음날 상징이다.

색채이미지는 어둠의 이미지에서 황포를 입으신 이미지이되 그 맑고 순수함이 용솟음치는 8월의 강렬한 이미지이다. 밝음으로 나아가는 기적이 일어는 절정의 계절 이미지이다.

어디를 나르게요 어디를 보시 나요
꼬리를 꽃에 이어 꽃잎이 바라보는

1) 눅 1: 59.
2) הַשְּׁמִינִי לַחֹדֶשׁ הַשְּׁמִינִי(하스마나 라호데쉬 하스미니 · 8월 여덟째 장관 · 대상 27:11).
3) סִבְּכַי(십브개 · NE · 대상 27:11).

고개를 오른쪽으로 돌리어서 바라본

- 「오른쪽으로」 창 37 이영지

두 발을 모으고서 꿈 딛고 일어나라
방금 곧 날아갈 듯 가벼이 머무르며
날개에 해와 달 별 들 일어나기 기다릴

- 「기다릴」 창 37-9 이영지

등배와 앞가슴을 빨갛게 물들이고
사랑을 꺼내어서 그들께 가리이다
고개를 뒤로 돌려서 바라보인 곳으로

- 「사랑을 꺼내어서」 창 37:10 이영지

저에겐 유일하게 당신을 닮아있는
나무와 뒷모습과 꼬리에 그리움의
기쁨의 거울로 삼아 나를께요 지금 곧

- 「꼬리에 그리움이」 이영지

거울로 삼아두면 등아래 꿈이 적혀
마음이 거울 되는 그리운 푸르름이
고개를 내밀어놓고 꼬리 잎을 날아요

- 「그리운 푸르름이」 창 37:11 이영지

나에게 말을 하여 주셔요 어디에요
양치는 나라까지 가려면 어디 가서
만나야 하는 건가요 어떻게요 나리요

고개를 쑥욱 뻗어 좌우를 돌아보며
어여쁜 마음바다 풀어서 쭈욱 보고
한드을 웃어 가면서 찾아가는 나리요

- 「나리요」 창 37:36 이영지

정말로 오랜만에 만나도 기쁨이다
당신의 산들바람 머리에 얹힌다면
그리움 날개위에로 향기로운 모자네

마시는 날개가슴 당신의 산들바람
들어와 머무느라 이렇게 비스듬히
서면서 사모 바라봐 향기모자 써 봐요

- 「기쁨모자」 이영지

하나님을 영접하기만 하면 얻는 정말 하나님 사모님 소리를 듣는 영광을 얻는다. 복은 우리의 생애를 기름지게 한다. 한국의 마방진 색채수리는 1 백색 · 2 흑색 · 3 벽색 · 푸른 돌 색 · 4 녹색 · 5 황색 · 6 백색 · 7 적색 · 8 백색 · 9 자색이 된다. 이 중에서 8은 백색이다. 파아란 하늘에 흰 구름이 높이 둥둥 뜨는 계절이다. 절정의 열매가 마음껏 익어가는 계절이다.

8의 이미지는 7/7 하루가 되는 날에 하루를 더한 8일이다. 이때 하루는 7일 동안이고 8일은 이에 1을 더한 날이다. 부한 날 8은 하나님의 수학[1] 성경 창세기[2]에서 총 20회 나온다. 총 20회는 10의 2제곱으로 신성 수 10의 2회 가 되는 예수님의 이미지의 부함이다. 예수님의 자리이다. 그리고 오토[3]와 오탐[4]까지 합해져서 총 27회이다. 8의 3곱과 부함과 강함의 이미지가 더 해진다. 완성이 표현된[5] 숫자 비유[6]로 증명[7]된 우리나라의 첨성대 계단이 27개이다.

---

1) Don Kistler, 『하나님의 수학: *The Arithmetic of God*』 · 서휘웅 옮김 (서울: 섬광문화사 · 1992) · 67-69.

2) 창 1:1-2:3.

3) אתו(오토).

4) אתם(오탐).

5) Terry Lucas and Del Washburn · Theomatics · *The Biblical Theology of Numbers in the Bible* (New York Stein and Day · 1978) · 21-24.

6) 엄원식 · "구약 성경의 수비학에 대한 탐구," 『복음과 실천』 21 · op. cit · 12.

7) Morris Kline, 『수학의 확실성: *Mathematics the Loss of Certainty*』 · 박세희 옮김 (서울: 민음사 · 1986) · 362-371.

꿈 하늘의 별을 바라보는 일로 한 첨성대가 있다.

'에따'하며 선물로 주신 사람 생애는 하나님으로부터 받은 복을 누리며 사는 행복한 생애 늘 절대자가 에따 하시며 다 주시기에 우리는 늘 소망사하[1]를 어미로 하여 주님[2]을 바란다. 우리의 삶이 예수님을 본받아야함을 목적으로 한 이 세상에서 사는 우리의 기간이다. 에따! 받아라 하며 하나님의 생명 · 말씀을 에따 받으며 산다.

처음과 끝 에트의 언약구조]

① 처음과 אֵת(에에트, 창 1: 1)→ 그리고 처음과 끝 וְאֵת(베에에트, 1: 1)
전 체 אֵת(에트,1: 4)
② אֵת(1: 7)
③
④ אֵת(1: 16) → וְאֵת(1: 16)→ וְאֵת(1: 16)
→ אֹתָם(1: 17)
⑤ אֵת(1: 21) → וְאֵת(1: 21) → וְאֵת(1: 21)
אֵת(1: 21) ← ← אֵתָם(1: 22)
⑥ אֵת(1: 25) → וְאֵת(1: 25) → וְאֵת(1: 25)
→ אֵתוֹ(1: 27)
אֵת(1: 27) → אֵתוֹ(1: 27) → אֵתָם(1: 27)
אֵת(1: 28) ← ← אֵתָם(1: 28)
אֵת(1: 29) → אֵת(1: 29)
אֵת(1: 31)
⑦ אֵת(2: 3) → → אֵתוֹ(2: 3)

인생 처음과 끝을 אֵת 엣따하고 주시는 12회 하나님의 군대 אם צב 재 봐 암[3]과 재보시며 וְאֵת 배 엣따[4] 8회로 부하[5]게 하신다.

---

1) ה(하).
2) אַתָּה(아타 · 주는).
3) צְבָאָם(쩨바암 · 하나님의 군대, 창 2: 1).

① 주는 아타 אַתָּה아타

주는 아타 אַתָּה아타: 흑암을 밝히시는 주(삼하 22: 29) · 여호와여 오직 주는(대상 17: 26)하나님이시라 · 이스라엘의 하나님 여호와여 주는(대상 29: 10) · 여호와 하나님이여 원컨대 주는(대하 1: 9) · 간구하심을 들으시는 하늘에 계신 주(대하 6: 21) · 우리 열조의 하나님 여호와여 주는(대하 20: 6) · 그 앞에 한사람도 서지 못하는 의로우신 이스라엘 하나님 여호와여 주는(스 9: 15) · 모든 것을 지우시고 보존하시는 오직 여호와이신 주 · 은혜로우시며 긍휼하시며 더디 노하시는 여호와 주(시 5: 12) · 모태에서 나올 때부터 내 하나님이신 주는(시 22: 10) · 내 하나님이신 여호와여 그리하여도 나는 주께 의지하는 주는(시 31: 14) · 환난에서 보호하시며 구원의 노래로 나를 에우시리다(32: 7) · 나의 도움이시오 건지시는 나의 하나님이신 주는(시 40: 17) · 어찌하여 버리시니이까 나의 하나님이신 주는(시 43: 2) · 나의 왕이신 하나님이신 주는(시 44: 5) · 행악자의 비밀한 꾀에서 건지시는 주는(시 64: 2) · 진흙이요 토기장이신 주는(사 64: 8) · 가난과 궁핍에서 건지는 여호와 주는(시 70: 5) · 피할 바위가 되소서 나의 반석이시오 나의 산성이신 주는(시 71: 3) · 어릴 때부터 의지시며 소망이신 주 여호와여 주는(시 71: 5) · 주만 하나님이신 주는(시 86: 10) · 은총의 표징을 보이소시소서 주는 돕고 위로하심의 여호와여 주는(시 86: 10) · 나의 아버지시오 나의 하나님이시오 나의 구원의 바위이신 주는(시 89: 26) · 곧 영원부터 영원까지 주는(시 97: 9) 하나님이시니이다 · 초월의 여호와 주(시 90: 1) 나의 하나님이신 주(시 118: 28) · 율례로 나를 가르치시는 이는 주(시 119: 28) · 공평한 땅에 인도하시는 주(시 143: 10) · 나의 하나님이신 여호와 주(사 25: 1) · 피난처신 주(렘 17: 17) · 나를 이끌어 돌이키실 여호와 주(애 5: 19)이다.

② 주는 아아타 אָתָּה아아타

주는 아아타 אָתָּה아아타: 반석이시며 산성이시며 주의 이름으로 인도하시는 주는(시 31: 3) · 그물에서 빼어내시는 나의 산성이신 주는(시 31: 4)

---

4) וְאֵת(베에트).

5) Garth E. Runion, *The Golden Section*(Dale Seymour Publications: Palo Alto, CA. 1990), 84-85; 『하나님의 수학』,. op. cit, 79-85. וְאֵת(창 1: 1, 16, 16, 21, 21, 25, 25, 29)는 8회는 영적 탄생이미지이다.

(2) 8일. 사랑의 시조 문예미학리듬

초장: 땅 → 중장: 물 → 종장: 사랑 참조 주역 궤 8

땅 · 어머니 · 유순 · 서남 · 배 · 소 → 물 · 중남 · 빠짐 · 북 · 귀 · 대지
(-- · --) · (-- · —) · (-- · --) = (1구 · 4구) · (2구 · 5구) · (3구 · 6구)

우리가 만나기는 우리가 쑥쑥 자라
사랑을 키워 낸 후 사랑의 끝 간 데는
사랑이 내려오면서 사랑나무 한 나무

- 「그리움 스며들어」 이영지

1구: 초장: 땅 → 중장: 물의 시조 문예미학리듬 기호 (-- · --) · (-- · —) · (-- · --) = (1구 · 4구) · (2구 · 5구) · (3구 · 6구)의 땅이 물을 만나는 입체리듬이다. 땅 속에 물이 들기에 시로 만남이다. 이 만남은 생명이 만들어지는 형태이다. 리듬형태 ☷[땅]이 ☵[물]을 만난 땅이 물을 만나는 일이다. 동양권에서는 가장 밑이 1번이 됨으로 ☷[땅]이 먼저이고 그다음이 ☵[물]이다. 이 땅이 물을 만나는 리듬은 늘 땅이 물과 함께 있어서 싹이 나고 생명이 잉태한다.

- 우리가 만나기는 의미기호 --

2구: 1구 어두움 · 2구 어두움 · 3구 어두움 · 4구 어두움 · 5구 밝음 · 6구 밝음이므로 땅이 물을 만나 뿌리가 뻗어간다.

- 우리는 쑥쑥 자라 의미기호 —

3구: 땅이 물을 늘 그리워한다. 왜냐하면 살 수 있기 때문이다. 땅이 물을 만나야 그 힘을 얻는다.

- 사랑을 키워낸다 의미기호 --

4구: 땅에 있는 물이 땅과 헤어질 때는 하늘에 오르기뿐이다.

- 사랑의 끝 간 데서 의미기호 ··

5구: 하늘에서 다시 땅으로 물을 내려준다. 비가 온다.

- 사랑이 의미기호 ··

6구: 바다 한 가운데 떠 있는 신기루는 섬이다. 바다 한 가운데 떠 있는 신기루는 나무이다. 땅이 물 위로 뜬 섬이다.

- 내려오면서 사랑나무 한 나무 의미기호 ··

땅이 물을 만나는 90° 방향 각도리듬이다. 온통 받아들일 자세이다. 바로 옆자리이다. 만나는 리듬이다.

> 땅 속에 그 속에서 이골 물 저골 물이
> 만나요 물바다로 스며든 우리 둘은
> 삼각지 나무한그루 물 내림으로 지금한창 꽃피는
>
> -「지금한창」 이영지[1)]

땅이 물을 만나는 일은 먼저 땅이 아래 놓이고 그 위에 물이 있다. 만남의 물은 자꾸 스며들며 물이 좀처럼 전쟁을 하려 하지 않는다. 사랑하는 가슴 땅이 물을 만나는 1구 어두움 · 2구 어두움 · 3구 어두움 · 4구 어두움 · 5구 밝음 · 6구 밝음이므로 땅이 물을 만나 꽃이 피고 산이 생기는 리듬이다. 자꾸만 스며든다. 사랑의 속성리듬[2)]이다. 물 → 땅의 입체리듬 사랑이 만드는 리듬이다.

---

1) 그림, 이영지 『시조창작리듬론』 · 99. '물의 속성 리듬'

2) 참조 · 명지어문학 205 · 시조문예미학, 시조창작리듬론 98-101 참조 ⚊⚋☰☱☲☵ ☷ 참고 ☰하늘 ☱(연못) ☲(불) ☳(우레) ☴(바람) ☵(물) ☶(산) ☷(땅).

9) 9와 9일, 아흐렛날 · 9일째의 가까운 날 시조 문예미학리듬

(1) 9와 9일과 아흐레째 날

9와 9일은 지혜 이미지 '9 테드 ט 테드 · 지혜[1]'의 이미지 공유그리움 지혜 모습이다. 태도를 말한다. 종말 예고 혹은 결론 예측의미[2] 공유그리움이다. 곧 1 성부 · 2 성자 · 3 성령 · 4 피조물 · 5 구속 · 6 세상의 완전 · 7 성령의 완전 · 8 살찜 · 9 종말 예고[3]이다.

9와 아흐레째 · 혹은 아흐레 번째가 되는 9일은 서로 공유그리움이다. 9와 9일 혹은 아흐레째 되는 날은 10까지 거의 가까이 오도록 한 노력과 땀의 결심을 보는 때이다. 한 가지 일념으로 보여준 태도는 하나의 일을 완성시키며 됐어 한다. 기쁨 저축한 말을 할 수 있는 때다. 됐어라는 말은 함부로 말 할 수 있는 말이 아니다. '아홉 תִּשְׁעָה 됐어 팃스이 이홉 ἐννεα' '아홉째 תְּשִׁיעִי 됐으이, 텟시이 · 이홉째 · ANOMS · ninth · ἔνατος · 창 17:1 됐으이' 한다. 바로 다됐어 이다.

이 9와 아흐레째 · 혹은 아흐레 번째는 절대 수치 10에 가장 가까운 날이다. 일주일이 7일이 지나고 둘째 날이다. 전 세계가 일주일로 되풀이 되는 공유성에서 2일이 더 합하여진 날이다. 7 신성수에 2가 더해진 신성한 날을 지닌 둘째를 성경은 아주 많이 반복

---

1) VTMMYS: 『스테판 원어 성경: The Stephen Korean Text of the Hebrew Old Testament Published by Institute of Biblical Languages』 · 서울: 원어성서원 · 2000. 히브리어 알파벳.

2) E. W 벌링거 · 장상선 감수, 『성경에 나타난 숫자 해설』 (서울: 나단 · 2001) · 301.

3) Ibid.

하여 리듬을 만든다. 사람이 거듭나고 거듭나서 드디어 됐어라 말하며 다음날의 완전한 10을 기다리는 기쁨이 있는 때이다. 그래서 천하를 얻은 듯이 기뻐하는 날이다. 처음과 끝을 다 공유한 기쁨 둘째 날 궁창 -את에트(창 1: 7) 처음과 끝 의미를 겸한다.

아홉째 장관[1)]이름은 아비에셀[2)]이다. 글자의미소는 인간의 성숙됨을 보여주는 우두머리 뜻이다. 곧 아홉이나 아홉 번 째 날 제 9는 아주 노련하고 성숙된 인간의 모습을 보여주는 이미지이다. 거의 신선에 가까운 사람을 의미하기도 한다. 성경은 이 반열에 24,000명을 둔다.

야곱에게는 12아들이 있었는데 이들 중 아홉째는 잇사갈로 값의 의미를 가진다.

봉긋한 복사뿌리 바람이 찾아와서
사르르 간지럼의 분홍 뺨 만져주면
복사꽃 꽃비가 되어 나에게로 춤추라

바람이 봄을 물고 창 너머 날아와서
모롱이 하얀 얼굴 발그레 불 들거든
복사꽃 꽃비가 되어 나에게로 춤추라

- 「춤추는 꽃비」 이영지

희망이 막 눈앞에 닥아 와 가슴이 두근거린다.

젤 작은 절구로도 콩콩콩 볶은 깨를

---

1) התשיעי לחדש התשיעי(하트쉬이 라호데쉬 하트쉬이 · 9월 아홉째 장관 · 대상 27:12)

2) אבעזל(아비에젤 · NE · 대상 27:12).

젤 작은 가슴으로 콩콩콩 사랑 깨를
고향이 밑바닥에서 쿵쿵 소리 내누나

저어 저 밑바닥을 두드린 내음새로
사과밭 마당에는 사과가 딩굴 딩굴
밭이랑 밑바닥에는 몸에 좋단 약 잎들

어 그냥 그냥그냥 뒹군다 딩굴딩굴
먼 산에 뻐꾸기가 들릴 듯 말 듯 말 듯
산소리 뻐어국 꾸욱 눌려가며 뻐꾸기

지 진짜 산울림을 소리로 읊느라고
산 안고 들릴 듯이 아니면 안 들리듯
가만히 귀 기울여야 들리는 거 메아리

들리는 들려오는 가슴이 들려오는
가만히 속삭이는 사이로 이름 모를
새들이 새 우으우으 우으우으 들리는

- 「소리」 이영지

밀 못 힐 사연에도 꽃 무릇 없이주먼
찾아온 댓바람에 알 수가 있어져요
웬 붉은 얼굴이냐고 나무라지 마셔요

온몸을 여름밤에 뒤척여 얻어놓은
소낙비 한 여름을 둥글게 엮느라고
흙속에 들어앉아서 어눌하게 자라요

꽃 무릇 붉은 길이 그대로 이른 봄에 잎이나 6-7월에 시들다 다시 또 핀 8-9월 꽃대로 오른 꽃이 피어나네요

잎들이 갈 길 떠나 오로지 없어진 뒤 피느라 무릇 꽃이 피느라 밤 별들이 흔들어 못 견디느라 무릇 꽃이 빛나요

- 「꽃 무릇」 이영지

(2) 9일. 저축의 시조 문예미학리듬

초장: 바람 → 중장: 하늘 → 종장: 저축 참조 주역 궤 9

바람 · 맏딸 · 들어감 · 동남 · 다리 · 닭 → 하늘 · 부 · 강건 · 서북 · 머리 · 말
(-- · —) · (— · —) · (— · —) = (1구 · 4구) · (2구 · 5구) · (3구 · 6구)

바람이 불고 있다 뒷산을 넘고 넘어
젤 작은 가슴에다 필리리 피필리이
바람은 푸른 파도로 작은 가슴 필리리

-「필리리」 이영지[1]

1구: 바람 → 하늘의 시조 문예미학리듬은(-- · —) · (— · —) · (— · —) = (1구 · 4구) · (2구 · 5구) · (3구 · 6구)의 바람이 하늘을 만나는 입체리듬이다. 처음의 어두운 음 외에는 전부 밝음으로 된 형상이다. 그러면서 그 기운이 180° 방향 먼 거리 까지 가는 리듬이다. 입체리듬 표시가 아주 하늘바라기로 나아간다. 좋은 일로 나아가는 바람리듬이다. 하늘 높음이 180° 방향 먼 거리까지 간다.

바람이 하늘을 만나는 리듬 1구는 바람이 불고 있다의 시조 문예미학리듬으로 당장에 한 줄기 펴부을 바람이 없더라도 미리 준비하는 바람의 저축 리듬이다.

- 바람이 불고 있다 의미기호 --

2구: 뒷산을 넘느라고 바람이 그 본래의 아름다움을 나타내는 리듬이다. 바람은 못 가는 곳이 없어서 아주 높은 하늘 가까이서 가

1) 그림, 이영지 『시조창작리듬론』 · 162. '조금씩조금씩 리듬'

장 높은 산을 넘는 중이다. 절대로 벽을 뚫거나 철장을 뚫으려는 하지 않는다. 아주 조금씩 정당한 길로 뒷산을 넘고 있다.

- 뒷산을 넘고 넘어 의미기호 -

3구: 바람이 하늘에도 · 풀잎 사이에도 · 동굴에도 · 아주 작은 가슴에도 간다. 아주 작은 예쁜 꽃에게도 미소를 보내며 살랑거리면서 동굴을 지나고 · 작은 가슴 바람 소리의 두근거림을 보낸다.

- 젤 작은 가슴에다 의미기호 -

4구: 필리리 피필리이 바람리듬이 아름다웁게 울려 퍼진다. 바람 모음이 아주 멀리 들린다. 멀리까지 조금씩 바람의 저축리듬이다. 세절이 바뀌는 그 변화의 시조 문예미학리듬이다.

- 필리리 피필리이 의미기호 -

5구: 바람은 사람의 마음에 청량제의 역할을 한다. 부패와 부정과 소음이 가득한곳에 시원한 바람을 넣어 주는 리듬이다.

- 바람은 의미기호 -

6구: 이제 푸른 파도로 작은 가슴 모은다. 성공한 이가 조금씩 그리고 변하지 않는 일편단심에서 그 좋은 저축으로 하여 좋은 결과가 온다. 인간의 의지가 모아진데서 이루어진다. 때문에 큰 바람이 되어 나뭇가지와 손잡으려 다가가고 여인의 치맛자락도 뒤집고 · 푸른 파도도 건넌다. 아주 작은 가슴이 모아진 바람이다.

- 푸른 파도로 작은 가슴 필리리 의미기호 -

바람이 하늘을 만나는 1구 어두움 → 2구 밝음 → 3구 밝음 → 4구 밝음 → 5구 밝음 → 6구 밝음의 바람의 하늘만나기이다. 계속하여 반복되는 초장 · 중장 · 종장 모두 마음의 밝기로 가득 차는 초장(--—) 중장(——) 종장(——)의 바람이 하늘을 만나는 입체리듬이어서 좋은 일을 불러 오는 리듬[1]이다.

마지막 때는 이제 일을 마무리 하고자 하는 마음이 있는 때이다. 그러나 한 달에서 처음의 마지막 때인 초순의 9일째 되는 날은 성년식을 하기 위한 마음의 준비가 되는 때이다. 이러한 마음의 설레임은 한결 의젓해 지기 시작하는 대이다. 그리고 사랑의 싹이 트는 때이다. 저축하는 때이다. 사랑이 쌓이기 시작하는 때이다. 그리고 조금씩 쌓여진 사랑을 고백하는 때이기도 하다. 또는 모아둔 현금으로 어머니에게 고마움을 표시하려 하는 때이다. 아니면 가고 싶은 마음을 하나씩 모아두어 여행을 준비하는 때이기도 하다. 입고 싶은 옷을 사려 조금씩 모아둔 현금을 보며 기뻐하는 마음이 있어 혼자서도 마음이 기쁜 날이다.

꿈에다
사랑 넣어
끝에다 사랑 넣어

우리의 사랑 안에 모두를 감싸 넣어
동그란 가슴깊이를 담아 넣죠 우리는
강물이
춤을 추듯

1) 명지어문학 206 · 시조문예미학 20 · 시조창작리듬론 162-163 수정 ⚊⚋⚌⚍⚎⚏ 참고 ☰하늘 ☱(연못) ☲(불) ☳(우레) ☴(바람) ☵(물) ☶(산) ☷(땅).

등대가 빛을 주듯
춤 넣어 물고기와 강물에 춤을 넣어
푸르른 사랑 사랑해 사랑 넣어 우리는

꿈꾸기
나름 넣어
파란빛
좋아하는
사랑의 태극기를 가슴에 안아 넣어
눈빛을 사랑 가까이 올려 넣어 우리는

오 내겐
사랑하는
사람이
있어서요
가슴의 분홍빛에 방긋도 울렁이는
오 내겐 사랑하는 이 그런 이가
우리는

오
감히
사랑동이
가슴에
들여놓고
새하얀 양 등어리 푸른 빛 감도도록
돌보며 사랑합니다 그 하나로 우리는

오
감히
놀라면서 내 사랑 이름자를
꺼내어 알려주려 마음껏 불러보는
푸른 별 반짝이면서 힘이 되신 우리는

- 「오 감히 우리는 사랑하며」 이영지

10) 10과 10일. 열흘날 · 10일째 신의 수 시조 문예미학리듬

(1) 10과 10일과 열흘째 날

10과 10일은 하나님 질서의 완전한 의미[1] 공유그리움이다. 하나님의 이미지 '10 손 요드 י요드 · 이[2])'이다. 정액이미지이다. 곧 1 성부 · 2 성자 · 3 성령 · 4 피조물 · 5 구속 · 6 세상의 완전 · 7 성령의 완전 · 8 살찜 · 9 종말 예고 · 10 하나님 질서의 완전함[3]의 능력 순서이다. 10과 10일 · 열흘째 날은 서로 공유그리움이다. 독립된 10은 1의 10배이다.

우리보고 하나님도 경어를 쓰시며 '열 아시라 עֲשָׂרָה아사라 · 열 · τεσσαρες'하신다. '열흘째 아시리 עֲשִׂירִי아시리 · 열흘째 · ANOMS · δεκατος · 창 1:19 아시리' 이다. 1의 10배 그 힘은 1의 독립된 힘 에하드 אֶחָד[4] 하나에서 비롯된다. 1의 10배, 이 10번째 자리는 요드 י요드 손 하나님의 손 의 자리이다. 옛 히브리어에서는 구름으로 하였다. 모세가 시내 산에 올라갔을 때 빽빽한 구름이 일어나면서 하나님의 음성이 들리었다. 오늘날의 이해로 따음표 " "이다. 다른 사람의 말을 요약 할 때 따옴표를 쓰거나 그대로 인용할 때에는 인용표로 한다.

---

1) E. W 벌링거 · 장상선 감수, 『성경에 나타난 숫자 해설』 (서울: 나단 · 2001) · 311.

2) VTMMYS: 『스테판 원어 성경: The Stephen Korean Text of the Hebrew Old Testament Published by Institute of Biblical Languages』 · 서울: 원어성서원 · 2000. 히브리어 알파벳.

3) Ibid.

4) אֶחָד(에하드 · 하나 · ANCMS · εἱς. μια · ἑν · 창 1:5).

원형이 구름이다.

시내 산 구름들은 말씀이 됩니다아
시내 산 구름들은 빽빽한 말씀덩이
모시[1]러 오는 저에게 따옴표“”한 웅큼

가져가 조목조목 따옴표 10계명이
시내 산 옹기점의 연기로 구워 소독
하시어 고기 두 마리 내오시는 십계명

두 돌판 내오시샤 너는 내 소유라신
너는 내 보석이라 너는 내 것이라 신
모시어 사는 저에게 보석 싸듯 싸매며

독수리 등에 업고 따옴표 당신 말씀
날개의 끄나풀[2]에 메달려 대롱대롱
그대는 내 소유인 것 말씀으로 “아시지”

그러면 가서 말씀 전하라 그러시라
정말루 황송하게 나에게 깍듯하게
전하라 행하셨음을 아시지요 보아서[3]

아시지[4] 부탁해[5]요 단 둘이 “아시지”요
시내 산 그 옹기점 연기로 소독하고
구름에 내려오시어 날 보라며 보이신

- 「모세의 고백」 이영지

시내 산의 언약과 하나님 출 19:1-6 · 16:21

아시라 아시리 뭘? 우리는 대상과 언약을 항상 맺고 산다. 성경

---

1) מֹשֶׁה(모세 · 출 2: 10).
2) כַּנְפֵי(카느페 · 날개 · NFDG · wings · πτερύγων · 출 19:4).
3) וָאֶשָּׂא(바아사).
4) עָשִׂיתִי(아시티 · 나의 행하였음과 · VQACXS · I did · πεποίηκα · 출 19:4).
5) וְתַגֵּיד(브타게드 · 고하라 · C.VHIMYS · and tell · ἀναγγελεῖς · 출 19:3).

에서 하나님이 모세에게 주는 시내 산의 언약을 아시라 아시리로 한다. 시내[1)]는 하나님의 손 · 능력의 손이 두 번 언어의 끝에 놓이고 중간에 놓이어 하나님의 손이 지금도 능력을 행하시는 일과 그리고 마무리까지 하심을 나타낸다. 이 시내[2)]의 시[3)]와 내[4)]는 각각 물고기를 뜻하여서 물고기 두 마리가 시내 산에 있다. 물고기의 히브리어 글자 눈[5)]은 물고기 뜻이다. 히브리어 사멕[6)]이 버팀목 의미인데 초기 원어는 물고기로 그려져 있다. 따라서 물고기 두 마리가 시내라는 땅이 갖고 있는 의미이다. 물고기 두 마리로 수 천 명을 먹이고도 남은 일을 아시라 아시리 이다.

시내 산에서 하나님이 모세를 비롯한 하나님의 백성들을 인도하셨다. 시내 산에 오른 때는 이스라엘 백성들이 출 애굽 하여 3개월이 지났을 때다. 한 달을 30일 잡고 석 달이면 90여일이 되는데 이 90여일의 의미가 주는바 바로 하나님의 숫자 10에 10배가 되는 100에 가까운 날자 · 곧 됐어의 때이다. 하나님을 간절히 사모할 때이므로 하나님의 손 곧 최종적으로 예수님의 사역 때이다. 아버지와 아들관계일 때 아들은 아버지의 일을 많이 하는 대이다. 일 하는 아드[7)]이다. 이 아드는 "이스라엘아 들으라 우리 하나님 여호와는 오직 하나인 여호와시니[8)]"에서 들으라의 히브리어 '**ע** 아'를 쉐마아

1) סִינַי(시내 · 시나이 · NE · Sinai · τοὺ Σινα · 출 19:1)
2) סִינַי(시내).
3) ס(시).
4) נַ(내).
5) נ(눈 · 물고기).
6) ס(사멕).
7) עד(아드).
8) שְׁמַע יִשְׂרָאֵל יְהוָה אֱלֹהֵינוּ יְהוָה | אֶחָד(쉐마아 이스라엘 엘로헤이누 여호와 | 에하드 ·

의 끝 활자 'ע 아'로 한다. 그리고 '에하드 אֶחָד의 ד 드'를 아와 함께 모아 'עד 아드'[1]님이란 글자기록을 남긴다. 하나 힘의 10배의 힘이 10 · 그래서 교회설립도 10명이 넘어야 됨을 아시라 아시리 한다. 하나님 아드[2]님이 우리에게 굉장한 사랑으로 살게 해 주신 힘을 아시라 아시리 이다. 1의 10배 힘을 아시라 아시리 이다.

10월 - 열째 장관[3] 이름은 마하레[4]를 아시라 아시리 이다. 글자 의미소가 하나님 말씀으로 숨 쉬는 사람 우두머리임을 아시라 아시리 이다. 우리의 삶은 말씀으로 사는 사람임을 아시라 아시리 이다. 실천하는 사람이 우두머리를 아시라 아시리 이다. 이 반열에 24,000 명을 둠이 아시라 아시리 이다.

속에서 튀어나와
속속히 튀어 올라
몸 둘 바
모를 속잎
속 꽃이 중얼중얼
봄을 타
타고 있느라 봄 내 내로 타느라

- 「기뻐 뛰는 봄」 이영지

10일의 커다란 힘은 백색이미지에서이다.

신 6: 4).

1) אֶחָד | יְהוָה אֱלֹהֵינוּ יְהוָה יִשְׂרָאֵל שְׁמַע(쉐마아 이스라엘 엘로헤이누 여호와 | 에하드 · 신 6: 4).

2) -עַד(아드 · 증거).

3) הָעֲשִׂירִי לַחֹדֶשׁ הָעֲשִׂירִי(하아쉬리 라호데쉬 하아쉬리 · 10월 열 번 째 장관 · 대상 27:13).

4) מַהְרַי(마흐래 · NE · 대상 27:13).

⑩ 녹색	벽색	백색	(4	3	8	15)		
자색	황색	백색	(9	5	1	15)	45	
흑색	적색	백섹	(2	7	6	15)		

이 10일의 색채는 1과 색채이미지에서는 동일하다. 우리가 흔히 말하는 11조와 깊은 관련이 되는 아시라 아시리 이다. 십일조는 10을 벌어서 10을 다 바치는 일을 아시라 아시리로 하는데 그러면 하나님께서 도로 10의 1만 하시고 9를 되돌려 주는 데에 십일조의 의미이다. 은혜임을 아시라 아시리 이다.

1과 10은 동일이미지를 지닌 초장과 중장과 종장의 이론으로 자리를 옮기면서 초장 · 그리고 중장에서는 보다 현실적인 이야기를 하게 되고 종장에서 초장과 중장의 결과를 나타냄을 아시라 아시리 이다. 초하루의 꿈 설레임과 이로 인한 마음의 동요가 있었다면 10일째의 이미지는 이제 큰 힘이 합쳐지는 이미지다. 모든 사물에 은유 혹은 비유시어로 나타나면서 인간에게 숨을 쉴 수 있도록 해 주는 능력을 지닌 자의 손이 있는 때이다. 히브리어로는 손의 자리이다. 발음 '요드' 이다. 손 요드 י요드이다.

시인 이상은 그의 「오감도」에서 큰 손을 시어로 한다.

매일같이열풍이불드니드듸여내허리에큼직한손이와닷는다.

- 「시제 9호」

내꿈을지배하는자는내가아니다. 악수할수조차없는두사람을봉쇄봉쇄한거대한죄가있다.

- 「시제 15」호」

이 큰 손의 자리는 확장하는 의미와 성령의 기운이 있는 때이다. 성경은 이 요드 י 글자를 늘 앞에 두어 하나님의 손이 임하는 것을 암시한다. 구약에서 예수의 이름이 발음되는 예수아으 יֵשׁוּעַ 예수아으 야곱 יַעֲקֹב 야곱 이삭 יִצְחָק 이삭 요셉 יוֹסֵף 요셉 여호와 יְהוָה 여호와 이스라엘 יִשְׂרָאֵל 이스라엘 모두 이 10번째 자리 아시라 아시리 이다. 예스 그래요 · 야곱 야 곱해라 이다.

이와 관련한 족보는 밭에 이삭을 주어 사는 룻이 예수님 족보계열에 든 여인을 예로 든다. 요세 바로 바르게 사는 사람 요셉이었다. 우리는 산에 올라 야호 하고 부른다. 여호와라 부른다. 그리고 있으라 엘로 표현한다. 모두 바로 능력의 손 절대의 진리를 의미[1] 한다.

이 나를
사랑하는
키디란
눈동자의
눈물이 보석으로 앉아서 말없이도
어떤 게 사랑인가고 알려주고 있는 참

- 「눈물 보석」 이영지

사랑을
받아내려
눈물이
짙어지는
날에는 푸름 아래 하얀 눈 너를 위한
운명을 만들어내는 사랑 깁이 나는 참 - 「사랑 깁」 이영지

---

1) 최명애 · 『알기 쉬운 히브리어 기초와 그 의미』(서울: 쿰란출판사 · 2005) · 106-7.

(2) 10일. 예의의 시조 문예미학리듬

초장: 연못 → 중장: 하늘 → 종장: 예의 참조 주역 궤 10

연못 · 소녀 · 즐거움 · 서 · 입 · 양 → 하늘 · 부 · 강건 · 서북 · 머리 · 말
(━ · ━) · (━ · ━) · (╍ · ━) = (1구 · 4구) · (2구 · 5구) · (3구 · 6구)

하늘이 비치네요 햇빛이 하늘하늘
꿈나라 하늘하늘 하늘이 하나 둘 셋
하늘이하늘이 셋이라니요 그렇게도 되나요

- 하늘이 비치네요 이영지

1구: 연못 → 하늘의 시조 문예미학리듬은 (━ · ━) · (━ · ━) · (╍ · ━) = (1구 · 4구) · (2구 · 5구) · (3구 · 6구)의 연못이 하늘을 만나는 입체리듬이다. 초장(━━) 중장(━━) 종장(╍━)의 연못이 하늘 만나기의 입체리듬을 만든다. 연못이 하늘만나기는 온통 높은 하늘의 마음이 되어 연못위에다 글씨를 쓰는 일이다. 마지막 종장 첫구 입체리듬에 겨우 들어 있는 어두움조차 미안하여 밝음의 예의를 가지는 리듬이다. 이 예의는 지속적인 예의를 아주 먼 거리 180°까지로 한 시조 문예미학리듬이다. ≡연못이 ≡하늘을 만나는 일이다. 연못이 하늘을 만나는 리듬은 연못이 가장 밑인 1번이 된다. 연못에 하늘이 비치어 주는 아름다운 예의를 지키는 리듬이다. 연못 안에 하늘 의미 예의를 차리는 리듬이다.

- 하늘이 비치네요 의미기호 -

2구: 하늘에서 비를 내려 주자 연못은 하늘을 비쳐주는 예의를 갖춘다. 고요해야 하늘이 비칠 수 있다. 연못이 고요하며 예의를 갖

춘다. 하늘이 몸 낮추며 연못물에 얼굴을 비빈다. 가슴이 살찌는 리듬이다.

- 햇빛이 하늘하늘 의미기호 -

3구: 연못이 하늘을 만나 하늘이 연못 안에 있다. 연못도 하늘로 하여 재잘재잘 웃는다. 연못이 너무 좋아 하늘하늘 한다.

- 꿈나라 하늘하늘 의미기호 -

4구: 연못이 하늘을 만나 연못은 하늘안고 사는 행복을 맛본다. 어쩌면 자신의 본분을 잊어버리고 사는 삶일 수 있다. 하늘도 연못 아니면 하늘이 비춰질 수 없다. 고맙다며 예의를 갖춘다.

- 하늘이 하나 둘 셋 의미기호

5구: 연못이 하늘을 만나는 일은 하늘아래 연못에서 이루어진 일이다. 그러므로 연못은 어쩔 줄을 모른다.

- 하늘이 의미기호 -

6구: 연못과 하늘 그리고 연못 속의 하늘 그림이 셋이다.

- 셋이라니요 그렇게도 되나요 의미기호 ··

하늘의 뜻은 나서지 아니한다. 예의의 연못이 하늘을 만나는 초장(——) 중장(——) 종장(··—)의 입체 리듬[1]이다.

---

1) 명지어문학 206 · 시조문예미학 20 · 시조창작리듬론 165-166 페이지 수정 —·· ☰☱☲☳☷ 참고 ☰하늘 ☱(연못) ☲(불) ☳(우레) ☴(바람) ☵(물) ☶(산) ☷(땅).

11) 11과 11일. 열하루의 눈물 시조 문예미학리듬

(1) 11과 11일과 열 하루째 날

11과 11일은 우리나라 사람들은 1과 1일. 첫 번째를 모두 일어나라로 한다. 우리 사투리로 일어나라의 어원은 하나 1이 둘인 11 산스크리트어[1] 라틴어[2] 그리스어[3]에서도 찾아진다. 11은 일어서기, 하나! 10의 완전한 의미[4] 10이 지닌 하나님의 손 요드 י요드 · 이[5]가 중요하다. 10과 그리고 한 날 에하드[6]의 첫 날[7]1 א아 · 나 · 배움[8]의 합 함 두 개의 이미지 공유그리움이다. 정액 이미지 아시라 아시리의 힘찬 일을 하는 날이다. 세상이 하나님 질서의 완전함을 말살시키려는 때[9] 요셉은 11번째 아들로 노력에 노력을 더했다.[10]

---

1) 산스크리트어를 데바나가리어라 한다. गga घgha नna ङṅa ञña णṇa डḍa दda ध dha ढḍha रra लla ऋṛ/r̥ ॠṝ/r̥̄ मma वva बba भbha सsa षṣa शśa ऌ4 अa आā इi ईī उu ऊū यya ḷ/l ॡḹ/l̥̄ एe/ē ऐai ओo औau जja झjha चca छcha कka खkha टṭa ठṭha तta थtha पpa फpha हha.

2) êna 스테반 원어성경 上(서울: 원어성서원 · 2000언. · 627 · 레위기 5:7,

3) êna 스테반 원어성경 上(서울: 원어성서원 · 2000언. · 627 · 레위기 5:7,

4) E. W 벌링거 · 장상선 감수, 『성경에 나타난 숫자 해설』(서울: 나단 · 2001) · 311.

5) VTMMYS: 『스테판 원어 성경: The Stephen Korean Text of the Hebrew Old Testament Published by Institute of Biblical Languages』 · 서울: 원어성서원 · 2000. 히브리어 알파벳.

6) יוֹם אֶחָד(욤 에하드 · 한 날 · 창 1: 5).

7) E. W 벌링거 · 장상선 감수, 『성경에 나타난 숫자 해설』(서울: 나단 · 2001) · 336.

8) VTMMYS: 『스테판 원어 성경: The Stephen Korean Text of the Hebrew Old Testament Published by Institute of Biblical Languages』 · 서울: 원어성서원 · 2000. 히브리어 알파벳.

9) E. W 벌링거 · 장상선 감수, 『성경에 나타난 숫자 해설』(서울: 나단 · 2001) ·

곧 1 성부 · 2 성자 · 3 성령 · 4 피조물 · 5 구속 · 6 세상의 완전 · 7 성령의 완전 · 8 살찜 · 9 종말 예고 · 10 하나님 질서의 완전함 · 11 파괴와 영웅[1] 이미지의 11과 열한 번째 11일은 서로 공유그리움이다. 11은 10과는 전연 다른 또 하나의 세계가 만들어지는 때이다. 독립된 1 하나[2]와 10[3]이 합하여 진 11[4]은 1이 지닌1과 1. 첫 번째는 단일성과 최고와 차별성을 배제하는 의미[5]의 10[6] 배인 10과 12사이에 끼인 날이다. 10이거나 12여야 하는데 그렇지 못한 11 날은 분열 · 상실[7]의 때이다. 그래서 11째 아들 요셉이 하나님 아드[8]님의 사역을 담당하느라 노력에 노력을 했다. 사랑하는 이에게 모든 걸 바치고 그분이 책임져 주시는 때이다.

열하루 그리고 11월의 사역에는 열한째 장관[9] 브나야[10]가 있다 브나야와 관련한 눈물시학의 근원은 하나님의 아들 이미지이다. 하나님 아들 예수의 사역을 의미소로 하는 일을 많이 하는 사역자 브나야의 사역은 아버지 대를 이을 하나님 일을 많이 한다. 바라딘

311.

10) Ibid.

1) Ibid.

2) אֶחָד(에하드 · 하나 · ANCMS · εἱς. μια · ἑν · 창 1:5).

3) 열 עֲשָׂרָה(아사라 · 열 · τεσσαρες).

4) אַחַד עָשָׂר(에하드 아사라 · ἑνδέκα)

5) E. W 벌링거 · 장상선 감수, 『성경에 나타난 숫자 해설』(서울: 나단 · 2001) · 70.

6) 열 עֲשָׂרָה(아사라 · 열 · τεσσαρες).

7) 7) E. W 벌링거 · 장상선 감수, 『성경에 나타난 숫자 해설』(서울: 나단 · 2001) · 322-324.

8) עַד(아드).

9) עַשְׁתֵּי-עָשָׂר לַחֹדֶשׁ לְעַשְׁתֵּי-עָשָׂר(아스테 라호데쉬 르아스테 · 11월 열 한 번째 장관 · 대상 27:14).

10) בְּנָיָה(브나야 · NE · 대상 27:14).

이[1]의 일을 많이 한 반열에 24,000명이나 있다.

난세는 영웅이 나오는 때다. 10과 11일째 혹은 11번째의 중요성은 바로 우리말 그대로 아시리[2]이다. 하나님이 아시리 이기에 일을 열심히 한 영웅이 있다. 하루와는 전연 다른 열한 번째임에도 1일이라는 이미지의 중요성은 우두머리 의미 · 라숀[3]이미지가 첨가된다. 11째 · 열한 번째로 그 분이 아셨다[4]하는 그 분이 있다.

눈으로 뚜렷이 보이는 족보의 아주 중요한 자리 11번째의 요셉이 있다. 야곱의 11번째 아들 요셉 = 더 함 의미이다. 요셉의 가문은 예수님으로 이어지는 영적 이스라엘의 열매 맺는 가문이다. 이세의 줄기에서 한 싹이 나며 그 뿌리에서 한 가지가 나서[5] 이스라엘의 반석이신 목자가 나오는 요셉[6]가문이다.

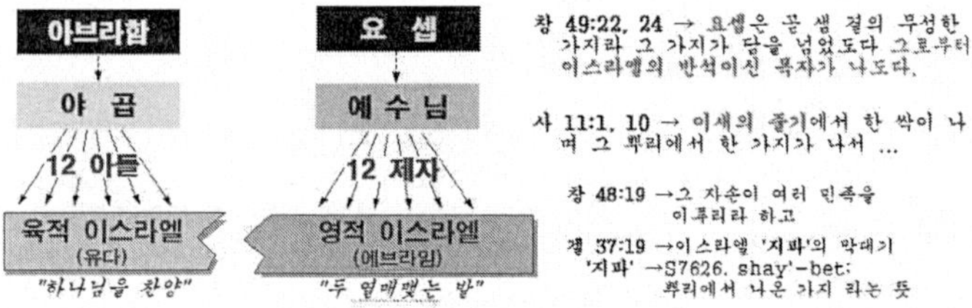

그가 가라사대 네가 나의 종이 되어 ①야곱의 지파들을 일으키며 이스라엘 중에 보전된 자를 돌아오게 할 것은 오히려 경한 일이라 내가 또 너로 ②이방의 빛을 삼아 나의 구원을 베풀어서 땅 끝까지 이르게 하리라 (사 49:6)

---

1) פִּרְעָתוֹנִי(피르아토니).
2) עֲשִׂירִי(아시리 · 열흘째 · ANOMS · δεκατος · 창 1:19).
3) רִאשׁוֹן(로숀 · 첫째 · Σν ἀρχή · πρωτος).
4) עַשְׁתֵּי עָשָׂר(아쉐테 에쉐르 · ANOMS · ἑνδέκατος).
5) 사 111 · 10.
6) 창 49:22 · 24.

혼란과 무질서 때에 요셉[1]은 눈물이 많은 신앙영웅이다. 야곱이 가장 사랑한 라헬에게서 요셉을 낳고 여러 아들들 중 제일 사랑하여 늘 채색 옷을 얻어 입히고 특별대우를 하자 형들의 미움이 극에 달한 요셉은 눈물마를 날이 없었다. 더구나 해와 달과 열한 별 까지 요셉을 향하여 절을 한다는 꿈 이야기를 철딱서니 없게 하자 물이 없는 구덩이에까지 들여졌다. 이처럼 11번째의 자리는 이 세상에서 신앙영웅의 길을 가야하는 눈물마를 날이 없는 사람이다.

> 요셉은 구덩이[2]에 넣어지기도 하고 다시 구덩이에서 끌어 올려지고[3] 보디발의 집으로 팔려[4] 보디달의 집안에서 하나님께서 주시는 형통한 자[5]로 거듭나기를 더하는 삶이었다. 그의 주변 늘 복을 받는 형통의 기적이 일어난다. 여호와의 복이 그의 집과 밭에 있는 모든 소유에 미친[6] 까닭이다. 옥에 갇히기도[7] 하지만 역시 거기서도 제반 사무를 처리[8]한다. 꿈 해석[9]을 통해 애굽 온 땅을 총리[10]하게 된 야곱의 11번째 아들 요셉! 왜 그토록 11번째의 중요성이 대두되는 지는 하나님의 말씀을 전해야 하는 이유에서이다. 입으로 뱉을 때 패,[11] 바로 말씀을 입으로 뱉아 기독교 진리를 전하는 수고로 눈물을 많이 흘린 이 눈물은 시학에서 정화의 역할이다. 더 나아가 이스라엘 의미를 알려주는 일이다. 기독교 시인의 시학이 되게 한다.

저 보고 두 두려워 마셔요 정말에요

---

1) 인터넷 자료에서 발취.
2) 37:23절).
3) 27절.
4) 창 37:36.
5) 창 39:2.
6) 창 39:5.
7) 창 39:20.
8) 창 39:21-22.
9) 창 40:23.
10) 창 41:40-43.
11) פ(페).

메말라 먹을 물도 없을 그 그 물 없는
구덩이 형님들께서 가두시어 놓았던
저 보고 두 두려워 마셔요 정말에요
메말라 먹을 물도 없을 그, 그 물 없는
구덩이 저를 처박아 넣었지만 그러나

그래서 저는 정말 두려워 아니해요
거기에 하나님 손 이끄는 햇살기둥
제게는 햇살기둥의 높바람을 올리어

두려워 마시어요 제가요 하나님만
할까요 두려워들 마셔요 정말에요
그리움 형님들에게 눈물 물을 드려요

형님들 물 그리움 햇살을 마실 수가
그럴 수 있으시네 바람의 햇살들도
정말로 두려워마요 비를 많이 드려요

11번째 아들 요셉 저는 요 일곱 계단
촘촘히 엮어놓고 제가요 그분만큼
정말로 하겠습니까 두려워들 마셔요,

- 「두려워 마셔요」 이영지(창 50:19-21

요셉 정서의 눈물[1]) 시조 문예미학이다.

---

1) 여성의 눈물 속에는 抗 비아그라성 신호전달 물질이 담겨 있어서 여성이 흘리는 눈물에 남성의 성적 흥분(sexual arousal)과 테스토스테론 수준을 감소시키는 화학신호가 있다는 것이다. 이스라엘 바이츠만 과학연구소의 인지신경과학자 노암 소벨 박사(Science 1월 6일호)는 최근 마우스의 눈물에 성특이적 페로몬(sex-specific phermone)이 존재(GTB2010070056 · 참고논문 #2)한다는 것이다.

인간의 눈물에 담긴 화학적 신호는 미국 라이스대학교에서 인간의 후각을 연구하는 데니스 첸 박사연구진은 여성들에게 슬픈 영화를 혼자 보게 하고 · 눈물이 나올 경우 바이알에 담아 연구진 24명 남성들에게 여성의 눈물과 식염수가 담긴 바이알을 주고 냄새를 맡게 했다는데 눈물을 냄새맡은 남성들은 식염수를 냄새맡은 남성들에 비해 여성의 성적 매력을 낮게 나타났다는 것이다. 단 눈물을 냄새

하늘로 올라올라 눈물을 다 뿌리고 내려와 쓰러질듯 마음에 몰래몰래 안으로 들어오자 곧 녹아버린

그리움

- 「사랑사람」[1]이영지

가만히 비가 되는
넌 나의 하얀 운명
정말로 눈물눈썹
하늘이 그립도록
마음의
진주 꽃으로
하얀 기둥 달았다

- 「넌 나의 하얀 운명」[2]이영지

장 미 비 밤을 샌 다

장 미 비
꽃잎바다
아 예 예 그 리 움 을 눈물로 달아버린

입술의 꽃물로

맡은 남성들의 감정은 변하지 않은 것으로 나타났다는 것이다. 50명의 남성들에게 눈물 또는 식염수를 냄새 맡게 한 성적 흥분정도를 측정하는 생리학적 검사에서 눈물을 냄새 맡은 남성들은 식염수를 냄새맡은 남성들에 비해 성적 흥분정도가 감소하고 테스토스테론 농도가 저하한 것으로 밝혀졌다는 것이다. 16명의 남성들을 여성의 눈물이나 식염수에 노출시키고 fMRI를 이용하여 그들의 두뇌활성을 측정한 결과 눈물을 냄새 맡은 남성들은 성적 흥분을 관장하는 영역(예: 시상하부)의 활성이 감소한 것으로 확인되었다는 것이다. 눈물이 성(性)에 미치는 영향을 아드 비거호에츠 박사는 눈물은 사회적 연대감을 증진시키고 상대방을 배려하는 행위를 유도하는 것으로 생각되어 왔으나 그렇지 않다는 것이지요. 로버트 프로빈 박사는 `울음이 상대방의 공격성을 감소시킬 수 있다.`는 것이고 테스토스테론은 적대감과 관련이 있기 때문에 · 눈물을 이용하여 상대방의 테스토스테론을 감소시켜 공격성을 누그러뜨리는 것은 진화적 적응의 결과일 수 있다."는 것이죠

1) 이영지, 『하나님의 행복한 연출』(서울: 영예문학 · 2004) · 73.
2) 이영지, 『행복의 물을 먹으며 · 사랑으로』(서울: 영예문학 · 2008) · 55.

서서
베실베실 웃는다
웃음의
소리
장미
두 손을
모 아 들 여 그 리 움 뜨 는 법을

- 「장미 비」[1]이영지

시조「첫눈의 사랑사람」의 눈물 묘사 의태어는 하늘로 올라올라 눈물을 다 뿌리고 있다. 하늘에 올라올라 의태어는 하늘 중간쯤이 아니라 하늘 끝이라는 의미 하늘하늘 의태어이다. 이 올라 올라의 올라 2회 리듬은 그리움 정서를 만든다. 이영지의「넌 나의 하얀 운명」시조 문예미학리듬에서 비는 일반 비에서 마음으로 닥아 오는 운명적인 빗물이다. 말씀이다. 하늘이 그리울수록 마음의 기쁨이 된 시적 화자의 마음은 진주 꽃으로 눈물눈썹을 만들고 있다. 마음의 세계는 그냥 머무는 것이 아니라 하얀 기둥을 달았다.

「장미 비」에서는 눈과 눈물과 그리움의 관계를 모두 물로 한다. 이 물=눈물의 등가를 이루는 등가등식은 동시에 사랑이라는 추상명사와의 등가이다. 따라서 이 3자의 동일시는 시가 갖는 은유에 다중의미로 눈물 의태어를 외연으로 하면서 사랑이라는 시의 내포를 가지는 대표적인 형식적 비평방법 결과이다.

바슐라르가 주장한 학설 역동적 상상력의 삼 단계에 색채에 의해 의태어의 기본의미를 참고할 수 있다. 더구나 밤을 새는 이유가 대상을 위하여서다. 때문에 막연한 의미의 시의 애매성을 풀기 위하

---

1) 이영지,『행복함에 든 사랑받으세요』(서울: 문학방송 · 2010).

여 꽃잎바다로 그 의미를 확대한다. 사랑의 그리움은 단순한 사람들의 그리움 대상이 아니라 입술이 관련되면서 말씀 전하는 자 위하여 꽃잎바다 사랑크기 입술의 꽃물로 서서있다.

입술의 꽃물로서
서서도 베실베실
웃는다
웃음이다
소리의
장미 비다
두 손을
모 아 들 이어 그 리 움을 뜨 는 법

- 「장미 비」 1)이영지

이때의 입술은 말하는 입술이다. 그러므로 입에서 나오는 그분의 말씀 전하기이다. 따라서 이 시적 화자는 시인 자신이 아니라 절대자의 입술로 그 의미를 이동한다. 이동하며 웃는 웃음은 눈물을 가진 자이되 시의 겉모양 · 시로는 시적 특유의 여성화자 · 곧 시의 아름다움을 위하여 하는 표현기법으로 한다. 사람은 특별한 일 · 특히 시인에 눈에 비치는 일에 감동으로 감동을 받은 일을 시로 묘사한다. 마음의 감동은 반드시 눈물을 가진다. 마음의 감사와 슬픔이 시인의 시를 통해 절대자의 뜻과 시적 화자의 동일성으로 시적 폭을 확대한다.

눈과 눈 마주하면 그 안에 샘이 있어
맑은 물 흐르듯이 마음이 흐르면서

---

1) 이영지, 『행복함에 든 사랑받으세요』 (서울: 문학방송 · 2010).

하늘을 날아오르는 말하기가 보인다

- 「눈으로 말해요」 이영지

내 눈은
하나님의 눈 안에 든 은혜로
알아[1]서 마주하면 너무나 기뻐기뻐
사랑 불 일어나지요 엄마 눈이 아가를

엄마 눈 사랑 눈을 아가는 바라보며
방긋이 방긋방긋 눗느라 입이 오물
오오물 눈 생긋생긋 살짝잘싹 올라요

- 「눈 마주치기」 이영지

더 깊은
하늘 샘을 눈目이라 한다지요
더 깊은 땅의 샘을 눈이라 한다지요
그대의 눈 안에 나를 넣어 주신
날에는

하늘의
맑은 물이 퐁퐁퐁 내리지요
땅에서 맑은 샘이 퐁퐁퐁 오르지요
그대의 눈 안에 나를 넣어 주신
날에는

온 몸에
초롱초롱 맑은 눈 달리네요
눈물이 눈 안에 나를
넣어 주신 날에는

- 「그대의 눈 안에」 이영지

내 눈은
하나님의 눈 안에 들어 있는
사랑을 보라[2]네요 날마다 뵙네[3]요오

---

1) 창 6:.8.

은혜를 벴네[1] 요오오 놓아[2]두신 120년

아아주 매우매우[3] 많아요[4] 고마워[5]요
맑은 물 몸속에다 벴네[6]요 눈 녹듯 아픈 가슴
눈물이 비에 계시[7]는 단비로도 내리네

맞불[8]로 밀매 올라[9] 오시는 말씀 깊이[10]
영광[11]을 받으신 이 단비를 눈물비로
만나요 사랑 뵙네요 눈물 받아 먹어요

- 「눈으로 뵙네요」 이영지

두 눈[12]을 주시어서 눈[13]으로 받아놓아

---

2) 창 6:8.

3) בְּעֵינֵי(벤네 여호와 · 여호와께 · 창 6:8).

1) בְּעֵינֵי(벤네 여호와 · 여호와께 · 창 6:8).

2) נֹחַ(노아흐 · 노아 · 창 6:9).

3) מְאֹד(메우다 · 많은 · 창13: 13 · 17: 2 · 20 · 30: 43 · 47: 27 · 왕하 10: 4 · 에 4: 4 · 시119: 167)는 수메르 어로는 šar2 · 그리스어로 saros · 아카드어로는 마아두 ma- a- du · 히브리어는 메우다다. 이 뜻은 많은이며 예를 들면 왕 계보에서 한 왕이 3600x8년을 통치했다는 것이다. 8번의 큰 숫자의 햇수를 통치했다는 것은 수메르어로는 샤르 šar2- ussu다. 샤르=3,600. 우쑤=8 즉 한 왕의 통치기간으로6x8년 혹은 60x8년으로 계산한다. 노아가 산 햇수가 950년인데 900년대는 100년 단위의 제일 높은 수다. 수메르 왕 계보를 이오 수메르 법으로 보면 엔멘루안아의 3,600x12 · 또한 창 13: 13 · 17: 2 · 20 · 30: 43 · 47: 27; 왕하 10: 4; 에 4: 4; 시 119: 167에서 그 최상급을 의미한다.

4) מַעְיְנֹת(마에노트 · 샘들 · 창 7: 11 · 8:2; 잠 8:28).

5) גָּמַל(고마르 · 보답 · 창 21:8).

6) בְּעֵינֵי(벤네 여호와 · 여호와께 · 창 6:8).

7) גֶּשֶׁם(게쉼 · 비 · 창7: 12.

8) הַמַּבּוּל מַיִם(함마불 마임 · 창 6: 17) · וְהַמַּבּוּל מַיִם(베함마불 마임 · 홍수 · 창 7: 6) · מֵי הַמַּבּוּל(메 함마불 · 홍수 · 창 7: 7) · וּמֵי הַמַּבּוּל(움메 함마불 · 홍수 · 창 7: 10) · הַמַּבּוּל(함마불 · 홍수 · 창 7: 17 · 9: 28 · 10: 1 · 32) · מִמֵּי הַמַּבּוּל(밈메 함마불 · 홍수 · 창 9: 11) · מֵי הַמַּבּוּל(메 함마불 · 홍수 · 9: 28), · לַמַּבּוּל(람마불 · 홍수를 위하여 · 시 29: 10).

9) מִלְמַעְלָה(밀매 올라 · 오름 · upward · 창 7: 20).

10) 창 7: 19~20.

11) כְּבֹדֶךָ(켑보데하 · 영광 · 출 33: 18의 수치는 17.

12) נ(눈).

13) עַיִן(아인).

옆을 볼 사이마저 없어요 정말 그래
노아[1]의 배 만드는 때 은혜 닮아 벴네[2]요

- 「사랑하는 눈에게」 이영지

저는요 소경[3]이고 소경[4]의 대표에요.

---

1) נֹחַ(노아흐 · 노아 · 위로자창 6:9).

2) בְּעֵינֵי(벤네 여호와 · 여호와께 · 창 6:8).

3) עַמִּים(암밈 · 국민 · 소경 · 민족 · 만민 · 창 27: 29; 신 1: 28 · 2:21 · 25 · 4: 19 · 7: 6 · 14 · 16 · 10: 15) · 14: 2 · 28: 3: 16 · 19 · 20: 16 · 28: 64 · 32: 8; 레 20: 24; 왕상 9: 7; 대상 16: 8; 대하 7: 20 ; 에 9: 2; 욥 36: 31; 시 7: 18 · 18: 47 · 33: 10 · 47: 3 · 67: 3 · 5 · 49: 1 · 57: 9 · 66: 8 · 68: 30 · 96: 3 · 10 · 99: 1 · 2 102: 22 · 105: 20 ; 사 8:9 · 25: 7 · 49: 22 · 51: 4 · 5 · 62: 10 · 63: 6; 겔 25: 7 · 36: 15) · 39: 27; 미 4: 3; 합 2: 5 · 8 · 13; 호 10: 10; 욜 2:6; 슥 12: 6)

4) 백성 한 사람(출 1: 20 · 18: 13 · 20: 21 · 24: 2) · 이방신을 좇을 백성 הָעָם (하암 · 백성 · 신 27: 25 · 신 31: 16) · 요단강을 건너는 이스라엘 백성 הָעָם (하암 · 백성 · 수 4: 10) · 애굽 땅에서 나와 할례를 받는 백성 הָעָם (하암 · 백성 · 수 5: 5) · 여리고 성을 무너뜨리는 백성 הָעָם (하암 · 백성 · 수 6: 5) · 물을 먹으려 무릎을 꿇은 백성 הָעָם (하암 · 백성 · 삿 7: 6) · 장막으로 보내지는 백성 הָעָם (하암 · 백성 · 삼상 13: 2) · 사울을 좇은 백성 הָעָם (하암 · 백성 · 삿 13: 7) · 사울을 떠나 흩어진 백성 הָעָם (하암 · 백성 · 삿 13: 11) · 집으로 돌아간 백성 הָעָם (하암 · 백성 · 대상 16: 43) · 여호와의 명하신 바를 지켜야 할 백성 הָעָם (하암 · 백성 · 대하 23: 6) · 사악을 행한 백성 הָעָם (하암 · 백성 · 대하 27: 2) · 자기 기업으로 삼으신 백성 הָעָם(하암 · 백성 · 시 33: 12) · 주의 얼굴빛에 다니면서 즐거운 소리를 아는 백성 הָעָם (하암 · 백성 · 시 89: 15) · 여호와의 진노로 불에 타는 백성 הָעָם (하암 · 백성 · 사 9: 19) · 깨닫지 못하는 백성 עַמִּי(암미 · 백성 · 사 1: 3) · 영광을 무익과 바꾸는 백성 עַמִּי(암미 · 백성 · 렘 2: 1) · 잃어버린 양떼의 백성(렘 50: 6) · 패역한 백성 וְעַמִּי(베암미 · 백성 · 렘 5: 23) · 자기 권력으로 다스리는 제사장 עַמִּי(암미 · 제사장 · 렘 5: 31) · 여호와의 규례를 알지 못하는 백성 עַמִּי(암미 · 백성 · 렘 8: 7 · 사 1: 3) · 하나님을 아는 백성 עַמִּי(암미 · 백성 · 사 52: 6) · 우상을 섬기는 모든 백성 הָעָם- כָל (콜- 하암 · 모든 백성 · 신 27: 15) · 부모를 경홀히 여기는 모든 백성 הָעָם- כָל (콜- 하암 · 모든 백성 · 신 27: 16) · 그 이웃의 지계표를 옮기는 모든 백성 הָעָם- כָל (콜- 하암 · 모든 백성 · 신 27: 17) · 소경에게 길을 잃게 하는 모든 백성 הָעָם- כָל (콜- 하암 · 모든 백성 · 신 27: 18) · 고아나 과부의 송사를 억울케 하는 저주의 모든 백성 הָעָם- כָל (콜- 하암 · 모든 백성 · 신 27: 19) · 무죄 자를 죽이려고 뇌물을 먹는 백성 הָעָם- כָל (콜- 하암 · 모든 백성 · 신 27: 25) · 말씀을 실행치 아니하는 모든 백성 הָעָם- כָל (콜- 하암 · 모든 백성 · 신 27: 26)

이제는 눈 둘[1]곳에 눈물이 배니이다
얼굴이 비치는 눈물 눈 녹듯이 뜨네요

맞불[2]로 올라오시어[3] 은혜로만 건지신

- 「소경인 저에게 비 눈 물이 내리나이다」 이영지

아아픈 제 가슴이 눈 녹듯 눈 내려요
선하신 그리움이 눈물로 눈과 만나
마주한 단비 적시며 사랑 눈빛 뵙네요

골고루 주시는 눈
가슴이 눈 녹듯이
하늘의 눈이 눈이
눈물이 내리네요

씻음을 받으라시며
보라 시트[4]
깔으신

- 「행복함에 든 사랑 받으세요」 이영지

파도가 일며 밀며 물 둘로 나뉘어서
하늘의 물과 물이 땅의 물, 물과 물이
17일 시작되어서 17일 끝[5] 내신이
여호와[6] 17 수치로 ה ו ה י 5 + 6 + 5 + 10=26이여
신성 수[7] 주의 영광[8] 17로 맞불[9]놓고

---

1) עַיִן(아인 · 눈 · 쌍수).
2) הַמַּבּוּל מַיִם(함마불 마임 · 창 6: 17) · וְהַמַּבּוּל מַיִם(베함마불 마임 · 홍수 · 창 7: 6) · מֵי הַמַּבּוּל(메 함마불 · 홍수 · 창 7: 7) · וּמֵי הַמַּבּוּל(움메 함마불 · 홍수 · 창 7: 10) · הַמַּבּוּל(함마불 · 홍수 · 창 7: 17 · 9: 28 · 10: 1 · 32) · מִמֵּי הַמַּבּוּל(밈메 함마불 · 홍수 · 창 9: 11) · מֵי הַמַּבּוּל(메 함마불 · 홍수 · 9: 28), · לַמַּבּוּל(람마불 · 홍수를 위하여 · 시 29: 10).
3) מִלְמַעְלָה(밀매 올라 · 오름 · 창 7: 20).
4) בְּרֵאשִׁית(베레시트 · 창조하셨다 · 창 1:1.
5) (창 7: 11 · 8: 4)
6) ה ו ה י(יְהוָה)=5 + 6 + 5 + 1 + 0 =.
7) 엄원식 · “구약 성경의 수비학(數秘學)에 대한 탐구,” 『福音과 實踐』 21(대전:

옛따로 던지시는 홍수1)의 홍수2)에도
언약을 세우신이여 홍수3)로는 이제는

홍수4)가
아니라 신 약속의 노아 홍수5)
맞불6)로 셈에게는 홍수7)후 아르박삿
맞물8)로 맞부딪치며 움마!9)움마 씻기신

움마아
씻으시며10) 시트11)를 깔아주신
눈으로 보여주신 봐라아 보라 시트
여기를 보라시면서 말씀주심 안으로

- 「행복함에 든 사랑 받으세요」 이영지

저의 눈
제 두 눈은
쌍수12)요 쌍수에요
신라의 희명아이 두 눈이 멀어지자
희명이 한 눈이라도 달라면서 빌었데
신라의
지은이는

침례 신학 대학교 · 1998). 436- 443.

8) כְּבֹדֶךָ(켑보데하 · 영광 · 출 33: 18).

9) 창 7: 7 · 10 · 17 · 9: 11 · 28 · 10: 1 · 32 · 시 29: 10.

1) אֶת - הַמַּבּוּל - מַיִם(에트 - 하맙불 - 마임 · 출 6:17).

2) וּמֵי - הַמַּבּוּל(우메- 하맙불 · 창 7:10).

3) מִמֵּי - הַמַּבּוּל(밈메 하맙불 · 창 9:11).

4) לְמַבּוּל(레맙불 · 창 9:15).

5) הַמַּבּוּל(하맙불 · 창 9:28.

6) הַמַּבּוּל(하맙불 · 창 10:32).

7) הַמַּבּוּל(하맙불 · 창 11:10)

8) מַיִם לְבִים(마임 랍빔 · 시 32:6).

9) וּמָחָה(움마하 · 씻기신 · 사 25: 8).

10) וּמָחִיתִי(움마히티 · 씻어버릴 일 · 왕하 21: 13).

11) בְּרֵאשִׁית(베레시트 · 창조하셨다 · 창 1:1).

12) עַיִן(아인 · 샘.

눈 멀은 어머니를 위하여
아주 오래 일하다
손 거칠 자
어머닌 배가 불러도 마음아파 하시네

심청인
심 봉사의 눈 뜨게 하려하여
풍더덩
바다아래
뛰어서 내렸는데
눈 밝음
그 하나 위해 두 눈마저 버려요

눈 안에
눈과 눈의
사이로 하나님이
손들어 계십[1]니다
맑은 물 눈물이 든.
제 눈을 들여다보신 사랑 눈이 보여요

눈[2]샘물
맑디맑은
많은[3] 물 먹나이다
밤낮을 두 눈으로 맑은 물 들이 보여
바다 속 깊숙이에서 많[4]은 눈물 먹어요

눈 녹듯
사랑하나 떼어내 선한 눈물
눈물을 씻으시며 하나씩 녹이시는
물보라 시트[5]를 깔아 놓으심의 눈망울

---

1) גֶּשֶׁם(게쉠 · 비 · 창7: 12)니.
2) עַיִן(아인 · 눈 · 창 6:8).
3) מַעְיָנֹת(마에노트 · 샘들 · 창 7: 11 · 8:2; 잠 8:28).
4) מַעְיָנֹת(마에노트 · 샘들 · 창 7: 11 · 8:2; 잠 8:28).
5) בְּרֵאשִׁית(베레시트 · 창조하셨다 · 창 1:1).

- 「눈망울 눈방울」 이영지

마방진색채수리는 1 백색 · 2 흑색 · 3 벽색 · 푸른 돌 색 · 4 녹색 · 5 황색 · 6 백색 · 7 적색 · 8 백색 · 9 자색이 된다. 색채 수리기호의 기저 색채 3구분은 중순인 11일째로 접어들면서 하늘 향한 그리움의 눈물이 내리는 날이다.

⑪ 백색 1
백색 6 15
백색 8

시조 문예미학리듬에서 이 3색이 합하여져서 15자의 합계를 이루면서 시조 문예미학을 만들게 된다. 1일의 이미지의 10배가 되는 11일의 이미지가 이 세상을 살면서 눈물바다를 이루는 시조에 대한 이야기이다. 이 색채는 상징성으로서 삼라만상 모든 사물에 은유 혹은 비유로서의 시어로 대치될 수 있다. 한 달의 중간에 일어나는 일은 한 달의 희 · 노 · 애 · 락喜怒哀樂이 담기는 이야기 때이다. 이때는 가장 달콤하고 또는 가장 슬픈 이야기가 전개 된다. 밤낮을 가리지 않고 열심히 일을 하는 내용이 전개된다.

정말로 당신께서 나에게 꽃으로 와
맨 팔로 가만히 서 바라봐 보노라면
그리움 녹아나면서 하루 종일 머물러

- 「나에게 꽃으로 와」 이영지

사랑은 푸른 명령 별빛이 내려앉아
푸르다 못하여서 흰 푸른 물결위에
박히어 별빛 찬란한 이마들을 모으죠

- 「푸른 명령」 이영지

하나씩
향기 들고 달리는 사랑기차
기차는 달리느라 꽃가지 사랑이 나
여기도 섬에서 피는 사랑보라 우리는

- 「꽃가지」 이영지

빨갛게
정이 들면 노랗게 보라들어
아아주 연하다가 보라로 진짜보라
사랑이 쭉쭉 뻗어 나 더 보라로 우리는

- 「정이 들면」 이영지

꽃잎이
팔을 펴며 마음을 보라네요
땀방울 송울송울 하아얀 빰 들이며
기대듯 하늘을 보며 사랑보라 우리는

- 「정말 정이 들어」 이영지

우리가
꽃이에요 한우리 한 다발로
살아서 솟아올라 하늘을 머리위에
이고서 보랏빛으로 사랑하라 우리는

- 「사랑하라」 이영지

우리가
꽃이에요 한우리 한 다발로
살아서 솟아올라 하늘을 머리위에
이고서 보랏빛으로 사랑하라 우리는

- 「사랑하라」 이영지

노랗게
물 한 모금 마시고 일어서는
노오란 꽃술바람 안으로 사랑 열려
어울려 일어나라며 사랑해가 불러요

- 「꽃술바람」 이영지

유한한 삶을 사는 사람 · 11번째 사람은 확고한 신념과 자랑스러움으로 일을 혼신을 다해 일 한다.

(2) 11일. 단절의 눈물 시조 문예미학리듬

초장: 하늘 → 중장: 땅 → 종장: 단절 참조 주역 궤 11

하늘 · 부 · 강건 · 서북 · 머리 · 말 → 땅 · 어머니 · 유순 · 서남 · 배 · 소
(━ · --) · (━ · --) · (━ · --) = (1구 · 4구) · (2구 · 5구) · (3구 · 6구)

하늘을 쳐다봐요
손들어 발 돋음 해
어디에 계신가요
어디에 머무나요
숲으로 내리네요
그리움 먹어보며
꽃물이
하얀 어깨에 달빛 내려 머물러

– 「하얀 어깨에 달빛 내려 머물러」 이영지[1)]

1구: 초장: 하늘 → 중장: 땅의 시조 문예미학리듬 기호 (━ · --) · (━ · --) · (━ · --) = (1구 · 4구) · (2구 · 5구) · (3구 · 6구)의 하늘이 땅을 만나는 입체리듬이다. 같은 리듬이 3회 반복된다. 나아감도 물러감도 없는 단절이다. 하늘이 땅을 마나는 리듬은 움직이지 않는 하늘이 항상 높은 곳에 있고 땅은 항상 낮은 곳에 있는 단절이다. 그러나 움직이고 싶음이 내재한 리듬이다.

- 어디에 계신가요 의미기호 -

2구: 그러나 자신의 기분대로 행동하게 된 결과 점점 더 하향저인 관계에 있게 된다. 땅에 있던 하늘은 땅의 마음을 읽는다.

1) 그림, 이영지 『시조창작리듬론』 · 126. '하늘 땅의 리듬'

- 숲으로 내리네요 의미기호 -

3구: 너무 둘 거리가 멀어 만날 수 없는 단절이다. 하늘은 구름과 같이 있다. 그러나 시인의 심상은 멀어도 다시 돌아온다고 믿는 여유와 낭만이 있어 시를 쓰게 된다. 하늘은 비를 내리게 되어 모든 생물이 살아간다. 다시 수증기로 올라간다. 땅은 물을 다시 보내 수증기 되고 구름이 되어 빗소리 되어 땅에 내려온다.

- 하늘이 저기 있어 의미기호 -

4구: 아무리 멀리 있어도 사랑하면 가까이 있는 것이다. 하늘은 땅의 마음을 읽고 땅은 하늘의 마음을 읽는다. 이제 높이 멀리 · 그리고 높이 있는 모습을 찾는다. 가을과실이 붉게 익었다. 해바라기는 해를 닮아 지상에서 높은 곳을 사모하는 상징으로 남아 있다. 만남은 사람만 만나는 것이 아니다. 단양 특산물은 사람이 겨울이 되어 물을 구하기 어려울 때 석 달 동안 고로쇠 물로 밥을 짓고 보리차 마시듯 마신다. 고로쇠로 만든 밥은 파르스름하게 윤기가 돌아 한눈에 식욕이 생긴다고 한다. 또 3월말 약수가 떨어질 때쯤이면 물이 오를 때로 오른 박달나무와 자작나무에서 물을 받아 도시 사람 꿈도 못 꿀 물대신 마신다.

- 그리움 먹어보며 의미기호 --

5구: 이제 상대방의 뜻을 따른다. 꽃가마 · 보배를 가진 자. 아주 심심산골에 핀 구름을 안는다. 그의 가슴이 꽃물로 든다.

- 꽃물이 의미기호 --

6구: 아주 노력하여 긴 고통을 지난다. 꽃가마 타고 떠나가는 이의 하얀 미소이다. 꽃가마에서 내릴 줄도 알아야 한다. 아주 하얀 구름을 간직하고 사뿐히 하얀 어깨에 달빛이 머무는 리듬이다.

- 하얀 어깨에 달빛 내려 머물러 [의미기호] -

초장(━ ╍) 중장(━╍) 종장(━╍) 의 시조 문예미학리듬은 인접 공간 90° 방향 각도리듬이다. ☰[하늘]이 ☷[땅]을 만나는 90° 방향이다. 동양권에서는 가장 밑이 1번이 됨으로 ☰[하늘]이 먼저 놓이고 그 다음이 ☷[땅]이 그 다음의 순서이다. 1구 밝음 · 2구 어두움 · 3구 밝음 · 4구 어두움 · 5구 밝음 · 6구 어두움 리듬이다. 계속하여 반복되는 초장 · 중장 · 종장 모두 처음의 마음의 밝기와 둘째 번의 음기이다. 서로 다른 위치에서 본래의 자리로 돌아가려는 리듬[1]이다.

나뭇잎
바람으로
햇살을그네하면
빛 소리
비익조여 어디에 계시나요
꽃가마
떠나 가누나 하얀 미소 날리고

「빛 소리」 이영지[2]

하늘 → 땅의 단절 의미리듬은 그 단절이 회복으로 전이되는 목적

---

1) 하늘이 땅이 만나는 90° 방향이다. 각도의 단절 시조 문예미학리듬(12) 명지어문학 199 · 시조문예미학 20 · 시조창작리듬론 128-129 페이지 수정
━╍☰☱☲☳∷ ☰하늘 ☱(연못) ☲(불) ☳(우레) ☴(바람) ☵(물) ☶(산) ☷(땅).

2) 그림, 이영지 『시조창작리듬론』 · 128. '만남의 리듬'

인 리듬을 가진다. 그것은 90° 방향으로 완전히 돌아앉는 몸부림이다. 가장 가까운 사람이 되기도 하는 이 이중성의 아이러니는 늘 두 개지의 아이러니를 지닌다. 가장 가까운 사람이 적이 될 수도 있으며 죽을 수도 있다. 지속을 열렬하게 갈망하면서 극적인 회합으로 살아가려는 몸부림이다. 극도의 미움이 잇기도 한 존재이다.

흔히 한국문학의 3재가 천 · 지 · 인의 문학이라고 하는 바 이 관계는 인간속성의 어떠한 형태로도 풀리지 아니하는 절대 고독의 존재인 까닭이다. 외롭고 슬프고 고독한 사람의 모습은 서로 통하지 않는 나 하나의 존재 그것이다. 이 슬픔을 애틋한 정서로 끌어올리는 이 정서를 시조 문예미학에서는 종장에서 한다.

6구의 입체 리듬은 가깝고도 먼 사이를 지시하는 표시소다.

북한 땅 원도 평창 백암산 발원지에
남쪽의 추가령을 지구대 따라따라
포친과 연친 띵 적셔 재인폭포 흐르네

회양부 철령부터 흘러서 양주 북쪽
양쪽 물 언덕이랑 한탄강 대탄으로
한 여울 원래 큰 여울 한탄강이 흐르네

연천군 전곡리에 38선 지나면서
궁예가 남쪽으로 내려가 후백제와
싸우고 돌아오던 날 건너가며 흐르네

구멍이 숭숭 뚫려 있는 돌들이 늙어 있다.
운골 · 음골 · 움터 연천군 청산면의 장탄리 포천군 영북면 소회산리 홀짝 골에
38선 홀짝이느라 꺼부정히 흐르네

- 「꺼부정한 38선」 이영지

오랜 역사를 이어온 이 땅에 회오리바람이 다시 분다. 상식을 초월하는 일들이 곳곳에서 일어나고 날마다 눈에 거슬리는 일들이 일어난다. 어디로 가야하는지 앞이 안 보이는 캄캄한 어둠이 이제 믿깃 않는 일들이 일어난다.

저마다의 가슴에서 일어나는 느낌을 숨겨야 하고 저마다의 가슴에서 일어나는 슬픔을 감추어야 하는 이 엄연한 사실 앞에서 어떻게 해야 할지를 모르는 일들은 성경에 아브라함에게서 찾아진다. 이 때 하나님은 아브라함의 아내를 돌려주었다. 잃을 뻔한 아내를 다시 만난 아브라함의 마음은 어떠하였을까. 그 무기력의 극치에서 정말로 보잘 것 없는 자신의 존재를 보았을 것이다.

그대는
언제부터 정말로 숨기는 게
되었네 되었네요
그대는 가슴에 든
그대는 나타나기만 하면 그대 그땐 엉엉엉

사람이
구름처럼 그대를 사랑해요
태극기
흔들면서 그대를 사랑해요
나비들 나폴 나포올 나폴나폴 오네요

파아란
나비들이 일어나 사랑해요
하아얀 나비들이 일어나 사랑해요
그대는 언제부턴가 나타나면 그대의

- 「언제부턴가」 이영지

12) 12와 12일. 열 이틀째 만남의 시조 문예미학리듬

(1) 12와 12일과 열이틀 째 날

아시라 그리고 아시리의 10을 하고도 두 번째 되는 12와 12일 세니 임 아시라다. 시 메시지인 질서의 완전 수 10[1]과 2 ב 베트 · 집[2]의 합 함 이미지 공유그리움이다. 곧 1 성부 · 2 성자 · 3 성령 · 4 피조물 · 5 구속 · 6 세상의 완전 · 7 성령의 완전 · 8 살찜 · 9 종말예고 · 10 하나님 질서의 완전함 · 11 파괴와 영웅 · 12 통치적 완전[3]의 때를 하나님께서 아시라 세니 하나님이 세니 임 아시라의 상한 이미지 12와 열이들은 서로 서로세니 임 아시라로 공유한다.

야곱에게는 12아들이 있다. 레아에게서 1 루우벤 2 시므온 3 레위 4 유다 · 5 잇사갈 · 6 스불론이다. 라헬에게서 1 단 시녀 빌하 2 납달리[4] 시녀 빌하다. 라헬이 직계 11 요셉과 12 베냐민을 얻는다. 독립된 12 열둘이다. 바로 둘 세나 임 שְׁנַיִם 쇠나임 · 둘 · δυο 10과 열 아시라 עֲשָׂרָה 아사라 · 열 · τεσσαρες와 합하여 '12 세나 임 아시라 שְׁנַיִם עָשָׂר 쇠나임 아사르 · δώδεκα'이다. '열두 번째 세나 임 아시라 שְׁנַיִם עָשָׂר 쇠나임 아사르 · ANOMS · δώδεκατος'! 열둘과 열두 번째 서로 공유그리움이다.

---

1) E. W 벌링거 · 장상선 감수, 『성경에 나타난 숫자 해설』(서울: 나단 · 2001) · 311.

2) VTMMYS: 『스테판 원어 성경: The Stephen Korean Text of the Hebrew Old Testament Published by Institute of Biblical Languages』 · 서울: 원어성서원 · 2000. 히브리어 알파벳.

3) Ibid.

4) נַפְתָּלִי(낲달리 · 납달리 · NE · Naphtali · ΝεφΘαλι 창 29:8).

야곱 12아들 중 12번째 아들은 베냐민이다. 아들로서만 머무는 막내라는 의미가 강하다. 이 뜻과는 달리 12번째 내지는 12와 12일 등이 지니는 신화 수는 강력한 합수이미지다. 12월 열두째 장관[1] 헬데[2]가 있다. 하나님의 가슴을 가진 사역자 의미이다. 곧 열두 번째는 넓은 가슴을 가진 아량 있는 사역자다. 하나님의 일을 하는 사역자의 가슴 반열에 24,000명을 둔다. 성경은 12개월로 나누고 각기 우두머리를 두었으며 각기 24.000명 두었다.

그런데 물을 관리하는 하나님[3]은 그의 사람들이 모두 물 곧 말씀으로 하[4]하고 숨 쉬도록 물길 12 물길을 주시었다. 이 길로 이스라엘 백성들에게 물을 이동시키시었다. 사면인 사방으로 세 번이나 강화되면서 12 물길이 되는 길에 말씀이 산포되었다. 그 좋은 예는 루우벤 시냇가에서 야엘이 큰 결심으로 12 물길의 젖무덤을 열어[5] 시스라를 죽일 수 있는 용기와 결단을 가졌다. 12사사들이 시냇가에서 큰 결심[6]을 하였다.

성경은 참으로 신비한 일을 세상의 흔적으로 나타낸다. 우리나라에는 물건들을 한 묶음 할 때의 12개로 묶어 놓으며 · 세계적으로는 1년 12달이 있다. 한국에는 유일하게 봄 · 여름 · 가을 · 겨울로 나누는데 12초 간격으로 계절이 넘어간다. 시조 문예미학의 원리가

---

1) הַשְּׁנִים עָשָׂר לִשְׁנֵים עָשָׂר הַחֹדֶשׁ(하스넴 아사르 라스넴 아사르 하호데쉬 · 12월 열 두 번째 장관 · 대상 27:15).
2) חֶלְדַּי(헬데 · NE · 대상 27:15).
3) 창 1: · 7 · 10 · 7: 17.
4) ה(헤 · 숨 쉼 · 숨구멍).
5) 삿 4: 19.
6) 삿 5: 15).

된 3장 12구이다. 시조 12구는 시조창에서 증명된다. 초장에서 중장, 중장에서 종장으로 넘어가는 마디가 12초씩 간격을 가지면서 다음 장으로 넘어 간다. 더구나 한국인들은 방에 칸막이로 두는 병풍조차 12폭으로 하고 또 여인네의 아름다움을 나타내는 12 치마폭이 있다.

> 열두 폭 치마아가 바람에 날리면서
> 꿈 꾸미 들어앉아 사랑이 토닥토닥
> 그리며 열두 폭으로 휘날리는 그리움
>
> - 「열두 폭 치마」 이영지

우리나라뿐만 아니라 온 세계에 널려 있는 12의 이치는 12사람으로 볼 때는 세 사람씩 한모임이 되어 힘을 다하여 4곳으로 흩이져서 복음을 전하는 디아스 포라 사상을 말한다. 동 · 서 · 남 · 북으로 흩어지면서 복음을 전하는 12제자가 있다. 그 중에 유다가 예수님을 배반하여 11사람이 되자 한 사람을 더 뽑아 굳이 12제자로 완성시킨다. 열둘의 신화수리에 온 세계가 관심을 집중하고 그것을 신화수로 사용하는지는 사방팔방 12길이기 때문이다. 네 곳의 3위수가 합치는 이미지이기 때문이다.

그 중에서도 홍수이야기조차 물을 중심으로 하여 물에서 살아남는 이야기가 전개된다. 물에 빠질[1] 위기에서 살아남는 일은 에덴동산 근원이 되는 네 강의 12 물길[2] 사역을 담당하는 일이다. 12 물길 사방으로 물 때문에 흩어지되 결코 그 줄을 놓지 않는 12줄 근

1) 느 3: 26.
2) 사 12: 3.

원에 선 이스라엘 백성은 물에 빠지지 않는다. 이스라엘 백성의 열두 물길은 에덴동산에서 발원되는 네 강이 3번 강화된 열두 물길이다. 이 길을 인도하시는 하나님은 이스라엘 백성들 출 애굽의 노정에서 먹을 수 없는 물 때문에 마시지 못하는 경험을 하게한다. 반드시 12샘물[1]과 종려 70주가 있는 곳에서야 진을 치고 살게 하신다. 하나님이 살게 하시는 이스라엘 동편 땅 염해 곧 요단 끝까지와 경계의 요단에 해당하는 브엘세바 까지 이어지는 이스라엘 땅에서의 12지파들의 물길이기 때문이다. 왜 열두 물길이고 샘물이어야 하는가. 숨 쉴 수 있어서이다. 히브리어는 이 숨 쉼의 중요성을 히브리어 거의 모든 문장 앞에 정관사 하 ה로 배치하고 그리고 거의 모든 단어의 끝에 이 숨 쉼 표시 하 ה로 마무리 한다.

이 숨 쉴 수 있는 표시의 말을 쉽게 설명하는 일은 한국의 전통시 시조이론에 접목된다. 사계절이 바뀌는 순간은 12초이다. 시조 문예미학이 바로 시절가인데 이 호흡이론에 맞추어지는 봄 · 여름 · 가을 · 겨울이 바뀌는 순간이 12초 사이로 계절이 갈라진다. 그리고 시조를 창으로 부르려면 초장에서 다음 중장으로 넘어가는 시간이 12초 · 중장이 끝나고 다시 12초지나 종장이 된다. 이 12초는 봄과 여름과 가을과 겨울이 바뀌는 변화의 시간이다.

하나님의 말씀을 들으며 호흡을 하는 이 리듬은 하나님의 일인 12제자가 12길로 흩어져서 동서남북으로 갈라지며 최선을 다하는 일일 때 하나님은 숨 쉬게 하신다. 이 행복에 대한 구체적인 내용이 신명기 33장에서 모세가 죽기 전 열두지파에 대하여 야곱의회가

1) 민 33: 9.

모이게 하고 축복을 주게 되는데 12지파에 대하여 그 순서가 먼저 하나님께서 이스라엘 백성을 사랑하시어 축복이 있게 되는 일임을 제시한다. 하나님이 일만 성도가운데 강림하시었고 그들을 위해 당신의 오른손에는 번쩍이는 불이 있도다신 33:2라고 한다. 행복의 분위기는 먼저 하나님이 오른손을 번쩍 드시니 주의 발아래 주의 말씀을 받는[1]일 순서로 한다.

그림을 그려볼 수 있는 분위기가 연출되고 있다. 행복이 내리는 곳은 이스라엘 나라와 사람 이스라엘 곧 야곱의 총회의 기업[2]이 있는 곳이다. 그냥 가만히 있는 것이 아니라 기업을 하는 곳이다. 일을 하는 곳 · 그것도 주의 오른 손 아래 말씀을 들으려 모인 야곱의 기업 에게이다. 야곱의 기업이라 함은 야곱이 밤새도록 천사와 씨름하면서 이스라엘이라는 이름을 얻은 이스라엘 이름에서 찾아진다. 이스라엘 나라와 등가관계를 이룬 이 때 나라와 야곱 이스라엘이 중첩되는 시적 특성을 보인다.

이스라엘 지파가 함께[3] 대표로 모인 가운데 전해주는 행복을 오래살기 루우벤[4]으로 한다. 자손의 번성이라는 등가성으로 역시 시적 방법으로 행복의 정의를 알려준다. 그리고는 삶에서 대상을 이기는 일을 유다[5]로 한다. 그 방법은 일상을 늘 말씀 지키는 일에 행복 레위[6]에 맞추어 진다. 사실 야곱은 부모를 속이고 장자 권을

---

1) 신 33:3.
2) 신 33:4.
3) 신 33:5.
4) 루우벤 · 신 33:6.
5) 유다 · 신 33:7.
6) 신 33:8.

가로채면서 이익을 앞세우는 우리의 일상성과 같았지만 하나님의 은혜로 승리[1]하는 행복 자가 된다.

> 재빨리 하늘 길 따라 오른 아들 등에
> 보름달 등에 업혀 화안히 비칩니다
> 둘이서 내려오느라 행복이슬 품니다
>
> -「행복이슬」 이영지

성경은 시 표현으로 일상의 삶이 어깨사이에 늘 있는 사람 야곱의 열두 번째 아들 베냐민[2]을 행복자로 한다. 곧 혼자가 아니라 같이 어깨를 나란히 하여 서로 일을 도우는 사이에 있을 때 행복자가 된다. 이러할 때 하늘의 보물인 이슬과 땅 아래 물과 태양이 결실하는 옛 산과 작은 언덕에서 사는 요셉[3]을 행복자로 한다. 에브라임과 므낫세로 이어지면서 밖으로 나가기 스불론[4]이며 장막에 머무르기 잇사갈[5]로 균형 있는 삶을 사는 자를 행복자로 한다.

기업 · 곧 행복한 사람의 일상은 바다와 모래에 감추어진 보물을 캐는 사람의 일을 행복으로 한다. 늘 법도를 지키는 갓[6]의 일과 사자의 새끼 단[7]같은 삶이며 서쪽과 남쪽 차지하는 납달리[8]에게 행복이 주어진다. 기쁨으로 발이 기름에 잠길 아셀[9]에게 행복이 주어

---

1) 신 33:10.
2) 신 33:12.
3) 신 33:130.
4) 신 33:18.
5) 신 33:18.
6) 신 33:20-21.
7) 신 33:22.
8) 신 33:23.
9) 신 33:23.

진다. 행복을 성경은 하나님이 하늘을 타고 궁창에서 위엄을 발휘하며 도우심 여수룬[1]에 둔다. 하늘이 이슬을 내리는 곳에서 이 이슬을 받는 샘[2]으로 하여 창세기 33장에서 야곱의 의회라 하는 일치를 시적 등가성으로 한다.

12아들을 둔 야곱에 대하여 성경은 다음과 같이 말을 한다.

> 이스라엘이여 너는 행복한 사람이로다 여호와의 구원을 너같이 얻는 백성이 누구냐 그는 너를 돕는 방패시오 네 영광의 칼이시로다 네 대적이 네게 복종하리니 네가 그들의 높은 곳을 밟으리로다
>
> - 신 33:29-신 번역

> 이스라엘이여 너는 행복자로다 여호와의 구원을 너같이 받은 백성이 누구뇨 그는 너를 돕는 방패시오 너의 영광의 칼이시로다 네 대적이 네게 복종하리니 네가 그들의 높은 곳을 밟으리로다
>
> - 신 33:29-구 번역

"이스라엘이여 너는 행복자로다"[3] 히브리어로 아시라! 있으라! 행복은 행복을 찾아 멀리 가는 것이 아니라 바로 여기 있으라! 이다. 보호하시는 능력의 손이 항상 있으니 너는 여기 있으라! ~아스레하 아시라! 행복은 하나님이 야곱의 열두 아들을 통해 몸이 부서지도록 희생하면서 주어진 사랑의 힘을 예로 든다. 사람이 철이 들면 감사하면서 12물길에서 하나님의 역사 · 곧 하나님의 큰마음이 대리자 열둘 제자에게 하나님의 사랑을 다시 나누어 줄 때이다.

---

1) 신 33:26.

2) 신 33:28.

3) אַשְׁרֶיךָ יִשְׂרָאֵל(아스레하 이스라엘 · 이스라엘이여 너는 행복자로다 · NMP.MYS Happy art yhou O Israel · μακάριος συ Ισραηλ · 신 33:29).

행복은 1에서 10까지로 분류된 색채로 볼 수 있다. 12의 지향 색채리듬은 1 백색 · 2 흑색 · 3 벽색 · 푸른 돌 색 · 4 녹색 · 5 황색 · 6 백색 · 7 적색 · 8 백색 · 9 자색이므로 12 색채는 10이 지닌 백색이 2 수리 색채 흑을 이기는 때이다. 12일째의 꿈은 온 전체를 이미지화는 특징이다.

한 달을 기준 12일째의 색채리듬이다.

⑫ 자색 9
흑색 2 15
녹색 4

바람이
앵두바람 발목을 감싼 바람
분홍 신 신기면서 분홍 꽃
바람 뉘리
분홍의 푸름 아래로 그네타고 내려와

- 「앵두바람」 이영지

꽃망울
망울망울 부풀어 그 내음에
눈감아 버릴 밖에 사랑이 지금 오는
기도에 꽃길 트이는 앵두입술 보이면

내 신부
입술은 꽃 방울이 떨어지고
혀 밑에 꿀과 젖이 흐르고 향 · 향 높아
신부야 잠근 동산이요 우물이요 봉한 샘

신부야 이리와라 내 누이 내 눈으로
한 번 더 구슬꿰미 꿰 올린 아롱다롱
포도주 향 품 보다 더 단 꿀 흘러 앵두 입

- 「앵두입술신부」 이영지

(2) 12일. 만남의 시조 문예미학리듬

초장: 땅 → 중장: 하늘 → 종장: 만남 참조 주역 궤 12

땅 · 어머니 · 유순 · 서남 · 배 · 소 → 하늘 · 부 · 강건 · 서북 · 머리 · 말
(-- · —) · (-- · —) · (-- · —) = (1구 · 4구) · (2구 · 5구) · (3구 · 6구)

나뭇잎
바람만나 햇살이 미소만나
비 소리 들리네요 빙그을 빙그르을
꽃물이 들어버렸어 아이 어쩜 좋아요

– 「아이 어쩜 좋아요」 이영지

1구: 초장: 땅 → 중장: 하늘 리듬 기호(-- · —) · (-- · —) · (-- · —) = (1구 · 4구) · (2구 · 5구) · (3구 · 6구)의 입체리듬이다. 땅이 하늘을 만나는 입체리듬이다. 나란한 날기 계속한다. 이 날기의 동적 움직임은 반드시 어두움에서 밝음으로 나아가 움직인다.

- 나뭇잎 바람만나 의미기호 --

2구: 만남의 동적 에너지 살아있음의 동력은 어두움에서 밝음으로 나아가는 바람이다. 알고픔의 긍정적 결과이다.

- 햇살이 미소만나 의미기호 --

3구: 하늘은 비를 내리게 하여 생물이 살아가게 한다.

- 비 소리 들리네요 의미기호 --

4구: 거대한 움직임으로 서로 만나 이루어지는 일이다.

- 빙그을 빙그르을 의미기호 –

5구: 변화와 만남은 항상 그 징조가 보인다.

- 꽃물이 [의미기호] -

6구: 만남 뒤에 이별도 또 만남을 전제로 한다.

- 들어 버렸어 아이 어쩜 좋아요 [의미기호] -

초장(--—) 중장(--—) 종장(--—) 의 잘 만나는 멋진 리듬은 인접 공간 곧 바로 90° 방향 각도리듬이다. ☷[땅]이 ☰[하늘]을 만나는 90° 방향이다. 동양권에서는 가장 밑이 1번이 됨으로 ☷[땅]이 먼저 놓이고 그 다음의 ☰[하늘] 순서이다. 땅이 하늘을 만나 자꾸 움직이는 살아 있음 징표로 어두움에서 밝음으로 나아가 진다.

> 하늘이
> 내려와서
> 보리가
> 익
> 어
> 가고
> 그대가 주신 땅의 바람을 익혀가려
> 당긴 손 하늘크기로 그대 들어 보리오
>
> 가슴에 사랑 품어 보리는 익어가고
> 하늘이 내게 와서 저만큼 서 있어서
> 당긴 손 하늘만큼만 켜 들고서 나오는

- 「앵두바람」 이영지

90° 방향 각도리듬은 바로 옆 리듬, 옆에 사랑하는 사람이 있어 한창 기분 좋을 때의 ☷[땅]이 ☰[하늘]을 만나는 90° 방향 리듬이다. 땅이 하늘을 쳐다본다. ☷[땅]이 하늘 ☰[하늘] 쳐다보며 마냥마냥 좋아한다.

13) 13과 13일. 열 사흘째 죄와 구속의 시조 문예미학리듬

(1) 13과 13일과 열 사흘째 날

13과 13일은 새로 사 아시라이다. 질서의 완전한 이미지 10[1]과 3 기멜 ג[기멜 · 낙타 · 은혜갚음][2]의 합 함 이미지 공유그리움이다. 혈통의 예가 되는[3] 이미지이다. 곧 1 성부 · 2 성자 · 3 성령 · 4 피조물 · 5 구속 · 6 세상의 완전 · 7 성령의 완전 · 8 살찜 · 9 종말 예고 · 10 하나님 질서의 완전함 · 11 파괴와 영웅 · 12 통치적 완전 · 13 혈통[4] 이미지 때이다. 13과 13일 · 열 사흘째 날은 서로 공유그리움이다. 독립된 13 열셋은 3 셋 새로 사 שְׁלֹשָׁה[쉐로솨 · 셋 · τρεις]와 10 · 열 아시라 עֲשָׂרָה[아사라 · 열 · τεσσαρες]가 합하여 '13 새로 사 아시라 ה עָשָׂר שְׁלֹשָׁ[쇠로솨 아사르 · τρισκαιδεκα]'이다. 열세 번째는 셋째 셀시 שְׁלִישִׁי[쉐리시 · 셋째 · ANOMS · the third · τριτη · τριτος · 창 1:13]와 열 번째 아시리 עֲשִׂירִי[아시리 · 열흘째 · ANOMS · δεκατος · 창 1:19]와 합하는 문법과 달리 '13 열 셋 새로 사 아시라 שְׁלֹשָׁה עָשָׂר[쇠로솨 아쇠르 · τρισκαιδεκατος]'이다. 그래서 이들 13과 13번째는 서로 공유그리움이다. 13일의 색채리듬은 1이 의미하는 백색의 10곱이 되는 백색의 강함과 3이 의미하는 벽색 · 이끼 낀 돌 색

---

1) E. W 벌링거 · 장상선 감수, 『성경에 나타난 숫자 해설』 (서울: 나단 · 2001) · 311.

2) VTMMYS: 『스테판 원어 성경: The Stephen Korean Text of the Hebrew Old Testament Published by Institute of Biblical Languages』 · 서울: 원어성서원 · 2000. 히브리어 알파벳.

3) E. W 벌링거 · 장상선 감수, 『성경에 나타난 숫자 해설』 (서울: 나단 · 2001) · 264-296.

4) Ibid.

으로 하여 푸르름 강도 강한 백색이다. 바로 희다 못하여 파아란 색이 되는 백색 이미지이다. 그러므로 흔히 말하는 13일의 금요일 이미지를 넘어서 다시 일어서게 하는 흰 색 이미지가 있다. 이 때문에 13일의 색채는 우리의 장구히 이어져 오는 한국의 역사와 일치한다. 가장 많이 외세의 침략을 받으면서도 꿋꿋이 이어져 오는 한국의 역사리듬이다. 마방진색채수리가 지닌 1 백색 · 2 흑색 · 3 벽색 · 푸른 돌 색 · 4 녹색 · 5 황색 · 6 백색 · 7 적색 · 8 백색 · 9 자색에서 1의 열 곱 10의 백색 이미지와 3이 지닌 푸른 돌 색 이미지가 합친 날의 푸르름이다.

시조 문예미학에 적용되는 색채이미지로는 13일의 황색의 젊음 이미지와 사랑의 그 순수함 이미지와 마음에 앉게 되는 가장 소중한 기억 벽색 이미지와 합해 시조 문예미학이 탄생한다.

⑬ 황색 5
적색 7 15
벽색 3

13일 이미지는 신의 일을 사역하는 12일을 지나 새로 시작하는 어려움의 1일이다. 그래서 땅이 일어나는 때이다. 정열로 견디는 의미를 나타내는 시조 문예미학의 초 · 중 · 종장의 배열 이야기와 색채 상징성으로서 삼라만상 모든 사물에 은유 혹은 비유로서의 새로 시작하는 시어로 대치된 때이다.

(2) 13일. 동인의 시조 문예미학리듬

초장: 하늘 → 중장: 불 → 종장: 동인 참조 주역 궤 13

하늘 · 부 · 강건 · 서북 · 머리 · 말 → 불 · 중녀 · 붙음 · 남 · 눈 · 꿩
(━ · ━) · (━ · --) · (━ · ━) = (1구 · 4구) · (2구 · 5구) · (3구 · 6구)

하늘을
쳐다봐요
손들어
발 돋음 해
가을로 익게 하라 해 바라 서 있으라
불 하늘 둘레 둘레에 민들레꽃 웃는다

- 「둘레 둘레에 민들레꽃」 이영지[1)]

1구: 초상: 하늘 → 중상: 불의 시조 문예미학리듬 기호 (━ · ━) · (━ · --) · (━ · ━) = (1구 · 4구) · (2구 · 5구) · (3구 · 6구)의 입체리듬이다. 양쪽 날개를 달고 조화가 아름다움을 이룬다. 가운데 리듬을 중심으로 하늘높이 나르는 형상이다. 하늘은 항상 높은 곳에 있고 불은 항상 높은 곳을 향하여 타오른다. 이러한 특성은 하늘과 불이 똑같이 높은 곳을 사모해서이다.

- 하늘을 쳐다봐요 의미기호 -

2구: 그러나 둘째 딸인 불이 아버지의 위치만큼 탐을 내다 나무도 태우고 집도 태운다면 불은 제 역할을 하지 못한 이미지이다.

- 손들어 발 돋음 해 의미기호 -

---

1) 그림, 이영지 『시조창작리듬론』 · 122. '뜻 모아 리듬'

3구: 그래도 아버지는 드넓은 사랑으로 불을 다스리고 지혜로서 딸을 다스린다. 정열의 불을 서북풍으로 다스리며 아버지는 가을 하늘처럼 높아 있다.

- 가을로 익게 하랴 의미기호 –

4구: 이제 높이 오르는 모습을 찾는다. 가을과실이 붉게 익었다. 해바라기는 해를 닮아 높은 곳을 사모하는 상징으로 서 있다.

- 해 바라 서 있으랴 의미기호 –

5구: 하늘과 불은 만난다.

- 불 하늘 의미기호 ‥

6구: 아직 기다린다. 뜻을 모은 자들이 기다린다. 동인이다.

- 둘레 둘레에 민들레꽃 웃는다 의미기호 –

초장(– –) 중장(–‥) 종장(––) 의 시조 문예미학리듬을 가지는 ☰하늘이 ☲불을 만나는 리듬이다. 하늘이 불을 만나는 일은 동양권에서는 가장 밑이 1번이 됨으로 ☰하늘이 먼저 놓이고 그 다음이 ☲불의 순서이다. 그러므로 하늘이 아래 놓이고 그 위에 불이어서 둘 다 하늘 높음과 하늘 오름의 이미지이다. 이러한 같은 뜻을 지닌 동인들은 자꾸만 하늘만 사모하여 발이 땅에 닿지 않는 아이러니를 지닌다. 하늘과 불은 서로 만나 뜻 모으는 지척의 관계 90° 이다. 하늘이 불을 만나 로케트 리듬을 탄다.

하늘 → 불의 6구적 리듬은 하늘이 불을 만나 하늘과 불 모두 하늘로 오르며 그 뜻을 같이 하는데 있다. 그런데 과연 하늘 끝이 있을까! 끝 간 데를 모르는 아이러니 리듬이다.

불길로
사모하오 그대도 그러하오?
가을로 익게 하여 해바라기 서 있어서
불 하늘 둘레둘레에 민들레 꽃 아니요

- 「꽃 아니요」 이영지

너 너랑
헤어질 때 하늘이 노랄 만큼
눈앞이 샛노랗다 못해서 돋아난 한 나절의
빨강이 새파랄 만큼 그립다는 내음새

하늘이
노랗도록 가슴이 빠알갛게
타오른 바람 냄새 가슴을 파묻고도
남아 든 그리움으로 아슴아슴 돋아나

얼굴을
파묻고도 노오란 한 길이의
깊이를 그리워 한 장미야 더 빨갛도록
하늘이 더 푸으르라 앵두 냄새 아 어쩜

- 「노란 장미와 빨간」 이영지

이파리 파아랗고 꽃잎은 노오랗고
줄기는 빠알갛고 씨앗은 새까맣고
뿌리는 하이야해서 장명채로 오행초

아래로 잘 나오는 하늘을 쳐다보면
파아란 그리움이 몸 안에 생명 있어
땅에서 납작 엎드려 장명채로 오행초

- 「장명채 오행초 쇠비름」 이영지

내 발이 아파와요 빨리 좀 걷지 말게 도와요 도와줘요 한마디 말을 할 땐 웃음을 보여주는 거 웃음으로 말해야

하는 날 그래줘요 아파요 발가락이 아파요 아파와요 웃음을 드릴께요
두 손은 묶이었어요 그래줘요 아파요

- 「건네는 말을 할 땐 웃어요」 이영지

14) 14와 14일. 열나흘 째 날 의미심장한 시조 문예미학리듬

(1) 14와 14일과 열 나흘째 날

14와 14일은 알아 봐 아시라의 10이 지닌 질서의 완전한 이미지[1]와 4 데트 ד데트 · 문 · 가슴[2]의 문 의미인 가슴 이미지 공유그리움이다. 7과 7일이 지닌 영적 완전의[3]의 배[4] 이미지이다. 곧 1 성부 · 2 성자 · 3 성령 · 4 피조물 · 5 구속 · 6 세상의 완전 · 7 성령의 완전 · 8 살찜 · 9 종말 예고 · 10 하나님 질서의 완전함 · 11 파괴와 영웅 · 12 통치적 완전 · 13 혈통 · 14 영적 완전의 혈통[5] 이미지 때이다. 14와 14일 그리고 열 나흘째는 서로 공유그리움이다.

독립된 14 열넷은 4 넷 알아 봐 אַרְבָּעָה알아 봐 · 넷 · τεσσαρες와 10, 열 아시라 עֲשָׂרָה아사라 · 열 · τεσσαρες가 합하여 '14 열 알아 봐 아시라 אַרְבָּעָה עֶשְׂרֵה알아 봐 아사르 · δεκατέσσαρες'이다. 열네 번째는 넷째 레비이 רְבִיעִי레비이 · 넷째 · ANOMS · forth · τεταρτή · τεταρτος · 창 1:19와 열 번째 아시리 עֲשִׂירִי아시리 · 열흘째 · ANOMS · δεκατος · 창 1:19와 합하여 '열네 번 째 알아 봐 아시리 אַרְבָּעָה עָשָׂר알아 봐 아쇠르 · δεκατέσσαρετος'이다. 4와 4일은 서로 공

1) E. W 벌링거 · 장상선 감수, 『성경에 나타난 숫자 해설』 (서울: 나단 · 2001) · 311.

2) VTMMYS: 『스테판 원어 성경: The Stephen Korean Text of the Hebrew Old Testament Published by Institute of Biblical Languages』 · 서울: 원어성서원 · 2000. 히브리어 알파벳.

3) E. W 벌링거 · 장상선 감수, 『성경에 나타난 숫자 해설』 (서울: 나단 · 2001) · 201.

4) E. W 벌링거 · 장상선 감수, 『성경에 나타난 숫자 해설』 (서울: 나단 · 2001) · 264-296.

5) Ibid.

유그리움이다. 독립된 4 넷 알아 봐 אַרְבָּעָה[알아 봐 · 넷 · τεσσαρες]이고 넷째 레비이 רְבִיעִי[레비이 · 넷째 · ANOMS · forth · τεταρτή · τεταρτος · 창 1:19]! 14와 열 나흘째 공유그리움이다.

14일의 색채리듬은 1의 백색의 10곱 백색의 강함과 4의 녹색이미지의 푸르른 백색이 어울리는 7일의 배가 되는 14일 기준의 예수의 족보 14대 14대 14대의 42대인데 41회에 예수족보가 있다. 42대 그리스도[마 1:17][1])가 있다. 14와 14일의 리듬 색채이미지는 한국의 녹색 그 푸름 역사다. 색채 마방진색채수리 1 백색 · 2 흑색 · 3 벽색 · 푸른 돌 색 · 4 녹색 · 5 황색 · 6 백색 · 7 적색 · 8 백색 · 9 자색인데 14는 1의 열곱 10의 색채와 색과 4가 주는 녹색이미지와 합한다. 녹색 푸르름이 예수의 조상 아브라함에서부터 다윗까지 14대,[2]) 예수님 족보로 14대 · 총 42대로 그리스도의 푸르른 날이다.

서열이미지를 구체적으로 제시한다. 마태복음은 예수의 자리를 14대 14대 14대 그리스도에서 마감한다. 이 세상에서의 예수 그리스도 14[마 1:17][3]) 예수님 족보는 족보 14대 ~ 다시 14대 ~ 다시 14대의 예수 그리스도 14[마 1:17][4])대이다. 크리스도 14대 자리와 예수 13

---

1) 야곱은 마리아의 남편 요셉을 낳았으니 마리아에게서 그리스도라 칭하는 예수가 나시니라(마 1:16). 그런즉 모든 대 수가 아브라함부터 다윗까지 열 네 대요 다윗부터 바벨론으로 이거할 때까지 열 네 대요 바벨론으로 이러한 후부터 그리스도까지 열 네 대러라(마 1:17)

2) 이훈구 · Ibid.

3) 야곱은 마리아의 남편 요셉을 낳았으니 마리아에게서 그리스도라 칭하는 예수가 나시니라(마 1:16). 그런즉 모든 대 수가 아브라함부터 다윗까지 열 네 대요 다윗부터 바벨론으로 이거할 때까지 열 네 대요 바벨론으로 이러한 후부터 그리스도까지 열 네 대러라(마 1:17)

4) 야곱은 마리아의 남편 요셉을 낳았으니 마리아에게서 그리스도라 칭하는 예수가 나시니라(마 1:16). 그런즉 모든 대 수가 아브라함부터 다윗까지 열 네 대요 다윗

대 표시 성경기록이 있다.

[* 예수님족보 14대 1: 아브라함 → 다윋까지 14대)]

① 믿음의 조상 Αβραάμ: אַבְרָהָם(아브라함, 창 17: 5; 출 3: 6, 마 1: 2)
② 아브라함이 낳음, 웃음, 이삭 Ισαάκ: יִצְחָק(이쯔하크, 창 17: 19, 마 1: 2)
③ 이삭이 낳음, 발꿈치, 반석, 야곱 Ἰακώβ: יַעֲקֹב(야코프, 창 25: 26; 마 1: 2)
④ 야곱이 낳음, 실존 소망, 유다 Ἰούδας: יְהוּדָה(예후다, 창 29: 35 ; 마 1: 2)
⑤ 유다가 낳음, 떠오름, 베레스 φάρες: פֶּרֶץ(페레쯔, 창 38: 29; 마 1: 3)
⑥ 르우벤이 낳음, 뜰, 마당, 헤스론 Ἑσρώμ: חֶצְרוֹן(헤쯔론, 창 46: 9; 마 1: 3)
⑦ 헤스론이 낳음, 높음, 람 Ἀράμ: רָם(람, 대상 2: 9; 마 1: 4)
⑧ 람이 낳음, 자원하는 백성, 아미나답 Ἀμινδάβ: עַמִּינָדָב(아미나다브, 대상 2:10, 마1: 4)
⑨ 아미나다브가 낳음, 경험으로 배운, 나손 Ναασσών: נַחְסוֹן(나흐숀, 민 1: 7; 마 1: 4)
⑩ 나손이 낳음, 옷 입음, 살몬 Σαλμών: שַׂלְמוֹן(쌀몬, 룻 4: 20; 마 1: 4)
⑪ 살몬이 낳음, 기둥, 보아스 Βόες: בֹּעַז(보아즈, 룻 4: 21; 마 1: 5)
⑫ 보아즈가 낳음, 섬기는 것, 오벳 Ὠβήδ: עוֹבֵד(오베드, 룻 4: 17; 마 1: 5)
⑬ 오베드가 낳음, 다윋의 아버지,이새 Ἰεσσαί: יִשַׁי(이솨이, 룻 4: 17, 마 1: 5)
⑭ 이새가 낳음, 끓는 가슴, 다스리다, 다윋 Δαυίδ: דָּוִד(다비드, 룻 4: 20; 마 1: 6)

-아브라함에서 다윋까지 14대(마 1: 2-1: 6)

아브라함 → 다윋까지의 14대까지이다.

[* 예수님족보 14대 2: 솔로몬 → 여고냐까지 14대)]

① 다윋이 낳음, 평화로운, 솔로몬 Σολομώνα: שְׁלֹמֹה(쉐로모, 삼하 5: 14,마 1: 6)
② 솔로몬이 낳음, 백성의 넓힘, 르호보암 Ροβοάμ: רְחַבְעָם(레하브암, 왕상 11: 23; 마 1: 7)
③ 르호보암이 낳음 아들, 실존을 소망하는 양육 아비야 Αβιά: בִּיָּה

(cont.) 부터 바벨론으로 이거할 때까지 열 네 대요 바벨론으로 이러한 후부터 그리스도까지 열 네 대러라(마 1:17)

אָ(아비야, 삼상, 8: 2; 마 1: 7)

④ 아비야가 낳음 아들, 치료, 아사 Ἀσάω: אָסָא(아싸, 마 1: 8)

⑤ 아사가 낳음, 판결자, 여호사밧 Ἰωσαφάτ: יְהוֹשָׁפָט(예호솨파트, 삼하 8:16; 마 1: 8)

⑥ 여호사밧이 낳음, 여호와께서 높이심, 요람 Ἰωράμ: יְהוֹרָם(예호람, 왕하 8: 16, 마 1: 8)

⑦ 요람이 낳음, יְהוָה 위엄, 웃시야 Ὀζίαν: עֻזִּיָּה(우지야, 대상 6: 24, 마 1: 8)

⑧ 웃시아가 낳음, 여호와는 완전하심, 요담 Ἰωαθάμ: יוֹתָם(요탐, 삿 9:5, 마 1: 9)

⑨ 요담이 낳음, 기업, 아하스 Ἀχάζ881: אָחָז(아하즈, 왕하 15: 38, 마 1: 9)

⑩ 아하스가 낳음, 여호와로 강해짐, 주의 강하심, 히스기야 Ἐζεκίαν: חִזְקִיָּה(히즈키야, 왕하 16: 20, 마 1: 9)

⑪ 히스기야가 낳음, 망각, 므낫세 Μανασσῆς: מְנַשֶּׁה(메나쉐, 창 48: 1, 마 1: 10)

⑫ 므낫세가 낳음, 확고한, 아몬 Ἀμών: אָמוֹן(아몬, 왕상 22: 26, 대상 4: 14, 마 1:10)

⑬ 아몬의 아들, 여호와께서 기초 두심, 요시야 Ἰωςίας: יֹאשִׁיָּה(요시야, 왕상 13: 2, 마 1: 11)

⑭ 여호와께서 세우심, 여고냐 Ἰεχονίαν : יְכָנְיָה(예콘야, 마 1: 11)

- 솔로몬에서 여고냐까지(마 1: 6-1: 11)

솔로몬 → 여고냐까지의 14대까지이다.

[* 예수님족보 14대 3: 스알디엘 → 그리스도까지 14대)]

① 여고냐가 낳음, 주께 간구, 스알디엘 Σαλαθιήλ: שְׁאַלְתִּיאֵל(쉐알티엘, 대상 3: 17; 학 1: 1; 마 1: 12)

② 스알디엘이 낳음, 혼합되어 황폐해짐, 스룹바벨 Ζοροβαβέλ: זְרֻבָּבֶל(제루바벨, 학 1: 1; 슥 4: 6; 마 1: 12)

③ 스룹바벨이 낳음, 영광스럽게 양육함, 아비훗 Ἀβιούδ10: אֲחִיהוּד(아히후드, 대상 8: 3, 마 1: 13)

④ 아비훗이 낳음, 일어남의 하나님, 일어섬의 전능자, 엘리야김Ἐλιακίμ: אֶלְיָקִים(엘야킴, 왕하 18: 18, 마 1: 13)

⑤ 엘리야김이 낳음, 도움, 아소르 Ἀζώρ: עַזּוּר(아주르, 겔 11: 1, 마 1: 13)

⑥ 아소르가 낳음, 의로움, 사독 Σαδώκ: צָדוֹק(짜도크, 삼하 8: 17; 대상 6: 8; 마 1: 14)
⑦ 사독이 낳음, 실존을 소망하여 일어섬, 아킴 Ἀχίμ: יוֹקִים(요킴, 왕하 23:34; 렘 37: 1; 단 1: 1; 대상 4: 22; 예수아가 낳음: 12: 10·사독이 낳음, 마 1: 14)
⑧ 아킴이 낳음, 위엄 있는 전능자, 엘리웃 Ἐλιούδ: אֱל-הוּ(엘리훗, 민 23:18; 마 1: 14)
⑨ 엘리훗이 낳음, 하나님은 돕는 자, 엘르아살 Ἐλεάζαρ: אֶלְעָזָר(엘아자르, 출 6: 23; 레위 10: 6; 마 1: 15)
⑩ 엘르아살이 낳음, 선물, 맛단 Ματθάν: מַתָּן(마탄, 왕하 11: 18; 대하 23: 17; 마 1: 15)
⑪ 맛단이 낳음, 발꿈치, 야곱 Ἰακώβ: יַעֲקֹב(야아코브, 창 25: 26, 36; 대상 3: 24; 마 1: 15)
⑫ 야곱이 낳음, 더하고 더하다, 요셉 Ἰωσήφ: יֹסֵף(야싸프, 창 30: 24; 욥 42: 10; 마 1: 16)
⑬ 요셉이 낳음, 여호와께서 구원하심, 예수 Ἰησοῦς: יְהוֹשֻׁעַ(예호수아, 출 17: 9; 출 33: 11; 슥 3: 1; 마 1: 16)
⑭ 그리스도 ! Χριστοῦ, 창 31: 13; 삼상 15: 1; 왕상 19: 16; 레4: 3; 왕상 2: 10; 단 9: 25; 그리스도 ! Χριστοῦ(마 1: 17, 12-1: 17)

- 제사장 사독 스알디앨에서 그리스도까지

스알디엘 → 그리스도까지의 14대까지이다. 스알디엘 → 예수까지의 13대까지이다. 아들 예수 증거[1]는 하나님의 아들[2] 아드 עַד(아드)[3]에서는 물론 여호와 י ה ו ה(여호와)= 5+6+5+10=26의 하나님 고유의 수치의 반이 아들의 수치 13 수다. 사랑 אַהֲבָה(아하바·사랑) 수치 13[4] =ה5ב2ה5א1 사랑의미, 미국국기 성조기별 숫자도 13·13·13이다.

---

1) הָעֵדֻת(하에두트·증거, 출 26: 34, 27: 21, 30: 6, 26, 36, 31: 7, 39: 35, 40: 5; 레 24: 3; 민 7: 89.
2) הָעֵדֻת(하에두트·증거) -עַד(아드·증거).
3) -עַד(아드·증거).
4) אַהֲבָה נָעַמְתְּ- וּמַה(움마-나으마트 아하바·사랑아 어찌 그리 화창한지, 아 7:7).

(2) 14일. 태양의 시조 문예미학리듬

초장: 불 → 중장: 하늘 → 종장: 태양 참조 주역 궤 14

불 · 중녀 · 붙음 · 남 · 눈 · 꿩 → 하늘 · 부 · 강건 · 서북 · 머리 · 말
(━ · ━) · (-- · ━) · (━ · ━) = (1구 · 4구) · (2구 · 5구) · (3구 · 6구)

가슴에
사랑 품어
보리는
익어가고

하늘이
내게 와서
저만큼
서 있어서

당긴 손
하늘만큼만 켜 들고서 나오는

-「당긴 손」 이영지[1]

1구: 초장: 불 → 중장: 하늘 리듬 기호(━ · ━) · (-- · ━) · (━ · ━) = (1구 · 4구) · (2구 · 5구) · (3구 · 6구)의 입체리듬이다. 처음과 끝이 푸르러 창창하다. 가운데가 어두움 밝음의 순서를 거친다. 불이 하늘을 만나 갈수록 하늘 뜻이 높아지는 리듬이다.

불 위에 하늘이 있다. 불이 하늘 위에 있는 것은 태양이다. 태양이 하늘 높이 솟아 경사스럽다. 사랑하는 대상을 가슴에 품는다.

- 가슴에 사랑 품어 의미기호 -

1) 그림, 이영지 『시조창작리듬론』 · 124. '로케트 리듬'

2구: 보리는 푸르러 가고 날씨는 더워가고 자신의 뜻도 이루어져 간다. 사랑은 익어가고 대화는 무르익어 간다.

- 보리는 익어가고 의미기호 ··

3구: 마음에 교만이 생긴다. 제일인양 하는 마음이다.

- 하늘에 내게 와서 의미기호 –

4구: 가까이 있다고 다 이루어지지 않는다. 대화 더 해야 한다.

- 저 만큼 서 있어서 의미기호 –

5구: 더 가까이! 예수와 관련하여서는 족보로 그리스도까지 가는 족보길이를 42대로 한다. 14 + 14 + 14=42대로 한다. 이 14는 다시 7+7의 의미원소가 탄생된다. 7은 현대에 일주일 기간이다.

- 당긴 손 의미기호 –

6구: 아이 뜨거워! 그 분의 이미지는 태양이미지이다. 이 세상에 가장 필요한 삶의 긴급활력소가 되는 태양이미지에 있다. 그러기에 신화론에서는 신의 이미지로 한다.

- 하늘만큼만 켜 들고서 나오는 의미기호 –

(— · —) · (-- · —) · (— · —) = (1구 · 4구) · (2구 · 5구) · (3구 · 6구)의 입체리듬을 가지는 ☲[불]이 ☰[하늘]을 만나는 리듬이다. 동양권에서는 가장 밑이 1번이 됨으로 ☲[불] 먼저 놓이고 그 다음이 ☰[하늘]의 순서이다. 그러므로 하늘 아래 불이 놓인다. 불은 먼저 타오르는 성격을 지닌다.

하늘이 내려와서 보리가 익어가고
그대가 주신 땅의 바람을 익혀가려
당긴 손 하늘크기로 그대 들어 보리오

- 「하늘크기로 그대 들어 보리오」 이영지

하늘이 내려와 베푸는 은혜의 자리를 잘 보살피고 다듬어서 하나님의 뜻을 거스르지 않고 불을 켜야 하는 리듬이다. 그러므로 사랑을 심어 그 사랑을 잘 가꾸어 가는 불이 되어야 하는 리듬이다. 1구 밝음 · 2구 어두움 · 3구 밝음 · 4구 밝음 · 5구 밝음 · 6구 밝음이므로 하늘의 뜻이 이 땅에서 이루어지는 리듬이다.

불 → 하늘의 입체리듬은 시조 문예미학에서 노른자위 5구가 어두움이 되어 있으면서도 모든 마음의 밝기를 흡수하여 큰 뜻을 이룬다. 태양을 도는 로케트가 되어 우주를 휘어잡는 뜻을 지닌다. 성경은 하늘에 달린 해를 삼아서[1]라고 발음한다. 우리말은 참으로 신기하도록 히브리어와 많이 닮아 있다. 우리의 삶을 해를 삼아서 · 신을 삼아서라는 말을 쓰는데 이처럼 눈에 보이는 해처럼 이라는 말이다. 해를 거울삼아 인생을 밝게 산다.

태양 즉 해는 물을 가루로 만들어 버리는 역할을 한다고 하는 잇발 곧 치아로 하는데 이것이 바로 '삼아'라는 발음이다. 성경은 해를 물[2] 가루로 만들어 하늘에 달린 것으로 한다. 곧 치아[3]로 물을 씹는 형상이다. 이에 조물주는 생명이 있게[4]하셨다.

---

1) שֶׁמֶשׁ(쉐메쉬 · 태양 · 신 7: 1.
2) מֶ(메).
3) שׁ(쉬)와 가루로 만들 שֶׁ(쉐).
4) 겔 27: 3-11.

15) 15와 15일. 열닷새 째 겸손의 날 시조 문예미학리듬

(1) 15와 15일과 열 닷새째 날

15와 15일은 하마사 아시라 질서의 완전한 이미지 10[1]과 숨 쉼 의미인 5 헤 ה[헤 · 숨 쉼][2]의 합 함 이미지 공유그리움이다. 15와 15일은 5가 지닌 구속 은혜[3]의 배[4] 이미지 공유그리움이다. 곧 1 성부 · 2 성자 · 3 성령 · 4 피조물 · 5 구속 · 6 세상의 완전 · 7 성령의 완전 · 8 살찜 · 9 종말 예고 · 10 하나님 질서의 완전함 · 11 파괴와 영웅 · 12 통치적 완전 · 13 혈통 · 14 영적 완전의 혈통 · 15 하나님 은혜로 만들어진 행위[5] 이미지 때이다. 15와 열 닷세 째는 서로 공유그리움이다. 독립된 15 열다섯은 5 다섯 하마사 חֲמִשָּׁה[하마솨 · 다섯 · πεντε]가10 · 열 아시라 עֲשָׂרָה[아사라 · 열 · τεσσαρες]가 합하여 '열다섯 하마사 아시라 חֲמִשָּׁה עָשָׂר[하마솨 아사르]'이다. 열다섯 번째는 다섯째 '함이시' חֲמִישִׁי[하미쉬 · 다섯째 · ANOMS · fifth · πεμπτή · πεμπτος · 창 1:23]와 열 번째 아시리 עֲשִׂירִי[아시리 · 열홀째 · ANOMS · δεκατος · 창 1:19]와 합하여 '열다섯 번째 하마사 아시라 חֲמִשָּׁה עָשָׂר[하마솨 아사르]'이다. 5와 5일은 서로 공유그리움

---

1) E. W 벌링거 · 장상선 감수, 『성경에 나타난 숫자 해설』 (서울: 나단 · 2001) · 311.

2) VTMMYS: 『스테판 원어 성경: The Stephen Korean Text of the Hebrew Old Testament Published by Institute of Biblical Languages』 · 서울: 원어성서원 · 2000. 히브리어 알파벳.

3) E. W 벌링거 · 장상선 감수, 『성경에 나타난 숫자 해설』 (서울: 나단 · 2001) · 173.

4) Opcid 329.

5) Ibid.

이다. 독립된 5 다섯 하마솨 חֲמִשָּׁה(하마솨 · 다섯 · πεντε)이고 다섯째 함이 시 חֲמִישִׁי(하미쉬 · 다섯째 · ANOMS · fifth · πεμπτή · πεμπτος · 창 1:23)이다.

마방진색채수리는 1 백색 · 2 흑색 · 3 벽색 · 푸른 돌 색 · 4 녹색 · 5 황색 · 6 백색 · 7 적색 · 8 백색 · 9 자색 중에서 5는 황색이고 15는 1의 백색 10곱이 된 15와 황색이 합쳐진다. 모든 숫자에서 10번을 넘기는 강함이 더하는 15 이미지는 한 달의 반 이미지다.

⑮ 백색 6
흑색 2 15
적색 7

한 달의 딱 반의 백색이미지는 1의 10곱이어서 아주 하아얀 흰색이미지다. 우리 옛 한국인들은 무넝에 까반색 염료를 넣어 만든 까만 이불에 목 가까이 덮을 수 있는 이불 부분을 빨간색을 더하고 이에 흰 호청을 단다. 색채 이미지 접근이 되는 15일은 6월의 왕성한 하늘구름의 하얀 이미지와 무게 이미지 까만색을 아우른다. 백색의 강한 이미지 전달이 검은 현실을 이기는 때이다.

분홍빛 분 냄새가 포올 폴 나는 길에
겨울과 여름 사이 그 사이 사는 봄에
졸졸졸 흐르는 봄은 앵두 내음 동네지

산 벚꽃 버드나무 몰려든 골짜기에
봄은 또 연못하나 만들고 사는 봄은
포르르 골짜기마다 앵두 내음 동네지

- 「앵두 내음」 이영지

(2) 15일. 겸손의 시조 문예미학리듬

초장: 땅 → 중장: 산 → 종장: 겸손 참조 주역 궤 15

땅 · 어머니 · 유순 · 서남 · 배 · 소 → 산 · 소남 · 정지 · 동북 · 손 · 개
(-- · --) · (-- · --) · (-- · —) = (1구 · 4구) · (2구 · 5구) · (3구 · 6구)

파란 잎 패랭이 꽃
젖은 땀 내음새에 별빛이
피리 분다 산 빛이 피리 분다
구름 산, 바람을 들여 물 깃들어 바앙긋
- 「달빛이 피리분다」 이영지[1)]

1구: 초장: 땅 → 중장: 산 리듬 기호의 입체리듬이다. 온통 어두움 기운이다가 끝에 가서야 정신을 차리는 리듬이다. 땅이 산을 만나는 리듬이다. 받듦의 어두움 기호로 되어 있으면서 유일하게 마음의 밝기로 6구에서 끝나는 (-- · --) · (-- · --) · (-- · —)의 시조 문예미학리듬이 된다. 1구와 4구 · 2구와 5구 · 3구와 6구의 입체리듬이 보여준 두 개가 계속된 어두움 기세이지만 그대로 머물지 아니하고 드디어 밝음을 만든다. 첫째 번은 첫째 번과 만나고 둘째 번은 둘째 번과 만나고 셋째 번은 셋째 번과 만나 만남을 거듭하면서 드디어 밝음을 만드는 리듬이다.

아래에서부터 1구가 이루어진 하늘 아래 모든 땅이 아래에 있고 그 위에 산이 있는 리듬이다. 자연의 이치이다. 그러므로 위로 수직 구조가 되어 있는 시인의 심상 속에 들어오는 땅이 산을 만나는 산의 높음을 인지하는 겸손이다. 파란 잎 패랭이꽃이 피어난다.

---

1) 그림. 『시조창작리듬론』 · 67. 절대의 안정리듬.

- 파란 잎 패랭이꽃 의미기호 ╍

2구: 젖은 흙 내음새를 맡으며 잎이 자란다.

- 젖은 흙 내음새에 의미기호 ╍

3구: 아름다운 자연 속에서 자라는 잎들은 자만하지 않는다. 햇볕이 내리면 햇빛을 받고 달빛이 내리면 꿈을 꾼다.

- 달빛이 피리분다 의미기호 ╍

4구: 온갖 새들이 우지짖고 나무들이 자라는 산은 잘 서 있다. 절대자의 손이 그 위에 있다. 산은 이 뜻에 맞추어 피리 분다.

- 산 빛이 피리분다 의미기호 ╍

5구: 높은 산 그 아래에 땅은 온갖 곡식을 만들어 낸다. 산 아래 무리무리 모여든다.

- 구름 산 의미기호 ╍

6구: 땅은 위대한 포용력으로 온갖 만물이 그 위에 자기의 자랑들을 펼쳐 놓게 한다.

- 바람을 들여 물 깃들어 바앙긋 의미기호 ━

땅 → 산의 6구 입체리듬은(╍ · ╍) · (╍ · ╍) · (╍ · ━) = (1구 · 4구) · (2구 · 5구) · (3구 · 6구)는 어두운 땅에서 하늘의 햇볕을 받아 산 아래에서 꽃이 아름답게 핀다. 덩달아 산이 춤을 춰 주는 보나비치 리듬이다. 산 빛이 춤을 추는 리듬이다.

님의 품안으로 돌아옴! 그 겸손이다.

[*표 황진이 시조 “어저 내일이야.”의 정 이미지]

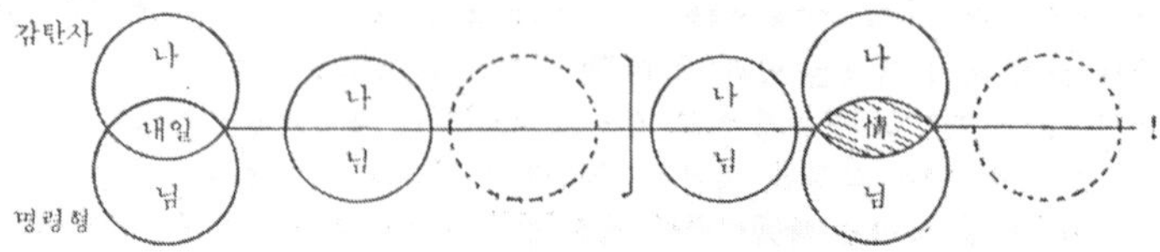

- 황진이 「어져 내일이야 그릴 줄 모르던가.」[1)]

황진이 「어져 내일이야」의 시조나 「청산리 벽계수야」 모두 외연은 순환 형식이다. 그에게로 돌아오는 절절한 공유그리움이다.

*표 황진이 시조 “청산리 벽계수야.”의 님 안(in) 이미지

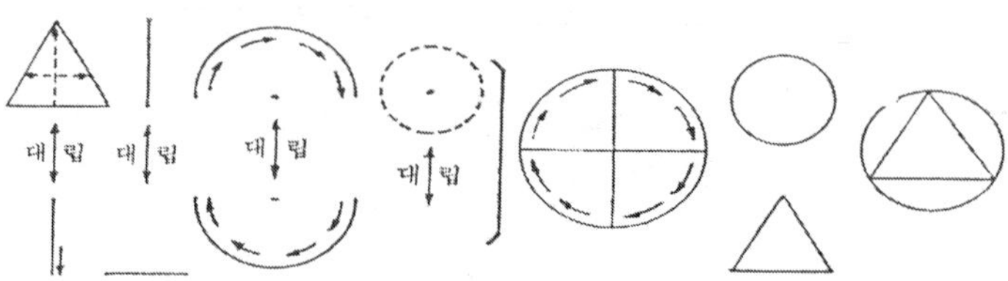

하나님이 준 자연의 리듬으로 산 빛이 춤을 추고 더덩실 춤을 추는 꽃들이 피기 까지 겸손하다. 달빛도 기다려 준다. 한국인은 정서적이다. 복을 받는 이유는 하나님의 품안으로 돌아와서이다. 님의 품안으로 돌아옴! 그 겸손이다. 겸손은 절대안정리듬이다.

---

1) 황진이 시조: 어져 내일이야 그릴 줄 모르던가 있으라 했다면 가랴마는 보내고 그리는 정은 나도 몰라 하노라(현대어로 필자 역): 단가1728(영조 4)년에 김천택이 엮은 고 시조집은 고려 말엽부터 편찬 이본(異本)은 오장환 본(吳璋煥本: 진본 청구영언(珍本靑丘永言): 김천택의 자서(自序)와 시조 580수,이병기 본(가람 본): 가람 본: 시조 596수 · 이가원 본(淵民本): 호 위주로 시조 257수가 있다.

16) 16과 16일. 열엿새 · 16일째 순응의 시조 문예미학리듬

(1) 16과 16일과 열 엿새째 날

16와 16일은 쉬사 아시라 명령 질서이다. 완전한 이미지 10[1]과 6 와우 ו와우 · 이어짐 · 그리고[2]의 합 함 이미지 공유그리움이다. 곧 1 성부 · 2 성자 · 3 성령 · 4 피조물 · 5 구속 · 6 세상의 완전 · 7 성령의 완전 · 8 살찜 · 9 종말 예고 · 10 하나님 질서의 완전함 · 11 파괴와 영웅 · 12 통치적 완전 · 13 혈통 · 14 영적 완전의 혈통 · 15 하나님 은혜로 만들어진 행위 · 16 세상의 일[3] 이미지 때이다.

16과 16일은 서로 공유그리움이다. 16과 열여섯째는 서로 공유그리움이다. 독립된 16 열여섯 6 여섯 쉬 사 שִׁשָּׁה쉬솨 · 여섯 · ἕξ와 10 · 열 아시라 עֲשָׂרָה아사라 · 열 · τεσσαρες가 합하여 '16 열여섯 쉬사 아시라 עָשָׂר שִׁשָּׁה(쉬솨 아사르)'이다. 열여섯 번째는 여섯째 쉬 시 שִׁשִּׁי쉬쉬 · 여섯째 · ANOMS · sixth · τεταρτή · ἕξτή · ἕξτος창 1:31가 열 번째 아시리 עֲשִׂירִי아시리 · 열흘째 · ANOMS · δεκατος · 창 1:19와 합하여 '16번째 쉬 사 아시라 שִׁשָּׁה עָשָׂר(쉬솨 아솨르)'이다. 독립된 6 여섯 쉬 사 שִׁשָּׁה쉬솨 · 여섯 · ἕξ이고 여섯째는 쉬 시 שִׁשִּׁי쉬쉬 · 여섯째 · ANOMS · sixth · τεταρτή · ἕξτή · ἕξτος창 1:31이다. 이 들 모두 열이라는 이미지와 합하여 열여섯 혹은 열여섯째가 됨으로 이들은 서

---

1) E. W 벌링거 · 장상선 감수, 『성경에 나타난 숫자 해설』 (서울: 나단 · 2001) · 311.

2) VTMMYS: 『스테판 원어 성경: The Stephen Korean Text of the Hebrew Old Testament Published by Institute of Biblical Languages』 · 서울: 원어성서원 · 2000. 히브리어 알파벳.

3) Ibid.

로 16이라는 숫자 면에서 서로 공유그리움이다. 그럼으로 이들이 색채이미지로 시조 문예미학에 쓰일 경우 1의 10곱 백색 이미지와 6이라고 하는 백색 이미지와 합하여 모두 백색이미지의 하아얀 색이다. 초장과 중장과 종장으로 자리를 옮기면서 초장에서 꿈을 들어낼 때에도 하얀 색이고 중장에서 보다 현실적인 이야기를 하게 될 때에도 하얀 이미지 그리고 종장에서 초장과 중장의 결과를 나타낼 때에도 모두 하얀 색 이미지 시조 문예미학이 지어지게 된다. 다름 아닌 1 백색 · 2 흑색 · 3 벽색 · 푸른 돌 색 · 4 녹색 · 5 황색 · 6 백색 · 7 적색 · 8 백색 · 9 자색에서 1의 10곱인 아주 하얗고 하얀 색과 6이 지니는 숨 쉼 이미지 이다. 백색의 하늘을 배우는 이미지이다. 그 은혜로 땅의 모든 것이 숨 쉬도록 하는 중장이 되면서 종장은 사람의 이미지나 상징성이 되는 백색 즉 한국인의 의미에 있게 된다. 더운 여름 그 하얀 백색 옷 8의 이미지가 온 들판이 녹색으로 뒤덮는 4의 이미지와 기다림의 색채인 벽색 3의 이미지가 합한다.

⑯ 백색 8
녹색 4 15
벽색 3

3색이 합하여져서 15의 합계 시조 문예미학 초 · 중 · 종장의 배열일 경우 시조에 대한 이야기가 된다. 이 이야기의 색채는 삼라만상 모든 사물에 은유 혹은 비유로서의 시어로 하얗게 채워진다. 한 달 중순지점에서 중순의 반을 넘기는 기간의 희 · 노 · 애 · 락은 시인의 일상에서 마음을 위로하고 안정시키는 시가 가지는 아름다운 일이 일어난다. 이제는 삶을 자신과 이웃에 이익이 되는 전문분야의 핵심이 계속 이어져 가는 땀의 노력이 지속되는 기간이다. 다음날을 위한 그 끈질긴 버릇의 중요함이 시조 문예미학에서 나타난다. 또는 가장 달콤하고 또는 가장 슬픈 이야기가 전개 된다.

하늘을
같이 봐요
손들어 발 돋음 해
어디에 계신가요
어디에 머무나요
숲으로 내리네요
그리움 먹어보며
꽃물이
하얀 어깨에 내리나요 그래요

- 「하얀 어깨에 달빛 내려 머물러」 이영지

사랑 빚
갚으려고
두 귀를 기울여요
마음을 열어놓고
사는 걸 조그맣게
시골의
텃밭이야기 목소리를 들어요

자면서
들으려고
두 귀를 열어둬요
달콤한 꿈속에서
일어나 편안해진
정말로
이일로 하여 알았어요 보아요 - 「사랑에 빚진」 이영지

(2) 16일. 순응의 시조 문예미학리듬

초장: 우레 → 중장: 땅 → 종장: 순응 참조 주역 궤 16

우레 · 장남 · 움직임 · 동 · 발 · 고기 → 땅 · 어머니 · 유순 · 서남 · 배 · 소
(**━** · **--**) · (**--** · **--**) · (**--** · **--**) = (1구 · 4구) · (2구 · 5구) · (3구 · 6구)

우레는
바다에서
긴 노로 현을 울려
빗물로 젖어 온다 네 파도 일렁이면
우레로 일어 나서서 물 늪으로 가보랴

- 「물 늪으로 가보랴」 이영지[1)]

1구: 초장: 우레 → 중장: 땅 리듬 기호의 입체리듬이다. 처음에 마음의 밝은 리듬이다가 온통 어두움 기운으로 기울어진 리듬이다. 우레 리듬이 가장 밑에 놓여 전체를 받들어 주는 형상이다. 오직 하나뿐인 양이 음을 잘 지탱하느라 소리를 지른다. 우레 소리이다. 우레가 온통 물결위에 떠 있다. (**━** · **--**) · (**--** · **--**) · (**--** · **--**)의 시조 문예미학리듬 1구와 4구 · 2구와 5구 · 3구와 6구의 시조 문예미학리듬은 우레가 땅을 만나는 리듬이다. 첫째번은 첫째 번과 만나고 둘째 번은 둘째 번과 만나고 셋째 번은 셋째와 만나 우레도 별 수 없이 땅 이치에 따라가는 리듬이다.

그러므로 시인의 심상 속에 들어오는 우레가 땅에게 순응하는 리듬이다. 이리 흔들리고 저리 흔들리는 우레는 바다 위에 있다. 물의

1) 그림, 이영지 『시조창작리듬론』 · 74. '마음의 동화 리듬'

바다가 주인공이다.

- 우레는 바다에서 의미기호 -

2구: 땅에 올라온 우레가 소리를 질러본다.

- 긴 노로 현을 울려 의미기호 --

3구: 자신의 목소리가 큰 것이라 생각한 착각에서 벗어나자 자신의 고향인 물이 그리웁다.

- 빗물로 젖어 온다 의미기호 --

4구: 비를 기다리는 마음으로 우레는 산다. 메마른 우레는 아무 소용이 없다. 한 세상 우레 소리를 마음껏 질러보려는 들 뜬 마음으로 살아간다.

- 내 파도 일렁인다 의미기호 --

5구: 우쭐댐은 가히 통키호데 식이다.

- 우레로 의미기호 --

6구: 우레는 고향이 어디인지 깨닫는다. 일어나서 물 늪으로 간다. 땅에서 물 늪으로 물을 찾아 간다.

- 일어 나서서 물 늪으로 가보라 의미기호 --

우레 → 땅의 6구 (**━** · **--**) · (**--** · **--**) · (**--** · **--**) = (1구 · 4구) · (2구 · 5구) · (3구 · 6구) 입체리듬은 겨우 1구만 양이고 나머지 5구는 음이다. 거대하다고 자만하지만 별 수 없이 땅에게 순응하는 리듬이다. 순응이란 자기의 마음을 수그리는 일이다

17) 17과 17일. 열이레 · 17일째 휴식의 시조 문예미학리듬

(1) 17과 17일과 열 이레째 날

7과 17일은 쉬어 아시라로 발음됨과 같이 휴식이미지 리듬이다. 질서의 완전한 이미지 10[1]과 7 자의 연장 ז자인 · 연장 · 역활[2]의 합 함 이미지 공유그리움이다. 수의 배수가 허락되지 않는다. 영적 완전수 7[3]과 의식의 완전수 10[4]이 만들어진 축복의 수 17[5]이미지 공유그리움이다. 곧 1 성부 · 2 성자 · 3 성령 · 4 피조물 · 5 구속 · 6 세상의 완전 · 7 성령의 완전 · 8 살찜 · 9 종말 예고 · 10 하나님 질서의 완전함 · 11 파괴와 영웅 · 12 통치적 완전 · 13 혈통 · 14 영적 완전의 혈통 · 15 하나님 은혜로 만들어진 행위 · 16 세상의 일 · 17 축복의 때[6] 이미지이다.

17과 17일 · 열이레 · 17일째는 17의 숫자로 하여 7이 지닌 완전수와 10이 지닌 의식의 수[7]로 서로 공유그리움이다. 독립된 17 열일곱은 7 일곱 세 보아 שִׁבְעָה쉬브아 · 일곱 · ἑπτα가 열 아시라 עֲשָׂרָה아사라 · 열 · τεσσαρες와 합하여 '17 세 보아 아시라 שִׁבְעָה עָשָׂר쉬브아 아사르'이다. 열

---

1) E. W 벌링거 · 장상선 감수, 『성경에 나타난 숫자 해설』 (서울: 나단 · 2001) · 311.

2) VTMMYS: 『스테판 원어 성경: The Stephen Korean Text of the Hebrew Old Testament Published by Institute of Biblical Languages』 · 서울: 원어성서원 · 2000. 히브리어 알파벳.

3) E. W 벌링거 · 장상선 감수, 『성경에 나타난 숫자 해설』 (서울: 나단 · 2001) · 201.

4) Ibid.

5) Ibid.

6) Ibid.

7) Op.cit · 331.

일곱 번째는 일곱째 쉽이 שְׁבִיעִי 쉐비이 · 일곱째 · ANOMS · seventh · ἑβδομος · ἑβδόμη · 창 2:3 열 번째 아시리 עֲשִׂירִי 아시리 · 열흘째 · ANOMS · δεκατος · 창 1:19와 합하여 '열일곱째 세 보아 아시라 שִׁבְעָה עֶשְׂרֵה 쉬브아 아사르'이다.

독립된 7 일곱 세 보아 שִׁבְעָה 쉬브아 · 일곱 · ἑπτα이고 일곱째 쉽이 שְׁבִיעִי 쉐비이 · 일곱째 · ANOMS · seventh · ἑβδομος · ἑβδόμη · 창 2:3이므로 열과 합하여 지면서 17일은 예수님께서 부활하신 의미이다. 예수께서 부활 후 3일 만에 3번째로 나타나셔서 153마리의 물고기를 잡게 하신 이미지가 강하게 부각된다.

예수님께서는 유월절인 정월 십사일[1]에 죽으시고 3일 후에 · 즉 17일에 죽음과 지옥의 권세를 이기고 승리[2]하시었다. 여호와 야 와 봐[3]로 말씀하시며 우리에게 숨 쉬게 하신 날! 사람이 숨 쉬는 때이다. 17일은 예수님께서 부활하신 날짜이다. 부활 후 3일 만에 3번째로 나타나셔서 153마리의 물고기를 잡게 하시었다. 성경은 이 14일을 세 묶음으로 하여 예수님의 족보를 알린다. 왜 그토록 7의 2배인 14일을 중요시 하는가. 14족보의 세 번 그러니까 7일의 6번임으로 일주일의 6일 동안을 일하는 이미지로 한다. 역사가 이루어지는 때이다. 이 14일은 그냥 있는 것이 아니고 정월 14일[4]에 죽으시고 3일 후에 · 즉 17일에 승리[5]하심을 나타내려 하시었다. 그리고는 세상의 제자들을 향하여 야 와 봐[6] 하시었다. 우리에게 우리 곁에

1) 레 23: 5; 민 28: 16.
2) 골 2: 15).
3) וָה(봐).
4) 레 23: 5; 민 28: 16.
5) 골 2: 15).
6) וָה(봐).

계시는 하나님이시다.[1] 용비어천가에서는 임금 하의 하[2]를 높임으로 한다. 백제는 왕을 어라하[3]라 하였다. 돌하[4]의 하가 존칭어미이다. 활음조 현상의 어르신을 말한다.

죽음의 기인 통로를 지나 새 삶을 살아가는 이미지의 일곱째 날은 이에서 그치지 않고 7의 3곱 21[5] 강화[6]의미지다. 한국에 3형제에게 의좋게 지낼 것을 유언한 아버지의 이야기가 유명하다. 여호와는 글자 치 26[7]과 숫자 치 17[8]를 부활하여 승리하는 수로 나타낸다. 한국에 3형제에게 의좋게 지낼 것을 유언한 아버지의 이야기가 유명하다. 여호와는 글자 치 26[9]과 숫자 치 17[10]를 부활하여 승리하는 수로 나타낸다.

17의 색채리듬은 초장 녹색(4)와 중장 벽색(3)과 종장 백색(8)이 어울려 15자를 만드는 리듬이다. 이 리듬이 동시에 시조 문예미학만이 가진 입체리듬의 근거다. 초장과 중장과 종장으로 자리를 옮기면서 초장에서 꿈을 들어낸다. 그리고 중장은 보다 현실적인 이야기를 하게 되고 종장에서 초장과 중장의 결과를 나타낸다.

자신의 삶을 희생하는 하얗고 하얀 색 리듬이다.

---

1) אֱלוֹהַּ(엘로하 · 시 18:32).
2) 허웅주해, 『龍飛御天歌』(서울: 정음사 · 1979) · 125장 처음. 님금하.
3) KBS 근초고왕 방영 참조.
4) 양주동, 『麗謠箋注』(증보판): (서울을유문화사, 1961) · 40
5) ה(5) + יָ(10) + הָ(5) + אֶ(1)=21.
6) יהו; S. D. Goitein · "YHWH the Passionate," The Monothistic Meaning and Origin of The Name YHWH," *VT* 6(1956): 1-9 · 5.
7) ה(5) + וָ(6) + ה(5) + יְ(10)= 26: Ibid.
8) ה(5) + וָ(6) + ה(5) + יְ(1+0)= 17.
9) ה(5) + וָ(6) + ה(5) + יְ(10)= 26: Ibid.
10) ה(5) + וָ(6) + ה(5) + יְ(1+0)= 17.

장 미 비 밤을 샌 다
장 미 비

꽃잎바다
아 예 예 그 리 움 을 통 째 로 먹 어 버 린

입술의 꽃물로
서서
주렁주렁 웃는다

웃음의
소리
장미
두 손을
모 아 들 여 그 리 움 뜨 는 법을
하얗게 늘 여 놓 고

거기서 여기까지가
뺑 뚫리게 웃는다

나무가
알았어요"
풀꽃이
알았어요"

진 땀 을 뿌 리 기 까지 내 리 며 알 았 어 요
장미 비 장대 장미 비 알았어요
하얗게

- 「장미 비」 이영지

장미가
날
오라네

입술이 동그랗네

오무려 오오하네
오오오 몰려오네
웃음에 가슴 저리네
콩닥콩닥 콩 뛰네
장미가
날
오
오
라
네
빠알간 사랑을 꼭
입술로 보여주네
기어히
따라오네 담장을 따라오네

오라네
입술 오므려
드리미네
오오오

- 「장미가」 이영지

빠알간 장미는 하아얀 웃음으로 펼쳐지는 삶을 상징한다. 시인의 삶에서 한 달의 중순 이미지다. 인생의 온 삶에서 중순 때에는 백색으로 시학하여 누우런 황금색으로 한다.

⑰ 백색 8
흑색 2 15
황색 5

이들 3색이 합하여져서 한창 무르익는 확고한 신념과 사랑으로 일을 진행하는 때이다.

(2) 17일. 휴식의 시조 문예미학리듬

초장: 연못 → 중장: 우레 → 종장: 휴식 참조 주역 궤 17

연못 · 소녀 · 즐거움 · 서 · 입 · 양 → 우레 · 장남 · 고기 · 움직임 · 동 · 발
(━ · ━) · (━ · --) · (-- · --) = (1구 · 4구) · (2구 · 5구) · (3구 · 6구)

날개를 내리면서
어느 메 꽃잎으로
떠 오는 숨소리로 바다 속 겨울고기
하늘 못 둘레 둘레로 꽃빛 눈금 그린다

-「꽃빛 눈금」 이영지[1)]

1구: 연못 → 우레의 시조 문예미학리듬은 (━ · ━) · (━ · --) · (-- · --) = (1구 · 4구) · (2구 · 5구) · (3구 · 6구)의 입체리듬이다. 밝음과 어두움을 꼭 같이 반반씩으로 해 휴식하는 때이다. 평등일 때의 안정감이다. 마음을 비우고 있는 리듬이다. 먼 거리의 180° 여정을 지나 휴식하는 리듬이다. 초장(━ ━) 중장(━--) 종장(----)의 입체리듬은 ☱[연못]이 ☳[우레]를 만나 즐거움이 가장 많은 리듬이다. 즐거움을 휴식리듬이다. 동양권에서는 가장 밑 ☱[연못]이 먼저 놓이고 그 다음이 ☳[우레]이므로 하여 못 속에 우레가 있는 형상이다. 그러므로 우레가 그 포효의 진동을 거두고 못 속에 잠겨 휴식하는 리듬이다.

- 날개를 내리면서 [의미기호] -

2구: 여성의 자궁에 남성이 머무는 때이다. 어느 메 꽃잎으로 꽃

---

1) 그림, 이영지 『시조창작리듬론』 · 168. '휴식의 리듬'

잎이 하늘거린다. 곧 1구의 움직임 버릇이 만들어 낸 꽃잎이 깊은 산골 · 도라지꽃이 피어있다. 움직임은 바람이 되어 입맞춤 하고 있다. 심산유곡의 꽃을 만나는 리듬이다.

- 어느 메 꽃잎으로 의미기호 -

3구: 물 늪의 숨소리가 들리는 리듬이다. 어느 것이든지 살아있는 것은 숨 쉰다. 그러므로 연못 속에서의 움직임 그것은 내면의 소리가 나는 때이다. 연못속의 물들 · 연못이 잠자며 쉬는 리듬이다. 님의 깊은 가슴속 사랑의 모습이다.

- 떠 오는 숨소리로 의미기호 --

4구: 즐거움이 아주 깊다. 사랑하는 그 깊이에 마음의 소리가 울린다. 아주 깊은 바다 속 겨울고기 이미지 시조 문예미학리듬이다.

- 바다 속 겨울 고기 의미기호 -

5구는 하늘 못의 시조 문예미학리듬은 가슴에 푸른 하늘을 담는다. 하늘 못은 누구나 그 연못을 찾을 때마다 반가이 맞아준다.

- 하늘 못의 의미기호 --

6구: 둘레 둘레로 꽃빛 눈금 그린다. 그 모습을 들어 낸 둘레는 꽃빛 눈금이다. 마음이 아름다우면 아름다운 일을 만들어 즐거워 사랑의 형태로 나타난 기쁨의 시조 문예미학리듬이다.

- 둘레 둘레로 꽃빛 눈금 그린다 의미기호 --

1구 밝음 · 2구 밝음 · 3구 어두움 · 4구 밝음 · 5구 어두움 · 6구 어두움 리듬으로 연못 위에 우레 기쁨 휴식이 있다.

18) 18과 18일. 열여드레 절망너머 시조 문예미학리듬

(1) 18과 18일과 열 여드레째 날

18과 18일은 사모하는 마음의 히브리어 '사모아시라' 리듬이다. 완전한 이미지 10[1]과 8 울타리 ח 헤트 · 지붕 · 울타리[2]의 합 함 이미지 공유그리움이다. 8이 주는 살찌는 사모님 의미[3]와 의식의 완전수 10[4]이 만들어진 즐거움의 극치 이미지 공유그리움이다. 곧 1 성부 · 2 성자 · 3 성령 · 4 피조물 · 5 구속 · 6 세상의 완전 · 7 성령의 완전 · 8 살찜 · 9 종말 예고 · 10 하나님 질서의 완전함 · 11 파괴와 영웅 · 12 통치적 완전 · 13 혈통 · 14 영적 완전의 혈통 · 15 하나님 은혜로 만들어진 행위 · 16 세상의 일 · 17 축복의 때 · 18 즐거움의 극치[5] 이미지이다.

18과 열 여드레째 공유그리움이다. 독립된 18 열여덟은 여덟 사모나 שְׁמֹנָה 쉐모나 · 여덟 · ὀκτω과열 아시라 עֲשָׂרָה 아사라 · 열 · τεσσαρες가 합하여 '18 사모나 아시라 שְׁמֹנָה עָשָׂר 쉐모나 아사르'이다. 열여덟 번째가 여덟째

---

1) E. W 벌링거 · 장상선 감수, 『성경에 나타난 숫자 해설』 (서울: 나단 · 2001) · 311.

2) VTMMYS: 『스테판 원어 성경: The Stephen Korean Text of the Hebrew Old Testament Published by Institute of Biblical Languages』 · 서울: 원어성서원 · 2000. 히브리어 알파벳.

3) E. W 벌링거 · 장상선 감수, 『성경에 나타난 숫자 해설』 (서울: 나단 · 2001) · 249.

4) E. W 벌링거 · 장상선 감수, 『성경에 나타난 숫자 해설』 (서울: 나단 · 2001) · 331.

5) Ibid.

사모니 שְׁמִינִי 쉐미니 · 여덟째 · 대상 7:11와 열 번째 아시리 עֲשִׂירִי 아시리 · 열흘째 · ANOMS · δεκατος · 창 1:19와 합하여 '18번째 사모나 아시리 עֲשִׂירִי עָשָׂר מֹנֶה שְׁ 쉐모나 아시리'이다. 그러므로 독립된 8 여덟 사모나 שְׁמֹנָה 쉐모나 · 여덟 · ὀκτω 이고 여덟째 쉐미니 שְׁמִינִי 쉐미니 · 여덟째 · 대상 7:11는 1의 십 곱인 10일과 더불어 8일 이미지에 접근한다. 18일째 마방진색채수리는 지닌 1 백색 · 2 흑색 · 3 벽색 · 푸른 돌 색 · 4 녹색 · 5 황색 · 6 백색 · 7 적색 · 8 백색 · 9 자색 중에서 8일의 백색이미지 강한 때이다.

중순의 마지막 때에 시인은 시인의 강한 의지가 반영되는 8월의 백색이미지와 종장의 굳게 디딘 땅 이미지로 시조문예 리듬을 전환시킨다. 신념의 때이다.

⑱ 황색	5	
백색	8	15
흑색	2	

한 달 중에 18일째는 한 달의 반을 넘긴 때의 안정성과 의지의 지속을 위한 노력의 때이다. 그리고 한 달의 중간 마지막에 이르는 희 · 노 · 애 · 락이 그 윤곽을 드러내면서 결과를 위한 달리기를 멈추지 않을 것을 다짐한다.

역시 한국인의 마음속에 깊이 자리한 백색 이미지가 여전히 한 달의 반이 지난 18일째에도 그 의미를 지속시킨다. 이 흰 색은 가장 큰 색이다.

(2) 18일. 절망너머 시조 문예미학리듬

초장: 바람 → 중장: 산 → 종장: 절망너머 참조 주역 궤 18

바람 · 장녀 · 들어감 · 동남 · 다리 · 닭 → 산 · 소남 · 정지 · 동북 · 손 · 개
(-- · --) · (— · --) · (— · —) = (1구 · 4구) · (2구 · 5구) · (3구 · 6구)

우물에 흙탕바람 샘물의 바람 뉘도
산바람 바람 파람 풀어서 벽돌이슬
하 맑은 목마름으로 절망 건져 올려라

- 「하 맑은」 이영지[1])

1구: (-- · --) · (— · --) · (— · —) = (1구 · 4구) · (2구 · 5구) · (3구 · 6구)의 입체리듬이다. 어두움이 180°까지 가는 절망의 시조 문예미학리듬이다. 산 아래 바람으로 식물들이 뿌리 채 흔들리고 뿌리 위 나무도 쓰러지고 우물에 흙탕바람이 분 리듬이다.

- 우물에 흙탕바람 의미기호 --

2구: 그러나 이 리듬을 풀어 놓으면 -- — — -- -- — 1구 어두움 → 2구 밝음 → 3구 밝음 → 4구 어두움 → 5구 어두움 → 6규 밝음으로 나아가는 한국시조 문예미학 리듬내포이다. 밝음에서 끝난다. ☴바람이 먼저 놓이고 그 다음이 ☶산의 한국시조 문예미학리듬은 절망너머로 간다. 시간이 지나 흙탕물은 가라앉는다. 맑은 샘물이 송송송 그 빛을 제대로 발휘하는 리듬이다. 시냇가 붕어가 크고 있다.

- 샘물의 바람 뉘도 의미기호 —

3구: 산바람 바람 파람 바람 잘 날이 없어도 이 절망의 늪에서

---

1) 그림, 이영지 『시조창작리듬론』 · 171. '절망너머의 리듬'

헤어나는 일을 시인은 하게 된다.

- 산바람 바람 파람 의미기호 ━

4구: 오래된 막힘의 벽이 벽돌로 까지 된다. 오히려 이 벽돌로 샘물 주위를 잘 정돈하여 벽돌이슬을 쌓는 리듬이다. 우물의 안과 밖을 잘 정돈하여 물에 바람이 불어 흙탕물을 막도록 하는 리듬이다.

- 풀어서 벽돌이슬 의미기호 --

5구: 하 맑은 리듬이다. 안이 깨끗하면 모든 사람이 평안히 물을 길어 마실 수 있다. 다른 분에게 맑은 물을 떠먹일 수 있다.

- 하 맑은 의미기호 --

6구 목마름으로 절망을 건져 올려라 리듬이라도 우물에 물을 긷고 뚜껑을 닫지 않으면 또 물이 흐려진다. 좋은 물을 마시려면 주위를 정돈해야 한다. 그래야 목마른 자 샘에 와 물을 먹을 수 있다.

- 목마름으로 절망 건져 올려라 의미기호 ━

초장 (----) 중장 (━--) 종장 (━━)의 입체리듬은 절망의 문예미학리듬이다. 그러나 절망의 늪에서 벗어나는 은혜를 받을 수 있어서 오늘도 살아가는 인생이다. 초장 입체리듬에서 보여주는 어두움의 반복리듬은 절망이미지이나 종장에서 드디어 밝음으로 나아감이 그 절망을 넘어서는 리듬으로 하고 있다. 이 리듬은 절망환경을 바꾸는 지혜가 있는 리듬[1]이다.

1) 참조 · 명지어문학 205 · 시조문예미학 20 · 시조창작리듬론 171-172 페이지 수정 참고 ━ -- ⚌⚍⚎⚏ ☰하늘 ☱(연못) ☲(불) ☳(우레) ☴(바람) ☵(물) ☶(산) ☷(땅).

19) 19와 19일. 열아흐레 여기까지 온 시조 문예미학리듬

(1) 19와 19일과 열 아흐레째 날

19와 19일은 '됐어 아시라'의 소리를 듣는 시절 리듬이다. 질서의 완전한 이미지 10[1]과 9 테드 ט[테드 · 지혜][2]의 지혜 합 함 이미지 공유그리움이다. 9가 주는 종말 예고 혹은 결론 예측의미[3]와 의식의 완전수 10[4]이 만들어진 결론이 보이는 공유그리움이다.

곧 1 성부 · 2 성자 · 3 성령 · 4 피조물 · 5 구속 · 6 세상의 완전 · 7 성령의 완전 · 8 살찜 · 9 종말 예고 · 10 하나님 질서의 완전함 · 11 파괴와 영웅 · 12 통치적 완전 · 13 혈통 · 14 영적 완전의 혈통 · 15 하나님 은혜로 만들어진 행위 · 16 세상의 일 · 17 축복의 때 · 18 즐거움의 극치 · 19 심판과 연관된 하나님의 질서[5] 이미지이다. 흔히 19금이라는 금기시의 이미지가 있다. 이 불가분의 19와 열아홉째는 서로 공유그리움은 이제 독립된 19 열아홉의 때이다. 9 아홉 됐어 תִּשְׁעָה[팃스아 · 아홉 · ἐννεα]가 열 아시라 עֲשָׂרָה[아사라 · 열 · τεσσ]

1) E. W 벌링거 · 장상선 감수, 『성경에 나타난 숫자 해설』 (서울: 나단 · 2001) · 311.

2) VTMMYS: 『스테판 원어 성경: The Stephen Korean Text of the Hebrew Old Testament Published by Institute of Biblical Languages』 · 서울: 원어성서원 · 2000. 히브리어 알파벳.

3) E. W 벌링거 · 장상선 감수, 『성경에 나타난 숫자 해설』 (서울: 나단 · 2001) · 301.

4) E. W 벌링거 · 장상선 감수, 『성경에 나타난 숫자 해설』 (서울: 나단 · 2001) · 331.

5) E. W 벌링거 · 장상선 감수, 『성경에 나타난 숫자 해설』 (서울: 나단 · 2001) · 336.

αρες와 합하여 '19 됐어 아시라 תְּשַׁעָה עָשָׂר 틧스아 아사르'이다. '열아홉 번째는 아홉째 됐어 תְּשַׁעָה 틧스아 · 아홉 · ἐννεα가 열 번째 아시리 עֲשִׂרִי 아시리 · 열홀째 · ANOMS · δεκατος · 창 1:19와 합하여 '열아홉 번째 됐어 아시라 עָשָׂר ה תִּשְׁעָ 틧스아 아사르'이다.

마방진색채수리 1 백색 · 2 흑색 · 3 벽색 · 푸른 돌 색 · 4 녹색 · 5 황색 · 6 백색 · 7 적색 · 8 백색 · 9 자색 9의 마방진색채리듬은 그 범접할 수 없는 지위와 권세를 드러낸 리듬이다. 중순의 마무리 단계이기도 하여 막연하게 이 날들을 보내는 것이 아니라 사랑과 아끼는 마음으로 마무리 하는 단계가 된다.

⑲	백색	백색	백색	1	6	8	15	
	자색	흑색	녹색	9	2	4	15	45
	황색	적색	벽섹	5	7	3	15	

20일의 하루가 모자라는 한 달 중순의 18일 째는 확고한 신념과 사랑으로 일을 진행하는 때이다.

빛이다
노랑빨강 파랑을 들려준다
금방에 물 위에로 빨갛고 노랑빨강
현깃증 끌어올려서 사랑보라 우리는

어울려
팔을 들어 팔짓을 해 보아라
사랑의 팔 끝으로 오르는 향기보라
둥글글 들어 보아라 사랑보라 우리는 - 「사랑기차」 이영지

(2) 19일. 여기까지 온 시조 문예미학리듬

초장: 땅 → 중장: 연못 → 종장: 여기까지 온 참조 주역 궤 19

땅 · 어머니 · 유순 · 서남 · 배 · 소 → 연못 · 소녀 · 즐거움 · 서 · 입 · 양
(-- · —) · (-- · —) · (-- · --) = (1구 · 4구) · (2구 · 5구) · (3구 · 6구)

물 한길
들이키고
파아란 가슴앓이

연못 밑
그 깊이로
물 위를 나는 새

하늘 해 드리운 여기 연못 위를 날으기

- 「물 위를 나는 새」 이영지[1)]

1구: 땅 → 연못의 시조 문예미학리듬은 (-- · —) · (-- · —) · (-- · --) = (1구 · 4구) · (2구 · 5구) · (3구 · 6구)의 입체리듬이다. 180° 먼 거리를 질서정연하게 낙오하지 않고 잘 가는 리듬이다. 이 비결은 순응의 힘이다. 더러는 힘없이 걷기도 하였지만 결국 먼 거리를 가는 리듬이다. 그런데 이 리듬은 나의 뜻이 아닌 절대자의 뜻이 개입되는 먼 인생길 리듬이다.

이른 아침 엷은 안개가 있을 때 · 그리고 긴 여름날의 미풍도 움직이지 않는 대낮! 혹은 햇빛이 잔잔히 비치는 오후 못가는 깊은 안정감과 신비로움이다. 이 순진의 눈빛은 감사함이다.

---

1) 그림, 이영지 『시조창작리듬론』 · 146. '이웃사랑의 리듬'

- 물 한길 들이 키고 의미기호 --

2구: 깊은 눈빛으로 연못을 바라본다. 차츰 그 파란 에메랄드 사파이어의 물은 가장 깊은 심장 나무에까지 와 물을 넣어 준다.

- 파아란 가슴앓이 의미기호 --

3구: 물 한 방울 한 방울 땅으로 스며들며 물은 가슴을 뛰놀게 한다.

- 연못 밑 그 깊이로 의미기호 --

4구: 물 위로 고개를 들고 물에 몸을 전부 맡긴다. 이상하게도 50kg 무게는 물 위로 떴다.

- 물 위를 나르는 새의미기호 —

5구: 거울처럼 맑은 호숫가 흰 새가 머물고 노랑꽃 흐르는 연못가 봄이 머문다. 티 없는 구름 못에 머물고 지나가는 산새 발을 적신다.

- 하늘 해의미기호 —

6구: 내 얼굴이 비치고 내 마음 당신의 그림자도 거기 있다.

- 그림자로서 연못 위를 나른다 의미기호 --

땅 → 연못의 입체리듬은 (-- · —) · (-- · —) · (-- · --) = (1구 · 4구) · (2구 · 5구) · (3구 · 6구)으로 이 물은 어떠한 물체든지 스며들고 그 심연에 순응하여 잘 견디는 리듬이다. 이 순응은 무게를 자랑하지 않고 물 위에 뜨는 일이다.

20) 20과 20일. 스무날 고루고루 살핌의 시조 문예미학리듬

(1) 20과 20일과 스무레 째 날

20과 20일은 그분이 아실임의 자리이다. 질서의 완전한 이미지 10[1]과 10 י요드 · 아드님의 손[2]의 합 함 이미지 공유그리움이다. 굳게 잡느라 굽은 손 כ카프 · 잡음[3] 되어 고루고루 살피며 하나님의 역사가 이루어지는 날 21날을 기다리는[4] 날이다. 의식의 완전수 10[5]의 2배이기도 한 이 이미지는 곧 1 성부 · 2 성자 · 3 성령 · 4 피조물 · 5 구속 · 6 세상의 완전 · 7 성령의 완전 · 8 살찜 · 9 종말 예고 · 10 하나님 질서의 완전함 · 11 피괴와 영웅 · 12 통치적 완전 · 13 혈통 · 14 영적 완전의 혈통 · 15 하나님 은혜로 만들어진 행위 · 16 세상의 일 · 17 축복의 때 · 18 즐거움의 극치 · 19 심판과 연관된 하나님의 질서 · '20 기다림[6] 이미지이다.

20과 20일과 · 스무날은 서로 기다림 공유그리움이다. 독립된 10의 2배가 되는 20은 10 · 열 아시라 עֲשָׂרָה아사라 · 열 · τεσσαρες인데 10의 복수지시 '20 아실임 עֶשְׂרִים아실임 · 20 · εἰκοσιν'이 됨으로써 아실임에 대한 확고한 믿음의 때이다. 그러기에 '20일째 20 עֶשְׂרִים아시림 · 20번째 ·

---

1) E. W 벌링거 · 장상선 감수, · 311.

2) VTMMYS: 『스테판 원어 성경: The Stephen Korean Text of the Hebrew Old Testament Published by Institute of Biblical Languages』 · 서울: 원어성서원 · 2000. 히브리어 알파벳.

3) 동상.

4) E. W 벌링거 · 장상선 감수 · 316.

5) E. W 벌링거 · 장상선 감수 · 331.

6) 창 21:38 · 41; 삿 4:3 · 15: 20 · 16; 31; 삼상 7:2 등.

ANOMS · εἰκοστος'는 기다리고 기다리는 이미지가 합하는 20이 10의 복수임을 드러낸다. 이처럼 20의 뜻은 1 하나 אֶחָד에하드 · 하나 · ANCMS · εἰς. πρμια · ἐν · 창 1:5인 일어섬 이미지가 20까지 온 기나긴 여정이다. 그래서 하나님께 알아달라고 열 아시라 עֲשָׂרָה아사라 · 열 · τεσσαρες하고 주장하면서 다시 그 힘을 모아 끝까지 복수지시 20 아실임 עֶשְׂרִים아실임 · 20 · εἰκοιν에 대한 확고한 의지가 작용한다. 그래서 20의 2라는 수리가 가진 2 둘 둘 שְׁנַיִם스네임 · 둘 · δυο이나 둘째 שֵׁנִי쉐네 · 둘째 · ANOMS · the second · δευτέρα · δευτερος · 창 1:8와는 절대 무관하게 오로지 10의 복수로서만 존재한다. 그럼으로 20 · 20번째 아실임 עֶשְׂרִים아시림 · 20번째 · ANOMS · εἰκοστος에 대한 절절한 사랑이 들어 있다. 이 20은 히브리어로 카프 כ카프 · 굽은 손이다. 하늘로부터 받는 선물 손에 대한 절대 의지가 깃들여 있다. 말씀을 익히는 자리다.

햇빛이
그리워서
견디다 못하여서
몸속에 들어있는 햇빛을 꺼내들면
내 몸은 파리파리한 목숨달기 꽃이야

- 「나도 수정초」 이영지

바람이
불러내면
햇빛이 맛있어져
콩이며 건어물도 나란히 나앉아서
긴 겨울 잘 지내라며 부지런히 마른다

- 「바람이 불러내면」 이영지

(2) 20일. 고루고루 살핌의 시조 문예미학리듬

①. 초장: 바람 → 중장: 땅 → 종장: 고루고루 살핌 참조 주역 궤 20

바람 · 장녀 · 들어감 · 동남 · 다리 · 닭 → 땅 · 어머니 · 유순 · 서남 · 배 · 소
(-- · --) · (— · --) · (— · --) = (1구 · 4구) · (2구 · 5구) · (3구 · 6구)

바람이 고루고루
상처를 찾아가서

한 잎 새
그만큼을
그대로 알려드림
새바람 잘 간직하여 들꽃 잎에 파랑새

- 「한 잎 새」 이영지[1)]

1구: 바람 → 땅의 시조 문예미학리듬(-- · --) · (— · --) · (— · --) = (1구 · 4구) · (2구 · 5구) · (3구 · 6구)의 입체리듬이다. 180°° 방향 먼 거리에서 나마 고루고루 살피는 리듬이다. 이 결과는 ☴바람이 ☷땅을 만나는 리듬으로 변한다. 바람이 땅 안에서 일어난 일들을 살펴 밝히는 리듬이다. 고루고루 살핌 리듬이다.

6 · 25 상잔이후 푸른 산하에 녹슨 철조망이 놓이고 그 아래에는 지뢰가 깔리고 · 철조망은 38선이 그어져 있다. 강원도 철원에 사는 한 분이 농지를 개간하려다가 폭풍지뢰를 만나 왼쪽 발목을 잃었다. 6 · 25발발이후 수 십 년이 지났는데도 상황은 변하지 않았다. 너무 슬픈 아픔의 소리에 바람이 여행한다.

---

1) 그림, 이영지 『시조창작리듬론』 · 150. '고루고루 설팜의 리듬'

- 바람이 고루고루 의미기호 --

2구: 땅 속 깊이 가서 전쟁에 상처 난 아픔을 알아본다. 마음이 무너져 내린다.

- 상처를 찾아 가서 의미기호 --

3구: 한 잎 새 떨어짐을 바람은 모으기 시작한다. 바람은 언덕 위에 선 가냘픈 오두막집으로 들어간다. 바람이 무엇을 도와줄까 살펴본다. 안 잎 새 떨어짐에 같이 바람이 위로한다.

- 한 잎 새 그만 큼을 의미기호 --

4구: 4구는 그대로 알려주는 바람의 역할은 돌아다니다가 인간이 아닌 하나님에게 보고한다.

- 그대로 알려드림 의미기호 --

5구: 새바람이 나오는 기적은 연한 손을 내밀어 절대자에게 기대는 리듬이다.

- 새바람의미기호 –

6구: 바람이 불어오는 들녘의 연한 들 꽃 잎 새 새로 피어난다. 그대의 절대자 바람은 큰 손으로 이 세상의 아름다운 꽃 · 아름다운 삶이 · 아름다운 이야기가 펴지게 한다. 그러므로 세상을 돌아보는 바람의 힘은 바람 그 자체가 아니라 하나님의 마음이다. 이러한 마음을 가진 사람은 하나님의 일을 대신하여 맡아 하는 자이다.

- 잘 간직하여 들꽃 잎에 파랑새의미기호 –

21) 21과 21일, 스물 하루 날 정비의 시조 문예미학리듬

(1) 21과 21일과 스물 하루째 날

21과 21일은 그분이 아실임 20 아실임 עֶשְׂרִים아실임 · 20 · εἱκοιν과 독립된 1 하나 אֶחָד에하드 · 하나 · ANCMS · εἱς. μια · ἑν · 창 1:5이 합한다. 이 '21 아실임 베에하드 עֶשְׂרִים וְאֶחָד아실임 베에하드'는 21번째는 아쉬림 עֶשְׂרִים에시림 · 20번째 · ANOMS · εἰκοστος과 하나가 합하여 21 베에시림 아실임 שְׂרִים וְעֶ אֶחָד에하드 베에시림'과 구별은 1의 수치순서를 하나 더 하는 일이다. 그만큼 1이 중요시 되는 20과 21째이다. 그래서 이 독립된 1 하나 אֶחָד에하드 · 하나 · ANCMS · εἱς. μια · ἑν · 창 1:5와 첫째 רִאשׁוֹן로숀 · 첫째 · Σν ἀρχῆ · πρωτος 2 둘 שְׁנַיִם스네임 · 둘 · δυο과 둘째 שֵׁנִי쉐네 · 둘째 · ANOMS · the second · δευτέρα · δευτερος · 창 1:8 모두 20이나 20째 수리와 연관되어 지지 않는다. 일어서기를 간절히 염원하는 하나 곧 온나 일어서리 명령이 강조된다. 다시 한 번 일어서라이다.

그러기에 굳게 잡은 굽은 손 כ카프 · 잡음[1]이 있다. 한 날 에하드[2]의 첫 날[3] 1 א아 · 나 · 배움[4]의 사랑을 굳건히 붙잡고 있다. 그래서 3

---

1) VTMMYS: 『스테판 원어 성경: The Stephen Korean Text of the Hebrew Old Testament Published by Institute of Biblical Languages』 · 서울: 원어성서원 · 2000. 히브리어 알파벳.

2) יוֹם אֶחָד(욤 에하드 · 한 날 · 창 1: 5).

3) E. W 벌링거 · 장상선 감수, 『성경에 나타난 숫자 해설』 (서울: 나단 · 2001) · 336.

4) VTMMYS: 『스테판 원어 성경: The Stephen Korean Text of the Hebrew Old Testament Published by Institute of Biblical Languages』 · 서울: 원어성서원 · 2000. 히브리어 알파벳.

의 영적 완전 입체성[1] 7[2]의 배수로 21인 영의 날이 된다. 한국풍습은 아이가 태어나면 21일간 집 앞에 금색 줄을 켠다. 의식의 완전수 10[3]의 2배에 하나 더한 날 이미지이다. 곧 1 성부 · 2 성자 · 3 성령 · 4 피조물 · 5 구속 · 6 세상의 완전 · 7 성령의 완전 · 8 살찜 · 9 종말 예고 · 10 하나님 질서의 완전함 · 11 파괴와 영웅 · 12 통치적 완전 · 13 혈통 · 14 영적 완전의 혈통 · 15 하나님 은혜로 만들어진 행위 · 16 세상의 일 · 17 축복의 때 · 18 즐거움의 극치 · 19 심판과 연관된 하나님의 질서 · 20 기다림 · 21 영적 완전과 하나님의 완전함이다. 21과 21번째는 단일성과 힘합함 최고의 미[4]이다. 구별되어 나뉘어[5]되 서로 존중하며 합하여진 위력을 떨치는 시조 문예미학리듬이다.

빗소리
구워내는 우산을 쓰고 나면
수직의 메시지가 뜨면서
명령이다

젖으라
물 옷 입으라
그리고는
기다려
치마로 젖어들라
가슴이 젖어들라

---

1) E. W 벌링거 · 장상선 감수, 『성경에 나타난 숫자 해설』 (서울: 나단 · 2001) · 140.
2) Op. cit · 201.
3) Op. cit · 331.
4) Op. cit · 336.
5) Op. cit · 121.

젖으라 우산쓰라

하늘서
여기까지 온
수직 법을
읽으라

- 「물 우산」 이영지

신앙인 삶의 방법은 하늘로부터 내리는 수직의 법칙에 따르는 일이다. 이 진리를 하늘에서 내리는 비에 비유하여 시조 문예미학리듬이 된다. 비는 실제 '계심'이라는 한국인의 익숙한 존대 말로 발음된다. 초장과 중장과 종장으로 자리를 옮기면서 초장에서 꿈을 들어내고 그리고 중장은 보다 현실적인 이야기를 하게 되고 종장에서 초장과 중장의 결과를 나타낸다.

21 · 21일째 혹은 스무하룻날의 색채마방진은 마방진색채수리는 1 백색 · 2 흑색 · 3 벽색 · 푸른 돌 색 · 4 녹색 · 5 황색 · 6 백색 · 7 석색 · 8 백색 · 9 자색 중에서 1이 가지는 백색이미지의 중복 의미리듬이 중순의 마지막을 장식하면서 백색이미지로 그 빛을 발한다. 하순의 첫날이 되는 색채리듬이다.

㉑ 적색 7
벽색 3 15
황색 5

한 달 기준 달이 기울고 있는 자연현상에서 가장 존귀한 사람의 15일도 더 하여 한걸음 양보와 이해자로서의 삶이 시작되는 때이다. 한 사람의 남다른 이야기를 이해할 때이다. 신비로운 마음의 탐색과정이어서 조용하다.

그녀를
쳐다보면 아네요 손으로만
젖가슴 수주웁게 가린다 손가락에
반지가 반짝이다가 젖가슴이 웃네요

다음에
그녈 만나 다음에 그다음에
아직도 손가락에 가냘피 얹혀있는
아직도 순결이에요 맑은 호수 눈웃음

마알간
호수 뒤로 그녀는 돌아서며
나무에 등 대면서 꿈 주워 보여주며
이 작은 나무그늘이 꿈을 주워 하네요

산들이
산들로만 이어진 해와 달의
그림자 그 아래에 젖가슴 소롯하게
포개는 즐거움이라 손 감싸며 웃네요

- 「젖가슴」 이영지

한창 정열로 뛰어 오를 때보다 나중을 어떻게 잘 지속하고 마무리하는가가 삶의 여정에서 필요할 때이다. 솔로몬은 왜 그 화려한 자신의 삶을 돌아보며 헛되고 또 헛되다 하였을까. 그것은 지나고 보면 헛되게 살았던 과거 때문일 것이다.

(2) 21일. 정비의 시조 문예미학리듬

초장: 불 → 중장: 우레 → 종장: 정비 참조 주역 괘 21

불 · 중녀 · 붙음 · 남 · 눈 → 우레 · 장남 · 고기 · 움직임 · 동 · 발
(— · —) · (-- · --) · (— · --) = (1구 · 4구) · (2구 · 5구) · (3구 · 6구)

불 들어
여기에서
마음의 고요소리
울림이 우우우우 오히려 그 불빛에
그리움 하늘로 올려 나 여기서 삽니다

- 「우우우우」 이영지[1)]

1구: 불 → 우레의 시조 문예미학리듬은 180° 먼 거리 리듬이다. (— · —) · (-- · --) · (— · --) = (1구 · 4구) · (2구 · 5구) · (3구 · 6구)의 불이 우레를 만나는 입체리듬이다. 어두움에 푹 파인 리듬이다. 끝 리듬은 날개를 내린 형상이다. 가운데 어두움이고 끝은 꼬리를 내림으로서 정리 하는 마음의 고요로움이 있다. 질서를 잡는다. 타오르고 소리를 지리는 요동이 끝나면 고요하기 마련이다. 삶의 정비는 처음부터 일어나는 것이 아니라 한바탕 거창한 삶이 전개된 다음 행복이 무엇인지를 살피는 내면의 시조 문예미학리듬이 창작 작품에서 전개된다. 결혼식을 치룬 부모 마음이다.

초가집 물레방아 리듬이다. 뒤에는 병풍 같은 산이 앞에는 시내가 흐르고 옆에는 과수원에서 봄이면 활어울림 꽃의 날개를 펴고 · 가을이면 빨간 능금을 달아놓은 행복감 · 이 시인의 마음고향이다.

---

1) 그림, 이영지 『시조창작리듬론』 · 144. '성대 뒤에 오는 리듬'

이 고요로운 마음상태 리듬이다.

- 불 들어 여기에서의미기호 -

2구: 밤 달빛이 스르르 현으로 울고 칠흑 같은 어두움에 달이 뜨는 리듬 · 너무 가까이에 있어서 하나님의 뜻을 몰랐던 깨달음 · 신라시대 석가탑은 방형다층탑형으로 아사달이 세운 네 모단 돌덩이를 쌓아 올리는 형이라면 다보탑은 찰작지의 오묘한 이치로 세운 2층 기단의 네 귀와 중앙의 다섯 기둥 사이가 돌로 차 있지 아니하고 감시처럼 텅 비어 있는 공 집을 이룬다. 이러한 조화리듬은 절대자의 뜻으로 살아간 삶은 질박한 아름다움이다. 화려한 아름다움을 만들어 낸다. 움직임과 움직이지 않음의 조화리듬은 조화의 시조 문예미학리듬이다. 스르르 현을 울리는 리듬이다.

- 마음의 고요 소리 의미기호 --

3구: 금 사슬 무늬 놓는 리듬이다. 갈대 그림의 가을을 그린 사랑의 그림은 가슴에 훈장처럼 열리는 마음의 기쁨이다. 이 기쁨은 고이 간직한 리듬으로 음의 시조 문예미학리듬이다.

- 울림이 우우우우의미기호 -

4구: 불의 본래의 얼굴을 유지한다. 오히려 우레의 그 불로 하늘의 님의 얼굴을 본다. 사람의 행복은 한 우물을 판 사람에게 닥아오는 기쁨이다. 송긋송긋 솟아오르는 은혜리듬이다.

- 오히려 그 불 빛에 의미기호 -

5구: 불은 늘 볼 수 있지만 우레는 비오는 날만 있는 일이다. 깃발의 가을인들 어떠랴. 일몰인들 어떠랴 둥근 달덩이가 마음에 있는 사람은 구름 사이로 달을 보면서 · 그 고마움으로.

- 그리움 의미기호 ⚋

6구: 긴 고통의 늪은 지난 과거다. 이제 살아 있는 불로서 불을 밝힐 일이다. 6구는 그 날개 위, 고요 깊은 마름 터 리듬이다. 곧 내가 가고 난 자취는 어떤 것일까. 바람이 불때마다 흔들려 온 한 생애의 갈대의 자취는 어떤 것일까 의 시조 문예미학리듬1)이다.

- 하늘로 올라 나 여기서 삽니다 의미기호 ⚋

불 → 우레의 시조 문예미학리듬은 180° (⚊ · ⚊) · (⚋ · ⚋) · (⚊ · ⚋) = (1구 · 4구) · (2구 · 5구) · (3구 · 6구)의 불이 우레를 만나 삶의 의미를 찾는 시간을 가지는 리듬이다.

사랑에 볼모 잡힌 나날에 죽다 살다!
가는지 오는지를 꽃들이 피었는지
여기가 어디인지도 기억나지 않아요

앉으나 서나 자나 깨나나 불문하고
붙들고 앉아있어 팔도 좀 아파오고
어깨가 욱신거리어 새벽에도 깨어나

그대가 어른거려 하얗게 바래가는
발걸음 하루 종일 앉아도 넘어지며
사랑에 볼모잡히어 아주 꽁꽁 깨어나

- 「사랑에 볼모 잡히어」 이영지

1) 참조 · 명지어문학 207. 200 · 시조문예미학 20 · 시조창작리듬론 143-146 페이지 ⚊⚋⚌⚍⚎⚏ 참고 ☰하늘 ☱(연못) ☲(불) ☳(우레) ☴(바람) ☵(물) ☶(산) ☷(땅).

22) 22와 22일. 스물 이튿날 인생의 시조 문예미학리듬

(1) 22와 22일과 스물 이틀째 날

22와 22일은 히브리어 발음 '아실임 뱄어 내 임'의 때이다. 질서의 완전한 이미지 10[1]과 10 י요드 · 아드님의 손[2]을 굳게 잡는 20 리듬에 손 카프 כ카프 · 잡음[3]와 베트 집 ב베트 · 집에서 아기가 자라[4] 양육자[5]가 되는 이미지 공유그리움이다.

곧 1 성부 · 2 성자 · 3 성령 · 4 피조물 · 5 구속 · 6 세상의 완전 · 7 성령의 완전 · 8 살찜 · 9 종말 예고 · 10 하나님 질서의 완전함 · 11 파괴와 영웅 · 12 통치적 완전 · 13 혈통 · 14 영적 완전의 혈통 · 15 하나님 은혜로 만들어진 행위 · 16 세상의 일 · 17 축복의 때 · 18 즐거움의 극치 · 19 심판과 연관된 하나님의 질서 · 20 기다림 · 21 영적 완전과 하나님의 완전함 · 22 해체 이미지까지 왔다.

해체 이미지 22는 독립된 10의 2배가 되는 20은 10 · 열 아시라

---

1) E. W 벌링거 · 장상선 감수, 『성경에 나타난 숫자 해설』(서울: 나단 · 2001) · 311.

2) VTMMYS: 『스테판 원어 성경: The Stephen Korean Text of the Hebrew Old Testament Published by Institute of Biblical Languages』 · 서울: 원어성서원 · 2000. 히브리어 알파벳.

3) VTMMYS: 『스테판 원어 성경: The Stephen Korean Text of the Hebrew Old Testament Published by Institute of Biblical Languages』 · 서울: 원어성서원 · 2000. 히브리어 알파벳.

4) 최명애 · 『알기쉬운 히브리어 기초와 그 의미』(서울:쿰란출판사 · 2005) · 69.

5) 최명애 · ob cit · 71.

עֲשָׂרָה 아사라 · 열 · τεσσαρες이고 이 10의 2배가 되는 20은 10의 복수지시 20 아실임 עֶשְׂרִים 아실임 · 20 · εἰκοιν로 이에 독립된 2 둘 שְׁנַיִם 스네임 · 둘 · δυο이 합하여 '22 아실임 배 스네임 עֶשְׂרִים וּשְׁנַיִם 아실임 베스네임'이다. 22번째는 20번째 아실임 עֶשְׂרִים 에시림 · 20번째 · ANOMS · εἰκοστος과 둘째 세 네 שֵׁנִי 쉐네 · 둘째 · ANOMS · the second · δευτέρα · δευτερος · 창 1:8의 합 서열수치 쓰는 것이 아니라 독립된 수치 둘 '22번째 세네 임 베아실임 שְׁנַיִם עֶשְׂרִים 스네임 베에시림'이다.

서열 관계일 때는 20과 1의 수치순서를 바꾸고 독립된 수치 이들 사이에는 사랑을 더한다는 의미의 베로 독립된 한 가장에 부부 외에 한 사람이 더 하게 되는 셋의 때이다. 같은 글자 11 · 22 · 33 · 44 · 55 · 66이 연상되는 22와 22일 그리고 스물 두 번 째 날의 날여인 22살에 결혼한다.

복사꽃 싸리 꽃에 나팔꽃 나팔니무
분홍 꽃 분홍나무 붉으레 피어나는
미소는 행복 화사한 줄거리로 꽃 쟁반

복사꽃 복사나무 꽃 쟁반 받쳐 들고
싸리 꽃 싸리나무 꽃 쟁반 안고 들고
나팔의 소리 안에는 딩굴딩굴 덩굴이

아래는 함빡 피어 분홍 꽃 복사동산
위에는 하얀 천사 흰 살결 복사동산
나팔의 동산 안에서 그리움의 꽃 쟁반

- 「꽃 쟁반 받쳐 들고」 이영지

화사한 흰 백색의 신부가 오월 그 화사하던 날 순백의 드레스를 입고 나타난 때의 리듬이다.

(2) 22일. 인생의 시조 문예미학리듬

초장: 산 → 중장: 불 → 종장: 인생 참조 주역 궤 22

산 · 소남 · 정지 · 동북 · 손 · 개 → 불 · 중녀 · 붙음 · 남 · 눈
(-- · —) · (-- · --) · (— · —) = (1구 · 4구) · (2구 · 5구) · (3구 · 6구)

산불이 타 오른다 단풍의 나는 타고
그리움 너무 멀어 산 불 밭 돌아들어
별천지 하얀 구름이 흰 미소를 날린다
- 「하얀 구름이 흰 미소를 날린다」 이영지

1구: 산 → 불의 시조 문예미학리듬은 그야말로 산불이 난 리듬이다. 산이 불을 만나 다 타 버리고 얻는 180° 방향전환리듬[1]이다. (-- · —) · (-- · --) · (— · —) = (1구 · 4구) · (2구 · 5구) · (3구 · 6구)의 산이 불을 만나는 입체리듬이다. 가운데 묶음의 입체리듬이 온통 어두움이미지다. 그러나 다 비우고 나 자리에 남는 입체리듬이다. 그래야 부활의 넉넉한 회복을 가져온다.

☶산이 ☲불을 만나는 리듬은 가장 밑이 1번이 됨으로 ☶산이 먼저 놓이고 그 다음이 ☲불이 그 다음인 산이 아래 놓이고 그 위에 불이 있다. 이 리듬은 산에 불이 나 다 타 없어져서도 산이 남는 리듬이다. 존재의 영원한 살아있음을 의미하는 리듬 사람의 값어치 리듬이다.

- 산불이 타 오른다 의미기호 ☶

---

1) 참조: 불이 산을 만나 뜰 비단 180° 인생리듬.

2구: 1구 어두움 · 2구 어두움 · 3구 밝음 · 4구 밝음 · 5구 어두움 · 6구 밝음이다. 불이 나 비상이다.

- 단풍의 나는 타고 의미기호 ‥

3구: 옥구슬 없어졌다. 가장 소중히 여기던 것을 잃은 뒤에 오는 마음이 허허롭다. 그리하여 그리움이 솟는다. 180˚ 먼 거리이다. 그러나 가슴에 그리움 곧 시인의 마음이 싹 튼다. 그리움의 시인이 된다.

- 그리움 너무 멀어 의미기호 –

4구: 산불이 타고 있는 모습을 바라본다. 타고 난 자리에 깨끗이 소독된 그 자리에 꽃길이 있다.

- 산 불 밭 돌아들어 의미기호 –

5구: 마음을 달랠 시원한 바람을 맞는다. 불에 타 버린 산에 온갖 생물들이 살아난다.

- 별천지 의미기호 ‥

6구: 하얀 구름이 흰 미소를 보낸다.

- 하얀 구름이 흰 미소를 날린다 의미기호 –

(‥ · –) · (‥ · ‥) · (– · –) = (1구 · 4구) · (2구 · 5구) · (3구 · 6구)의 입체리듬은 중간의 삶이 어두움으로 일관되지만 꿈을 버리지 않고 그 꿈을 키워나가 좋은 일 리듬이다.

23) 23과 23일. 스무사흘 날 절망 넘어 시조 문예미학리듬

(1) 23과 23일과 스물 사흘째 날

23과 23일은 22에서 벗어나 새로 진리를 굳게 잡은 굽은 손 카프 כ카프 · 잡음[1]때에 3 기멜 ג기멜 · 낙타 · 은혜갚음[2]의 합 함 이미지 공유그리움이다. 곧 1 성부 · 2 성자 · 3 성령 · 4 피조물 · 5 구속 · 6 세상의 완전 · 7 성령의 완전 · 8 살찜 · 9 종말 예고 · 10 하나님 질서의 완전함 · 11 파괴와 영웅 · 12 통치적 완전 · 13 혈통 · 14 영적 완전의 혈통 · 15 하나님 은혜로 만들어진 행위 · 16 세상의 일 · 17 축복의 때 · 18 즐거움의 극치 · 19 심판과 연관된 하나님의 질서 · 20 기다림 · 21 영적 완전과 하나님의 완전함 · 22 해체 · 23 절망을 넘는다.

23과 23일과 스무사흘 날의 의미는 독립된 10의 2배가 되는 20이 10의 복수지시로 20 아쉬림 עֶשְׂרִים아실임 · 20 · εἰκοιν를 훌쩍 넘어 3이 더하여 '23 아실임 베 새로사 עֶשְׂרִים וּשְׁלֹשָׁה아실임 베쉐로시'이다. 다시 새롭게 질서를 잡는 법칙은 셋째 새로 시 שְׁלִישִׁי쉐리시 · 셋째 · ANOMS · the third · τριτη · τριτος · 창 1:13와 23번째 새로 시 배 아실임 יִשִׁי וְעֶשְׂרִים שְׁל쉐리시 베에시림이라 하지 않고 역시 '23번째 새로 사 베 아실임 עֶשְׂרִים

1) VTMMYS: 『스테판 원어 성경: The Stephen Korean Text of the Hebrew Old Testament Published by Institute of Biblical Languages』 · 서울: 원어성서원 · 2000. 히브리어 알파벳.

2) VTMMYS: 『스테판 원어 성경: The Stephen Korean Text of the Hebrew Old Testament Published by Institute of Biblical Languages』 · 서울: 원어성서원 · 2000. 히브리어 알파벳.

שְׁלֹשָׁה쉐로솨 베에시림'로 한다. 3과 20의 독립된 수치로서의 가치이다.

23일째의 작품 마방진 색채수리는 1 백색 · 2 흑색 · 3 벽색 · 푸른 돌 색 · 4 녹색 · 5 황색 · 6 백색 · 7 적색 · 8 백색 · 9 자색 중에 3의 푸른 이끼를 지닌 3의 이미지이다.

㉓ 흑색 2
녹색 4 15
자색 9

한 달을 마무리하는 준비기준 이끼가 앉은 색채의 기간이다. 이때는 사랑을 갚으려 하는 때이다.

사랑 빚
갚으려고 두 귀를 기울여요
마음을 열어놓고 사는 걸 조그맣게
시골의 텃밭이야기 목소리를 들어요

사랑 빚
갚으려고 어려움 이겨내고
이 나를 만들어준 주름진 얼굴들과
어르신 그 투박한 손 그 사랑을 보아요

자면서
들으려고 두 귀를 열어둬요
달콤한 꿈속에서 일어나 편안해진
정말로 이일로 하여 알았어요 보아요

- 「사랑에 빚진 자」 이영지

빚을 갚는 인생길이 시작된다. 평소 생각해서 늘 남았던 기억들이 행동으로 갈아 앉아 그리움이 되는 때이다.

(2) 23일. 무너저도의 시조 문예미학리듬

초장: 산 → 중장: 땅 → 종장: 무너져도 참조 주역 궤 23

산 · 소남 · 정지 · 동북 · 손 · 개 → 땅 · 모 · 유순 · 서남 · 배 · 소
(-- · --) · (-- · --) · (— · --)= (1구 · 4구) · (2구 · 5구) · (3구 · 6구)

바르르
떨려와요
꽃나무 바르르로
와르르 와르르 쾅
마음이 내려앉는
한 그루 능금나무의 주렁주렁 달리는

- 「한그루 나무」 이영지[1)]

1구: 초장: 산 → 중장 땅의 방향은 초장 산이 가장 아래에 있고 땅이 위에 있되 30° 방향으로 기울어진 리듬이다. 이 특이한 리듬은 무너짐의 원리를 기본으로 한다. (-- · --) · (-- · --) · (— · --)= (1구 · 4구) · (2구 · 5구) · (3구 · 6구)의 입체리듬이다. 온통 어두움으로 가득한 리듬이다. 그리고 중간 끝에 겨우 밝음이 있다. 그러므로 기울어져 붕괴의 위험을 견디느라 아프다.

- 바르르 떨려 와요 의미기호 --

2구: 온몸이 떨려온다. 무게를 감당하지 못하지만 할 수 있는 데까지 견디어 본다.

- 꽃나무 바르르로 의미기호 --

1) 그림, 이영지 『시조창작리듬론』 · 71. '무너저도의 리듬'

3구: 그러나 당연한 무게로 하여 무너져 내린다. 헤어진다.

- 와르르 와르르 쾅 의미기호 --

4구: 조금씩 무너지기의 예정된 큰 무너짐이다.

- 마음이 내려앉는 의미기호 --

5구: 이 세상의 기적은 일어난다. 노아 홍수 때 모두 죽었지만 노아 가족은 살아남았다. 삼풍백화점이 무너졌지만 그 속에서 유일하게 살아남은 이가 있다. 목숨이 붙어 있다.

- 한 그루 의미기호 -

6구: 노아의 남은 가족들로 하여 이 지구상에서 사람이 이어가게 되었다. 유일하게 살아있는 한 그루의 사과나무로 하여 빠알간 사과가 달리게 된다.

- 능금나무의 주렁주렁 달리는 의미기호 --

산 → 땅의 6구 (-- · --) · (-- · --) · (— · --)= (1구 · 4구) · (2구 · 5구) · (3구 · 6구)의 입체리듬은 유일하게 5구에서 밝음이 되는 이 지상에서의 살아남 법칙이다.

등 만 한 몸 부피로 들려온 송이에는
현주소 사랑 받이 무릎을 들먹이는
어머니 다드미 소리 밤새우는 빛이다

아궁이 어머니 불 불 앞에 조자앉아
빨갛게 부지깽이 타들면 밥이 익는
볼 얼굴 빨갛게 물든 장미치마 꽃이다

24) 24와 24일. 스무나흘 돌아옴의 시조 문예미학리듬

(1) 24와 24일과 스물 나흘째 날

창24과 24일은 아실임 배 알아 봐의 24는 독립된 10의 2배부터 시작한다. 10의 복수지시 20 םעֶשְׂרִים 아실임 · 20 · εἰκοσιν 은 10 · 열 아시라 עֲשָׂרָה 아사라 · 열 · τεσσαρες의 복수지시이다. 이에 4가 더하여 '24 아실임 배 알아 봐' 이다. 반면 24번째를 표시하는 법칙은 넷째 레비이 י רְבִיעִ 레비이 · 넷째 · ANOMS · forth · τεταρτή · τεταρτος · 창 1:19와 20 아실임 ם עֶשְׂרִי 아실임 · 20 · εἰκοσιν을 합한 서열수치 24번째 레비이 배 아실임 שְׂרִים וְעֶ רְבִיעִי 레비이 베에시림이 아니라 '24번째 알아 봐 배 아실임 בָעָה וְעֶשְׂרִים אַרְ 아르바 베에시림' 으로 한다. 4와 20의 독립된 수치를 쓴다. 사이에 못의 의미 곧 십자가에 못 박히는 사랑으로 우리가 사는 의미의 ו 베 글자를 넣는다.

진리를 굳게 잡은 굽은 손 카프 כ 카프 · 잡음[1]과 4 데트 ד 데트 · 문 · 가슴[2]의 문 의미와 가슴 이미지 공유그리움이다. 곧 1 성부 · 2 성자 · 3 성령 · 4 피조물 · 5 구속 · 6 세상의 완전 · 7 성령의 완전 · 8 살찜 · 9 종말 예고 · 10 하나님 질서의 완전함 · 11 파괴와 영웅 · 12 통치적 완전 · 13 혈통 · 14 영적 완전의 혈통 · 15 하나님 은혜

---

1) VTMMYS: 『스테판 원어 성경: The Stephen Korean Text of the Hebrew Old Testament Published by Institute of Biblical Languages』 · 서울: 원어성서원 · 2000. 히브리어 알파벳.

2) VTMMYS: 『스테판 원어 성경: The Stephen Korean Text of the Hebrew Old Testament Published by Institute of Biblical Languages』 · 서울: 원어성서원 · 2000. 히브리어 알파벳.

로 만들어진 행위 · 16 세상의 일 · 17 축복의 때 · 18 즐거움의 극치 · 19 심판과 연관된 하나님의 질서 · 20 기다림 · 21 영적 완전과 하나님의 완전함 · 22 해체 · 23 절망을 넘어 · 24 하늘의 통치와 경합[1] 이미지이다.

24는 12가 지닌 통치의 완전한 수치의 배수이다. 그럼으로 동일한 의미를 더 나은 형태로 표현한 하늘의 통치와 경배에 연관된 수[2]이다. 24장로를 비롯하여 24번째나 24일째가 의미하는 영화로움을 드러낸다. 온통 푸르름으로 그 위세를 떨치는 들의 아름다움이 그것이다.

정말로 당신께서 나에게 꽃으로 와
맨 팔로 가만히 서 바라봐 보노라면
그리움 녹아나면서 하루 종일 머물러

- 「나에게 꽃으로 와」 이영지

사랑은 푸른 명령 별빛이 내려앉아
푸르다 못하여서 흰 푸른 물결위에
사랑은 별빛 찬란한 이마들을 모으죠

- 「푸른 명령」 이영지

하나씩 향기 들고 달리는 사랑기차
거기에 이쁜이 꽃가지에 사랑이 나
여기도 섬에서 피는 사랑보라 우리는

- 「꽃가지」 이영지

빨갛게 정이 들면 노랗게 보라들이
아아주 연하다가 보라로 진짜보라

---

1) E. W 벌링거 · 장상선 감수, 『성경에 나타난 숫자 해설』 (서울: 나단 · 2001) · 338.

2) E. W 벌링거 · 장상선 감수, 『성경에 나타난 숫자 해설』 (서울: 나단 · 2001) · 338.

사랑이 쭉쭉 뻗어 나 더 보라로 우리는

- 「정이 들면」 이영지

꽃잎이 팔을 펴며 마음을 보라네요
땀방울 송울송울 하아얀 빰 들이며
기대듯 하늘을 보며 사랑보라 우리는

- 「정말 정이 들어」 이영지

우리가 꽃이에요 한우리 한 다발로
살아서 솟아올라 하늘을 머리위에
이고서 보랏빛으로 사랑하라 우리는

- 「사랑하라」 이영지

노랗게 물 한 모금 마시고 일어서는
노오란 꽃술바람 안으로 사랑 열려
어울려 일어나라며 사랑해가 불러요

- 「꽃술바람」 이영지

빨간 꽃과 노란 꽃이 어울려 초장과 중장과 종장을 만든다.

물 위에
빨간 불이
어리며
꿈 들고 온
그대의 파란 불을 받았음! 선물이다
과수원 열매들로만 쏟아내는 빛이다

- 「장미 100송이의 사이」 이영지

떠났던 곳으로 돌아온 다음의 평안이 깃드는 리듬이다. 인생이다. 내가 돌아갈 곳과 돌아온 곳은 어디인가!

(2) 24일. 7일 만에 다시 돌아오는 시조 문예미학리듬

초장: 땅 → 중장: 우레 → 종장: 다시 돌아 옴 참조 주역 괘 24

땅 · 모 · 유순 · 서남 · 배 · 소 → 우레 · 장남 · 움직임 · 동 · 발 · 고기
(-- · —) · (-- · --) · (-- · --)= (1구 · 4구) · (2구 · 5구) · (3구 · 6구)

겨울은 길을 들고
꽃길을 밟고 인다
들으리 봄 음률을
무리 진 아지랑이
봄 향기 분홍시선은 뜨락에 와 있는 걸

- 「분홍시선」 이영지[1)]

1구: 초장: 땅 → 중장: 우레의 방향은 초장 땅이 가장 아래에 있고 우레가 위에 있되 30° 방향으로 기울어진 리듬이다. 이 특이한 가장 편안한 리듬은 다시 돌아옴의 원리를 기본으로 한다. 왜냐하면 (-- · —) · (-- · --) · (-- · --)= (1구 · 4구) · (2구 · 5구) · (3구 · 6구)의 입체리듬으로 하여 밝음을 심어놓은 어머니의 자녀를 향한 마음 이미지여서이다. 언젠가는 온갖 세파에서 고생한 아들이 다시 어머니의 품을 그리워하며 바른 길로 들어서는 리듬을 지시한다. 땅이 아래에 있고 우레가 위에 있는 리듬이다. 땅이 지닌 본래의 고향으로 우레는 7일 만에 돌아온다. 새 기운을 찾으려 한다.

- 겨울이 길을 들고 의미기호 ··

2구: 우레처럼 소리 질러 보리라. 같은 어두운 기운이 반복되면

1) 그림, 이영지 『시조창작리듬론』 · 76. '7일만에 돌아온 리음'

밝음으로 바뀌는 진리가 있다.

- 꽃길을 밟고 간다 의미기호 --

3구: 그러나 봄은 하루아침에 오지 않는다.

- 들으리 봄 음율을 의미기호 --

4구: 눈에 아롱거린다. 그대가 눈앞에 삼삼하다.

- 무리 진 아지랑이 의미기호 ━

5구: 이제 우레는 우레가 아니다. 땅 맛을 보았기 때문이다.

- 봄 향기 의미기호 --

6구: 땅이 내 님이 되어 있는 우레에게 봄이 분홍시선으로 뜨락에 와 있다.

- 분홍시선은 뜨락에 와 있는 걸 의미기호 --

땅 → 우레의 6구 입체리듬은 (-- · ━) · (-- · --) · (-- · --)=(1구 · 4구) · (2구 · 5구) · (3구 · 6구이다. 이 입체리듬은 우레가 땅에 반하여 봄을 기다리는 우레가 되어 7일 만에 돌아온 리듬이다.

아가는 늘 언제나 엄마 젖 그리느라
입술이 앵두 입술 한 모금 물때마다
입술이 앵두입술로 오물오물 거린다

-「앵두입술이 - 새벽기도 · 3498」 이영지

분홍빛 분 냄새가 포올 폴 나는 길에
겨울과 여름 사이 그 사이 사는 봄에
졸졸졸 흐르는 봄은 앵두꽃이 필거나

- 「앵두꽃 필 무렵 - 새벽기도 · 349」 이영지

25) 25와 25일. 스무닷새 날 이어짐 시조 문예미학리듬

(1) 25와 25일과 스물 닷새째 날

25와 25일은 히브리어 '아실임 배 아시라'이다. 이 25는 독립된 10의 2배가 되는 20 아실임 עֶשְׂרִים 아실임 · 20 · εἴκοσιν으로 20은 10 · 열 '아시라 עֲשָׂרָה 아사라 · 열 · τεσσαρες' 2배이다. 이에 5가 더하여 '25 아실임 배 아시라 עֶשְׂרִים וַעֲשָׂרָה 아실임 베아사라'이다. 반면 25번째를 표시하는 법칙은 20 아실임 עֶשְׂרִים 아실임 · 20 · εἴκοσιν과 다섯째 하마 쉬 חֲמִישִׁי 하미쉬 · 다섯째 · ANOMS · fifth · πεμπτή · πεμπτος · 창 1:23와 합해 서열수치 25번째 하마 쉬 배 아실인 חֲמִישִׁי וְעֶשְׂרִים 하미쉬 베에시림으로 히는 것이 이니리 독립수 5로 한 '25번째 아시라 배 아실임 עֲשָׂרָה וְעֶשְׂרִים 아사라 베에시림)이다. 5와 20의 독립된 수치를 쓴다. 사이에 못의 의미 곧 십자가에 못 박히는 사랑으로 우리가 사는 의미의 ו 베 글자를 넣는다.

굳게 잡은 굽은 손 카프 כ 카프 · 잡음[1]와 숨 쉼 의미인 5 헤 ה 헤 · 숨 쉼[2]의 합 함 이미지 공유그리움이다. 곧 1 성부 · 2 성자 · 3 성령 · 4 피조물 · 5 구속 · 6 세상의 완전 · 7 성령의 완전 · 8 살찜 · 9 종말 예고 · 10 하나님 질서의 완전함 · 11 파괴와 영웅 · 12 통치적 완전 · 13 혈통 · 14 영적 완전의 혈통 · 15 하나님 은혜로 만들어진 행위 · 16 세상의 일 · 17 축복의 때 · 18 즐거움의 극치 · 19

---

1) VTMMYS: 『스테판 원어 성경: The Stephen Korean Text of the Hebrew Old Testament Published by Institute of Biblical Languages』 · 서울: 원어성서원 · 2000. 히브리어 알파벳.

2) Ibid.

심판과 연관된 하나님의 질서 · 20 기다림 · 21 영적 완전과 하나님의 완전함 · 22 해체 · 23 절망을 넘어 · 24 하늘의 통치와 경합 · 25 은혜의 본질[1] 이미지이다.

이 은혜 이미지는 하순의 때가 지시하는 시조 문예미학리듬은 ㉑ - ㉘로 한 달 기준에서 마지막을 장식함으로 은혜를 느끼는 리듬이다. 이 리듬에 대한 이야기는 지금까지의 살아온 나날들의 습관과 정열과 그리고 신념이 그대로 녹아나 애정을 가지는 귀중한 추억이 넘나든다.

㉕ 벽색 3
백색 8 15
녹색 4

25일은 백색 8월의 뜨거움 때문에 오히려 하얀 옷을 입는 시인의 아름다움 흰색 선호가 있다.

정말로
언제부터
그대는 그리움이
정말로 언제부터 그대는 기다림의
그대가 나타나기만 이라 하며 그리운

파아란
나비들이
일어나 내게 오고
하아얀 나비들이 일어나 내게 오고
정말로 언제부턴가 그리움이 그리운 - 「언제부턴가」 이영지

---

1) E. W 벌링거 · 장상선 감수, 『성경에 나타난 숫자 해설』 (서울: 나단 · 2001) · 340.

(2) 25일. 이어짐의 시조 문예미학리듬

초장: 하늘 → 중장: 우레 → 종장: 지속 참조 주역 궤 25

하늘 · 부 · 강건 · 서북 · 머리 · 말 → 우레 · 장남 · 움직임 · 동 · 발 · 고기
(━ · ━) · (━ · ╌) · (━ · ╌) = (1구 · 4구) · (2구 · 5구) · (3구 · 6구)

진달래 철쭉날개
나그네 길에 들어
들국화 가을웃음 사막에 오아시스
바람 뉘 물굽이 돌아 하늘바다 두른다

- 「바람 뉘」 이영지[1])

1구: 초장: 하늘 → 중장: 우레의 (━ · ━) · (━ · ╌) · (━ · ╌) = (1구 · 4구) · (2구 · 5구) · (3구 · 6구) 입체리듬이다. 하늘 리듬이 가장 밑에 놓여 전체를 요지부동으로 만들어 놓는다. 하늘이 우레를 만나는 지시기호 첫째번은 첫째와 만나고 둘째 번은 둘째 번과 만나고 셋째 번은 셋째와 만나면서 우레를 좌시우시하는 하늘의 소다. 이러한 밝음의 흐름은 하늘 소리에 섞인다. 하늘에서 비 소리가 요란하다. 하늘이 요란하다. 비가 쏟아지며 이 비에 곡식이 자란다. 커다란 눈을 내밀고 식물들이 키가 큰다. 우레의 힘을 빌어 자람이 더욱 강해진다. 함께 함으로 이루어진 여름하늘이 요란하게 우레가 지나가고 나면 산과 들은 살아있는 생명들이 조잘댄다.

- 진달레 철쭉날개 의미기호 -

2구: 나무들을 보호하는 것은 길가는 사람에게 즐거운 마음을 선

1) 그림, 이영지 『시조창작리듬론』 · 78. '바른 리듬'

사하는 결과가 된다. 산에서 휴지를 줍는 일은 건강한 삶을 공동으로 유지하는 일이다. 가치 있는 일은 유토피아로 가는 일이다.

- 나그네 길에 들어 의미기호 ━

3구: 들국화의 웃음이 꽃 청년을 보고 웃는다.

- 들국화 가을웃음 의미기호 ━

4구: 가을 들국화가 고개를 들고 코스모스는 하늘거린다. 비 뒤 온 들은 해가 있는 곳으로 고개를 돌린다. 사람하나 풀 한포기 없는 사막에서 세계 인류의 원소가 되는 석유 유전이 있다.

- 사막의 오아시스 의미기호 ━

5구: 이 새벽 미명 눈 뜨임은 신비의 힘이다. 안정된 흐름이다.

- 바람 뉘 의미기호 --

6구: 두둥실 물 위에 몸을 맡긴다. 비가 흠뻑 오고 나면 물소리가 조잘거리고 바람은 나뭇가지를 흔들고 인간은 사랑을 속삭인다. 이 영원의 움직임은 지속되는 진리이다.

- 물굽이 돌아 하늘바다 두른다 의미기호 --

하늘 → 우레 6구 (━ · ━) · (━ · --) · (━ · --) = (1구 · 4구) · (2구 · 5구) · (3구 · 6구)입체의 시조 문예미학리듬은 하늘이 하늘 안에 우레를 넣어 자유자제하는 리듬이다. 따라서 덩달아 우레리듬도 이 하늘 뜻에 따른다. 지속되는 진리이다.

26) 26과 26일, 스무엿새 나아가는 시조 문예미학리듬

(1) 26과 26일과 스물 엿새째 날

26과 26일은 히브리어로 '아실임 배 쉬시'이다. 절대자 그분 이미지이다. 굳게 힘을 주는 손 카프 כ카프 · 잡음[1]와 6 와우 ו와우 · 못 · 이어짐 · 그리고[2]의 합 함 이미지 공유그리움이다. 이 순서는 곧 1 성부 · 2 성자 · 3 성령 · 4 피조물 · 5 구속 · 6 세상의 완전 · 7 성령의 완전 · 8 살찜 · 9 종말 예고 · 10 하나님 질서의 완전함 · 11 파괴와 영웅 · 12 통치적 완전 · 13 혈통 · 14 영적 완전의 혈통 · 15 하나님 은혜로 만들어진 행위 · 16 세상의 인 · 17 축복의 때 · 18 즐거움의 극치 · 19 심판과 연관된 하나님의 질서 · 20 기다림 · 21 영적 완전과 하나님의 완전함 · 22 해체 · 23 절망을 넘어 · 24 하늘의 통치와 경힙 · 25 은혜의 본질 · 26 숨 쉼[3]에 도달한다. 26는 바로 여호와 바람의미의 26은 여호와 יְהוָה의 헤 ה(5) + ו(6) + 헤 ה(6) + י(10)= 26으로 설명된다. 숨을 쉬며 생물이 숨 쉰다. 하나님의 자녀들이 배부를 수 있는 주의 뜻이 이루어지이다의 신학 자리이다.

26의 구성은 독립된 10의 2배가 되는 20이 있다. 10의 2배 20 아실임 עֶשְׂרִים아실임 · 20 · εἰκοσιν 자리이다. 20은 10 · 열 עֲשָׂרָה아사라 · 열 · τεσσ

---

1) VTMMYS: 『스테판 원어 성경: The Stephen Korean Text of the Hebrew Old Testament Published by Institute of Biblical Languages』 · 서울: 원어성서원 · 2000. 히브리어 알파벳.

2) Ibid.

3) E. W 벌링거 · 장상선 감수, 『성경에 나타난 숫자 해설』 (서울: 나단 · 2001) · 340.

αρες이의 2배이고 이에 6이 더하여 '26 아실임 배 쉬사 עֶשְׂרִים וְשִׁשָּׁה 아실임 베쉬솨'이다. 그런데 26번째는 문법적으로 여섯째 쉬 시 שִׁשִּׁי 쉬쉬 · 여섯째 · ANOMS · sixth · τεταρτή · ἕξτή · ἕξτος창 1:31와 아실임 עֶשְׂרִים 아실임 · 20 · εἴκοιν과 합하여 26번째 쉬 시 베 아실임 שִׁשִּׁי וְעֶשְׂרִים 쉬쉬 베에시림이라 해야 하지만 성경은 '26번째 쉬 사 배 아실임 שִׁשָּׁה וְעֶשְׂרִים 쉬솨 베에시림'으로 한다. 하나님이 아실임이 되고 그리고 아시라 내 사랑이다. 하나님이 쉬실 때가 있다. 바로 이 여호와 글자가 표시하는 의미는 그의 아드님이 일 하실 대이다. 그대를 그리워하며!

사랑이 차곡차곡 쌓여요 그리움이
맨발과 신 사이로 살그음 살금살금
땅에서 솟는 바람이 슬그머니 신기며

맨발의 우릴 따라 돌아온 그리움이
사랑의 맨발이라 맨발이 말하네요
바람이 그리움으로 일렁일렁 신기며

내 곁에 오고 싶어 하네요 그리움의
맨발이 말하네요 사랑이 차곡차곡
쌓이어 높이 오르며 사랑 신을 신기는

- 「사랑 신」 이영지

26일의 빛깔은 황색과 백색과 자색이다.

㉖ 황색 5
백색 1 15
자색 9

26일의 빛깔 황색과 백색과 자색은 그 화려한 왕의 도포로 백성을 하얀 마음으로 사랑을 전하는 빛깔이다.

(2) 26일. 앞으로 나아가는 발전의 시조 문예미학리듬

초장: 하늘 → 중장: 산 → 종장: 발전 참조 주역 궤 26

하늘 · 부 · 강건 · 서북 · 머리 · 말 → 산 · 소남 · 정지 · 동북 · 손 · 개
(━ · --) · (━ · --) · (━ · ━) = (1구 · 4구) · (2구 · 5구) · (3구 · 6구)

푸르름 그대로로 나그네 길에 들어
잎들이 바람타고 활시위 당기노라
하늘이 두 날개 펴고 두 손 번쩍 들었다

-「두 손 번쩍」 이영지

1구: 초장: 하늘 → 중장: 산 리듬 (━ · --) · (━ · --) · (━ · ━) = (1구 · 4구) · (2구 · 5구) · (3구 · 6구)의 입체리듬기호의 입체리듬이다. 강하다가 약한 리듬이 되는 2회 주춤주춤 리듬을 보이다가 끝에서 밝음으로 온전히 바뀌어 진다. 하늘 이미지가 밑에 놓여 산을 움직이는 리듬이다.

하늘이 제일 아래 있다. 하늘 뜻을 산이 나타낸 리듬이다. 하늘이 산을 만나는 하늘과 산 지시기호는 첫째번은 첫째 번과 만나고 둘째 번은 둘째 번과 만나고 셋째 번은 셋째와 만나 아름답고 골고루 나누어 주는 하늘의 은혜인 균형 리듬이다. 3구와 6구에서 마음이 밝아 푸르르고 산이 푸르르고 하늘이 푸르러서 크게 발전하는 시조 문예미학리듬이다. 떡 버틴 하늘의 뜻이 산에게도 전달되어 산은 나무를 키우고 산소를 공급하고 그러니까 하늘의 햇빛이 골고루 비보나치 비율로 퍼져 산의 보물이 가득하게 된다. 이로 하여 이 보물 향기를 사람이 먹는 리듬이다.

- 푸르름 그대로로 의미기호 -

2구: 하늘이 하늘빛을 내려 하늘의 뜻을 다하기에 하늘 눈 맞추기이다. 눈높이 맞추기다.

- 꽃들이 몽울몽울 의미기호 --

3구: 하늘이 지닌 마음은 어떻게든 산에게 전달되어진다.

- 잎들이 바람타고 의미기호 -

4구: 산이 하늘의 뜻을 알아 이신전심의 몸짓을 한다.

- 활시위 당기노라 의미기호 --

5구: 달리기 대회에서 서로 순위를 결정하는 순간은 누가 더 먼저 코와 발을 먼저 내미느냐이다. 하늘이 지닌 뜻을 산이 임무에 소홀하지 않았으므로 승리한다.

- 하늘이 의미기호 -

6구: 혼자가 아니라는 넉넉한 기다림과 준비로 발전했다.

- 두 날개 펴고 두 손 번쩍 들었다 의미기호 -

하늘이
내려와서
내 산을 올리는 날
풀잎은 파란다발
꽃잎은 빨간 다발
그대의 꽃 둥우리로
온 가슴이 부풀어

- 「그대의 꽃 둥우리」 이영지

하늘 → 산의 6구 (━ · ╍) · (━ · ╍) · (━ · ━) = (1구 · 4구) · (2구 · 5구) · (3구 · 6구) 입체리듬은 하늘이 아래 있고 산이 위에 있어도 하늘의 뜻이 통하는 진리가 전해지며 발전한다. 30° 방향으로 비스듬히 하늘이 산을 바라보는 안정성 발전이다. 하늘의 뜻이 결코 헛되지 않음으로써 하늘의 뜻이 앞으로 나아간다. 26이미지는 여호와 수치를 만들면서 예수님 이미지가 된다. 이 세상에 하늘이 다가와 하늘이 나를 도와주는 때이다. 인간이 아무리 노력할지라도 하늘이 도와주지 않으면 모든 것이 이루어지지 않는다. 인간은 다만 하늘의 뜻을 알아주리라는 깊은 신념이 있어서 바른 길을 걸어간다. 그러므로 이 세상의 진리는 살아남는다. 그러기에 이 세상의 나남은 당장은 아니더라도 언젠가는 진실노력의 댓가가 있을 것이라는 믿음에 산다. 이 믿음의 경지는 이 세상의 진리를 향해 가는 사람들의 공통분모이다. 그래서 그 무리가 많아지고 이 무리의 수는 나날이 늘어가 드디어 생각지도 못할 세상의 뒤 바뀜의 세월이 전개되어진다. 그 흐름은 하늘은 스스로 돕는 자를 돕는 리듬이 된다. 하나님이 내 편이라는 그 믿음에서 살아 움직인다.

같이 들 마주하는 나날이 많아져요 서로들 나눌 때는 즐거움 늘어나서 마아냥 사랑함으로 깊어지는 날이죠

한 사람 늘어나고 또 하나 더 해가는 나날이 늘어나며 가고 픈 곳을 따라 마아냥 즐거워하며 늘어나는 날이죠

- 「늘어나는 나날」 이영지

27) 27과 27일. 스무이레 날 작은 발전의 시조 문예미학리듬

(1) 27과 27일과 스물 이레째 날

27과 27일은 '아실임 배 세 보아'이다. 27은 독립된 10의 2배가 되는 20이 있다. 10의 복수지시 20 아실임 עֶשְׂרִים(아실임 · 20 · εἰκοσιν)이다. 잘 아시라에 7 숫자가 주는 성령의 완전이미지가 더하여 '27 '아실임 배 세 보아 וְשִׁבְעָה(아실임 베쉬브아)'다. 27번째는 27번째 세 보아 배 아실임 שִׁבְעָה וְעֶשְׂרִים(쉬브아 베에시림) 이지만 역시 27 독립된 수치를 쓴다. 사이에 못의 의미 곧 십자가에 못 박히는 사랑을 더한다는 의미의 וְ(베) 글자를 넣는다. 나는 스스로 있는 자 27회[1) 언약[2) 자리이다. 이 언약은 하나님이 그의 옳은 손 능력을 보여주신 날이다.

1 성부 · 2 성자 · 3 성령 · 4 피조물 · 5 구속 · 6 세상의 완전 · 7 성령의 완전 · 8 살찜 · 9 종말 예고 · 10 하나님 질서의 완전함 · 11 파괴와 영웅 · 12 통치적 완전 · 13 혈통 · 14 영적 완전의 혈통 · 15 하나님 은혜로 만들어진 행위 · 16 세상의 일 · 17 축복의 때 · 18 즐거움의 극치 · 19 심판과 연관된 하나님의 질서 · 20 기다림 · 21 영적 완전과 하나님의 완전함 · 22 해체 · 23 절망을 넘어 · 24 하늘의 통치와 경합 · 25 은혜의 본질 · 26 숨 쉼 · 27 성령 충만[3) 이미지이다. 굳게 잡은 굽은 손 카프 כ(카프 · 잡음)[4)와 7 자

---

1) 행 20: 28; 갈 2: 1-2; 롬 1: 5-16(희랍어 단어 27개).

2) את(에트).

3) E. W 벌링거 · 장상선 감수, 『성경에 나타난 숫자 해설』(서울: 나단 · 2001) · 340.

인 ז자인 · 연장 · 역활[1]의 합 함 이미지 공유그리움이다. 색채 구별리듬 7 - 적색의 자리이다. 빨간 사랑의 자리다.

마방진색채수리는 1 백색 · 2 흑색 · 3 벽색 · 푸른 돌 색 · 4 녹색 · 5 황색 · 6 백색 · 7 적색 · 8 백색 · 9 자색에서의 7째 자리이다. 이 리듬에 대한 이야기는 지금까지의 살아온 나날들의 습관과 정열과 그리고 신념이 그대로 녹아나 끝마무리의 결과가 드러나는 때이다.

㉗ 백색 1
흑색 2 6
벽색 3

유일하게 예수님 사랑을 드러내는 이 자리는 한국 시조 문예미학 문예미학리듬이 밝히는 6구의 6마디가 되어야 하는 이유가 된다. 한 작품 내에 여섯 마디의 구체적인 시조 문예미학이 탄생한다.

하늘이 푸를수록 복숭아 꽃 빰으로
꽃부터 달아놓고 봄이 다 갈 무렵에
복숭아 알았아와요 사랑 푸름 안아요

살며시 푸르름을 더하며 잎이 나며
봄날이 짙을수록 그리움 파란 꿈이
발그레 알았아와요 이브 사랑 안아요

---

4) VTMMYS: 『스테판 원어 성경: The Stephen Korean Text of the Hebrew Old Testament Published by Institute of Biblical Languages』 · 서울: 원어성서원 · 2000. 히브리어 알파벳.

1) VTMMYS: 『스테판 원어 성경: The Stephen Korean Text of the Hebrew Old Testament Published by Institute of Biblical Languages』 · 서울: 원어성서원 · 2000. 히브리어 알파벳.

말로는 할 수 없어 이른 봄 나무위에
사랑을 얹어놓아 꽃길에 앉아보며
꽃 덩이 알았아와요 이브 이쁜 우리는

꽃 열매 보여드린 한낮엔 둥글게요
이브가 보여드린 열매가 빨갛지요
사랑을 들여놓아서 둥근 열매 우리는

그렇게 하시와요 예쁘게 웃도록 만
사랑에 가녀리게 피어나 볼꺼에요
봄빛에 알았아와요 이브 그럼 우리는

- 「사랑 알았아와요 이브」 이영지

이 지상에서 유일하게 사랑하는 사람을 만나 온 생애의 보람을 얻는 일의 기적! 사람들 · 아니 시인들은 이 힘으로 살아간다. 사랑의 힘이 아니었다면 그 긴 창장한 날들을 어떻게 견디었을까. 아마 예수님도 그의 사랑하는 백성들이 있어서 그 긴 고난의 길을 잘 견딜 수 있는 힘이 나왔을 것이다. 아마 하나님도 그의 백성들을 사랑하는 힘이 나와 그의 외동아들을 십자가에 넣을 수 있었을 것이다. 이 사랑의 힘이 그야말로 온 생애를 이길 수 있는 큰 원동력이 되어 살아가게 하는 것이다.

견딜만한 아픔으로 살아온 나날들은 보람의 결과로 나타나 마음이 편안해지게 된다. 하얀 흰 구름의 위로를 받으며 이마에 땀을 닦을 수 있어서이다.

우리는
아주 귀한
사랑의 판박이와
하늘만 오르느라

사랑을 타고 오른
날마다 날아오르는
그리움이 와요와

사랑의
승리 따라
날마다 그리움이
내 앞의 그리움이
하늘을 나르느라
그리움 사랑 사다리
붙잡느라 잘 견딘

더 높이
더 오르며
오르는 그리움이
내 뒤의 그리움이
내 앞의 그리움만
따라서 그리움이 와
하늘 줄을 잘 잡은

내 앞의
그리움을
따라서 그리움이
와요와 줄줄이로
이으며 사랑와요
사랑이 이어이어져
그리움 줄 따라서

하늘을
나르와요
꽃 미소 포올포올
나르와 긴 날개에
그리움 나르느라
우리는 사랑 그리움
와요와요 와요와 - 「우리는 귀한 그리움이와요」 이영지

(2) 27일. 작은 발전의 시조 문예미학리듬

초장: 우레 → 중장: 산 → 종장: 작은 발전 참조 주역 괘 27

우레 · 장남 · 고기 · 움직임 · 동 · 발 → 산 · 소남 · 정지 · 동북 · 손 · 개
(— · --) · (-- · --) · (-- · —) = (1구 · 4구) · (2구 · 5구) · (3구 · 6구) · 6구)

손 그늘
늪이라도
한 자락 스며드는
닭 울음 새벽소리
하나로 날개 날아
작은 손 바람소리로 꿩이 울어 열리네

- 「작은 손 바람소리」 이영지[1)]

1구: 우레 → 산의 시조 문예미학리듬은 (— · --) · (-- · --) · (-- · —) = (1구 · 4구) · (2구 · 5구) · (3구 · 6구)의 입체리듬이다. 밝음이 양쪽에 진치고 있다. 어두움이 안에 있지만 활 모양으로 되어 있어서 활을 당겨 조금씩 작은 발전으로 180°까지 간다. 사람이 건강해지고 학자의 연구소가 활발하게 움직이는 질서 — -- -- -- -- — (1구 2구 3구 4구 5구 6구)리듬 이다. 가운데가 어두움이지만 양쪽 처음과 끝이 밝은 열쇠를 두른 리듬[2)]이다.

1구는 '손 그늘 늪이라도'의 시조 문예미학리듬이다. 턱을 움직여 음식을 먹는 영양섭취의 시조 문예미학리듬이다. 신체를 건강하게 하는 리듬이다. 산은 풀과 나무와 짐승을 기르고 바다는 고기와 해

1) 그림, 이영지 『시조창작리듬론』 · 175. '열쇠의 리듬'

2) 참조 · 명지어문학 205 시조문예미학 20 · 시조창작리듬론 175-176 페이지 · 수정 참고 — --☰☱☲☳☴☵☶☷ ☰하늘 ☱(연못) ☲(불) ☳(우레) ☴(바람) ☵(물) ☶(산) ☷(땅).

초를 기른다. 사람은 음식을 섭취하여 그 육체를 기르고 하늘과 땅은 만물을 기른다. 사람에게 있는 마음을 잘 기르면 아주 소중하게 쓰일 수 있는 임금님의 지혜를 가지는 리듬이다.

- 그 그늘 높이라도 의미기호 -

2구: 한 자락 스며드는 리듬으로 시 쓰는 버릇 · 음식을 몸에 맞게 잘 먹는 버릇은 소중하다. 서로 호응하고 협력하여 만들어지는 리듬이다.

- 한 자락 스며드는 의미기호 ··

3구: 닭이 홰를 치며 새벽을 알리는 리듬이다. 생명을 보전 지속되는 리듬이다. 밝은 날이 오려는 징조이다. 마음으로 그리고 적중한 방법으로 준비한 자에게 닥아 오는 기쁨의 소리이다.

- 닭 울음 새벽소리 의미기호 ··

4구: 아랫사람에 의하여 목숨을 건지는 일이 있는 리듬이다.

- 하나로 날개 날아 의미기호 ··

5구: 작은 손으로도 행운의 열쇠는 열릴 수 있는 리듬이다. 아주 작은 재능으로도 아주 크게 하늘을 늘이어 열 수 있는 리듬이다. 우리나라 사람들은 위를 쳐다보며 하늘을 본다 하는데 바로 이 하늘이 아주 많이 늘이는 의미의 하 늘 하늘이다.

- 작은 손 의미기호 ··

6구: 하늘문은 바람 한자락 구름 나올 꿩[1]이 울게 하는 소리 하나로 열리는 리듬이다.

- 바람소리로 꿩이 울어 열리네 의미기호 -

우레와 산이 만나는 리듬은 아래턱과 위턱이 맞닿아 음식을 먹음으로 그 음식이 영양분이 되어 살아가는 리듬이다. 좋은 음식을 먹으면 건강하여 지고 좋은 책을 읽으면 사람이 변한다. 열쇠의 입체리듬이다. 새벽마다 기도하는 이에게 닥아 오는 행운의 시조 문예미학리듬이다. 좋은 친구를 만나 · 작품 문예미학리듬 · 연구를 열심히 하여 얻어지는 좋은 결과의 시조 문예미학리듬이다. 아주 작은 습관이 좋은 결과를 아주 크게 얻는 리듬이다.

우레와 산이 만나는 리듬은 + - - - - +의 시조 문예미학리듬이다. 양쪽에 하나님이 보호하고 있는 리듬이다. 아브라함은 하나님이 보호하여 신앙의 영웅인 동시에 믿음의 조상이 되었다. 축복을 받아 누리는 자의 리듬은 마음을 편안하게 하는 기적을 일으키는 리듬이다. 하나님이 보호하는 리듬이 규율을 잘 지키는 리듬이다. 무엇으로도 그 자리를 넘볼 수 없다. 그 분의 안에서 마음이 편안해지고 그리고 힘이 생성되는 때이다. 다른 말로 하면 나의 존재는 보호를 받는 자의 마음이 있어서 내 삶의 근원이 된다. 그것은 양쪽으로 양 리듬이 보호해주고 있다. 사랑으로 감싸주는 형상이다.

---

1) 우리문자: 갇 갆 갈 갉 갊 갋 갓 갔 갖 갗 가 갇 갸 걸 겁 건 거 긴 길 깃 깅 긇 간 갃 갂 갍 갚 갏 갊 갋 값 갌
갑 갋 갌 갑 갇 갋 갔 갇 갓 갔 강 갇 갇 갠 갱 갱 갑 갑 걍 걍 갼 걳 걺 걺 겂 겁 겊 겁 겆 겄 겆 겄 겅 겅 거
건 걸 검 겡 곁 겲 겹 곓 겨 겼 겯 겾 겄 겴 경 겡 곹 곫 곲 곯 곪 곲 곮 곮 곷 곴 공 곴 곪 곪 괎 괋 광 광 과
광 괴 권 펄 곤 골 굉 뿗 뽑 공 과 괘 괠 과 괘 괠 괣 괴 괸 굮 굯 굵 굴 굻 굶 굾 굴 굴 궁 궁 궁 굷 궁 귀 관
괌 광 괘 괎 괋 굉 궈 권 궈 궤 구 굴 궝 궝 궁 굽 굽 궁 규 관 궈 권 궈 궉 권 궐 궗 궝 궝 궝 궤 궬 궯 궹 귀
귀 궐 궒 궝 궝 긊 긋 긑 긋 긑 긊 글 긇 긁 긊 긊 긇 급 긎 긋 긍 긍 거 계 구 그 긆 긍 긔 긷 긺 긽 긺 긺 긼
깁 깁 깂 깁 깂 깁 깃 깄 깆 깅 깅 깅 개 갸 갼 걍 개 개 긄 긔 긔 갇 긴 게 긔 ㄱ 국 귝 근 근 굶 굴 굵 굷 굶
굶 굶 굶 굶 굷 굸 굻 굻 굻 굼 굽 굽 굽 굽 궃 궀 궀 궂 궁 궁 궀 궂 궂 굳 궇 거 건 겅 기 긱 긴 길 김 깁 깃
깅 깅 깂 깡 꽈 꺙 꿟 껍 껍 껆 꼚 꺄 꼉 꼽 꼬 꽁 꽝 꼽 꽁 꾀 꿇 꿁 꿀 꿍 꾸 꿟 꿩 꿔 꿰 꿇 꿉 꿉 꿔 뀐 꿩
꿩 꿩 뀌 꿩 끓 꿍 끓 꽝 낍 낑 낑 깨 끼 끼 꺼 끄

28) 28과 28일. 스무여드레 날 행하실 시조 문예미학리듬

(1) 28과 28일과 스물 여드레째 날

28과 28일은 '아실임 배 사모나' 히브리어 발음이다. 성경에서 28은 독립된 10의 2배가 되는 20 아실임 עֶשְׂרִים 아실임 · 20 · εἰκοσιν이 하나님이 아실임이다. 열 10 아시라 עֲשָׂרָה 아사라 · 열 · τεσσαρες의 복수 아실임에 8이 더하여 '28 아실임 배 쉐모나 עֶשְׂרִים וּשְׁמֹנָה 아실임 베쉐모나'이다. 28번째는 아실임 베 쉐모나로 28번째 쉐미니 아실임 שְׁמִנֵי עֶשְׂרִים 쉐미니 아실임이 아니다. 독립 수 27을 쓴다.

28일째는 성경에서 7가지 일들이 4번 일어난다. 그 예로 ① 이스라엘의 모습으로 부정 함 겔 36:29 · 돌 같은 마음 겔 36:26 · 하나님 이름 더럽힘 겔 36:22 · 이방에 흩어 짐 겔 36:19 · 수치 당함 겔 36:3-6 · 이방이 통치 겔 36:6 · 치욕 당함 겔 36:4 · 30 ②) 이스라엘의 억압자들에게 말씀하심 겔 36:5 · 수욕 겔 36:7 · 소유 박탈 겔 36: 10 · 11 · 이스라엘의 기업으로 주심(겔 36:12) · 이스라엘 칠 힘을 없애심 겔 36:13-14 · 이스라엘을 영화롭게 겔 36:22 · 하나님이심을 드러내심 겔 36:36 · 38 ③이스라엘에게 열국 중에서 취함 겔 36:24 · 이끄심 겔 36:24 · 깨끗하게 하심 겔 36:25 · 그의 신을 주심 겔 36:26 · 27 · 백성으로 삼으심 겔 36:28 · 풍성하게 겔 36:30 · 더 낫게 겔 36:11 ④ 기억 겔 36:31 · 선악 구별 겔 36:31 · 부끄러움 인식 겔 36:32 · 율례 겔 36:27 · 규례 겔 36:27 · 영원히 거함 겔 36:33 · 축복 겔 36:37 이다. 굳게 잡은 굽은 손 굽음 כ 카프 · 잡음[1]과 8 울타리 ח 헤트 · 지붕 ·

---

1) VTMMYS: 『스테판 원어 성경: The Stephen Korean Text of the Hebrew Old

울타리1)의 합 함 이미지 공유그리움이다. 곧 1 성부 · 2 성자 · 3 성령 · 4 피조물 · 5 구속 · 6 세상의 완전 · 7 성령의 완전 · 8 살찜 · 9 종말 예고 · 10 하나님 질서의 완전함 · 11 파괴와 영웅 · 12 통치적 완전 · 13 혈통 · 14 영적 완전의 혈통 · 15 하나님 은혜로 만들어진 행위 · 16 세상의 일 · 17 축복의 때 · 18 즐거움의 극치 · 19 심판과 연관된 하나님의 질서 · 20 기다림 · 21 영적 완전과 하나님의 완전함 · 22 해체 · 23 절망을 넘어 · 24 하늘의 통치와 경합 · 25 은혜의 본질 · 26 숨 쉼 · 27 성령 충만 · 27 성령 충만 · 28 일곱 가지의 4배량의 일들[2] 이미지이다.

㉘ 흑색 2
벽색 3 9
녹색 4

한국시조 문예미학이 가지는 6구의 9에 해당하는 때이다. 한 사람의 남다른 이야기가 단 몇 줄로 이야기 될 때이다. 이 6 9의 일화가 있다. 이 상(李箱) 시인은 그의 다방 이름을 이 6 9로 하였다. 초현실 기법이 지니는 메시지로 알고 있지만 사실은 전통의 우리 리듬 시조를 지시하는 6구 이미지로 본 연구자는 이해한다.

Testament Published by Institute of Biblical Languages』 · 서울: 원어성서원 · 2000. 히브리어 알파벳.

1) VTMMYS: 『스테판 원어 성경: The Stephen Korean Text of the Hebrew Old Testament Published by Institute of Biblical Languages』 · 서울: 원어성서원 · 2000. 히브리어 알파벳.

2) E. W 벌링거 · 장상선 감수, 『성경에 나타난 숫자 해설』 (서울: 나단 · 2001) · 242-246.

(2) 28일. 잘못을 바로잡는 시조 문예미학리듬

초장: 연못 → 중장: 바람 → 종장: 잘못 참조 주역 궤 28

연못 · 소녀 · 즐거움 · 서 · 입 · 양→ 바람 · 장녀 · 들어감 · 동남 · 다리 · 닭
(━ · ╍) · (━ · ━) · (╍ · ━) = (1구 · 4구) · (2구 · 5구) · (3구 · 6구)

호수에
센 바람에
그림을
휘는 사랑
달나라
우주나라
이 새벽 불러들여
나에게
바람이 불어 산봉우리 매놓다

- 「바람벼락」 이영지[1)]

1구: 초장: 연못 → 중장: 바람 리듬 기호 (━ · ╍) · (━ · ━) · (╍ · ━) = (1구 · 4구) · (2구 · 5구) · (3구 · 6구)의 입체리듬이다. 가운데 밝은 리듬을 중심으로 좌우 균형이 잡히어 있다. 절대자의 바로 잡아 줌이 있는 형상이다.

지금은 거센 바람이 불어 풍파가 인다.

- 호수에 센 바람에 의미기호 -

2구: 늙은 홀아비가 젊은 아내를 얻는다.

- 그림이 휘는 사랑 의미기호 -

3구: 너무 큰 사랑에 휘말린다. 휘청인다.

1) 그림, 이영지 『시조창작리듬론』 · 177. '위태위태 리듬'

- 달나라 우주나라 의미기호 --

4구: 나라가 흔들리지 않음은 새벽에 기도하는 백성들 때문이다.

- 이 새벽 불러들여 의미기호 --

5구: 늦게 붙은 불이 한 사람의 생애를 잘 살게 한다. 기도하는 사람이 있다

- 나에게 의미기호 —

6구: 자신에 넘치는 대하를 넘으려다 물속에 잠긴다.

- 바람이 불어 산봉우리 매놓다 의미기호 —

(— · --) · (— · —) · (-- · —) = (1구 · 4구) · (2구 · 5구) · (3구 · 6구)의 입체리듬은 ☱연못이 ☴바람을 만나는 리듬이다. 동양권에서는 가장 밑이 1번이 됨으로 ☱연못이 먼저 놓이고 그 다음이 ☴바람의 순서이다. 그러므로 연못이 아래 놓이고 그 위에 바람이어서 거센 파도가 연못의 본래 기능을 마비시킨다. 이러한 잘못은 결국 망하게 되는 리듬이다. 집안의 대들보가 약해져서 가정이 무너지는 형태이다. 너무 늙은 남자가 젊은 여자를 얻어 사망하는 형상이다. 그러나 이 잘못을 하나님은 바르게 놓고 있다.

아브라함이 너무 가난하여 먹을 것이 없자 아내를 팔아먹게 되자 하나님이 바로 잡아 아브라함의 아내를 찾아 주게 한다. 그러나 시조문예 리듬의 실체는 기도하는 사람이 있어서 이를 면하는 리듬을 늘 제공한다. 바로 요셉이 있음으로서 애굽이 지탱되는 형상이다.

29) 29와 29일. 스무아흐레 물에서 살아남는 시조 문예미학리듬

(1) 29와 29일과 스물 아흐레째 날

29와 29일은 히브리어로 '아실임 배 됐어'이다. 29는 독립된 10의 2배 20 아실임 עֶשְׂרִים(아실임 · 20 · εἴκοσιν)과 9가 더하여 '29 아실임 배 됐어 עֶשְׂרִים וְתִשְׁעָה(아실임 베팃스아)'이다. 아시라 됐어가 되는 29번째와의 그리움 사이이다. 굽은 손 굽 כ(카프 · 잡음)[1]과 지혜 이미지 9 테드 ט(테드 · 지혜)[2]의 합 함 이미지 공유그리움이다.

29번째 까지 오는 나열표기[3] 1 성부 · 2 성자 · 3 성령 · 4 피조물 · 5 구속 · 6 세상의 완전 · 7 성령의 완전 · 8 살핌 · 9 종말 예고 · 10 하나님 질서의 완전함 · 11 파괴와 영웅 · 12 통치적 완전 · 13 혈통 · 14 영적 완전의 혈통 · 15 하나님 은혜로 만들어진 행위 · 16 세상의 일 · 17 축복의 때 · 18 즐거움의 극치 · 19 심판과 연관된 하나님의 질서 · 20 기다림 · 21 영적 완전과 하나님의 완전함 · 22 해체 · 23 절망을 넘어 · 24 하늘의 통치와 경합 · 25 은혜의 본질 · 26 숨 쉼 · 27 성령 충만 · 27 성령 충만 · 28 일곱의 4배량의 일들 · 29 기대[4]이다.

---

1) VTMMYS: 『스테판 원어 성경: The Stephen Korean Text of the Hebrew Old Testament Published by Institute of Biblical Languages』 · 서울: 원어성서원 · 2000. 히브리어 알파벳.

2) Ibid.

3) Wall · R 지음: 이영현 옮김 『수리언어학』 (서울: 한신문화사 · 1987) · 3.

4) E. W 벌링거 · 장상선 감수, 『성경에 나타난 숫자 해설』 (서울: 나단 · 2001) · 340.

마방진색채수리 1 백색 · 2 흑색 · 3 벽색 · 푸른 돌 색 · 4 녹색 · 5 황색 · 6 백색 · 7 적색 · 8 백색 · 9 자색이 지닌 이미지가 강하다. 짙은 보라색이다. 바로 마지막 때를 의미하는 하순의 기대치이다.

㉙ 적색	백색	흑색	(7 6 2 15)	
백색	백색	녹색	(3 8 4 15)	45
황색	백색	자색	(5 1 9 15)	

한 달을 하루 혹은 이틀 남겨둔 나날의 시조 문예미학이 지닌 한 사람의 남다른 이야기가 총망라 된다.

노래를 들으려고
두 귀를 기울인다
눈빛을 꽃담[1]으로
사는 걸 조그맣게
안으로 점점 작게 한 텃밭에서 지금은

소리를 들으려고 간직한 목소리의
꽃 멀미[2] 그림으로 두 귀를 기울이다
처음은 잘 알아듣지 못했어도 지금은

자면서 들으려고 두 귀를 열어둔다
달콤한 꿈속에서 들으려 열어둔다
정말로 이 일로 하여 발 무늬다[3] 지금은

- 「열어놓은 귀」 이영지

1) 최기호 · 『사전에 없는 토박이말 2400』 (서울: 토담 · 1995) · 54.
2) 상동.
3) 최기호 · 『사전에 없는 토박이말 2400』 (서울: 토담 · 1995) · 187.

(2) 29일. 물에서 살아남는 시조 문예미학리듬

초장: 물 → 중장: 물 → 종장: 물에서 살아 가기 참조 주역 궤 29

물 · 중남 · 빠짐 · 북 · 귀 · 대지 → 물 · 중남 · 빠짐 · 북 · 귀 · 대지
(-- · --) · (— · —) · (-- · --) = (1구 · 4구) · (2구 · 5구) · (3구 · 6구)

검푸른 늪 바람에 회오리 늪 속에서
두 손의 몸무게를 두둥둥
물 위에로 낮으로
흐르는 물빛
물결 따라
넘는다

- 「물의 물을 만나」 이영지[1)]

1구: 초장: 물 → 중장: 물의 방향은 0° 방향이다. 그럼에도 물위에 뜨는 기적이 일어나는 리듬이다. 아름다운 리듬이 살아나는 (-- · --) · (— · —) · (-- · --)의 1구와 4구 · 2구와 5구 · 3구와 6구 날개모양이다. 물과 물로만 된 0° 방향 지시기호이다. 물로 가득하다. 물이 겹치지만 이 물 기호가 제시하듯이 양쪽 날개에 숨 쉴 수 있는 마음의 여유가 일어나는 리듬이다.

우선은 물에 빠진 상태이다. 절망과 좌절 의미 지시다.

공무도하 ; 임이여 물을 건너지 마오.
공경도하 ; 임은 결국 물을 건너네
타하이사 ; 물에 휩쓸려 돌아가시니

1) 그림 · 이영지 『시조창작리듬론』 · 21. '물 위에 뜨는 리듬'

당내공하 ; 가신님을 어이할꼬[1]

임이여 건너지를 말라고 하였더니
기어코 물 건너서 가시다 물에 빠져
이일을 어찌하오리 어찌하면 좋으리

- 번역 「공무도하가」 이영지

백수광부의 아내가 그 남편에게 강을 건너지 말 것을 간절히 말렸지만 기어코 물을 건너다 빠지게 되었다는 이야기가 전해진다,. 이 애절함을 악기에 올려 불렀다는 전설이다. 비유법이 되어 있는 이 시가 「공무도하가」는 다른 한 여인에게 빠져버린 사랑을 주제로 하기도 한다. 이 사랑의 늪은 중년 남성의 위험스런 상황으로 동서남북의 북을 상징한다.

고대 가요 황조가에서는 보다 더 애절하다.

편편황조
자웅상의
염아지독
수기여귀[2]

훨-훨 꾀꼬리가 나는데 나는 어찌

---

1) 公無渡河(공무도하) ; 임이여 · 물을 건너지 마오.
公竟渡河(공경도하) ; 임은 결국 물을 건너네
墮河而死(타하이사) ; 물에 휩쓸려 돌아가시니
當奈公河(당내공하) ; 가신 임을 어이할꼬

2) 성경린 · 『민요삼천리』 · 16:
翩翩黃鳥(편편황조)
雌雄相依(자웅상의)
念我之獨(염아지독)
誰其與歸(수기여귀).

암수로 합하면서 노는데 나는 어찌
홀로이 나만 홀로이 나는 어찌 할거나

- 이영지 역

아리랑 아리랑 아라리요
아리랑 고개로 넘어간다
나-를 버리고 가시는 님은
십리도 못가서 발병난다

이 아리랑 역시 사랑의 늪을 말한다. 아리랑은 'ari'와 'langh'이 합해졌다. 'ari'는 '사랑하는 임'이라는 뜻이다. 'ari'는 산스크리트 사전: 어리, 왕로 되어 있다. 따라서 사랑하는 님이다. 우리가 먹는 아리수는 좋은 물이라는 뜻이 된다. 아리랑의 '랑'은 '서둘러 떠나다'라는 뜻이다. 아리랑은 "사랑하는 임이 서둘러 떠나다"[1]이다.

- 검푸른 늪 바람에 의미기호 --

2구: 사랑의 문세는 여인을 떠나시는 이야기가 되지 않는다. 깊은 공유그리움이다. 이 삶이 전개되는 회오리 늪 속은 모든 시의 기본 동기가 되게 한 몸부림이 있다.

- 회오리 늪 속에서 의미기호 -

1) 喉舌無端自發生(후설무단자발생)
不知哀怨燭人情(부지애원촉인정)
可燐朝募新羅世(가린조모신라세)
已有恒聲巨今三十餘年前所謂此曲未從何萊遍于全土無人不唱基音哀怨基淫基操殺短蓄世之音至今有之名之曰(이유항성거금삼십여년전소위차곡미종하래편우전토무인부장기음애원기의음기조살단축세지음지금유지명지왈).

3구: 두 손을 휘저으며 몸부림칠수록 몸의 무게 때문에 물속으로 빠져든다. 살아남기 위해서는 두 손 무게를 아주 가볍게 한다. 아무것도 가지지 않는다. 살과 죽음이 교차되는 아슬한 절망을 넘어서려면 몸의 무게를 바다 위에 던지고 · 하늘 나는 새의 모양을 한다. 절대 무게는 물 위에 떠 있다.

- 두 손의 몸무게를 의미기호 ··

4구: 물속에 빠지더라도 다 죽는 것은 아니다.

①

전강(前腔) 달하 노피곰 도다샤어긔야 머리곰 비취오시라 어긔야 어강됴리 소엽(小葉) 아흐 아으 다롱디리 후월공전(後月空全) 져재 녀러신고요 어긔야 즌디랄 드리욜셰라 어긔야 어강됴리 과편(過篇) 어느이다 노코시라 금선조(金善調) 어긔야 내가논대 졈그랄셰라 어긔야 어강됴리 소엽(小葉) 아으 다롱디리

–자기 남편이 돌아오지 않자– 전라도 사투리로 번역하면
ᄃᆞᆯ하 ᄂᆞ피곰 도ᄃᆞ샤(오매 초승달아 하늘높이 오르샤)
어긔야 머리곰 비취샤(아 내 사랑하는 님의 머리꼬롬까디 에잉 환하게 비치랑께)
어긔야 어강ᄃᆞ리(우리 그이가 강으로 든다면)
아으 다롱ᄃᆞ리(어덯한디야 애닯프당께)
져재 녀러신고요(젓은데 내리신데내려부렸네랑께)
어긔야 즌ᄃᆡᄅᆞᆯ 드ᄃᆡ욜셰라(우리 님이 진데를 디뎌밟아부리면)
어긔야 어강됴리(우리 사랑하는 님이 강 속으로 빠져들러)
어느이다 ᄂᆞ코시라(어디나 놓고 계시랑가)
어긔야 내 가논ᄃᆡ 졈그ᄅᆞᆯ셰라(사랑하는 님이 가는 길에 어두워부려)
어긔야 어강됴리어긔야 어강됴리(우리 사랑하는 님이 강속으로 빠져들러)
아으 다롱디리아으 다롱ᄃᆞ리[1](어덯한디야 애닯프당께[2])

- 「정읍사」

---

1) 정읍사(井邑詞) - 어느 행상인의 처 <악학궤범> 정읍사는 시조 3장에 근거하고 있다. 박성의 상고가요 『한국가요문학론사』 · p. 4.

2) 강상원 · 스페셜 테마 8 정읍사(井邑詞) 해설 참조 20160824.

오오오 초승달아 님 머리 비쳐다오
어디에 지나나요 어쩌다 진 데라면
오오오 헛발을 디뎌 놓을가봐 오오오

- 이영지 역

②
살어리 살아리랏다
청산에 살어리 랏다
멀위랑 ᄃᆞ래랑 먹고(머루랑 다래랑 먹고)
청산에 살어리 랏다
얄리얄리 얄랑셩 얄라리 얄라
우러라 우러라 새여
자고니러 우러라 새여
널라와 시름한 나도
자고니러 우니 노라
얄리얄리 얄랑셩 얄라리 얄라

가딘 새 가던 새 본나
물 아래 가던 새 본다
잉무든 장글란 가지고
믈 아래 가던 새 본다
얄리얄리 얄랑셩 얄라리 얄라

이링공 뎌링공 ᄒᆞ야(이릴공 저링공 하야)
나즈란 디내와 손뎌
오리도 가리도 업슨
바므란 ᄯᅩ엇디 호리라(밤에란 또 엇지 하리오)
얄리얄리 얄랑셩 얄라리 얄라
어듸라 더디던돌코
누리라마치던 돌코
ᄆᆡ리도 괴리도 업시
마자서 우니 노라
얄리얄리 얄랑셩 얄라리 얄라

살어리 살어리 랏다
바ᄅᆞ래 살어리 랏다(바라래 살어리 랏다)

ᄃᆞᄆᆞ자기 구조개랑 먹고(다마자기 구조개랑 먹고)
바ᄅᆞ래 살어리 랏다(바다에 살어리 랏다)
얄리얄리 얄랑셩 얄라리 얄라

가다가 가다가 드로라
에정지 가다가드로라
사ᄉᆞ미 짒대에 올아셔(사슴이 짐대에 올라서)
혜금을 혀겨를 드로라
얄리얄리 얄랑셩 얄라리 얄라

가다니 ᄇᆡ브른 도ᄀᆡ(가다니 배부른 독에)
설진 강수를 비조라
조롱곳 누르기 ᄆᆡ와(조롱곳 누르기 매와)
잡ᄉᆞ와니 내 엇디 ᄒᆞ리잇고(잡사와니 내 엇찌 하리잇고)
얄리얄리 얄라셩 얄라리 얄라

- 악장가사의 「청산별곡」

③
산도 살아
나무도 살아
어린풀도 살아
저저기에도 살아
둥글글 수박도 살아
화분그릇이끼도 살아
근질근질내심장도 살아
내이흰이피부도드디어 살아
이흰이피부도드디어 색으
흰이피부도드디어 으로
이피부도드디어 로탈
피부도드디어 탈바
부도드디어 바꿈
도드디어 꿈할
드디어 할것
디어 것이
어 이다
다

- 「녹색바다」 이영지

물에서 살아남는 방법으로 달을 쳐다보고 하늘을 바라본다. 물의 지시공간은 언제나 물의 빠짐만을 알리려 하지는 않는다. 우리의 몸속도 물의 공간이다. ①에서 달을 향한다. 눈을 높이 든다. 나아가는 곳은 ②에서와 같이 현실에 적응하는 마음이다. 청산과 머루와 다래를 따러 산으로 간다. 이 순수유추로 인한 삶의 신성성을 사모하는 청산 그리움이 있다. 현실은 울음이 있는 삶이지만 그래도 한사코 이 현실을 시인은 청산을 그리움의 시로 승화시킨다. 꿈을 잃지 않으며 살아가는 슬기로움[1]이 있다. ③에서와 같이 흰 피부가 녹색이 되는 푸르름을 지향한다. 이 푸르름은 삶의 푸르름으로 나아가는 길이다. 걱정하는 마음의 깊이 푸르름이 있다.

산유화가에서는 이 물에 빠짐 뒤에 태어나는 꽃이 있다.

낙동강 검푸른 물 벽보다 더 푸르고
애 끊는 봄노래가 물결의 모래 밟아
아가씨의 붉은 눈물에 아롱지며 피어라[2]

- 이영지 역

---

1) 작품배경: 물과 물의 만남의 의미는 초장: 물 중장: 물 종장: 위험에서 구출이다. 참조 · 한국문예연구 22-24 · 명지어문학 198. 204 시조문예미학 20 · 시조창작리듬론 21-29 페이지 · 수정 여요전주(양주종저 · 을유문화사 · 1955).

참고: ⚊ ⚋ ☰☱☲☳☴☵☶☷ ☰하늘 ☱(연못) ☲(불) ☳(우레) ☴(바람) ☵(물) ☶(산) ☷(땅).

2) 洛東燃水碧沙(낙동연수벽사) 腸斷荀歌韜浪沙(장단순가답랑사) -산유화가 1편. 如見貞娥紅漏滴滿山豊爐血斑花肅宗二十四年善山民婦香娘夫死守節父母欲奪志乃作此曲而哀之投洛東江而死世傳基曲今之메너리(여견정아홍루적만산풍토혈반화숙종이십사년선산민부향낭부사수절부모욕탈지내작차곡이애지루낙동강이사세전기곡금지메너리).

숙종 24년 선산의 향랑 이라는 여인이 남편이 일찍 죽고 나도 절개를 지키는데 부모가 그의 뜻을 어기려 하자 노래를 짓고 낙동강 물에 빠져 죽었다고 한다. 그러나 그 죽음의 자리에 한 송이 아름다운 꽃이 피어난 이름이 산유화이다. 일명 메나리이다. 마음이 피어나는 한국여인의 정절을 강조한다. 한국문학 속에서는 물의 늪이 빠져죽음을 의미하려 하지 않고 아름다운 정절 뒤에 남은 사랑을 높이 세우려 한다.

- 두둥둥 물 위에로 의미기호 ··

5구: 물의 흐름을 자연으로 받아드리는 물 맞음이다. 한국시의 특징은 더욱이 자연에 순응하면서 살아가는 초월성을 드러내려 한다.

동경명기월양
야입이유행여하
입양사침의견곤
각모이시사양라
이혜은오하어질고
이혜은수지하언고
본의오하시여마어은
탈질양을하여위리고[1]

---

1) 東京明期月良(동경명기월양)
夜入伊遊行如何(야입이유행여하)
入良沙寢矣見昆(입양사침의견곤)
脚烏伊四是良羅(각모이시사양라)
二兮隱吾下於叱古(이혜은오하어질고)
二兮隱誰支下焉古(이혜은수지하언고)
本矣吾下是如馬於隱(본의오하시여마어은)
奪叱良乙下如爲理古(탈질양을하여위리고)

식ᄫᆞᆯ ᄇᆞᆯ긔 ᄃᆞ래(서울 밝은 달 아래)
밤드리 노니다가(밤늦께까지 노니다가)
드러ᅀᅡ 자리보곤(들어 와 자리 보니)
가ᄅᆞ리 네히어라(가랑이 넷이어라)
들흔 내해엇고(둘은 내해이고)
둘흔 뉘해언고(둘은 뉘것인고)
본ᄃᆡ 내해다마ᄅᆞᆫ(본래 내해다마는)
아ᅀᅡᄂᆞᆯ 엇디ᄒᆞ릿고[1](앗아가니 어찌하릿고)

- 「처용가」

서울의 밝은 달에 밤들이 노니다가
들어와 자리 보니 가랑이 넷이어라
두개는 내해이지만 다른 둘은 뉘거뇨
본디가 내해이지만 앗아가니 어쩔고

- 이영지 역

한국에서 오래도록 전승되는 처용가는 물에 빠진 일을 이미지로 한다. 아내가 다른 남자에게 빠진 일을, 누구를 원망하기 보다는 하늘의 뜻으로 받아들인다. 이러한 의식은 오랜 전통이 되면서 마음 무게마저 내려놓는 방법이다. 물 한 방울로 물과 함께 어울리는 물무리가 되어 있다.

저희들은 물입니다
물이로 늘어선 물입니다

그대들을 모시라는 명령을 받은 물입니다
애굽 무리 밀려 밀려오면
쫓겨서 그대들 밀려밀려 바다로 무리무리 뛰어 들어 오시면

발길 잘 지나가시라고 얼른얼른 무리무리로

1) 양주동 · 『여요전주』(서울 · 을유문화사 · 1955),147.

좌우로 물러나며 물 무리 물기둥으로
그대들 지나가시도록 하라는 명령을
받은 물 무리 무리입니다

지나가시는 물밑바닥에 물 무리 물러나고
반짝반짝 빛나는 은모래 깔고
반짝반짝 화사한 햇살을 모아놓고
호리라도 명령이 어긋날까봐 물 무리 좌우로 보초 서며
200만 그대들이 다 지나가실 때까지
하늘을 향해 한 점 부끄럼이 없는
하늘 쳐다보며 물의 눈을 달고
맑은 눈동자로 그대들을 향해 화사하게
소고 치며 삼현육각나팔로
바앙바앙

다 무리무리 다 지나가시자 바앙바앙 물문을 닫았습니다
닫으라는 명령을 받은 물 무리입니다
바아아앙 방방

- 모세의 노래 - 출 15:1-21 이영지
- 물 무리 의미기호 -

6구: 물결 속에서 살아남는 일은 첫째 그 물을 다 들이키는 거대한 이미지로 설명될 일이다. 곧 삶의 물결을 소화하여 내 것으로 만드는 일이다. 비록 손발이 묶여 있는 상황이지만, 바로 사람의 힘으로는 아무런 소용이 없지만, 너무 큰 어려움 앞에서는 하나님 뜻에 맡기는 일이다.

- 낮으로 흐르는 물빛 따라 넘는다 의미기호 --

물 → 물의 6구 입체리듬은 (-- · --) (— · —) (-- · --)의 어울림이다. 위에서 보이는 물과 물의 시조 문예미학리듬은 양쪽 날개를 펴듯이 아름다운 리듬의 어울림이 이 물결리듬을 타고 하늘로 오르는 리듬을 만든다. 사람은 그 물 속에서 한 점의 물이 되어 그 무게를 가볍게 타면서 물 위에 떠 살아남을 수 있다. 물결의 높낮이에 따라 하나의 물방울 리듬이 된다. 시인의 시조 문예미학리듬에 동승하는 생명의 구출리듬은 시인의 삶이 얼마나 행복한지의 증명이다. 때로는 높다가 때로는 낮다가 한다. 리듬을 탄다.

뵙네요
행복함에
든 사랑 받으세요
은혜를 뵀네요오
눈빛을 받으세요
눈으로 바라봄으로 받으세요 눈빛을

- 「행복함에 든 사랑 받으세요」 이영지

사랑이
막 울어서
가만히 등 두드려
주면은 울음이랑
웃음이 바뀌어 진
나날이 옵니다요오 힘내세요 힘내요

그리움
막 울어서
가만히
등 두드려
주면은
만남으로
사랑이
된 보고픔
나날이 옵니다요오 힘내세요 힘내요

-「힘 내세요」 이영지

30) 30과 30일. 서른 날 불 밝히는 시조 문예미학리듬

(1) 30과 30일과 서른째 날

30과 30일은 성부와 성자와 성령의 힘이 합하여 지는 3이미지와 이의 10곱이 되는 30의 이미지를 공유한다. 새로 셈의 독립된 3 셋 새로 사 שְׁלֹשָׁה 쉐로솨 · 셋 · τρεις와 셋째 새로 시 שְׁלִישִׁי 쉐리시 · 셋째 · ANOMS · the third · τριτη · τριτος · 창 1:13는 서로 공유하면서 이의 10곱인 30과 '30일 새로 셈 שְׁלֹשִׁם새로 셈 · 30 · τριάκοντα' '30째 새로 쉼 שְׁלֹשִׁים 새로 쉼 · 30번째 · ANOMS · τριάκοντος' 공유그리움이다. 이 30이라는 히브리어는 소몰이막대로 표시되는 글자 라메드 ל라마드 · 가르치다 · 채찍질하다가 큰 역할을 한다. 왕의 홀이나 목자를 상징한다. 올바르게 교육한 의미 30과 30일 · 서른째는 청장년으로서의 이미지이다.

빨간 꽃 꽃들의 봄
빙그을 돌아간다
목마른 그리움이
입술에 젖가슴에
묻히며 꽃구름으로
대~한~민~국
여기는

스크린 앞에 앉아
빨갛게 묻어나는
당신의 꿈 자욱이
머리에 얹혀진다
온 지구 흔들어 가는
대~한~민~국

여기는

당신을 사랑하여
그래도 모자라서
그리움 십자가에
사랑에 맞히려고
가슴에 입술에 달고
손뼉을 달고 대~한~민~국 당신 품

- 「대~한~민~국」 이영지

하고 싶은 일의 소망을 나타내려 하는 리듬이다. 그러기 위해 강력한 소몰이 막대 라멧 ל라멧 · 소몰이 막대 · 하나님의 채찍[1] 이미지로 시조 문예미학리듬을 탄다. 그리스도 사역시작의 때 알림 공유그리움이다. 예수님 공생사역 30세 시작 곧 1 성부 · 2 성자 · 3 성령 · 4 피조물 · 5 구속 · 6 세상의 완전 · 7 성령의 완전 · 8 살찜 · 9 종말 예고 · 10 하나님 질서의 완전함 · 11 파괴와 영웅 · 12 통치적 완전 · 13 혈통 · 14 영적 완전의 혈통 · 15 하나님 은혜로 만들어진 행위 · 16 세상의 일 · 17 축복의 때 · 18 즐거움의 극치 · 19 심판과 연관된 하나님의 질서 · 20 기다림 · 21 영적 완전과 하나님의 완전함 · 22 해체 · 23 절망을 넘어 · 24 하늘의 통치와 경합 · 25 은혜의 본질 · 26 숨 쉼 · 27 성령 충만 · 27 성령 충만 · 28 일곱 가지의 4배량의 일들 · 29 기대 · 30 사역시작[2] 이미지이다.

30일의 색채리듬은 정녕 당 할 자가 없는 혈기와 용기를 가진 적색의 리듬을 필두로 초장과 중장과 종장으로 자리를 옮기

---

1) E. W 벌링거 · 장상선 감수, 『성경에 나타난 숫자 해설』 (서울: 나단 · 2001) · 336.

2) Ibid.

면서 초장에서 꿈을 들어낸다. 그리고 중장은 보다 현실적인 이야기를 하게 되고 종장에서 초장과 중장의 결과를 나타낸다.

㉚ 적색	벽색	황색	(7	3	5	15)	
백색	백색	백색	(6	8	1	15)	45
흑색	녹색	자색	(2	4	9	15)	

마방진색채수리는 1 백색 · 2 흑색 · 3 벽색 · 푸른 돌 색 · 4 녹색 · 5 황색 · 6 백색 · 7 적색 · 8 백색 · 9 자색 중에서 3이 지닌 그리움의 색이 가장 짙은 때이다. 아브라함이 물에서 · 말씀에서 말씀의 힘으로 일어나는 때이다.

눈물이 내리네요 눈과 눈 만나네요 하늘을 쳐다보며 당신의 뜻을 알려 마주해 말씀[1]만으로 눈 안에서 사세요

비에만 계시[2]네요 은혜의 단비 흠뻑 내리자 애굽 군에 맞불[3]로 물 속에 넣으시려 물밀며 올라[4]오시는 그 은혜에 계세요

물에서 살아남는 은혜를 받으세요 눈으로 마주만나 말씀[5]에 좌정하신 영광[6]을 받으신 이름 받으세요 사랑을

- 「물을 먹고 살며」 이영지

---

1) (아 1: 15 · 5: 12 · 7: 4).
2) גֶּשֶׁם(게쉠 · 비 · 창7: 12).
3) מַבּוּל מַיִם(맙불 마임) הַמַּבּוּל מַיִם(함맙불 마임 · 창 6: 17) · וְהַמַּבּוּל מַיִם(베함맙불 마임 · 홍수 · 창 7: 6) · מֵי הַמַּבּוּל(메 함맙불 · 홍수 · 창 7: 7) · וּמֵי הַמַּבּוּל(움메 함맙불 · 홍수 · 창 7: 10) · הַמַּבּוּל(함맙불 · 홍수 · 창 7: 17 · 9: 28 · 10: 1 · 32) · מִמֵּי הַמַּבּוּל(밈메 함맙불 · 홍수 · 창 9: 11) · מֵי הַמַּבּוּל(메 함맙불 · 홍수 · 9: 28) · · לַמַּבּוּל(람맙불 · 홍수를 위하여 · 시 29: 10).
4) מִלְמַעְלָה(밀매 올라 · 오름 · upward · 창 7: 20).
5) (창 7: 19~20).
6) כְּבֹדֶךָ(켑보데하 · 영광 · 출 33: 18).

(2) 30일. 불 밝히는 시조 문예미학리듬

초장: 불 → 중장: 불 → 종장: 물에서 불 밝힘 참조 주역 괘 30

불 · 중녀 · 붙음 · 남 · 눈 · 꿩 → 불 · 중녀 · 붙음 · 남 · 눈 · 꿩
(━ · ━) · (-- · --) · (━ · ━) = (1구 · 4구) · (2구 · 5구) · (3구 · 6구)

불
로
서
불을 켠다
어둠을 뚫으려고
마음의 옷을 입고 불속에 뛰어든다
나로 해 그림자 얼굴 화안하게 빛난다

-「불이 불을 만나」 이영시[1]

1구: 초장: 불 → 중장: 불의 불이 불을 만나는 방향은 0° 방향이다. 온통 방 안에 불이 환하게 켜져 있다. 불로 가득한 의미기호 불 0° 방향 지시기호이다. 불이 겹치는 양 ━기호가 충만하다. ☲[불] 불 기호가 지시하듯이 불이 불을 만나는 리듬이다. 눈에 불을 켜고 라는 말을 하듯이 불 밝음을 드러낸다. 이 불은 가장 개성적인 여유로움 특권이다. 그것은 가장 맛있는 꿩으로도 비유된다.

불이 지닌 프로메테우스 콤플렉스는 인간의 동경과 갈망이다. 반항의 불은 남이 자기보다 나아지는 것을 금하면서도 지식을 보급한다. 신은 신들만의 소유물인 불을 몰래 훔쳐 인간에게 나누어 준다. 그러나 신보다 우월 하여질까 우려한다. 엠페도글레콤플렉스는 자

---

1) 그림 · 이영지 『시조창작리듬론』 · 29. '스스로 태우는 리듬'

신이 되려 애트나 화산에 뛰어들어 이 세상과 저 세상을 연결하려 든다. 노발리스콤프렉스란 원시시대로 돌아가기 바라는 원초적 사랑의 요소를 가리킨다. 두 개의 사물이 마찰을 통해서 불이 태어나듯이 남자와 여자 사이의 마찰도 성적인 불이 강렬해지며 열기를 얻게 된다. 호프만 콤프렉스는 불과 다른 요소와의 결합을 말한다. 불이 공기와 결합하면 하늘로 올라가서 양이 되고 대지와 결합하면 음이 된다. 특히 알코올은 불이 물과 결합한 상태로서 사람 몸속에 불을 일으킨다. 한국인의 가슴, 통일 불이다. 국토회복의 길목. 통일이나 조국수호의 염원 문제는 실제 시조 문예미학에서 가장 많이 다루는 한국인의 정서이고 염원이다. 시조 문예미학에서의 국토회복은 염원이지만 그 방법에서 소중한 조심이 투영되어 있다.

증언의 문학이기도 한 분단된 조국이 시적 주제가 시조 문예미학에 있다. 환단 고기桓檀古記가 전해주는 기록이 사실기록의 증명이 되게 하는 단군이 현대시점에서 과학적 증명이 뒤따르는 이 즈음에 좀 더 구체적인 자긍심과 현명한 대처가 필요한 때이다. 문학 충동만으로 되는 것이 아니다.

송선영의 시조 문예미학의 시적 은유가 있다.

사랑채
먼 송화강
그 달빛이 출렁인다

- 「하늘 눈1」 송선영

고구려 발해 애들이
손뼉을 치고 노는

삼지창
하늘을 날은다
말굽소리 바람소리

- 「하늘 눈6」 송선영

여보오
강 저편 조마타고
백의 하나 사라진다

- 「하늘 눈8」 송선영

북녘 땅이 송선영 시조작가의 시조 작품 속에서 통일로 되어 있다. 사랑으로 회복되어 있다. 백의 · 발해 · 송화강은 의식의 비전 위에 있다. 이 정신적인 충족감은 3 · 8선 그 너머 송화강 까지 자유로운 상상력 속에서 현실을 뛰어 넘는 불을 켜고 있다. 상식의 편견에서 해방되어 있다. 통일 상황은 시적 환상을 통해 뚜렷해진다. 송화강 5천리가 있다. 3천리보다 더 광활하다.

눈 속에 긴 그리매 먼 메아릴 듣고 있다.
뚜수리까의 턱수염이 돌풍에도 아니 날린다
처녀림 오싹은 정직 절뚝이고 가는 사람

천지여 할아버진 어느 녘에 잠드신고
만나서 웃고 싶다 오 왕조의 할아버지
한 모금 목을 축이고 심 모아 불을 지펴

먼 부여의 고을마다 보랏 놀이 드리우고
송화강 굽이굽이 말울음이 번지는가
발아래 5천리 강산 바람 속에 바람소리

- 「하늘 눈9」 송선영

현실을 초월했다가 다시 현실로 돌아와 있다. 상반된 세계이다. 의지의 세계와 현실 세계가 투영되어 있다. 바람소리는 이 세계를 뛰어 넘고 있다. 돌풍에도 끄덕이지 않는다. 턱수염으로 표출되어 있다. 바람 속에 바람소리로 된 시조 문예미학의 복합 은유이다. 우주를 손아귀에 넣고 있다. 시조시인의 신화 세계이다. 통일의 염원 즉 분단인 슬픔의 세계를 독립신문의 이미지로 통일되어 있다.

슬픔일랑 쓰러 안고 가버린 세월 안에
골짜구니에 가로 누워 울어 예는 이 여울이여
골골이 피맺힌 사연 가슴 아픈 메아리

- 「설야」 송선영

귀먹은 눈 밝히며 눈 멀은 귀 밝히며
굳어 버린 돌 가슴에 사랑을 밝히며
대안의 동자를 바라 살아있는 십자가여

- 「대안」 송선영

아아 이 땅 이 황역 흙 속에 스민 목소리
고구려 발해 애들이 손뼉을 치고 노는
삼지창 하늘을 나른다 말굽소리 바람소리

저 고래실 동구 앞 머흘디 머흔 여울소리
설중행의 독립신문 화주로 물 녹이는
오밤중 등불을 챙기는 움집속의 뿔피리

- 「하늘 눈6」 송선영

현실너머의 미지 세계가 투영되어 있다. 과거에 일어났던 일들이 현실의 가능성으로 투영되어 있다. 독립신문이 발행된다. 발행 장소는 미래의 일로 현실감각을 재촉하고 있다. 역사 현장을 통해 민족

의식의 자생을 북돋운다. 굳게 믿는 강철 마음의 세계이다. 이것은 마음의 불을 켜는 시인의 소중한 신념이다. 언젠가 이루어질 일이다. 화주로 비유되고 있다.

- 화주로 불을 켠다- 물 무리 의미기호 -

2구: 불과 불의 2구적 음양의 지시기호는 음이 된다. 따라서 불과 불의 만남에 있어서 불이 양쪽으로 무엇에 의해 막혀 있으면 답답할 것이다. 그 답답함이 겉으로 강하게 표출되는 것이기도 하다. 의미기호가 예시하는 바와 같이 상징성지시기호는 양쪽이 꽉 막힌 우리 안에서의 불이 밖으로 비춰나가고 있다.

즈믄 해를 버티고 또 즈믄 해를 걸며 예는
대왕은 잠시도 눈을 감지 못하나니
거친 벌바람에 날리는 옷자락이 감겨들어

- 「하늘 눈11」 송선영

즈믄 해를 버티고 즈믄 해를 갈며 예는 대왕이 있다. 단군암시이다. 더구나 한국민족은 우리의 집단 단체로 투영된다. 현실의 시점이 어떤 작용이나 기능이 다른 기능에 의하여 무력화 되어있지만 그리고 금지 상태이지만 시조시인은 그칠 줄 모르는 비전의 꿈을 시조 문예미학을 통해 가능하게 하고 있다. 바로 미래의 현실이다. 환상을 일으킴에 자신을 충분히 집약 시킬 수 있는 통일에의 꿈이 반복되고 있는 송선영 시조 문예미학은 초현실성을 띄게 한다.

브르통은 어려서 보들레르 · 말라르메의 영향을 받고 후에는 프로이드 정신분석학의 관심을 가진다. 어느 날 막 잠이 들려는 순간

깨어 있을 때와는 다른 몽롱한 의식으로 다가온 브르통에 의한 선언에서 밝혀진 쉬르리엘 리듬은 의기양양한 자동현상이다. 참다운 움직임이 초현실적으로 나가기를 주저하지 않고 있다. 그것은 어떤 영상형식의 뛰어난 실존성에 대한 굳건한 신뢰의 근거를 두고도 꿈의 전능과 사고의 비타산적인 활동에 대한 신뢰에 근거를 둔다. 이 꿈은 이루어지고 만다. 한 마음의 메카니즘 결정으로 파괴될 수 있다. 그러나 이에 대신하여 당면 문제의 해결을 목적으로 한다. 이처럼 송선영 시조 문예미학에서의 한반도 분단 문제는 통일 현실가능성을 열어둔다.

보게나 솟는 해의 가슴에 새긴 화인
벼랑 밑 무릎 꿇고 눈 비 해체 향 사루는
젊은 꿈 심령의 화살이 붕의 하늘을 나른다

- 「화랑소고7」 송선영

화랑의 몸에 새긴 화인은 젊은 화랑장이다. 선인들의 이상과 지조가 된다. 불로 도장을 새긴 통일 확신의 하늘은 마치 찬기파랑가와 화랑정신과 같다. 음울한 시대를 초월한 드높은 시인의 의식은 과거의 현재와 미래를 연결한다. 신라를 통일한 그 힘이 다시 일어나 미래의 세계를 열고 있다.

옛날의 그 화랑정신의 세계와 동일시된다. 최남선의 「창난마음」 · 정훈 「모다 나오너라」 · 박병순 「산촌 6」 · 서벌 「평양유한」 · 김기호 「대장경관」 · 이상범 「방화사」 · 정재호 「충무공동상」 · 이복숙 「3 · 2절 노래」 · 장정문 「봄의 찬가」 · 김효경 「조국」 · 박평주 「설원서설 1 · 2 · 3 · 4 · 5」 · 「선인장의 변」 · 「백서초」 · 「포화」 · 「이 천지 어느 곳에」·「자유종」·「파편의 영원」·조종현「나도 푯말이 되어 살고 싶다」·「아 그날이여 오늘이여」·장정모「봄의 찬가」·김월한「서원」·「하구」·전원범「임진강」·송선영「휴전선」·「설야」·「노래」·「하늘눈 1」·「하늘눈 2」·「하늘눈 3」·「하늘눈 4」·「하늘눈 5」·「하늘눈 6」·「하늘눈 7」·「하늘눈 8」·「하늘눈 9」·「하늘눈 10」의 시조 문예미학에서 통일 염원의 불은 곧 고시조 문예미학의 임금을 향한 충성의 불과 연계된다.

이 힘은 사실 한국시조 시인들의 시조 문예미학을 지탱하는 힘이다. 조국에 대한 통일의 불을 주제로 한 작품들은 최남선「창난 마음」에서 애국심」·정훈「모다 나오너라」에서 나라 공경·박병순「산촌 6」에서 3·8선아 무너져라·서벌「평양유한」에서 통일·김기호「대장경관」에서 조국을 구하는 방법·이상범「빙하사」에서 기적이여 일어나라·정재호「충무공 동상」에서 겨레 앞날 밝히소서·이복숙「3·1절에서」애국심·장정문「봄의 잔가」에서 통일·김효경「조국」에서 조국수호·「절경서설4」조국분단·「절경서설3」조국수호·「절경서설4」조국숨결·「절경서설5」에서 이북 땅을 찾고 있다.「선인장의 변」참고 기다리는 통일·「백서초」불사조로 있는 조국·「포화」북을 향해 포화를 쏜다.「이 천지 어느 곳에서」국민 모두 바라는 통일·「자유종」에서 종이 울려라·「파고다의 염원」애국심·조종현「조국의 하늘」북한아 깨우쳐라·「나도 푯말이 되어 서고 싶다」국군과 같은 마음·「아 그날이여」조국이여·장정문「봄의 찬가」통일·김월한「서원」조국사랑·「하구」통일·잔원범「임진강」통일염원·송선영「휴전선」·「설야」·「노래」·「하늘 눈2」통일 염원·「대안」·「하늘소고」·「하늘 눈1」·「하늘

눈3」·「하늘 눈4」 분단 현실·「하늘 눈5」 일본시대의 삶·「하늘 눈6」 독립을 희망하는 때·「하늘 눈 8」 독립은 민족이 이룬 것·「하늘 눈10」 일제 하의 생활·「하늘눈 11」 광개토왕 비·조국수호·「화랑소고」 화랑의 조국애·「화랑소고2」 화랑의 슬기·「화랑소고1」 화랑의 조국애·「화랑소고2」 화랑의 슬기·「화랑소고3」 조국애·「화랑소고4」 죽음을 무릅쓴 삶·「화랑소고5」 의의 삶과 그를 위한 이별·「화랑소고7」 정신세계의 완성·「전야월」 통일에의 소망·「통일염원」 통일이여 오라·「해돋이」 조국의 영원을 기대함·「동해 바닷 속의 돌 거북이 하는 말」 조국수호·「묘비명」 조국을 위해 죽음·「압록강」·「벽」 통일에의 기대·「한강교」 묵원·「보신각종」 통일에의 염원·「산하일기」 비원·「삼월의 꽃 이파리」 통일에의 기대·김효길 「하늘환상곡2」 조국사랑·「단독비행」 「하늘 날며 조국 지키고」·「눈 오는 밤」 조국이여 일어서라·정소파 「서탑」 에서 조국이며 여전히·「영의 합환도」 조국이 잘 되기를 빔·「슬픈 조각달」 슬픈 조각달이 되지 말기를 주제로 하고 있다.

이러한 애국정신은 고시조와 연계된다.

> 방안에 혓는 촛불 눌과 이별 ᄒᆞ엿관ᄃᆡ
> 눈물을 흘리면서 속 타는줄 모르는고
> 우리도 져 촛불 ᄀᆞᆺ도다 속 타는줄 모르노라
>
> -「방안에 혓는 촛불」 이개

단종에 대한 연군의 정염은 의금부사로 있으면서 단종을 영월까지 호위했던 왕방연의 작품에서 사랑한 님을 보내고 애타는 마음의 불이 된다.

미나리 한 펄기를 캐여서 싯우이다
년대 아니아 우리 님꾀끠 바자오이다
맛이아 긴치 아니커니와 다시 십어보소서

- 역대시조선 52

이 불은 어둠을 뚫으려 탄다.

까만 밤 등불이죠 빛이죠 어둠에서
노래의 불꽃이죠 비치죠 한강에서
빌딩의 차창 빛이죠 눈빛이죠 빛바다

- 「꽃밤」 이영지

하늘이 구름 스민 물살을 견디느라
잠잠히 열한 달을 잠잠히 눈금 짚어
그리움 타는 강가에서 오늘까진 열하루

한 밤에 문 열고는 진달래 꽃집 간다
없어진 꽃 뿌리야 찾아진 꽃 뿌리야
새벽이 열리어 오면 뫼 부리에 가야지

오늘은 땅 속에서 달궈진 응어리나
꽃잎이 화안하다 무뎌진 어머님 손
예사 듯 너그러운 듯 꽃 문 여는 진달래

- 「꽃뿌리」 이영지

- 어둠을 뚫으려고 의미기호 --

3구: 불의 3구적 지시기호는 양 ━이다. 따라서 불은 마침내 활활 타오른다.

- 황금의 옷을 입고 의미기호 ━

4구: 의미지시기호는 양이다. 또 하나의 불을 보고 달려드는 부나비의 모습 · 그것은 불을 보고 죽음으로 뛰어드는 삶의 실체이다.

또한 불을 보는 자의 마음이기도 하다. 불에 뛰어드는 자는 이미 그의 마음속에 죽음이 준비되어 있다. 무엇이든지 그것이 통일 · 연구 · 사업이든 죽음을 각오하고 열심히 하는 자는 죽음을 두려워하지 않는다.

- 불 속에 뛰어 든다 의미기호 ━

5구: 불과 불이 만나는 5구의 의미지시기호는 음 ╍이다. 눈물 흘리는 촛불 · 불로 끓어 넘치는 가마솥의 김 · 태양아래 열로 오른 수증기 · 이 찬연한 빛과 그 빛의 뜨거움에서 나오는 끈끈한 액체는 왕이 눈물 흘리는 백성을 돌아봄 · 신하가 임금을 생각함이다.

이 몸이 죽고 죽어 일백 번 고쳐죽어
백골이 진토 되어 넋이라도 있고 없고
임 향한 일편단심이야 가실 줄이 이스랴

- 「이 몸이 죽고 죽어」 정몽주

이 몸이 죽어가서 무엇이 될 꼬 하니
봉래산 제일봉에 낙락장송 되었다가
백골이 만건곤할제 독야청청 하리라

- 「이 몸이 죽고가서」 성삼문
- 왕자는 의미기호 ╍

6구: 6구는 오늘 이 밤에 추위에 떠는 자 · 오늘 저녁거리가 없는 자 · 이별로 외로운 자 · 가슴이 저며 오는 날개를 단 자도 따뜻한 열기를 받음에 비유되는 의미지시기호 양 ━이다. 기다리는 음성을 듣는 아침이며 대나무 울타리에서 아침을 알리는 까치의 소리이다.

- 불 속에 뛰어 든다 의미기호 ━

불 → 불의 (— · —) · (-- · --) · (— · —) = (1구 · 4구) · (2구 · 5구) · (3구 · 6구)의 입체리듬이 보여 주듯이 활의 시조 문예미학리듬이다. 활을 당겨 그 거센 힘을 밖으로 분출하여 맞추는 힘이다. 불과 불의 입체적 리듬이 만드는 기적 불꽃모양이다.

불꽃은 에니마를 지시한다. 한사코 위로 타오르는 불의 시조 문예미학리듬은 불붙는 등불로 비추는 불꽃 리듬1)이다.

한 달을 마감하는 30일은 불을 켜는 날이다.

볼 그레
볼웃음이
저절로
나오는 날

온 들은
나에게로 날 위해 손짓하고
새로운 날개를 달아 괜히 우쭐 해진다

- 「볼그레 볼웃음」 이영지

불은 단순성보다는 복잡한 구조를 가진다. 4가지로 분류된다. 프로메테우스 콤플렉스는 인간의 동경과 갈망이 된다. 이 콤플렉스는 윗사람 의사에 반항하는 불의 시조 문예미학리듬이다. 남이 자기보

---

1) 초장과 중장 모두 불이 소재이자 배경이다. 종장은 이 세계를 가장 하나님이 만들어 주신 사람에 촛점을 만들어 사람의 그 업적을 칭찬하고 있다. 참조 · 명지어문학 204 · 시조문예미학 20 · 시조창작리듬론 29-42 페이지 참조 ⚊ ⚋ ⚌ ⚍ ⚎ ⚏ ☰하늘 ☱(연못) ☲(불) ☳(우레) ☴(바람) ☵(물) ☶(산) ☷(땅). (불) ☳(우레) ☴(바람) ☵(물) ☶(산) ☷(땅).

다 나아지는 것을 금하는 리듬이다. 그러나 인간의 가장 강한 발전을 위한 욕구로 참는 리듬이다. 전하는 바에 따르면 신은 연약한 인간을 구원하기 위하여 신들만의 소유인 불을 몰래 훔쳐다가 인간에게 주었다 한다. 그러면서도 인간이 불을 잘 사용하자 신보다 우월해질까봐 우려한다는 것이다.

엠페도글래complexed empedocle 49-43 BC 콤플렉스는 삶의 본능과 죽음의 본능이 대립성을 보이는데 자신이 신이 되기 위하여 에트나 화산에 뛰어들어 이 세상과 저 세상을 연결하려 든다. 이 마음은 물에 빠진 아이를 구해주며 자신이 죽는 이미지이다. 그리고 노발리스 콤플렉스는 원시시대로 돌아가기 바라는 원초적 사랑의 요소가 있다. 두 개의 사물이 마찰을 통해서 불이 났듯이 남자와 여자 사이의 마찰로 하여 성적인 불이 강렬해지며 열기를 얻는 리듬이다. 호프만 콤플렉스가 있다. 불과 다른 요소와의 결합이다. 다른 것이 태어나는 리듬이다. 불이 공기와 결합하면 하늘로 올라가서 양기가 된다. 불이 대지와 결합하면 음기가 된다. 특히 알코올은 물과 결합한 상태로서 몸 속의 불을 일으킨다. 시조 문예미학리듬에서는 초장의 불과 중장의 불이 만나 밝음을 종장에서 만드는 리듬이다.

불-불의 입체리듬은 양 ━와 음 ╍의 상응관계가 이루어지지 않는다. 1구와 4구의 ━━ · 2구와 5구의 ╍ ╍ · 3구와 6구의 ━━이기 때문이다. 이러한 ━━의 시조 문예미학리듬은 마침내 그 거센 힘을 밖으로 분출하여 불을 낳는다. 땅위에 볼록렌즈를 엎어놓은 회화를 표시소로 하는 리듬이다. 불과 불의 입체적 리듬은 불꽃의 에니마를 지시한다. 한사코 위로 오르며 불꽃이 이는 리듬이미지다.

31) 31과 31일, 서른 하루 날 느끼는 시조 문예미학리듬

(1) 31과 31일과 서른 하루째 날

31일의 이미지는 성부와 성자와 성령의 힘이 합하여 지는 3이미지와 이의 10곱이 되는 30의 이미지가 합하여 지는 리듬 공유이다. 새로 셈의 독립된 3 셋 새로 사 שְׁלֹשָׁה 쉐로솨 · 셋 · τρεις와 셋째 새로시 שְׁלִישִׁי 쉐리시 · 셋째 · ANOMS · the third · τριτη · τριτος · 창 1:13가 서로 공유한다. 3의 10곱인 30과 30일 새로 셈 שְׁלֹשִׁם새로 셈 · 30 · τριάκοντα' 그리고 30째 새로 쉼 30째 שְׁלֹשִׁים새로 쉼 · 30번째 · ANOMS · τριάκοντος에 하나를 디 한 리듬이다. 30에 소몰이막내 라베드 ל라미드 · 기르치디 · 채찍질하다가 제시하는 왕의 홀로 새로 셈 배 하다가 되는 31이다. 10의 3곱이 지닌 10 · 열 아시라 עֲשָׂרָה아사라 · 열 · τεσσαρες의 3배를 지닌 10의 3 배 복수 30 새로 셈 שְׁלֹשִׁים새로 셈 · 30 · τριάκοντα과 독립된 1 하나 에하드 אֶחָד에하드 · 하나 · ANCMS · εἰς. μια · ἑν · 창 1:5가 합하여 '31 새로 셈 배 에하다 שְׁלֹשִׁים ואחד쉐로심 베에하드'다. 반면 31번째 법칙은 독립된 1 하나 에하드 אֶחָד 에하드 · 하나 · ANCMS · εἰς. μια · ἑν · 창 1:5이 아니라 첫째 로손 אשן ר로손 · 첫째 · Σv ἀρχή · πρωτος이므로 당연히 31번째는 새로 셈 배에하다 ו שְׁלֹשִׁים וְראשׁ 쉐로심 베로손로 할 것 같지만 그렇지 않다. 1째 로손 רִאשֹׁן로손 · 첫째 · Σv ἀρχή · πρωτος 대신에 독립된 숫자 1을 더하는 법칙이 31일째에도 적용된다. '31째 에하드 배 새로 셈 אֶחָד וּשְׁלֹשִׁים 에하드 새로 셈 · 31번째 · ANOMS'으로 한다. 30과 1의 독립된 수치를 쓴다. 사이에 못의 의미 곧 십자가에 못 박히는 사랑으로 우리가 사는 의미의 ו베글자를 넣는다.

소망을 나타내며 채찍질하는 강력한 소몰이 막대 라멧 ל라멧 · 소몰이 막대 · 하나님의 채찍[1]의 그리스도 사역의 때와 한 날 에하드[2]의 첫 날[3] 1 나 배움[4] 이미지 공유그리움이다. 곧 1 성부 · 2 성자 · 3 성령 · 4 피조물 · 5 구속 · 6 세상의 완전 · 7 성령의 완전 · 8 살찜 · 9 종말 예고 · 10 하나님 질서의 완전함 · 11 파괴와 영웅 · 12 통치적 완전 · 13 혈통 · 14 영적 완전의 혈통 · 15 하나님 은혜로 만들어진 행위 · 16 세상의 일 · 17 축복의 때 · 18 즐거움의 극치 · 19 심판과 연관된 하나님의 질서 · 20 기다림 · 21 영적 완전과 하나님의 완전함 · 22 해체 · 23 절망을 넘어 · 24 하늘의 통치와 경합 · 25 은혜의 본질 · 26 숨 쉼 · 27 성령 충만 · 27 성령 충만 · 28 일곱 가지의 4배량의 일들 · 29 기대 · 30 사역시작 · 31 신성 하나님의 이름[5] 이미지이어서이다.

31과 31번째는 서로 1과 1. 첫 번째가 지닌 단일성과 최고와 차별성을 배제하는 의미[6]가 3과 3일과 사흘째는 입체성[7]의 10배와 공유한다. 서른 30을 갓 넘긴 31이미지는 젊고 푸르다. 그리고 정열이 있다. 마방진색채수리는 1 백색 · 2 흑색 · 3 벽색 · 푸른 돌 색

---

1) E. W 벌링거 · 장상선 감수, 『성경에 나타난 숫자 해설』 (서울: 나단 · 2001) · 336.

2) יוֹם אֶחָד(욤 에하드 · 한 날 · 창 1: 5).

3) E. W 벌링거 · 장상선 감수, 『성경에 나타난 숫자 해설』 (서울: 나단 · 2001) · 336.

4) VTMMYS: 『스테판 원어 성경: The Stephen Korean Text of the Hebrew Old Testament Published by Institute of Biblical Languages』 · 서울: 원어성서원 · 2000. 히브리어 알파벳.

5) Ibid.

6) Op. cit · 70.

7) Op. cit · 140.

· 4 녹색 · 5 황색 · 6 백색 · 7 적색 · 8 백색 · 9 자색 중에서 30이 지닌 3의 벽색 10배와 동시에 1이 가 백색 이미지가 겸하여 진다.

1과 1일 혹은 초하룻날의 이미지가 겸하여 진 31은 한 달을 마무리 하면서 마음의 결정이 강력하고 순수하다. 방황을 끝내고 일생의 첫발을 내 딛는 31살의 때이다.

저에겐
유일하게
당신을
닮아있는
그대의 휘날림과 손 올린 그리움의
기쁨을 거울로 삼아 나를 깨요 지금 곧

거울로
삼아두는
오늘의
꿈이 담겨
마음이 거울 되는 그리운 푸르름이
손 높이 내밀어들며 하늘 잎을 달아요

- 「그리운 푸르름이」 이영지.

손으로 보듬어서
자알끈 눌러보자
반달이 손가락 그 끝으로 앉았다가
두 개가 나란히 오자 살짝살짝 포갠다

그대로 해 보려고 송편을 달랐더니
금 쟁반 봉우리로 첩첩히 쌓이면서
옥 구술 젓가락으로 허공 반달 포갠다

- 「아내 입술」 이영지

(2) 31일. 느끼는 시조 문예미학리듬

초장: 연못 → 중장: 산 → 종장: 느낌 참조 주역 궤 31

연못 · 소녀 · 즐거움 · 서 · 입 · 양 → 산 · 소남 · 정지 · 동북 · 손 · 개
(━ · --) · (━ · --) · (-- · ━) = (1구 · 4구) · (2구 · 5구) · (3구 · 6구)

1구: 초장: 연못 → 중장: 산 리듬 기호(━ · --) · (━ · --) · (-- · ━) = (1구 · 4구) · (2구 · 5구) · (3구 · 6구)의 입체리듬이다. 연못 리듬이 가장 밑에 놓여 즐거운 감촉의 느낌을 전제로 한 리듬이다. 연못의 즐거움 소리는 온통 산 속으로 퍼져 나간다. 이 웃음소리는 1구와 4구 · 2구와 5구 · 3구와 6구의 시조 문예미학리듬이 알리는 조화리듬이다. 이 리듬 이유는 연못이 산을 만나 그 물 위에서 즐겁게 노니는 바람물결로 오는 즐거운 느낌을 서정으로 한다. 연못이 산을 만나는 이 연못과 산 지시기호 첫째번은 첫째번과 만나고 둘째 번은 둘째 번과 만나고 셋째 번은 셋째와 만나면서 즐거운 느낌을 더욱 가중시킨다. 아래에서부터 연못과 산이 만나는 가장 이상적으로 어울리는 리듬이다.

초장(━--) 중장(━--) 종장(--━)의 시조 문예미학리듬은 ☱연못이 ☶산을 만나는 리듬이다. 동양권에서는 가장 밑이 1번이 됨으로 ☱연못이 먼저 놓이고 그 다음이 ☶산의 순서이므로 연못이 아래 놓이고 그 위에 산이 있다. 이 만남은 사랑하는 사람들이 만나서 즐거운 시간을 가지는 리듬이다. 잘 어울리는 리듬이다.

1구 밝음 · 2구 밝음 · 3구 어두움 · 4구 어두움 · 5구 어두움 · 6구 밝음이므로 아래위로 모두 든든한 울타리나 집이 보호하면서

그 안에서 즐기는 마음의 기쁨이 있다. 사람에게 집이나 사랑하는 사람이 있으면 마음의 평안과 즐거움과 사는 맛을 느끼는 리듬[1]이다.

호수는 사방이 둘러싸여 있다. 온 둘레가 보호되어 있다. 못이 있어 아름답다. 연못의 의미상징은 소녀이다. 발이 간지러움을 느끼는 이미지이다. 소녀의 즐거운 소리가 퍼져나간다. 가장 편안한 30도의 자세로 앉아 즐긴다.

- 발밑이 간지러워 의미기호 -

2구: 처음에는 발바닥이 간지럽다가 차츰 발목 그리고 장 단지까지 간지럽다.

- 아유우 다리까지 의미기호 -

3구: 허벅지까지 즐거움이 오르는 리듬이다.

- 폭풍의 바람으로 의미기호 --

4구: 눈길과 눈길이 마주하는 느낌은 무릎까지 빠지는 눈을 밟아보는 맛일 수도 있다.

- 연못의 푸르름에 의미기호 --

5구: 마음에 감촉을 느끼는 신비의 경지이다. 봄이다.

- 기쁨이 의미기호 -

6구: 심신 산골에 있는 물소리는 산이 높아 늘 축축하게 젖어 있다

- 젖어 흐르는 봄 하늘이 맑아라 의미기호 -

---

1) 참조 · 명지어문학 205 · 시조문예미학 20 · 시조창작리듬론 93-95 페이지 참조
⚊⚋⚌⚍⚎⚏ ☰하늘 ☱(연못) ☲(불) ☳(우레) ☴(바람) ☵(물) ☶(산) ☷(땅) .

발밑이 간지러워 아유우 다리까지
폭풍의 바람으로 연못의 푸르름에
기쁨이 젖어 흐르는 봄 하늘이 맑아라

- 「발밑이 간지러워」 이영지[1)]

연못 → 산 6구 입체리듬은 (━ · ╍) · (━ · ╍) · (╍ · ━) = (1구 · 4구) · (2구 · 5구) · (3구 · 6구)의 연못이 산을 만나는 리듬이다. 입체가 서로 상응해 그 안에서 아늑함이 연출된다. 서로 상응하며 진애하고 협력하는 관계이다. 원래 연못은 태 궤로서 젊은 여자의 상징성이다. 산은 관 궤로서 젊은 남자를 상징한다. 따라서 젊은 남녀의 대응 또는 이상적으로 어울리는 남녀에 비유된다. 연못과 산의 시조 문예미학리듬은 모두 연못의 즐거움이 깊은 숲속 꽃들의 좋아하는 기쁨으로까지 번진다. 숲의 새와 꽃들의 즐거워하는 모습까지 합하여 온통 기쁨이 넘친다.

강의실 늦밤이다
습작들 발표하려 고운 손 때 묻은 손 추위가 녹는 밤에 차가운 의자에 앉아 입 맞추러 모인 밤.
잘못돼
나온 활자 '사라'는 '사랑'으로 학생들 입 맞추러 학생들 시낭송이 가슴에 꽃을 달고도 의젓하게 모인 밤
노래를 심사하는 무대 속 시 낭송은 정말로 부부이상 시낭송 사회자의 말 아 바로 그게 학생들 강의실에 앉아서
학생들 어디 갔죠 내 말에 입 맞추러 갔어요 여학생 입 정말로 서슴없이 모두들 대답하는 게 입 맞추러 갔어요

- 「다들 어디 갔죠」 이영지

1) 그림, 이영지 『시조창작리듬론』 · 94. '이상적인 어울림의 리듬'

32) 32와 32일. 서른 이틀 달력에는 없는 날 시조 문예미학리듬

(1) 32와 32일과 서른 이틀째 날

32와 32일은 30과 30일이 지닌 성부와 성자와 성령의 힘 3의 10배의 이 합하여 지는 이미지에 2를 더하는 이미지를 공유한다. 새로 셈의 독립된 3 셋 새로 사 שְׁלֹשָׁה쉐로샤 · 셋 · τρεις와 셋째 새로 시 י שְׁלִישִׁ쉐리시 · 셋째 · ANOMS · the third · τριτη · τριτος · 창 1:13가 서로 공유한다. 이의 10곱인 30 שְׁלֹשִׁים새로 셈 · 30 · τριάκοντα 30째 שְׁלֹשִׁים새로 쉼 · 30번째 · ANOMS · τριάκοντος의 소몰이막대 라메드 ל 라마드 · 가르치다 · 채찍질하다가 큰 역할을 한다. 이에 2가 더하여 진다. 그리고 그 힘을 나누는데 있다. 30과 30일 · 서른째가 지닌 청장년의 역할을 담당한다.

새로 셈 배 새 님의 32는 독립된 30이 10의 3곱이 된다. 이 10 · 열 아시라 עֲשָׂרָה의 3배와 독립 2 둘 서네 임 שְׁנַיִם 스네임 · 둘 · δυο과 합하여 '32 새로 셈 베 שְׁלֹשִׁים וּשְׁנַיִם새로 셈 배 새 님'다. 반면 32번째를 표시하는 독립된 2 둘 서네 임 וּשְׁנַיִם 스네임 · 둘 · δυο이지만 둘째 서니 שֵׁנִי쉐네 · 둘째 · ANOMS · the second · δευτέρα · δευτερος · 창 1:8임으로 당연히 32 세네 새로 셈 שֵׁנִי שְׁלֹשִׁים 쉬네 쉐로심으로 할 것 같지만 그렇지 않다. 둘째 서네 שֵׁנִי 쉐네 · 둘째 · ANOMS · the second · δευτέρα · δευτερος · 창 1:8 대신에 '32일째 쉐네 배 새로 셈 שְׁנַיִם וּשְׁלֹשִׁים 스네임 베새로 셈 · 31번째 · ANOMS'으로 한다. 30과 2의 독립된 수치를 쓴다. 못 박히는 사랑으로 우리가 사는 의미 ו베글자를 넣는다.

강력한 30 · 라멧 ל라멧 · 소몰이 막대 · 하나님의 채찍1)의 그리스도 사역의 때와 집 ב 베트 · 집로 아기가 자라[1] 양육자[2]가 되는 이미지 공유그리움이다. 곧 1 성부 · 2 성자 · 3 성령 · 4 피조물 · 5 구속 · 6 세상의 완전 · 7 성령의 완전 · 8 살찜 · 9 종말 예고 · 10 하나님 질서의 완전함 · 11 파괴와 영웅 · 12 통치적 완전 · 13 혈통 · 14 영적 완전의 혈통 · 15 하나님 은혜로 만들어진 행위 · 16 세상의 일 · 17 축복의 때 · 18 즐거움의 극치 · 19 심판과 연관된 하나님의 질서 · 20 기다림 · 21 영적 완전과 하나님의 완전함 · 22 해체 · 23 절망을 넘어 · 24 하늘의 통치와 경합 · 25 은혜의 본질 · 26 숨쉼 · 27 성령 충만 · 27 성령 충만 · 28 일곱 가지의 4배량의 일들 · 29 기대 · 30 사역시작 · 31 신성 하나님의 이름 · 32 하나님 날 이미지다.

32일은 달력에는 없는 날이다. 행복한 사람들은 혼자가 아니다. 혼자의 날이 아니다. 다 같이 누리는 날이다. 우리의 날이다. 언제나 힘이 되는 날이다. 왜냐하면 절대자가 나약한 사람들을 도와 주는 날이기 때문이다.

행복한 사람들은 혼자가 아닙니다
하나로 하나 둘이 어깨 맞대
하늘에 반짝이는 별 모아들며 섭니다

나란한 바람으로 어깨를 두릅니다
다소는 쌀쌀해짐 하늘의 보물 이슬

---

1) E. W 벌링거 · 장상선 감수, 『성경에 나타난 숫자 해설』(서울: 나단 · 2001) · 336.

1) 최명애 · 『알기쉬운 히브리어 기초와 그 의미』(서울:쿰란출판사 · 2005) · 69.

2) 최명에 · ob cit · 71.

땅 아래 물과 태양이 어깨 맞대 섭니다

- 「행복한 사람들은」 신명기 33:1-29 이영지

달력에도 없는 한 날을 더하는 날로 32일을 제시하는 것은 신학의 여리고 함락문제와 결부된다. 결^欠쇠모양으로 된 여리고[1]는 이스라엘 민족의 하나님 뜻에 의한 여리고를 되찾음으로써 달은 둥근 모양이 아니라 잔 모양으로 성경에서 설명되어진다.

이와 관련한 달력이론을 성경자료는 제공한다. 카렌다의 악몽인 시계시간에서 벗어날 수 있게 여리고가 시계시간을 벗어나 처음과 끝이 있는 달 모양을 제시한다. 사해 쿰란텍스트[2]는 달과 날과 해[3]가 야훼의 리듬이라며 안식일 관계[4]임을 야훼와 천사들까지도 휴식[5]한다 했다. 이 처음과 끝이 있는 달의 이론은 고대 이교도의 달의 순환성 O form과는 다르다.[6] 신학에서의 달은 매일 매일의 날과 온 시간을 하나님에게 경배 드리는 날의 중요성[7]으로 처음과 끝이 있다. 마음을 다하고 성품을 다하여 그를 향한 날을 지시하는 쿰란자료[8] 달력은 가나안 달력과 성경적 달[9]이 다르다는 것을 제

1) 다비드와 엠메리(Neen. David & K. O. Emery)와 미드라쉬 랍바(Midrash Rabba)는 : Neen. David & K. O. Emery · Ibid.

2) Dead Sea Scroll · DSS.

3) 창 1: 14.

4) A. Jaubert · Le Calendrier des Jubilés et de la secte de Qumran. Ses origines bibliques," *VT* · Vol. 3.(1953) · 250-264.

5) Jubilees 50: 6-13: Jub. 1: 17f. · 21: Ron H. Feldman · "New Moon after new Moon and Sabbath after Sabbath," *The Tension between Culture and Nature*(Ann Arbor: U · M · I · 2005) · 319-320

6)Michael Young · *The Metronomic Society*(Cambridge Massachustts; Harvard University Press · 1988) · 23.

7) Roger T. Beckwith · "Daily and Weekly Worship: From Jewish to Christian," Calender · *Chronology and Warships*(Boston: Brill · 2005) · 171-212.

시한다. 가나안의 달력은 일 년을 364일[1]로 한다. 일함과 쉼의 관계를 명시하는 유대력은 포로기 이전의 달의 이름과 포로기 이후의 달 이름을 달리[2] 표시함으로써 시간을 하아모니의 구성으로 본다. 이 학설은 크리스천들에게 있어서는 하나님의 창조를 믿음으로 받아들이는 학설[3]이다.

달에 대한 중요주제는 나날이다. 곧 364일이 365일이 되는 일이다. 일 년을 하루로 하는 이 364일의 하루 더하기는 하나님의 수리신학이다. 천년도 하루같이 다스리시는 하나님의 날은 바로 하루다. 하나님의 날 하나를 더하는 365일은 364일과 하루가 맞먹는 일 년이다. 한국의 첨성대 총 돌 수가 365에 하나를 뺀 364개다. 한국과 히브리 신학의 유사성은 하루를 하나님 날[4] · 천년을 하루로 한다.

---

8) Roger T. Beckwith · "The Significance of the 364-Day Calendar for the Old Testament Canon," *Calender · Chronology and Warships*(Boston: Brill · 2005) · 55.

* 쿰란자료의 달력

일주일	I · IV · VII · X					II · V · VIII · XI				III · VI · IV · VII		
4th(Wed)	1	8	15	22	29	6	13	20	27	4	11	18	25
5th(목)	2	9	16	23	30	7	14	21	28	5	12	19	26
6th(금)	3	10	17	24	1	8	15	22	29	6	13	20	27
7(Sabbath)	4	11	18	25	2	9	16	23	30	7	14	21	28
1st(일)	5	12	19	25	3	10	17	24	1	8	15	22	29
2nd(월)	6	13	20	26	4	11	18	25	2	9	16	23	30
3rd(화)	7	14	21	29	5	12	19	26	3	10	17	24	31.

9) 창 1: 14-19.

1) Ron H. Feldman · 319-320.

2) 포로기 이전의 이름: 아법(출 13: 4 · 34: 18 · 신 16: 1) · 시브(왕상 6: 1 · 37) · 에님(왕상 6: 2) · 불(왕상 6: 38) · 포로기 후의 이름: 유대력으로 니산(에 3: 7; 느 2: 1) · 이야르 · 시완(에 8: 9) · 딤무스 · 압 · 엘룰(느 6: 15) · 티쉬리 · 마르헤스완 · 기슬르(느 1: 1) · 데벳드(에; 2: 16) · 스밧(슥 1: 7) · 아달(에 3: 7)월. 가나안식 이름: 아법 · 시브 · 에다님 · 건기가 시작되는 시브월은 가나안식 계절이름이며 2월은 이야르이고 현재의 달력으로는 4월과 5월 사이.

3) Barbara Adam · *Time-watch: The Social Analysis of time*(Cambridge: Polity Press · 1995) · 16-17.

이스라엘 백성들이 자연의 현상과는 달리 하나님의 날을 온전히 사는 하루가 천년 같고 천년이 하루 같은 삶의 일상성은 삶을 초월한 하루 · 인생 현실을 초월해 사는 날이다. 삶의 초월성이란 하나님의 물 잔인 말씀 안에 드는 언약궤1)에 담기는 일2)이다.

방주 모양은 잔 모양이다. 달 모양이다.

* 표 11: 달의 둥근 모형을 U form으로 만들기

New Moon ● ← → ● New Moon
Waxing Crescent ◑ ◐ Last Quarter
First Quarter ◐ ◑ Waning Moon
Waxing Gibbous ◐ ◑ Waning Gibbous New Moon
○
Full Moon

* 표 달의 둥근 모형3)은 잔 모양이다. 달 U자형이다. 성경의 달은 자연의 순환성을 지닌 달과는 달라 벽에 화분을 놓기 위한 움푹 파인 모양이다. U4) 모형으로 방주는 신앙인의 나날을 하나님의 그릇에 담을 수 있는 잔 모양이다.

---

4) 벧후 3: 18.

1) וארוֹן בְּרִית - יְהוָה(바아론 베이트- 여호와 · 언약궤 · 민 14: 39-45).

2) David H. Aaron · "The Ark Mythology," *Biblical Ambiguities: Metaphor · Semantics and Divine Imagery*(Leiden · Boston · Köln: Brill · 2001) · 168-169.

3) Northrp Frye · *The Critical Path,*(Bloomington & London: Indiana University Press · 1973) · 59 - 61.

4) Lynn White · *The Historical Roots of Our Ecological: in The Sacred Earth: Religion · Nature · Environment* · ed. Roger S. Gottlieb(New York: Routledge · 1996) · 189.

이 U의 모형은 우물과 여리고성의 물 항기와 관련지을 수 있다. 이미 2350-2200년B · C 에블라에 고대 중동 지역 도시에서 발견된 도시풍의 우물뚜껑이 발견된 일[1]이다. 역사적 기록의 우물뚜껑은 0.50m의 두께로 되어 있다. 특히 우물 뚜껑 머리에 동물이 그려진 물 덮개[2]가 발견되었다. 이러한 발견은 문화가 남겨준 우물에 대한 신앙심을 측정하는 계기가 된다. 물을 중요시하는 일이어서이다. 삶에 신앙심 부여는 삶의 어려움에서 오는 마음의 위로가 되며 그로 하여 일생을 하나님 일 하는 보람으로 한다.

이와 관련하여 동양철학 역궤 64일을 기준으로 한다. 계산상으로 두 달의 기능이 유추된다. 이에 그 반이 되는 32일은 일년 열 두 달에서 한 달을 31에 해당하는 이론으로 접근하여 하루가 더 많은 계산법이 된다. 그럼으로 하여 이 32일은 달력에는 없지만 영원성의 이미지로 접근할 수 있다. 신학에서는 하나님의 날을 가나안 달력에서 하루가 모자라는 364일이고 하루를 더한 365일로 잡았다.

이를 근거로 본 연구자도 인구에 회자하는 동양철학 64궤를 연구자료로 하여 기존의 64궤 그 반을 32일로 환산 · 기존의 달력 31일에 하루가 더한 32일째를 하루를 더 사는 날 · 곧 절대자에게 헌신하는 의미의 날로 유추 연구하게 된다.

---

1) B · C 884- 859: John Peter Oleson · "14-13 B · C: Water Works,"*ABD* · 885.

2) Ibid.

(2) 32일. 영구 이미지의 시조 문예미학리듬

초장: 우레 → 중장: 바람 → 종장: 영구 참조 주역 괘 32

우레 · 장남 · 움직임 · 동 · 발 · 고기 → 바람 · 장녀 · 들어감 · 동남 · 다리 · 닭
(▬ · ▪▪) · (▪▪ · ▬) · (▪▪ · ▬) = (1구 · 4구) · (2구 · 5구) · (3구 · 6구)

바람의 버릇으로 바람을 허리감고
하늘도 흔들리고 저 강도 흔들어서
다시 또 네게로 가는 나그네의 야누스

- 「흔들리며」 이영지[1)]

1구: 초장: 우레 → 중장: 바람 리듬 기호 (▬ · ▪▪) · (▪▪ · ▬) · (▪▪ · ▬) = (1구 · 4구) · (2구 · 5구) · (3구 · 6구)의 입체리듬이다. 세 쌍 중 첫 번째와 두 번째 쌍이 서로 마주보며 하아모니를 이루고 그 다음에는 어두움에서 밝음으로 나아가는 영구성을 보인다. 더구나 우레가 바람이래서 30° 방향으로 기울어진 안정된 자세를 취하는 리듬이다. 우레가 있어 오히려 우레가 바람을 비켜 가는 리듬이다. 이 리듬은 우레가 밑에 놓이면서 바람을 적절히 사용하는 지혜를 보이는 리듬이다.

우레 리듬이 가장 밑에 놓인다. 우레가 바람을 만나 그 동적 이미지를 영구성으로 하는 리듬이다. 첫째번은 첫째 번과 만나 하아모니 · 둘째 번도 둘째 번과 만나 하아모니 · 셋째 번은 셋째와 만나 하아모니를 이루는 이 구조리듬은 영구의 요인이 된다.

우레와 바람이 겹쳐서 운동 에너지를 만드는 리듬이다. 어느 것

---

1) 그림, 이영지 『시조창작리듬론』 · 83. '변화 리듬'

이나 흔들리고 움직이며 잠시도 고요히 머무르지 아니하며 모든 것은 움직이는 리듬이다. 역설적으로 언제나 지속되는 영구성이론이다. 중단되지 않고 길이길이 계속되는 상태를 우리는 항상 · 늘이라는 표현을 한다. 늘 움직이는 것은 영구 리듬이다.

바람 아래 우레가 바람을 움직인다. 우레의 시조 문예미학리듬에 바람이 이에 맞는 리듬을 되풀이함으로써 모두 하아모니 조화 리듬에 편승하는 리듬이다. 좋은 방향으로 나아가는 영구성을 지닌다. 움직인다.

- 바람의 버릇으로 의미기호 -

2구: 우레와 바람이 같이 흔들리며 사는 삶이다.

- 바람을 허리감고 의미기호 --

3구: 바람이 치맛바람을 휘감는다. 마침내 바람에 부서지고 비에 씻기고 물에 닳아서 바위는 돌로 돌은 모래로 변하여 간다.

- 하늘도 흔들리고 의미기호 --

4구: 가을 낙엽 아래 흐르는 물이다가 꽃피고 새 울면 저 강도 흔들리는 영구한 법칙은 끝없이 인간이 희구하는 열망 리듬이다.

- 저 강도 흔들어서 의미기호 --

5구: 없는 것을 있는 척하며 · 예쁘지도 않으면서 예쁜 척 · 모르면서 아는 척 모든 것이 흔들리는 리듬이다.

- 다시 또 의미기호 -

6구: 때문에 시인은 · 아니 인간은 다시 그의 물살로 서서 나무의 뿌리 속에서 그 흔한 사랑의 열병을 앓는다.

- 네게로 가는 나그네의 야누스 의미기호 -

우레 → 바람 6구 (━ · ╍) · (╍ · ━) · (╍ · ━) = (1구 · 4구) · (2구 · 5구) · (3구 · 6구)의 우레가 바람을 만나는 입체리듬은 1구와 4구 · 2구와 5구 · 3구와 6구와 어울리면서 변화하는 리듬을 하아모니로 한다. 움직이는 것이 정상이다. 정삼각형 지시기호이다. 흔들리며 순응하며 변화 있게 펼쳐 나가는 삶이다.

사람의 삶은 참으로 신비하다. 저 하늘을 나는 새들은 어떻게 온몸을 공중에 떠서 땅에 떨어지지도 않고 날까. 신비로운 세계의 리듬이다. 날마다 잘 자고 아침이면 눈 떠지는 일상의 일은 기적리듬이다. 콩 심은데 콩 나고 팥 심은 데 팥이 나는 일은 신비한 하나님의 일! 사람으로서는 할 수 없는 일이다.

궁남지의 연꽃들 그 수많은 동일한 모습들은 한결같은 유전인자로 똑 같은 꽃으로 사람들을 유혹한다. 꽃송이도 21송이 연밥 도출점도 21 꽃술 360개이다. 360일의 의미로 전환한다. 포근한 그 품음의미로 한 줄기에 한 송이로 피어 21개의 꽃송이와 연밥 돌출 까만점 리듬이 있다.

꽃송이
21개로 연밥 점 21개로
하나로 가는 길목 한 송이 꽃 줄대로
꽃술을 360개로 촘촘촘히 둘러싼

- 「궁남지 연못」 이영지

2 입체 시조 문예미학리듬

1) 33과 33일. 서른 사흘 온고이지신 입체 시조 문예미학리듬

(1) 33과 33일과 서른 사흘째 날

33과 33일은 그리고 33살은 '새로 셈 베 새로 사' 리듬이다. 33와 33번째는 서로 공유그리움이다. 예수님 이미지이다. 33은 독립된 30이 10의 3곱이다. 10 · 열 아시라 עֲשָׂרָה 아사라 · 열 · τεσσαρες의 3배이다. 33은 독립된 10의 3배가 되는 30 10의 3배 새로 셈 שְׁלֹשִׁים 새로 셈 · 30 · τριάκοντα과 독립된 3 셋 새로 사 שְׁלֹשָׁה 쉐로솨 · 셋 · τρεις와 합하여 '33 새로 셈 배 새로 사 שְׁלֹשִׁים וּשְׁלֹשָׁה 새로 셈 베쉐로솨 · 33'다. 반면 33번째를 표시하는 법칙은 33 번째가 독립된 3째 셋째 쉐리시 שְׁלִישִׁי 쉐리시 · 셋째 · ANOMS · the third · τριτη · τριτος · 창 1:13와 30이 합하여 당연히 33째 쉐리 시 새로 셈 שְׁלִישִׁי שְׁלֹשִׁים 쉐리시 쉐로심으로 할 것 같지만 그렇지 않다. 3째 쉐리시 שְׁלִישִׁי 쉐리시 · 셋째 · ANOMS · the third · τριτη · τριτος · 창 1:13 대신에 33일째는 독립된 3 셋 새로 사 שְׁלֹשָׁה 쉐로솨 · 셋 · τρεις와 '30번째 새로 사 배 새로 셈 שְׁלֹשָׁה וּשְׁלֹשִׁים 쉐로솨 쉐로심'으로 한다. 30과 3의 독립된 수치와 사이에 못의 의미 곧 십자가에 못 박히는 사랑으로 우리가 사는 의미의 배 ו 베글자를 넣는다.

강력한 30 · 라멧 · ל 라멧 · 소몰이 막대 · 하나님의 채찍[1)]의 그리스도 사역의 때 리듬이다. 이에 3 ג 기멜 · 낙타 · 은혜갚음[1])의 합 함 이미지 공유그리움이다. 곧 1 성부 · 2 성자 · 3 성령 · 4 피조물 · 5 구속 · 6 세상의 완전 · 7 성령의 완전 · 8 살찜 · 9 종말 예고 · 10 하나님 질서의 완전함 · 11 파괴와 영웅 · 12 통치적 완전 · 13 혈통 · 14 영적 완전의 혈통 · 15 하나님 은혜로 만들어진 행위 · 16 세상의 일 · 17 축복의 때 · 18 즐거움의 극치 · 19 심판과 연관된 하나님의 질서 · 20 기다림 · 21 영적 완전과 하나님의 완전함 · 22 해체 · 23 절망을 넘어 · 24 하늘의 통치와 경합 · 25 은혜의 본질 · 26 숨쉼 · 27 성령 충만 · 27 성령 충만 · 28 일곱 가지의 4배량의 일들 · 29 기대 · 30 사역시작 · 31 신성 하나님의 이름 · 32 하나님의 날 · 33 예수님이 이 세상에 사신 나이 이미지이다. 예수님 세상 나이가 창세기 1:1-2:3절까지와 2:4절을 분리에서 증명된다. 하나님 엘로힘 33 번 사용!. 구체적인 증명은 창세기 1장에서 32회째까지 되다가 2장 1절에서 일을 마치매 라 하신다. 여호와란 글자가 33회다.

33회는 예수님이 이 세상에서 사신 동안의 나이이다. 성경 창세기에서 엘로힘 즉 하나님 33회[2])가 있다.

[* 창세기(1:1-2:3)에서의 엘로힘 33회)]

(1) 하나님이 אֱלֹהִים(엘로힘 · 창 1: 1)
(2) 하나님의 אֱלֹהִים(엘로힘 · 창 1: 2)

---

1) E. W 벌링거 · 장상선 감수, 『성경에 나타난 숫자 해설』(서울: 나단 · 2001) · 336.

1) VTMMYS: 『스테판 원어 성경: The Stephen Korean Text of the Hebrew Old Testament Published by Institute of Biblical Languages』 · 서울: 원어성서원 · 2000. 히브리어 알파벳.

2) 창 1:1-2:2.

(3) 하나님이 אֱלֹהִים(엘로힘 · 창 1: 3)
(4) 하나님의 אֱלֹהִים(엘로힘 · 창 1: 4)
(5) 하나님이 אֱלֹהִים(엘로힘 · 창 1: 4)
(6) 하나님이 אֱלֹהִים(엘로힘 · 창 1: 5)
(7) 하나님이 אֱלֹהִים(엘로힘 · 창 1: 6)
(8) 하나님이 אֱלֹהִים(엘로힘 · 창 1: 7)
(9) 하나님이 אֱלֹהִים(엘로힘 · 창 1: 8)
(10) 하나님이 אֱלֹהִים(엘로힘 · 창 1: 9)
(11) 하나님이 אֱלֹהִים(엘로힘 · 창 1: 10)
(12) 하나님의 אֱלֹהִים(엘로힘 · 창 1: 10)
(13) 하나님이 אֱלֹהִים(엘로힘 · 창 1: 11)
(14) 하나님의 אֱלֹהִים(엘로힘 · 창 1: 12)
(15) 하나님이 אֱלֹהִים(엘로힘 · 창 1: 14)
(16) 하나님이 אֱלֹהִים(엘로힘 · 창 1: 16)
(17) 하나님이 אֱלֹהִים(엘로힘 · 창 1: 17)
(18) 하나님의 אֱלֹהִים(엘로힘 · 창 1: 18)
(19) 하나님이 אֱלֹהִים(엘로힘 · 창 1: 20)
(20) 하나님이 אֱלֹהִים(엘로힘 · 창 1: 20)
(21) 하나님이 אֱלֹהִים(엘로힘 · 창 1: 21)
(22) 하나님의 אֱלֹהִים(엘로힘 · 창 1: 21)
(23) 하나님이 אֱלֹהִים(엘로힘 · 창 1: 22)
(24) 하나님이 אֱלֹהִים(엘로힘 · 창 1: 24)
(25) 하나님이 אֱלֹהִים(엘로힘 · 창 1: 25)
(26) 하나님의 אֱלֹהִים(엘로힘 · 창 1: 25)
(27) 하나님이 אֱלֹהִים(엘로힘 · 창 1: 26)
(28) 하나님이 אֱלֹהִים(엘로힘 · 창 1: 27)
(29) 하나님의 אֱלֹהִים(엘로힘 · 창 1: 27)
(30) 하나님이 אֱלֹהִים(엘로힘 · 창 1: 28)
(31) 하나님이 אֱלֹהִים(엘로힘 · 창 1: 29)
(32) 하나님의 אֱלֹהִים(엘로힘 · 창 1: 31)
(33) 하나님이 אֱלֹהִים(엘로힘 · 창 2: 2)

엘로힘은 창세기에서 1:1-2:2까지 33회 반복리듬을 탄다. 33이라는 언약 예수님의 옳은 손임을 드러내신 오묘한 일은 우리들을 위해 일곱 번이나 맹세하신 하나님의 유일한 한 분이심을 신성 수[1)]

---

1) יְהוָה(5 + 6 + 5 + 1 + 0=17).

로 들어내신 33살 나이까지 이 세상에 사신 분이다.

가슴이 팔랑팔랑 숨 쉬고 싶어서요
왼 가슴 오른 가슴 둘인데 모두모두
당신의 오른손으로 숨 쉬게만 해 줘요

당신의 오른손을 들어서 숨 쉬어라
숨 쉬어 보아라고 말씀만 주시어요
코에서 숨구멍소리 들리게만 줘요

쇠울에 갇히어서 숨 쉴 수 없어서요
장미의 가시에서 나갈 수 없어서요
장미꽃 빨간 다발로 피어나게 해 줘요

- 「숨 쉬고 싶어서요- 시편 18:1-3」 이영지

내 마음을 다하고 성품을 다하고 힘을 다하여 네 하나님 여호와를 사랑하라[1]는 바로 하나님인 나[2]를 섬기는 삶 리듬이다. 33인으로 일세강짐하에시 대힌민국은 벗어난 때 하나님의 얼굴 흔적을 보이시는 바 곧 사울의 공격에서 벗어날 수 있는 리듬이다. 얼굴을 드러내지 않으신[3] 흔적 따라 생명[4]을 주시는 자의 뜻을 따르는 리듬이다. 하나님 편[5] 삶을 산 예수님 33살 리듬이다.

1) 신 6: 5.
2) 사 43: 10-12 · 44: 6.
3) 사 45: 15).
4) נֶפֶשׁ חַיָּה(네페쉬 하야 · 생명 · 창 1: 30) · בְחַיַּי(베하야 · 생명 · 창 27: 46) · חַיֶּיךָ(하야카 · 생명 · 신 28: 66 · 30: 20; 잠 4: 13) · חַיֵּיכֶם(하야켐 · 생명 · 신 32: 47) · חַיַּי(하야이 · 생명 · 욥 7: 7; 잠 4: 22 · 14: 30) · וְחַיָּתוֹ(베하야토 · 생명 · 욥 33: 22 · 28) · וְחַיָּתָם(베하야탐 · 생명 · 욥 36: 14) · חַיִּים(하임 · 생명 · 잠 3: 22 · 12: 28 · 16: 15) · 22: 4).
5) נֶפֶשׁ חַיָּה(네페쉬 하야 · 창 1: 30): 내 생명이 חַיַּי(하야이) 한 호흡 같음을 생각하옵소서 나의 눈이 다시 복된 것을 보지 못하리이다(욥 7: 7)에서 보인 생명의 진정

(2) 33일. 한 달 1일, 33일 온고이지신 입체 시조 문예미학리듬

초장: 산 → 중장: 하늘 → 종장: 온고이지신 참조 주역 궤 33

산 · 소남 · 정지 · 동북 · 손 · 개 → 하늘 · 부 · 강건 · 서북 · 머리 · 말
(-- · —) · (-- · —) · (— · —)= (1구 · 4구) · (2구 · 5구) · (3구 · 6구)

하늘이 내려온다
오른다 산의 위로
준마에 탄 젊은이 풀 늪을 지나면서
풀뿌리 광나루 길에
구름길을 지난다

- 「온고이지신」 이영지

1구: 초장: 산 → 중장: 하늘의 방향은 초장 산이 가장 아래에 있고 하늘이 위에 있되 30° 방향으로 기울어진 산 비스듬히 있는 하늘 리듬이다. 서로 산에게 하늘은 하늘 뜻을 아주 시적으로 전달하는 리듬이다. 하늘 뜻을 알아 비스듬히 멋을 내는 리듬이다.

(-- · —) · (-- · —) · (— · —)= (1구 · 4구) · (2구 · 5구) · (3

한 의미는 살아 있음이다. 하나님이 내 영혼을 건지사 구덩이에 내려가지 않게 하셨으니 내 생명이 וְחַיָּתוֹ(베하야토) 빛을 보겠구나 하리라(욥 33: 28)하였다. 그리하면 이것이 네 영혼의 생명 חַיִּים(하임) 이 되며 네 목에 장식이 되리니(잠 3: 22)이다. 훈계를 굳게 잡아 놓지지 말고 지키라 이것이 네 생명 חַיֶּיךָ(하야카)이니라(잠 4: 13)와 이것은 얻는 자에게 생명이 되며 חַיֵּי(하야이) 그 온 육체의 건강이 됨이니라(잠 4: 22)는 것이다. 의로운 길에 생명 חַיִּים(하임)이 있나니 그 길에는 사망이 없느니라(잠 12: 28). 마음의 화평은 육신의 생명이나 시기는 뼈의 썩음이니라(잠 14: 30)하였다. 겸손과 여호와를 경외함의 보응은 재물과 영광과 생명이니라(잠 22: 4)하여 육지에 있어 코로 생명의 기식을 호흡(창 7: 22)함의 중요성과 곧 여호와 하나님이 흙으로 사람을 지으시고 생기를 그 코에 불어 넣으시니 사람이 생령이 된지라(창 2: 7)하였다.

구 · 6구)의 입체리듬이다. 어두움에서 밝음으로만 나아가다 끝내는 밝음으로 연결되는 리듬이다. 하늘 뜻은 산이 자랑하는 산의 푸르름을 하늘이 알았노라고 여유 있게 알리는 리듬이다. 온고이지신 진리 리듬이다.

- 하늘이 내려온다 의미기호 --

2구: 산이 위로 오를 수 있는 것은 나무가 차츰 자라기 때문이다. 산이 위로 오를 수 있는 것은 꽃이 피어오르기 때문이다. 산이 위로 오를 수 있는 것은 꽃들의 뿌리가 향기가 있어서이다.

- 오른다 산의 위로 의미기호 --

3구: 산의 나무와 꽃은 하늘이 내려주는 영양소 햇빛을 받아 만들어진 알을 먹는다. 스스로는 어떻게 할 수 없지만 덩치가 커지고 뿌리를 내리고 공기 속에 사람이 살 수 있는 산소를 뿜어낸다. 푸르름이다. 누가 그 혜택을 주셨을까 리듬이다.

- 준마에 탄 젊은이 의미기호 -

4구: 길길이 자란 풀들이 강물의 조약돌처럼 서로 속삭이는 리듬이다. 무성하여 길고 높게 솟는 풀들이 가을바람에 대하의 물결처럼 은빛 머리를 나부끼는 리듬이다.

- 풀 늪을 지나느라 의미기호 -

5구: 해변의 모레 알 만큼이나 많은 한포기 한포기의 산의 풀들과 나무들이 각기 하나하나의 제 뿌리를 · 제 이파리를 펴며 살아가는 힘은 사실은 하늘이 그 은혜를 넉넉하게 뿌려준 때문이다.

- 풀뿌리 의미기호 -

6구: 산의 뱃속에는 그 큼지막한 하늘이 들어 샘물이 졸졸 산에서 흐르고 있다. 시내가 흐르고 있다. 큰 강을 푸르게 한다. 강과 바다를 싱싱하게 한다. 짐승과 새와 사람이 잘 살아간다.

- 광나루 길에 구름길을 지난다 의미기호 -[1)]

초장 산 → 중장 하늘의 6구 입체리듬은 종장에서 온고이지신의 시조 문예미학리듬을 이룬다. 이러한 흐름은 (-- · —) · (-- · —) · (— · —)= (1구 · 4구) · (2구 · 5구) · (3구 · 6구)의 입체리듬으로 산 위에 하늘이 있되 30° 방향으로 기울어져 꿈과 낭만이 있는 삶이다. 하늘의 뜻을 누가 알랴!

하늘의 아래에 선 산에 선 나무들이
햇빛을 먹느라고 뽀오얀 미소 세어
나오는 열두시에는 젖가슴이 둥글다

- 「젖가슴이 둥글다」 이영지

작품배경: 초장은 산 중장은 하늘이 배경이다. 종장은 아주 조그만 일의 경험 · 곧 사랑받고 있다는 마음이 들면 넉넉해지는 마음 평안을 얻을 수 있다. 하늘 가까이 있는 산은 넉넉하다. 1구 어두움 · 2구 어두움 · 3구 밝음 · 4구 밝음 · 5구 밝음 · 6구 밝음[2)]이다. 33살 그 화려한 나이에 십자가에 못 박히신 분의 의미는 오늘날도 전해지는 그 절절한 삶의 진리를 알게 해 준다. 바로 하늘 가까이 있는 산의 넉넉함의 이미지이다. 사랑으로 산 생애는 이 세상의 유한성을 넘어서서 전해진다.

---

1) 그림, 이영지 『시조창작리듬론』 · 87. '옛것의 리듬'
2) 참조 · 명지어문학 204 · 시조문예미학 20 · 시조창작리듬론 84-87 페이지 참조.

2) 34와 34일. 서른 나흘 안정 입체 시조 문예미학리듬

(1) 34와 34일과 서른 나흘째 날

34와 34일 '새로 셈 베 알아 봐'의 34 리듬이다. 독립된 30이 10의 3곱! 10 · 열 아시라 עֲשָׂרָה 아사라 · 열 · τεσσαρες의 3배 리듬이다. 34는 독립된 10의 3배가 되는 30 새로 셈 שְׁלֹשִׁים 새로 셈 · 30 · τριάκοντα와 독립된 4 넷 알아 봐 אַרְבָּעָה 알아 봐 · 넷 · τεσσαρες와 합하여 '34 새로 셈 베 알아 봐 שְׁלֹשִׁים וְאַרְבָּעָה 새로 셈 베알아 봐 · 34'이다. 반면 34번째는 4번째 레비이 רְבִיעִי 레비이 · 넷째 · ANOMS · forth · τεταρτή · τεταρτος · 창 1:19와 30이 합하여 당연히 34 레비이 새로 셈 רְבִיעִי שְׁלֹשִׁים 레비이 쉐로심으로 할 것 같지만 넷째 리비이 רְבִיעִי 레비이 · 넷째 · ANOMS · forth · τεταρτή · τεταρτος · 창 1:19 대신에 34일째는 독립된 4 넷 알아 봐 אַרְבָּעָה 알아 봐 · 넷 · τεσσαρες를 넣어 '34째 알아 봐 배 새로 셈 אַרְבָּעָה וְרְבִיעִי 알아 봐 쉐로심'으로 한다. 30과 3의 독립된 수치와 사이에 못의 의미 곧 십자가에 못 박히는 사랑으로 우리가 사는 의미의 ו 베 글자를 넣는다.

강력한 30 · 라멧 · ל 라멧 · 소몰이 막대 · 하나님의 채찍[1]의 그리스도 사역의 때와 4 데트 ד 데트 · 문 · 가슴[2]의 문 그리고 가슴 이미지 공유그리움이다. 곧 1 성부 · 2 성자 · 3 성령 · 4 피조물 · 5 구속 · 6 세상

---

1) E. W 벌링거 · 장상선 감수, 『성경에 나타난 숫자 해설』(서울: 나단 · 2001) · 336.

2) VTMMYS: 『스테판 원어 성경: The Stephen Korean Text of the Hebrew Old Testament Published by Institute of Biblical Languages』 · 서울: 원어성서원 · 2000. 히브리어 알파벳.

의 완전 · 7 성령의 완전 · 8 살찜 · 9 종말 예고 · 10 하나님 질서의 완전함 · 11 파괴와 영웅 · 12 통치적 완전 · 13 혈통 · 14 영적 완전의 혈통 · 15 하나님 은혜로 만들어진 행위 · 16 세상의 일 · 17 축복의 때 · 18 즐거움의 극치 · 19 심판과 연관된 하나님의 질서 · 20 기다림 · 21 영적 완전과 하나님의 완전함 · 22 해체 · 23 절망을 넘어 · 24 하늘의 통치와 경합 · 25 은혜의 본질 · 26 숨 쉼 · 27 성령 충만 · 27 성령 충만 · 28 일곱 가지의 4배량의 일들 · 29 기대 · 30 사역시작 · 31 신성 하나님의 이름 · 32 하나님의 날 · 33 예수님 나이 · 34 세상을 알아 봐 이미지 까지 왔다.

33살을 지내고 하나 더한 이 이미지는 33살의 나이로 세상의 일을 더욱 뚜렷하게 더 보태어 설명하는 리듬이다.

나뭇잎 바람으로
햇살을 그네하면
빛 소리 비익조여
어디에 계시나요
꽃가마 떠나가누나 하얀 미소 날리고

- 「어디 계시나요」 이영지

하늘을 같이 봐요
손들어 발 돋음 해
어디에 계신가요
어디에 머무나요
숲으로 내리네요
그리움 먹어보며
꽃물이 하얀 어깨에 달빛 내려 머물러

- 「하얀 어깨에 달빛 내려 머물러」 이영지[1)]

---

1) 그림, 이영지 『시조창작리듬론』 · 84. '넉넉한 마음의 리듬'

(2) 34일. 한 달 2일, 34일 안정 입체 시조 문예미학리듬

초장: 우레 → 중장: 하늘 → 종장: 안정 참조 주역 궤 34

우레 · 장남 · 움직임 · 동 · 발 · 고기 → 하늘 · 부 · 강건 · 서북 · 머리 · 말
(━ · ━) · (-- · ━) · (-- · ━)= (1구 · 4구) · (2구 · 5구) · (3구 · 6구)

잃었던
바람 풀어
살풋이 익어가다
옷깃이 몸에 걸려
양떼가 무리지어
네 활개
휘날레 아래 산그늘로 눕는다

- 「산그늘로 눕는다」 이영지[1)]

1구: 초장: 우레 → 중장: 하늘의 방향은 초장 우레가 가장 아래에 있고 하늘이 위에 있되 30° 방향으로 기울어진 리듬이다. 우레 비스듬히 있는 하늘이 있어 멋을 부린 하늘 높음이 발전이미지가 된다.

(━ · ━) · (-- · ━) · (-- · ━)= (1구 · 4구) · (2구 · 5구) · (3구 · 6구)의 입체리듬으로 우레가 아래에 있고 하늘이 위에 있는 리듬이다. 우레의 유동적 동력이 하늘의 뜻을 옮기는 리듬이다.

- 잃었던 바람 풀어 의미기호 -

2구: 자리를 잡아 간다. 차츰 발목에 물이 차 오듯 땅 위에 풀꽃이 솟는 리듬이다. 아비 된 자는 이제 조금 성숙된 모습으로 땅 위

1) 그림, 이영지 『시조창작리듬론』 · 82. '영광 뒤의 리듬'

에! 풀꽃이 땅 위로 그 높이를 재듯 · 차츰 익숙해지는 리듬이다.

- 살풋이 익어가다 의미기호 --

3구: 양 기운이 계속되면 음 기운이 된다. 소인이 장대하면 세력을 함부로 한다. 숫양이 무작정 앞으로 돌진하다가 그 뿔에 걸려서 오히려 전진하지 못하는 리듬이다. 봄은 하루아침에 오지 않는다.

- 옷깃이 몸에 걸려 의미기호 —

4구: 숫양이 앞으로 나가다가 뿔이 걸렸으나 문이 열림으로 달릴 수 있다.

- 양떼가 무리지어 의미기호 —

5구: 양을 양순한 짐승이라고 쉽게 여기다가 잃어버리는 리듬이다. 5구의 이러한 아이러니리듬은 잃어버린 양이 오히려 활동을 크게 하는 리듬이다.

- 네 활개 의미기호 --

6구: 숫양이 이제 산그늘로 눕는 리듬이다.

- 휘날레 아래 산그늘로 눕는다 의미기호 --

초장 우레 → 중장 하늘의 6구 입체리듬은 → 종장에서 안정 리듬을 이룬다. 이러한 흐름은 (— · —) · (-- · —) · (-- · —)= (1구 · 4구) · (2구 · 5구) · (3구 · 6구)의 입체리듬이다. 우레가 가장 아래에 있고 하늘이 위에 있되 30° 방향으로 하늘 뜻이 이어지는 발전리듬이다. 내 멋대로 사는 인생 같지만 섭리자의 섭리가 있는 인생리듬이다. 그래서 멋있는 인생리듬이 형성된다.

3) 35와 35일. 서른 닷새 진정의 입체 시조 문예미학리듬

(1) 35와 35일과 서른 닷새째 날

35와 35일은 '새로 셈 배 하마사'의 강력한 리듬이다. 30 · 라멧 · ל라멧 · 소몰이 막대 · 하나님의 채찍[1)]의 그리스도 사역의 때와 숨 쉼 의미인 5 헤 ה헤 · 숨 쉼[2)]의 합 함 이미지 공유그리움이다.

곧 1 성부 · 2 성자 · 3 성령 · 4 피조물 · 5 구속 · 6 세상의 완전 · 7 성령의 완전 · 8 살찜 · 9 종말 예고 · 10 하나님 질서의 완전함 · 11 파괴와 영웅 · 12 통치적 완전 · 13 혈통 · 14 영적 완전의 혈통 · 15 하나님 은혜로 만들어진 행위 · 16 세상의 일 · 17 축복의 때 · 18 즐거움의 극치 · 19 심판과 연관된 하나님의 질서 · 20 기다림 · 21 영적 완전과 하나님의 완전함 · 22 해체 · 23 절망을 넘어 · 24 하늘의 통치와 경합 · 25 은혜의 본질 · 26 숨 쉼 · 27 성령 충만 · 27 성령 충만 · 28 일곱 가지의 4배량의 일들 · 29 기대 · 30 사역시작 · 31 신성 하나님의 이름 · 32 하나님의 날 · 33 예수님이 이 세상에 사신 나이 · 34 세상을 알아 봐 · 35 신성수의 반까지 온 이미지이다.

35는 독립된 30이 10의 3곱이다. 10 · 열 아시라 עֲשָׂרָה아사라 · 열 · τε

---

1) E. W 벌링거 · 장상선 감수, 『성경에 나타난 숫자 해설』(서울: 나단 · 2001) · 336.

2) VTMMYS: 『스테판 원어 성경: The Stephen Korean Text of the Hebrew Old Testament Published by Institute of Biblical Languages』 · 서울: 원어성서원 · 2000. 히브리어 알파벳.

[σσαρες]의 3배이다. 35는 독립된 10의 3배가 되는 30 새로 셈 שְׁלֹשִׁים[새로 셈 · 30 · τριάκοντα]와 독립된 5 다섯 하마사 חֲמִשָּׁה[하마솨 · 다섯 · πεντε]와 합하여 '35 새로 셈 베하마사 שְׁלֹשִׁים וַחֲמִשָּׁה[새로 셈 베하마쉬 · 35]'로 한다. 그리고 35번째도 5번째 하미시 חֲמִישִׁי[하미쉬 · 다섯째 · ANOMS · fifth · πεμπτή · πεμπτος · 창 1:23]와 합하여 30 하미쉬 새로 셈 חֲמִישִׁי שְׁלֹשִׁים[하미쉬 쉐로심]으로 할 것 같지만 그렇지 않다. 35일째는 다섯 하마솨 חֲמִשָּׁה[하마솨 · 다섯 · πεντε]와 합하여 '35째 하마솨 배 새로 셈 חֲמִשָּׁה וּשְׁלֹשִׁים[하마솨 쉐로심]'으로 한다. 독립된 수다. 사이에 못의 의미 곧 십자가에 못 박히는 사랑을 더한다는 의미의 ו[베]리듬이다. 하나님의 일하심의 때가 되는 예수가 그의 공적 일을 시작한 때 나이 30과 더불어 5년이 지난 때는 사람들을 위한 리듬이 아니라 하나님자신의 이름을 위하여 일하는 리듬이다. 시편 제 5권이 보여주는 그가 저희를 보내어 고통에서 벗어나게 되는 지를 보여주는 리듬이다. 은총의 의미로 전환하는 리듬이다.

다윋이 매끈한 돌 5개로 거인 골리앗을 대하러 간 리듬이다.

첫사랑 사랑넓이 쫘아악 넓혀놓아
안에서 태어나는 사랑이 솟아난다
아가가 젖을 물고서 사랑 탑을 쌓는다

- 「첫사랑 사랑 탑」 이영지

사랑이
입을 열면
첫사랑 태어난다
첫사랑 태어나는
봄 바다 그 밑으로
빛 물을
먹어대느라 고기들이 폴딱 뛴

- 「첫사랑 입」 이영지

(2) 35일. 한 달 3일, 35일 진정 입체 시조 문예미학리듬

초장: 불 → 중장: 땅 → 종장: 진전 참조 주역 궤 35

불 · 중녀 · 붙음 · 남 · 눈 · 꿩 → 땅 · 어머니 · 유순 · 서남 · 배 · 소
(━ · --) · (-- · --) · (━ · --) = (1구 · 4구) · (2구 · 5구) · (3구 · 6구)

무릎을 꿇어가며
촛불을 켜오리까
비단길 열어 오신
꽃구름 길에서면
그대의 하늘거리는
창가에는 꽃구름

- 「꽃구름 길」 이영지[1)]

1구: 초장: 불 → 중장: 땅의 시조 문예미학리듬 기호(━ · --) · (-- · --) · (━ · --) = (1구 · 4구) · (2구 · 5구) · (3구 · 6구)불이 땅을 만나는 입체리듬이다. 처음의 불이 지닌 따뜻함을 맛본 뒤에 그 뒤 오랜 어두움이 지속되는 그 추움에서 불을 기다림이 있는 사랑의 진전 리듬이다. 바로 옆 90° 방향에 있는 따뜻함을 그리워한다.

- 무릎을 꿇어가며 의미기호 ━

2구: 자신의 위치를 알고 겸손해지는 리듬이다. 하나를 위하여 오롯이 간직한 리듬이다. 촛불을 켜들고 그대를 찾는다.

- 촛불을 켜오리까 의미기호 --

3구: 진전이란 단절의 의미도 들어 있다. 이 단절을 지난날의 아픔으로 알고 현재를 잘 지속하는 마음이 있어서이다. 어둠을 한꺼

1) 그림, 이영지 『시조창작리듬론』 · 130. '불 밝힘의 리듬'

풀씩 풀어가며 이제 그 열쇠로 당신의 가슴 문을 열고자 한다. 꿈이 있었기에 그 꿈을 포기하지 않는 마음은 비단길 마음리듬이다. 그러므로 비밀의 신비한 마음을 가지는 곧 자기만의 좋은 아름다운 마음이 일어나는 리듬이다.

- 비단길 이 길로 와 [의미기호] ⚊

4구: 이제 자신의 너무 화려한 옷을 내려다본다. 그대 눈빛을 찾아 보았다. 마음은 상대방을 아름다운 시선으로 보는 리듬이다.

- 꽃구름 길에 서면 [의미기호] ⚋)

5구: 마음속에 보물을 가진 리듬은 내가 그대를 즐거웁게 하려는 마음리듬이다. 하나를 위해 타오르는 불은 다른 것을 걱정하지 않는다. 설사 다른 것을 잃더라도 연연하지 않는다.

- 그대의 [의미기호] ⚋

6구: 마음의 세계는 혼자만이 아니라 주위를 밝게 하는 분위기 · 나라 · 직장을 아름답게 하는 비결의 시조 문예미학리듬[1]이다.

- 하늘거리는 창가에는 꽃구름[의미기호] ⚋

불 → 땅의 입체리듬 (⚊ · ⚋) · (⚋ · ⚋) · (⚊ · ⚋) = (1구 · 4구) · (2구 · 5구) · (3구 · 6구)에서 불 밝힘으로 어둠이 밝음으로 나아가 진정되는 시조 문예미학리듬이다.

---

1) 참조 · 명지어문학 199 · 시조문예미학 20 · 시조창작리듬론 129-131 페이지 수정 ⚊⚋☰☱☲☳☴☵ 참고 ☰하늘 ☱(연못) ☲(불) ☳(우레) ☴(바람) ☵(물) ☶(산) ☷(땅).

4) 36과 36일. 서른 엿새 불 밝힘의 입체 시조 문예미학리듬

(1) 36과 36일과 서른 엿새째 날

36과 36일 '새로 셈 베 쉬사'의 리듬이다. 36은 독립된 30이 10의 3곱이다. 10 · 열 아사라 עֲשָׂרָה[아사라 · 열 · τεσσαρες]의 3배이고 36은 독립된 10의 3배가 되는 30 새로 셈 שְׁלֹשִׁים[새로 셈 · 30 · τριάκοντα]과 6 여섯 쉬 사 שִׁשָּׁה[쉬솨 · 여섯 · ἕξ]와 합하여 '36 새로 셈 배 쉬사 שְׁלֹשִׁים וְשִׁשָּׁה[새로 셈 베쉬솨 · 36]'로 한 리듬이다. 36번째도 '36번째 쉬 사 배 새로 쉼 שֵׁם וְשֵׁל שִׁשָּׁה[쉬솨 베쇠로심]'으로 한다. 독립된 수치를 쓴다. 사이에 못의 의미 곧 십자가에 못 박히는 사랑으로 우리가 사는 의미의 ו[베]글자 넣는다.

강력한 30 · 라멧 · ל[라멧 · 소몰이 막대 · 하나님의 채찍][1]의 의미의 막대는 그리스도 사역의 때를 말한다. 더구나 6 와우 ו[와우 · 이어짐 · 그리고][2]의 이어진 이미지 공유그리움이다. 곧 1 성부 · 2 성자 · 3 성령 · 4 피조물 · 5 구속 · 6 세상의 완전 · 7 성령의 완전 · 8 살찜 · 9 종말 예고 · 10 하나님 질서의 완전함 · 11 파괴와 영웅 · 12 통치적 완전 · 13 혈통 · 14 영적 완전의 혈통 · 15 하나님 은혜로 만들어진 행위 · 16 세상의 일 · 17 축복의 때 · 18 즐거움의 극치 · 19 심판과 연관된 하나님의 질서 · 20 기다림 · 21 영적 완전과 하나

---

1) E. W 벌링거 · 장상선 감수, 『성경에 나타난 숫자 해설』(서울: 나단 · 2001) · 336.

2) VTMMYS: 『스테판 원어 성경: The Stephen Korean Text of the Hebrew Old Testament Published by Institute of Biblical Languages』 · 서울: 원어성서원 · 2000. 히브리어 알파벳.

님의 완전함 · 22 해체 · 23 절망을 넘어 · 24 하늘의 통치와 경합 · 25 은혜의 본질 · 26 숨 쉼 · 27 성령 충만 · 27 성령 충만 · 28 일곱 가지의 4배량의 일들 · 29 기대 · 30 사역시작 · 31 신성 하나님의 이름 · 32 하나님의 날 · 33 예수님이 이 세상에 사신 나이 · 34 세상을 알아 봐 · 35 신성수의 반 · 36 완전한 통치의 3배인 공의 이미지이다.

이 나를 사랑하는 커다란 눈동자의
눈물이 보석으로 앉아서 말없이도
어
떤
게
사랑인가고 알려주고 있는 참

- 「첫사랑 눈물보석」 이영지

너무나 사랑하다
눈물이 흰 눈으로
범벅이 되어서도
사랑을 주체할 수
없
어
서 쓰다듬으며 덮어주려 하는 참

- 「첫사랑 탓」 이영지

내 사랑 하늘 보며 눈물을 닦을수록 푸르른 그리움이 내려와 덮이느라
햇빛을 끌어당기며 하얀 눈물
닦는 참

- 「첫사랑 하얀 눈물 닦는」 이영지

첫사랑 찾아내려 눈물이 짙어지는 날에는 푸름 아래 하얀 눈 너를 위한 생명을 만들어내는 사랑 김이
나는 참

- 이영지 「첫 사랑 김」 이영지

(2) 36일. 한 달 4일, 36일 불 밝힘 안으로 밝음 입체 시조 문예미학리듬

초장: 땅 → 중장: 불 → 종장: 안으로 밝음 참조 주역 괘 36

땅 · 어머니 · 유순 · 서남 · 배 · 소 → 불 · 중녀 · 붙음 · 남 · 눈 · 꿩
(-- · —) · (-- · --) · (-- · —) = (1구 · 4구) · (2구 · 5구) · (3구 · 6구)

안으로 타는 웃음
새벽의 디딜방아
첫발을 반어울림
섬나라 섬 그늘에
유채꽃
한 송이로 떠 하늘하늘 거린다

- 「꽃구름」 이영지[1)]

1구: 땅이 불을 만나는 땅 → 불 리듬은 태양이 땅 속으로 들어간 리듬이다. 이 리듬은 안으로의 밝음을 전제로 한다. 자신의 존재나 미모를 숨기고 스스로 자신을 다스린다.

초장: 땅 → 중상: 불의 시조 문예미학리듬 기호(-- · —) · (-- · --) · (-- · —) = (1구 · 4구) · (2구 · 5구) · (3구 · 6구)의 땅이 불을 만나는 입체리듬이다. 마음에 불을 담은 리듬이다. 안으로 불 밝힘 리듬 90° 방향이다. ☷[땅]이 ☲[불]을 만나는 90° 방향 리듬은 동양권에서는 가장 밑이 1번이 됨으로 ☷[땅]이 먼저 놓이고 그 다음이 ☲[불]의 순서이다. 땅이 불을 마나는 리듬은 1어두움 · 2어두움 · 3어두움 · 4구 밝음 · 5어두움 · 6 밝음이므로 특히 가운데 중장이 음 · 곧 어두움이지만 밝혀주는 양쪽의 막아줌으로 하여 방안이 밝아 있는 리듬이다.

---

1) 그림, 이영지 『시조창작리듬론』 · 131. '안으로 밝음의 리듬'

처음 초장은 하늘을 우러르는 리듬으로 하여 불을 쳐다보는 리듬이다. 간절한 바람의 시조 문예미학리듬이다. 땅 ☷[땅]이 불☲[불]을 만나는 땅이 불을 만나는 이웃의 고마움 90° 방향이다. 마음의 불을 켠 리듬이다. 이 세계는 이 기도하는 자들의 그 기특한 이들로 하여 움직인다. 속에서 밝음을 가진 국민이 사는 나라는 잘 될 것이요 속에서 기도하는 분의 노력으로 한 가정이 잘 되는 리듬이다. 웃음 가진 자의 기도는 하나님의 따뜻한 사랑이 있다.

- 안으로 타는 웃음 의미기호 ··

2구: 마음의 촛불을 켠 마음에 태양을 가진 마음은 춥거나 외롭지 않다. 음침한 골짜기로 다닐지라도 주가 보호하심에 마음이 든든하다. 이 심연의 어두움에서 자신을 이긴다. 새벽 기도의 디딜방아로 하여 지평선 저 멀리 아침이 밝아오는 리듬이다.

- 새벽의 디딜방아 의미기호 ··

3구: 어둠 속에 있은 지 오래다. 마음속의 활화산은 그대로다. 온통 화안히 밝아오는 아침의 시조 문예미학리듬은 건전한 대한민국의 미래가 될 것이다. 개인의 알찬 발 디딤이 있는 리듬이다.

- 첫발을 반어울림인다 의미기호 ··

4구: 한 번 더 밝음을 향해 앉는다. 대원군 이하응이 비굴하고 타락한 방탕아로 가장하여 철두철미 자신을 숨기었던 이야기는 유명하다. 4구의 기도하는 자들의 수는 나날이 늘어나게 되고 파도에 휩쓸려 가지 않는 리듬이다.

- 섬나라 섬 그늘에 의미기호 -

5구: 거짓 미친 채한다. 겉으로는 현명을 숨긴다. 안으로는 밝게 산다. 바보행렬에 서서 바른길을 지킨다. 섬나라 유채꽃이 피는 리듬이다.

- 유채꽃 의미기호 --

6구: 광명이 내게 닥아 온다. 해경 궁 홍 씨는 그 오랜 세월의 어둠을 지나 남편의 영광과 정조의 효도를 받는다. 안을 밝게 하는 리듬[1]이다. 6구는 천일의 고독이 서려 있는 갯벌에서 눈부신 유채꽃 사랑 피는 리듬이다.

- 한 송이로 떠 하늘하늘 거린다 의미기호 -

눈물이 꿈을 꾸면 조용히 햇빛이 와
하늘에 눈물한 점 올릴 수 있는거다
그늘을 벗길 수 있다 푸른 들에 꿈 일 참

눈물이 꿈을 꾸면 조용히 햇빛이 와
하늘에 눈물한 점 올릴 수 있는거다
그늘을 벗길 수 있다 푸른 들에 꿈 일 참

- 「눈물이 첫사랑 꿈을 꾸면」 이영지

기웃뚱 너를 닮아 보려고 고개 젖혀
눈물을 담아든다 고개를 내밀고도
모자란 옥색하늘을 마련하라 첫사랑

- 「첫사랑 옥색하늘을 마련해서」 이영지

1) 참조 · 명지어문학 199 · 시조문예미학 20 · 시조창작리듬론 129-131 페이지 수정 ⚊⚋⚌⚍⚎⚏ 참고 ☰하늘 ☱(연못) ☲(불) ☳(우레) ☴(바람) ☵(물) ☶(산) ☷(땅).

5) 37과 37일. 서른 이레 가장의 입체 시조 문예미학리듬

(1) 37과 37일과 서른 이레째 날

37과 37일은 '새로 셈 베 쉬브아'의 37는 독립된 30 · 10의 3곱 곧 10 · 열 עֲשָׂרָה[아사라 · 열 · τεσσαρες]의 3배의 힘 · 의로운 일 할 때이다. 그래서 37은 독립된 10의 3배가 되는 30 세로 쉼 שְׁלֹשִׁים[새로 셈 · 30 · τριάκοντα]과 독립된 7 세 보아 שִׁבְעָה[쉬브아 · 일곱 · ἑπτα]와 합하여 '37 새로 셈 배 세보아 שְׁלֹשִׁים וְשִׁבְעָה[새로 셈 베쉬브아 · 37]'로 한다. 반면 37번째를 표시하는 법칙은 37 번째가 7번째 십이 שְׁבִיעִי[쉐비이 · 일곱째 · ANOMS · seventh · ἑβδομος · ἑβδόμη · 창 2:3]와 합하여 37 십이 새로 셈 שְׁבִיעִי שְׁלֹשִׁים[쉐비이 쉐로심]으로 할 것 같지만 '37째 십아 배 새로 셈 שְׁלֹשִׁים וְשִׁבְעָה[쉬브아 베쇠로심]'으로 한다. 사이에 십자가에 못 박히는 사랑으로 우리가 사는 의미의 ו[베]글자를 넣는다. 그러므로 휴식의 의미 10과 이의 3배가 되는 휴식을 세는 의미가 강하게 그 만큼 3이 주는 성령의 힘으로 휴식을 취하는 일이다. 한 가정에서는 가장이 있고 이 가장은 가족을 일평생 이끄는 역할을 함으로 가족들은 휴식을 취하는 의미이다.

강력한 30 · 라멧 · ל[라멧 · 소몰이 막대 · 하나님의 채찍][1]의 그리스도 사역의 때와 7 자인 ז[자인 · 연장 · 역할][2]의 합 함 이미지 공유그리움이다.

---

1) E. W 벌링거 · 장상선 감수, 『성경에 나타난 숫자 해설』 (서울: 나단 · 2001) · 336.

2) VTMMYS: 『스테판 원어 성경: The Stephen Korean Text of the Hebrew Old Testament Published by Institute of Biblical Languages』 · 서울: 원어성서원 · 2000. 히브리어 알파벳.

곧 1 성부 · 2 성자 · 3 성령 · 4 피조물 · 5 구속 · 6 세상의 완전 · 7 성령의 완전 · 8 살찜 · 9 종말 예고 · 10 하나님 질서의 완전함 · 11 파괴와 영웅 · 12 통치적 완전 · 13 혈통 · 14 영적 완전의 혈통 · 15 하나님 은혜로 만들어진 행위 · 16 세상의 일 · 17 축복의 때 · 18 즐거움의 극치 · 19 심판과 연관된 하나님의 질서 · 20 기다림 · 21 영적 완전과 하나님의 완전함 · 22 해체 · 23 절망을 넘어 · 24 하늘의 통치와 경합 · 25 은혜의 본질 · 26 숨 쉼 · 27 성령 충만 · 27 성령 충만 · 28 일곱 가지의 4배량의 일들 · 29 기대 · 30 사역시작 · 31 신성 하나님의 이름 · 32 하나님의 날 · 33 예수님이 이 세상에 사신 나이 · 34 세상을 알아 봐 · 35 신성수의 반 · 36 완전한 통치의 3배 · 37 기장 이미지로 성령의 힘이 질정에 이른 때다. 37일은 한 달 하고도 5일 입체 시조 문예미학리듬이다.

첫
사랑
  고게 나와
          들여 다 보고 있다
                    눈높이
                나는 고게
                산 높이
          나는 고게
첫사랑
고게 나와서
초록덩이
사랑 눈

-「첫사랑 고게」 이영지

(2) 37일. 한 달 5일, 37일 가장 입체 시조 문예미학리듬

초장: 바람 → 중장: 불 → 종장: 가정 참조 주역 궤 37

바람 · 장녀 · 들어감 · 동남 · 다리 · 닭 → 불 · 중녀 · 붙음 · 남 · 눈 · 꿩
(-- · —) · (— · --) · (— · —) = (1구 · 4구) · (2구 · 5구) · (3구 · 6구)

울타리 개나리 불
봄바람 불어쌓다
느으을 집안 꽃이
들바람 유리 안 미소
왕가마
가는 바람 오는 비 지휘하여 웃는다

– 「집안 꽃」 이영지[1)]

1구: 초장: 바람 → 중장: 불의 시조 문예미학리듬 기호 (-- · —) · (— · --) · (— · —) = (1구 · 4구) · (2구 · 5구) · (3구 · 6구)의 바람이 불을 만나는 입체리듬이다. 처음의 두 어울림이 서로 잘 균형을 이룬다. 바람에 불을 더하는 뜨거운 열기이다.

가정의 신비는 무엇인가. 사람의 생애를 살맛나게 만드는 이 신비한 매력은 바람이 불어 불을 피운데 있다. 바람은 불에서 나온다. 공기를 덥게 하기 때문이다. 바람은 어쩔 수없는 강제성이 있고 불은 붙음의 의미가 있다. 공기가 열을 띄면 가벼운 열기구가 되어 상승 기류로 움직이기 때문에 바람이 생긴다. 바람은 그 불을 부채질하여 크게 확대시켜 나간다.

- 울타리 개나리 불 의미기호 --

1) 그림, 이영지 『시조창작리듬론』 · 113. '어울림의 리듬'

2구: 불을 붙이는 것은 여자이다. 가정에서의 여자는 그의 따뜻한 손으로 구석구석까지 알뜰하게 골고루 불을 지핀다. 그러기에 사랑을 맡은 비이너스는 여신이다. 그의 무기로 살아서는 아니 된다.

- 봄바람 불어 쌓다 의미기호 -

3구: 거센 바람이 지나치게 불면 집안에 법도가 없어진다. 집안 어른이 지나치게 엄격하면 · 또는 아내나 아들이 철없이 함부로 떠들면 가훈이 세워지지 않는다. 바람의 방향은 밖으로 지나치게 나가도 아니 되고 들어와도 아니 된다.

- 느으을 집안 꽃이 의미기호 -

4구: 공격과 수비가 완전하여야 게임은 이기게 된다. 불은 거정 없이 공격에 나갈 수 있게 알맞은 속도로 타고 · 또한 남자로 하여금 집 안에 되돌아 와서 새 닐을 위하여 에너지를 축적하게 한다.

- 늘 바람 유리 안 미소 의미기호 -

5구: 어진 군주가 착한 아내를 맞아 가정을 지키며 왕 꽃을 피운다.

- 왕 가마 의미기호 --

6구: 걸음걸이는 우아하고 위엄 있게 움직인다. 가을 산 꽃은 뒤로 물러서며 봄을 기다린다. 집안일을 담당하는 것은 여자의 부끄러움이 아니라 보배다.

- 가는 바람 오는 비 지휘하여 웃는다 의미기호 -

초장(-- —) 중장(—--) 종장(—--) 의 시조 문예미학리듬을 가지는 ☴바람이 ☲불을 만나는 리듬이다. 바람이 불을 만나는 리듬은 바람이 아래 놓이고 그 위에 불이 놓인다. 불이 밑에서 불어오는 바람 때문에 잘 타오른다.

(-- · —) · (— · --) · (— · —) = (1구 · 4구) · (2구 · 5구) · (3구 · 6구)리듬에서 보여의 이 어울림은 갈수록 가정이 잘 되는 표시소이다. 따라서 그 입체의 시조 문예미학리듬이 삼각구성이 제한되어 있다. 그것은 (-- · —) · (— · --) 대응기호에서 균형의 완성을 보인다. 또한 프리즘 삼각입체의 7개의 행복상징 빨 · 주 · 노 · 초 · 파 · 남 · 보의 신비로움이 된다. 그것은 법칙을 지킬 때 가정의 행복이 옴을 지시하는 이미지이다.

눈물로
덮어 준다
추위에 얼지 마라
눈빛을
빛날수록 새봄의 하늘 끝을
쳐다 볼 힘이 나느라 눈물 속에 사랑 참

- 「눈물 속에 첫사랑 참」 이영지

바위가 춤을 춘다
풀잎이 춤을 춘다
햇빛이
춤을 춘다 눈물이 춤을 춘다
봄 본 눈 춤을 추느라 푸른 눈빛
첫
사
랑 - 「푸른 하늘 첫사랑 참」 이영지

6) 38과 38일, 서른 여드레 순응의 입체 시조 문예미학리듬

(1) 38과 38일과 서른 여드레째 날

38과 38일은 성부와 성자와 성령이 합하는 3의 수 10곱에다가 우리가 익히 아는 사모님 소리가 나는 8이 합하여 새로 셈 베 사모나의 이미지이다. 38는 독립된 30이 10의 3곱이다. 10 · 열 아시라 ה עֲשָׂ[아사라 · 열 · τεσσαρες]의 3배이다. 38은 30 새로 셈 שְׁלֹשִׁים[새로 셈 · 30 · τριάκοντα]과 독립된 8 여덟 쉐모나 שְׁמֹנָה[쉐모나 · 여덟 · ὀκτω]과 합하여 '38 새로 셈 배 사모나 שְׁלֹשִׁים וּשְׁמֹנָה[새로 셈 베쉐모나 · 38]'로 한다. 38 번째가 8 여덟 번 째 쉐미니 שְׁמִינִי[쉐미니 · 여덟째 · 대상 7:11]와 30이 합하여 38번째 쉐미니 새로 셈 שְׁמִנִי שְׁלֹשִׁים[쉐미니 쉐로심]으로 할 것 같지만 38번째 역시 '38 사모나 배 새로 셈 שְׁמֹנָה וּשְׁלֹשִׁים[쉐모나 베쇠로심]'으로 한다. 독립 수치를 쓴다. 사이에 못의 의미 곧 십자가에 못 박히는 사랑으로 우리가 사는 의미의 ו[베]글자를 넣는다.

강력한 30 · 라멧 · ל[라멧 · 소몰이 막대 · 하나님의 채찍][1]의 그리스도 사역의 때와 8 울타리 ח[헤트 · 지붕 · 울타리][2]의 합 함 이미지 공유그리움이다. 곧 1 성부 · 2 성자 · 3 성령 · 4 피조물 · 5 구속 · 6 세상의 완전 · 7 성령의 완전 · 8 살찜 · 9 종말 예고 · 10 하나님 질서의

---

1) E. W 벌링거 · 장상선 감수, 『성경에 나타난 숫자 해설』(서울: 나단 · 2001) · 336.

2) VTMMYS: 『스테판 원어 성경: The Stephen Korean Text of the Hebrew Old Testament Published by Institute of Biblical Languages』 · 서울: 원어성서원 · 2000. 히브리어 알파벳.

완전함 · 11 파괴와 영웅 · 12 통치적 완전 · 13 혈통 · 14 영적 완전의 혈통 · 15 하나님 은혜로 만들어진 행위 · 16 세상의 일 · 17 축복의 때 · 18 즐거움의 극치 · 19 심판과 연관된 하나님의 질서 · 20 기다림 · 21 영적 완전과 하나님의 완전함 · 22 해체 · 23 절망을 넘어 · 24 하늘의 통치와 경합 · 25 은혜의 본질 · 26 숨 쉼 · 27 성령 충만 · 27 성령 충만 · 28 일곱 가지의 4배량의 일들 · 29 기대 · 30 사역시작 · 31 신성 하나님의 이름 · 32 하나님의 날 · 33 예수님이 이 세상에 사신 나이 · 34 세상을 알아 봐 · 35 신성수의 반 · 36 완전한 통치의 3배 · 37 가장 이미지 · 38 순응 이미지의 때 까지 왔다. 38일은 한 달 6일의 입체 시조 문예미학리듬이 되는 것이며 시조 문예미학만이 가진 입체리듬 초장과 중장과 종장으로 자리를 옮기면서 초장에서 꿈과 중장에서 보다 현실적인 이야기를 하게 되고 종장에서 초장과 중장의 결과를 나타낸다.

> 들녘의 물 뿌리를 가슴의 그림자로
> 사랑의 손을 잡은 소매는 늦가을의
> 물살이 손수건으로 노래 강가 바람 탓
>
> 찬비가 내리는 날 물살의 그리움이
> 날마다 창가에서 손 짚어 드리는 강
> 고개를 강물 깊이에 넣어 보는 바람 탓
>
> \- 「아빠의 눈물」 이영지

가정의 신비는 사실 결혼하여 아이가 태어나는 신비이다. 그래서 경험하지 못했던 아빠와 엄마의 일상은 상상하지도 못하게 변하는 모습으로 여유와 사랑과 자녀를 위한 일상이 따른다.

(2) 38일. 한 달 6일, 38일 순응 입체 시조 문예미학리듬

초장: 불 → 중장: 연못 → 종장: 순응 참조 주역 궤 38

불 · 중녀 · 붙음 · 남 · 눈 · 꿩 → 연못 · 소녀 · 즐거움 · 서 · 입 · 양
(━ · ━) · (-- · ━) · (━ · --) = (1구 · 4구) · (2구 · 5구) · (3구 · 6구)

춤추기 스며들기
빈 가슴 달이 올라
물보라 불꽃사슴
바람이 한들한들
물 무리
은사슬 비단 하늘하늘 거리네

- 「은사슬 비단 하늘하늘」 이영지 -

한 달 6일 순응 입체 시조 문예미학리듬1구: 초장: 불 → 중장: 연못의 시조 문예미학리듬 기호 (━ · ━) · (-- · ━) · (━ · --) = (1구 · 4구) · (2구 · 5구) · (3구 · 6구)리듬의 입체리듬이다. 처음이 강하다가 그 다음이 조화를 이루며 날개를 내리는 리듬이다. 불이 아래에 있고 그 위에 연못이 있다. 불이 위로 타오르려 하는데 위에 연못 즉 물의 성질이 있어서 불의 타오름이 막힌다. 불은 타오르려는 자만이 있기에 구질구질하게 밑으로만 흐르는 성질을 지닌 연못의 마음을 이해하려 하지 않는다.

- 춤추기 스며들기 의미기호 -

2구: 물은 고향이 있지만 불은 고향이 없다.

- 빈 가슴 달이 올라1) 의미기호 --

3구: 불 가까이 물이 있고 불 가까이 물이 있어 물 가슴에 불이 들고 불 가슴에 물이 든다.

- 물보라 불꽃사슴 의미기호 -

4구: 하늘 끝 구름을 바다 밑 해파리가 사모하는 마음은 비극일 수 없다. 그것은 그리움의 본질이 먼 곳에 있기 때문이다. 바람 한 자락 흔들리는 어느 방향 따라 또는 바람의 미소만으로 온 밤을 꿈속의 행복에서 지내는 끝과 끝의 이어짐은 신이 향유하게 해 준 특권이다. 그리움의 본질이다.

- 바람이 한들한들 의미기호 -

5구: 만남을 위하여 잠을 자고 구름을 보려 물로 흐르고 산으로 오르는 날이 구름처럼 무리무리 져라.

- 물 무리 의미기호 -

6구: 활시위 공기를 가르며 꽃구름 지나 작은 솔밭 지나 빗속으 지나 날 개 위 은사슬 비단으로 앉아라.

- 은사슬 비단 하늘하늘 거리네 의미기호 ··

불이 연못 아래 놓이면서 서로 하나님으로부터 받은 특질 즉 불은 위로 오르고 싶고 물은 아래로 내리고 싶은 마음을 억누르고 상황에 순응한다. 이러한 힘은 사랑의 힘이다. 이 리듬이 만드는 각도는 45° 이다.

---

1) עלה(올라): E.J.BRILI · *HEBRÄISCHES UND ARAMÄISCHES LEXIKON* ·LIEFERUN III ראה—נבת : 1983) · 78 5

우리는 너무 달리
태어나 마음아파
그러질 말아 봐요
꽃 가슴 들이밀면
한 밤중
하얀 그네로 떠오를 이 있어요

- 「꽃 가슴 들이밀면」 이영지[1)]

초장(━━) 중장(╍━) 종장(━╍) 의 시조 문예미학리듬이다. 초장은 서로 극과 극끼리의 환경 · 이루지 못할 사랑 조건이지만 중장과 종장이 잘 어울리는 리듬이다. 남자는 남자답게 여자는 여자답게 사랑의 하모니를 이루는 리듬이다. ☲[불]이 먼저 맨 밑에 놓이고 ☱[연못]이 위에 온다. 처음에는 서로 잘 맞지 않는 상황에 당황하지만 사랑을 방해할 수 없는 사랑이 불가사이의의 신비이다.

1구 밝음 · 2어두움 · 3구 밝음 · 4구 밝음 · 5구 밝음 · 6어두움이므로 불 빛이 결구 잘 빛을 발하는 쪽으로 나아간다. 국제결혼이나 · 견우직녀 이야기가 된 순응리듬이다.

불 → 연못의 입체리듬은 (━ · ━) · (╍ · ━) · (━ · ╍) = (1구 · 4구) · (2구 · 5구) · (3구 · 6구)의 상응성으로 세 어울림이 서로 다른 지시소이나 즐거이 그 특성에 호응하며 어울리는 신비의 시조 문예미학리듬이다. 서로 다른 것끼리 조화를 이룬다. 모순성 가운데에서도 조화를 이룬다. 따라서 같으면서도 서로 다른 a,a b,b c,c d.d를 지시한다.

---

1) 그림, 이영지 『시조창작리듬론』 · 118. '조화의 리듬'

7) 39와 39일. 서른 아흐레 극복의 입체 시조 문예미학리듬

(1) 39와 39일과 서른 아흐레째 날

39과 39번째는 서로 공유그리움이다. 39와 39일은 '새로 셈 베 됐으아' 하는 강력한 지혜 이미지 9 테드 ט 테드 · 지혜[1]와 독립된 30 세로 쉼 שְׁלֹשִׁים 새로 셈 · 30 · τριάκοντα의 합 함 이미지 공유그리움이다. 39는 독립된 10의 3곱 30 곧 10 · 열 아사라 עֲשָׂרָה 아사라 · 열 · τεσσαρες의 3배와 9 테드 ט 테드 · 지혜의 합함 '39 새로 셈 배 됐어 שְׁלֹשִׁים וְתִשְׁעָה(새로 셈 베팃스아 · 39)'다. 독립된 30 세로 쉼 שְׁלֹשִׁים 새로 셈 · 30 · τριάκοντα과 독립된 9 아홉 됐어야 תִּשְׁעָה 팃스아 · 아홉 · ἐννεα와 합한다. 아홉째 됐으니 תְּשִׁיעִי 텟쉬이 · 아홉째 · ANOMS · ninth · ἔνατος · 창 17:1와는 구분된다. 39번째 역시 9 아홉 됐어 תִּשְׁעָה 팃스아 · 아홉 · ἐννεα와 30이 합하여 '39번째 새로 셈 배 됐어 שְׁלֹשִׁים וְתִשְׁעָה 새로 셈 베팃스아 · 39'로 한다. 1 성부 · 2 성자 · 3 성령 · 4 피조물 · 5 구속 · 6 세상의 완전 · 7 성령의 완전 · 8 살찜 · 9 종말 예고 · 10 하나님 질서의 완전함 · 11 파괴와 영웅 · 12 통치적 완전 · 13 혈통 · 14 영적 완전의 혈통 · 15 하나님 은혜로 만들어진 행위 · 16 세상의 일 · 17 축복의 때 · 18 즐거움의 극치 · 19 심판과 연관된 하나님의 질서 · 20 기다림 · 21 영적 완전과 하나님의 완전함 · 22 해체 · 23 절망을 넘어 · 24 하늘의 통치와

---

1) VTMMYS: 『스테판 원어 성경: The Stephen Korean Text of the Hebrew Old Testament Published by Institute of Biblical Languages』 · 서울: 원어성서원 · 2000. 히브리어 알파벳.

경합 · 25 은혜의 본질 · 26 숨 쉼 · 27 성령 충만 · 27 성령 충만 · 28 일곱 가지의 4배량의 일들 · 29 기대 · 30 사역시작 · 31 신성 하나님의 이름 · 32 하나님의 날 · 33 예수님이 이 세상에 사신 나이 · 34 세상을 알아 봐 · 35 신성수의 반 · 36 완전한 통치의 3배 · 37 가장 이미지 · 38 순응 · 39 극복이미지이다.

39와 39일은 성부와 성자와 성령이 합하는 3의 수 10곱에 9의 발음 됐으아로 출발한다. 39일은 한 달하고도 7일의 입체 시조 문예미학리듬이다. 7 성령의 완전[1]성으로 인한 일곱째 날에 절대자[2]에 대한 윗물과 아랫물 구별이다. 좋은 물은 무흠하신 분이 좋은 물을 먹으라고 내미신[3] 분의 말씀을 듣는 일이다.

마시는 날개가슴 당신의 산들바람
들어와 머무느라 이렇게 비스듬히
서면서 사모 바라봐 향기모자 써보자

- 「기쁨모자」 이영지

꿈꾸는 옷을 벗겨 내리며 구덩이에
넣어도 꿈은 아직 마음에 들어있어
나래에 꿈 하늘덩이 살짝 올라 날지 뭐

- 「꿈 하늘마당」 창 37:24 이영지

어디를 나르게요 어디를 보시나요
꼬리를 꽃에 이어 꽃잎이 바라보는
고개를 오른쪽으로 돌리어서 바라본

- 「오른쪽으로」 창 37 이영지

---

1) Ibid.
2) 강성열 · "구약 성경의 창조기사와 우리나라의 창세신화 비교," 『신학이해』 제 27집(광주: 호남 신학 대학교 · 2004) · 32.
3) John Peter Oleson · Ibid.

(2) 39일. 한 달 7일, 39일 극복 입체 시조 문예미학리듬

초장: 물 → 중장: 산 → 종장: 극복 참조 주역 괘 39

물 · 중남 · 빠짐 · 북 · 귀 · 대지 → 산 · 소남 · 정지 · 동북 · 손 · 개
(-- · --) · (— · --) · (-- · —) = (1구 · 4구) · (2구 · 5구) · (3구 · 6구)

서로들 그리메로 봄 소리 파란의자
봄맛을 담아들고 노오란 마음 털고
물 위에 봄 달빛으로 꽃 만발한 춤추며

- 「봄맛을 담아들고」

1구: 물 → 산의 (-- · --) · (— · --) · (-- · —) = (1구 · 4구) · (2구 · 5구) · (3구 · 6구)의 입체리듬에서 보여 주듯이 초장(----) 중장(—--) 종장(--—) 의 입체리듬이 외롭고 추운 처음의 묶음이 둘째와 셋째의 묶음에서 양이 음을 감싸고 있다. 동양권에서는 ☵물이 아래가 되고 산이 그 위가 ☶산이 되는 리듬이다. 산 아래 물 리듬이다. 1어두움 · 2구 밝음 · 3어두움 · 4어두움 · 5어두움 · 6구이므로 산 속에 물이 앉아 있는 이미지는 최후의 만찬에 있는 배경리듬이다. 세 개의 창 가운데 앉아 있는 그리스도가 앉아 있다. 산 속에 말씀이 앉아 있는 모양이다. 어려운 세상살이에 빛이 앉아 있는 리듬이다. 석굴암 예도 마찬가지이다. 사람이 다닐 수 없는 길 아주 멀고 힘든 길에 있으면서 그 안에 오묘한 진리 · 곧 멀리 물을 바라볼 수 있는 토함산 위치이다. 이러한 위치는 무엇 · 전란이나 그 무엇으로도 훼손되지 않는 자리리듬이다.

- 서로들 그리메로 의미기호 -

2구: 어려움을 당하면 우리나라 사람들은 이제 곧 겨울지나 봄이 올 것을 알고 있기에 잘 견딘다. 깊은 물 마시는 리듬이 되는 2구는 물의 근원이 되는 그 깊은 마음 깊은 곳에서 솟아나는 힘이 함께 있다. 물의 근원은 산이다. 물은 낮은데서 고이는 것이 본질이지만 심산준령의 산 바위틈에서 산의 힘을 입어 생겨나는 산 꼭 데기의 물이 있다. 이 솟는 리듬은 180° 까지 갈 수 있다.

- 봄 소리 파란의자 의미기호 ··

3구: 3구는 등허리 목마름을 축이려고 따라 오라고 따라 가자고 함께 하는 리듬이다. 가을 산, 단풍도 타고 흐른다. 등산 오르는 자의 발가락도 잘 올라가도록 도와준다. 물은 가만히 있지 않고 흐르는 비에 비유된다.

- 봄맛을 담아들고 의미기호 ··

4: 그러나 봄비가 계속 내림으로 땅은 녹기 시작하고 호화스러운 봄에 알맞은 옷을 입는다. 꽃은 내린다. 계속하여 행복을 찾는 마음으로 생활하는 마음은 가장 먼 거리 180° 까지 갈 수 있다. 어려움을 푸는 열쇠가 된다.

- 노오란 마음 털고 의미기호 ··

5구: 봄 도랑을 넓게 판다. 봄비가 모이는 물이 잘 흘러갈 수 있게 해 준다. 아이들이 박수를 보낸다. 5구는 새하얀 리듬이다. 물 한 모금의 물 먹을 수 있는 물이다. 살리기 위해 존재한다. 솟아난다.

- 물 위에 의미기호 -

6구: 높은 성벽 위에 새가 앉는다. 머얼리 180°까지 날아간다. 6구의 물은 말씀이다. 말씀을 받아드릴 준비가 된 자에게는 마음깊이에 맑은 물이 솟는다. 윗물이 맑아야 한다. 그러기 위해서는 하늘로부터 물을 얻어 와야 한다. 그 거리는 180°까지 이다. 물은 깊은 산 속에서 물을 잘 간직하였다가 샘솟게 한다. 산을 찾아 이 물을 마시는 리듬이다. 평안하고 즐거운 리듬이다.

- 봄 달빛으로 날아가며 춤추며 의미기호 ··

초장(----) 중장(━--) 종장(--━)의 입체리듬처럼 물이 샘솟자 이를 즐겨 먹는 이들의 마음조차 물이 솟는 것처럼 마음도 솟는 리듬[1]이다. 어려움을 극복하는 환경의 탓을 하지 않는 리듬이다. 아주 멀리 가장 먼 거리 180°까지 갈 수 있다. 말씀으로 꽃 만발한 가슴둥지 때문에 어려움을 푸는 열쇠가 된다.

산 속 깊은 물은 사람이 마실 수 있는 물이다. 물을 먹어야 사람이 산다. 이 물은 비단 직적접인 물리적 물의 의미를 벗어나서 틈바위 틈서리에서 솟아나는 물의 이미지가 주는 강력한 힘을 말한다. 좋은 물은 단순한 좋은 물의 이미지를 벗어나서 생명을 살리는 물이다.

산 → 물의 입체리듬이나 물 → 산의 입체리듬 모두 물의 흐름에

---

1) 참조 · 명지어문학 206 · 시조문예미학 20 · 시조창작리듬론 15)8-15)9 페이지 수정 ━--☰☱☲☷ ☰하늘 ☱(연못) ☲(불) ☳(우레) ☴(바람) ☵(물) ☶(산) ☷(땅).

동승한다. 어린 샘물과 이와는 전연 다른 물결로까지 올라가 가히 그 거리가 아주 먼 거리까지이다. 앞으로 나아가는 자는 멈출 줄도 안다. 이 리듬은 처음은 어려움은 모두 오히려 이겨내는 비결의 동인이 된다. 물 → 우레 입체리듬이나 우레 → 물 입체리듬은 탄생과 어려움을 푸는 리듬이다. 물이 지닌 풀어가는 이미지이다. 이들 둘 곧 네 쌍들의 시조 문예미학리듬은 생명의 신비와 자연의 섭리를 알리는 비화이다. 하나님의 숨겨진 비밀영역이다. 인간의 생명과 자연의 생물들 모두 그 신비의 영역은 인간의 힘으로는 어떻게 할 수 없는 아름다움을 선사한다. 자연보호색을 띄는 갖가지 동식물들의 아름다운 옷 무늬와 그리고 그 움직임의 신비들은 인간의 과학영역으로 해결 할 수 없는 절내의 능력사의 손안에 있는 비밀이나.

이 리듬들은 나란한 평행선 먼 거리 180°까지 오르는 리듬이다.

두 발을 모으고서 꾼 딘고 일어나라
방금 곧 날아갈 듯 가벼이 머무르며
날개에 해와 달 별 들 일어나기
기
다
림

- 「기다림」 창 37:9 이영지

봄바람 터를 닦아 겨울을 씻어낸다
산에는 노랑 빨강 봄꽃이 내려앉아
보여준 산 얼굴에다 웃음꽃이
첫
사
랑

- 「웃음꽃 첫사랑」 이영지

8) 40과 40일. 마흔 어려움을 푸는 입체 시조 문예미학리듬

(1) 40과 40일과 마흔째 날

40과 40일과 마흔 날은 물이 사방팔방으로 알아보는 '알아 봐 임' 이다. 40과 40일의 독립된 10의 4배가 되는 '40 알아 봐 임 אַרְבָּעִים 아르바임 · 40 · τεσσρκοντα'과 '40일째 레비임 רְבִיעִים 레비임 · 40번째 · ANOMS · forteen · τεσσρκοντος'이다. 독립된 4 넷 알아 봐 אַרְבָּעָה 알아 봐 · 넷 · τεσσαρες 와 넷째 레비이 רְבִיעִי 레비이 · 넷째 · ANOMS · forth · τεταρτή · τεταρτος · 창 1:19의 10배가 되는 '40 알아 봐 임 אַרְבָּעִים 아르바임 · 40 · τεσσρκοντα'과 '40일째 레비임 רְבִיעִים 레비임 · 40번째 · ANOMS · forteen · τεσσρκοντος'이다.

물 마임 מַיִם 마임 · 말씀[1]으로 서로 서로 공유하는 40과 40일째는 1 성부 · 2 성자 · 3 성령 · 4 피조물 · 5 구속 · 6 세상의 완전 · 7 성령의 완전 · 8 살찜 · 9 종말 예고 · 10 하나님 질서의 완전함 · 11 파괴와 영웅 · 12 통치적 완전 · 13 혈통 · 14 영적 완전의 혈통 · 15 하나님 은혜로 만들어진 행위 · 16 세상의 일 · 17 축복의 때 · 18 즐거움의 극치 · 19 심판과 연관된 하나님의 질서 · 20 기다림 · 21 영적 완전과 하나님의 완전함 · 22 해체 · 23 절망을 넘어 · 24 하늘의 통치와 경합 · 25 은혜의 본질 · 26 숨 쉼 · 27 성령 충만 · 27 성령 충만 · 28 일곱 가지의 4배량의 일들 · 29 기대 · 30 사역시작 · 31 신성 하나님의 이름 · 32 하나님의 날 · 33 예수님이

---

1) E. W 벌링거 · 장상선 감수, 『성경에 나타난 숫자 해설』 (서울: 나단 · 2001) · 336.

이 세상에 사신 나이 · 34 세상을 알아 봐 · 35 신성수의 반 · 36 완전한 통치의 3배 · 37 가장 이미지 · 38 순응 · 39 극복이미지 · 40 물 건너 출 애굽[1] 이미지까지 온다.

우리들이 늘 먹는 물은 숫자로 40이다. 성경에서 물은 쌍수 맴 מ 과 맴ם[2] 두 개이다. 맴 מ과 맴ם[3]은 명사다. 이 물 맴 מ과 맴ם 두 개 모이어 된 물[4]은 40은 사역의 의미가 강한 20의 곱수이어서이다. 40은 사방팔방 안 가는 곳이 없으면서 그 사역을 담당한다. 물에 빠진 모세가 건져진다. 물이 쌍수라고 해서 남녀 쌍 수가 아니다. 문법 남성 둘 쌍수이다. 그래서 전적으로 남자의 사역이다.

남성은 하나님의 형상을 입고 태어난다. 그래서 남자라는 본성은 하나님 이미지를 닮는다. 하나님의 옳은 손이 주는 사역 담당이다. '물' 마임[5]은 첫 글자 물 '마'[6]에서 둘째 '임'으로 이동한다. 좋은 물 '마임 מַיִם' 쌍수다. 남자 여자 쌍이 아니라 남성 둘 이미지 쌍수 절대의 물 · 말씀이다. 물은 좋은 물로 흐르기 위해 흐른다.

> 내 사랑
> 마리아는 "내 말이야"
> 하면은
> 무조건 잘 듣는 내 사랑의
> 내 사랑 마 임 마 임아[7] 임이라며 들어요

---

1) E. W 벌링거 · 장상선 감수, 『성경에 나타난 숫자 해설』(서울: 나단 · 2001) · 341-342.
2) מ(멤) ם(멤).
3) 잠 18:4; 시 1:3; 렘 10:13; 겔 47:1.
4) מַיִם(마임 · 물).
5) מַיִם(마임).
6) מַ(마).
7) מַיִם(마임 · 물).

내 말에
물이 맑아 맑아요 마리아는
예쁘디
아주 예쁜 눈망울 그 눈 속에
이 마을 저 마을로 가 내 말 전한 내 사랑

정말로
아담1)하고 잘 사는 여인으로
물 놓아2) 물에 뜨며 방주에 올라가서
아비라3) 불러주면서 살아4)가는 내 여인

누이로 모시어5)서 살아온 내 사랑아
다 위 다 위만 보며 살아온 나의 사랑
내가 늘 예 있어6) 할 때 내 말 듣는 사랑아

무조건 "예" 하면서 말 듣는 나의 사랑
지금도 2012년 11일의 11시 11분
11초 살아 일어서 서로 살아 사랑아

사랑아 우리들은 서로들 후회 않는
내 사랑 마리아야 내 말을 잘 들어준
마리아 오 내 말이람 언제나 늘 마리아

– 「내 사랑 마리아」 이영지

---

1) אָדָם(아담).
2) נֹחַ(노아흐 · 노아).
3) אַבְרָהָם(아브라함).
4) שָׂרָה(사라).
5) מֹשֶׁה(모쉐 · 모세).
6) יִשְׁעִי(예쉬이 · 내 구원의)시 18: 46 · 25: 5 · 27: 9; 합 3: 18.

(2) 40일. 한 달 8일, 40일 어려움을 푸는 입체 시조 문예미학리듬

초장: 우레 → 중장: 물 → 종장: 어려움을 풀다 참조 주역 궤 40

우레 · 장남 · 고기 · 움직임 · 동 · 발 → 물 · 중남 · 빠짐 · 북 · 귀 · 대지
(━ · --) · (-- · ━) · (-- · --) = (1구 · 4구) · (2구 · 5구) · (3구 · 6구)

서로들
그리메로
봄 소리 파란의자
봄맛을
담아들고 노오란 마음 털고
물 위에 봄 꿈 빛으로 꽃 만발한 춤추며

- 「봄맛을 담아들고」 이영지[1)]

1구: 우레 → 물의 (━ · --) · (-- · ━) · (-- · --) = (1구 · 4구) · (2구 · 5구) · (3구 · 6구)의 입체리듬에서 보여 주듯이 처음과 두 번째의 묶음에서 균형을 이루면서 어려움이 풀려나가는 리듬이다. 우레가 물을 만나 어려움을 푸는 리듬이다. 이 거리는 180°의 먼 거리를 당기는 리듬이다. 물 위의 우레 시조문예 리듬이다.

초장(━--) 중장(--━) 종장(----) 의 입체리듬으로 ☳[우레]가 ☵[물]을 만나는 리듬이다. 동양권에서는 가장 밑이 1번이 됨으로 ☳[우레]가 먼저 놓이고 ☵[물]가 다음의 순서이다. 그러므로 우레가 아래 놓이고 그 위에 물이 놓이어 양이 음을 보호하는 리듬이다. 음을 살려주는 리듬이다. 1구는 번개를 새겨놓는 리듬이다. 닥아 온 현실을 재빨리 좋은 방향 자신의 것으로 만드는 리듬이다. 그러므로 번개를 새겨

---

1) 그림, 이영지 『시조창작리듬론』 · 156. '어려움을 푸는 리듬'

놓는 리듬이다.

국보 287호 백제금동대향로의 국보적 의미는 먼저 윗부분에 그려진 닭에서이다. 흔히 봉황으로 알려진 이 그림은 꼬리가 다섯 자가 되어 우아한 아름다움을 보인다. 금동향로에 새겨진 악기를 다루는 처녀도 마한지역 미혼 여성들의 머리 형태이다. 호랑이가 기어 올라가는 뫼 부리는 삼국유사에 나오는 금마 산이다. 선조들은 우리 것에 대한 애착을 예술로 승화시키었다. 그 깊이는 자연스러운 상서로움 표시다.

그러기에 음의 반복리듬이라도 어려움 푸는데 방해 되지 않는다.

- 서로들 그리메로 의미기호 -

2구: 어려움을 당하면 우리나라 사람들은 이제 곧 겨울지나 봄이 올 것을 알고 있기에 잘 견딘다. 그만큼 우리나라 사계절이 주는 심리적 안정감이 한국인에게는 있다. 2구는 봄 소리 파란의자로 학자들이 보편적으로 이론화 하였던 봉황이거나 상상의 봉래산이 아니라 일상성에서 얻을 수 있는 소재로 우리 것을 만든다.

- 봄 소리 파란의자 의미기호 ··

3구: 3구는 여인들이 앉아 현을 켠 이미지다. 우리의 조상들은 바라는 세계를 닭의 꼬리 길이를 다섯 자 길게 하여 5자의 꿈을 엮어 갔다.

- 봄맛을 담아들고 의미기호 ··

4: 4구는 날개의 금 비늘이 방금 하늘을 올라간다. 굴절된 세계가

아닌 마을에서 일어나는 일들을 우리 것으로 한다. 일상의 애착을 비상의 꿈으로 엮어간다. 행복을 찾는 마음으로 우리들은 가장 먼 거리 180°까지 것이라도 어려움을 푸는 열쇠로 삼는다.

- 노오란 마음 털고 의미기호 ‥

5구: 5구는 물 위에 우레가 내리는 일을 서광으로 역전시킨다. 우리들의 마음가짐이 행복을 가져오는 리듬이다. 이 한국인들은 오천년을 이어왔다. 한 덩어리 · 곧 닭과 노인과 처녀와 짐승들이 함께 어울린다. 협력하여 하늘을 나른다. 봄 도랑을 넓게 판다. 봄비가 적게 내리더라도 모인다.

- 물 위에 의미기호 ━

6: 6구는 봄 달빛으로 리듬 맞춰 춤춘다. 여기저기서 박수가 울려나온다. 공감대가 형성되는 리듬이다. 역사가 길다. 성벽 위에 새가 앉는다. 멀리 180°까지 날아간다. 날갯짓으로 머얼리 난다.

- 봄 달빛으로 날아가며 춤추며 의미기호 ‥

어려움을 푸는 리듬이다. 환경의 탓을 초월 아주 먼 거리 180°까지 간다. 물이 풀어지는 역할이다. 더구나 우레위의 물은 우레의 그 강력한 힘을 물로 대신한다. 곧 말씀으로 가기 때문이다. 포기하지만 않으면 꽃 만발한 가슴둥지 때문에 어려움을 푸는 열쇠가 된다. 이 리듬은 사물이 풀어지는 리듬이다. 그럼으로 하여 어려움이 풀어지는 리듬이다. 늘 보아온 것을 삶의 지혜로 하는 리듬[1]이다.

---

1) 참조 · 명지어문학 206 · 시조문예미학 · 시조창작리듬론 참고 ━ ‥〓〓〓〓 ≡하

9) 41과 41일. 마흔 하루 욕심억제의 입체 시조 문예미학리듬

(1) 41과 41일과 마흔 하루째 날

41과 41일과 마흔 하나의 날은 물이 사방팔방으로 알아보는 알아 봐 임 이미지부터 시작한다. 41과 41일은 물의 날 '마임 ם마임 · 말씀[1]'과 한 날 '에하드[2]'의 첫 날[3] א 아, 1 나 · 배움[4] 이미지 공유그리움이다. 10 · 열 '아시라 עֲשָׂרָה아사라 · 열 · τεσσαρες'의 4배 40에 하루가 더 해 진다. 40 알아 봐 임 אַרְבָּעִים 아르바임 · 40 · τεσσρκοντα과 독립된 1 하나 에하드 אֶחָד에하드 · 하나 · ANCMS · εἰς. μια · ἑν · 창 1:5가 합하여 '41 알아 봐 임 배 에하드 אַרְבָּעִים וְאֶחָד 아르바임 베에하드'이다.

반면 41번째를 표시하는 법칙이 있다. 첫 번째의 1과 1 문제인데 1과 첫 번째는 독립된 1은 하나 אֶחָד에하드 · 하나 · ANCMS · εἰς. μια · ἑν · 창 1:5이고 첫째 רִאשׁוֹן로손 · 첫째 · Σν ἀρχῄ · πρωτος임와 다르므로 당연히 '41 알아 봐 임 배 로손 אַרְבָּעִים וְרִאשׁוֹן(아르바임 베로손)'으로 할 것 같지만 그렇지 않다. 1째라는 라손 רִאשׁוֹן로손 · 첫째 · Σν ἀρχῄ · πρωτος 대신에 '41 번째 에하드 배 리비임 אֶחָד וְרְבִיעִים에하드 레비임 · 41번째 · ANOMS · forteen

---

늘 ☱(연못) ☲(불) ☳(우레) ☴(바람) ☵(물) ☶(산) ☷(땅).

1) E. W 벌링거 · 장상선 감수, 『성경에 나타난 숫자 해설』 (서울: 나단 · 2001) · 336.

2) יוֹם אֶחָד(욤 에하드 · 한 날 · 창 1: 5).

3) E. W 벌링거 · 장상선 감수, 『성경에 나타난 숫자 해설』 (서울: 나단 · 2001) · 336.

4) VTMMYS: 『스테판 원어 성경: The Stephen Korean Text of the Hebrew Old Testament Published by Institute of Biblical Languages』 · 서울: 원어성서원 · 2000. 히브리어 알파벳.

one'으로 한다. 40과 1의 독립된 수치를 쓴다. 사이에 못의 의미 곧 십자가에 못 박히는 사랑을 더한다는 의미의 ˥베를 넣는다.

1 성부 · 2 성자 · 3 성령 · 4 피조물 · 5 구속 · 6 세상의 완전 · 7 성령의 완전 · 8 살찜 · 9 종말 예고 · 10 하나님 질서의 완전함 · 11 파괴와 영웅 · 12 통치적 완전 · 13 혈통 · 14 영적 완전의 혈통 · 15 하나님 은혜로 만들어진 행위 · 16 세상의 일 · 17 축복의 때 · 18 즐거움의 극치 · 19 심판과 연관된 하나님의 질서 · 20 기다림 · 21 영적 완전과 하나님의 완전함 · 22 해체 · 23 절망을 넘어 · 24 하늘의 통치와 경합 · 25 은혜의 본질 · 26 숨 쉼 · 27 성령 충만 · 27 성령 충만 · 28 일곱 가지의 4배량의 일들 · 29 기대 · 30 사역시작 · 31 신성 하나님의 이름 · 32 하나님의 날 · 33 예수님이 이 세상에 사신 나이 · 34 세상을 알아 봐 · 35 신성수의 반 · 36 완전한 통치의 3배 · 37 가장 이미지 · 38 순응 · 39 극복이미지 · 40 물을 건너 출 애굽 · 41 욕심억제[1] 이미지 순서이다.

41과 41번째는 서로 1과 1. 첫 번째가 지닌 단일성과 최고와 차별성을 배제하는 의미[2]다. 40이 지닌 4의 창조적 역사의 엄청난 일[3] 공유로 41은 독립된 40이 10의 4곱에다 1을 더한 독립된 하나를 더한 날이다.

---

1) E. W 벌링거 · 장상선 감수, 『성경에 나타난 숫자 해설』 (서울: 나단 · 2001) · 341-342.

2) E. W 벌링거 · 장상선 감수, 『성경에 나타난 숫자 해설』 (서울: 나단 · 2001) · 70.

3) E. W 벌링거 · 장상선 감수, 『성경에 나타난 숫자 해설』 (서울: 나단 · 2001) · 159.

(2) 41일. 한 달 9일, 41일 욕심억제 입체 시조 문예미학리듬

초장: 산 → 중장: 연못 → 종장: 욕심억제 참조 주역 궤 41

산 · 소남 · 정지 · 동북 · 손 · 개 → 연못 · 소녀 · 즐거움 · 서 · 입 · 양
(-- · —) · (-- · —) · (— · --) = (1구 · 4구) · (2구 · 5구) · (3구 · 6구)

산 위의 연못에는
하늘이 숨을 쉰다
별나라 가 볼까나
물 위로 떠올라라
하나님
날 도와주셔 베실베실 웃는다

-「베실베실 웃는다」 이영지[1)]

1구: 초장: 산 → 중장: 연못의 방향은 산이 연못을 만나는 시조 문예미학리듬이다. 산이 가장 아래에 있고 연못이 위에 있되 30 방향으로 기울어진 리듬이다. 비스듬히 있는 연못이 있어 그 연못의 즐거움에 대한 충동이 있지만 욕심억제리듬이다.

앞의 연못이 산을 만나는 리듬과는 정반대로 느끼기 보다는 봉사 의미가 강하다. 아랫것을 덜어서 위 것에 보태는 리듬이다. 아랫사람이 윗사람에게 봉사하는 리듬이다. 봉사 문제는 아랫사람이 윗사람을 위하여 받들어 섬기는 일이요 · 다른 하나는 윗사람이 아랫사람에게 선의를 베푸는 일이다. 윗사람이 아랫사람을 위하여 선의를 수행하는 일은 넉넉함이다. 그러나 아랫사람이 윗사람을 섬기는 일은 당연한 리듬이다. 이 모두 감정 보다는 의무가 따른다.

1) 그림, 이영지 『시조창작리듬론』 · 95. '섬김의 리듬'

(-- · —) · (-- · —) · (— · --) = (1구 · 4구) · (2구 · 5구) · (3구 · 6구)리듬은 산이 아래에 있고 연못이 위에 있는 리듬이다. 산이 연못을 만나 물의 자유롭지 못함으로 욕심을 억제한다.

- 산 위의 연못에는 의미기호 --

2구: 진정으로 누구를 받들어 섬기는 일은 마음에서 비롯된다.

- 하늘이 숨을 쉰다 의미기호 --

3구: 그러나 윗사람이 최소한의 성의라도 보이지 않으면 아랫사람의 무한정 받들어 섬김도 길지 않을 것이다.

- 별나라 가 볼까나 의미기호 —

4구: 꽃피지 않은 마음을 다독거리고 자신을 다시 추스르는 일은 나에게 대한 최대한의 마음을 다스리는 일이다.

- 물 위로 떠올라라 의미기호 —

5구: 누군가 나를 도와준다. 누군가는 모르지만 이곳저곳에서 도와주시어서 나는 살아간다. 이처럼 의무를 다하고 욕심을 억제하면서 살면 다른 이가 도와주는 일이 일어난다. 그만큼 나를 억제하는 일은 다른 사람을 도와주는 결과에 이르는 리듬이다.

- 그대가 의미기호 —

6구: 자기 일보다 나라 일을 열심히 한다. 충성을 다하는 신하를 얻으니 나라가 잘된다. 아름다운 이 거리에서 낙원에 나라가 있다. 잘 되는 리듬이다.

- 날 도와주서 베실베실 웃는다 의미기호 --

초장 산 → 중장 연못의 6구 입체리듬은 산이 연못을 만나는 리듬으로 종장에서 욕심억제의 이미지를 전한다. (-- · —) · (-- · —) · (— · --) = (1구 · 4구) · (2구 · 5구) · (3구 · 6구)의 산이 연못을 만나는 리듬이다. 산이 아래에 있고 연못이 위에 있는 리듬이다. 산이 아래에 있고 연못이 위에 있어서 산의 연못의 재잘거림을 보고도 자신을 억제한다. 연못이 30° 방향으로 기울어진 리듬이다. 기쁨이 있는 욕심억제리듬이다. 다 같이 잘 살기 위하는 리듬이다.

산이 연못을 만나며 섬기어 이루는 · 아빠의 자리 리듬이다.

산은 늘
연못 들다
연못이 평안해서
아빠가 숨을 쉰다
당신이 허락하는
나에겐
보물 같은 이 물결드림
퐁퐁퐁

- 「보물 같은 이 물결드림」 이영지

초장(-- —) 중장(-- -- —) 종장(— -- --) 의 시조 문예미학리듬을 가지는 ☶[산]이 ☱[연못]을 만나는 리듬이다. 동양권에서는 가장 밑이 1번이 됨으로 ☶[산]이 먼저 놓이고 그 다음이 ☱[연못]의 순서이다. 그러므로 산이 아래 놓이고 그 위 연못리듬이다. 이 만남리듬은 백두산 천지의 연못처럼 불가사이 한 곧 아빠가 자녀를 위하는 사랑의 깊이와 아빠의 섬김이 있는 아빠의 행복리듬이다. 하나님의 인간 사랑리듬이다. 1구 어두움 · 2구 어두움 · 3구 밝음 · 4구 밝음 · 5구 밝음 · 6어두움이므로 아이들을 위한 아버지의 모습 · 곧 박목월의 고무신 시처럼 아이들을 위한 아버지의 희생 · 하나님이 인간을 사랑하심 · 예수님의 희생리듬이다. 자신을 억제하고 상대방에게 도움을 주는 리듬이다. 공간이 허락된 행복이 숨 쉬며 앉은 자세[1] 30° 리듬이다. 안정리듬이다. 겸손과 지속의 도움을 주는 가정유지 시조 문예미학리듬[2]이다.

초장 산 → 중장 연못의 6구 입체리듬은 종장에서 욕심억제 이미지는 마치 3구에서 4 · 5구에 보태주는 리듬이다. 아랫사람이 윗사람을 위하여 받들어 섬김 리듬이다. 따라서 (╍ · ━) · (╍ · ━) · (━ · ╍)가 대응되는 대상들은 첫째 · 둘째의 쌍들이 셋째의 쌍들과 마주하는 리듬이다.

30° 방향 시조 문예미학리듬은 절대 안정성 리듬이다. 겸손과 지속과 도움을 주는 리듬이다. (1구 · 4구) · (2구 · 5구) · (3구 · 6구)의 시조 문예미학리듬이다. 산이 아래에 있고 연못이 위에 있는 리듬이다. 산이 아래에 있고 연못이 위에 있어서 산의 연못의 제잘거림을 보고도 자신을 억제한다. 그러나 연못이 30° 방향으로 기울어있음을 보면서 기쁨이 있는 다 같이 잘 살기 위해서이다.

---

1) 시조문예미학 20페이지.

2) 참조 · 명지어문학 205 · 시조문예미학 20 · 시조창작리듬론 95-97 페이지 참조 ━ ╍ ☰ ☱ ☲ ☳ ☷ 참고 ☰하늘 ☱(연못) ☲(불) ☳(우레) ☴(바람) ☵(물) ☶(산) ☷(땅).

10) 42와 42일. 마흔 이틀 이익 입체 시조 문예미학리듬

(1) 42와 42일과 마흔 이틀째 날

42와 42일과 마흔 둘째 날은 물이 사방팔방으로 알아보는 '42 알아 봐 임 베 서네 임 אַרְבָּעִים וּשְׁנַיִם 아르바임 베스네임'리듬이다. 임이 두 번이나 들어가는 리듬이다. 42는 독립된 40이 10의 4곱이고 10 · 열아시라 עֲשָׂרָה 아사라 · 열 · τεσσαρες의 4배부터 시작된다. 그럼으로 42는 독립된 10의 4배가 되는 복수 40 알아 봐 임 אַרְבָּעִים 레비임 · 40번째 · ANOMS · forteen · τεσσρκοντος과 독립된 2 둘 서 네 임 וּשְׁנַיִם 스네임 · 둘 · δυο과 합하여 된 '42 알아 봐 임 베 서네 임 אַרְבָּעִים וּשְׁנַיִם 아르바임 베스네임'리듬이다. 42와 42일은 말씀 물 마임 מ 마임 · 물 · 하나님의 말씀[1]과 집 베트 ב 베트 · 집로 아기가 자라[2] 리듬이다. 양육자[3]리듬 이미지 공유그리움이다.

42번째 리듬은 독립된 2 둘 서네 임 שְׁנַיִם 스네임 · 둘 · δυο이 아니라 서네 שֵׁנִי 쉐네 · 둘째 · ANOMS · the second · δευτέρα · δευτερος · 창 1:8이다. 그러므로 당연히 42 서네 알아 봐 임 שֵׁנִי אַרְבָּעִים(쉐네 아르바임)으로 할 것 같지만 둘째 서 네 שֵׁנִי 쉐네 · 둘째 · ANOMS · the second · δευτέρα · δευτερος · 창 1:8 대신에 '42일째 서네 임 알아 봐 임 שְׁנַיִם וְאַרְבָּעִים(스네임 베아르바임 · 42번째 · ANOMS)'의 임을 두 번 부르는 리듬이다. 40과 2의 독립된 수치 사이에 못의 의미 곧 십자가에 못 박히는 사랑을 더한다는 의미의 ו 베가

---

1) E. W 벌링거 · 장상선 감수, 『성경에 나타난 숫자 해설』 (서울: 나단 · 2001) · 336.

2) 최명애 · 『알기쉬운 히브리어 기초와 그 의미』 (서울:쿰란출판사 · 2005) · 69.

3) 최명애 · ob cit · 71.

있다. 철저한 공유성으로 하여 42가 지니는 의미는 다른 무엇보다 신약 성경에서 42자리를 그리스도의 날로 한다. 서열 관계의 중요성을 예수 그리스도라는 분이 어떻게 족보에 등장할 수 있는지를 나타내 주는 리듬을 성경은 보여준다. 신약에서 예수님 족보를 통하여 14대 14대 14대로 총 42대[1]로 한다.

[* 신약 기록의 예수님 족보(아브라함 → 다윗까지 14대)

① Αβραάμ: אַבְרָהָם(아브라함/믿음의 조상 · 창 17:5; 출 3:6 · 마 1:2)
② Ισαάκ: יִצְחָק(이쯔하크: 이삭)/아브라함이 낳음 · 웃음 · 창 17:19 · 마 1:2)
③ Ἰακώβ: יַעֲקֹב(야코프:야곱)/이삭아 낳음 · 발꿈치 · 반석 · 창 25:26; 마 1:2)
④ Ἰούδας: יְהוּדָה(예후다: 유다)/야곱이 낳음 · 실존 소망 · 창 29:35 ; 마 1:2)
⑤ φάρες: פֶּרֶץ(페레쯔(베레스)/유다가 낳음 · 떠오름 · 창 38:29; 마 1:3)
⑥ Ἑσρώμ: חֶצְרוֹן(헤쯔론:헤스론/르우벤이 낳음 · 뜰 · 마당 · 창 46:9; 마 1:3)
⑦ Ἀράμ: רָם(람/헤스론이 낳음 · 높음 · 대상 2:9; 마 1:4)
⑧ Ἀμινδάβ: עַמִּינָדָב(아미나다브: 아미나답/람이 낳음, 자원하는 백성, 대상 2:10 · 마 1:4)
⑨ Ναασσών: נַחְשׁוֹן(나흐손: 나손)/아미나다브가 낳음 · 경험으로 배운 · 민 1: 7; 마 1:4)
⑩ Σαλμών: שַׂלְמוֹן(쌀몬:살몬/나손이 낳음 · 옷 입음 · 룻 4:20; 마 1:4)
⑪ Βόες: בֹּעַז(보아즈/살몬이 낳음 · 기둥 · 룻 4:21; 마 1:5)
⑫ Ὠβήδ: עוֹבֵד(오베드:오벳/보아즈가 낳음 · 섬기는 것 · 룻 4:17; 마 1:5)
⑬ Ἰεσσαί: יִשַׁי(이솨이:이새/오베드가 낳음 · 다윗의 아버지 · 룻 4:17 · 마 1:5)
⑭ Δαυίδ: דָּוִד(다비드:다윗/이새가 낳음, 끓는 가슴, 다스리다 · 룻 4:20; 마 1:6

- 아브라함에서 다윗까지 14대(마 1: 2-1: 6)

아브라함에서 다윗까지의 계보표시 리듬이다. 신약의 기록에서 보는 아브라함 → 다윗까지의 14대까지리듬이다.

---

1) 야곱은 마리아의 남편 요셉을 낳았으니 마리아에게서 그리스도라 칭하는 예수가 나시니라(마 1:16). 그런즉 모든 대 수가 아브라함부터 다윗까지 열 네 대요 다윗부터 바벨론으로 이거할 때까지 열 네 대요 바벨론으로 이러한 후부터 그리스도까지 열 네 대러라(마 1:17)

42자리는 처음 14대 족보에서 다시 14대 이어지는 리듬이다.

[* 신약 기록의 예수님 족보(솔로몬 → 여고냐까지 14대)]

① Σολομώνα: שְׁלֹמֹה(쉐로모:솔로몬/다윗이 낳음 · 평화로운 · 삼하 5:14,마 1:6)
② Ροβοάμ: רְחַבְעָם(레하브암:르호보암/솔로몬이 낳음 · 백성의 넓힘 · 왕상 11:23; 마 1:7)
③ Αβιά: אֲבִיָּה(아비야/르호보암이 낳음 아들 · 실존을 소망하는 양육 · 삼상 · 8:2; 마 1:7)
④ Ἀσάω: אָסָא(아싸:아사/아비야가 낳음 아들 · 치료 · 마 1:8)
⑤ Ἰωσαφάτ: יְהוֹשָׁפָט(예호솨파트:여호사밧/아사가 낳음 · 판결자 · 삼하 8:16; 마 1:8)
⑥ Ἰωράμ: יְהוֹרָם(예호람:요람/여호사밧이 낳음 · 여호와께서 높이심 · 왕하 8: 16 · 마 1:8)
⑦ Ὀζίαν: עֻזִּיָּה(우지야:웃시야/요람이 낳음 · יְהוָה의 위엄 · 대상 6:24 · 마 1:8)
⑧ Ἰωαθάμ: יוֹתָם(:요탐:요담/ 웃시아가 낳음 · 여호와는 완전하심 · 삿 9:5 마 1:9)
⑨ Ἀχάζ881: אָחָז(아하즈:아하스,/요담이 낳음 · 기업 · 왕하 15:38 · 마 1:9) 기업
⑩ Ἐζεκίαν: חִזְקִיָּה(히즈키야:히스기야/ 아하스가 낳음 · 여호와로 강해짐 · 주의 강하심 · 왕하 16:20 · 마 1:9)
⑪ Μανασσῆς: מְנַשֶּׁה(메나쉐:므낫세/히스기야가 낳음, 망각, 창 48:1 · 마 1:10)
⑫ Ἀμών: אָמוֹן(아몬/므낫세가 낳음 · 확고한 · 왕상 22:26 · 대상 4:14 · 마 1:10)
⑬ Ἰωςίας: יֹאשִׁיָּה(요쉬야:요시아/ 아몬의 아들 · 여호와께서 기초를 두심 · 왕상 13:2 · 마 1:11)
⑭ Ἰεχονίαν: יְכָנְיָה(예콘야: 여고냐/여호와께서 세우심 · 마 1:11)

- 솔로몬에서 여고냐까지(마 1: 6-1: 11)

* 14대로 이어지는 14대 더하기 리듬은 예수님의 족보를 설명하기 위하는 리듬이다. 14대 더하기 14대 더하기 14대 더하기 리듬이다.

예수자리 증명 41회째와 14대 14대 14대의 그리스도리듬이다.

[* 신약 기록의 예수님 족보(스알디엘 → 그리스도까지 14대)]

① Σαλαθιήλ: שְׁאַלְתִּיאֵל(쉐알티엘:스알디엘/여고냐가 낳음 · 주께 간구 ·

대상 3:17; 학 1:1; 마 1:12)

② Ζοροβαβέλ: זְרֻבָּבֶל(제루바벨:스룹바벨/스알디엘이 낳음 · 혼합되어 황폐해짐 · 학 1:1; 슥 4: 6; 마 1:12)

③ Ἀβιούδ10: אֲחִיהוּד(아히후드: 아비훗/스룹바벨이 낳음 · 영광스럽게 양육함 · 대상 8:3 마 1:13)

④ Ἐλιακίμ: אֶלְיָקִים(엘야킴:엘리야김/아비훗이 낳음. 일어남의 하나님, 일어섬의 전능자 · 왕하 18:18 · 마 1:13)

⑤ Ἀζώρ: עַזּוּר(아주르:아소르/엘리야김이 낳음 · 도움 · 겔 11:1 · 마 1:13)

⑥ Σαδώκ: צָדוֹק(짜도크:사독/아소르가 낳음, 의로움, 삼하 8:17; 대상 6:8; 마 1:14)

⑦ Ἀκίμ: יוֹקִים(요킴:아킴/사독이 낳음 · 실존을 소망하여 일어섬 · 왕하 23: 34; 렘 37:1; 단 1:1; 대상 4:22; 예수아가 낳음: 느 12:10/ 사독이 낳음, 마 1:14)

⑧ Ἐλιούδ: אֱלִיהוּד(엘리훗: 엘리웃(아킴이 낳음 · 위엄 있는 전능자 · 창 14:18 - 욥 39:20; 시 8:1; 민 23:18; 마 1:14)

⑨ Ἐλεάζαρ: אֶלְעָזָר(엘아자르:엘르아살/엘리훗이 낳음, 하나님은 돕는 자, 출 6:23; 레위 10:6; 마 1:15)

⑩ Ματθάν: מַתָּן(마탄:맛단/엘르아살이 낳음 · 선물 · 왕하 11:18; 대하 23:17; 마 1:15)

⑪ Ἰακώβ: יַעֲקֹב(야아쿠브:야곱/맛단이 낳음 · 발꿈치 · 창 25:26 · 36; 대상 3:24; 마 1:15)

⑫ Ἰωσήφ: יוֹסֵף(야싸프:요셉/야곱이 낳음 · 더하고 더하다, 창 30:24; 욥 42:10; 마 1:16)

⑬ Ἰησοῦς: יְהוֹשׁוּעַ(예호슈아/요셉이 낳음 · 여호와께서 구원하심 · 예수(출 17:9; 출 33:11; 슥 3:1; 마 1:16)

⑭ !(Χριστοῦ 그리스도 · 창 31:13; 출 28:41; 삼상 15:1; 왕상 19:16; 레 4:3; 삼상 2:10; 단 9:25; 마 1:17) (마 1:12-1:17)

- 바벨론이거에서 그리스도까지(제사장 사독스알디알에서 그리스도까지)

이러한 엄청난 42의 차례의 날은 히브리어 첫글자 א 아와 둘째 글자 ב 바가 모이어 되는 아비 אב아브 둘째자리 중요성으로 서이다. 이틀째 되는 날 그리고 40이 지난 죽음 이미지에서 벗어나는 리듬이다. 부활로 이기는 리듬자리이다.

가슴이 팔랑팔랑 숨 쉬고 싶어서요
왼 가슴 오른 가슴 둘인데 모두모드
당신의 오른손으로 숨 쉬게 만 해 줘요

당신의 오른손을 들어서 숨 쉬어라
숨 쉬어 보아라고 말씀만 주시어요
코에서 숨구멍소리 들리게만 줘요

쇠울에 갇히어서 숨 쉴 수 없어서요
장미의 가시에서 나갈 수 없어서요
장미꽃 빨간 다발로 피어나게 해 줘요

- 「숨 쉬도록 해 주어요」 - 시 18:1-3 이영지

숨 쉬도록 해 주어요 라고 절규하는 자에게 삶의 생명을 주시는 분에 대한 감사리듬이다. 42의 자리는 1 성부 · 2 성자 · 3 성령 · 4 피조물 · 5 구속 · 6 세상의 완전 · 7 성령의 완전 · 8 살찜 · 9 종말 예고 · 10 하나님 질서의 완전함 · 11 파괴와 영웅 · 12 통치적 완전 · 13 혈통 · 14 영적 완전의 혈통 · 15 하나님 은혜로 만들어진 행위 · 16 세상의 일 · 17 축복의 때 · 18 즐거움의 극치 · 19 심판과 연관된 하나님의 질서 · 20 기다림 · 21 영적 완전과 하나님의 완전함 · 22 해체 · 23 절망을 넘어 · 24 하늘의 통치와 경합 · 25 은혜의 본질 · 26 숨 쉽 · 27 성령 충만 · 27 성령 충만 · 28 일곱 가지의 4배량의 일들 · 29 기대 · 30 사역시작 · 31 신성 하나님의 이름 · 32 하나님의 날 · 33 예수님이 이 세상에 사신 나이 · 34 세상을 알아 봐 · 35 신성수의 반 · 36 완전한 통치의 3배 · 37 가장 이미지 · 38 순응 · 39 극복이미지 · 40 출애굽 · 41 욕심억제 · 42 이익[1]리듬까지로 이어지는 리듬이다.

---

1) E. W 벌링거 · 장상선 감수, 『성경에 나타난 숫자 해설』 (서울: 나단 · 2001) · 341-342.

(2) 42일. 한 달 10일, 42일 이익 입체 시조 문예미학리듬

초장: 바람 → 중장: 우레 → 종장: 이익 참조 주역 괘 42

바람 · 장녀 · 들어감 · 동남 · 다리 · 닭 → 우레 · 장남 · 움직임 · 동 · 발 · 고기
(-- · —) · (— · --) · (— · --) = (1구 · 4구) · (2구 · 5구) · (3구 · 6구)

바람이 내게 와서 비바람 막아준다
우레는 하늘열고 가슴을 풀어놓아
씨앗이 허허벌판에 자라나는 너는 나

- 「너는 나」 이영지[1]

1구: 초장: 바람 → 중장: 우레의 리듬이다. 바람이 우레를 만나는 리듬이다. 초장 바람이 가장 아래에 있고 우레가 30° 방향으로 기울어진 리듬이다. 비스듬히 있는 우레로 오히려 바람을 비켜 가는 이익 리듬이다.

(-- · —) · (— · --) · (— · --) − (1구 · 4구) · (2구 · 5구) · (3구 · 6구)의 바람이 우레를 만나는 입체리듬이다. 바람이 아래에 있고 우레가 위에 있는 리듬은 바람이 우레를 좋은 우레로 만드는 리듬이다. 이익을 주는 바람리듬이다.

- 바람이 내게 와서 의미기호 --

2구: 늘 흔들리면서 중심을 잃지 않는 리듬은 움직임의 동적 에너지 바람리듬이다. 움직임으로 하여 하늘에 베풀어 주는 은혜를 입는 진리리듬을 만든다. 지구는 늘 움직이면서 새가 울고 꽃이 핀

1) 그림, 이영지 『시조창작리듬론』 · 91. '이익의 리듬'

다. 서로 이익을 주는 리듬이다.

- 비바람 막아준다 의미기호 –

3구: 바람이 우레를 부추기는 밀도가 잦아지자 우레는 그 여름의 끝까지 가버린다.

- 우레는 하늘열고 의미기호 –

4구: 마음이 진심일 때 우레는 울부짖는 리듬을 만든다.

- 가슴을 풀어놓아 의미기호 –

5구: 우레 소리를 듣고 하늘이 내려와 꽃 한 송이의 씨앗을 놓고 간다.

- 씨앗이 의미기호 --

6구: 하늘에서 내려온 씨앗은 상큼하게 이 땅에 태어나면서 바람을 먹고 우레를 먹으며 자란다.

- 허허벌판에 자라나는 너는 나 의미기호

초장 바람 → 중장 우레의 6구 입체리듬은 → 종장에서 이익 베시즈를 전한다. (-- · –) · (– · --) · (– · --) = (1구 · 4구) · (2구 · 5구) · (3구 · 6구)의 입체리듬이다. 바람이 아래에 있고 우레가 위에 있는 리듬이다. 바람이 아래에 있고 우레가 위에 있어서 우레 마음대로 하지 않고 바람의 영향을 받아 30° 방향으로 기울어지면서 이익이 되는 입체리듬을 이룬다.

11) 43과 43일. 마흔 사흘 결단의 입체 시조 문예미학리듬

(1) 43과 43일과 마흔 사흘째 날

43과 43일과 마흔 셋의 날은 물이 사방팔방으로 알아보는 '43 알아 봐 임 배 새로 사 אַרְבָּעִים וּשְׁלֹשָׁה 아르바임 베쉐로솨 · 43' 이미지리듬이다. 40 알아 봐 임 אַ1רְבָּעִים 레비임 · 40번째 · ANOMS · forteen · τεσσρκοντος과 3 셋 쉐로솨 שְׁלֹשָׁה 쉐로솨 · 셋 · τρεις와 합하여 '43 알아 봐 임 배 새로 사 אַרְבָּעִים וּשְׁלֹשָׁה 아르바임 베쉐로솨 · 43'로 한다. 43과 43일로 인한 물의 날 마임 ם 마임 · 말씀[1]과 3 기멜 ג 기멜 · 낙타 · 은혜갚음[2]의 합 함 이미지 공유 그리움이다. 3과 3일은 독립된 3 셋 새로 사 שְׁלֹשָׁה 쉐로솨 · 셋 · τρεις와 셋째 새로 시 שְׁלִישִׁי 쉐리시 · 셋째 · ANOMS · the third · τριτη · τριτος · 창 1:13 리듬이다.

43번째는 3째 새로 시 שְׁלִישִׁי 쉐리시 · 셋째 · ANOMS · the third · τριτη · τριτος · 창 1:13와 40이 합하여 43번째 새로 시 알아 봐 임 לִישִׁי אַרְבָּעִים שְׁ 아르바임 쉐로십으로 하는 게 아니라 독립 3 셋 새로 사 שְׁלֹשָׁה 쉐로솨 · 셋 · τρεις와 40과 합하여 '43번째 새로 사 알아 봐 임 שְׁלֹשָׁה וְאַרְבָּעִים 쉐로솨 베아르바임'으로 40과 3의 독립된 수치를 쓴다. 십자가에 못 박히는 사랑으로 우리가 사는 ו 베 글자를 사이에 넣는다.

---

1) E. W 벌링거 · 장상선 감수, 『성경에 나타난 숫자 해설』 (서울: 나단 · 2001) · 336.

2) VTMMYS: 『스테판 원어 성경: The Stephen Korean Text of the Hebrew Old Testament Published by Institute of Biblical Languages』 · 서울: 원어성서원 · 2000. 히브리어 알파벳.

이 이미지는 1 성부 · 2 성자 · 3 성령 · 4 피조물 · 5 구속 · 6 세상의 완전 · 7 성령의 완전 · 8 살찜 · 9 종말 예고 · 10 하나님 질서의 완전함 · 11 파괴와 영웅 · 12 통치적 완전 · 13 혈통 · 14 영적 완전의 혈통 · 15 하나님 은혜로 만들어진 행위 · 16 세상의 일 · 17 축복의 때 · 18 즐거움의 극치 · 19 심판과 연관된 하나님의 질서 · 20 기다림 · 21 영적 완전과 하나님의 완전함 · 22 해체 · 23 절망을 넘어 · 24 하늘의 통치와 경합 · 25 은혜의 본질 · 26 숨 쉼 · 27 성령 충만 · 27 성령 충만 · 28 일곱 가지의 4배량의 일들 · 29 기대 · 30 사역시작 · 31 신성 하나님의 이름 · 32 하나님의 날 · 33 예수님이 이 세상에 사신 나이 · 34 세상을 알아 봐 · 35 신성수의 반 · 36 완전한 통치의 3배 · 37 가장 이미지 · 38 순응 · 39 극복이미지 · 40 출애굽 · 41 욕심억제 · 42 이익 · 43 결단 이미지로 하여 자생된 리듬이다.

43일은 한 달 11일의 눈물이미지다. 요셉은 형들이 못살게 굴어 애굽에 가서 하나님의 은혜로 총리가 되고 형들을 용서한다.

어디를
나르게요
어디를
보시나요
꼬리를
꽃에 이어
꽃잎이
바라보는
고개를 오른쪽으로 돌리어서 바라본

- 「오른쪽으로」 창 37 이영지[1)]

(2) 43일. 한 달 11일, 43일 결단 입체 시조 문예미학리듬

초장: 하늘 → 중장: 연못 → 종장: 결단 참조 주역 괘 43

하늘 · 부 · 강건 · 서북 · 머리 · 말 → 연못 · 소녀 · 즐거움 · 서 · 입 · 양
(▬ · ▬) · (▬ · ▬) · (▬ · ╍) = (1구 · 4구) · (2구 · 5구) · (3구 · 6구)

어떻게 된 거에요 거꾸로 되었네요
아니야 그렇게는 아니야 나는 나야
마음이 뚫려버리며 숨을 들여 마셔요

- 「뚫려버리며」 이영지[1)]

1구: 하늘 → 연못의 시조 문예미학리듬은 (▬ · ▬) · (▬ · ▬) · (▬ · ╍) = (1구 · 4구) · (2구 · 5구) · (3구 · 6구) 의 입체리듬이 생성된다. 밝음이 지속되다가 단절되면서 어처구니없는 일이 일어나는 리듬이다. 이러한 하늘 위에 연못이 있다는 단절상황에서는 결단이 필요한 리듬이다. 결단은 현실을 바꿀 수 있는 자로서만 가능한 일이다. 1구는 하늘 위에 있는 연못 둑이 그대로 나에게 내리는 리듬이다.

- 어떻게 된 거에요 의미기호 -

2구: 하늘의 뜻이 펼쳐질 수 없는 이유는 ☰하늘이 먼저 놓이고 ☱연못이 위에 있는 리듬이어서이다. 일상의 정 반대리듬이다. 결단력이 필요 되는 리듬이다. 가장 밑이 1번이 됨으로 ☰하늘 위에 ☱연못의 순서이다. 연못 둑을 잘라내는 결단이 필요하다.

---

1) 그림, 이영지 『시조창작리듬론』 · 165. '결단의 리듬'
1) 그림, 이영지 『시조창작리듬론』 · 166. '무너져내림의 리듬'

- 거꾸로 되었네요 의미기호 -

3구: 서서히 순리로 되돌아가는 힘이 쌓인다.

- 아니야 그렇게는 의미기호 -

4구: 저항조차 할 수 없는 밝음이 나에게로 오고 있다

- 아니야 나는 나야 의미기호 -

5구: 하늘의 힘은 어디에서나 그 힘을 발휘하는 리듬이다. 나는 살아 있는 존재 리듬이다. 나는 그 증거물이다.

- 하늘이 의미기호 -

6구: 몸으로 하늘의 뜻을 받아들이자 금 새 가슴이 뚫려버렸다.

- 뚫려버리며 숨을 들여 마셔요 의미기호 --

1구 밝음 · 2구 밝음 · 3구 밝음 · 4구 밝음 · 5구 밝음 · 6 어두움의 시조 문예미학리듬은 좋은 양의 기운이 넘치지만 하늘의 결단력이 비치는 리듬이이다. 초장 · 중장 · 종장 모두 마음의 밝기가 초장(━━) 중장(━━) 종장(━╍) 리듬이다. 한 숨에 무너져 내리는 리듬[1]이어서 결단성이 요구되는 리듬이다.

바람 → 하늘 → 하늘 → 바람의 시조 문예미학리듬이 저축과 우연의 시조 문예미학리듬이 됨과 같이 하늘 → 연못 → 연못 → 하늘의 시조 문예미학리듬이 예의와 결단의 시조 문예미학리듬을 만든다. 둘은 서로 나란히 180° 까지 가는 인간으로는 불가능 한계이다.

---

1) 참조 · 명지어문학 206 · 시조문예미학 20 · 시조창작리듬론 166-168 ━╍☰☱☵ ∷ 참고 ☰하늘 ☱(연못) ☲(불) ☳(우레) ☴(바람) ☵(물) ☶(산) ☷(땅).

12) 44와 44일. 마흔 나흘 우연의 입체 시조 문예미학리듬

(1) 44와 44일과 마흔 나흘째 날

44와 44일과 마흔 넷의 날은 '44 알아 봐 베 알아 봐 임 אַרְבָּעִים וְ אַרְבָּעָה 알아 봐 베아르바임'리듬이다. 4가 지니는 사방팔방으로 알아보는 히브리어 알아봐 발음 그대로 이미지이다. 물은 사방팔방으로 안통하는 곳이 없을 정도의 자연물이다. 44와 44일은 물의 날 마임 ם 마임 · 말씀[1]과 4 데트 ד 데트 · 문 · 가슴[2]의 문 의미와 가슴 이미지 공유그리움이다. 그리고 쓰임에 있어서 44번째 레비이 알아 봐임 אַרְבָּעִים עַי רְבִי 레비이 이르비임으로 할 것 같지만 44와 44번째 모두 '44 알아 봐 베 알아 봐 임 אַרְבָּעִים וְאַרְבָּעָה 알아 봐 베아르바임'리듬으로 한다. 중간에 사랑을 더한 וְ 베가 빛나는 리듬이다.

1 성부 · 2 성자 · 3 성령 · 4 피조물 · 5 구속 · 6 세상의 완전 · 7 성령의 완전 · 8 살찜 · 9 종말 예고 · 10 하나님 질서의 완전함 · 11 파괴와 영웅 · 12 통치적 완전 · 13 혈통 · 14 영적 완전의 혈통 · 15 하나님 은혜로 만들어진 행위 · 16 세상의 일 · 17 축복의 때 · 18 즐거움의 극치 · 19 심판과 연관된 하나님의 질서 · 20 기다림 · 21 영적 완전과 하나님의 완전함 · 22 해체 · 23 절망을 넘

---

1) E. W 벌링거 · 장상선 감수, 『성경에 나타난 숫자 해설』(서울: 나단 · 2001) · 336.

2) VTMMYS: 『스테판 원어 성경: The Stephen Korean Text of the Hebrew Old Testament Published by Institute of Biblical Languages』 · 서울: 원어성서원 · 2000. 히브리어 알파벳.

어 · 24 하늘의 통치와 경합 · 25 은혜의 본질 · 26 숨 쉼 · 27 성령 충만 · 27 성령 충만 · 28 일곱 가지의 4배량의 일들 · 29 기대 · 30 사역시작 · 31 신성 하나님의 이름 · 32 하나님의 날 · 33 예수님이 이 세상에 사신 나이 · 34 세상을 알아 봐 · 35 신성수의 반 · 36 완전한 통치의 3배 · 37 가장 이미지 · 38 순응 · 39 극복이미지 · 40 출애굽 · 41 욕심억제 · 42 이익 · 43 결단 · 44 우연 리듬이다. 44일은 64일을 기준한 32일 하고도 12일째 입체 시조 문예미학리듬이다.

마시는 날개가슴 당신의 산들바람 들어와 머무느라 이렇게 비스듬히 서면서 사모 바라봐 향기모자 써보자

- 「기쁨모자」 이영지

등배와 앞가슴을 빨갛게 물들이고 사랑을 꺼내어서 그들께 가리이다 고개를 뒤로 돌려서 바라보인 곳으로

- 「사랑을 꺼내어서」 창세기 37:10창세기 37:10이영지

저에겐 유일하게 당신을 닮아있는 나무와 뒷모습과 꼬리에 그리움의 기쁨의 거울로 삼아 나를께요 지금 곧

- 「꼬리에 그리움이」 이영지

거울로 삼아두면 등아래 꿈이 적혀 마음이 거울 되는 그리운 푸르름이 고개를 내밀어놓고 꼬리 잎을 달아요

- 「그리운 푸르름이」 창세기 37:11 이영지

나에게 말을 하여 주셔요 어디에요 양치는 나라까지 가려면 어디가서 만나야 하는 건가요 어떻해야 하나요

고개를 쑥욱 뻗어 좌우를 돌아보며 어여쁜 마음바다 풀어서 쭈욱 보고 한드을 웃어가면서 찾아가는 그리움

- 「하나요」 창세기 37:16이영지

정말로 오랜만에 만나도 기쁨이다 당신의 산들바람 머리에 얹힌다면 그리움 날개위에로 향기로운 내음새

마시는 날개가슴 당신의 산들바람 들어와 머무느라 이렇게 비스듬히 서면서 사모 바라봐 향기모자 써보자

- 「기쁨주머니」 이영지

꿈꾸는 옷을 벗겨 내리며 구덩이에 넣어도 꿈은 아직 마음에 들어있어 나래에 꿈 하늘덩이 살짝 올라 날지 뭐

- 「꿈 하늘마당」 창 37:24 이영지

어디를 나르게요 어디를 보시나요 꼬리를 꽃에 이어 꽃잎이 바라보는 고개를 오른쪽으로 돌리어서 바라본

두 발을 모으고서 꿈 딛고 일어나라 방금 곧 날아갈 듯 가벼이 머무르며 날개에 해와 달 별 들 일어나기 기다릴

등배와 앞가슴을 빨갛게 물들이고 사랑을 꺼내어서 그들께 가리이다 고개를 뒤로 돌려서 바라보인 곳으로

저에겐 유일하게 당신을 닮아있는 나무와 뒷모습과 꼬리에 그리움의 기쁨의 거울로 삼아 나를께요 지금 곧

거울로 삼아두면 등아래 꿈이 적혀 마음이 거울 되는 그리운 푸르름이 고개를 내밀어놓고 꼬리 잎을 달아요

나에게 말을 하여 주셔요 어디에요 양치는 나라까지 가려면 어디 가서 만나야 하는 건가요 어떻해야 하나요

고개를 쑤욱 뻗어 좌우를 돌아보며 어여쁜 마음바다 풀어서 쭈욱 보고 한드을 웃어가면서 찾아가는 그리움

- 「그리움 어디에요」 이영지

(2) 44일. 한 달 12일, 44일 우연 입체 시조 문예미학리듬

초장: 하늘 → 중장: 바람 → 종장: 우연 참조 주역 궤 44

바람 · 맏딸 · 들어감 · 동남 · 다리 · 닭 → 하늘 · 부 · 강건 · 서북 · 머리 · 말
(— · --) · (— · —) · (— · —) = (1구 · 4구) · (2구 · 5구) · (3구 · 6구)

하늘이
바람 만나
옷깃이
흔들린다
옷깃을
아무리며
하늘이 나부낀다
꽃님이
분홍미소로 어느 가지 숨을까

-「하늘이 바람 만나」 이영지[1)]

1구: 하늘 → 바람의 시조 문예미학리듬은 (— · --) · (— · —) · (— · —) = (1구 · 4구) · (2구 · 5구) · (3구 · 6구)의 입체리듬이다. 첫 묶음의 두 번째만 음 외에는 전부 밝음으로 된 형상이다. 하늘이 바람 만나는 리듬으로 180° 방향으로 그 높은 위치에서 하늘이 우연히 바람을 만나 조금씩 바람으로 시원함을 느끼기 시작한다. 흔히 기적이 일어나는 일을 기적이라고 하는 데는 이유가 있다. 곧 ☰하늘이 ☴바람을 만나는 리듬은 동양권에서는 가장 밑이 1번이 됨으로 ☰하늘이 먼저 놓이고 그 다음이 ☴바람 순서가 된다. 후덥지근하고 어두운 세상을 조금씩 좋은 세상으로 바뀌어 가는 일을 우리들은

1) 그림, 이영지 『시조창작리듬론』 · 164. '우연의 리듬'

우연히 기적이 일어나게 된다고 한다. 바람 통해 시원함을 느끼는 일이 기적이다.

- 하늘이 바람 만나 의미기호 -

2구: 수줍은 미소 · 많은 남성 들 앞에 있는 한 여인은 앞섶을 여미고 함부로 미소조차 잘 지을 수 없다. 괜한 오해를 불러일으킬 수 있다. 아주 어려운 상황을 이겨나가는 리듬이다. 화장 없이 나가야 한다. 그래야 살아남을 수 있다.

- 옷깃이 흔들린다 의미기호 --

3구 · 남자들의 따가운 시선을 아주 의연하게 대응해야 하는 리듬 24시간이다. 여자가 누구의 여인도 될 수 없는 리듬이다.

- 옷깃을 마무리며 의미기호 -

4구는 마음이 어디 있나 고민해 보는 리듬이다.

- 하늘이 나부낀다 의미기호 -

5구는 여인의 미덕이 나온다. 많은 남자들이 이 한 여성을 필요로 하는 경우는 미덕을 쌓아 아름다운 꽃으로 피어나는 리듬이다. 왕의 부인이 되거나 여왕이 되는 리듬이다.

- 꽃님의 의미기호 -

6구는 그 분홍미소 어느 가지 숨을까의 시조 문예미학리듬이다. 답이 없는 리듬이다. 그러므로 아주 외로운 리듬일 수도 있는 리듬이다. 그러나 기적이 일어나는 리듬이다.

- 분홍미소로 어느 가지 숨을까 의미기호 -

초장(- - —) 중장(— —) 종장(— —) 리듬이다. 아주 무거움을 가지고 있는 어려움의 리듬이다. 그러나 많은 남자들 가운데에서도 잘 살아가는 여자에게 기적이 일어난다. 우연히 어느 기회에 사랑할 수 있는 사랑하게 되는 많은 남자중의 한 사람이 생긴다. 가장 먼 거리 180°에서 기적이 일어난다. 좋은 일이 일어난다.

작품배경: 초장(— - -) 중장(— —) 종장(— —) 의 입체리듬이다. 조화를 이루는 리듬이다. 강한 이미지 리듬이다. 좋은 일의 바람리듬이다. 하늘 높음이 전제되면서 가장 먼 거리 180° 일지라도 조금씩 바람의 시원함을 주는 리듬이다. 해결 리듬이다. ☰하늘이 ☴바람을 만나는 리듬이다. 동양권에서는 가장 밑이 1번이 됨으로 ☰하늘이 먼저 놓이고 그 다음이 ☴바람 순서이다. 후덥지근하고 어두운 세상을 조금씩 좋은 세상으로 바꾸는 시조 문예미학리듬이다.

1구 밝음 · 2어두움 · 3구 밝음 · 4구 밝음 · 5구 밝음 · 6구의 시조 문예미학리듬이다. 계속하여 반복되는 초장 · 중장 · 종장 모두 마음의 밝기로 가득한 초장(— - -) 중장(— —) 종장(— —)의 입체리듬이다. 좋은 일의 시조 문예미학리듬이다.

그 기운이 180° 방향 먼 거리 까지 가는 리듬[1]은 하늘바라기 리듬이다. 좋은 일로 나아가는 바람리듬이다.

1) 참조 · 명지어문학 206 · 시조문예미학 20 · 시조창작리듬론 162-163 ━ - - ☱☲☳ ☷ 참고 ☰하늘 ☱(연못) ☲(불) ☳(우레) ☴(바람) ☵(물) ☶(산) ☷(땅).

13) 45와 45일. 마흔 닷새 모임의 입체 시조 문예미학리듬

(1) 45와 45일과 마흔 닷새째 날

45와 45일과 마흔 다섯의 날은 '45 마흔다섯 알아 봐 임 배 하마사 אַרְבָּעִים וחמשה[아르바임 베하마쉬 · 45]' 리듬이다. 물이미지가 지닌 사방팔방으로 알아보는 45와 45일은 물의 날 마임 ם[마임 · 말씀][1]과 숨 쉼 의미인 5 헤 ה[헤 · 숨 쉼][2]의 합 함 이미지 공유그리움이다. 독립된 '45 마흔다섯 알아 봐 임 배 하마사 אַרְבָּעִים וחמשה[헤아르바임 베하마쉬 · 45]'와 비유되는 '45번째 하마사 배 알아 봐 임 חֲמִשָּׁה וְאַרְבָּעִים[하마솨 베아르비임]'이 있다. 사이에 놋의 의미 곧 십자가에 못 박히는 사랑으로 우리가 사는 의미의 ו[베] 글자를 넣는다.

1 성부 · 2 성자 · 3 성령 · 4 피조물 · 5 구속 · 6 세상의 완전 · 7 성령의 완전 · 8 살핌 · 9 종말 예고 · 10 하나님 질서의 완전함 · 11 파괴와 영웅 · 12 통치적 완전 · 13 혈통 · 14 영적 완전의 혈통 · 15 하나님 은혜로 만들어진 행위 · 16 세상의 일 · 17 축복의 때 · 18 즐거움의 극치 · 19 심판과 연관된 하나님의 질서 · 20 기다림 · 21 영적 완전과 하나님의 완전함 · 22 해체 · 23 절망을 넘어 · 24 하늘의 통치와 경합 · 25 은혜의 본질 · 26 숨 쉼 · 27 성

---

1) E. W 벌링거 · 장상선 감수, 『성경에 나타난 숫자 해설』 (서울: 나단 · 2001) · 336.

2) VTMMYS: 『스테판 원어 성경: The Stephen Korean Text of the Hebrew Old Testament Published by Institute of Biblical Languages』 · 서울: 원어성서원 · 2000. 히브리어 알파벳.

령 충만 · 27 성령 충만 · 28 일곱 가지의 4배량의 일들 · 29 기대 · 30 사역시작 · 31 신성 하나님의 이름 · 32 하나님의 날 · 33 예수님이 이 세상에 사신 나이 · 34 세상을 알아 봐 · 35 신성수의 반 · 36 완전한 통치의 3배 · 37 가장 이미지 · 38 순응 · 39 극복이미지 · 40 출애굽 · 41 욕심억제 · 42 이익 · 43 결단 · 44 우연 · 45 모임 이미지의 순서이다.

45일은 한 달하고도 13일의 입체 시조 문예미학리듬이 된다.

우리가 몇 마린지
 첫사랑 보시어요
  사랑이 고개 돌려
   사랑이 첫사랑을
    찾아요
   일백 오십 셋(153)
  물 위에서
찾아요

- 「첫사랑 153마리」 이영지

물위라 마음 놓고 날아요 꿈을 봐요
 눈뜨는
  파란물이
   푸른 꿈
    보라해요
          가만히
          행복해지렴
맡기기만 하세요

- 「그리도 좋으세요」 이영지

(2) 45일. 한 달 13일, 45일 모임 입체 시조 문예미학리듬

초장: 연못 → 중장: 땅 → 종장: 모임 참조 주역 궤 45

연못 · 소녀 · 즐거움 · 서 · 입 · 양 → 땅 · 어머니 · 유순 · 서남 · 배 · 소
(━ · --) · (━ · --) · (-- · --) = (1구 · 4구) · (2구 · 5구) · (3구 · 6구)

들꽃은 들꽃끼리 내 산은 내산끼리
우리는 우리끼리 하늘은 바다 하나
연못에 코스모스 든 여인가슴 꽃 바다

- 「여인가슴」 이영지[1)]

1구: 연못 → 땅의 (━ · --) · (━ · --) · (-- · --) = (1구 · 4구) · (2구 · 5구) · (3구 · 6구)의 연못이 땅을 만나는 입체리듬이다. 계속하여 양음의 시조 문예미학리듬이 반복되는 시조 문예미학리듬이다. 음의 지속적 우세는 오히려 모임의 근원이 되는 리듬이다. 연못을 아래로 한 땅 안의 물기가 모이어 끼리끼리 어울린다.

가장 밑이 1번이 됨으로 ☱[연못]이 먼저 놓이고 다음이 ☷[땅]의 순서이다. 그러므로 연못이 아래 놓이고 그 위에 땅이 놓이어 물이 있는 그 아름다움에 고기가 나와 놀고 새가 우지진다. 온갖 아름다우 잎들이 그 위에 내리면서 더한 아름다움을 만들어 낸다. 이러한 리듬은 혼자가 아닌 어울리어 아름다움을 만드는 리듬이다.

이 기호 배열에서 보이듯이 중장의 든든한 밝음으로 하여 오히려 음이 즐거움이 되는 리듬이다. 가장 멀리 보이는 것도 내 마음에 들어이 따뜻이 이어 가노라면 어느새 내 안에 행복이 깃드는 리듬

---

1) 그림, 이영지 『시조창작리듬론』 · 148. '따뜻한 모임의 리듬'

이다. 이러한 끼리끼리의 시조 문예미학리듬은 행복을 노래하는 물길리듬이 된다. 1구는 들꽃은 들꽃끼리 어울리는 리듬은 안기고 싶은 대상은 거대한 어떤 사람이 아니라 가슴이 따뜻한 사람에게 이다. 여성의 경우 가느다란 몸매를 감춘 한복의 여인에게서 남자들은 따뜻하고 포근히 기댈 수 있는 마음의 안정감을 얻는다. 순결과 청순을 지닌 한국 여인들! 앞에서 보나 옆에서 보나 뒤에서 보나 그 단아한 여인의 아름다움 그것은 한국을 대표하는 아름다움이다. 소매 자락에서 발끝까지 감기는 곡선의 흔들림은 고요한 가락을 자아내게 하는 마음의 한국시조 문예미학리듬이다. 들꽃은 들꽃끼리 어울리며 들판을 하늘거리는 리듬이다.

- 들꽃은 들꽃끼리 의미기호 -

2구: 내 산은 내 산 끼리끼리 리듬이다. 남의 산이 아니라 내 산이 되는 리듬이다. 삼국유사에서 부들부들함을 강조한다. 부들이와 딱딱이의 이야기이다. 밤늦게 찾아온 갈 곳 없는 여인을 아무 사심 없이 재워 주는 부들이의 남성다움리듬이다. 중용을 지키면서 절제하고 · 재물에 욕심을 내지 않는 사람들끼리 모이는 이 리듬은 욕심 없이 산에 오르는 리듬이다. 산을 오르다 길을 잃으면 그 길을 안내해주는 호랑이가 안내하는 리듬이다.

- 내 산은 내 산끼리 의미기호 -

3구: 가을 산 가을 연못리듬이다. 붉다 못해 연인의 마음이 나타난 가을 산의 빠알간 가을 산 속에서 그 아름다움을 즐기는 사람들의 마음은 맑은 호수 안에 담아진다. 아주 자연스럽게 물처럼 맑은 가을 연못 속에서 나를 사랑하고 이웃을 사랑하면서 살아가는 리듬이다.

- 우리는 우리끼리 의미기호 ··

4구: 하늘은 바다 하나 연못의 하늘은 바다 하나이다. 연못이 바다 하나를 담구고 하늘을 담구고 도도히 흐르는 바닷물에 마음을 띄운다. 하늘에 마음을 띄운다. 이 리듬은 일본인들이 갖가지 방법으로 이 땅을 더럽히고 갔지만 우리는 그들을 나무라기보다 아주 순한 백성이 갖는 마음의 위대함으로 이 나라를 여전히 지켜나가는 것은 하나님의 도움에서이다. 이 끼리끼리의 한국시조 문예미학리듬은 언제나 정의편이다.

- 하늘은 바다 하나 의미기호 ··

5구: 한국의 아름다움은 비침에 있다. 자연히 마음의 세계가 드러나는 연못의 풍경같이 한국인의 아름다운 마음은 언제나 어디서나 나타난다. 그러기에 이토록 아름다운 자연의 아름다움과 이 자연을 벗 삼아 사는 사람들의 귀한 생존법이 존재한다. 한국의 아름다운 여인들은 당차면서도 조용하고 끈질긴 사랑으로 나라를 지키고 몸을 지키고 · 그리고 가정을 지키면서 살아간다. 연못에는 태양이 비추고 · 초승달 · 그믐달 · 깜깜한 밤도 비춘다. 시를 쓴다.

- 연못에 의미기호 ··

6구는 코스모스 든 여인가슴 꽃 바다이다. 코스모스 송이송이 피어 황량한 들녘을 아름답게 한다. 하늘거리는 이 코스모스로 하여 코스모스 들판을 만드는 리듬이다. 이른 봄부터 심어온 여인의 아름다운 그림자이다. 세상은 한결 아름다운 리듬이 된다.

- 코스모스 든 여인가슴 꽃 바다 의미기호 ⚋⚋

1구 밝음 · 2구 밝음 · 3어두움 · 4어두움 · 5어두움 · 6어두움 서열 리듬은 연못에 물이 서로 모이어 즐거움을 나누는 리듬[1]이다. 낮은 곳으로 모여드는 일반 사람들의 속성 리듬이다. 물바다 · 사랑바다 · 여인 바다를 이루는 리듬이 특징이다. 그만큼 겨울 산 바다 · 사람바다가 물방울 하나 · 따뜻한 가슴하나 · 여인의 소리 한번 · 가을들녘 꽃 한 송이 · 그 뜰 꽃잎 새 하나로 모이고 즐기는 리듬이다. 이 리듬은 아주 적은 물 한 방울 길어 반대인 큰물을 만드는 물결리듬이다. 습하고 어두운 궤들이 모이어 유순하지만 큰 단체의 모임단체를 만드는 리듬이다.

첫사랑 줄무늬의
한곳을 보느라고
　　　　푸른 물 깃을 달고
　　　　마음을 바로하고

꼬리는
내리고 나서
고개만을
들고서

- 「첫사랑 줄무늬」 이영지

1) 참조 · 명지어문학 205 · 시조문예미학 20 · 시조창작리듬론 148-150 참고 ⚊ ⚋
⚌⚍⚎⚏ ☰하늘 ☱(연못) ☲(불) ☳(우레) ☴(바람) ☵(물) ☶(산) ☷(땅).

14) 46과 46일. 마흔 엿새 오름 입체 시조 문예미학리듬

(1) 46과 46일과 마흔 엿새째 날

46과 46일과 마흔 여섯의 날은 '46 알아 봐 임 배 쉬 사 ים וְשִׁשָּׁה אַרְבָּע[아르바임 베쉬솨 · 46]'로 하는 리듬이다. 46과 46일은 물의 날 마임 ם[마임 · 말씀]1)과 6 와우 ו[와우 · 이어짐 · 그리고]2)의 합 함 이미지 공유그리움이다. 46과 46번째는 서로 공유그리움이 되어 '46 알아 봐 임 배 쉬 사 אַרְבָּעִים וְשִׁשָּׁה[아르바임 베쉬솨 · 46]'과 '46번째 쉬 사 배 알아 봐 임 שִׁשָּׁה וְאַרְבָּעִים[쉬솨 베아르바임]'리듬을 만든다. 4이미지가 지닌 물이 사방팔방으로 알아보는 알아 봐 임 이미지를 시작으로 한 것이다. 십자가에 못 박히는 사랑으로 우리가 사는 의미의 וְ[베]글자를 넣는 리듬이다.

1 성부 · 2 성자 · 3 성령 · 4 피조물 · 5 구속 · 6 세상의 완전 · 7 성령의 완전 · 8 살찜 · 9 종말 예고 · 10 하나님 질서의 완전함 · 11 파괴와 영웅 · 12 통치적 완전 · 13 혈통 · 14 영적 완전의 혈통 · 15 하나님 은혜로 만들어진 행위 · 16 세상의 일 · 17 축복의 때 · 18 즐거움의 극치 · 19 심판과 연관된 하나님의 질서 · 20 기다림 · 21 영적 완전과 하나님의 완전함 · 22 해체 · 23 절망을 넘어 · 24 하늘의 통치와 경합 · 25 은혜의 본질 · 26 숨 쉼 · 27 성

---

1) E. W 벌링거 · 장상선 감수, 『성경에 나타난 숫자 해설』(서울: 나단 · 2001) · 336.

2) VTMMYS: 『스테판 원어 성경: The Stephen Korean Text of the Hebrew Old Testament Published by Institute of Biblical Languages』 · 서울: 원어성서원 · 2000. 히브리어 알파벳.

령 충만 · 27 성령 충만 · 28 일곱 가지의 4배량의 일들 · 29 기대 · 30 사역시작 · 31 신성 하나님의 이름 · 32 하나님의 날 · 33 예수님이 이 세상에 사신 나이 · 34 세상을 알아 봐 · 35 신성수의 반 · 36 완전한 통치의 3배 · 37 가장 이미지 · 38 순응 · 39 극복이미지 · 40 출 애굽 · 41 욕심억제 · 42 이익 · 43 결단 · 44 우연 · 45 모임 · 46 오름 이미지 순서서열리듬이다

46일은 한 달 14일의 입체 시조 문예미학리듬이다. 입체리듬의 근거가 되게 하는 초장과 중장과 종장으로 자리를 옮긴다.

연분홍 첫사랑이 날보고 웃느라고
 파랗게 물이 들어 연초록 연분홍을
  물 위에 연분홍 연서 써 준 날에 첫사랑

- 「연분홍 첫사랑」 이영지

그리운 눈빛하나 그 땜에 나는 살아
밤이고 낮 되어도 떠날 줄 모르면서
사랑에 코를 박고는 그 하나로 사랑타

- 「그리운 눈빛」 이영지

그리운 사람으로 언제나 살다보니 난 그만 그리운 이 얼굴이 되어간다 그리운 내 얼굴위에로 연분홍 삶이 꽃잎처럼 웃어라

- 「그리운 사람의 얼굴」 이영지

아위어 발길조차 못 떠난 첫사랑이 갈 길을 서두르는 바람이 불어오면 뒤돌아 떠나는 길에 사랑 꽃이 따라 온다

- 「첫사랑이 떠날 때」 이영지

꽃 위에 새파란 물 어린다 꽃물이다
물위에 연분홍 꽃 어린다 물꽃이다
꽃물 꽃 서로서로가 이 봄 내내 어린다

- 「첫사랑 꽃물 꽃」 이영지

(2) 46일. 한 달 14일, 46일 오름 입체 시조 문예미학리듬

초장: 땅 → 중장: 바람 → 종장: 오름 참조 주역 궤46

땅 · 어머니 · 유순 · 서남 · 배 · 소 → 바람 · 장녀 · 들어감 · 동남 · 다리 · 닭
(-- · --) · (-- · —) · (-- · —) = (1구 · 4구) · (2구 · 5구) · (3구 · 6구)

나
무의
땅 속에서
여어린 바람으로
나무의 그 하나로
기도하고 자라누나 바람은
하늘나무로 금잔디로 높누나

꽃
이라
땅 속에서
자라는 바람으로
오로지 그 하나로
기도해 날아오른 바람은
어우러지며 하늘나무 높누나

– 「자라는 바람」 이영지[1)]

1구: 땅 → 바람의 (-- · --) · (-- · —) · (-- · —) = (1구 · 4구) · (2구 · 5구) · (3구 · 6구)의 입체리듬에서 보여 주듯이 음으로 시작하여 양음 양음이 되는 리듬이다. 타고 오르는 리듬이다. 바로 움직이지 못하는 땅이 바람의 물결을 타며 상승하는 리듬이다. 땅 위

1) 그림, 이영지 『시조창작리듬론』 · 153. '자라는 바람의 리듬'

에 바람이 부는 형상시조 문예미학리듬이다. 땅이 바람으로 180° 방향으로 머얼리 날아간다. 땅이 바람을 만나 두루두루 다니며 살피어 180° 방향으로 가는 시조 문예미학리듬이다.

초장(-- --) 중장(---—) 종장(---—)의 입체리듬이다. 이 오름의 시조 문예미학리듬은 180° 방면 거리를 바람의 사역으로 다니면서 가장 원대한 꿈이 오름을 이루는 리듬이다. 바람의 성질이 기어코 오름을 이루는 180° 먼 거리 일의 실현은 기호 배열에서 보이듯이 온통 음으로 진행하는 리듬이 그 끝에서 밝음으로 바뀌는 리듬이다. 멀리 멀리 마음을 두고 그 좋은 일을 기어코 이루어내는 인간의 위대함 리듬이다. 이 리듬은 아래로 내려가는 것이 아니라 바람의 성격으로 위로 오르는 리듬으로 단단한 땅을 뚫고 새싹이 나오는 리듬이다.

1구는 땅에 바람이 들어있는 리듬이다. 땅에 바람이 들어 언젠가는 하늘에서 햇빛이 비쳐오면 열어서 햇빛을 받는 리듬이다. 게오로규의 『25시』에 제비인생을 주제로 한 주인공 이온 모리츠는 유태인 수용소를 탈출한다. 베를린 북방의 라벤스부르크 강제수용소에 여성만의 지옥으로 불리는 제비동이 있는데 강제노동 중에서 이송도중 탈출하였다가 실패하여 잡혀 있는 곳이다. 이곳은 발가벗은 나체의 샤워로 얼음 옷을 입혀 동사시키는 동이다. 바로 이 곳에서 탈출을 시도하는 리듬이다. 꽃제비 땅 속에서 나오려 하는 바람이다. 나오는 방법은 먼저 땅에 바람이 든다. 땅이 바람을 임신했다. 땅 속이 바람으로 흔들흔들 긴 겨울 후 땅에서 싹이 나온다.

- 꽃이라 땅 속에서 의미기호 --

2구: 여리고 여린 모습으로 출발한다. 이 여린 모습이 그 국도 단단한 땅을 뚫고 나온다. 아주 여리디 여린 모습으로 나온다. 나무는 바람의 원소를 지니고 있다. 나무는 기지개를 켜고 허리를 펴고 나온다. 어린 나무의 가슴 속에는 태양이 · 바람이 그리고 비가 감사해서 견딜 수가 없다. 나무의 바람으로 땅 속에서 바깥으로 나오려 나무의 바람에 한 번의 목숨을 건다. 서양에서는 집안에 우환이 있으면 제비를 날린단다. 여린 날개지만 바람으로 날아 강을 건너는 리듬이다.

- 여리인 바람으로 의미기호 ··

3구: 바깥은 무서운 벌레가 있다. 그러나 믿음 하나로 소신껏 나무는 자란다. 고향을 두고 나무는 바람으로 땅 속에서 나와 그 바람의 성질인 움직임 그대로 자란다. 바깥바람을 맞고 그 바람에 맞고 자라기이다. 처절한 현실이 있음에도 바람이 된 나무는 조금씩 그 꿈을 익힌다. 꽃처럼 활어울림 필 날을 희망하는 나무바람 그 하나로 그의 생애를 건다.

- 오로지 그 하나로 의미기호 ··

4구: 나무는 빛을 받아들이고 자란다. 어둠 속의 기도로 자란다. 바람이 맞는 폭풍우를 몰고 오나 그곳에서 나온 땅의 보호를 받으며 나무는 뽑히지 않는다. 기도하는 나무이다. 나무는 빛을 받아 팔을 잔뜩 벌리고 햇빛을 받는다. 바람의 약점은 폭풍우를 몰고 오나 그곳에서도 하나님 뜻 형통으로 자라는 리듬이다.

- 기도해 날아오른 의미기호 ··

5구: 이제 바람은 나무를 춤추게 하여 바람을 만들고 있다. 땅이 흔들려도 크고 수려하고 장엄한 나무는 왕자의 모습이다. 비상의 무게로 180° 방향으로 머얼리 날아간다. 크고 수려하고 장엄한 나무가 된다. 왕자의 나무이다.

- 바람은 의미기호 -

6구: 한여름의 작열한 태양일수록 나무는 바람에 흔들리며 은사슬처럼 어울림 이는 금잔디 잎 새를 하늘에다 깔아 놓는다. 어우러지며 바람을 안고 큰 나무는 이제 햇볕을 잘 받는 하늘나무로 서 있다.[1]

- 하늘나무로 서 금잔디로 놓누나v

땅 → 바람 (⚋ · ⚋) · (⚋ · ⚊) · (⚋ · ⚊) = (1구 · 4구) · (2구 · 5구) · (3구 · 6구)의 입체리듬 지시기호는 땅 속에서 땅의 기운을 가진 바람이 생명력을 얻어 전진한다. 이 리듬의 흐름은 바람이 땅 속에 있지 않고 나오는데 있다. 그것은 바람의 형상으로 나오는 것이 아니라 나무를 덧입고 나와 유일한 생명의 모습으로 전이된다. 자라는 바람이 되어 마침내는 바람 180° 방향으로 가는 시조 문예미학리듬이다. 떠나는 바람의 속성이다.

부우웅
떠올라라
첫사랑 떠올라라

---

1) 참조 · 명지어문학 206 · 시조문예미학 20 · 시조창작리듬론 15)2-15 참고 ⚊ ⚋ ⚌⚍⚎⚏ ☰하늘 ☱(연못) ☲(불) ☳(우레) ☴(바람) ☵(물) ☶(산) ☷(땅).

달 보며 별을 보며 부부웅 떠올라라
첫사랑 가슴 부풀어 꽃구름이 올라라

- 「꽃구름 첫사랑」 이영지

고향의 길가에 핀 아침의 물안개와 첫사랑 연지 곤지 지금도 날 보느라 아련한 입맞춤으로 반기느라 서 있다

- 「첫사랑 댕기」 이영지

춘향의 입술이다. 열두 때 늘 만났던 아침의 강물이다. 사랑의 감색자락 항아리 가슴을 달고 첫사랑을 들인다

- 「첫사랑 춘향」 이영지

첫사랑 땅내에는 햇살이 솟아나서 동화를 쓰느라고 가슴이 들어있다 부풀은 이야기들이 시작되는 곳이다

- 「첫사랑 땅내」 이영지

경상도 두메산골 소나무 잎사귀는 가슴 빛 소나무로 열두 해 넘기고도 맨살을 촘촘히 엮어 나에게로 주길래

한 잎을 넣어두고 바람의 한 잎으로 하늘을 떠받들자 꽃보다 아름다운 풀잎이 나에게서도 돋아났다 너도 볼래 어서와

홍보석 열두 개의 뿌리로 내려앉아 일제히 빛이 되어 잎들이 다시 나서 하나로 붙자마자 또 잎 하늘 한 장 맨살 잎

- 「맨살」 이영지

땅 → 연못 → 연못 → 땅의 시조 문예미학리듬은 순응과 모임의 어울림이다. 바람 → 땅 → 땅 → 바람의 시조 문예미학리듬은 고루고루 살핌과 오름의 관계와 서로 영원히 엇갈림의 평행선을 가진 리듬이다. 인간의 한계성이다. 신의 영역이다.

15) 47과 47일. 마흔일곱 마디 입체 시조 문예미학리듬

(1) 47과 47일과 마흔 이레째 날

47과 47일과 마흔 일곱의 날은 '47 알아 봐 임 배 쉽 아 וְשִׁבְעָה ם אַרְבָּעִי[아르바임 베쉬브아 · 47]'리듬이다. '알아 봐 임 베 세 보아'의 47과 47일은 물의 날 마임 ם[마임 · 말씀][1]과 7 자인 ז[자인 · 연장 · 역활][2]의 합 함이미지 공유그리움이다. 47 알아 봐 임 אַרְבָּעִים[아르바임 · 40 · τριάκοντα]과 7 일곱 쉬 봐 שִׁבְעָה[쉬브아 · 일곱 · ἑπτα]과 합하여 '47 알아 봐 임 배 쉽 아 אַרְבָּעִים וְשִׁבְעָה[아르바임 베쉬브아 · 47]' 47번째도 독립 수 그대로 '47 쉽아 배 알아 봐 임 שִׁבְעָה וְאַרְבָּעִים[쉬브아 베아르바임]'으로 한다. 십자가에 못 박히는 사랑으로 우리가 사는 ו[베]글자를 사이에 넣는다.

1 성부 · 2 성자 · 3 성령 · 4 피조물 · 5 구속 · 6 세상의 완전 · 7 성령의 완전 · 8 살찜 · 9 종말 예고 · 10 하나님 질서의 완전함 · 11 파괴와 영웅 · 12 통치적 완전 · 13 혈통 · 14 영적 완전의 혈통 · 15 하나님 은혜로 만들어진 행위 · 16 세상의 일 · 17 축복의 때 · 18 즐거움의 극치 · 19 심판과 연관된 하나님의 질서 · 20 기다림 · 21 영적 완전과 하나님의 완전함 · 22 해체 · 23 절망을 넘어 · 24 하늘의 통치와 경합 · 25 은혜의 본질 · 26 숨 쉼 · 27 성

---

1) E. W 벌링거 · 장상선 감수, 『성경에 나타난 숫자 해설』 (서울: 나단 · 2001) · 336.

2) VTMMYS: 『스테판 원어 성경: The Stephen Korean Text of the Hebrew Old Testament Published by Institute of Biblical Languages』 · 서울: 원어성서원 · 2000. 히브리어 알파벳.

령 충만 · 27 성령 충만 · 28 일곱 가지의 4배량의 일들 · 29 기대 · 30 사역시작 · 31 신성 하나님의 이름 · 32 하나님의 날 · 33 예수님이 이 세상에 사신 나이 · 34 세상을 알아 봐 · 35 신성수의 반 · 36 완전한 통치의 3배 · 37 가장 이미지 · 38 순응 · 39 극복이미지 · 40 출애굽 · 41 욕심억제 · 42 이익 · 43 결단 · 44 우연 · 45 모임 · 46 오름 · 47 마디 이미지이다

47일은 한 달 15일의 입체 시조 문예미학리듬임으로 수리 15가지닌 하나님 은혜로 만들어진 행위[1] 이미지 때이다.

더하도 덜하지도 둥그런 달 닮으라 머언데 그리운 이 가까이 모셔오라 보름달 둥그런 덩이 넉넉하고 싶구나

영그른 밤알처럼 오드득 깨맛처럼 둥근 산 둘러앉아 가운델 차지하고 송편을 빚어 내리며 넉넉하고 싶구나

- 「더 하도 덜하지도」 이영지

가을이 배달하는 달덩이 어화둥둥 아가의 엉덩이가 얼만 큼 자랐는지 고개를 내밀어보는 보름달이 두둥실

이리로 딩구르며 저리로 어화둥둥 꼭 닮은 보름달로 두둥실 채워주랴 얼굴이 달덩이로라 보름달이 두둥실

두둥실 하늘에만 뜨느라 어화둥둥 내 사랑 크느라 오! 이리로 딩굴딩굴 저리로 딩굴딩그렁 두리둥실 두둥실

- 「달덩이 배달」 이영지

가을이 빵파아아 보름이 앉은 기차 앉았는 사람들은 좀 미안 써 붙였다 자리를 못 잡았어도 마냥마냥 행복해

바깥을 내다보는 자리엔 황금바다 누렇게 익다 못해 황금의 비단물결 그리움 길이로 앉아 앉거니와 서거니

- 「가을이 팡팡터지는」 이영지

[1] Ibid.

(2) 47일. 한 달 15일, 47일 마디 입체 시조 문예미학리듬

초장: 물 → 중장: 연못 → 종장: 마디 참조 주역 궤 47

물 · 중남 · 빠짐 · 북 · 귀 · 대지 → 연못 · 소녀 · 즐거움 · 서 · 입 · 양
(-- · —) · (— · —) · (-- · --) = (1구 · 4구) · (2구 · 5구) · (3구 · 6구)

연못에 물이 없네 그러나 비가 오네
가만히 물을 받아 은빛 물 반어울림이
사랑 물 들이마시고 하늘꽃잎 띄우네

아 물이 그리워요 비가 와 비가 와요
깊깊이 연못아래 은빛의 반 어울림에
꽃송이 봉긋이 피어 한들한들 거리네

— 「비가 와요」 이영지[1)]

1구: 초장: 물 → 중장: 연못의 시조 문예미학리듬 기호 (-- · —) · (— · —) · (-- · --) = (1구 · 4구) · (2구 · 5구) · (3구 · 6구)의 물이 연못을 만나는 입체리듬이다. 중간을 중심으로 그 리듬이 맞추어진 약간은 삐딱하게 기호이미지가 상반의 기울기가 되어 있다. 연못에 물이 쏟아진 시조 문예미학리듬이다. 그러나 연못 깊숙이에는 물이 있어 물이 내 뿜어주는 물의 뿌리 힘으로 겨우 균형을 이루는 시조 문예미학리듬이다. 어려운 상황을 이겨나가려는 연못의 갸륵함이 돋보인 리듬이다. 주역 47궤가 되는 이 물이 연못을 만나는 리듬은 연못이 꽃을 살리려는 시조 문예미학리듬[2)]이다.

---

1) 그림, 이영지 『시조창작리듬론』 · 105. '연못 속 꽃의 리듬'
2) 참고: 연못이 물을 만나는 시조 문예미학리듬(60)

연못이 물을 만나야하는 조건 시조 문예미학리듬이다. 물과 연못의 지시기호 첫째번은 첫째와 만나고 둘째 번은 둘째 번과 만나고 셋째 번은 셋째와 계속 만남을 계속하면서 그 안에서 어려움을 넘기는 마디가 형성된다. 연못이 물을 간절히 갈망하는 리듬이다. 그러므로 실제로는 연못이지만 물의 고픔이다.

- 아 물이 그리워요 의미기호 -

2구: 그러나 비가 오면 연못에 물이 고인다. 깊이 파인 그리움에는 그리움이 담긴다. 물이 고이기 시작하면 생명이 살아난다.

- 비가 와 비가 와요 의미기호 -

3구: 다시 햇볕이 나 연못의 물이 마르자 깊숙이 땅 깊이로 들어가 물과 연못이 만나는 물속에 숨는다. 풀들은 더 뿌리를 내린다.

- 깊깊이 연못아래 의미기호 -

4구: 그 깊은 곳에서 나를 자라게 하는 이가 있다. 나의 생명을 유지지해 주는 자가 있다. 반 어울림이다. 은빛으로 반어울림이다.

- 은빛이 반어울림이 의미기호 -

5구: 다시 비가 온다. 나무들에도 고기에도 물기가 베어든다. 생명이 연장된다.

- 꽃송이 의미기호 -

6구: 밤이 지나면 아침이 온다. 겨울이 가면 봄이 온다.

- 봉긋이 피어 한들한들 거리네 의미기호 -

초장(-- —) 중장(——) 종장(----) 의 시조 문예미학리듬을 가지는 ☵[물]이 ☱[연못]을 만나는 리듬이다. 물이 연못을 만나는 리듬은 동양권에서는 가장 밑이 1번이 됨으로 ☵[물]이 먼저 놓이고 그 다음이 ☱[연못] 의 순서이다. 그러므로 물이 아래 놓이고 그 위에 연못이 시조 문예미학리듬이다. 꽃이 피는 리듬이다. 시조 문예미학리듬 꽃이 피는 리듬 1구는 연못에 물이 없는 리듬으로 시작한다. 2구는 연못에 비가 오는 리듬이다. 3구와 4구는 물을 잘 활용하는 지혜의 시조 문예미학리듬이다. 5구는 사랑을 심는 리듬이다. 6구는 신비의 탄생 지혜가 있게 되는 리듬이다. 한 마디 시조 문예미학리듬이다. 그 마디의 서열순서리듬 1어두움 · 2구 밝음 · 3어두움 · 4구 밝음 · 5구 밝음 · 6어두움이다. 물이 연못 아래 있으므로 절대 필요한 물이 고갈 상태이지만 · 역설적으로 연못에 꽃이 피는 리듬이다. 좌절에서 영원의 꽃으로 피어나는 리듬[1)]은 불가 사이한 하나님의 일이다.

비치는 햇빛으로 물 위에 맨발로도
주름을 잡아가며 피리를 불어가며
사랑을 불러내느라 바람으로 오른다.

- 「첫사랑 화폭」 이영지

1) 참조 · 명지어문학 206 · 시조문예미학 20 · 시조창작리듬론 — -- ⚌⚍⚎⚏ 참고 ☰하늘 ☱(연못) ☲(불) ☳(우레) ☴(바람) ☵(물) ☶(산) ☷(땅.

16) 48과 48일. 마흔여덟 우물 입체 시조 문예미학리듬

(1) 48과 48일과 마흔 여드레째 날

48과 48일과 마흔 여덟의 날은 '48 알아 봐 임 배 사모나 וּשְׁמֹנָה ם אַרְבָּעִ[아르바임 베쉐모나]'시조 문예미학리듬이 있다. 물이 사방팔방으로 알아보는 알아 봐 임 이미지부터 시작한 48과 48일은 물의 날 마임 ם[마임 · 말씀][1]과 8 울타리 헬 ח[헤트 · 지붕 · 울타리][2]의 합 함 이미지 공유그리움이다. 48과 48일은 우물 이미지로 공유그리움이다. '48 알아 봐 임 배 사모나 וּשְׁמֹנָה אַרְבָּעִים[아르바임 베쉐모나]' '48번째 사모나 배 알아 봐 임 쉐모나 베알아 봐임 שְׁמֹנָה וְאַרְבָּעִים[쉐모나 베알아 봐임]'이다.

시조 문예미학리듬 순서 1 성부 · 2 성자 · 3 성령 · 4 피조물 · 5 구속 · 6 세상의 완전 · 7 성령의 완전 · 8 살찜 · 9 종말 예고 · 10 하나님 질서의 완전함 · 11 파괴와 영웅 · 12 통치적 완전 · 13 혈통 · 14 영적 완전의 혈통 · 15 하나님 은혜로 만들어진 행위 · 16 세상의 일 · 17 축복의 때 · 18 즐거움의 극치 · 19 심판과 연관된 하나님의 질서 · 20 기다림 · 21 영적 완전과 하나님의 완전함 · 22 해체 · 23 절망을 넘어 · 24 하늘의 통치와 경합 · 25 은혜의 본질 · 26 숨 쉼 · 27 성령 충

---

1) E. W 벌링거 · 장상선 감수, 『성경에 나타난 숫자 해설』(서울: 나단 · 2001) · 336.

2) VTMMYS: 『스테판 원어 성경: The Stephen Korean Text of the Hebrew Old Testament Published by Institute of Biblical Languages』 · 서울: 원어성서원 · 2000. 히브리어 알파벳.

만 · 27 성령 충만 · 28 일곱 가지의 4배량의 일들 · 29 기대 · 30 사역시작 · 31 신성 하나님의 이름 · 32 하나님의 날 · 33 예수님이 이 세상에 사신 나이 · 34 세상을 알아 봐 · 35 신성 수의 반 · 36 완전한 통치의 3배 · 37 가장 이미지 · 38 순응 · 39 극복이미지 · 40 출애굽 · 41 욕심억제 · 42 이익 · 43 결단 · 44 우연 · 45 모임 · 46 오름 · 47 마디 · 48 우물 이미지까지 온 시조 문예미학리듬서열리듬이다.

48일은 한 달하고도 16일의 입체 시조 문예미학리듬이다. 이 16일 세상의 일[1]이 사방팔방으로 많은 이미지시조 문예미학리듬이다.

하나님 닮은 당신 가슴 아담을 보여줘요
당신이 없다 면은 못살아[2] 반쪽 가슴
안개[3]가 이슬 눈으로 햇빛 볼 수 없어요

머리[4]로 만나줘요 저녁엔 같이 해요
서로가 하늘구름 사랑을 만나 봐요
당신의 바다 사랑에 가슴 눈을 열어요

공다닥 콩닥콩닥 포로르 날아가는
에덴의 동산에서 가슴[5]을 보여줘요
흐르는 사랑 물길로 싸 비비[6]어 주세요

온종일 사랑하는 일로만 살아 갈래

---

1) Ibid.
2) 창 2:5.
3) 창 2:6.
4) 창 2:7.
5) 창 2:9.
6) 창 2:10.

구슬땀 흘려가며 주시는 금반지[1]와
진주로 걸어주시고 손가락에 끼워요

말씀의 목거리로 한 목숨 다 바쳐서
구스 땅 거기라도 흐르며[2] 닦아내며
날 위해 십자가에서 흘리시는 눈물이

오오오 아니에요 당신을 봐야하리
눈으로 보이게 해 주세요 사랑 들고
앗수르 거기에서도 우리 같이 전해요

흐르는[3] 말씀 강을 열어서 가슴으로
입으로 말씀전할[4] 말해요 사랑한다
푸덩덩 깊으디 깊은 말씀 강의 아침[5]을

우리는 서로서로 반쪽의 가슴예요
눈으로 보여 지는[6] 제 가슴 반쪽 열어
터엉 빈 당신 옆구리 사랑 들여[7] 놓아요

입으로 맞추어서 새들아 지저귀라
오리야 새끼 모아 떼 지어 다니면서
가슴이 쏟아지도록[8] 서로서로 불러요

나만을 생각해요 당신의 가슴에요
온 통 제 생각뿐인 당신[9]이 사랑하는
말씀이 쏟아져 나와 흐르느라 넘쳐요

---

1) 창 2:11.
2) 창 2:13.
3) 창 2:14.
4) 창 2:14.
5) 창 2:14.
6) 창 2:18.
7) 창 2:20.
8) 창 2:20.
9) 창 2:21.

복음이 들었네요 가슴이 들어있어
당신이 하라하매 저는 늘 복음 덩이
당신이 하라는 대로 움직이는 복음[1]이

당신은 말씀이고 전 다만 전하려는
당신이 하라 하매 전하는 복음덩이
당신의 갈비뼈에서 잘린 가슴[2]이에요

입으로 조잘조잘 · 쪼르르 쫑알쫑알
떠드는 여자 복음[3] 향기가 묻어나는[4]
제가요 향기이에요 여자에요 아내요

잘룩한 허리이며 하 예쁜 얼굴이며
당신이 눈 못 떼는 말씀의 복음[5]덩이
당신의 뼈 중의 뼈요 살 중의 살[6]이에요

당신이 가슴으로 밀어준 당신 여자[7].
물 위의 한 지붕에 가슴을 맞대[8]가며
서로가 사랑하느라 아파하는[9] 부부요

- 「부부요」 이영지

우물은 브엘[10]인데 진리를 말한다. 말씀의 진리 우물은 사마리아 여인이 물 길으러 갔다가 만난 예수님에게서 들은 다섯 남편이

1) 창 2:21.
2) 창 2:23.
3) 창 2:22.
4) 창 2:23.
5) 창 2:22.
6) 창 2:22.
7) 창 2:23.
8) 창 2:25.
9) 창 2:25.
10) באר(브엘).

야기다. 구약의 남편 아담 → 노아 → 아브라함 → 모세 → 다윗을 말한 이러한 시적 비유는 신약에서 → 예수님 → 그리스도로 이어진다. 그리스도를 증거[1]한 사마리아 여인은 생명수 그리스도의 물 → 생명수 → 말씀을 전한다. 그러기에 아담의 우물 → 노아의 우물 → 아브라함의 우물 → 모세의 우물 → 다윗의 우물 → 예수의 우물 → 그리스도 생명!.

강물은 여인이다. 내 여인 몸짓이다
하루에 열두 번 씩 뜨면서
그
리
움에
꽃잎이 떠오르면서
꽃날개로 뜨면서

- 「첫사랑 얼굴」 이영지

　　끼워둔 책갈피에
첫사랑 이야기가 .
　　방문을 열 때 마다 나와서 웃어준다
　　심지어 물구나무를 서며 까지
첫
첫
첫

- 「첫사랑 첫」 이영지

얼굴을 들어내는 고게 그 몽당연필
쓰다가 지워버린 날개가 몽당연필
꽃신을 알록달록 신고 바람 소 리 내면서 - 「첫사랑 몽당연필」 이영지

---

1) 홍문표 · 사마리아 여인과 야곱의 우물(요 4:10-15) 설교문 「한국문인교회」(서울 · 동천아카데미5층 · 2012. 11.11. 늦은 4시)

(2) 48일. 한 달 16일, 48일 우물 입체 시조 문예미학리듬

초장: 물 → 바람 → 종장: 우물 참조 주역 궤 48

물 · 중남 · 빠짐 · 북 · 귀 · 대지 → 바람 · 장녀 · 들어감 · 동남 · 다리 · 닭
(-- · --) · (— · —) · (-- · —) = (1구 · 4구) · (2구 · 5구) · (3구 · 6구)

물위에 먼지이네
물 먹고 살아야네
물 아 아 나와 줘요
맑은 물 쌓아두면
물속에
푸른 하늘이 드리우게 되리라

- 「물 오라」 이영지[1)]

1구: 초장: 물 → 중장: 바람 리듬 기호(-- · --) · (— · —) · (-- · —) = (1구 · 4구) · (2구 · 5구) · (3구 · 6구)의 물이 바람을 만나는 리듬의 입체리듬이다. 음은 음 끼리 양은 양끼리 가려하지만 끝에 가 양보하는 리듬이다. 음이 먼저 놓이고 그 다음이 양이다. 물 리듬이 가장 밑에 놓여 바람을 이고 있는 시조 문예미학리듬이다. 물이 바람을 만나는 리듬이다. 물이 바람을 만나는 리듬이다. 이 물과 바람 지시기호 첫째번은 첫째와 만나고 둘째 번은 둘째 번과 만나고 셋째 번은 셋째와 만나는 리듬이다. 서로 어울림이 될 수 없는 음은 음끼리 만나다가 그리고 양은 양끼리 만나다가 드디어는 조화를 이루는 리듬 1어두움 · 2구 밝음 · 3어두움 · 4어두움 · 5구 밝음 · 6구 밝음 시조 문예미학리듬이다.

1) 그림, 이영지 『시조창작리듬론』 · 109. '물 마시는 리듬'

- 물위에 먼지이네 의미기호 --

2구: 아무리 훌륭한 인재이더라도 도와주는 이가 없으면 안타까운 세월만 보내다가 간다. 물 한 구덩이로 흘러 겨우 어린 붕어를 살리는 시조 문예미학리듬이다.

- 물 먹고 살아야네 의미기호 -

3구: 맑은 물이 고이도록 넓혀서 맑은 물이 고이도록 한다. 맑은 물이 고이게 하는 일은 내 삶을 맑게 할 수 있는 지혜리듬이다.

- 물아아 나와 줘요 의미기호 --

4구: 물 주위를 깨끗이 한다. 우물 안이 나라 안이 내 안이 우리나라 깨끗하다.

- 맑은 물 쌓아두면 의미기호 --

5구: 물에 파란 하늘이 흠뻑 젖으면 물을 먹을 수 있다. 생명의 원천이 되는 신비이다. 행복의 상징이다. 행복은 맑고 시원한 물을 가진 자의 기쁨이다. 물이 가득 불어 가뭄이 들어도 줄어들지 않는다. 쓰면 쓸수록 · 그리고 퍼도 퍼도 솟아나는 샘물이다. 우물은 사람들이 와서 마셔주기를 기다린다. 그 차고 깨끗한 물이 금방 마실 수 있는 기회를 주려 늘 깨끗하고 맑고 차다.

- 맑은 물 의미기호 -

6구: 물의 뚜껑을 만들지 말라. 잠그지 말라. 또 다른 이가 와서 물을 먹으리라 또한 다른 것은 옮길 수 있어도 우물은 옮길 수 없다. 그 물을 마시는 사람들도 끊이지 않으리라

- 푸른 하늘을 드리우게 되리라 의미기호 ··

(-- · --) · (— · —) · (-- · —) = (1구 · 4구) · (2구 · 5구) · (3구 · 6구) 의 입체리듬이다. 물이 바람을 만나 맑은 물이 되는 리듬이다. 물과 바람의 시조 문예미학리듬은 바람이 나무를 의미기호로 하기 때문에 두레박의 기호로 물을 떠서 마시는 시조작표무 문예미학리듬이다. 우주에 산재한 보물을 취하는 의지리듬이다. 조그만 나의 소유는 신비로운 나의 두레박이다. 나만의 신비이다. 인생의 신비이다. 48일째의 입체 시조 문예미학리듬은 나의 우물을 파는 · 만드는 날이다. 나의 우물은 나의 익숙한 일상에서 보람이 되는 기쁨 시조 문예미학리듬이다.

브엘세바는 원래 세바인데 우리가 우물을 얻었다며 모자 마임[1]이라 한다. 그리고는 그 수를 세어 봐 하였다. 새벽우물 일곱 우물은 야곱의 우물[2]이라 성경은 제시한다. 이 일곱 우물은 일곱 날과 더불어 일곱 사람이 먹는 리듬이다. 아담 → 노아 → 아브라함 → 모세 → 다윈 → 예수 → 그리스도의 일곱 우물 리듬이다.

브엘세바 지형은 지질학적으로 게네브지형의 나비 몸통모양이다. 이 브엘세바는 연간 평균 강우량이 200mm이다. 따라서 인공 노력 없이도 자연환경이 농작물 재배에 알맞다. 인간의 거주의 마지막 한계점이라는 의미심장한 의미를 지닌 이 지형은 겸손하여야 농사를 지을 수 있는 땅 브엘세바[3]이다. 남방 의미를 지닌 메마른 땅이

1) מָצָאנוּ מָיִם(모짠누 마아임 · 우리가 우물을 얻었다 · 창 26: 32).

2) 우리 조상 야곱이 이 우물을 우리에게 주셨고(요 4:12).

3)권혁승, 『성경 지리』 (서울: 서울신학 대학교 · 2001) · 352-253.

아니라는 이스라엘 남쪽이라는 이차적인 의미를 지니면서 햇빛이 잘 드는 남쪽지방이다. 그만큼 하늘의 은혜를 누리는 브엘세바에서 홍해 아카바만의 에일랏과 지중해의 라피아를 두루 잇는 광대한 지역약 1.3만 km 경계선 브엘세바이다. 나비 몸통모양[1]이기에 이곳을 중심으로 양 옆 두 날개 남북의 폭이 24km · 동쪽에서 서쪽까지의 길이가 64km로 삼면이 모두 비옥하다. 서쪽을 제외한 지역은 산지이며 · 강은 서쪽으로 흘러 지중해에 유입되는 나할 브엘세바와 나할 베솔을 가진 땅이다. 겨울철 동안만 비가 와 이때의 물을 근거로 한 아브라함과 이삭과 야곱 우물이 있다. 바로 약속의 땅에서 우물승리[2]가 일어난다.

나비 모양 브엘세바는 하늘에서 내리는 이슬과 관련된다. 하늘의 열매[3] 이슬[4]은 하늘에서 향기로 내린다. 이 이슬[5]은 하늘의 보물 하늘이슬[6]이다. 하나님의 백성에게 양털 한 뭉치에만 이슬이 있게[7] 하시었다. 이로 하여 이스라엘을 구원하실 이가 하나님인줄 알게[8] 하시었다. 하늘이슬이 내리는 곳에 백합화가 핀다. 하늘이슬[9]은 새벽이슬로 청년[10]에 비유된다. 헐몬의 이슬이 시온의 산 · 들에

---

1) Ibid · 20.
2) Joseph Campbel · *Myth to Live by*(New York: The Viking Press · 1972) · 174.
3) 창 27: 28.
4) 신 32: 2.
5) 신 33: 28.
6) 삿 6: 39.
7) 삿 6: 37.
8) 삿 6: 37-40.
9) 이영지, 『시조 문예미학』(서울: 양문각 · 1889) · 326-338.
10) 시 110: 3.

내림같이 하나님께서 복을 내리는 하늘이슬[1]은 은혜[2]의 선물이다. 하나님이 사랑하는 자를 찾느라 밤새도록 머리 위에 얹히는[3] 보배이슬! 이 보배는 죽은 자를 살리는[4] 약으로 하늘이슬에 젖으면[5] 땅이 복을 받는다. 이슬![6] 주의 빛나는 이슬[7]이다.

사랑하는 자의 소리가 이슬[8]! 엄청난 비밀을 가지고 있는 이슬은 한국의 문학 이상 시에서도 실제 나비가 이슬을 먹는다. 이슬을 먹고 다시 일어선다. 브엘세바 땅 모양이 나비몸통 모양인 것도 신비하려니와 한국의 나비가 지닌 비상 이미지도 이상 시에서 죽었다가 다시 살아나는 나비[9]이다.

성경은 고도의 시학을 지닌다. 이슬과 우물과의 구체적인 우물 이야기는 사마리아 여인과 예수님과의 대화이다. 예수님은 네 남편이 몇이냐 하시고 그 대답을 예수님 자신이 사마리아 여인의 남편이 다섯이라고 하시었다. 사방팔방으로 세상일을 하는 시조 문예미학의 입체리듬 48일째는 우물을 만들며 사는 이미지이다.

---

1) 시 133: 3.
2) 잠 19: 12.
3) 아 5: 2.
4) 사 26: 19; 단 4: 15 · 23,
5) 단 4: 25.
6) 신 33: 13.
7) 사 26: 19.
8) 아 5: 2.
9) 찢어진벽지에죽어가는나비를본다이것은幽界가連結되는秘密한通話口다 어느날거울가운데의鬚髥에죽어가는나비를본다날개축처어진나비는입김에어리는가난한이슬을먹는다通話口를손바닥으로꼭막으면서내가죽으면 앉았다가일어나드키나비도날라가리라이런말이결코새어나가지않게한다 -이상 시『시제 10호』

17) 49와 49일. 마흔 아흐레 개혁 입체 시조 문예미학리듬

(1) 49와 49일과 마흔 아흐레째 날

49과 49일과 마흔 아홉의 날은 우리말 됐어의 신비한 동일성을 알려주는 '49 알아 봐 임 배 됐어 וְתִשְׁעָה אַרְבָּעִים 아르바임 베팃스아' 리듬이다. 우리는 '다 됐어'라는 말을 쓴다. 성경에서 독립된 9 아홉 됐어 תִּשְׁעָה 팃스아 · 아홉 · ἐννεα와 아홉째 됐으이 됐으이 תְּשִׁעִי 텟쉬이 · 아홉째 · ANOMS · ninth · ἐνατος · 창 17:1를 구별한다.

49와 49일은 물의 날 마임 ם 마임 · 말씀[1]과 지혜 이미지 9 테드 ט 테드 · 지혜[2]의 합 함 이미지 공유그리움이다. '9 아홉 됐어 תִּשְׁעָה 팃스아 · 아홉 · ἐννεα' '아홉째 됐으이 됐으이 תְּשִׁעִי 텟쉬이 · 아홉째 · ANOMS · ninth · ἐνατος · 창 17:1'! 4와 4일 '4 넷 알아 봐 ארבעה 알아 봐 · 넷 · τεσσαρες' '넷째 레비이 רְבִיעִי 레비이 · 넷째 · ANOMS · forth · τεταρτη · τεταρτος · 창 1:19' '40 알아 봐 임 אַרְבָּעִים 아르바임 · 40 · τεσσρκοντα' '40일째 레비임 רְבִיעִים 레비임 · 40번째 · ANOMS · forteen · τεσσρκοντος' 그러므로 '49 알아 봐 임 배 됐어 וְתִשְׁעָה אַרְבָּעִים 아르바임 베팃스아'이다. 49번째 표시는 법칙에 따르자면 아홉째 됐으이 תְּשִׁעִי 텟쉬이 · 아홉째 · ANOMS · ninth · ἐνατος · 창 17:1와 40번째 레비임 ים רְבִיעַ 레비임 · 40번째 · ANOMS · forteen · τεσσρκοντος를 합한 서열수치 '49번째 됐

1) E. W 벌링거 · 장상선 감수, 『성경에 나타난 숫자 해설』(서울: 나단 · 2001) · 336.

2) VTMMYS: 『스테판 원어 성경: The Stephen Korean Text of the Hebrew Old Testament Published by Institute of Biblical Languages』 · 서울: 원어성서원 · 2000. 히브리어 알파벳.

으이 레비임 תשיעי רְבִיעִים[텟쉬이 레비임]’이 아니라 독립 수 ‘49번째 됐어 배 알아 봐 임 תשיעי וְאַרְבָּעִים[텟쉬이 베알아 봐임]’으로 한다. 9와 40의 독립된 수치를 쓴다. 가운데 십자가에 못 박히는 사랑으로 우리가 사는 의미의 ו[베]글자를 넣는다.

1 성부 · 2 성자 · 3 성령 · 4 피조물 · 5 구속 · 6 세상의 완전 · 7 성령의 완전 · 8 살찜 · 9 종말 예고 · 10 하나님 질서의 완전함 · 11 파괴와 영웅 · 12 통치적 완전 · 13 혈통 · 14 영적 완전의 혈통 · 15 하나님 은혜로 만들어진 행위 · 16 세상의 일 · 17 축복의 때 · 18 즐거움의 극치 · 19 심판과 연관된 하나님의 질서 · 20 기다림 · 21 영적 완전과 하나님의 완전함 · 22 해체 · 23 절망을 넘어 · 24 하늘의 통치와 경합 · 25 은혜의 본질 · 26 숨 쉼 · 27 성령 충만 · 27 성령 충만 · 28 일곱 가지의 4배량의 일들 · 29 기대 · 30 사역시작 · 31 신성 하나님의 이름 · 32 하나님의 날 · 33 예수님이 이 세상에 사신 나이 · 34 세상을 알아 봐 · 35 신성수의 반 · 36 완전한 통치의 3배 · 37 가장 이미지 · 38 순응 · 39 극복이미지 · 40 출애굽 · 41 욕심억제 · 42 이익 · 43 결단 · 44 우연 · 45 모임 · 46 오름 · 47 마디 · 48 우물 · 49 개혁 이미지이다.

49일= 한 달하고도 17일째 입체 시조 문예미학리듬 때이다. 이 17일 이미지 그리고 그대로 40일을 넘기고도 9일째가 접어드는 이른바 100의 반이 되는 50 그리고 이에 1 · 하루가 모자라는 49일째는 감회가 새로운 시조 문예미학리듬의 때이다. 하루만 지나면 반을 훌쩍 넘길 수 있다는 기대감과 어려움이 유독 느껴지는 49일째이다. 한 달하고도 17일 입체리듬 때이다.

17세 요셉은 보이지 않는 형들을 찾아 갔다가 형들에 의해 물 없는 구덩이에 들어간다. 유다 권유에 구덩이에서 끌어 올려 진다.[1] 미디안 상고들에게 20개에 팔려지고 다시 보디발의 집으로 팔려[2] 간 요셉리듬이다. 보디발의 집안에서 하나님께서 주시는 형통한 자[3]로 여호와의 복이 그의 집과 밭에 있는 모든 소유에 미친[4] 그러나 보디발 아내의 끈질긴 유혹리듬이다. 요셉[5]은 옥에 갇히고[6] 옥 안에서 제반 사무를 처리[7]어려운 꿈 해석을 해 주나[8] 여전히 감옥에 있다가 왕의 꿈 해석으로 풀려[9] 나오는 리듬이다. 왕 명으로 총리[10] 30세! 23년 만에 총리! 예수가 그의 공 사역을 할 때 나 30세[11]시조 문예미학리듬이다. 야곱 집안의 가난이 겹쳐 곡식을 구하러 애굽으로 오는 형들을 만난 혈육의 정[12]리듬이다.

웃음의 눈물[13]리듬이다.

> 마셔요 저 보고는 두려워 마시어요
> 온 땅이 메말라서 먹을 물 그 하나조차
> 없을 그 물 없는 구덩이에 형님들이 가두어

---

1) 27절.
2) 창 37:36.
3) 창 39:2.
4) 창 39:5.
5) 창 39:9-13.
6) 창 39:20.
7) 창 39:21-22.
8) 창 40:23.
9) 창 41:14.
10) 창 41:40-43.
11) 창 41:46.
12) 창 43:23-24). 요셉이 아우 베냐민을 보고 마음이 타는 듯 함으로 급히 울 곳을 찾아 안방으로 들어가서 울고(창 43:30).
13) 창 43:34 · 44:45 · 45:27 · 46:7 · 46장 39.

그래서 아니해요 두려워 아니해요
높바람 나를 올려 놓아준 햇살들이
하늘의 햇살기둥이 쫘르르르 내려요

오늘은 형님들을 바라봐 이렇게요
두려워 마시어요 제가요 하나님만
정말로 하겠습니까 두려워들 마셔요

저는요 아침마다 그리움 읽어가며
읽다가 두 눈에 모이는 눈물방울
물 이 물 눈물 물들을 형님들도 마셔요

형님들 물 그리움 햇살을 마시어요
바람의 햇살들을 촘촘히 엮어가며
정말로 나누어드려 드릴께요 마셔요

오늘은 비가 몹시 그리워 그리워요
너무나 너무너무 그리워 그리워요
17살 열한 번째의 아들 요셉 저는 요

물 없는 구덩이에 저를 요 가두어도
촘촘히 일곱 계단 촘촘히 엮이어서
제가요 하겠습니까 하나님만 정말료

두려워 마시어요, 지금은 물 먹고픈
나무와 채소들과 그리움 모두모두
물 없는 구덩이에서 나오라고 하셔요

그래서 정말 저는 두려워 아니해요
쫘르르 빗물소리 높바람 밀려오며
정말로 하겠습니까 하나님만 정말로

- 「정말로 두려워 마시어요」 창 50:19-21 이영지

요셉이 애굽으로 팔려갈 때 17세 리듬은 그 아비 야곱이 애굽에

산 연한도 17년 리듬이다. 하나님 영광[1]의 구속사 리듬이다. 여호와 ה ו ה י(יְהוָה)=5 + 6 + 5 + 1 + 0 =17 수치리듬은 아리스토텔레스는 17이 시와 음악의 비례 · 에레미야는 · 은 17세겔로 하나멜 밭 샀고[2] · 이사야서는 창조 바라 ב־א[3] 17회 리듬의 때다.

그대의 앞에서는 언제나 몽롱하다 꿈속의 물소리가 나인걸 알고부터 가슴이 몽롱해진다 어디인가 여기가

- 「첫사랑 몽롱」 이영지

이브가 넘어가던 유혹을 바라보는 아담의 첫사랑은 이브다 그녀이다 이브의 네거리에서 목 울리는 울대가

- 「첫사랑 아담」 이영지

아담이 갈비뼈를 떼 주고 허전하여 이브를 껴안고서 복음을 넣어준다 오후다 산들거리는 오뉴월이 길구나

- 「첫사랑 아담 갈빗뼈」 이영지

이브의 물살에다 왕관을 벗어주며 옷고름 풀어주며 사십일 굶은 날은 가슴이 하얗게 푸른 청청한 날 일기다

- 「첫사랑 옷고름」 이영지

그녀의 머리카락 내음 새 맡느라고 기일게 목 늘이며 닥아 간 청사초롱 별 언덕 피리를 부는 머리카락 내음 새 - 「첫사랑 머리카락」 이영지

---

1) כְּבֹדָה(켑보데하 · 영광 · 출 33: 18의 수치는 17.

2) 렘 32: 9.

3) בָּרָא(바라 · 창조 · 사 · 40: 21 · 26 · 28 · 41: 20 · 42: 5 · 43: 1 · 7 · 15 · 45: 7 · 7 · 8 · 12 · 18 · 48: 7 · 54: 16 · 65: 17 · 65: 18).

(2) 49일. 한 달 17일, 49일 개혁 입체 시조 문예미학리듬

초장: 연못 → 중장: 불 → 종장: 개혁 참조 주역 궤 49

연못 · 소녀 · 즐거움 · 서 · 입 · 양 → 불 · 중녀 · 붙음 · 남 · 눈 · 꿩
(━ · ━) · (━ · --) · (-- · ━) = (1구 · 4구) · (2구 · 5구) · (3구 · 6구)

빗 장 건 소슬 대문
활화산 연못 속에
춤추는 가얏고에
아로옹 아지랑이
대궐의
오색무지개 하늘 열어 내준다

- 「아로옹 아지랑이」 이영지[1)]

1구: 초장: 연못 → 중장: 불의 시조 문예미학리듬 기호 (━ · ━) · (━ · --) · (-- · ━) = (1구 · 4구) · (2구 · 5구) · (3구 · 6구) 시조 문예미학 창작 입체리듬이다. 처음이 강하다가 끝 두 리듬이 잔 모양을 이룬 리듬이다. 연못이 아래에 있어서 잔이 형성된 리듬이다. 불이 그 위에 있는 주역 궤 49 리듬이다.

천지는 변하고 바뀌는 법칙리듬이 있다. 춘 · 하 · 추 · 동의 사계절이 리듬이다. 개혁의 신비리듬이다. 지나친 개혁은 흉하다. 따라서 개혁과 신비로움은 지속리듬이어야 좋은 방향리듬이다.

- 빗 장 건 소슬 대문 의미기호 -

2구: 가슴 소에서 불이 타올라 활화산으로 흐르는 천지연못 보라.!

- 활화산 연못 속에 의미기호 -

---

1) 그림, 이영지 『시조창작리듬론』 · 120. '바람의 리듬'

3구: 연못에 물이 차면 넘치고 바람이 세면 나무가 넘어진다. 가을 산 단풍이 들면 설레는 마음 어찌하랴! 어찌 할레야 할 수 없는 길에서 개혁이 그 정당성을 갖는 리듬이다.

- 춤추는 가얏고에 의미기호 --

4구: 흰 눈 덮힌 보리밭 고랑에서 보이는 파릇한 새싹이 있다. 그 새싹을 비난하는 사람은 아무도 없다. 형설의 공을 10년 쌓은 사람을 보고 갑자기 얻어진 명예라고 깎아 내리는 사람은 없다.

- 아로옹 아지랑이 의미기호 —

5구: 범의 가죽은 고급스러워 권위 있는 빛으로 빛나고 한낮의 대양은 황홀한 빛의 영광리듬이다.

- 대궐의 의미기호 --

6구: 문이 열리면 사람들은 자유로이 드나들고 만나고 싶은 마음의 불꽃은 큰 연못 리듬 속에 들어간다.

- 오색무지개 하늘 열어 내준다 의미기호 —

(— · —) · (— · --) · (-- · —) = (1구 · 4구) · (2구 · 5구) · (3구 · 6구)의 입체리듬이다. ≡[연못]이 ≡[불]을 만나는 시조 문예미학리듬이다. 동양권에서는 가장 밑이 1번이 됨으로 ≡[연못]이 먼저 놓이고 그 다음이 ≡[불]의 순서리듬이다. 1구 밝음 · 2구 밝음 · 3어두움 · 4구 밝음 · 5어두움 · 6구 불 리듬이다. 개혁의 시조 문예미학리듬은 순응의 45 각도와 나란한 평행선 리듬이다.

연못이 불을 만난
자리는 커다랗다
차츰음 넓혀가며
달라진 나의 모습
별반어울림 거리느라고 웃음나라 달린다

– 「연못이 불을 만난」

연못과 불이 만들어 내는 이미지의 초장과 중장은 겉으로 강건해 보이나 속으로 아픔을 가진 시조 문예미학리듬자리이다. 늘 불같은 강함 뒤에 앞으로 나아가는 리듬 각도 45° 순응리듬 이다.

문을 꼭 닫아놔도
봄빛이 녹아들어
가을의 들판 익어
내리는 이 흐름 앞에서 나는 말을 못해요

빗장을 걸어놔도
봄 먼저 와 속삭이고
여름의 비는 오며
마을길 굽굽이로
길 터나 가로세로로
가을이 와 주네요

활화산 연못 속에 고기가 알을 놓고 가얏고 아지랑이 우뚝선 높높이 하늘을 맴돌아 들며 꿈이 익게 하네요

나는 늘 불같아서 당신을 돌아들며 당신의 가슴속에 불 놓아 앞으로 간 이 가을 온 마음들판 알알이로 익네요

- 「가을이 와 주네요」 이영지

초장(▬▬) 중장(▬▪▪) 종장(▪▪▬)의 시조 문예미학리듬이다. 초장은 원대한 꿈을 가진 사람을 가리킨다. 굽힘없이 앞으로 나아가는

개혁의 바람이다. 동양권에서의 순서 개념으로 ☱[연못]이 먼저 놓이고 그 뒤에 ☲[불]이 있어 움틀 거리는 욕망이나 원대한 꿈 · 이 견딜 수 없는 사랑의 힘이 만들어내는 꿈의 시조 문예미학리듬이다. 동시에 내면적으로는 쓸쓸함 · 곧 영광 뒤에 오는 마음의 허전함이 들어 있는 가을 이미지리듬이다.

연못 → 불의 시조 문예미학리듬 (━ · ━) · (━ · ╍) · (╍ · ━) = (1구 · 4구) · (2구 · 5구) · (3구 · 6구)은 묶음의 의미가 마지막 양은 음으로 음은 밝음으로 바꾸어 개혁하는 시조 문예미학리듬이다.

> 첫사랑 당신이야 바다의 등줄기다
> 유난히 잘 웃어준 까닭을 알고부터
> 그녀를 웃겨주려고 겨드랑이 되었다
>
> \- 「첫사랑 겨드랑이」 이영지

> 아리랑 이 도령은 봄꽃의 연인이다
> 오월의 단옷날을 하늘을 바라보다
> 첫사랑 아리랑고개 넘어오는 남자다
>
> \- 「첫사랑 이 도령」 이영지

나란한 평행선시조 문예미학리듬이다. 가정의 안전한 발전의 원동력은 바로 순응과 개혁이라는 거대한 물결을 가져오는 나란한 평행선 시조 문예미학리듬이다. 공동생활유지 법칙과 공동생활 법칙 시조 문예미학리듬이다.

이상에서 본바와 같이 45 방향리듬은 개혁하는 신비의 시조 문예미학리듬이어서 나란함을 유지하는 리듬이 되는 결과를 낳고 있다.

18) 50과 50일. 쉰 · 선정 입체 시조 문예미학리듬

(1) 50과 50일과 쉰째 날

50과 50일은 '50 쉰 하마심 חֲמִשִּׁים 하미쉼 · 쉰'의 하 미심의 눈으로 보이게 하심 시조 문예미학리듬이다. 독립된 5 다섯 하마사 חֲמִשָּׁה 하마솨 · 다섯 · πεντε와 다섯째 하미 시 חֲמִישִׁי 하미쉬 · 다섯째 · ANOMS · fifth · πεμπτή · π εμπτος · 창 1:23의 10곱이 되는 50과 50일 · 그리고 쉼의 입체리듬은 연계선상에 놓인다. 50이나 50일 · 50일째 모두 '50 쉰 하마심 חֲמִשִּׁים 하미쉼 · 쉰'이다.

물고기 눈 נ 눈 · 물고기 · 신앙인 · 영원1) 이미지로 공유그리움이다. 곧 1 성부 · 2 성자 · 3 성령 · 4 피조물 · 5 구속 · 6 세상의 완전 · 7 성령의 완전 · 8 살찜 · 9 종말 예고 · 10 하나님 질서의 완전함 · 11 파괴와 영웅 · 12 통치적 완전 · 13 혈통 · 14 영적 완전의 혈통 · 15 하나님 은혜로 만들어진 행위 · 16 세상의 일 · 17 축복의 때 · 18 즐거움의 극치 · 19 심판과 연관된 하나님의 질서 · 20 기다림 · 21 영적 완전과 하나님의 완전함 · 22 해체 · 23 절망을 넘어 · 24 하늘의 통치와 경합 · 25 은혜의 본질 · 26 숨 쉼 · 27 성령 충만 · 27 성령 충만 · 28 일곱 가지의 4배량의 일들 · 29 기대 · 30 사역시작 · 31 신성 하나님의 이름 · 32 하나님의 날 · 33 예수님이 이 세상에 사신 나이 · 34 세상을 알아 봐 · 35 신성수의 반 · 36

1) E. W 벌링거 · 장상선 감수, 『성경에 나타난 숫자 해설』 (서울: 나단 · 2001) · 336.

완전한 통치의 3배 · 37 가장 이미지 · 38 순응 · 39 극복이미지 · 40 출애굽 · 41 욕심억제 · 42 이익 · 43 결단 · 44 우연 · 45 모임 · 46 오름 · 47 마디 · 48 우물 · 49 개혁 · 50 기쁨 구원[1] 이미지이다.

50 기본의수는 히브리어 눈 נ(눈 · 물고기) ן(눈 · 물고기 · 히브리어 단어 끝머리에 오는 글자) 리듬이다. 우리말 그대로도 눈 하면 ㄴ이 둘이고 쓰기도 눈 하는데 히브리어도 물고기 נוּן(눈 · 물고기)으로 한다. 이러한 발음의 동일성은 우리말의 세계의 반을 누빈 생활권의 역사의미로 연결된다.

눈에 보이는 물고기이다. 신학에서 신앙인 지시다. 신앙인은 모두의 눈에 드러난 절대자를 믿는 믿음의 사람이다. 어떠한 형태로든 그 모습이 하나님을 섬기는 자로 드러나는 리듬이다. 물고기의 상징성이 숫자 50이미지이다. 쉰의 영원성의 믿음에 대한 입체리듬은 서로 공유그리움이다. 한 달과 기준하여서는 이 논문에서 50일= 주역철학에 따르는 64일을 두 달로 하고 한 달을 넘긴 18일째의 입체시조 문예미학리듬이다.

32일을 지내고도 18과 18째가 되는 열여덟째 리듬은 서로 공유그리움이다. 독립된 18 열여덟은 8 여덟 8 여덟 사모나 שְׁמֹנָה 쉐모나 · 여덟 · ὀκτώ 열 아시라 עֲשָׂרָה 아사라 · 열 · τεσσαρες와 합하여 18 사모나 아시라 שְׁמֹנָה עָשָׂר 쉐모나 아사르이고 열여덟 번째 여덟째 쉐미니 שְׁמִינִי 쉐미니 · 여덟째 · 대상 7:11 열 번째 아시리 עֲשִׂירִי 아시리 · 열흘째 · ANOMS · δεκατος · 창 1:19와 합하여 사모나 아시라 שְׁמֹנָה עֶשְׂרֵה 쉐모나 아쇠르이다.

---

1) E. W 벌링거 · 장상선 감수, 『성경에 나타난 숫자 해설』(서울: 나단 · 2001) · 345.

입체색채리듬 계절에 따른 한국고유 마방진색채수리 1 백색 · 2 흑색 · 3 벽색 · 푸른 돌 색 · 4 녹색 · 5 황색 · 6 백색 · 7 적색 · 8 백색 · 9 자색이고 이 중에서 5가 제시하는 황색 · 5월 이미지가 지니는 모든 만물이 황색의 땅에서 그 기운을 받아 푸르름의 계절과 꽃들의 계절이 시조 문예미학의 이미지로 오르게 된다. 그리고 이 푸르름을 만들고 꽃을 만드는 땅 색 황색은 시조 문예미학에서 백색과 어울려 더한층 그 의미를 굳힌다.

이 50일 색채리듬 5를 근거로 한 5가 제시하는 황색 선호경향 시조 문예미학리듬이다. 이 5의 리듬에 10배가 되는 리듬이다. 그리고 32일을 뺀 50일의 색채리듬은 18일의 리듬에 해당한다.

⑱ 황색 5
백색 8 15
흑색 2

3색이 합하여지는 시조 문예미학리듬은 각 장 별의 시조 문예미학의 15자 내외로 인한 초 · 중 · 종장의 배열리듬이다. 이야기가 리듬이 된다. 색채이미지리듬이다. 삼라만상 모든 사물에 은유 혹은 비유로서의 시어로 대치되는 시조 문예미학리듬이다. 사람의 일생으로 본다면 50세에서의 일상은 익숙과 버릇이 한데 겹치어 시인의 시조 문예미학리듬이다. 희 · 노 · 애 · 락이 겹치면서 만들어내는 삶의 이야기 시조 문예미학리듬이다. 이때는 가장 익숙하고 또는 가장 슬픈 이야기가 전개 희 · 노 · 애 · 락이 가장 많은 50세 시조 문예미학리듬이다. 넉넉한 들판 수확을 바라보는 시조 문예미학리듬이다. 그 업적이 드러나는 때이다.

물결 일
그 때쯤에
비늘을 벗어들며
햇살을 덧입히고 물결에 등을 대고
아침을 은빛날개로
퍼
 덕
   퍼
     덕
       오른다

- 「은어이랑」 이영지

부풀은 가슴 안이 나올 길 열리는 날
보여준 깊이에는 빨갛게 사랑한 살
쏟아내 살빛을 보여 드리는 일 그밖에

불 바람 바람개비 불 따라 불기만을
하는 게 전부인양 맨 날 날 바람 따라
불다가 안으로 노란 길이 늘여 놓는 게

불 속에 들어서도 살수가 있는 것은
물 위에 뜨는 가슴 그래서 녹아나는
물불을 켜 드는 힘이 나오니까 그래서

불은 왜 능수버들 꿈속을 헤매는 가
늘이기 좋아하여 불 비단 깔아놓고
흰 깃발 하얀 속마음 보여주고 마는 거

날개를
겹겹이 켠
불빛이
숨 쉬어요

밝히는
날마다를

모아서
하얀 불꽃
화안한
불 모으기로
하안 빛을
드려요

- 「불꽃사랑 다음에」 이영지

사랑은 나의 곁에 내 사랑 나의 곁에
나의 그 그리움이 나의 그 그이에게
파도쳐 그리움이 되고 눈 오는 바다야

여기를 좀 봐 주어 여기 좀 봐 나야 나
여기 좀 보고 싶어 나에게 입을 맞춰
눈 맞대 볼을 맞춰 봐 나의 꽃잎 꽃잎아

- 「보고 싶은 사람아」 이영지

마을에 분홍버스 내릴 때 쳐다보다
고개를 푹 숙이고 오시지 않은 사람
분홍 꽃 접어들이며 산들산들 흔들고

정류장 코스모스 마을의 빨간 버스
내릴 때 쳐다보다 고개를 푹 숙이고
빨간 꿈 안아 들이며 빨갛도록 흔들고

버스가 설 때마다 빠알간 얼굴 되어
버벌떡 일어서다 앉으며 일어서며
허리가 휘어지도록 흔들다가 또 보고

버벌떡 일어서다 퍼펄썩 주저앉다
막차가 내리다가 새하얀 얼굴 되어
앉았는 코스모스에 고개 숙여 부우웅

- 「버스정류장의 코스모스」 이영지

(2) 50일. 한 달 18일, 50일 선정 입체 시조 문예미학리듬

초장: 불 → 중장: 바람 → 종장: 선정 참조 주역 궤 50

불 · 중녀 · 붙음 · 남 · 눈 · 꿩 → 바람 · 장녀 · 들어감 · 동남 · 다리 · 닭
(━ · ╍) · (╍ · ━) · (━ · ━) = (1구 · 4구) · (2구 · 5구) · (3구 · 6구)

바람이 솔 밑에서
꽃 나팔 불려한다
은사슬 달빛 들고
하아얀 물의 입술
꿈 나래
요술 지팡이 휘이이익 두른다

- 「하아얀 물의 입술」 이영지[1)]

1구: 초장: 물 → 중장: 연못의 시조 문예미학리듬 기호 (━ · ╍) · (╍ · ━) · (━ · ━) = (1구 · 4구) · (2구 · 5구) · (3구 · 6구)리듬이다. 불이 바람을 만나는 입체리듬이다. 물잔 모양의 기호형상이 만들어 지다가 그 기운이 강해지는 리듬이다. 불에 바람을 더하는 거대한 불빛을 만드는 리듬이다. 주역 궤 50이다. 뭐니 뭐니 해도 한 가정이 잘되는 일은 나라가 잘되는 일이다. 불이 바람을 만나 · 한 나라가 잘되는 가정의 시조 문예미학리듬각도 45°의 나란한 리듬이다. 나라를 잘 다스리는 일이다. 한 나라가 잘되는 리듬이다. 왕의 깊은 백성 사랑에서 시작되는 리듬이다. 왕의 헌신적인 밑바탕이 잠재력이 있을 때 나라는 태평하다. 성찰의 왕의 출현은 선정이 결과가 된 1구가 어둠 · 왕의 고민 리듬이다.

---

1) 그림, 이영지 『시조창작리듬론』 · 116. '선정(善政)의 리듬'

불빛이 바람만나
꽃 나팔 불어가며
꽃 마음 먹이면서
두 팔로 감싸간다
하늘은 더욱 높아가 햇빛으로 빛난다

– 「꽃 마음 먹이면서」 이영지 –

초장(━╍) 중장(╍━) 종장(━━) 의 시조 문예미학리듬을 가지는 ☲[불]이 ☴[바람]을 만나는 어울림 리듬이다. 한 가정에서 중요한 것은 남자이다. 그러면서 초장과 중장이 잘 어울리는 초장(━╍) 중장(╍━)리듬이다. 이 불 켜기 리듬은 동양권에서는 가장 밑이 1번이 됨으로 ☲[불]이 먼저 놓이고 그 다음이 ☴[바람] 의 순서이다. 한 가정이나 나라가 이루어진다. 이 잘 어울리면서 서로 돕는 리듬이다. 1 · 2구와 3,4구의 잘 어울림은 5구에서 나라가 창창해지는 리듬이다. 가정도 마찬가지다.

불은 나무가 있어야 타오를 수 있다. 타오르는 불은 바람을 얻어 더욱 그 기세를 편다. 한 나라의 각 가정은 불이고 이 불 밝힘이 아름다운 나라를 만든다. 이 나란한 가정과 나라의 시조 문예미학리듬은 서로 호흡이 맞는 신비로운 리듬이다. 세 개의 발이 서로 각기의 자리에서 크고도 중후한 솥을 떠받치는 리듬이다.

- 바람이 솥 밑에서 의미기호 -

2구: 바람이 불며 맨 처음의 불붙임을 꼬려한다. 불을 붙일 나무를 조심히 불에 당겨야 한다. 솥에 물건이 담겨 있다. 조심히 다루어야 한다. 가장 소중한 백성이 담겨져 있다. 왕의 결정권이 그 빛을 보기 시작한다. 어떻게 하면 백성들을 잘 다스릴까 깊은 생각과

추진력이 시작되는 리듬이다.

- 꽃 나팔 불려한다 의미기호 --

3구: 솥 속의 진미의 음식이 알맞게 익어 간다. 그 솥을 들어야 하는데 너무 뜨겁다. 비가 내린다. 시간이 흐르며 뜨겁던 솥도 식는다. 솥뚜껑을 열고 솥을 드러낸다. 더욱 더 좋은 깊이 왕이 정책이 실현되는 리듬이다.

- 은사슬 달빛 들고 의미기호 --

4구: 급한 마음에 솥을 옮기려다 솥귀가 떨어져 음식을 엎질러 버렸다. 어찌할꼬.

- 하아얀 물의 입술 의미기호 --

5구: 솥에 금 솥귀를 다시 단다. 불에 집이 타면 그 터에 새로운 집이 생긴다. 전쟁이 나면 양국 간의 교류가 생기며 하늘이 무너지면 솟아날 구멍이 생긴다. 항상 견제하고 자신을 권력남용의 도구로 사용하지 않으면서 어떻게 하면 백성을 잘 다스리는 방법을 실행하려 하는 리듬이다. 5구는 왕이 나라를 잘 다스리는 리듬이다.

- 꿈 나래 의미기호 ━

6구: 왕의 선정으로 하여 모두 행복한 리듬이다.

- 요술 지팡이 휘이이익 두른다 의미기호 ━

(━ · --) · (-- · ━) · (━ · ━) = (1구 · 4구) · (2구 · 5구) · (3구 · 6구)의 입체리듬을 가지는 ☲불이 ☴바람을 만나는 리듬이다.

불이 바람을 만나는 리듬이 동양권에서는 가장 밑이 1번이 됨으로 ☲[불]이 먼저 놓이고 그 다음이 ☴[바람]의 순서이다. 1구 밝음 · 2어두움 · 3구 밝음 · 4어두움 · 5구 밝음 · 6구이다. 선정을 베푸는 리듬 각도 45° 방향이다.

불 밝음 바람 만난
자리는 커다랗다
나라를 밝게 하려
익히고 다스리는
왕이다 바람 지휘할 미소 담아 주리라

- 「나라를 밝게 하려」 이영지

불과 바람이 만들어 내는 이미지의 초장과 중장은 왕이 날개를 달고 있는 리듬[1]이다. 이러한 발판 위에서 나라는 힘이 커지고 세계 제1의 왕국이 된다.

윤년인 7월마저 다가고 8월이랑
들녘은 노란 꽃과 보라꽃 핀 들녘을
부른다 이제 갓 피어 보라 꽃이 연하디

연한 들 들꽃 되어 많이도 피어 피어
이리로 덩굴덩굴 저리로 덩굴덩굴
흐드러 흐드러지다 누워버린 노랑랑

- 「노란여름과 행복보라」 이영지

---

1) 참조 · 명지어문학 207 시조문예미학 20 · 시조창작리듬론 116-118 페이지 · 수정 참고: ⚊ ⚋ ⚌ ⚍ ⚎ ⚏ ☰하늘 ☱(연못) ☲(불) ☳(우레) ☴(바람) ☵(물) ☶(산) ☷(땅).

19) 51과 51일. 쉰 하루 우레 피하기 입체 문예미학리듬

(1) 51과 51일과 쉰 하루째 날

51과 51일은 '51 하마심 배 에하드 חֲמִשִּׁים וְאֶחָד 하미쉼 베에하드' '하마심 베 에 하다' 리듬 히브리말이다. 51은 독립된 50이 10의 5곱하고도 하나가 더한다. 10 · 열 아시라 עֲשָׂרָה 아사라 · 열 · τεσσαρες의 5배 더한 데서 출발하는 51은 독립된 10의 5배가 되는 50을 10의 5 복수지시로 50에 하루가 더한 51일이다. 독립된 10의 5배가 되는 50 복수지시 하마심 חֲמִשִּׁים 하미쉼 · 쉰이고. 50일째 하마심 חֲמִשִּׁים 하미쉼 · 쉰이다. 51은 이 하마심에 독립된 1 하나 에하드 אֶחָד 에히드 히니 ΛNCMS · εἷς. μια · ἕν · 창 1:5가 합하여 '51 하마심 배 에하드 חֲמִשִּׁים וְאֶחָד 하미쉼 베에하드' 이다. 반면 51번째를 표시할 때는 첫째 로손 רִאשׁוֹן 로손 · 첫째 · Σν ἀρχή · πρωτος이므로 당연히 51 하마심 베 로손 חֲמִשִּׁים וְרִאשׁוֹן 하미쉼 베리손으로 할 것 같지만 그렇지 않다. 첫째 로손 רִאשׁוֹן 로손 · 첫째 · Σν ἀρχή · πρωτος 대신에 '51번째 에하드 배 하마심 וַחֲמִשִּׁים 에하드 베하미쉼 · 51번째 · ANOMS · forteen one'로 1의 독립된 수치를 쓴다. 사이에 못의 의미 곧 십자가에 못 박히는 사랑으로 우리가 사는 의미의 ו 베글자를 넣는다.

50을 지시하는 물고기 눈 נ 눈 · 물고기 · 신앙인 · 영원[1]과 한 날 에하드[2]의 첫 날[3] 1 א 아 · 나 · 배움[4] 이미지 공유그리움이다.

---

1) E. W 벌링거 · 장상선 감수, 『성경에 나타난 숫자 해설』(서울: 나단 · 2001) · 336.

2) יוֹם אֶחָד(욤 에하드 · 한 날 · 창 1: 5).

3) E. W 벌링거 · 장상선 감수, 『성경에 나타난 숫자 해설』(서울: 나단 · 2001) · 336.

1 성부 · 2 성자 · 3 성령 · 4 피조물 · 5 구속 · 6 세상의 완전 · 7 성령의 완전 · 8 살찜 · 9 종말 예고 · 10 하나님 질서의 완전함 · 11 파괴와 영웅 · 12 통치적 완전 · 13 혈통 · 14 영적 완전의 혈통 · 15 하나님 은혜로 만들어진 행위 · 16 세상의 일 · 17 축복의 때 · 18 즐거움의 극치 · 19 심판과 연관된 하나님의 질서 · 20 기다림 · 21 영적 완전과 하나님의 완전함 · 22 해체 · 23 절망을 넘어 · 24 하늘의 통치와 경합 · 25 은혜의 본질 · 26 숨 쉼 · 27 성령 충만 · 27 성령 충만 · 28 일곱 가지의 4배량의 일들 · 29 기대 · 30 사역시작 · 31 신성 하나님의 이름 · 32 하나님의 날 · 33 예수님이 이 세상에 사신 나이 · 34 세상을 알아 봐 · 35 신성수의 반 · 36 완전한 통치의 3배 · 37 가장 이미지 · 38 순응 · 39 극복이미지 · 40 출애굽 · 41 욕심억제 · 42 이익 · 43 결단 · 44 우연 · 45 모임 · 46 오름 · 47 마디 · 48 우물 · 49 개혁 · 50 기쁨 구원 · 51 계시[1] 이미지까지 왔다. 51은 최고[2] 50이 지난 5의 은총 곧 1 성부 · 2 성자 · 3 성령 · 4 피조물 · 5 구속까지 온 은총의 10배의 의미[3]의 공유성이 있다.

51일은 한달 하고도 19일째 되는 날이다.

---

4) VTMMYS:『스테판 원어 성경: The Stephen Korean Text of the Hebrew Old Testament Published by Institute of Biblical Languages』 · 서울: 원어성서원 · 2000. 히브리어 알파벳.

1) E. W 벌링거 · 장상선 감수,『성경에 나타난 숫자 해설』(서울: 나단 · 2001) · 345.

2) E. W 벌링거 · 장상선 감수,『성경에 나타난 숫자 해설』(서울: 나단 · 2001) · 70.

3) E. W 벌링거 · 장상선 감수,『성경에 나타난 숫자 해설』(서울: 나단 · 2001) · 173.

(2) 51일. 한 달 19일, 51일 우레 피하기 입체 시조 문예미학리듬

초장: 우레 → 중장: 우레 → 종장: 우레 피하기 참조 주역 궤 51

우레 · 장남 · 고기 · 움직임 · 동 · 발 → 우레 · 장남 · 고기 · 움직임 · 동 · 발
(-- · --) · (-- · --) · (ㅡ · ㅡ)= (1구 · 4구) · (2구 · 5구) · (3구 · 6구)

우레 밭 그 숨 막힘
하늘이 꽃피우려
하늘 땅 서로 만난
우레의 김매기는
보라메
날갯짓으로
그물망을
벗는다

- 「우레의 우레 만남」 이영지

1구: 초장: 우레 → 중장: 우레의 방향은 온통 우레로 울렁이는 물결 높은 리듬이다. 그럼에도 이 우레를 피하는 일이 일어나는 리듬이다. 거대한 물줄기 리듬이 있는 (-- · --) · (-- · --) · (ㅡ · ㅡ)의 1구와 4구 · 2구와 5구 · 3구와 6구의 날개모양 입체리듬이어서다. 우레와 우레로만 된 0° 방향 지시기호로 인한 까닭이다.

- 우레 밭 그 숨 막힘 의미기호 ··

2구: 우레와 우레와 합쳐 맹렬한 기세로 우리소리를 낸다. 우레의 남성 이미지는 다음에 비유된다.

이리와 그의 아내는 9년간을 같이 산다. 그런데 이리 아내는 집을 나가고 없다. 이리는 아이들을 돌보며 그의 가장을 지켜 나간다. dfl 아내는

어떤 날 여우의 얼굴로 예쁘게 치장하고 돌아온다. 누구도 보지 않는 어두운 밤에 여우의 얼굴로 와서 이레에게 온다. 여우같이 화장을 한 이리 아내의 유혹에 잘잘못을 따질 겨를도 없이 잠자리를 같이 한다. 생활은 부유해지고 식모 · 침모 · 유모까지 둔 호화로운 생활이다.

이리 아내는 차츰 그가 이리의 성적 애용물 밖에 되지 않는다는 생각을 하게 되자 노라처럼 여성해방의 명목 아래 집을 또 나간다. 서로의 자존심 때문에 남남처럼 자기들의 일에 열중한다. 차츰 이리는 난폭해져서 천둥번개가 되어 우레의 소리를 꿱꿱 지르는 우리가 되었다. 이리 아내는 여자 혼자의 침체된 물이 천둥이 치더니 우레는 소리를 꿱꿱 지르며 물 물속에 잠겨버린다. 드디어 이리인 우레와 이리 아내인 물이 결합하자 천지가 고요해진다. 둘은 결혼식 날을 잡고 결혼식 날 결혼을 한다.[1]

이와 같은 결혼 신화의 줄거리는 우레의 결합으로 인해 천둥번개가 난다고 하는 상상력이 도입된 문학 이미지이다.

- 하늘이 꽃피우려 의미기호 --

3구: 합쳐진 우레와 우레는 이제 소리를 지를 마음의 여유가 없다. 서로 사랑하느라고!

- 하늘 땅 서로 만난 의미기호 --

4구: 계속 같은 음 (-- · --) · (-- · --) 끼리 만나는 리듬이다. 계속 만나고 보니 우레도 좋은 일을 꿈꾼다. 천둥번개가 치게 하기도 하지만 우레는 내가 할 수 있는 일이 무엇인지 곰곰이 좋은 생각을 하게 된다. 우레는 잘 만나기 위한 준비를 한다.

- 우레의 김매기는 의미기호 --

5구: 우레가 아주 심한 날을 견디어 온 사람들의 생각은 차츰 우

1) Shella Moon · A Magic Dwells. · 40- 144.

레를 이기는 방향으로 나아간다.

- 보라메 의미기호 -

6구: 우레가 이웃집에 떨어졌다. 이웃 재난을 보고 두려워하고 경계하며 같은 재난을 당하지 않도록 노력하는 삶이다. 물결 속에서 살아남는 일은 첫째 그 물을 다 들이키는 일이다.

- 날갯짓으로 그물망을 벗는다 의미기호 -

우레 → 우레의 6구 입체리듬은 -- · -- -- · -- — · —의 어울림을 이룬다. 이 기호의 이미지가 보여주듯이 온통 음기가 진하여져서 밝기로 바뀌는 리듬이다. 우레와 우레의 시조 문예미학리듬은 아주 크게 다가오는 날벼락이라 하더라도 계속하여 맞게 되면 이에 적응하며 이겨나가는 지혜가 생겨난다. 하늘로부터 오는 지혜이다. 이 우레와 우레의 만남은 처음은 아주 광장한 폭음이지만 그 상승의 높이만큼 하향의 폭을 지닌다. 왜냐하면 하늘로 올랐다가는 내려오는 폭을 지니는 진리의 보편성에서이다. 그러나 이 강력한 우리의 전기 즉 남을 죽이는 강인함은 드디어 그 실력을 물속으로 집어넣음으로서 물에 잠기는 기적의 전이성을 지닌다. 이것은 결혼신화이다. 개성과 특이한 강한 이미지로 있는 사람이라도 결혼하고 나면 그 성질이 차츰 약하여 지고 조화를 지닌 둘의 어울림이 된다.

20) 52와 52일. 쉰 이틀 산 넘기 입체 시조 문예미학리듬

(1) 52와 52일과 쉰 이틀째 날

52와 52일은 '하마심 배 세니 임' '52 하마심 배 서네 임 ים וּשְׁנַיִם חֲמִישׁ[하미쉼 베스네임]' 히브리어로 발음된다. 벌써 쉴 때가 된 것을 임이 세니이다. 수리적으로 50 · 물고기 눈 נ[눈 · 물고기 · 신앙인 · 영원]1)과 2 베트 ב[베트 · 집] 아기가 자라2) 양육자3)가 벌써 되었으니 쉴 때가 되었다는 이미지를 공유한다. 52는 독립된 50이 10의 5곱부터 시작한다. 10 · 열 · 하시라 עֲשָׂרָה[아사라 · 열 · τεσσαρες]의 5배부터 출발하는 52는 독립된 10의 5배가 되는 50 하마심 חֲמִשִּׁים[하미쉼 · 쉰]으로 한다. 52일은 50 하마심 חֲמִשִּׁים[하미쉼 · 쉰]이고 2 둘 서네 임 שְׁנַיִם[스네임 · 둘 · δυο]과 합하여 '52 하마심 배 서네 임 חֲמִשִּׁים וּשְׁנַיִם[하미쉼 베스네임]'로 한다. 2번째 둘째 שֵׁנִי[쉐네 · 둘째 · ANOMS · the second · δευτέρα · δευτερος · 창 1:8]와 50이 합하여 52 번째 세니 하마심 שֵׁנִי חֲמִשִּׁים[쉐니 하미쉼]으로 할 것 같지만 그렇지 않다. '52째 서네 임 배 하마심 שְׁנַיִם וַחֲמִשִּׁים[스네임 베하미쉼 · 52번째 · ANOMS]'으로 한다. 50과 2의 독립된 수치를 쓴다. 십자가에 못 박히는 사랑으로 우리가 사는 의미의 ו[베]글자를 넣는다.

1 성부 · 2 성자 · 3 성령 · 4 피조물 · 5 구속 · 6 세상의 완전 · 7 성령의 완전 · 8 살찜 · 9 종말 예고 · 10 하나님 질서의 완전함

---

1) E. W 벌링거 · 장상선 감수, 『성경에 나타난 숫자 해설』(서울: 나단 · 2001) · 336.

2) 최명애 · 『알기쉬운 히브리어 기초와 그 의미』(서울:쿰란출판사 · 2005) · 69.

3) 최명애 · ob cit · 71.

· 11 파괴와 영웅 · 12 통치적 완전 · 13 혈통 · 14 영적 완전의 혈통 · 15 하나님 은혜로 만들어진 행위 · 16 세상의 일 · 17 축복의 때 · 18 즐거움의 극치 · 19 심판과 연관된 하나님의 질서 · 20 기다림 · 21 영적 완전과 하나님의 완전함 · 22 해체 · 23 절망을 넘어 · 24 하늘의 통치와 경합 · 25 은혜의 본질 · 26 숨 쉼 · 27 성령 충만 · 27 성령 충만 · 28 일곱 가지의 4배량의 일들 · 29 기대 · 30 사역시작 · 31 신성 하나님의 이름 · 32 하나님의 날 · 33 예수님이 이 세상에 사신 나이 · 34 세상을 알아 봐 · 35 신성수의 반 · 36 완전한 통치의 3배 · 37 가장 이미지 · 38 순응 · 39 극복이미지 · 40 출 애굽 · 41 욕심억제 · 42 이익 · 43 결단 · 44 우연 · 45 모임 · 46 오름 · 47 마디 · 48 우물 · 49 개혁 · 50 기쁨 수원 · 51 계시 · 52 넘기 이미지까지 왔다. 한 달하고도 20일의 입체 시조 문예미학리듬이다.

참외와 옥수수와 여름이 익는 밤에
하안창 밤이 익어
마음은 한창 익고
강물은 한참 불어나 홍수마저 지는 밤

여름의 두려움이 한여름 불리우고
촘촘히 옥수수가
들어와 박히는 데
가슴에 한창 들이민 여름물이 익는 밤

- 「옥수수와 참외의 여름」 이영지

(2) 52일. 한 달 20일, 52일 산 넘기 입체 시조 문예미학리듬

초장: 산 → 중장: 산 → 종장: 산 넘기 참조 주역 궤 52

산 · 소남 · 정지 · 동북 · 손 · 개 → 산 · 소남 · 정지 · 동북 · 손 · 개
(-- · --) · (-- · --) · (— · —) = (1구 · 4구) · (2구 · 5구) · (3구 · 6구)

첫
동네
하늘아래
그림자 밟고 간다
골짜기 꽃바람이
부른다 나는 너를
산 넘어 꽃마을에서
잔칫상이 열린다

- 「하늘아래 첫동네」 이영지[1)]

1구: 초장: 산 → 중장: 산의 방향은 0° 방향리듬이다. 온통 산으로 앞을 가로막는 의미기호 산으로 산이 가로막힌 0° 방향 지시기호리듬이다. 산이 겹치는 지시기호는 (-- · --) · (-- · --) · (— · —)의 어울림을 이루면서 음 음 --기호가 충만한 리듬이다. 그러나 산은 오르고 오르면 하늘 아래 뫼이기에 오를 수 있다.

산의 의미기호가 1구에서 음 --이 됨으로써 산이 내 앞에 가로막혀 있는 상황을 인지하게 된다. 산에는 3단계의 층계가 제시된다. 참선하기 전에는 산은 청산 그대로요 물은 녹수 그대로가 된다. 그러나 그대로 있는 산도 없으며 그대로 있는 물이 없음을 깨우치게 된다. 또한 완전한 열반의 세계에서 이제는 산이 의연 코 그 산이

1) 그림, 이영지 『시조창작리듬론』 · 51. '산 아래 동네의 리듬'

며 물이 의연 코 그 물이다.

첫 구는 산이 일반성 또는 보편성의 산을 지시한다. 늘 높아 있고 늘 가로 막혀 있으나 그 곳에 나무가 있고 물이 흐른다. 이처럼 산은 산 너머 또 무릉도원이 있는 세계이다. 이 산을 무리하게 넘을 수 없다. 늘 앞에 가로막혀 있는 현실을 인정 인간의 본능을 자제 한다. 유성규의 산은 조국 상황의 한계성을 지적하고 있다.

하늘을 이고 앉아 울멍이는 벙어리다
안으로 푸른 가슴 지글지글 태웠어라
치솟아 부리 끝으로 피를 토한 분화구야

세월이 할퀴고 간 가슴의 야윈 상처
꽃으로 흩날렸다 이 슬픈 이 계절을
히죽이 웃어 보이고 시무룩해진 돌부처

- 유성규 「산」

군은 어비여 신은 ᄃᆞᄉᆞ샬 어ᅀᅵ여
민ᄋᆞᆫ 얼ᄒᆞᆫ아히고 ᄒᆞ샬디 민이 ᄃᆞ올 일고다
구름 ㅅ다히 살손 물생 이흘머기다ᄉᆞ라
이ᄯᅡ짜홀 ᄇᆞ리곡 어듸갈뎌 홀디 나라악 디니디 알고다
아으 군다이 신다이 민다이 홀ᄂᆞᆫ 나라악 태평ᄒᆞ니잇다

- 양주동 역「안민가」

비망이래도 금잔디 기름진데 동그만 무덤들 외롭지 않어이
무덤 속 어둠에 하이얀 촉수가 빛나리 향기로운 주검의 내도 풍기리
살아서 살던 주검 죽었으매 이내 안 서럽고 언제 무덤 속 화안히 비쳐 줄 그런 태양만이 그리우리
금잔디 사이 할미꽃도 피었고 삐이삐이 배 뱃종!
멧새들도 우는데 봄볕 포근한 무덤에 주검들이 누웠네

- 「묘지송」 박두진

유성규의 산은 조국이 처한 상황의 한계성을 지적하는 산이다.

또한 안민가도 각기 다른 인간의 한계성을 지적한다. 이러한 구분은 박두진의 시에서도 무덤으로 상징된다.

- 첫 동네 하늘아래 의미기호 --

2구: 절망은 또한 절대로 나아가기 위한 지름길이다.

오오 이 세상은 괴로움도 그만이다
가장 사랑하는 그 육신을 벗어나서
외로운 너의 영혼을 그 어데로 가랴느뇨

- 「죽음」 이병기

오월 비 내리는 날 비둘기 구구 운다
구구 계집 죽어 구구 자식 죽구
이런 날 보리 고개는 더욱이도 설데나

- 「보리고개」 정훈

수풀도 꽃도 없고 마을도 집도 없고
흐르는 강물도 개천도 날 새도 버러지들도
짐승의 떼도 없는 그냥들 그냥 벌
검정빛 어둠들만이 겹겹으로 둘러선 여기는 막막한 밭이요 또 벌이다

- 「어느 벌판에서」 박두진

- 그림자 밟고 간다 의미기호 --

3구: 음습한 산과 골짜기를 조금 지난다. 햇볕은 꽃 한 송이 피게 하고 풀에게 영양을 준다. 이에 힘을 얻고 사람은 이제 회의의 늪에서 빠져 나와 그의 의지의 한 부분을 활용하기 시작한다. 산의 의미기호는 가 3구에서는 양 —이 되어 있다.

청유형으로 이끌어 가는 산의 시인 박두진이다. 조국의 광복을 위한 의지이다.

함부로 함부로 짓밟힌 울타리
복사꽃이 피었다고 일러라 살구꽃이 피엇다고 일러라
앵도 꽃 오얏 꽃도 피었다고 일러라 벌떼와 나비가 날고
밤에 소쩍새가 울더라고 일러라 푸른 빛 기빨을 날리며
비둘기와 꽃다발과 푸른 빛 기빨을 날리며
우리 우리 옛날을 옛날을 딩굴어 보자

- 「어서 너는 오라」 박두진

그리움 집들이 타고 푸른 도안 난발한 꽃밭이 타고
이웃들은 이웃들은 다 쫒기어 움며 울며 흩어졌다
아무도 없다 이리들이 으르댄다 양떼가 무찔린다
이리들이 으르대며 이리가 이리와 더불어 싸운다 살점을 물어 뜯긴다
…………

싸우다가 이리는 이리와 더불어 멸하리라
처참한 밤하늘엔 별들이 남아있다
푸른 산을 이루자 붉은 꽃을 이루자
정정한 푸른 장생목도 심으고
한철 났다 스러지는 일년초도 심으자
잣나무 오얏 복숭아도 심으고
들장미 철쭉 산국화도 심으자
싹이 나서 자라면 이어 붉은 꽃들이 피리니
금빛 새가 날러들면 아아 그 때 얼마나 즐거우리

새로 푸른 동산에 금빛 새가 날러오고
붉은 꽃밭에 나비 꿀 벌 떼가 날러들면
쉽게 흩어졌던 이웃들이 돌아오면
푸른 하늘 푸른 하늘 아래 난만한 꽃밭에서
너는 나와 춤을 추자 즐기자
춤을 추며 노래하며 즐기자
울며 즐기자

-「푸른 하늘 아래서」 박두진

- 골짜기 꽃바람이 의미기호 -

4구: 옛것은 남아 있지 않다. 그러기에 다시 꽃을 피우는 일은 쉽지 않다. 제대로 산을 오르기 위해서는 지그 제그로 올라야 한다. 곧 한 걸음씩 올라가는 일이다.

머언 산 굽이굽이 돌아갔기로
산 구비마다 구비마다
절로 슬픔은 있어…

뵈일 듯 말듯한 산길
산울림 멀리 울려 나가다
산울림 혼자 돌아나가다…
어쩐지 어쩐지 울음이 돌고
생각처럼 그리움처럼…

- 「길처럼」 박두진

길은 실낫같다
내ㅅ사 애달픈 꿈꾸는 사람
내ㅅ사 어리석은 꿈꾸는 사람
밤마다 홀로 눈물로 가는 바위가 있기로
기인 한 밤을 눈물로 가는 바위가 있기로
어느 날에사 어둡고 아득한 바위에
절로 임과 하늘이 비치리오

- 박목월 「임」

산과
마주앉으면
산은
늘 어둑한 안색
귀를 기울이면
늙은 산의 목소리는
잠겨 있었다

- 박목월 「후일담」

밤이 깊어지고 머리에 서리가 치는 인생을 산의 이미지1)로 하였다. 한 걸음 뒤로 물러서서 숨을 쉬는 자세이다. 한 걸음 더 산을 오르고 혹은 넘어지기도 한다. 은거하기도 한다.

> 장자가 어느 때 주릉에 갔더니 이상스러운 까치가 남방에서 오는 것을 보았다. 날개는 넓어 칠 척이나 되고 눈은 한치였다. 까지가 그으 ldlal를 스치고 밤나무 숲속으로 날아갔다. 장자가 자세히 보니 날개는 커서 잘 날지 못하고 눈은 커도 잘 보지 못하는 새였다. 옷자락을 걷어 붙이고 급히 따라가서 활을 들고 자세히 보았다. 그 때 한 편에 매미가 나무그늘에 숨어 몸을 잊고 혼자 즐기고 있었따. 사마귀는 숲 속에서 매미를 잡으려고 집중하여 자신을 잊었다. 까치가 매미를 잡으려는 모습에 장자가 자기를 잡으려는 것을 잊었다.
>
> 장자는 이를 보고 놀라서 모든 일들이 이와 해의 두 종유로 서로 부르고 있으니 욕심이라는 것이 두려웁다 하고 활을 버리고 달아났다. 밤나무 지기는 장자를 밤도둑으로 알고 죽이려 하니 집에 돌아와서 3개월간 나오지 아니하였다.[1]

장자가 3개월간 정원에 나오지 아니한 것은 자신을 지키려 숨은 것이다. 박목월 · 박두진 · 정완영 시주 문예미학에서 보이는 이미지와 같다.

> 아랫목에 모인
> 아홉 마리의 강아지야
> 강아지 같은 것들아
> 비굴과 굶주림과 추운 길을 걸어
> 내가 왔다
> 아니 십구문 반의 신발이 왔다
> 아니 지상에는
> 아버지라는 어슬픈 것이
> 존재한다

---

1) 박철석 · 『한국현대시인론』 학문사. · 211.
1) 장자 삼목편.

미소하는
내 얼굴을 보아라

- 박목월 「가정」

아득히 백발이 앉듯 적적산일 눈 옵니다
고되고 아픈 세월을 보좌인양 눌러 앉아
첩첩 산 막막히 싸여 돌아갈 길 없습니다

- 「설악산에서」 정완영
- 부른다 베틀노래 의미기호 --

5구: 산이 높건 강이 깊건 이제 높은 산과 깊은 강은 이미 마음에서부터 오르고 건널 수 있는 산이 되고 강이 되어 있따. 이 세계는 마치 선의 견산지시산 · 견수지시수의 세계와 같다. 마음의 중심이 잡혀지면 이제는 산이나 강이 아니라 마음의 산이고 강이다. 비록 산의 의미기호가 음 --일지라도 마음의 밝기로 바뀌어 진다. 산을 오르는 자의 마음이 이미 산을 오를 수 있는 확신에 서 있다.

네 음성은 세월 먼 빛 강물도야 잠겼는데
피곤한 숲과 마을 머리 숙여 돌아오고
금만경 아득한 벌에 양떼처럼 모는 황혼

네 설움은 짙은 향기 지척도 천리인 밤
생각의 오솔길을 더듬어 사무치면
태백산 칠칠한 숲속 단물 실리 머루 다래

생각은 남으로 달래고 그리움은 햇빛으로 핀다
바람에 흔들리어 꺼질 듯도 하다마는
되살아 고향산천에 불 밝혀 둔 도라지꽃

- 「도라지꽃」 정완영

새재 아흔아홉 구비 주막 한 채나 앉혀둬라
관문도 세월은 못 막고 초목도 옛은 아닌데
한 장 저 무심에 겨워 통곡일사 푸른 하늘

- 「조령」 정완영

이 세상 아무거로도 채울 수 없는 자리
그 누가 돌을 다듬어 탑이라고 섬겨놓고
눈 멀 듯 사무친 정을 세월에다 부쳤고나

영원과 수유의 밖에 염좌하여 홀로이어도
창망히 일륜은 돌고 제 그림잔 무거웁고
정들어 탐엽을 치면 핀들 아니 흐를까
가만히 귀녀기면 탑은 정녕 멀어외라
물구름 불망의 넋의 회청산 뻑뻬꾸기
골골이 메아릴 불러 못을 박아 예노니

- 「탑」 정완영

정완영은 산을 대하는 상징성으로 그의 삶을 조명한다. 생각의 산이 되고 있다.

고국 길에 올 때 흰 눈이 정히 분분하다. 띠 집 삼경에 비요. 오늘 아침의 한 떨기 봄이로다

- 「동도행」 조지훈

스님은 한가한 구름을 밟으니 하늘에 한 묏부리가 개었도다. 찬까마귀는 고목에서 우는데 구월의 방화정이었다

- 「방화수류정」 조지훈

소나무 사립에 사람 자취 적고 돌기에 똘어진 꽃이 많도다 바위밑에 물소리가 흐르는데 때로 약캐며 부르는 노래를 듣는도다

- 「방선승불우」 조지훈

산 깊어 날이 다 하도록 고요한데 사립문을 가리우니 떨어지는 꽃이 희미하도다 땅이 궁벽하여 사람 옴이 적고 추운 집에는 낮잠이 더디다

- 「산거」 조지훈

가을 물에 갈대꽃이 피고 달 밝은 들에는 국화가 파다. 청춘의 뜻을 얻지 못해서 돌아가 들어 누워 관산을 꿈꾸도다

- 「상심」 조지훈

궁벽하니 서로 만남이 적고 반생을 꿈속에서 사귀었도다. 꽃아래 막걸리에는 개미가 떴고 무정한 것은 해 떨어지는 돌이로다

- 「대인」 조지훈

그대를 보내는 청산리에 산에 가득한 꽃이 정히 날도다. 가고 가는데 날이 저무니 응당 옷을 떨치는 것이 그른 것을 뉘우치도다

- 유수집의 오언절구시 조지훈

조지훈의 산 이미지는 고요와 절망 앞에 물에 어리는 마음의 순결을 통하여 이겨나간다. 그 방법은 늦은 국화를 심는데 있고ㅓ 꽃을 피우고 달을 벗 삼아 술에 취하는데 있다. 반면 산을 넘는 또 하나의 방법은 자연 속에서 졸고 · 뜰에 가득한 소나무 소리로 있는 것이며 스스로 꽃처럼 떨어짐에 있으며 묵묵히 사는데 있다. 또한 구름의 마음과 물의 성품으로 고금을 생각하고 또 눈물을 흘리며 산을 넘는데 있다. 산을 넘는 일은 마음의 정화이다. 보리수 열매의 상징성을 통해 오랜 세월 동안 갈고 다듬어진 선사상의 노출이다. 이 득도를 조지훈 시인은 모든 사람에게 알려주고자 한다.

The body is Bochi-tree,
The mind · a mirror bright,
Take care to wipe them always clean,
Lest dust on them alight,
Since nothing at the root exists,
On what should what dust alight[1)]

1) Joseph Campbell: Zen · Myths To live by A Bantam Book Published By arrangement With the Viking. Inc. · 143.

마음 거울처럼 내 몸은 보리수요
늘 밝게 씻어 닦고 그들을 돌보면서
중생의 먼지를 닦아 가르치는 보리수

보리수 아니에요 거울도 아니에요
존재의 아무것도 아니요 아니에요
무엇을 씻을수 있나 깨끗하게 말갛게

- 이영지 역

이생의 삶은 산을 넘는 일이 최고의 목적이다.

- 산 넘어 의미기호 --

6구: 마음의 고요를 지키는 일은 유종의 미를 거두는 일이다.

- 꽃마을에서 잔칫상이 열린다 의미기호 ━

산 → 산의 6구 입체리듬은 (-- · --) · (-- · --) · (━ · ━) 의 어울림을 이룬다. 정말로 힘든 절대의 벽인 산 앞에서 그 산을 넘는 전이의 법칙을 얻는다. 산의 시조 문예미학리듬은 활처럼 휘는 리듬을 가진다. 산을 뚫겠다고 하면 나약한 기계로서는 그 기계가 부러질 것이다. 양보의 의미가 함축되어 있다. 산과 산이 겹친 앞의 가로 막이를 넘는 일은 스며드는 의미를 지닌 흙으로 된 산으로 하여 뚫을 수 있는 지혜가 생기는 산 넘기이다. 하나님은 이 자연에 피보나치 원리를 적용시켜 심신산골에도 해의 빛으로 생명이 있게 하시었다.

21) 53과 53일. 쉰 사흘 나무의 입체 시조 문예미학리듬

(1) 53과 53일과 쉰 사흘째 날

53과 53일은 하마심 배 새로 쉬의 히브리어 '53 하마심 배 새로 사 חֲמִשִּׁים וּשְׁלֹשָׁה 하미쉼 베쉐로시,로 발음된다. 나무가 하늘 보며 하마 쉴 때 되어 하늘하늘 한들거리는 나무 리듬이다. 숫자 50 · 물고기 눈 נ 눈 · 물고기 · 신앙인 · 영원[1]과 3 ג 기멜 · 낙타 · 은혜갚음[2]의 합 함 이미지 공유그리움이다. 53은 독립된 50이 10의 5곱부터 시작한다. 10 · 열 · 아시라 עֲשָׂרָה 아사라 · 열 · τεσσαρες의 5배부터 출발하는 52는 독립된 10의 5배 50 복수 하마심 חֲמִשִּׁים 하미쉼 · 쉰으로 한다. 53일은 50 하마심 חֲמִשִּׁים 하미쉼 · 쉰이고 53은 독립된 3 셋 새로 사 שְׁלֹשָׁה 쉐로솨 · 셋 · τρεις와 합하여 '53 하마심 배 새로 사 חֲמִשִּׁים וּשְׁלֹשָׁה 하미쉼 베쉐로시,로 한다. '53번째 새로 사 배 하마심 שְׁלֹשָׁה חֲמִשִּׁים(쉐로솨 배하마심)'으로 한다. 50과 3의 독립된 수치를 쓴다. 사이에 못의 의미 곧 십자가에 못 박히는 사랑으로 우리가 사는 의미의 ו 베글자를 넣는다.

1 성부 · 2 성자 · 3 성령 · 4 피조물 · 5 구속 · 6 세상의 완전 · 7 성령의 완전 · 8 살찜 · 9 종말 예고 · 10 하나님 질

---

1) E. W 벌링거 · 장상선 감수, 『성경에 나타난 숫자 해설』 (서울: 나단 · 2001) · 336.

2) VTMMYS: 『스테판 원어 성경: The Stephen Korean Text of the Hebrew Old Testament Published by Institute of Biblical Languages』 · 서울: 원어성서원 · 2000. 히브리어 알파벳.

서의 완전함 · 11 파괴와 영웅 · 12 통치적 완전 · 13 혈통 · 14 영적 완전의 혈통 · 15 하나님 은혜로 만들어진 행위 · 16 세상의 일 · 17 축복의 때 · 18 즐거움의 극치 · 19 심판과 연관된 하나님의 질서 · 20 기다림 · 21 영적 완전과 하나님의 완전함 · 22 해체 · 23 절망을 넘어 · 24 하늘의 통치와 경합 · 25 은혜의 본질 · 26 숨 쉼 · 27 성령 충만 · 27 성령 충만 · 28 일곱 가지의 4배량의 일들 · 29 기대 · 30 사역시작 · 31 신성 하나님의 이름 · 32 하나님의 날 · 33 예수님이 이 세상에 사신 나이 · 34 세상을 알아 봐 · 35 신성수의 반 · 36 완전한 통치의 3배 · 37 가장 이미지 · 38 순응 · 39 극복이미지 · 40 출애굽 · 41 욕심억제 · 42 이익 · 43 결단 · 44 우연 · 45 모임 · 46 오름 · 47 마디 · 48 우물 · 49 개혁 · 50 기쁨 구원 · 51 계시 · 52 넘기 · 53 나무 이미지까지 왔다.

아침 해 솔잎사이 내님 네 얼굴 비춰
눈부심 그 안에는 둥글며 벙글벙글
입속의 하나 가득히 쌉 사람 새 도는 새

태양해 솔잎사이 내 님 네 눈에 들어
눈부심 그 밑에는 둥그런 행복 알이
입 안에 뒹굴어 들며 쌉 사람 새 녹는 새

눈 내려 스며드는 아늑한 집 들 보라
환호의 물살들에 행복감 넘쳐오는
산 높이 아침잔치가 쌉 사람 새 나도 새

- 「쌉 사람 새」 이영지

(2) 53일. 한 달 21일, 53일 나무 입체 시조 문예미학리듬

초장: 산 → 중장: 바람 → 종장: 나무 참조 주역 궤 53

산 · 소남 · 정지 · 동북 · 손 · 개 → 바람 · 장녀 · 들어감 · 동남 · 다리 · 닭
(-- · --) · (-- · —) · (— · —) = (1구 · 4구) · (2구 · 5구) · (3구 · 6구)

물가의 내 무지개
기러기 돛을 달고
뭍으로 오르다가
날개를 잠시 접어
은 나래 구름사이에 앞 따르고 따르고

- 「물가의 내 무지개」 이영지[1)]

1구: 산 → 바람의 (-- · --) · (-- · —) · (— · —) = (1구 · 4구) · (2구 · 5구) · (3구 · 6구)의 입체리듬이다. 어두움과 밝음 이미지가 반반씩 나누인 (-- · --) · (-- · —) · (— · —) 입체형상이다. 그러므로 산에서 바람이 불되 나무를 쓰러뜨리는 바람이 아니라 나무가 잘 자라는 일을 바람이 전적으로 도와주는 힘을 보인 리듬이다. 산이 바람을 만나 180°까지 가 나무가 울울창창 자라는 리듬이다. ☶[산]이 먼저 놓이고 다음이 ☴[바람] 이다. 그러므로 하여 산에서 부는 바람은 나무를 조금씩 키우는 리듬이다. 1구는 물가의 내 무지개 리듬이다. 나무는 산에서 자란다. 차근차근하게 순서를 따라 절치로 조금씩 올라가는 리듬이다. 잠시도 쉬거나 머뭇거리지 않고 한 계단 한 계단씩 오른다. 어린 기러기가 물가의 무지개가 되어 날아오르는 리듬이다.

---

1) 그림, 이영지 『시조창작리듬론』 · 173. '나무의 리듬'

- 물가의 내 무지개 의미기호 ··

2구: 기러기 돛을 달고 돌 위에 앉는다.

- 기러기 돛을 달고 의미기호 ··

3구: 견고한 흙을 밟으며 바람탄다. 뭍으로 오른 새의 여정은 장거리 선수이다. 긴 인생의 여정은 누가 먼저 성공하느냐에 있는 것이 아니라 실격하지 않는 성공의 울타리에 앉느냐이다.

- 뭍으로 오르다가 의미기호 ··

4구: 날개를 잠시 접는 리듬이다. 더 높이 날기 위해서는 계획이 필요하고 그리고 철저한 연구에서 이루어진다. 기러기가 나무 위에 잠시 또 쉰다.

- 날개를 잠시 접어 의미기호 ··

5구는 은 나래 리듬이다. 그 고상한 은색 빛이 하늘에서 내리는 빛에 반사되어 이루어진 리듬이다.

- 은 나래 의미기호 ··

6구는 구름 사이에서 앞 따르거니 뒤 따르거니 마지막 하늘을 나는 자의 몸짓으로 높은 곳을 사모하면서 나른다. 특히 그것은 혼자만의 독단이 아니라 앞서 가는 길을 안내하는 기러기와 구름 사에 앞 따르거니 뒤 따르거니 한다. 질서 정연한 리듬이다.

- 구름사이에 앞 따르고 따르고 의미기호 ··

작품배경: 초장 (----) 중장 (--—) 종장 (——)리듬으로 어려움을

겪으면서도 나무가 자라는 리듬이다. 산 위에 좋은 바람 불어 나무가 하늘까지 그 먼 거리 180° 까지 오르는 리듬이다. 바로 이 리듬을 풀어 놓으면 1구 어두움 → 2구 어두움 → 3구 밝음 → 4구 어두움 → 5구 밝음 → 6구 밝음으로 나아간다. 동적인 움직임이 산 위에서 일어난다. 산 위의 바람으로 하여 모든 식물들이 잘 자란다. 뿌리를 든든히 한 나무들이다. 나무들이 자라는 리듬[1]이다.

길가다 비를 흠뻑 밤 잎이 금새 새로
길가다 햇볕 흠뻑 참나무 금새 새로
서당 골 글 읽는 소리 코스모스 금 사탕

하늘에 별이 총총 이 나의 속에 들어
이 밤을 지새면서 메아미 되는 고을
행운의 열쇠로만 연 대추나무 서당 골

은회색 구릉 구름 초록이 한강이룬
서당 골 초록바다 마음이 초록바다
별천지 골골마다는 글 홍실의 서당 골

- 「서당 골」 이영지

그 길로 가는 길엔 마을이 하 흐르고 나무가 헤엄치고 은빛의 물결들이 포프라 하늘 당기며 밤낮으로 흐르고
개울가 나무에서 포프라 키 커 가면 논두렁길을 따라 흐르는 물살에다 내 발을 담가 놓으면 미지근한 따뜻함
따뜻함
내 고무신 사이로 미끄러져 와 탁탁 빨래들을 하다가 그 사이에 우리 집 과수원 사이 그 사이로 들어올

- 「돌아올 그 길」 이영지

1) 참조 · 명지어문학 206 · 시조문예미학 20 · 시조창작리듬론 172-174 참고 ⚊ ⚋ ⚌⚍⚎⚏ ☰하늘 ☱(연못) ☲(불) ☳(우레) ☴(바람) ☵(물) ☶(산) ☷(땅)

22) 54와 54일. 쉰 나흘의 즐거움 입체 시조 문예미학리듬

(1) 54과 54일과 쉰 나흘째 날

54와 54일은 '하마심 배 알아 봐' '54 하마심 배 알아 봐 וְאַרְבָּעָה חֲמִשִּׁים하미쉼 베알아 봐' 히브리어로 발음된다. 벌써 쉴 때가 된 것을 알아 봐 리듬이다. 독립된 54는 독립된 4 넷 알아 봐 אַרְבָּעָה알아 봐 · 넷 · τεσσαρες와 5 하마사 חֲמִשָּׁה하마솨 · 다섯 · πεντε의 10배 50 하미쉼 חֲמִשִּׁים(하미쉼 · 50)이 한데 어울려 '54 하마심 배 알아 봐 וְאַרְבָּעָה חֲמִשִּׁים하미쉼 베알아 봐'로 한다.

반면 54번째 법칙 54 번째는 4번째 레비 רְבִיעִי레비이 · 넷째 · ANOMS · forth · τεταρτη · τεταρτος · 창 1:19와 50이 합하여 당연히 54 레비이 하마심 רְבִיעִי חֲמִשִּׁים레비이 하미쉼으로 할 것 같지만 그렇지 않다. 4째 레비이 רְבִיעִי레비이 · 넷째 · ANOMS · forth · τεταρτη · τεταρτος · 창 1:19 대신에 '54째 알아 봐 배 하마심 אַרְבָּעָה חֲמִשִּׁים알아 봐 베하마심'으로 한다. 50에다가 4의 독립된 수치를 쓴다. 사이에 못의 의미 곧 십자가에 못 박히는 사랑으로 우리가 사는 의미의 ו베글자를 넣는다.

54와 54일은 50 · 물고기 눈 נ눈 · 물고기 · 신앙인 · 영원[1])이미지수이다. 4 데트 ד데트 · 문 · 가슴[2])의 문 의미와 가슴 이미지 공유그리움이다.

---

1) E. W 벌링거 · 장상선 감수, 『성경에 나타난 숫자 해설』(서울: 나단 · 2001) · 336.

2) VTMMYS: 『스테판 원어 성경: The Stephen Korean Text of the Hebrew Old Testament Published by Institute of Biblical Languages』 · 서울: 원어성서원 · 2000. 히브리어 알파벳.

곧 1 성부 · 2 성자 · 3 성령 · 4 피조물 · 5 구속 · 6 세상의 완전 · 7 성령의 완전 · 8 살찜 · 9 종말 예고 · 10 하나님 질서의 완전함 · 11 파괴와 영웅 · 12 통치적 완전 · 13 혈통 · 14 영적 완전의 혈통 · 15 하나님 은혜로 만들어진 행위 · 16 세상의 일 · 17 축복의 때 · 18 즐거움의 극치 · 19 심판과 연관된 하나님의 질서 · 20 기다림 · 21 영적 완전과 하나님의 완전함 · 22 해체 · 23 절망을 넘어 · 24 하늘의 통치와 경합 · 25 은혜의 본질 · 26 숨 쉼 · 27 성령 충만 · 27 성령 충만 · 28 일곱 가지의 4배량의 일들 · 29 기대 · 30 사역시작 · 31 신성 하나님의 이름 · 32 하나님의 날 · 33 예수님이 이 세상에 사신 나이 · 34 세상을 알아 봐 · 35 신성수의 반 · 36 완전한 통치의 3배 · 37 가장 이미지 · 38 순응 · 39 극복 이미지 · 40 출 애굽 · 41 욕심억제 · 42 이익 · 43 결단 · 44 우연 · 45 모임 · 46 오름 · 47 마디 · 48 우물 · 49 개혁 · 50 기쁨 구원 · 51 계시 · 52 넘기 · 53 나무 · 54 즐거움 이미지까지 왔다.

어머니 얼굴에는 둥글고 아름다운
눈빛이 하늘 닮아 입술이 방긋하여
작은 딸 입술 방긋해 큰 딸애는 코 오뚝

아들의 얼굴에는 하늘이 들어 있고
입술은 방긋하여 아이는 마당에서
자전거 둘둘 말이로 자전거를 타는데

- 「닮음」 이영지

파아란 하늘만을 담아서 더 짙어진 햇볕이 45도의 각도로 허리둘렙 들이대 꽃들이 가슴 보라 등을 켜들자

보라 등 꽃송이가 바람을 등에 업고 은혜를 송이송이 풀어서 늘어놓자 가을의 보라 가을꽃 보라 등을 켜들고

- 「보라가을꽃」 이영지

(2) 54일. 한 달 22일, 54일 즐거움 입체 시조 문예미학리듬

초장: 우레 → 중장: 연못 → 종장: 즐거움 참조 주역 괘 54

우레 · 장남 · 고기 · 움직임 · 동 · 발 → 연못 · 소녀 · 즐거움 · 서 · 입 · 양
(━ · ━) · (-- · ━) · (-- · --) = (1구 · 4구) · (2구 · 5구) · (3구 · 6구)

우레에 연못물이 즐기는 늪이랄까 물깊이 빠져들며 나만의 별을 들고
꽃모양 만들어내는 내 나라의 흰 웃음

- 「만남 모자」 이영지[1)]

1구: 우레 → 연못의 시조 문예미학리듬은 (━ · ━) · (-- · ━) · (-- · --) = (1구 · 4구) · (2구 · 5구) · (3구 · 6구)의 입체리듬이다. 우레 위에 연못이 있다. 자기 분야에서 아주 즐거웁게 사는 인생리듬이다. 연못 자체만으로도 소녀의 즐거움 · 곧 새소리 바람소리를 들으면서 연못이 연못에 비치는 하늘을 즐기고 연못가의 꽃들을 즐기는 · 많이 움직임이 적용되면서 자기 분야에서 실력을 발휘는 리듬이다. 그 발휘의 힘이 아주 먼 거리 180°까지 가는 리듬이다. 자기 전공분야에 일생을 아무 후회 없이 열정을 다하는 리듬이다. 형상은 여자가 즐겨하는 형상이 되는 리듬이다. 여자는 히브리어로도 이샤 אִשָּׁה[이샤 · 여자(신 22:22)]이다. 여자의 마스코트는 웃는, 깔깔대는 상징성을 지닌다. 사랑하는 연인 리듬이다. 연인관계는 우리말 모자, 히브리어로 מָצָא[이샤 · 여자 · 만나 · 보는(신 22:23)]이다

- 우레에 연못물이 [의미기호] -

2구는 즐기는 늪이랄까 사랑의 늪이랄까 이러한 리듬은 좋은 방

1) 그림, 이영지 『시조창작리듬론』 · 170. '혼자만의 즐거움 리듬'

향으로 이해할 때 자신이 즐기는 리듬으로 자신만의 일에 열중하는 리듬이다. 단단한 땅에 물이 고여 흔들리는 리듬이다.

- 즐기는 늪이랄까 의미기호 ··

3구: 물깊이 빠져들며 오히려 소리가 너무 컸으므로 물 늪에 빠지는 · 곧 자기 일에 빠져서 세상물정이나 세상 돌아가는 방향조차 잃어버린 나날들의 연속이 이루어진다.

- 물깊이 빠져들며 의미기호 ··

4구는 나만의 별을 들고 더 나만의 별이 나타나기를 기다리는 마음의 긴 일관성이 지속되는 리듬이다.

- 나만의 별을 들고 의미기호 –

5구는 큰소리를 밖으로 내어 뱉기보다는 안으로 다스리면서 큰일을 만들어 내는 리듬이다.

- 꽃모양 의미기호 –

6구: 꽃모양 만들어내는 달나라의 흰 웃음이 있다. 본인도 놀랄 정도로 만들어 낸 자신만의 꽃모양에 대견해 하면서도 그동안의 사람들을 만나지 않음으로 하여 생긴 혼자만의 나르시즘이 있는 리듬이다.

- 만들어내는 내 나라의 흰 웃음 의미기호 ··

초장(**–** **–**) 중장(**--–**) 종장(**----**) 의 입체리듬은 ☳[우레]위에 ☱(연못)이 있어 자기 나름의 인생을 만드는 즐거움 리듬이다. 아주 열심히 자기 일에 열중하는 리듬이다.

동양권에서는 가장 밑이 1번이 됨으로 ☳[우레] 위에 ☱[연못]이 있어

다소 광적인 삶을 자신의 능력으로 만들어내는 열정적인 리듬이다.

1구 밝음 · 2구 어두움 · 3구 어두움 · 4구 밝음 · 5구 밝음 · 6구 어두움 리듬으로 아주 뚜렷한 목표를 가지고 자신을 불태우는 삶을 즐기면서 사는 리듬[1]이다.

> 꽃길에 아침이슬 내 들고 일등으로 오라며 꽃등 들고 이슬을 부어주고
> 햇빛을 잘 받으라며 금빛 은빛 내리는
>
> 보내는 코스모스 미소로 오라하며 미소로 모란모란 뜰 솔솔 뿌리시는
> 얼굴에 햇빛이 온통 흰 빛으로 내리는
> 앞치마 눈물로 쓴 이슬을 콕콕 찍어 금송화 금쪽 같이 뜨락에 심으시고 아직도 파란바람을 일으키며 내리는
>
> - 「꽃잎에 아침이슬 들고」 이영지

> 하얗게 씻어놓은 잠옷을 입으시고 편안히 깔아놓은 이불을
> 덮으세요 밤새껏 내린 이슬로 국 끓이고 있어요
> 이아침 보고프면 식탁에 앉으세요 뜰 안엔 배달부가
> 가져온 신문도요 당신이 손의 언어로 말씀하실 때마다
> 하늘에 꽃이 피고 창문엔 햇볕 들고
> 슬픔이 사라지게 길가는 나그네의 얼굴에 물 흐르듯이
> 땀방울이 씻겨요
>
> - 「손의 거울」 이영지

> 장미의 섬입니다 웃음의 보조개를 옴폭폭 뿌려놓아 바다의 물결들을
> 무더기 구름다발로 유혹하며 웃어서
> 장미의 섬입니다 등이며 허리까지 한바탕 씻어내어 하체를 잠근후에 프르른 이야기만을 조건으로 내세워
>
> - 「장미섬」 이영지

---

1) 참조 · 명지어문학 206 · 시조문예미학 · 시조창작리듬론 170-171 참고 ⚊ ⚋ ⚌ ⚍ ⚎ ⚏ ☰하늘 ☱(연못) ☲(불) ☳(우레) ☴(바람) ☵(물) ☶(산) ☷(땅).

23) 55와 55일. 쉰 닷새 성대 입체 시조 문예미학리듬

(1) 55과 55일과 쉰 닷새째 날

55와 55일은 '하미 쉼 베 하마 쉬어'의 히브리 발음' 55 하미쉼 배 하마사 חֲמִשִּׁים וְחָמֵשׁ 하미쉼 베하마쉬 · 55'로 한다. 55세가 되면 이제 벌써 쉴 때가 되었다는 의미전개가 가능하다. 아주 성대하게 이루어 놓은 결과이다. 50 · 물고기 눈 נ 눈 · 물고기 · 신앙인 · 영원[1]과 숨 쉼 의미인 5 헤 ה 헤 · 숨 쉼[2]의 합 함 이미지 공유그리움이다. 이 근거는 독립된 5 다섯 하마사 חֲמִשָּׁה 하마솨 · 다섯 · πεντε와 다섯째 하미쉬 חֲמִישִׁי 하미쉬 · 다섯째 · ANOMS · fifth · πεμπτή · πεμπτος · 창 1:23에서 비롯된다. 50과 50일은 서로 서로 공유하여 독립된 10의 5배가 되는 50 복수지시 하미쉼 חֲמִשִּׁים 하미쉼 · 쉰이다. 50일째 하미쉼 חֲמִשִּׁים 하미쉼 · 쉰이다. 당연히 55와 55번째도 서로 공유그리움이다.

55는 독립된 50이 10의 5곱이다. 10 · 열 아시라 חֲמִשִּׁים 아사라 · 열 · τεσσαρες 5배이다. 55는 독립된 10의 5배가 되는 50은 10의 5 복수이다. 하미쉼 חֲמִשִּׁים 하미쉼 · 50과 독립된 5 다섯 하마사 חֲמִשָּׁה 하마솨 · 다섯 · πεντε와 합하여 '55 하미쉼 배 하마사 חֲמִשִּׁים וְחָמֵשׁ 하미쉼 베하마쉬 · 55'로 한다. 반면 55번째를 표시하는 법칙은 55 번째의 5번째 하미쉬 חֲמִישִׁי 하

---

1) E. W 벌링거 · 장상선 감수, 『성경에 나타난 숫자 해설』 (서울: 나단 · 2001) · 336.

2) VTMMYS: 『스테판 원어 성경: The Stephen Korean Text of the Hebrew Old Testament Published by Institute of Biblical Languages』 · 서울: 원어성서원 · 2000. 히브리어 알파벳.

미쉬 · 다섯째 · ANOMS · fifth · πεμπτή · πεμπτος · 창 1:23와 55 하미쉬 하마심 שִׁים חֲמִי חֲמִישִׁי(하미쉬 하미쉼)으로 할 것 같지만 그렇지 않다. 다섯째 하미쉬 חֲמִישִׁי하미쉬 · 다섯째 · ANOMS · fifth · πεμπτή · πεμπτος · 창 1:23 대신에 55일째는 독립된 5 다섯 하마솨 חֲמִשָּׁה하마솨 · 다섯 · πεντε와 50과 합하여 '55째 하마사 배하시쉼 חֲמִשָּׁה וַחֲמִישִׁים(하마솨 베하미쉼)'으로 한다.

1 성부 · 2 성자 · 3 성령 · 4 피조물 · 5 구속 · 6 세상의 완전 · 7 성령의 완전 · 8 살찜 · 9 종말 예고 · 10 하나님 질서의 완전함 · 11 파괴와 영웅 · 12 통치적 완전 · 13 혈통 · 14 영적 완전의 혈통 · 15 하나님 은혜로 만들어진 행위 · 16 세상의 일 · 17 축복의 때 · 18 즐거움의 극치 · 19 심판과 연관된 하나님의 질서 · 20 기다림 · 21 영적 완전과 하나님의 완전함 · 22 해체 · 23 절망을 넘어 · 24 하늘의 통치와 경합 · 25 은혜의 본질 · 26 숨 쉼 · 27 성령 충만 · 27 성령 충만 · 28 일곱 가지의 4배량의 일들 · 29 기대 · 30 사역시작 · 31 신성 하나님의 이름 · 32 하나님의 날 · 33 예수님이 이 세상에 사신 나이 · 34 세상을 알아 봐 · 35 신성수의 반 · 36 완전한 통치의 3배 · 37 가장 이미지 · 38 순응 · 39 극복이미지 · 40 출 애굽 · 41 욕심억제 · 42 이익 · 43 결단 · 44 우연 · 45 모임 · 46 오름 · 47 마디 · 48 우물 · 49 개혁 · 50 기쁨 구원 · 51 계시 · 52 넘기 · 53 나무 · 54 즐거움 · 55 성대 이미지이다.

문소리 가지런히 놓여 진 내 의자에 나는 늘 제일 먼저 앉아서 꿈을 꾸며 맨 먼저 홍옥을 놓아 나무아래 둡니다

이 푸른 하늘아래 달디 단 홍옥 얼굴 하늘의 한 자락도 놓지지 않으려고 떨리는 몸짓이라서 홍옥나무 아래에 - 「홍옥나무아래」 이영지

(2) 55일. 한 달 23일, 55일 성대 입체 시조 문예미학리듬

초장: 우레 → 중장: 불 → 종장: 성대 참조 주역 괘 55

우레 · 장남 · 고기 · 움직임 · 동 · 발 → 불 · 중녀 · 붙음 · 남 · 눈
(━ · ━) · (-- · --) · (-- · ━) = (1구 · 4구) · (2구 · 5구) · (3구 · 6구)

불 붙어 마음 뜨는 은박지 그림별이
잠 털고 날 부른다 이제는 일어나서
불화살 날개를 펴며 끝 간 데를 몰라라

- 「이중섭 은박지 그림별」 이영지[1)]

1구: 우레 → 불의 시조 문예미학리듬은 요동치는 우레 위에 빛이 더하는 열정의 시조 문예미학리듬이다. 번창하는 리듬이다. 가장 먼 거리 180° 방향까지 알려지는 성대의 시조 문예미학리듬[2)]이다. (━ · ━) · (-- · --) · (-- · ━) = (1구 · 4구) · (2구 · 5구) · (3구 · 6구)의 우레가 불을 만나는 입체리듬이다. 먼 거리 까지 가는 리듬은 마음의 밝은 기운이 계속되는 리듬이 아니라 오히려 중간에 음 기운이 스며드는 리듬임을 보여주는 리듬이다. 끝에서 나래를 펴고 있는 성대한 리듬이다.

성대한 의미는 어떤 거창한 것이 아니라 나름대로의 한 사람의 생애를 조명하는 리듬이다. 화가 이중섭은 은박지를 가지고 그림을 그렸다. 이 마음속에 일어나는 마음의 동요는 남들이 담배를 먹고 남긴 은박지를 가지고 그의 마음을 표시하였다. 가난의 견제에서

1) 그림, 이영지 『시조창작리듬론』 · 142. '법령정비의 리듬'
2) 참조: 불이 산을 만나 뜰 비단 180° 도 인생리듬.

화가 이중섭이 제주도 서귀포 바닷가에 살던 이화백의 초가집이 있다. 아침이면 걸어서 10여분 거리인 바닷가로 나가 하루 종일 있다가 해질 무렵에 돌아와 잡아온 게를 끓여 먹었고 · 마당에서 큰 종이나 은박지에 게를 그렸다. 이 마음의 표시는 우리들의 가슴을 감동하게 불붙어 마음이 뜨는 세계이다.

- 불붙어 마음 뜨는 의미기호 -

2구: 이중섭의 은박지 그림별이 그의 가난으로 하여 더욱 빛이 났다. 화가의 생활은 생활을 위협 할 정도로 사람들이 마구 먹고 버린 담배의 은박지를 통하여 그의 화폭이 되었다. 이 은박지 그림별은 그의 가슴을 온통 파랗게 그리기 시작하여 이 나라의 사람이 아니라 하늘나라의 주인공처럼 종횡 무진히 그 꽃을 피우게 되는 리듬이다.

- 은박지 그림별이 의미기호 -

3구: 아주 그림에 대한 소질조차 무디어 질 것 같은 은박지는 이화백에게 있어서 삶의 전부이다. 이 그림에의 갈망이 그가 그릴 수 있는 그의 산실이 되고 그의 그림을 그리는 곳이 된다. 그의 고백은 한 끼의 식사보다 더 중요한 그림으로 잠 털고 날 부른다는 고백을 듣게 되는 리듬이다.

- 잠 털고 날 부른다 의미기호 -

4구: 이 화백은 6년 동안 문을 꼭꼭 닫고 두문불출하면서 작품을 하는 가운데 위대한 작품이 탄생하였다. 그 아름다운 그림이 이 나라를 대변하는 말이 되었다. 휴식년에 들어간 설악산 서북능선이 개방되면서 산에 오르는 습관을 가진 사람들에게 설레는 장면을 연출해준다. 끝 청과 대청봉 가는 능선을 오르는 사람들은 새삼 산의 고마움을 만끽한다. 휴식년을 지닌 산처럼 · 이 화백의 그림이 세상에 나왔을 때는 우리나라 사람들의 마음과 그리고 자식에 대한 부모의 마음과 그리움이 무엇인지를 그리고 마음의 소리가 무엇인지를 우리에게 보여 준 리듬이다.

- 이제는 일어나서 의미기호 -

5구: 불화살이 날아온다. 큐비트의 화살이다. 사랑하지 않고는 견딜 수 없게 만드는 이 마음의 뜨거움 전달은 한 사람의 불행한 과거보다 더 뜨겁게 날아오는 화살이다.

- 뜨겁게 의미기호 ··

6구: 긴 고통의 늪은 지나고 한 사람의 생애가 짧다 던가 불행하다 던가 혹은 고독하다 던가의 긴 이야기를 전부 없애버리는 그야말로 새로운 이미지가 탄생하는 리듬이다. 큐비트 검이 내 마음의 보름달로 닥아 온 불후의 명작이나 위대한 사람의 생애나 혹은 한 나라를 구한 위대한 신앙의 영웅이 우리 앞에서 우리를 행복하게 해 주는 리듬이다.

- 날개를 펴며 끝 간 데를 몰라라 의미기호 -

우레가 불을 만나는 리듬이다. 산 → 불 → 불 → 산의 시조 문예미학리듬이 차근차근 풀어나가며 발전하는 이듬이라면 우레 → 불 →

불 → 우레의 시조 문예미학리듬은 법령 정비와 성대에 있음으로써 두 개의 서로 다른 세계가 된다. 이 세계는 서로 가장 먼 거리 180° 영원한 엇갈림 리듬을 이루며 영원의 거리를 둔다.

하늘이 꽃피우는 바다는 하얀 다발
기이인 그림자로 바다와 하늘 사이
하나로 가슴이 파앙 팡파아앙 파도야

바다가 걸어 나와 하아얀 다발다발
하늘이 걸어 나와 하아얀 다발다발
은회색 가슴이 파앙 파아아앙 파도야

은회색 바다에는 하늘이 너무 커서
은회색 하늘에는 바다가 너무 커서
훌러덩 가슴이 파앙 파아아앙 파도야

바다의 하늘깊이 하늘의 바다깊이
은회색 지느러미 은회색 하늘 새가
은회색 가슴이 파앙 파아아앙 파노야

- 「강릉바다」 이영지

태양이 내리 내리 누르자 온 온 몸이
온 몸이 땀투성이 온 몸이 오 오싸악
온 몸이 오싹거리는 밤 투정이 오 싸악

- 「여름감기」 이영지

다시 필 분홍 꽃이 당신의 긴 자리에 봉긋이 피어 들자 가슴이 따뜻하네 분홍 길 열리어 오네 한번 접고 또 접어

접은 꽃 싹이 나며 나는 또 피어 피어 모자란 하루하루 채우며 따뜻하네 모자란 엉거주춤한 한번 접고 또 접어

- 「분홍 꽃이」 이영지

24) 56과 56일. 쉰 엿새 나그네 입체 시조 문예미학리듬

(1) 56과 56일과 쉰 엿새째 날

우선 56과 56일은 '하마 쉼 배 쉬사' '56 하미쉼 배 쉬사 חֲמִשִּׁים וְשִׁשָּׁה[하미쉼 베쉬솨 · 56]'의 히브리어 발음리듬이다. 쉬실 이미지로 새로운 도약을 위해 쉬시는 그 분의 이미지를 강조한다. 근거는 50 · 물고기 눈 נ[눈 · 물고기 · 신앙인 · 영원]1)과 6 와우 ו[와우 · 이어짐 · 그리고]2)의 합 함 이미지를 서로 공유하면서 시작된다. 독립된 6 여섯 쉬사 שִׁשָּׁה[쉬솨 · 여섯 · ἕξ]이고 여섯째 쉬 시 שִׁשִּׁי[쉬쉬 · 여섯째 · ANOMS · sixth · τεταρτή · ἕζτή · ἕζτος창 1:31]이다. 5와 5일은 서로 공유그리움이다. 독립된 5 다섯 하마사 חֲמִשָּׁה[하마솨 · 다섯 · πεντε]이고 다섯째 하미쉬 חֲמִישִׁי[하미쉬 · 다섯째 · ANOMS · fifth · πεμπτή · πεμπτος · 창 1:23]듯이 50 하미쉼 חֲמִשִּׁים[하미쉼 · 쉰]이고 50일째 하미쉼 חֲמִשִּׁים[하미쉼 · 쉰]이다.

그러므로 56과 56번째 또한 서로 공유그리움이다. 56는 독립된 50이 10의 5곱 10 · 열 아시라 עֲשָׂרָה[아사라 · 열 · τεσσαρες]의 5배이다. 56은 50 하미쉼 חֲמִשִּׁים[하미쉼 · 50]과 독립된 6 여섯 쉬사 שִׁשָּׁה[쉬솨 · 여섯 · ἕξ]와 합하여 '56 하미쉼 배 쉬사 חֲמִשִּׁים וְשִׁשָּׁה[하미쉼 베쉬솨 · 56]'로 한다.

56번째 하미쉼 חֲמִשִּׁים[하미쉼 · 50번째 · ANOMS · forteen · τεσσρκοντος]과 6번째

---

1) E. W 벌링거 · 장상선 감수, 『성경에 나타난 숫자 해설』 (서울: 나단 · 2001) · 336.

2) VTMMYS: 『스테판 원어 성경: The Stephen Korean Text of the Hebrew Old Testament Published by Institute of Biblical Languages』 · 서울: 원어성서원 · 2000. 히브리어 알파벳.

쉬 시 שִׁשִּׁי쉬쉬 · 여섯째 · ANOMS · sixth · τεταρτή · ἑξτή · ἑξτος창 1:31가 합하여 당연히 56 쉬시 하미쉼 חֲמִשִּׁים שִׁשִּׁי쉬시 하미쉼으로 할 것 같지만 그렇지 않다. 6째 쉬 시 שִׁשִּׁי쉬쉬 · 여섯째 · ANOMS · sixth · τεταρτή · ἑξτή · ἑξτος창 1:31 대신에 독립된 6 여섯 쉬사 שִׁשָּׁה쉬솨 · 여섯 · ἑξ와 '56째 쉬사 배 하미쉼 שִׁשָּׁה וַחֲמִשִּׁים쉬솨 베하미심'으로 한다. 50과 6의 독립된 수치를 쓴다. 사이에 못의 의미 곧 십자가에 못 박히는 사랑으로 우리가 사는 의미의 ו베글자를 넣는다.

1 성부 · 2 성자 · 3 성령 · 4 피조물 · 5 구속 · 6 세상의 완전 · 7 성령의 완전 · 8 살찜 · 9 종말 예고 · 10 하나님 질서의 완전함 · 11 파괴와 영웅 · 12 통치적 완전 · 13 혈통 · 14 영적 완전의 혈통 · 15 하나님 은혜로 만들어신 행위 · 16 세상의 일 · 17 축복의 때 · 18 즐거움의 극치 · 19 심판과 연관된 하나님의 질서 · 20 기다림 · 21 영적 완전과 하나님의 완전함 · 22 해체 · 23 절망을 넘어 · 24 하늘의 통치와 경합 · 25 은혜의 본질 · 26 숨 쉼 · 27 성령 충만 · 27 성령 충만 · 28 일곱 가지의 4배량의 일들 · 29 기대 · 30 사역시작 · 31 신성 하나님의 이름 · 32 하나님의 날 · 33 예수님이 이 세상에 사신 나이 · 34 세상을 알아 봐 · 35 신성수의 반 · 36 완전한 통치의 3배 · 37 가장 이미지 · 38 순응 · 39 극복이미지 · 40 출애굽 · 41 욕심억제 · 42 이익 · 43 결단 · 44 우연 · 45 모임 · 46 오름 · 47 마디 · 48 우물 · 49 개혁 · 50 기쁨 구원 · 51 계시 · 52 넘기 · 53 나무 · 54 즐거움 · 55 성대 · 56 정비 이미지까지 온 리듬이다.

(2) 56일. 한 달 24일, 56일 정비 입체 시조 문예미학리듬

초장: 불 → 중장: 산 → 종장: 나그네 참조 주역 궤 56

불 · 중녀 · 붙음 · 남 · 눈→산 · 소남 · 정지 · 동북 · 손 · 개
(— · --) · (-- · --) · (— · —) = (1구 · 4구) · (2구 · 5구) · (3구 · 6구)

나그네 흔들린다
마음의 불을 켜서
나그네 흔들린다
쓴 커피 한 잔 들다
바람도 쉬고 있나
긴 여행
나그네 길손 산 위에서 손드는

- 「나그네 길손」 이영지[1)]

1구: 불 → 산의 (— · --) · (-- · --) · (— · —) = (1구 · 4구) · (2구 · 5구) · (3구 · 6구)의 불이 산을 만나는 입체리듬이다. 마음의 불을 끄려고 산을 오르는 리듬이다. 오히려 마음의 불이 붙은 상태이다. 이 나그네 삶은 우리의 긴 삶의 여정이기도 하다.

1구 어두움 · 2구 어두음 5구 밝음 · 4구 밝음 · 5구 어두움 · 6구 밝음 이므로 1구는 나그네 흔들린다. 흔들리는 인생의 나그네이다. 그러나 나그네에게는 꿈이 있어서 오늘도 걷는다. 이 리듬은 저녁놀이 밀려오는 빠알간 하늘을 향하여 겸허해지는 나그네 리듬이다. 그 사이를 수천마리의 새들이 날아오른다.

- 마음의 불을 켜서 의미기호 -

1) 그림, 이영지 『시조창작리듬론』 · 140. '의미있는 인생의 리듬'

2구: 2구는 불빛이 비치는 곳을 향하여 선 사람의 마음리듬이다. 매년 철원 평야 일대는 수천마리의 두루미들이 날아와 겨울을 난다. 수천마리의 새들은 아침보다는 저녁때의 모습으로 우리 눈에 비친다. 이 철새들의 마음은 아마 저녁이면 자신을 돌아보고 자신이 머물 곳을 찾는 사람들의 마음을 대신해주는 마음이리라.

- 나그네 흔들린다 의미기호 -

3구: 3구는 쓴 커피 한 잔 들고 있는 나그네의 마음은 인생의 쓴 맛을 음미하고 서 있게 된다. 여행길에 오르는 사람은 인생의 쓴 맛을 나그네 길에서 견디는 연습을 하는 마음이리라.

- 쓴 커피 한 잔 들다 의미기호 -

4구: 4구는 바람도 쉬고 있다. 잠시 머물면서 쉬는 인생의 길 · 그 길에서는 더러 꽃도 피고 새소리도 들리는 순간의 행복을 맛볼 수 있는 길이기도 하다. 순백의 얼음폭포를 지나며 수직 빙폭을 오르는 나그네도 있다. 이러한 사람을 보고 바람도 쉬고 있다.

- 바람도 쉬고 있나 의미기호 -

5구: 5구는 긴 여행 지친 몸을 나그네 숙박소에서 있으면서 삶의 지혜를 배우는 사람은 마치 눈이 많이 오는 날 설피를 타고 진부령 아래로 내려가는 사람의 마음이 된다. 인생의 무게를 한가닥 얼음 미끄럼에 기대면서 넘어지지 않는 요령을 배운 나그네의 현명함 그것은 긴 여행을 사는 지혜를 나그네 길에서 배우는 노하우이다. 잘 달리기 위해 아무것도 가지지 않는 가벼움의 무게이다.

- 긴 여행 의미기호 -

6구: 나그네 길 손 산 위에서 꺼진다. 언젠가 떠나야하는 나그네 길 그 길에서 햇살이 누렇게 바래지면 하늘의 거대한 별자리들은 자기 자리로 오라고 부를 것이다. 이 리듬은 산수화 속으로 떠나는 사람의 마음리듬이 된다. 산수화속에 들 수 있는 삶의 무게를 가기 위하여 노력한 보람의 길이다. 어쩌면 꺼질 듯 꺼질듯 하면서도 그 자취를 남기는 사람의 시조 문예미학리듬이 그것이다.

인생 나그네 리듬은 불안정하다. 어떤 목적지에도 도달하지 못하고 흔들린다. 그러나 유한한 우리네 인생이지만 어쩌면 꺼질 듯 꺼질 듯 조그만 불빛으로 그 값어치를 다하는 것인지도 모른다. 불→산의 (⚊ · ⚋) · (⚋ · ⚋) · (⚊ · ⚊) = (1구 · 4구) · (2구 · 5구) · (3구 · 6구)의 불이 산을 만나는 입체리듬은 시조 문예미학의 정점 5구에서 음陰이면서 6구의 도움을 받는다. 여기에 사람의 생애 값어치가 있다. 바로 하나님의 도움으로 살아온 인생이다. 의미 없이 태어났다가 가는 인생이 아니라 의미 있게 하는 일을 하고 가게 되는 인생이다.

- 나그네 길손 길 위에서 손드는v

불이 산을 만나는 리듬은 마음의 산불이 난 리듬이다. 마음의 불로 하여 있던 것을 모두 버리고 얻는 180° 방향전환리듬1)이다. 온

---

1) 참조 · 명지어문학 206. 200 · 시조문예미학 · 시조창작리듬론 140-141 ⚊⚋☰☷ ☶☷ 참고 ☰하늘 ☱(연못) ☲(불) ☳(우레) ☴(바람) ☵(물) ☶(산) ☷(땅) 참조: 불이 산을 만나 뜰 비단 180° 인생리듬.

통 마음이 다 타버린 리듬이다. 그러나 인생의 삶은 괴로움만 있는 것이 아니라 그 넉넉한 입체 시조 문예미학리듬에서 그 부활의 회복을 가져온다. 우리는 불을 들고 산다.

태양이 내리 내리 누르자
온
온 몸이
온 몸이
땀투성이
온 몸이
오 오싸악
온 몸이
오싹거리는 밤 투정이
오 싸악

- 「여름감기」 이영지

꽃 숲의 금송화가 금 달고 걸어 나와
날 보고 걸으란다 하나씩 날을 안고
걸어라 하늘금송이 쏟아지는 꽃길로

손 안에 찰싹 앉아 금나라 뚝딱뚝딱
가슴에 찰싹 들어 금이야 뚝딱 금금
걸어라 찰싹 붙어서 사뿐사뿐 꽃길로

- 「금송화」 이영지

꽃 숲으로 걸어가면 나는 꽃
꽃 꽃이다
꽃으로 걸어간다
꽃들은 하늘 하늘
꽃이다 걸어간다
꽃들이 있는 곳에서 꽃으로만
걷는다

- 「꽃 숲」 이영지

25) 57과 57일. 쉰 이레 바람 넘기 입체 시조 문예미학리듬

(1) 57과 57일과 쉰 이레째 날

우선 57과 57일은 '하마 쉼 배 쉽' '57 하마 쉼 배 쉽 חֲמִישִׁים וְשִׁבְעָה 하미쉼 베쉬브아 · 57'의 히브리어 발음리듬이다. 쉽으로 새로운 씨를 만들며 쉬시는 이미지 리듬이다. 근거는 50 · 물고기이미지의 영원을 의미하는 눈 נ 눈 · 물고기 · 신앙인 · 영원[1]과 7 자인 ז 자인 · 연장 · 역활[2]이 만들어내는 이미지에서이다. 그 수많은 물고기를 상징하는 신앙인들의 영원성은 어디에서 오는가. 그것은 7 일곱 쉬봐 שִׁבְעָה 쉬브아 · 일곱 · ἑπτα과 50 חֲמִשִּׁים 하미쉼 · 쉰과 그리고 50째 하마심 배 쉽 חֲמִישִׁים וְשִׁבְעָה 하미쉼 베쉬브아 · 57에서이다. 이 '57 하마 쉼 배 쉽 חֲמִישִׁים וְשִׁבְעָה 하미쉼 베쉬브아 · 57' 생성은 57과 57일 모두 50 · 물고기 눈 נ 눈 · 물고기 · 신앙인 · 영원[3]과 7 자인 ז 자인 · 연장 · 역활[4]의 합 함 이미지 공유로 이 세상에서 사라지지 않을 신앙인의 삶이 있게 된다.

1 성부 · 2 성자 · 3 성령 · 4 피조물 · 5 구속 · 6 세상의 완전 ·

---

1) E. W 벌링거 · 장상선 감수, 『성경에 나타난 숫자 해설』 (서울: 나단 · 2001) · 336.

2) VTMMYS: 『스테판 원어 성경: The Stephen Korean Text of the Hebrew Old Testament Published by Institute of Biblical Languages』 · 서울: 원어성서원 · 2000. 히브리어 알파벳.

3) E. W 벌링거 · 장상선 감수, 『성경에 나타난 숫자 해설』 (서울: 나단 · 2001) · 336.

4) VTMMYS: 『스테판 원어 성경: The Stephen Korean Text of the Hebrew Old Testament Published by Institute of Biblical Languages』 · 서울: 원어성서원 · 2000. 히브리어 알파벳.

7 성령의 완전 · 8 살찜 · 9 종말 예고 · 10 하나님 질서의 완전함 · 11 파괴와 영웅 · 12 통치적 완전 · 13 혈통 · 14 영적 완전의 혈통 · 15 하나님 은혜로 만들어진 행위 · 16 세상의 일 · 17 축복의 때 · 18 즐거움의 극치 · 19 심판과 연관된 하나님의 질서 · 20 기다림 · 21 영적 완전과 하나님의 완전함 · 22 해체 · 23 절망을 넘어 · 24 하늘의 통치와 경합 · 25 은혜의 본질 · 26 숨 쉼 · 27 성령 충만 · 27 성령 충만 · 28 일곱 가지의 4배량의 일들 · 29 기대 · 30 사역시작 · 31 신성 하나님의 이름 · 32 하나님의 날 · 33 예수님이 이 세상에 사신 나이 · 34 세상을 알아 봐 · 35 신성수의 반 · 36 완전한 통치의 3배 · 37 가장 이미지 · 38 순응 · 39 극복이미지 · 40 출애굽 · 41 욕심억세 · 42 이익 · 43 결단 · 44 우연 · 45 모임 · 46 오름 · 47 마디 · 48 우물 · 49 개혁 · 50 기쁨 구원 · 51 계시 · 52 넘기 · 53 나무 · 54 즐거움 · 55 성대 · 56 정비 · 57 바람 넘기 이미지까지 왔다.

하나님이 쉬실 때 아드님 이미지 57과 57일은 우리들 신앙인들이 서로 모여 사랑을 나누며 안식하는 날이다. 휴일이 뜻하는 50배의 가치가 있는 57일째는 예수님의 아드님이 일하시는 곧 사랑을 나누는 때이다.

> 쉬는 날 산에 올라 보아요 그러면은
> 산 아래 구름 둘러
> 싸면서 산 위에 선
> 내가 선 산 아래에는 지금한창 별나라
>
> 물살을 휘여 감는 바로 넌 동그라미

구름을 들어 올려 그 손에 들어올려
손바닥 흐르는 냇물 들고 서는 동그란

- 「물살을 휘여 감는」 이영지

바람이 소매 끝에 살짝이 들어나는
가냘피 새 하아얀 손 떨림 나는 봤어
한 땀씩 떠가는 날의 낮은 숨을 보았어

- 「소매 끝에」 이영지

비 오는 날이에요 들 문을 반쯤열고 비 소리 들어주면 비 소리 나를 싣고 당장에 구름 산으로 올려놓아 주느라

물방울 내려앉는 소리로 자랑자랑 거리로 주룩 주룩 몹시도 불러내고
발걸음 이끌려 나와 풀잎위로 쏴아아

쏴아아 풀잎들의 함성을 들으라고 자꾸만 들려오는 소리를 따라올라
우산을 받쳐 들어도 자랑자랑 내린다

풀 내를 맡아봐야 들라는 비 소리의 그대는 자랑자랑 내리는 자랑음성
아아주 알뜰살뜰히 소곤소곤 사랑이

- 「자랑자랑비」 이영지

물방울 포봉포봉 강으로 하루쯤 쯤 햇살의 한 덩어리 얼굴에 풍덩풍덩
덜 찬물 유리항아리 고기꼬리 멜로디

찰라랑 야들야들 하늘로 뭉게뭉게 내 그네 그 끝자락 물길 속 하얀 오름 더운 이 순결덩어리 수증기의 멜로디

- 「순결덩어리」 이영지

소나기 단비에요 가슴이 떨려오는 폭포수 앞이에요 삐일긴 가슴열게s 하아얀 물보라로만 내 눈 안에 들이민
얼결에 빵 뚫리는 소나기 바람에요 알싸한 두드림에 얼굴이 빨개지며 마음이 소나기 맞아 단비 맞아 빨개요
보라는 몸짓으로 예쁘라 다른 소리 하나도 들리잖고 단비를 맞으라며
고마운 여름열매로 익어가는 중에요 - 「폭포수 앞에서」 이영지

(2) 57일. 한 달 25일, 57일 바람 넘기 입체 시조 문예미학리듬

초장: 바람 → 중장: 바람 → 종장: 바람 넘기 참조 주역 괘 57

바람 · 장녀 · 들어감 · 동남 · 다리 · 닭 → 바람 · 장녀 · 들어감 · 동남 · 다리 · 닭
(-- · --) · (— · —) · (— · —) = (1구 · 4구) · (2구 · 5구) · (3구 · 6구)

바람이 분홍바람
발목을 감싼 바람
분홍 신 신기면서
분홍 꽃 바람 뉘리
분홍의
푸름 아래로
그네타고
내려
와

- 「바람이 바람을 만나」 이영지[1)]

1구: 초장: 바람 → 중장: 바람의 방향은 0° 방향이 된다. 온동 바람으로 가득한 의미기호 0° 방향 지시기호이다. 바람이 겹치며 바람이 든 상태는 아주 큰 변화의 의미로 지시된다. 바람은 여호와 곧 우리의 생명을 드러내기 위한 그 분의 흔적이 여호와 글자에서부터 시작된다. יְהוָה 여호와 글자는 원래의 모음자를 뺀 원문 'יהוה 흐' 이다. 숨소리다. 바람 소리이다. 생명소리! 후하고 숨을 내쉬는 바람 소리! 사람이 숨을 쉰다는 것은 사람의 생명과 관련한 문제이다. 이 주제[2)]의 여호와 글자 'יהוה 흐'는 모음자를 붙이면 'יְהוָה야훼'가 되

1) 그림, 이영지 『시조창작리듬론』 · 43. '바람의 리듬'
2) 성경을 읽다보면 죽이기와 살기의 문제가 계속 반복된다.

었다. 이 야훼 곧 여호와 숨소리 · 바람소리 · 숨소리 · 살아있음의 흔적이다. 생명의 흔적을 이사야서는 '생명은 코에 있나니 נְשָׁמָה בְּאַפּוֹ 느솨마 베아포[1]'하였다. 바로 코의 생명소리 숨 쉼 소리이다. 우리말에 '니사 마' 잘 될 거야! 절대자가 생명에 세상에 내 놓으면서 축복해서 잘 될 거야 숨소리를 내 놓았다. 살렸다. 코앞에 숨 쉬는 소리가 들릴거야! יְהוָה 여호와는 ה 흐, 숨 쉼 ו 봐, 못, 손, 이음, and ה 흐, 숨 쉼 י 예, 손, 여호와의 약자, 예수로 구성되어 있다. 여호와 글자에 있는 바로 'ו 베' 글자는 'and 혹은 못'[2] 의미다. 이 'ו 베'와 '손 י 요드'는 긴밀하다. 바로 십자가상의 예수님을 알린다. יְהוָה 여호와 안에 예수십자가 사건이 들어 있는 놀라운 사실이다.

예수가 빌라도에 의해 십자가에 달리시며 얻은 이름표 יֵשׁוּעַ הַנָּצְרִי וּמֶלֶךְ הַיְּהוּדִים 예수아으 하나사렛 베멜레크 하예후님이다. 앞 글자만 모으면 여호와 יהוה가 된다. 여호와 글자에서 손과 못 자국! 그리고 유대 왕 나사렛 예수. יֵשׁוּעַ הַנָּצְרִי וּמֶלֶךְ הַיְּהוּדִים 이름표에서의 여호와! 구구한 연구를 늘어놓지 않아도 다 설명이 되어버린다. 하나님과 예수의 긴밀성은 יְהוָה 여호와 이 금기어에서 나타난 하나님과 예수의 친밀성이다.

우리들은 바람이라는 말을 잘 쓴다. 그런데 이 '바라' 혹은 '바람'이 성경 처음의 '베레쉬트 בְּרֵאשִׁית 베레쉬트·최초에, The first time, 창 1:1)에서 찾아진다. 바람의 ㅁ을 빼버린 바라 בָּרָא 바라·창조, cleate, 창 1:1에서 찾아진

1) נְשָׁמָה(느솨마 · 호흡, NFS, breath, 사 2:22) בְּאַפּוֹ(브아포 · 코에 있나니, P.NMS.MZS, in the nostrils, 사 2:22).발음을 니사마라 한다. 우리말에 니사마 잘 살거야같은 말이 있을 수 있다. 바로 사는 일이다. 바로 코로 숨을 쉬기 때문이다.

2) 최명애, 『알기 쉬운 성경 히브리어 기초와 그 의미』(서울: 쿰란출판사, 2006).

다. 무엇을 바라의 바라의 희망사항이다. 창조자가 바라 창조하시었다. 예수창조이다. 창조의 하나님은 생명이 숨 쉬는 문제를 그의 주된 역사로 한다. 이를 뒷받침하는 하나님의 말씀 '물위에 하나님의 영이 운행하신다'에서 바람이 물 위에 다니는 것은 생명문제이다. 생명문제는 영 · 바람 루아흐רוח[1]로 성경은 설명한다.

바람은 처음에 달콤함으로 다가온다. 첫 바람 · 봄바람은 몇 번이고 불고 불어 어린 꽃봉오리의 빠알간 입술을 만들어 낸다. 입을 방실 열어놓고 눈을 반어울림이며 땅 위로 고개를 내밀고 있는 새싹들의 고사리 주먹을 달랑달랑 흔들어 주기도 한다. 시냇가의 버들가지를 하느작하느작 춤추게 한다. 처녀의 다홍치마를 배불뚝이처럼 둥그렇게 팽팽 시켜 놓기도 한다. 젊은 신사의 넥타이를 깃발처럼 흔들리게도 한다. 이 새로운 경이의 바람은 처음에는 살짝 건드려 움직이면서 아예 사람의 마음까지 흔들어 놓는다. 공기인 이 바람은 이 세계 내에 모든 물질에 해당하여 경석 · 육체 · 바람 · 여름 · 낮 등에 존재하는 의소[2]이다.

공기가 생겨나는 일은 바람이며 사상 · 스토리 · 시뿐만 아니라 일체의 동요성이 내재하는 인간 정신의 최초의 현실이다. 꿈의 충실성 · 가장 미세한 징후조차 바람의미를 지닌다. 시어 바람이미지는 김광균 바람(4) · 김상옥 물(7) 바위(4) · 김소월 몸(22) · 바람(22) · 김수영 여편네(16) · 김오남 물(6) 산(4) · 김영랑 바람(5) · 김춘수 눈(10) · 김현승 아버지(9) 바람(8) · 노천명 바람(3) 박경용 바람(9) · 박

---

1) רוח(루아흐/바람 · 영 · 신령, 창 1:2).
2) 박광수 · 김현 · 『바슐라르 연구』(서울: 민음사) · 272-273.

남수 어머니(6) 바람(3) · 박두진 무덤(4) · 박목월 비둘기(2) · 박병순 구름(14) 바람(3) · 박영희 하늘(3) · 서벌 가슴(2) · 서정주 공기(2) · 하늘(13) 바람(4) · 송선영 바람(4) · 신석정 하늘(12) 바람(5) · 송욱 구름(5) · 윤곤강 하늘(2) · 윤금초 바람(5) 피(4) · 이병기 바람(43) 잎(29) · 이상범 바람(6) · 이영도 하늘(7) · 이육사 바다(2) · 이은상 물(89) 바람(67) · 이태극 바람(5) · 이호우 가슴(10) 바람(8) · 장순하 가슴(3) · 장하보 바람(5) · 전원범 바람(8) · 정소파 하늘(12) 바람(7) · 정완영 하늘(10) · 바람(5) · 정인보 어머니(8) 바람(5) · 조지훈 구름(2) · 이상 하늘(6) 바람(4) · 유치환 하늘(8) 바람(7) · 윤동주 사나이(4) · 최남선 바람(5) · 최성연 불(2) 하늘(2) · 최승범 가슴(4) 바람(3) · 하한주 구름(2) · 한용운 가슴(20) · 황석우 지구(28) 구름(16) 바람(5)회가 된다.

공기 요소인 바람은 표면적인 바람시어가 사실은 이 세상의 모든 원초적 의소이다. 그래서 바람은 시적 열기와 내적 열기를 가진 노발리스적 콤플렉스이다. 서정주 시인은 「노인 헌화가」에서 불어오는 바람의 사랑 달콤함을 "한없이/ 맑은/ 공기가 요샛말로 하면 공기가/ 그들의 귀와 입을 적시면서/ 그들의 말씀과 수작을 적시면서"라고 하였다. 이 달콤한 향기로운 바람은 처음 시작 의미다.

바람이 서늘도 하여 뜰 앞에 나섰더니
서산머리에 하늘은 구름을 벗어나고
산뜻한 초사흘달이 별과 함께 나오더라

- 「별」 이병기

별이 솔솔 스며들어 옷이 도리어 주체스럽다
바람은 한결 가볍고 구름은 둥실둥실

이 몸도 저 하늘로 둥둥 떠오르고

- 「별」 이병기

나는 바다보다도 산으로 가고 싶다
돌새암 졸졸이는 골마다 그늘 깊고
미미히 이는 바람은 파도처럼 서늘하다

- 「녹음송」 이병기

때도 때도 아닌 지독한 추위더니
누날 날리며 바람도 부드럽고
오므라 오므라진 몸이 겨우 도로 펴인다

- 「눈」 이병기

비는 물러가고 바람이 불어 온다
우러러 바라보니 허공은 씻은 듯 하고
설레는 바람소리가 반겨 자주 듣노라

- 「해방 전」 이병기

위에 기댄 언덕 가득히 들어선 대
곧게 자란 마디 그 뜻을 아니 잊어
눈 지고 휘이던 몸도 바람으로 맞아 펴이다

- 「고토」 이병기

몸을 담아 두어 마음은 돌과 같다
봄이 오고감도 아랑 곳 없을러니
바람에 날려든 꽃이 뜰 위 가득하고나

- 「백묵」 이병기

한 손에 책을 들고 조오다 선 듯 깨니
드문 별 비껴가고 서늘바람 일어오고
난초는 두어 봉오리 바야흐로 벌어라

- 「난초1」 이병기

연실봉 바위틈에 바람소리 들리더니
가렸던 저 구름이 살 어울림이 벗어지며
이제야 저 바다들이 아물아물 보이누나

- 「해불암」 이병기

성근 덤불 속에 머루다래 드리우고
시드는 산초는 뿌리에 살 오르고
미미히 이는 보라람 되어 상긋하도다

- 「만폭동」 이병기

달이 물에 잠겨 두렷이 흐르는데
맑은 바람은 연파를 일으키며
뱃 몸을 실근실근 밀어 달을 따라 보내더라

달이 매를 따르다가 배가 달을 따르다가
뱃머리 빙긋 돌 째 달이 노에 부딪히면
아뿔싸 조각조각 부서져 뱃전으로 돌더라
풍덩실 뛰어들어 이 달을 건져내랴
훨훨 날아가서 저 달을 안아오랴
머리를 들었다 숙였다 어쩔 줄을 몰라라

- 「호월」 조운

닭은 쭉지를 털며 모래에 멱을 감고
까마귄 날아 올라가 바람에 멱을 감고
사람은 인정과 사랑에 멱을 감는가 보다

- 「멱」 이은상

고요한 오월 창머리 실바람 불어들고
방안엔 난초 한 분 처마 끝엔 제비 한 쌍
향내에 눈을 돌리면 생각나는 이 있다

- 「난초」 이은상

높은 산 언덕머리 산 백합 피었구나
아침 이슬 반입에 물고 바람 곁에 피었구나
한 송이 덥석 움키려다 차마 손을 못댄다

-「산 백합」 이은상

금길 은길 밟고 올라 삼천 궁에 높이 서니
해랑 별이랑 벗하는 오늘이라
바람도 긴 소매 자락으로 몸을 감고 돌더라

- 「비로봉」 이은상

산 좋고 물도 좋고 바람 맑고 달 밝은데
여길 버리고 어디 가 산다 하리
천만년 화석을 이루어 부부암이 되리라

- 「부부암」 이은상

고향보다 더 먼 생각이 거기 숨어 살더구나
물소리 바람소리 풍경소리 울려 놓고
한 청산 서로 받들어 나무 청청 살더구나

- 「파계사추」 정완영

서천 서역국쯤에서 날아온 그 연잎이
아미 또 그쯤에서 살아온 그 바람을
우리네 눈을 씻어서 펼쳐 보일 것이다

- 「연 밭에서」 성완영

닿소리 바람이 묻어오는 바람결
망울 푼 난초향긴 찰삭이는 자장가
꾀꼬리 노랑 금방울 초록 집에 굴리고

- 「5월 소곡」 최승범

씨를 뿌리고 가는
바람의
새 맑은 성대

- 「초원에서」 최승범

해질녘 드는 바람 갈잎만 서걱이고
서릿발 병아리도 으스스 세운 깃털
엊그제 웅성이던 가을 이내 자릴 뜨는구나

- 「정원소묘」 최승범

하늬바람 부는 속에
귀 세운
풀꽃의

얼굴들

- 「가을 비 뒤」 최승범

비바람 말아 간 뒤
부시도록 밝은 창가
창가에 놓인 꽃도
출렁이는 빛으로

- 「빛에의 연가」 최승범

정을 감아 굽이도는 솔바람 젖은 물소리
달도 가득 밝은 밤을 이슬 맺힌 거문고소리
때때로 네 가락 파고들면 가슴에 피는 노을자락

- 「시조」 최승범

일렁이어 오는 빛 백장의 살결인 걸
얼굴도 짠물 젖은 구름에 가려 있다
새맑은 바람이여 · 일라 · 제 빛살을 돋우라

- 「시조상」 최승범

풀 섶은 풀 섶끼리 키 낮은 바람 쐬며
나무숲은 그들끼리 키 큰 바람 맞으며
저마다 제 분수에 맞게 엎어지며 자빠지며

- 「숲 · 언어 · 행간」 박경용

기죽은 칼날 바람 속 몇 가닥 무딘 바람
아직은 시린 살갗에 지레 스민 훗한 바람
코끝을 건 듯 스치는 냉이 향이 매운 때를

- 「경칩 무렵」 박경용

겨운 한낮의 무게를 네가 홀로 버티누나
꾀꼬리 황금볕살 뻐꾸기 푸는 바람
이 안분 이 천 냥 빛도 네가 탕감하누나

- 「야란」 박경용

사나울 손 꽃샘바람
앓는 꽃망울을 문드려 놓을 기세로되

한기 들지 않을 만큼은 입김으로 오듯이

- 「무제」 박경용

버들 꽃 버들 꽃 날린다
찌들은 구석에도 볕살이 들어
깊고 외진 골골이 푸른 바람 들어
봄잠에서 깨어난 붙박이 아우성

- 「버들 꽃」 박경용

오동나무 키 큰 바람을 쐬니
빛바랜 심장이 두터워 온다
오동나무 넉넉한 풍월에 드니
졸음기 선 듯 걷고
소름이 돋히도록 맑은 내 노래

- 「오동나무 키 큰 바람」 박경용

아직은 몸을 숨겨두고
더듬이를 앞세워 기어 나오는 바람
돌이키는 맑은 눈빛의 바람

- 「청풍」 박경용

의좋은 양달과 응달
따가운 볕살 · 서느런 바람
알맹이를 굵히는 건 볕살이지만
속살을 익히는 건 바람이지만

- 「한가위 가을」 박경용

해가 햇살이 갈라놓은 땅을
바람이 안개가 풀어놓은 흙을 일구는 비

- 「봄비」 박경용

솔밭엔 솔바람소리
하늘이사 별이 총총

- 「강강수월래」 박경용

열두 골 바람들이

들메하고 보인다

- 「장터산책」 송선영

입 깨문
응시의 들에
불어오는 바람소리

- 「하늘 눈 4」 송선영

이병기 바람은 일생을 보내는 바람 · 조운은· 달 속에 빠지는 시적 삶의 바람 · 이은상 여행하면서 느끼는 바람 · 정완영 인연의 바람 · 최승범 여리디 여린 서정성 바람 · 박경용 끼리끼리 어울리는 무더기의 바람 · 송선영 풍류의 바람이다.

- 바람이 웃고 있다 의미기호 ··

2구: 어울림 불기 시작하는 첫 바람은 향기로우나 계속 불게 되면 아픈 바람이 된다. 적시는 바람 · 그 심연의 깊이에서 출발하는 바람은 낮은 데에 앉는다.

자주 된서리 치고 찬바람 닥쳐오고
여윈 귀또리 점점 소리도 얼고
던져둔 매화 한 등걸 저나 봄을 야외다

- 「매화 3연」 이병기

꽃을 보려하고 봄 오기를 바랐더니
새우도 찬바람 끝에 겨우 피려 하던 꽃이
덧없이 퍼 붓는 비에 그저 지고 말아라

- 「꽃」 이병기

깨운 적이 없이 자다 일어앉았다가
다시 누우면 잠도 그저 아니 오고
싸늘한 실바람만이 아미위로 휘돈다

- 「그 방」 1연 이병기

눈에 이는 바람벽으로 스며들어
책상머리에 매화도 얼리는 밤을
병 짙은 나그네 몸으로 어이 보내시는고

- 「나진에게」 이병기

들 비는 낡아지고 금잔디 새로워라
덧없이 비와 바람 오고가고 하지마는
한 줄의 향기로운 이 흙 헐리지를 않는다

- 「매창 뜸」 이병기

그대로 괴로움 숨지고 이어 가랴하니
좁은 가슴 안에 나날이 돋는 시름
휘도는 실꾸리같이 감기기만 하여라

아아 슬프단 말 차라리 말을 마라
물도 아니고 돌도 또한 아닌 몸이
웃음을 잊어버리고 눈물마저 모르겠다

쌀쌀한 되 바람이 이따금 불어온다
실낱만치도 볕도 아니 비쳐온다
친구들 외로이 앉아 못내 초조하여라

- 「시름」 이병기

쓸데없는 바람 거리를 휩쓸고 몰아온다
쓰든 모자를 쓰면 다시 떨어지고
분주히 오고가는 이를 희롱하듯 하여라

가로선 애나무를 싱싱히 푸르도다
시들고 병든 잎만 날린다고 믿지 마라
덧없는 바람에 불려 꺾일 줄을 어이 알리

- 「바람」 이병기

제대로 자란 나무 울지어 가리우다
울밑도 하는 그닢 찬바람에 다 날리고
머언 뫼 껌언 바위도 옹기종기 보인다

-「고토」이병기

분에 옮긴 국화 빼어나온 두어 송이
어인 병은 들어 찬바람은 이는 이때
피려다 피를 못하고 시들시들 하느뇨

-「병석」이병기

지각은 반응이 없다 바람만이 차갑다
거대한 침묵 속에 억만년 쌓인 회고록
그러나 대지는 어제 보다 또 내일을 구상한다

-「대지는 이제 고요히」이은상

저기 아침은 오고 거기 석양은 져도
찬 얼음 센 바람은 들지 못하는 그 나라로
돌아가 알몸으로 살까나 깨끗이도 깨끗이

-「가고파」이은상

그 누구 부질없이 무슨 글을 새겼던고
비 뿌려 핥아 먹고 바람 불어 쪼아 먹고
남은 건 눈뜬 소경의 점자판이 되었구나

-「북한산 비봉」이은상

바람이 상기 싸늘해 다정한 햇살이 그립다
차라리 애처로와 가지를 꼬옥 잡아보면
어느새 혈관 속으로 베어드는 백 매향

-「매화사」이은상

풀 수풀 창 덮개를 물고 뜯는 갯바람이
비릿내의 포말인가 물이랑을 뒤척일 때
살풋이 욕실을 나온 영성의 내 어린 촉수

-「해변의 발레」윤금초

수천 길 벼랑인가 아득한 궁궐 밖은
아직도 이가 시린 저 바람 사금파리
어느 먼 애정의 사적이 아픔을 달랠까

-「겨울 나들이」윤금초

역한 바람 풀어헤쳐 철새 등에 띄운 안부
못다 푼 긴긴 설화 실꾸리로 감기는데
저 하늘 닫힌 문밖에 벽을 노려 섰는가

- 「안부」 윤금초

한 마리 핀에 찔린 부나비의 그것처럼
상채기 복음서의바람에 깎인 아픔
마지막 방아쇠 앞에 내 잠적을 묻는다

- 「잠적」 윤금초

드억 센 칼을 가는 저 바람 음험한 모사
웃음을 경계하는 포시 같은 바다의 장식도
다시금 악몽을 푸는 진종일의 자맥질

- 「탐색 1」 윤금초

손마디 맺힌 멍울 으스스 할퀴는 바람
섬뜩한 장도 끝에 가위 눌린 영혼이다
쓰리고 아픈 경지를 다시 헤맨 습성으로

- 「탐색 3」 윤금초

매운 정을 대안하여 빗장 문이 여 닫긴 데
싸늘한 소야곡의 바람 모진 사랑 겨워
한밤 내 슬픈 몸부림 뉘를 탓할 푸념인가

- 「문풍지 우는」 윤금초

높 가지 울던 매미도 철을 따라 끊어지고
저 넓은 오동잎들이 제 그늘을 깔라치면
이 가을 섭섭한 바람이 절로 일어 물이 든다

- 「귀안사」 정완영

지난해 이만 때도 실국이던 당신 양자
이 가을 소슬바람 실솔처럼 초조코나
귀뚜리 울기나 하지 말수조차 잊었고

- 「당신은」 정완영

하루는 비가 오고 하루는 바람이 불고
애차는 실계천이 풀렸다가 조였다가
진실로 한 봄 오기가 이대 도록 고되고나

- 「대춘부」 정완영

한 장 책장을 넘긴 듯 신라 천년이 허뻡니다
피지는 인간영사야 갈댓잎에 부는 바람
들국화 한 잎이 받든 구름만도 못한 것을

- 「선덕 여왕 릉」 정완영

이왕지사 홀로인 밤엔 만첩 산중에 몸 깊어라
은하도 매화 몸짓 눈감고야 목을 놓면
천지에 바람은 들고 달이 떠 오른다

- 「퉁소」 정완영

큰 가마 자리했기에 산도 깊이 속리러뇨
시월 풍림에 불을 지른 야한 종경
바람도 소소히 저서 갈대꽃을 흩노라네

- 「법주사」 정완영

둘러봐야 배리에 찬 숙조 한 불 메아리
딩구는 탄피마다 뜻을 주는 이 극지에
소망이 녹 쓰는 바람 벌 기적이여 불어라

- 「방화사」 이상범

폐원의 바람 그늘 눈발이 흩 날린다
돌이 된 기약이며 피나는 불모지에
오늘도 절규를 노 저어 어리 우는 신화여

- 「갈대숲의 신화」 이상범

애옥살이 호롱불이
없는드키 가물거려

솔바람이 잠을 잃고
거울을 닦아

새소리를 받노니

- 「불면의 창」 송선영

비바람 개인 서라벌
날빛 쌓여 쇠북 울고

- 「화랑소고1」 송선영

마른 울음 비로 쓸어
선 자락 휘도는 바람

- 「비망록1」 송선영

바람 잃는 사립 밖에
외돌토리 기침 열면

- 「비망록8」 송선영

산바람 · 빈 골마다
낙엽을 궁굴리고

- 「장터 산책」 송선영

싸리문에 이는 바람
호롱불이 숨을 잃고

- 「하늘 눈8」 송선영

거친 벌 바람에 날리는
옷자락이 감겨들어

- 「하늘눈 십일」 송선영

사랑을 고쳐 봐도 둘러싸인 산 뿐일레
파고드는 칼바람에 역겨움만 날린다
무너진 성벽 아래서 가슴 찢는 밤벌레

- 「고성정경」 서벌

만사는 유원한 세월에 봉해두고
태초로 가는 길목에 정화로히 누웠다
바람의 귓속애기에 자신만 감득하는가

- 「돌」 서벌

몇 날 밤을 연이어
살점을 파고드는 서늘바람에 맡겨도
피만 울릴 뿐
뼈에 붙을 살코기 보다 더 질기던
그들 넋과 이름

- 「단풍 그늘에서」 박경용

오늘은 바람이 불고
나의 마음은 울고 있다
일즉이 너와 거닐고 바라보던 거리인마는
아무리 찾으려도 없는 얼굴이여
바람센 오늘은 더욱 너 그리워
공중의 깃발처럼 울관 있나니
오오 너는 어디에 꽃같이 숨었느뇨

- 「그리움」 유치환

표현히 낡은 손가방 하나 들고 나는
정차장 잡담 속에 나타나나 얽쓸린다
누구에게도 잘 있게 말 한마디 남기지 않고

새삼스리 이별에 지음하여
섭섭함과 슬픔을 느끼는 따위는
한갓 허례한 감상밖에 아니어늘
허망한 저녁 통곡하고 싶은 외로운 심사엔들
우리의 주고받은 최대의 인사는
오직 우의로운 미소에 지내지 못하거니

나무에 닿는 바람의 연록
나는 바람처럼 또한
고독의 애상의 한 도를 가졌어라

- 「이별」 유치환

이병기 매화 · 꽃 난초를 죽이는 바람 · 이은상 현실성의 찬 바람 · 윤금초 상처를 주는 바람 · 정완영 시간이 지난 뒤에 오는 덧

없음의 바람 · 이상범 전쟁의 잔영 · 송선영 조국 양단의 슬픈 바람 · 서벌 역겨운 바람 · 박경용 살점을 파고는 밑바닥 바람 · 유치환 생명을 위협하는 살의 바람이고 사랑의 이별 바람이다. 바람의 시조 문예미학리듬들은 발목을 적시는 바람이다.

- 발목을 적신 바람 의미기호 ··

3구: 바람이 계속 불어온다. 시인은 큰 고목나무를 돌아 산들산들 잎사귀를 돌아 저기 분홍꽃신을 돌아 돌아 비켜가는 뒷모습의 바람이다. 바람의 시인 서정주는 가장 바람을 많이 맞았으면서도 바람을 넘어선 시인이다. 서정주는 시에서 바람을 병든 수캐마냥 헐떡거리며 다니는 바람 한 없이 흘러 다니는 방랑의 바람 시인이다. 서정주의 바람은 숙명적인 피의 소용돌이에서 일어난 거친 바람이다. 나를 키운 8할이 바람인 서정주의 바람은 할머니와 어메가 흙으로 바람벽을 친 울타리에서 비롯되어 출발한다. 애비는 종이고 할머니는 파뿌리같이 늙었으며 어매는 풋살구가 꼭 하나만 먹고 싶어 하여도 먹지 못하는 가난의 바람이다. 아들은 손톱이 까만 바람이다. 오직 피가 한 방울 아마위에 얹혀 지평 저쪽을 동경하는 갈증과 광기는 바로 살아 있는 바람이다. 시어 바람이 나타나지 않는 시에서도 마찬가지다.

돌팔매를 쏘면서 쏘면서 마향방초 ㅅ길 - 「화사」 서정주
걸어가자 걸어 가보자 좋게 푸른 하늘 속에
내 피는 익는가 능금같이 익는가
능금같이 익어서는 떨어지는가 - 「단편」 서정주
거북이여 느릿느릿 물살을 저어

숨 고르게 조용히 갈고 가거라 - 「거북이」 서정주
아 여기는 대체 몇 만리냐 산과 바다의 몇 만리냐
팍팍해서 못 가겠다는 몇 만리이냐 - 「무제」 서정주
간대도 간대도
서방 금색계라든가 뭐라든가
그런데로 밖엔 쏠릴 길 조차 없으니 - 「두 향나무 사이」 서정주
가도 가도 안 끝나는 여행
뭉쿨리어 밀리는 머나먼 여행 - 「여행」 서정주

서정주의 바람은 미지의 끝으로 끊임없이 다니면서 어느 곳에도 정착하지 않는 바람이다. 끊임없이 그 새것을 갖고 싶어 하는 바람[1]이다. 서정주 시인 안에서 숙이로 인하여 바람을 넘어선다. 여자야 이 또한 쫓겨 가는 사람의 땅 껌정거북표의 고무신어울림 끝이 밤 속에 밤의 바람벽의 또 밤 속에서

한 마리의 산 귀뚜리같이 가느다란 육성으로 나를 부르는 것
- 「밤이 깊으면」 서정주

물속에 구름이 간다 물에서도 젖지 않는다
나도 간다 젖지 않고 간다 저 구름이 간다
한평생 풍우 속에서 젖지 않고 간다
- 「구름」 이은상

달래 강 가을 물 위에 저녁 햇빛 은 무늬 놓고
한 오라기 가느단 슬픔 가슴 속에서 잔물결 치네
바람에 흔드는 갈대 저도 무엇을 냉각나뵈
- 「달래 강」 이은상

끝없이 가는 길 들국화 되는 길
산이라 언덕마다 갈꽃 펄펄 날리는 길
오늘은 가을바람 안고 추풍령을 넘는다

1) 최하림 · 「식민지시대시인의 초상」 지식출판사. · 196.

- 「추풍령을 넘는다」 이은상

태초 그 말씀을 가슴깊이 다스린 몸
시름도 꽃피운 사랑 양 먹이던 눈망울이
한 세상 돌 바람 속에 바위처럼 도사려

- 「수방」 윤금초

티 하나도 사려 앉는 휘늘어진 선의 자태
가녀린 난 이파리 방정한 매무새는
우리 소저 눈매런 듯 스산한 바람도 채워
차마 말을 삼가고

- 「난이 숨 쉰 방이어든」 윤금초

오지고 각다분한 일상의 단애 끝에
기막힌 경지를 지고 손살 젓는 습성이다
천고의 풍안을 닦는 소슬한 이 바람은

- 「가을 전령사」 윤금초

옹달샘 물빛 숲속 조용한 시비로선
하늘과 바람과 별의시인은 외롭지 않으리
바람이 별이 스치는 밤에도 이젠 외롭지 않으리

- 「시비 앞에서」 이상범

너와 나 가슴사이 가로막힌 골짜구니로
언젠가는 종이 울려 파랗게 넘칠게다
대홍안령 넘어오는 바람 속에 소니아여

- 「하늘눈7」 송선영

자거라 · 밤바람아 자거라 · 밤바람아
임자 없는 빈 황원에 소락소락 눈 내린다

- 「설야별장」 송선영

감기는 바람 자락에
꽃잎 드는 엉엉 하늘아!

- 「노들」 서벌

별은 밤마다 꽃 사태 지는 사연

그리운 이가 바람처럼 가고난 뒤의 고요인
여울이 흐름을 알 듯 나는 지혜를 앓으련다

- 「여울이 앓듯」 서벌

버리고 가는 이도 못 잊는 마음
쫓겨 가는 마음인들 무어 다를거냐
돌아보는 구름에는 바람이 해살짓는다
앞대일 언덕인들 미련이나 있을거냐

- 「떠나가는 배」 박용철

서정주 숙이로 인하여 세파를 이겨나가는 원동력의 바람 · 이은상 폭풍우에도 젖지 않는 바람 · 윤금초 마파람 높새바람으로 질근질근 씹어 넘긴다. 이상범 자위적인 바람 · 송선영 명령하여 넘는 기개의 바람 · 서벌 같이 우는 바람 · 박용철 이기려 일어나는 바람 · 바람의 유혹을 넘어서려 하는 바람이다.

- 분홍 신 돌아돌아 의미기호 -

4구: 긴 세월의 의미리듬이 되는 바람은 이쪽저쪽 하늬바람 숲새바람으로 불며 살갗을 파고들고 꽃을 피우고 또 시들게 한다. 풍상을 겪는 음 의미기호의 시조 문예미학리듬이다.

뜨거운 햇별 · 비와 바람 구슬 같은 땅에 젖어
땅은 언제나 부푸는 꿈과 바람
풀나무 온갖 곡식들 땅의 자서전이다

- 「땅의 자서전」 이은상

도토리 서리나무 썩고 마른 고목등걸
천년 비바람에 뼈만 앙상 남았어도
역사는 내가 아느니라 교만스레 누웠다

- 「고목」 이은상

이 지리한 벌판길을 혼자서 터벅터벅
저녁 바람에 흩날리는 흰머리 카락
누가 날 부르는 것만 같아 돌아보면 빈 언덕

- 「돌아보면 빈 언덕」 이은상

바람도 부는 데가 있고 새도 나는 데가 있고
귀양을 단대도 가는 데가 있더구나
갈 데도 올 데도 없이 무슨 큰 죄를 지었노

- 「피난도」 이은상

대숲에 바람 부는 소리 한 밤에 눈지는 소리
백운산 찬 달 아래 거닐다 문득 서서
대처럼 굽히지 말자 다짐하던 옛 기억

- 「대」 이은상

여름밤 서리 치듯 모래 벌 적신 달빛
부용사이 어지러이 눈발 날린 나비도 숨자
으스스 꾀 벗은 가지 찬 풍진만 입었네

- 「탐색4」 윤금초

이은상의 바람은 구슬 같은 땀에 젖는 바람이다. 바람 부는 일을 겪는 이은상의 바람이다. 윤금초의 바람은 풍상의 눈발 날린 바람이다. 눈바람 찬바람 절로 이는 바람이다.

- 바람꽃 바람 뉘리 의미기호 -

5구: 잔잔한 바람이다. 온갖 어려움을 겪은 후의 바람이 부드럽고 잔잔함으로 귓가를 스친다.

시루봉 감돌던 소나기 삼사골을 씻어내려
모시내 살찐 여울목 초록 한 벌 펼쳐 놓고
소슬이 원두목 한 채를 바람 속에 세워놨다

- 「소나기」 정완영

진달래는 산에만 피는데 들국화는 들까지 피네
하늘이 하도 푸르러 흩뿌려 논 난만의
바람도 불만 지르고 속절없이 사라지네 - 「들국화」 정완영

- 잔바람 의미기호 -

6구: 조금씩 조금씩 움직인 바람은 이제는 처음과는 전연 다른 바람이 되어 있다. 새바람이 불어 선녀가 춤추듯 즐거움 바람이다.

- 푸름 아래로 그네타고 내려라 의미기호 -

바람 → 바람의 6구 입체리듬은 (-- · --) · (— · —) · (-- · --) =(1구 · 4구) · (2구 · 5구) · (3구 · 6구) 의 어울림을 이룬다. 이와 같이 갈수록 강해지는 바람마음의 밝기는 그 힘이 세어진다. 바람 · 장녀 · 들어감 · 동남 · 다리 · 닭 을 소재로 하는 바람의 힘은 사람이나 자연을 완전히 바꾸어 놓는다. 모양도 완전히 바꾸어 그 전의 것을 찾아보기 힘든 바람 힘이다.

옛것의 자취조자 없애는 바람에 맞서기보다 바람의 변화에 따라 절대자가 주는 나의 모습을 발견하는 일이다. 바람이 불 때 그 곳에서 현명한 지혜를 하나님으로부터 얻기 때문이다. 종장에서 오히려 바람을 타는 그네를 만들어 삶을 사는 방법의 지혜로 한다.[1)]

그녀를 만나려고 산으로 올라갔다 연초록 치마만을 입고서 웃고 있다
미칠 듯 가슴 부풀고 터질 듯이 반갑다

- 「사랑산행」 이영지

아침 해 알을 낳듯 쏘오옥 떠오르다 점점 떠 떠오르다 점 점 점 둥글

1) 참조 · 명지어문학 204 · 시조문예미학 · 시조창작리듬론 43-50 페이지 참조.

더니 순식간 하늘 한 복판 떠오르며 알리는

연기가 산 숲 사이 쏘오옥 떠오르다 덩어리 마음속에 속 깊이 떠오르다 흰 연기 뭉게뭉게 핀 산 속 깊일 알리는

다섯 살 난 아이의 일흔 번 눈 뜨게로 이마엔 땀이 송긋 점점 더 떠오르다 올라가 하늘한복판 그림자를 알리는

- 「연기」 이영지

물로만 둘러리 선 궁전에 집을 짓고 처음은 질푸르게 바다의 푸른 벽을 백합에 엮기만 했지 물기둥의 꿈 박이

- 「백합조개」 이영지

바람의 앞마당을 댓 비로 싹싹 쓴다
바람 배 남산만큼 불러서 종소리다
단풍이 땡그렁댕댕 햇볕마당 쓸면서

바람의 뒷마당에 몹시도 궁금하던
사람이 남산만한 그리움 종소리로
여기야 댕그렁댕댕 종소리로 울린다

어디서 무얼 하고 있을까 궁금하던
사람을 마당가득 놔주고 허리 펴는
아침의 햇볕마당이 둥그렇게 불러서

- 「바람 배」 이영지

바람 → 바람의 6구 한국시조 문예미학리듬은 처음부터 삶과 죽음 문제 두 개를 대두시킨다. 이 세상에는 창조론과 진화론 학설이 있다. 창조론은 성경의 주장이고 후자 진화론은 과학이론에 근거한다. 이 두 학설에서 전자는 이 세상을 창조한 절대자의 존재인정 신앙 차원이다. 후자 진화론은 논리적임을 주장하는 과학이론이다. 진화론의 가장 큰 문제점은 창조에 대한 반론이다. 진화론! 그래서 계속

뒤로 물러가 원인을 찾아내면 생물의 경우 아메바까지 찾아간다. 동적이론이다. 움직임! 동적 이론의 최초 근원은 움직임 · 에너지 · 살아있음 · 숨 쉼이다. 숨 쉰다는 것과 살아 있음의 공통분모는 동적 에너지다. 살아 있는 존재는 움직인다.

성경에서 신은 하나님의 신 · 여호와의 신 · 이스라엘의 신으로도 언급된다. 어두움에 하나님의 신이 운행하심으로 그 흔적 어두움과 밝음 곧 빛과 어둠으로 한다. 구체적으로 옷니엘에게(삿 3:10) · 기드온에게[삿 6:34] · 삼손[창 13:25] 에게 온 루아흐 רוּחַ이다. 루아흐 엘로힘 רוּחַ אֱלֹהִים[창 1:2] 물위에 하나님의 신이 운행하시느니라의 바람! 루아흐 여호와 יְהוָה -רוּחַ[삿 1:10]: 옷니엘에게 여호와의 신이 그에게 임하셨으므로의 바람이다. 루아흐 여호와 יְהוָה -רוּחַ[삿 6:34] 기드온에게 여호와의 신이 그에게 임하셨으므로의 바람이다. 루아흐 여호와 יְהוָה -רוּחַ[삿 13:25] 여호와의 신이 비로소 삼손에게 임하셨으므로 바람이다. 성서는 하나님의 바람을 하나님의 신 그가 성령으로 세례를 주는 이[1]로 한다. 그리스어나 영어 모두 똑같이 물 위에 부는 하나님의 영! 바람! 영 루아흐 רוּחַ[루아흐··영, sprit, 창세기 1장 2절]이다. 영 Sprit 스프리트, 그리스어 πνεύμα[프네마]이다. 물 위에 부는 하나님의 영 바람 영어: Sprit 스프리트 그리스어 프네마 πνεῦμα[2]는 태어날 때부터 얻어지는 것은 아니다. 하늘로부터 받는 성령의 은혜가 바람이다..

---

1) 그가 곧 성령으로 세례를 베푸시, on whomever thou seest the Spirit, Eφ ὃν ἄν ἴδῃς πνεύμα, 요 1:33).

2) 요한복음 19:30.

26) 58과 58일. 쉰 여드레 즐거움의 입체 시조 문예미학리듬

(1) 58과 58일과 쉰 여드레째 날

58과 58일은 '58 하마심 배 사모 חֲמִשִּׁים וּשְׁמֹנָה[하미쉼 베쉐모나 · 58]'리듬이다. 50과 50번째가 서로 공유하면서 50 하미심 חֲמִשִּׁים[하미쉼 · 쉰] 50번째 하마심 חֲמִשִּׁים[하미쉼 · 쉰]로 한 '58 하마심 배 사모 חֲמִשִּׁים וּשְׁמֹנָה[하미쉼 베쉐모나 · 58]'대신에 '58째 사모나 배 하마심 שְׁמֹנָה וַחֲמִשִּׁים[쉐모나 베하미쉼]'으로 한다. 사이에 못의 의미 곧 십자가에 못 박히는 사랑으로 우리가 사는 의미의 וְ[베]글자를 넣는다. 50 · 물고기 눈 נ[눈 · 물고기 · 신앙인 · 영원][1]과 8 울타리 ח[헤트 · 지붕 · 울타리][2]의 합 함 이미지 공유그리움이다. 독립된 8 여덟 사모나 שְׁמֹנָה[쉐모나 · 여덟]고 여덟째 사모니 שְׁמִינִי[쉐모니]이다.

1 성부 · 2 성자 · 3 성령 · 4 피조물 · 5 구속 · 6 세상의 완전 · 7 성령의 완전 · 8 살찜 · 9 종말 예고 · 10 하나님 질서의 완전함 · 11 파괴와 영웅 · 12 통치적 완전 · 13 혈통 · 14 영적 완전의 혈통 · 15 하나님 은혜로 만들어진 행위 · 16 세상의 일 · 17 축복의 때 · 18 즐거움의 극치 · 19 심판과 연관된 하나님의 질서 · 20 기다림 · 21 영적 완전과 하나님의 완전함 · 22 해체 · 23 절망을 넘

1) E. W 벌링거 · 장상선 감수, 『성경에 나타난 숫자 해설』(서울: 나단 · 2001) · 336.

2) VTMMYS: 『스테판 원어 성경: The Stephen Korean Text of the Hebrew Old Testament Published by Institute of Biblical Languages』 · 서울: 원어성서원 · 2000. 히브리어 알파벳.

어 · 24 하늘의 통치와 경합 · 25 은혜의 본질 · 26 숨 쉼 · 27 성령 충만 · 27 성령 충만 · 28 일곱 가지의 4배량의 일들 · 29 기대 · 30 사역시작 · 31 신성 하나님의 이름 · 32 하나님의 날 · 33 예수님이 이 세상에 사신 나이 · 34 세상을 알아 봐 · 35 신성수의 반 · 36 완전한 통치의 3배 · 37 가장 이미지 · 38 순응 · 39 극복이미지 · 40 출 애굽 · 41 욕심억제 · 42 이익 · 43 결단 · 44 우연 · 45 모임 · 46 오름 · 47 마디 · 48 우물 · 49 개혁 · 50 기쁨 구원 · 51 계시 · 52 넘기 · 53 나무 · 54 즐거움 · 55 성대 · 56 정비 · 57 바람 넘기 · 58 번째의 즐거움 시조 문예미학리듬이다.

그대가 살아있어 정말로 고마와요
하늘이 두 쪽 나도 그대가 살아있어
눈으로 바라보아서 너무너무 고마와

- 「살아있어 고마와요」 이영지

풀들과 나무위에 비 소리 쏴아 쏴아
풀 바다 소리 내며 바다로 풀 바다로
쏴아아 그리운 바다 풀 바다에 쏴아아

- 「풀 바다 비소리 쏴아아」 이영지

그대는 늘 시인의 몸짓을 짓고 있어
우리는 처음으로 우산을 같이 썼지
사랑이 우산 속으로 폭 들어와 내리는

- 「시인의 우산」 이영지

(2) 58일. 한 달 26일, 58일 즐거움 입체 시조 문예미학리듬

초장: 연못 → 중장: 연못 → 종장: 즐거움 참조 주역 궤 58

연못 · 소녀 · 즐거움 · 서 · 입 · 양→ 연못 · 소녀 · 즐거움 · 서 · 입 · 양
(━ · ━) · (━ · ━) · (-- · --) · = (1구 · 4구) · (2구 · 5구) · (3구 · 6구)

물
무리
모였어요
거울이 놓였어요
물결이 흔들려요
물깊이 가슴깊이
호수에
와서 누워요 고요로운 하늘이

- 「하늘이 누워요」 이영지[1)]

1구: 초장: 연못 → 중장: 연못의 방향은 0° 방향이다. 물 위에 둥둥 떠 하늘의 햇볕을 받으며 까르르 까르르 웃는 리듬이다. 연못의 아름다움이 되어 있는 의미기호 0° 방향 지시기호이다. ≡연못 기호가 지시하듯이 물 위에 떠 있는 붕 떠 있는 마음이다. 이 즐거움의 느낌은 다소 경박한 느낌까지 든다.

1구: 연못은 소녀 · 양의 상징성을 지닌다. 소녀 · 양은 진의 뜻이 있는바 장자의 내편 대종사에 신인 · 지인 · 성인으로 도인이며 신선같이 천지의 이치를 체득한 사람이다. 초현실적 경지에 사며 환경의 지배를 받지 않고 시공을 초월한 사람이다. 때문에 연못에는 진인이 있으므로 즐거운 곳이 된다. 연못의 의미지시기호는 땅

1) 그림, 이영지 『시조창작리듬론』 · 57. '즐거움의 리듬'

속으로 물이 스며들지 않음에 있다. 그것은 단단한 위에 물이 있어서이다. 물방울 하나는 또 하나의 물방울과 즐거움으로 만난다.

- 물 무리 모였어요 의미기호 ··

2구: 2구는 양지시기호이다. 믿을 수 있는 두 사람이 진심으로 즐거워 하낟. 땅에 물이 고여 연못이 된 때문이다. 서로 믿기 때문에 나는 새가 꼬리를 호수에 적신다. 비상하려 한다. 나무의 푸르름이 연못에 드리운다. 이 연못 · 호수에는 웃음소리가 들린다.

시절이 태평토다 이 몸이 한가커니
죽림 푸른 곳에 우계성 아니런들
깊이든 일장춘몽을 어느 벗이 깨오리

- 우계 성훈

아해야 소 먹여 내어 북곽에 새 술먹자
대취한 얼굴을 달빛에 실어오니
어즈버 희왕상인을 오늘 다시 보와다

- 조재성

책 덮고 창을 여니 강호에 빅써잇다
왕래백구는 무슴 뜻 머겻는고
맛구려 공명도 말고 너를 조차 놀리라

- 정람

평생에 일이 업서 산수에 노니다가
강호에 님자 되니 세상일 다 니제라
엇더라 강산풍월이 그 벗인가 ᄒᆞ노라

- 낭원군

강산도 죠흘씨고 봉황대 써왓는가
삼산은 반락청천외연을 이수는 중령백로줘로다
이백이 이제 잇셔도 이 경밧긔 못스리라

- 이규보

녹수청산 깁픈 골에 청려완보하여 드러가니
천붕에 백운이요 만학에 연무로다
이곳이 경개됴ᄒᆞ니 예와 놀려 ᄒᆞ노라

- 이명환

말업슨 청산이요 태업슨 유쉬로다
갑업슨 청풍이요 님ᄌᆞ 업슨 명월이라
이중에 병 업슨 이 몸이 분별업시 늘그리라

- 낭원군

강호에 둥실 백구로다
우연히 맛튼 춤이 지거구나 백구등에
백구야 셩ᄂᆡ지마라 세상 더러 ᄒᆞ노라

- 정철

강호에 비갠후니 수천이 빗친데
소정에 술을 싯고 낙대 메고 달여간이
노화에 ᄂᆞᆯ니는 백구는 날을 보고 반긴다

- 김우봉

문압희 흐르ᄂᆞᆫ 물은 태공의 위빈이오
울 뒤에 프ᄂᆞᆫ 지릉의부춘이라
아마도 약수채산은 이 조흔가 ᄒᆞ노라

- 무명씨

고은 볃티 ᄶᅬ안ᄂᆞᆫᄃᆡ 믉결이 기름ᄀᆞᆺ다
그물을 주여두랴 낙시ᄅᆞᆯ 노ᄒᆞᆯ일가
탁영가의 홍이 나니 고기도 니즐로라

- 윤선도

이곡은 어드메요 화암의 춘만커다
벽파의 곳ᄎᆞᆯ 띄워 야외로 보내노라
사ᄅᆞᆷ이 승지를 모르니 알게 ᄒᆞᆫ들 엇더리

- 이이

두류산 양단수를 예듯고 이제 보니
이화 뜬 ᄆᆞᆰ은 물에 산영조ᄎᆞ 잠겻셰라
아희야 무릉이 어듸오 나는 옌가 ᄒᆞ노라

- 조식

명리에 쓰지업서 ᄇᆡ오ᄉᆡ 막ᄃᆡ집고
방수수산ᄒᆞ야가피세대에 드러오니
어즈버 무릉도원도 여긔런가 ᄒᆞ노라

- 박인로

- 거울이 놓였어요 의미기호 -

웃음소리가 있는 곳은 천국이다. 마치 우계의 시조처럼 봄꿈의 자리이다. 조재성의 시조 문예미학에서처럼 세상 시름을 잊는 곳이다. 정람은 책을 읽으며 바라보는 배 떠 있는 강을 보고 즐거워 하며 배타고 놀리라 하고 있다. 낭원군은 강산풍월과 벗하고 있는 일을 최고의 기쁨으로 한다. 이규보는 자연을 벗 삼음에 취한다. 이명한은 이곳에 놀리라 하고 있다. 정철은 백구와의 기쁨을 · 김우봉은 낚시의 기쁨 · 무명씨는 산 속에서의 삶 · 윤선도는 밝은 햇볕 속에서의 낚시 · 이이는 강호에 꽃을 날리는 즐거움을 · 조식은 맑은 물에 비친 산 그림자가 있는 무릉도원에의 기쁨 · 박인로는 베옷에 막대 짚고 자연에 은거하는 기쁨을 읊고 있다. 이러한 세계는 거울처럼 자신을 비추어서 이 세계를 맑고 깨끗하게 정화시켜 주는 이미지이다.

3구: 스스로의 즐거움을 갖지 못하는 연못은 음¨기호를 지시한다. 남에 의하여 질질 끌려가는 슬픔이 있다. 바람이 지나갈 때 흔들린다. 새가 우지 짖을 때 못에 잠긴다.

옛날 어떤 사람이 산에서 나무를 하다가 사슴 한 마리를 좇아 산중으로 깊이 들어갔다. 사슴이 어떤 굴속으로 들어가는 것을 보고 그도 이어서 굴속으로 따라 들어갔다. 조금 들어간 곳에서 그는 눈앞의 한 불이 있는 것을 발견한다. 한 사람에게 물어보니 그들은 옛날 난을 피하여 산 중으로 들어가 촌락을 이루었다고 한다. 그들은 다시 세상과 교통할 생각도 하지 않고 자자손손이 그곳에서 행복스럽게 생활을 계속했다하였다. 이 세상 사람이 혹 오복동을 찾아 가려고 하더라도 결코 찾을 수 없다[1]고 하였다.

진나라 태원 연간에 무릉에 고기잡이를 업으로 하는 사람이 있었다. 어느 날 물을 따라 가다가 그만 길을 잃어버리게 되었다. 그 때 갑자기 수 백보 앞 양편 물가에 복숭아나무 숲이 나타났다. 그 숲에는 잡나무란 하나도 없고 향기로운 풀이 깔린 아름다운 땅 바닥에는 떨어진 꽃잎이 어지러이 흩어져 있었다. 어부는 그것을 매우 이상하게 생각하고 다시 전진을 계속하여 복숭아 숲이 어디서 다하는가를 찾아보려 하였다.

숲이 다하는 곳에 골짜기 시냇물이 수원을 이루는 물이 흘러나오는 산이 앞에 나타났다. 그 산에는 조그만 동구가 있었는데 흡사 그 속에 빛이 있는 듯하여 곧 배를 버리고 그 동굴 속으로 들어가 보았다. 그 동굴은 처음에는 겨우 사람 하나 들어갈 수 있을 정도로 좁았으나 다시 수십보를 더 들어가자 밝고 탁 트이며 넓어졌다.

거기에는 평평하게 넓은 땅이 있었다. 민가들이 그 사이에 가지런히 자리 잡고 있었다. 자세히 보니 기름진 밭과 아름다운 연못과 뽕 나무 · 대나무 따위 숲이 있었다. 저편에서는 닭과 개 우는 소리가 들려오고 그 속에서 왔다 갔다 하는 사람들이 씨 뿌리고 있었다. 일하는 사람들을 보니 남자와 여자가 입은 옷이 모두 외계사람들 같았다. 노인과 아이가 다 같이 즐겁게 스스로 즐기고 있었다.

그들은 어부를 발견하고 크게 놀라면서 어디서 왔는가를 물었다. 그들의 물음에 답하자 곧 그들은 그를 데리고 가서 술자리를 마련하고 닭을 잡아 음식을 대접하였다. 그 마을 사람들은 찾아와 고을 사람을 거느리고

---

1) 손진승 · 『조선민족설화의 연구』. · 57-59.

이 절경으로 들어와서 다시는 나가지 않은 것이라 하였다. 그래서 마침내 밖의 사람들과는 멀어지게 되었다 하였다. 그리고 그들은 지금 밖에는 어떤 세상인가를 물었다. 그들은 한나라가 있었다는 사실조차 모르고 있었으나 위나라 진나라는 말할 나위도 없었다. 어부가 알고 있는 세상 얘기를 하자 그들은 탄식하고 놀라워하는 것이다. 다른 사람들도 제각기 어부를 자기네 집으로 데려가 모두 술과 음식을 대접하였다.

며칠 머문 뒤 떠나려 하자 그곳 사람들은 그곳 얘기를 밖의 사람들에게 말 것을 당부했다. 어부는 그곳을 나와 자기 배를 찾아 집으로 돌아오면서 해놓은 표시를 따라 다시 이곳을 찾는 사람들이 찾아가도록 하였다. 그리고 그의 고을 태수에게 찾아가 자기 경험을 모두 이야기하였다. 태수는 사람을 모아 오면서 표시해놓은 곳으로 찾아가도록 하였다. 마침내 길을 잃고 향방을 알 수 없었다. 남양 땅의 유자기는 고상한 선비였는데 그 얘기를 듣고 흔연히 그곳을 찾아가 보고자 하였다. 그러나 뜻을 이루지 못하고 병이 들어 죽고 말았다. 그 뒤로는 마침내 그곳을 찾아보려는 사람조차 없었다.

- 「도화원기」 도연명

도연명의 도화 원기를 보면 도화원에 갔다가 돌아온 후 그곳을 잊지 못하여 다시 들어가고자 찾았으나 실패한다는 이야기이다. 따라서 무릉도원의 세계는 자연스럽게 몰입될 수는 있어도 의도적일 때는 불가능함을 암시한다. 이처럼 연못의 세계도 또한 마음에서 일어나는 자연스러운 감정의 기쁨이 돋아나는 곳임을 유추하게 된다.

수양산 ᄂᆞ린물이 약어대로 가다ᄒᆞ니
태공이 낙던고기 나도 낙가 보련마ᄂᆞᆫ
그 고기 지금히 업스니 올동말동 ᄒᆞ여라

- 낭원군

- 물결이 흔들린다 의미기호 --

4구: 연못은 이제 진정한 즐거움이 무엇인지 연구하기 시작한다. 바람인가 · 새소리인가 · 꽃잎 날리는 때인가 · 고요한 연못 · 연구하고 또 연구한다.

무릉에 이르르니 물은 한결 조요하고
만경 꽃구름이 서운인양 부시는데
그윽한 풍유소리가 넋을 절로 앗아라

무지개 구름다리 층층이 건너가니
영홍한 산호루는 호심에 잠겨 있고
선인이 역사를 띄워 손짓하여 부른다

꿈속에 그리던 임을 황망히 우러르니
서릿빛 긴 나룻에 춘풍이 감도는 듯
봉의 눈 어린 미소는 나를 잊게 하여라

백포 황건으로 나타나는 선풍도골
취기 도도하여 호방한 신선들은
백옥경 감로를 떠서 내게 잔을 권하나

- 이영도 「무릉」
- 물깊이 가슴깊이 의미기호 -

5구: 5구의 의미지시기호는 양 ━이다. 연못은 이제 스스로 즐거움에 있게 된다. 그 비결은 무엇에 몰두하고 스스로 기쁨이 무엇인지를 찾는 일이다. 잔잔한 호수의 역할은 마음의 정화이다. 마치 시조창을 하는 기분이 되는 연못에의 잔잔한 호수 마음이다. 마치 시조창의 그 안정된 마음의 여유로운 소리이다.

초장의 1구는 한운출수[1]로 여름 구름이 뭉개뭉개 피어오르는 격조이고 2구는 연비루천[2]으로 솔개가 높게 날아 하늘에 오르는 격조이며 3구의 상풍효월[3]로서 달이 높은 하늘에서 서리 바람을 맞으며 고독을 나타

1) 閑雲出岫.
2) 鳶飛戾天.

내고 4구의 잔연고등[1]으로 아주 먼 불빛에 비유된 격조이다. 중장의 1구가 묘입운중[2]으로 구름이 아득한 태산을 헤쳐 가는 격조이고 2구는 고산방석[3]으로 산에서 돌이 구르듯이 거침없이 뛰어내리는 격조이며 3구는 장강유추[4]로 가벼운 사람이 강물을 스쳐가듯이 망망대해를 고요히 지나가는 격조이며 4구는 평사낙안[5]으로 기러기가 백사장으로 내려앉듯이 횡돌아 멈추는 격조이다. 따라서 초장에서 끝 간 데를 모르고 올라갔던 소리가 중장에서는 땅으로 내려옴을 그 끝소리로 한다. 종장 1구는 초장처럼 이제 하늘로 날아오르는 격조도 아니요 중장처럼 내려오는 격조도 아닌 원포귀범[6]으로 먼 바다에서 집으로 돌아오는 뱃노래의 홍겹고 우렁찬 격조이다. 2구는 동정추월[7]로 호수에 비친 밝은 달빛처럼 명쾌하고 찬란한 격조이다. 3구는 완여반석[8]으로 튼튼한 반석이 된 안정성의 격조이다.

- 호수에 의미기호 --

6구: 조용히 마음을 비우고 하늘을 우러르는 연못의 속성으로 하늘이 와 누었습니다.

- 와서 누워요 고요로운 하늘이 의미기호 --

연못 → 연못의 6구 입체리듬은 — · — — · — -- · --의 시조 문예미학리듬이다. 앞 — · — — · —에 -- · --이 누운 형상이다. 이 음--은 그냥 즐거웁기만 한 여자의 노래 소리다. 한 가정의 아내 노래 소리는 집안을 행복하게 한다. 즐거움의 부피가 넓다. 연못의 시조 문예미학리듬은 무에서 유를 만드는 재주를 지닌다.

---

3) 霜風曉月.
1) 殘烟孤燈.
2) 杳入雲中.
3) 高山放石.
4) 長江流水.
5) 平沙落雁.
6) 遠浦歸帆.
7) 洞庭秋月.
8) 完如盤石.

27) 59와 59일. 쉰 아흐레 정화 입체 시조 문예미학리듬

(1) 59와 59일과 쉰 아흐레째 날

59와 59일은 '59 하마심 베 됐어야 חֲמִשִּׁים וְתִשְׁעָה하미쉼 베팃스아 · 59' 리듬이다. 독립된 9 아홉 됐으아 תִּשְׁעָה팃스아 · 아홉 · ἐννεα고 아홉째 됐으이 תְּשִׁעָה텟쉬이 · 아홉째 · ANOMS · ninth · ἔνατος · 창 17:1에 50과 50번째 공유 그리움이다. 독립된 10의 5배가 되는 50 하마심 חֲמִשִּׁים하미쉼 · 쉰와 50번째 하미쉼 חֲמִשִּׁים하미쉼 · 쉰로 공유한다. 그래서 59는 독립된 50이 10의 5곱과 10 · 열 עֲשָׂרָה아사라 · 열 · τεσσαρες 아사라 · 열 · τεσσαρες의 5배가 되면서 50 하마심 חֲמִשִּׁים하미쉼 · 50으로 독립된 9 아홉 됐어야 תִּשְׁעָה팃스아 · 아홉 · ἐννεα와 합하여 '59 하마심 베 됐어야 חֲמִשִּׁים וְתִשְׁעָה하미쉼 베팃스아 · 59'로 한다. 59번째도 9번째 됐으이 וְתְשִׁעִי텟쉬이 · 아홉째 · ANOMS · ninth · ἔνατος · 창 17:1와 50이 합하여 59 됐으이 하마심 חֲמִשִּׁים תְּשִׁעִי(텟쉬이 하미쉼)로 할 것 같지만 그렇지 않다. 아홉번째 됐으이 תְּשִׁעִי텟쉬이 대신에 9 아홉 됐어야 תִּשְׁעָה팃스아와 합하여 '59 됐어야 베 하마심 וַחֲמִשִּׁים תִּשְׁעָה팃스아 베하미쉼'으로 한다. 50과 9의 독립된 수치를 쓴다.

사이에 못의 의미 곧 십자가에 못 박히는 사랑으로 우리가 사는 의미의 ו베글자를 넣는다.

50 수치가 되는 물고기 눈 נ눈 · 물고기 · 신앙인 · 영원[1]과 지혜 이미지 9 테드 ט테드 · 지혜[2]의 합 함 이미지 공유그리움이다. 하마심 베 됐

---

1) E. W 벌링거 · 장상선 감수, 『성경에 나타난 숫자 해설』(서울: 나단 · 2001) · 336.

2) VTMMYS: 『스테판 원어 성경: The Stephen Korean Text of the Hebrew Old

어야의 히브리어 발음의 유사성을 59와 59일 모두 공유한 리듬이다.

사람에게 있어서 장수하면서 이루어 놓은 일들은 푸르름과 어두움과 그리고 빨간 정열의 삶과 그리고 이제 천명을 다한 사람의 정화된 모습이 있다. 이 이미지로 이루어 놓은 시조 문예미학은 정화의 이미지를 전한다.

곧 1 성부 · 2 성자 · 3 성령 · 4 피조물 · 5 구속 · 6 세상의 완전 · 7 성령의 완전 · 8 살찜 · 9 종말 예고 · 10 하나님 질서의 완전함 · 11 파괴와 영웅 · 12 통치적 완전 · 13 혈통 · 14 영적 완전의 혈통 · 15 하나님 은혜로 만들어진 행위 · 16 세상의 일 · 17 축복의 때 · 18 즐거움의 극치 · 19 심판과 연관된 하나님의 질서 · 20 기다림 · 21 영적 완전과 하나님의 완전함 · 22 해체 · 23 절망을 넘어 · 24 하늘의 통치와 경합 · 25 은혜의 본질 · 26 숨 쉼 · 27 성령 충만 · 27 성령 충만 · 28 일곱 가지의 4배량의 일들 · 29 기대 · 30 사역시작 · 31 신성 하나님의 이름 · 32 하나님의 날 · 33 예수님이 이 세상에 사신 나이 · 34 세상을 알아 봐 · 35 신성수의 반 · 36 완전한 통치의 3배 · 37 가장 이미지 · 38 순응 · 39 극복이미지 · 40 출애굽 · 41 욕심억제 · 42 이익 · 43 결단 · 44 우연 · 45 모임 · 46 오름 · 47 마디 · 48 우물 · 49 개혁 · 50 기쁨 구원 · 51 계시 · 52 넘기 · 53 나무 · 54 즐거움 · 55 성대 · 56 정비 · 57 바람 넘기 · 58 즐거움 · 59 신비 이미지까지 왔다.

Testament Published by Institute of Biblical Languages』 · 서울: 원어성서원 · 2000. 히브리어 알파벳.

첫
사랑
잃은
아침
아침이
아
프
도
록

밤
잃음
새하얗다
얼얼히
빰맞다가
빰에서 불꽃 튕기며 불꽃올린 빰 신호

- 「보고 싶은 사람아」 이영지

이제는 하늘도 희디희어서 푸르른 하늘과 흰 눈 같은 포근함과 하얗고 하아얀 마음이 쌓이어 신비로운 때이다.

오는데
하얀 눈이
오는데
보고 싶어
아아주
낮디 낮게 엎드려 나야 나야
하얀 눈 낮디 낮게 와 하얀 창을 흔들어

사랑은
나의 곁에
내 사랑
나의 곁에
나의 그 그리움이 나의 그 그이에게

파도쳐 그리움이 되고 눈 오느라 바다야

- 「눈 오는 바다야」 이영지

입체리듬이 초장과 중장과 종장으로 자리를 옮기면서 초장에서 꿈을 들어낸 일들과 그리고 보다 현실적인 이야기가 전개되는 중장을 거쳐 종장에서 하얀 눈이 내리는 바다 이미지를 나타낸다. 이러한 3색이미지가 되면서 전개되는 이야기는 순리대로 따르는 경지에까지 온 9 혹은 9일째의 리듬이다. 아흐레는 10일의 가장 가까운 나이이다. 아브라함은 나이 99세에 아들[1] 이삭을 얻었다. 이삭은 추수하여 간 뒤 논바닥에 널려진 이삭이다. 룻은 이 이삭을 주어 삶을 이어갔다. 헛되이 살지 않는 이삭이나 룻이 되었다. 하나님이 아브람을 아브라함 되게 하신 것은 창세기 17장 5절에서 아브람이 99세[2] 때이다. 하나님에게 가장 가까이 간 때이다. 곧 100에 가장 가까운 때 아들 생명이 시작된다. 아브람[3]하[4] 하고 숨 쉬게 된 아브라함[5]이 되게 하신다. 그의 아내 사래[6]도 사라[7]라 하시었으니 둘이는 이제 살아나는 일만 남았다. 죽음의 때에 하나님이 사라하신 것은 우리나라에서도 회자하는 살아라! 이다. 사라가 아들을 낳[8]아 살아 간 삶이 신비롭다

1) 창 17:15):16.
2) 창 17:5.
3) אַבְרָם(아브람).
4) הַ(하).
5) אַבְרָהָם(아브라함).
6) שָׂרַי(사래 · 창 17:15).
7) שָׂרָה(사라 · 창 17:15).
8) 창 17:19).

(2) 59일. 한 달 27일, 59일 정화 입체 시조 문예미학리듬

초장: 바람 → 중장: 물 → 종장: 정화 참조 주역 궤 59

바람 · 장녀 · 들어감 · 동남 · 다리 · 닭 → 물 · 중남 · 빠짐 · 북 · 귀 · 대지
(-- · --) · (— · —) · (— · --) = (1구 · 4구) · (2구 · 5구) · (3구 · 6구)

물 무리 흔들린다
정말로 좋아져요
그대들 닮아 가면
마르고 닳도록에
저 구름
내 곁에 서서 구름자락 푸누나

- 「내 곁에 서서 구름자락 푸누나」 이영지[1)]

1구: 초장: 바람 → 중장: 물 리듬 기호 (-- · --) · (— · —) · (— · --) = (1구 · 4구) · (2구 · 5구) · (3구 · 6구)의 바람이 물을 만나는 입체리듬이다. 가운데 마음의 밝은 기운을 중심으로 양쪽으로 흩어지는 리듬이다. 바람 탓이다. 바람이 리듬이 가장 밑에 놓여 물을 이고 있는 형상이다. 가운데로 비교적 균형을 이루면서 아름다운 계절을 보여준다. 바람이 물을 만나는 리듬을 말한다. 이러한 리듬 이유는 바람이 물을 만나면서 바람의 첫째번은 물의 첫째번과 만나고 바람의 둘째 번은 물의 둘째 번과 만나고 바람의 셋째 번은 물의 셋째와 만나는 서로 어울림이 된다. 이 어울림은 바람을 겪을 데로 겪으면서 드디어 셋째 번에서 그 정화를 드러낸다. 처음은 음끼리 만나다가 다음은 양끼리 만나다가 안 되겠다 싶었는지 드디어 정화를 이루는 리듬이다. 1어두움 · 2어두움 · 3구 밝음 · 4구 밝음

1) 그림, 이영지 『시조창작리듬론』 · 112. '프리즘의 리듬'

· 5구 밝음 · 6어두움이 바람에 의해 물이 흔들린다.

- 물 무리 흔들려요 의미기호 ··

2구: 날이 새자 어둠이 물러난다. 봄이 오자 얼음이 녹는다. 바람 위에 물이 춤을 추다가도 햇빛이 나자 혼자 사그라진다. 못 견디게 지루하던 장마가 씻은 듯이 개고 구름은 사라져 하늘은 바다처럼 푸르른데 또 밤에는 둥근 보름달이 둥 실 떠 있다. 신비로움이다.

- 정밀로 좋아져요 의미기호 -

3구: 이 은혜로움에 감격하여 목숨을 걸고 자신 이외의 이를 위하여 헌신한다. 보다 더 반어울림이고 보다 더 찬란하고 보다 더 아름다웁다. 하늘의 별도 · 땅 위의 꽃도 · 바다 속의 진주도 이렇게 사람의 마음을 파랗게 할 수 있을까!

- 그대들 닮아가며 의미기호 -

4구: 저 티끌도 닦아내고 저 바람도 닦아내고 저 어두움도 닦아내고!

- 마르고 닳도록에 의미기호 ··

5구: 가을이 오면 겨울이 오고 겨울이 가면 봄이 오고 이 내 마음도 봄이 가면 여름이 오듯이 여름 오면 가을이 곧 오듯이 풀어진다. 매듭이 풀어진다. 정화이다.

- 저 구름 의미기호 -

6구: 따라서 영원이란 있지 않다. 그러나 아이러니하게도 이러한 변화가 영원성이다.

- 내 곁에 서서 구름자락 푸누나 의미기호 ··

나무가 흔들리면 이 나도 흔들리고
당신을 위하여서 티끌을 씻으면서
저 구름 내 곁에 서서 구름자락 푸누나

- 「내 곁에 서서 구름자락 푸누나」 이영지

그대 그리움에 고요히 젖는 이 밤
한결 외로움도 보배인양 오붓하고
실실히 푸는 그 사연 장지밖에 듣는다

- 「비」 이영도

초장: 바람 → 중장: 물의 입체리듬은 (-- · --) · (— · —) · (— · --) = (1구 · 4구) · (2구 · 5구) · (3구 · 6구)의 바람이 물을 만나는 입체리듬이 된다. 따라서 정화이미지이다. 대응된 관계도 각각 분산되는 형상화이다. 이에 따라 리듬도 풀어지는 리듬화이다. 상징기호로서 물리 광학적 프리즘을 리듬 화 해 볼 수 있다.

사
랑
의 신부되어
연곤지 바르고도
하아얀 드레스로 단장코 섰나이다
순결의 행복이니다
하얀 꽃의
기쁨이
행
복
의 신부되어 사랑에 섰나이다
당신의 보살핌이 아닌게

없나이다
파아란 하늘가에서 아롱지는
오
저의
사랑의 이력서의 앞줄에 적히도록
 바다의
 물 퍼 담듯 끝없는 사랑로(路)로
 기뻐서 발랐나이다 연지곤지
 오
저의

- 「신부」 이영지

흙이라
하실 때에
잠잠히 흙이다가
뜨거운 열기로 구워져 나오라기
천도의 말씀으로만 구워진 날
눈물은
흐르고
흐를수록 하늘이 가까웁고
몸부림
칠
때마다 하얀
살
다듬어져
눈부셔
나도 놀라는 눈물미소 백자의

- 「백자의 전야」 이영지

8못 → 물 → 물 → 연못의 시조 문예미학리듬이 어려움과 마디의 세계라면 물 → 바람 → 바람 → 물은 해체의 정화가 되어 평행선을 이룬다. 영원한 평행선은 나우어 짐과 고임의 문제이어어서이다. 이 구분은 내적인 것과 외적인 것의 영원한 평행선이다.

28) 60과 60일. 쉰 · 신비 입체 시조 문예미학리듬

(1) 60과 60일과 예순째 날

60과 60일은 60 · 싸맥 ס[싸맥 · 지수 · 받침내 · 둘러쌈][1] 이미지가 지닌 하나님의 은혜로 둘러싸는 이미지 공유그리움이다. '60 쉬심 שִׁשִּׁים[쉬쉼 · 60]' 리듬이다. 한국에서 환갑나이 리듬이다. 60과 60일과 예순째 날은 여섯째 날과 깊은 관련이 있기 시작한다. 이 여섯째 자리는 예수님의 날인 엿새째의 날이다. 독립된 6 여섯 쉬사 שִׁשָּׁה[쉬솨 · 여섯 · ἑξ]와 여섯째 쉬 시 שִׁשִּׁי[쉬쉬 · 여섯째 · ANOMS · sixth · τεταρτή · ἑξτή · ἑξτος창 1:31] 에서 출발하여 연상선상에서 60과 60번째와 예순 날이 보여주는 '60 쉬심 שִׁשִּׁים[쉬쉼 · 60]'와 '60째 쉬심 שִׁשִּׁים[쉬쉼 · 60번째]'와 공유그리움이다. 우리말 그대로 쉬심 사람 인생 60이면 쉴 나이가 된 때이다.

하나님은 주일날 쉬시고 예수님은 이 날 일하신다. 이 60의 글자 이미지는 둘러쌈 사메크 ס[사메크 · 지주 · 버팀대] 사메크 סמך[사메크 · 진리를 세움]이다. 역시 히브리어 원그림은 고기이다. 고기는 그리스도인과 사역자 그리고 심지어 예수님 상징성 물고기이다. 한국의 철학 64궤의 반인 32일에다 28일째 더한 날의 입체 시조 문예미학리듬이다.

1 성부 · 2 성자 · 3 성령 · 4 피조물 · 5 구속 · 6 세상의 완전 · 7 성령의 완전 · 8 살찜 · 9 종말 예고 · 10 하나님 질서의 완전함 · 11 파괴와 영웅 · 12 통치적 완전 · 13 혈통 · 14 영적 완전의 혈

---

1) E. W 벌링거 · 장상선 감수, 『성경에 나타난 숫자 해설』 (서울: 나단 · 2001) · 336.

통 · 15 하나님 은혜로 만들어진 행위 · 16 세상의 일 · 17 축복의 때 · 18 즐거움의 극치 · 19 심판과 연관된 하나님의 질서 · 20 기다림 · 21 영적 완전과 하나님의 완전함 · 22 해체 · 23 절망을 넘어 · 24 하늘의 통치와 경합 · 25 은혜의 본질 · 26 숨 쉼 · 27 성령 충만 · 27 성령 충만 · 28 일곱 가지의 4배량의 일들 · 29 기대 · 30 사역시작 · 31 신성 하나님의 이름 · 32 하나님의 날 · 33 예수님이 이 세상에 사신 나이 · 34 세상을 알아 봐 · 35 신성수의 반 · 36 완전한 통치의 3배 · 37 가장 이미지 · 38 순응 · 39 극복이미지 · 40 출애굽 · 41 욕심억제 · 42 이익 · 43 결단 · 44 우연 · 45 모임 · 46 오름 · 47 마디 · 48 우물 · 49 개혁 · 50 기쁨 구원 · 51 계시 · 52 넘기 · 53 나무 · 54 즐거움 · 55 성대 · 56 정비 · 57 바람 넘기 · 58 즐거움 · 59 신비 · 60 신비 이미지이다.

마방진색채수리 1 백색 · 2 흑색 · 3 벽색 · 푸른 돌 색 · 4 녹색 · 5 황색 · 6 백색 · 7 적색 · 8 백색 · 9 자색 중에서 8이 지닌 백색 이미지와 다시 6이 지닌 백색 이미지로 이중 접근된다. 백색이미지가 강한 흰 빛의 3중주 리듬이다. 이 리듬은 예수님이미지이다. 그리고 사람이 하나님의 일을 잘 사역 하노라면 어느새 신에 가까운 아름다운 큰 바위 얼굴이 된다.

한 달 하순의 28일은 이미지를 9로 한다. 이상(李箱)이 만든 69다방의 문학접근이다.

㉘ 흑색 2
벽색 5 9
녹색 4

이 이미지는 시조 문예미학리듬에서 60일째의 날짜이미지 환갑의 이미지이다. 마지막 생애를 남겨둔 일생이미지이다. 따라서 한 달 두 달 이미지에서 마지막 4의 이미지를 남겨둔 이미지이다. 결과를 드러내게 될 만큼 강한 결과를 드러내는 때이다. 이 한 시인의 생애 이미지이기도 한 이 때는 시조문예 초 · 중 · 종장의 리듬을 남다른 이야기로 한다. 하늘엔 하얀 흰 구름 백색 순결이 드러내며 사랑의 의미로 빨간 색을 드러내는 때이다.

사랑의 목소리는 처음엔 하얗다가
차츰음 사랑하며
차츰음 늘어나서
그 끝을
하얀 그리움
섞어놓아
빨갛다

- 「사랑의 목소리는 처음엔 하얗다가」 이영지

그리운 사람들은
그리움 언덕에서
그리움 담굽니다
그리움 단맛이다
그리움 쑤욱 돋아나 솜털사랑
그리움

- 「그리운 사람들은」 이영지

아가야 둥근달이 들어와 화안하지
아가야 우리웃기 하하하 호오호오
아가야 그리움 나라 우리웃기
아가야

- 「아가야 우리 웃기」 이영지

내 동생 다리에는 사알짝 날씬 함이

살풋이 내려앉아 남자 아 사내아이
수려한 아름다움을 받아 주는 삶이지

동생의 목덜미는 유난이 쭈욱 뻗어
한 치는 더 높아서 큰 기로 성큼성큼
걸을 댄 너울거리는 큰 사랑이 담겼지

소중한 기억으로 서로들 바라보는
사람의 그리움이 소중한 기억들이
소롯이 나긋나긋이 나날들이 나포올

- 「시인의 소중함」 이영지

아가야 둥근달이 들어와 화안하지
아가야 우리웃기 하하하 호오호오
아가야 그리움 나라 우리웃기 아가야

- 「아가야 우리 웃기」 이영지

아버지 업혀가는 아버지 오른손이
아버지 새싹하나 파랗게 땅에 놓아
아버지 새파란 꽃잎 길하나가 뜹니다

아버지 산에 두고 뒤돌아 오는 길에
아버지 부랴부랴 꽃잎의 등을 달자
아버지 머리 앞에서 길 하나로 뜹니다

아버지 따라나선 햇빛의 뒤꿈치로
아버지 들리면서 햇빛이 빨라지며
아버지 햇빛 왔어요 햇빛 등에 업혀요

- 「아버지」 이영지

고려장 제도가 없어지게 된 이야기
(참고 신명기 33:29)

(2) 60일. 한 달 28일, 60일 신비 입체 시조 문예미학리듬

초장: 연못 → 중장: 물 → 종장: 신비 참조 주역 궤 60

연못 · 소녀 · 즐거움 · 서 · 입 · 양 → 물 · 중남 · 빠짐 · 북 · 귀 · 대지
(━ · --) · (━ · ━) · (-- · --) = (1구 · 4구) · (2구 · 5구) · (3구 · 6구)

연못의 물 무리 안
세상을 구경하다
바람 뉘 한 나올로
빗물 속 비단비늘
은빛 물 반어울림이니
때때옷
철을 입었다 한껏 뽐내 보느라

- 「비단비늘」 이영지[1])

1구: 초장: 연못 → 중장: 물의 시조 문예미학리듬 기호 (━ · --) · (━ · ━) · (-- · --) - (1구 · 4구) · (2구 · 5구) · (3구 · 6구)의 연못이 물을 만나는 입체리듬이다. 처음은 조화 그 다음은 양끼리 그리고 그 마지막은 음끼리만 모여 끼리끼리 놀기를 좋아하는 연못에 물이 있는 리듬이다. 연못이 물을 만나는 결혼신화의 시조 문예미학리듬[2])이다.

연못 속에 물이 많다. 그러나 물은 연못으로 하여 흐르는 데에 한정성이 있다. 그러나 이 안에서 고기가 살고 꽃들이 하늘거리고 새가 와서 속삭인다.

- 연못의 물 무리로 의미기호 -

1) 그림, 이영지 『시조창작리듬론』 · 108. '유별난 생애의 리듬'
2) 참고: 연못이 물을 만나는 시조 문예미학리듬(47).

2구: 바람이 불면 잔잔한 연못의 물이 파란 잎 휘늘어진 버들강아지 세상 구경을 한다.

- 세상을 구경하다 의미기호 ━

3구: 바람이 심하게 불던 날 연못 고기가 세상 바깥으로 나왔다

- 바람 눠 한 나올도 의미기호 ╍

4구: 아이러니하게도 더욱 세찬 바람이 불고 비가 오던 날 물고기가 다시 연못으로 오게 되었다.

- 빗물 속 비단비늘 의미기호 ╍

5구: 봄이면 봄노래 듣고 가을이면 가을 꽃 구경하며 또 겨울 흰 눈 내리는 날 하얀 비늘을 입는다.

- 때때옷 의미기호 ━

6구: 고기가 이제야 연못 속에6구: 서 아는 지혜를 배운다.

- 철을 입었다 한껏 뽐내 보느라 의미기호 ╍

(━ · ╍) · (━ · ━) · (╍ · ╍) = (1구 · 4구) · (2구 · 5구) · (3구 · 6구)의 입체리듬을 가지는 ☱연못이 ☵물을 만나는 리듬이다. 연못이 물을 만나는 리듬은 동양권에서는 가장 밑이 1번이 됨으로 ☱연못이 먼저 놓이고 그 다음이 ☵물의 순서이다. 그러므로 연못 아래 놓이고 그 위에 물이어서 연못에 물이 많다. 1구 밝음 · 2 어두움 · 3구 밝음 · 4구 밝음 · 5 어두움 · 6 어두움이다. 연못 위에 물이 있으므로 사람들에게 유용하다.

29) 61과 61일. 쉰 하루 질서 입체 시조 문예미학리듬

(1) 61과 61일과 예순 하루째 날

61과 61일은 '61 쉬심 배 에 하다 וְאֶחָד שִׁשִּׁים(쉬쉼 베에하드)' 리듬이다. 60 · 싸맥 ס 싸맥 · 지수 · 받침내 · 둘러쌈[1] 이미지가 지닌 하나님의 은혜로 둘러싸임 의미와 한 날 에하드[2]의 첫 날[3] 1 א 아[4] · 나 · 배움 이미지 공유그리움이다. 독립된 1 하나 에하드 אֶחָד 에하드 · 하나 · ANCMS · εἰς. μια · ἐν · 창 1:5와 첫째 로손 רִאשׁן 로손 · 첫째 · Σν ἀρχῄ · πρωτος 그리고 60은 6 여섯 쉬사 שִׁשָּׁה 쉬솨 · 여섯 · ἕξ와 여섯째 쉬시 שִׁשִּׁי 쉬쉬 · 여섯째 · ANOMS · sixth · τεταρτῄ · ἕξτῄ · ἕξτος창 1:31의 10배 60 쉬심 שִׁשִּׁים 쉬쉼 · 60와 60일째 쉬심 שִׁשִּׁים 쉬쉼 · 60번째에서 '61 쉬심 배 에 하다 וְאֶחָד שִׁשִּׁים(쉬쉼 베에하드)'이다. '61번째 에하드 배 쉬심 וְשִׁשִּׁים וְאֶחָד 에하드 베쉬쉼 · 61번째 · ANOMS · sixteen one'이다. 사이에 사랑 וְ 베 글자를 넣는다.

1 성부 · 2 성자 · 3 성령 · 4 피조물 · 5 구속 · 6 세상의 완전 · 7 성령의 완전 · 8 살찜 · 9 종말 예고 · 10 하나님 질서의 완전함 · 11 파괴와 영웅 · 12 통치적 완전 · 13 혈통 · 14 영적 완전의 혈통 · 15 하나님 은혜로 만들어진 행위 · 16 세상의 일 · 17 축복의

---

1) E. W 벌링거 · 장상선 감수, 『성경에 나타난 숫자 해설』 (서울: 나단 · 2001) · 336.

2) אֶחָד יוֹם(욤 에하드 · 한 날 · 창 1: 5).

3) E. W 벌링거 · 장상선 감수, 『성경에 나타난 숫자 해설』 (서울: 나단 · 2001) · 336.

4) VTMMYS: 『스테판 원어 성경: The Stephen Korean Text of the Hebrew Old Testament Published by Institute of Biblical Languages』 · 서울: 원어성서원 · 2000. 히브리어 알파벳.

때 · 18 즐거움의 극치 · 19 심판과 연관된 하나님의 질서 · 20 기다림 · 21 영적 완전과 하나님의 완전함 · 22 해체 · 23 절망을 넘어 · 24 하늘의 통치와 경합 · 25 은혜의 본질 · 26 숨 쉼 · 27 성령 충만 · 27 성령 충만 · 28 일곱 가지의 4배량의 일들 · 29 기대 · 30 사역시작 · 31 신성 하나님의 이름 · 32 하나님의 날 · 33 예수님이 이 세상에 사신 나이 · 34 세상을 알아 봐 · 35 신성수의 반 · 36 완전한 통치의 3배 · 37 가장 이미지 · 38 순응 · 39 극복이미지 · 40 출애굽 · 41 욕심억제 · 42 이익 · 43 결단 · 44 우연 · 45 모임 · 46 오름 · 47 마디 · 48 우물 · 49 개혁 · 50 기쁨 구원 · 51 계시 · 52 넘기 · 53 나무 · 54 즐거움 · 55 성대 · 56 정비 · 57 바람 넘기 · 58 즐거움 · 59 신비 · 60 신비 · 61 질서 이미지이다.

61과 61번째는 1 의미가 주는 절대성[1]과 60이 지닌 6의 은총 곧 1 성부 · 2 성자 · 3 성령 · 4 피조물 · 5 구속 · 6 세상적인 완전함이 합하여 지는 이미지이다. 6의 10배 의미[2]사람 한자 人 자가 사람이 서로 의지하여야 산다는 줄 알았는데 하나님과 사람이 서로 연결되어 있어야 사람이 사는 일이다. 예수를 고리로 사람과 하나님 사이를 잇게 하는 사람 人 자가 있다. 이 때 고리 히브리어는 못의 의미로 예수가 십자가에 달림 고리로 연관된다.

61과 61일과 예순 하나 째의 색채 이미지는 하나 백색 이미지와 6에 해당하는 백색이미지가 있어서 강한 백색의 이미지가 선택되면

---

1) E. W 벌링거 · 장상선 감수, 『성경에 나타난 숫자 해설』 (서울: 나단 · 2001) · 70.

2) E. W 벌링거 · 장상선 감수, 『성경에 나타난 숫자 해설』 (서울: 나단 · 2001) · 191.

서 여섯째 날의 예수의 죽음과 관련한 세마포의 하얀 백색이미지가 연상된다. 두 달 계산법으로 한 달 하고도 29일째 리듬은 백색이 그 의미소의 주가 되는 때이다.

북에서 나와야지 아내와 꽃을 들고
오
네가 좌한다면
오
나는 우하여서
헐벗은 땅 몇 데기 만 눈을 들어
포르름

- 「아내이랑」 이영지

너무나
사랑하여
사랑 병 움 틉니다
새벽이 병이되어
저녁이 병이되어
만나는 날의 날마다 은하수의
사랑 병

눈물로
다리 놓고
하루를 기다리고
이틀을 기다리다
별들의 꿈 모아서
다리를 만들어놓아 은하수로 사랑 병

무릎을
꿇어앉고
두 눈을 감고서도
하루가 멀다않고 당신에 빠져들어
보고픈 그리움 풀어 그 속에서 찾으면 - 「너무나 사랑하여」 이영지

(2) 61일. 한 달 29일, 61일 질서 입체 시조 문예미학리듬

초장: 바람 → 중장: 연못 → 종장: 질서 참조 주역 궤 61

바람 · 장녀 · 들어감 · 동남 · 다리 · 닭 → 연못 · 소녀 · 즐거움 · 서 · 입 · 양
(-- · —) · (— · —) · (— · --) = (1구 · 4구) · (2구 · 5구) · (3구 · 6구)

호수에 학 한 마리
깃 털어 은 비단길
빠알간 꽃 둥우리 가만히 얼굴 들어
이 새벽 불러들여
그리움
마디마디에 학이 앉는 구릉 터

- 「깃 털어 은 비단길」 이영지[1]

1구: 초장: 바람 → 중장: 연못 리듬 기호 (-- · —) · (— · —) · (— · --) = (1구 · 4구) · (2구 · 5구) · (3구 · 6구) 의 입체리듬이다. 연못 아래 바람이 있다. 연못 안에 살아 움직이는 생물들!

- 호수에 학 한 마리 의미기호 --

2구: 연못에 잔잔한 파문이 일며 바라보는 이의 마음을 즐거웁게 한다. 봄 진달래 피면 온통 연못은 아름다운 진달래 꽃밭이다.

- 깃 털어 은 비단길 의미기호 —

3구: 빠알간 꽃 둥우리 두둥실 떠간다.

- 빠알간 꽃 둥우리 의미기호 —

4구: 무엇이든지 다 보여줄 수 있으면서도 숨기는 바람이다.

1) 그림, 이영지 『시조창작리듬론』 · 179. '질서의 리듬'

- 가만히 얼굴 들어 의미기호 -

5구: 새가 날개 아래, 알을 품고 있다.

- 그리움 의미기호 -

6구: 대나무의 마디마디 그 절제와 예의도 드리민다.

- 마디마디에 학이 앉는 구룡터ㅍ

(-- · —) · (— · —) · (— · --) = (1구 · 4구) · (2구 · 5구) · (3구 · 6구) 의 입체리듬의 입체리듬을 가지는 ☴바람 위에 ☱연못 리듬이다. 동양권에서는 가장 밑이 1번이 됨으로 ☴바람이 먼저 놓이고 그 다음이 ☱연못이다. 그러므로 연못 아래 놓이고 바람이어서 움직이는 것들의 모습이 수면위로 뜬다. 이러한 아름다운 질서는 아주 거대한 균형을 유지하는 질서이다.

옷깃의 바람이다 빛보라 꽃 꽃들이 쏴아암 한웅큼이 어울려 돌아돌아
내 봄에 돌아들어서 나는 봄의 봄에서

우아이 한봄만이 내게와 내게로만 들어와 허리 돌릴 그 때에 철쭉보라
물결이 울렁울러엉 덜렁덜렁 가슴이

파란 잎 한데 엉겨 돌이며 날 보느라 돌리며 허리 돌려 내 봄이 나를
감고 부르며 불러불러라 어지러워 아아아

봄 감고 하루 종일 두르고 봄이 나를 분홍이 한데 얼려 분바른 봄의
분홍 하루를 낳아놓고도 하루 낳고 새파란
골목이 목련 하늘 받들고 우아이다 꽃다발 개나리가 우아이 자목련이
골목이 봄의 하늘을 떠받들고 우아 봄

- 「별 띄」 이영지

30) 62와 62일. 쉰 이틀 위대한 힘 입체 시조 문예미학리듬

(1) 62와 62일과 예순 이틀째 날

62와 62일은 '62 쉬심 배 서네 임 שִׁשִּׁים וּשְׁנַיִם 쉬쉼 베스네임' 리듬이다. 60 · 싸맥 ס 싸맥 · 지수 · 받침내 · 둘러쌈[1] 이미지가 지닌 하나님의 은혜로 둘러싸임 의미와 2 베트 집 ב 베트 · 집에서 아기가 자라[2] 양육자[3]가 되는 이미지 공유그리움이다.

독립 2 둘 서네 임 וּשְׁנַיִם 스네임 · 둘 · δυο 둘째는 세 네 שֵׁנִי 쉐네 · 둘째 · ANOMS · the second · δευτέρα · δευτερος · 창 1:8 그리고 6과 6번째도 서로 공유그리움이다. 독립된 6 여섯 쉬 시 שִׁשָּׁה 쉬쇄 · 여섯 · ἕξ와 여섯째 쉬시 שִׁשִּׁי 쉬쉬 · 여섯째 · ANOMS · sixth · τεταρτή · ἕξτή · ἕξτος창 1:31의 10배 60 שִׁשִּׁים 쉬쉼 · 60과 60일째 쉬 심 שִׁשִּׁים 쉬쉼 · 60번째 서로 공유그리움이다. 62는 독립된 60이 10의 6곱이다. 10 · 열 עֲשָׂרָה 아사라 · 열 · τεσσαρες의 6배!

62는 독립된 10의 6배가 되는 60을 10의 6 복수지시로 60과 62일은 서로 공유그리움이다. 독립된 10의 6배가 되는 60을 복수지시로 60 쉬심 שִׁשִּׁים 쉬쉼 · 60로 한다. 60일째 쉬 심 שִׁשִּׁים 쉬쉼 · 60번째 여기에 독립된 '62 쉬심 배 서네 임 שִׁשִּׁים וּשְׁנַיִם 쉬쉼 베스네임'로 한다. '62째 서네 임 배 하마심 וּשְׁנַיִם שִׁשִּׁים 스네임 베하미쉼 · 62번째 · ANOMS · sixteen two'로 쉬는

1) E. W 벌링거 · 장상선 감수, 『성경에 나타난 숫자 해설』(서울: 나단 · 2001) · 336.
2) 최명애 · 『알기쉬운 히브리어 기초와 그 의미』(서울:쿰란출판사 · 2005) · 69.
3) 최명애 · ob cit · 71.

이미지이다. 사이에 못의 의미 곧 십자가에 못 박히는 사랑을 더한다는 의미의 ו[베]글자가 있다.

1 성부 · 2 성자 · 3 성령 · 4 피조물 · 5 구속 · 6 세상의 완전 · 7 성령의 완전 · 8 살찜 · 9 종말 예고 · 10 하나님 질서의 완전함 · 11 파괴와 영웅 · 12 통치적 완전 · 13 혈통 · 14 영적 완전의 혈통 · 15 하나님 은혜로 만들어진 행위 · 16 세상의 일 · 17 축복의 때 · 18 즐거움의 극치 · 19 심판과 연관된 하나님의 질서 · 20 기다림 · 21 영적 완전과 하나님의 완전함 · 22 해체 · 23 절망을 넘어 · 24 하늘의 통치와 경합 · 25 은혜의 본질 · 26 숨 쉼 · 27 성령 충만 · 27 성령 충만 · 28 일곱 가지의 4배량의 일들 · 29 기대 · 30 사역시작 · 31 신성 하나님의 이름 · 32 하나님의 날 · 33 예수님이 이 세상에 사신 나이 · 34 세상을 알아 봐 · 35 신성수의 반 · 36 완전한 통치의 3배 · 37 가장 이미지 · 38 순응 · 39 극복이미지 · 40 출애굽 · 41 욕심억제 · 42 이익 · 43 결단 · 44 우연 · 45 모임 · 46 오름 · 47 마디 · 48 우물 · 49 개혁 · 50 기쁨 구원 · 51 계시 · 52 넘기 · 53 나무 · 54 즐거움 · 55 성대 · 56 정비 · 57 바람 넘기 · 58 즐거움 · 59 신비 · 60 신비 · 61 질서 · 62 위대한 힘 이미지까지 왔다.

가랑비 소곤소곤
소낙비 타닥타닥
보슬비 보슬보슬
이슬비 몽글몽글
장마비 쿵쿵구르며 쿵쿠우 파아악

- 「비비비」 이영지

(2) 62일. 한 달 30일, 62일 위대한 힘 입체 시조 문예미학리듬

초장: 산 → 중장: 우레 → 종장: 위대한 힘 참조 주역 궤 62

산 · 소남 · 정지 · 동북 · 손 · 개 → 우레 · 장남 · 고기 · 움직임 · 동 · 발
(-- · —) · (-- · --) · (— · --) = (1구 · 4구) · (2구 · 5구) · (3구 · 6구)

날개의 깃 내려서 잎 바람 입 맞추랴
물소리 나뭇잎에 은빛을 넣어주랴
그대로 찬가를 불러 따슨 햇빛 밟으랴

– 「입 맞추랴」 이영지[1)]

1구: 산 → 우레의 시조 문예미학리듬은 (-- · —) · (-- · --) · (— · --) = (1구 · 4구) · (2구 · 5구) · (3구 · 6구)의 입체리듬 초장(-- —) 중장(-- --) 종장(— --)의 입체리듬으로 동양권에서는 가장 밑이 1번이 됨으로 ☶산이 먼저 놓이고 그 다음이 ☳우레의 순서이다. 그러므로 ☶산이 아래 놓이고 그 위에 ☳우레가 있다. 곧 산 위에 우레의 모양이다.

산이 우레를 만나 180°의 아주 높은 산 위에 산의 소리가 표효하는 즉 산이 높음을 자랑하는 모습이다. 산이 스스로 소리 내지 못했던 산(山)소리가 나는 리듬이다. 산이 부르고 싶었던 야호 · 여호와를 크게 웨치는 리듬이다. 그 증거는 1구에서 6구까지의 시조 문예미학리듬 -- -- — — -- --1구 2구 3구 4구 5구 6구이 보여주는 바는 아주 높은 산이 그야말로 산 높이를 이루는 높은 산의 모습이다.

1구는 날개의 깃 내려서의 시조 문예미학리듬이다. 아주 낮게 깃

1) 그림, 이영지 『시조창작리듬론』 · 174. '날개나는 새의 리듬'

을 내리는 일은 아주 작은 나가 되는 리듬이다. 이 리듬은 대기의 압력을 낮추려는 지혜리듬이다. 이 세상 삶의 어려움을 이기려는 자세이다.

- 날개의 깃내려서 의미기호 --

2구: 잎 바람 입 맞추랴 시조 문예미학리듬으로 산을 먼저 만날 수도 있고 바람을 먼저 만날 수도 있는 리듬이다. 그러므로 작은 연 잎 위에 뜨는 바람이 입 맞추는 리듬이다. 연밥부터 만나는 순간 연 잎 위 흔들리는 바람과 연밥 바라는 잎으로 · 그리고 개울물 소리를 만나면서 그 개울과 입 맞추는 리듬이다.

- 잎 바람 입 맞추랴 의미기호 --

3구: 물소리 나뭇잎에 만나는 리듬으로 만남의 아름다움을 노래하는 리듬이다.

- 물소리 나뭇잎에 의미기호 -

4구: 은빛을 넣어주랴의 마음의 되는 시인은 만나는 삶의 어두움에서 밝음으로 나아가는 나의 아름다운 생애가 이어지는 리듬이다.

- 은빛을 넣어주랴 의미기호 -

5구: 그대를 향한 삶의 시조 문예미학리듬을 말한다. 나는 누구를 향하여 산다. 그러기에 그 대상에게 어떻게 하느냐에 따른 내 마음이 비치는 삶이다.

- 그대로 의미기호 --

6구: 찬가를 불러 따슨 햇빛 밝으랴 시조 문예미학리듬이다. 내가 만나는 대상이 어떤 대상이던지 관계없이 내 마음에서 우러나오는 마음을 주어야 함을 뜻하는 리듬이다. 생활에 아름다운 마음을 넣는 리듬이다. 가을 뜨락 산 햇빛은 낙엽 밑에서도 산에 오르는 이의 발을 따듯하게 하는 리듬이다.

- 찬가를 불러 따슨 햇빛 밝으랴 의미기호 ··

산이 우레를 만나는 리듬은 아주 높은 산이 표호하는 모습이다. 나의 생애가 그 빛을 발하는 리듬이다. 곧 - - + + - -의 시조 문예미학리듬이다. 그러므로 이 높은 산이 정말 기쁜 마음으로 살아간다. 모두 눈 아래 보이는 리듬이다. 삶의 가치가 투영되는 리듬이다. 중심이 잡혀 있는 리듬이다. 날기의 거리를 넓히어 위대한 크기를 만드는 리듬[1]이다.

> 커다란 눈을 가진 그대에 난 조금도 벗어날 수 없었소 저엉말 그랬었소 산비탈 작은 나무에 겨우겨우 숨지만
>
> 아 아주 재잘재잘 산새가 내 소식을 전해서 주었잖소 언제나 늘 그렇게 속삭여 재잘거리며 떠난 만큼 당기는
>
> 그대의 문지기로 햇빛이 제일먼저 나무에 돌아들면 그대는 커다랗게 태양을 가득 실어와 노래 얹어 주었오
>
> - 「산」 이영지

1) 참조 · 명지어문학 205 시조문예미학 · 시조창작리듬론 174-175 참고 ⚊ ⚋⚌⚍ ⚎⚏ ☰하늘 ☱(연못) ☲(불) ☳(우레) ☴(바람) ☵(물) ☶(산) ☷(땅).

31) 63과 63일. 쉰 사흘 안배 입체 시조 문예미학리듬

(1) 63과 63일과 예순 이틀째 날

63과 63일은 '63 쉬심 배 새로 사 ששים וְשְׁלֹשָׁה 쉬심 베쉐로솨 · 63' 리듬이다. 60 · 싸맥 ס 싸맥 · 지수 · 받침내 · 둘러쌈[1] 이미지가 지닌 하나님의 은혜로 둘러싸임 의미와 3 기멜 ג 기멜 · 낙타 · 은혜갚음[2]의 합 함 이미지 공유그리움이다. 독립된 3 셋 새로 사 שְׁלֹשָׁה 쉐로솨 · 셋 · τρεις고 셋째 새로 시 שְׁלִישִׁי 쉐리시 · 셋째 · ANOMS · the third · τριτη · τριτος · 창 1:13이다. 독립된 60 쉬심 שִׁשִּׁים 쉬쉼 · 60과 60일째 שִׁשִּׁים 쉬쉼 · 60번째 또한 서로 공유그리움이다. 63은 3 셋 새로 사 שְׁלֹשָׁה 쉐로솨 · 셋 · τρεις와 '63 쉬심 배 새로 사 ששים וְשְׁלֹשָׁה 쉬심 베쉐로솨 · 63'로 하고 63번째 새로 사 배 쉬심 שְׁלֹשָׁה וששים 쉐로솨 쉬심이 아닌 즉 서수개념이 아닌 독립된 수치를 쓴다. 못 글자로 십자가 사랑을 더한다는 의미의 ו 베 글자를 넣는다.

1 성부 · 2 성자 · 3 성령 · 4 피조물 · 5 구속 · 6 세상의 완전 · 7 성령의 완전 · 8 살찜 · 9 종말 예고 · 10 하나님 질서의 완전함 · 11 파괴와 영웅 · 12 통치적 완전 · 13 혈통 · 14 영적 완전의 혈통 · 15 하나님 은혜로 만들어진 행위 · 16 세상의 일 · 17 축복의 때 · 18 즐거움의 극치 · 19 심판과 연관된 하나님의 질서 · 20 기

---

1) E. W 벌링거 · 장상선 감수, 『성경에 나타난 숫자 해설』 (서울: 나단 · 2001) · 336.

2) VTMMYS: 『스테판 원어 성경: The Stephen Korean Text of the Hebrew Old Testament Published by Institute of Biblical Languages』 · 서울: 원어성서원 · 2000. 히브리어 알파벳.

다림 · 21 영적 완전과 하나님의 완전함 · 22 해체 · 23 절망을 넘어 · 24 하늘의 통치와 경합 · 25 은혜의 본질 · 26 숨 쉼 · 27 성령 충만 · 27 성령 충만 · 28 일곱 가지의 4배량의 일들 · 29 기대 · 30 사역시작 · 31 신성 하나님의 이름 · 32 하나님의 날 · 33 예수님이 이 세상에 사신 나이 · 34 세상을 알아 봐 · 35 신성수의 반 · 36 완전한 통치의 3배 · 37 가장 이미지 · 38 순응 · 39 극복이미지 · 40 출애굽 · 41 욕심억제 · 42 이익 · 43 결단 · 44 우연 · 45 모임 · 46 오름 · 47 마디 · 48 우물 · 49 개혁 · 50 기쁨 구원 · 51 계시 · 52 넘기 · 53 나무 · 54 즐거움 · 55 성대 · 56 정비 · 57 바람 넘기 · 58 즐거움 · 59 신비 · 60 신비 · 61 질서 · 62 위대한 힘 · 63 안배 이미지이다.

> 아아주 짙은 청색 하늘에 줄 내리며 네 잎의 클로버를 건져다 올려놓고 높다란 청색 하늘의 줄을 내려 실리면
>
> 무너미 행복 줄이 거기서 여기까지 들어와 하루라도 거르는 일이 없이 쭈우욱 길게 늘어서 하늘길이 열린다
>
> - 「무너미」 이영지

> 현깃증 어지럼증 도지는 날이로다 하늘이 얼굴에다 덧분을 잔뜩 발라 눈 둘 길 몰라몰라라 지금 내 눈 뱅글 뱅
>
> 돌아라 봄만으로 꽃나무 동네만도 나로선 과분하여 몸 둘 길 모르는데 분홍의 얼굴 되라고 덧 분까지 발라서
>
> 현깃증 돌아돌아 발길이 뒤뚱뒤뚱 파아랑 모자까지 아이고 마 내사 마 눈 둘 길 없어라 마아 모르겠다 봄 사내
>
> - 「벚꽃」 이영지

(2) 63일. 한 달 31일, 63일 안배 입체 시조 문예미학리듬

초장: 물 → 중장: 불 → 종장: 안배 참조 주역 괘 63

물 · 중남 · 빠짐 · 북 · 귀 · 대지 → 불 · 중녀 · 붙음 · 남 · 눈 · 꿩
(-- · —) · (— · --) · (-- · —) = (1구 · 4구) · (2구 · 5구) · (3구 · 6구)

잘 새가 되돌아서
날개깃 깃들이고
물결 속 물결위로 불속의 불꽃으로
두 손의 휘파람 뉘는 어느 메 쯤 갔는가

- 「휘파람 뉘는 어느 메 쯤」 이영지[1)]

1구: 초장: 문 → 중장: 불의 시조 문예미학리듬 기호(-- · —) · (— · --) · (-- · —) = (1구 · 4구) · (2구 · 5구) · (3구 · 6구)의 물이 불을 만나는 입체리듬이다. 오목렌즈와 볼록렌즈모형이 안배된 리듬이다. 날개를 내리고 왼쪽 날개를 내리고 있다가 마지막에는 오른쪽 날개를 높이는 형상이다. 안배이다. 잘 새 들이 잘 곳을 찾아 날아든다. 한적한 바다는 석모도에 있고 · 해안 절벽 바위샘은 추암에 있고 · 철새들의 낙원은 간월도에 있고 · 월출산과 바다의 아름다움은 강진 만에 · 기암괴석과 38경은 금산에 있다.

- 잘 새가 되돌아서 의미기호 ··

2구: 예복에 쓰이는 장식을 잃었다. 그러나 당황하지 않는다. 이 시간은 양과 음의 시간으로 날개깃 물을 만나는 시간이다. 혹은 남자가 여인에게 깃을 내리는 리듬이다.

---

1) 그림, 이영지 『시조창작리듬론』 · 134. '견제의 리듬'

- 날개짓 길들이고 의미기호 ⚊

3구: 물을 솥이나 가마에 넣고 끓이면 물과 불이 합하여 그 기운이 합쳐져서 물건이 익는다. 각기 다른 특징을 지니면서도 아늑함이 연출되는 리듬이다.

- 물결 속 물결위로 의미기호 ⚋

4구: 배 밑으로 스며든 물을 구멍이 숭숭 뚫린 천으로 막으면 배는 침몰한다.

- 불속의 불꽃으로 의미기호 ⚊

5구: 가난한 자의 은전 한 잎의 헌금! 5구는 느림의 미학리듬이다. 모든 것을 내려놓고 그리고 안식을 위한 시간을 갖는 리듬이다.

- 두 손의 의미기호 ⚋

6구: 큰 강을 건너는데 준비가 없으면 물속에 빠진다. 높은 지위에서 다스릴 힘이 없으면 단체는 해체된다. 6구는 후렴구 역할로 날개를 내리는 리듬이다. 조화의 시조 문예미학리듬이다.

- 휘파람 뉘는 어느 메 쯤 갔는가 의미기호 ⚊

물 → 불의 입체리듬은 (⚋ · ⚊) · (⚊ · ⚋) · (⚋ · ⚊) 의 물이 불을 만나는 리듬[1]이다. 입체리듬이 보여주는 바와 같이 (⚋ · ⚊) · (⚊ · ⚋)로 그리고 (⚊ · ⚋) · (⚋ · ⚊) 리듬으로 안배되고 있다. 밝은 의소가 끝에 배치됨으로써 긍정적인 안배가 된다.

---

1) 참조 · 명지어문학 207 시조문예미학 · 시조창작리듬론 133-135 참고 ⚊ ⚋ ⚌ ⚍ ⚎ ⚏ ☰하늘 ☱(연못) ☲(불) ☳(우레) ☴(바람) ☵(물) ☶(산) ☷(땅).

32) 64와 64일. 쉰 나흘 영구 입체 시조미학 문예리듬

(1) 64와 64일과 예순 나흘째 날

64와 64일은 '64 쉬심 베 알아 봐 שִׁשִּׁים וְאַרְבָּעָה[쉬쉼 베알아 봐 · 64]' 리듬이다. 60 · 싸맥 ס[싸맥 · 지수 · 받침내 · 둘러쌈][1] 이미지가 지닌 하나님의 은혜로 둘러싸임 의미와 4 데트 ד[데트 · 문 · 가슴][2]의 문 의미와 가슴 이미지 공유그리움이다.

독립된 64는 독립된 4 넷 알아 봐 אַרְבָּעָה[알아 봐 · 넷 · τεσσαρες]와 여섯 쉬 사 שִׁשָּׁה[쉬솨 · 여섯 · ἕξ]의 10배 복수 60 쉬심 שִׁשִּׁים[쉬쉼 · 60]가 한데 어울려 '64 쉬심 베 알아 봐 שִׁשִּׁים וְאַרְבָּעָה[쉬쉼 베알아 봐 · 64]'로 한다. 반면 64번째 법칙은 64 번째도 4번째 레비이 רְבִיעִי[레비이 · 넷째 · ANOMS · forth · τεταρτή · τεταρτος · 창 1:19]와 60이 합하어 당연히 64 레비이 쉬심 וְרְבִיעִי שִׁשִּׁים[레비이 쉬쉼]로 할 것 같지만 그렇지 않다. 네번째 레비이 רְבִיעִי[레비이 · 넷째 · ANOMS · forth · τεταρτή · τεταρτος · 창 1:19] 대신에 64일째를 독립된 4 넷 알아 봐 אַרְבָּעָה[알아 봐 · 넷 · τεσσαρες]와 60의 독립 수를 합하여 '64 알아 봐 새로 쉼 אַרְבָּעָה ששים[알아 봐 쉐로심]'이다. 60에다가 4의 독립된 수치를 쓴다. 사이에 못의 의미 곧 십자가에 못 박히는 사랑을 더한다는 의미의 ו[베] 글자를 넣는다.

---

1) E. W 벌링거 · 장상선 감수, 『성경에 나타난 숫자 해설』(서울: 나단 · 2001) · 336.

2) VTMMYS: 『스테판 원어 성경: The Stephen Korean Text of the Hebrew Old Testament Published by Institute of Biblical Languages』 · 서울: 원어성서원 · 2000. 히브리어 알파벳.

1 성부 · 2 성자 · 3 성령 · 4 피조물 · 5 구속 · 6 세상의 완전 · 7 성령의 완전 · 8 살찜 · 9 종말 예고 · 10 하나님 질서의 완전함 · 11 파괴와 영웅 · 12 통치적 완전 · 13 혈통 · 14 영적 완전의 혈통 · 15 하나님 은혜로 만들어진 행위 · 16 세상의 일 · 17 축복의 때 · 18 즐거움의 극치 · 19 심판과 연관된 하나님의 질서 · 20 기다림 · 21 영적 완전과 하나님의 완전함 · 22 해체 · 23 절망을 넘어 · 24 하늘의 통치와 경합 · 25 은혜의 본질 · 26 숨 쉼 · 27 성령 충만 · 27 성령 충만 · 28 일곱 가지의 4배량의 일들 · 29 기대 · 30 사역시작 · 31 신성 하나님의 이름 · 32 하나님의 날 · 33 예수님이 이 세상에 사신 나이 · 34 세상을 알아 봐 · 35 신성수의 반 · 36 완전한 통치의 3배 · 37 가장 이미지 · 38 순응 · 39 극복이미지 · 40 출애굽 · 41 욕심억제 · 42 이익 · 43 결단 · 44 우연 · 45 모임 · 46 오름 · 47 마디 · 48 우물 · 49 개혁 · 50 기쁨 구원 · 51 계시 · 52 넘기 · 53 나무 · 54 즐거움 · 55 성대 · 56 정비 · 57 바람 넘기 · 58 즐거움 · 59 신비 · 60 신비 · 61 질서 · 62 위대한 힘 · 63 안배 · 64 영구 이미지까지 왔다.

긴 여정의 2달은 굉장히 신학적이다. 다름 아닌 성경이 지향하는 둘의 의미가 강조되면서 첫째 아담이 아니라 둘째의 의미로서 예수님은 둘째의 자리를 차지하고 성경은 이 둘의 의미를 계속 강조함과 같이 시조 문예미학문예미학리듬에서도 입체성의 의미로서 초월과 현실사이의 현실을 중요시한다. 그리고 다시 종장에서 이 둘이 하나가 된 관계를 재정비함으로써 둘의 중요성인 양장시조이론 원리가 된다.

더구나 주역 64궤 순서나열이 적용되는 바 그 의미조차도 성경에서 수학이미지가 가지는 이론들과 부합한다. 이러한 보편성은 바로 진리를 전하는 메시지로 이해하게 된다.

달력과 달로 논의될 수 있는 본 연구자의 64와 64일에 대한 언급은 신학의 여리고 함락문제와 결부된다. 결欠쇠모양으로 된 여리고[1]는 이스라엘 민족의 하나님 뜻에 의한 여리고를 되찾음으로써 달은 둥근 모양이 아니라 잔 모양으로 성경에서 설명되어진다. 이와 관련한 달력이론을 성경자료는 제공하는데 카렌다의 악몽인 시계시간에서 벗어날 수 있게 여리고가 시계시간을 벗어나 처음과 끝이 있는 신학철학을 제공한다.

사해 쿰란텍스트[2]는 달과 날과 해[3]가 야훼의 리듬이라며 안식일 관계[4]임을 야훼와 천사들까지도 휴식[5]한다 했다. 이 처음과 끝이 있는 날의 이론은 고대 이교도의 달의 순환성 O form과는 다르다.[6] 신학에서의 달은 매일 매일의 날과 온 시간을 하나님에게 경배 드리는 날의 중요성[7]으로 처음과 끝이 있다. 다름 아닌 온통 예

---

1) 다비드와 엠메리(Neen. David & K. O. Emery)와 미드라쉬 랍바(Midrash Rabba)는 : Neen. David & K. O. Emery · Ibid.

2) Dead Sea Scroll · DSS.

3) 창 1: 14.

4) A. Jaubert · Le Calendrier des Jubilés et de la secte de Qumran. Ses origines bibliques," *VT* · Vol. 3.(1953) · 250-264.

5) Jubilees 50: 6-13: Jub. 1: 17f. · 21: Ron H. Feldman · "New Moon after new Moon and Sabbath after Sabbath," *The Tension between Culture and Nature*(Ann Arbor: U · M · I · 2005) · 319-320

6)Michael Young · *The Metronomic Society*(Cambridge Massachustts; Harvard University Press · 1988) · 23.

7) Roger T. Beckwith · “Daily and Weekly Worship: From Jewish to Christian," Calender · *Chronology and Warships*(Boston: Brill · 2005) · 171-212.

수 그리스도의 의미를 전하고자 두 번의 반복리듬을 즐긴다. 이에 본 연구자도 통상의 동양철학에 근거한 64궤의 접근을 두 달로 하여 반복리듬을 하나님을 믿는 신앙자로서의 연구를 존중하였다.

마음을 다하고 성품을 다하여 그분을 향한 신앙심은 아울러 이 연구를 허락한 신에게 감사하는 마음으로 두 번의 반복리듬의 타당성을 내세우고자 한다. 나날을 지시하는 쿰란자료[1] 달력이 제시했듯이 가나안 달력과 성경적 달[2]이 다르다는 것을 제시하였듯이 본 연구자도 이 64일의 기능을 달력과는 다른 신앙심의 나날로 하였다. 가나안의 달력 일 년을 364일[3]로 하지만 일함과 쉼의 관계를 유대력으로 한[4] 그들의 신앙심을 본받았다. 이 학설은 크리스천들에게 있어서는 하나님의 창조를 믿음으로 받아들이는 학설[5]로서의

---

1) Roger T. Beckwith · "The Significance of the 364-Day Calendar for the Old Testament Canon," *Calender · Chronology and Warships*(Boston: Brill · 2005) · 55.

* 쿰란자료의 달력

일주일	I · IV · VII · X					II · V · VIII · XI				III · VI · IV · VII		
4th(Wed)	1	8	15	22	29	6	13	20	27	4	11	18	25
5th(목)	2	9	16	23	30	7	14	21	28	5	12	19	26
6th(금)	3	10	17	24	1	8	15	22	29	6	13	20	27
7(Sabbath)	4	11	18	25	2	9	16	23	30	7	14	21	28
1st(일)	5	12	19	25	3	10	17	24	1	8	15	22	29
2nd(월)	6	13	20	26	4	11	18	25	2	9	16	23	30
3rd(화)	7	14	21	29	5	12	19	26	3	10	17	24	31.

2) 창 1: 14-19.

3) Ron H. Feldman · 319-320.

4) 포로기 이전의 이름: 아빕(출 13: 4 · 34: 18 · 신 16: 1) · 시브(왕상 6: 1 · 37) · 에님(왕상 6: 2) · 불(왕상 6: 38) · 포로기 후의 이름: 유대력으로 니산(에 3: 7; 느 2: 1) · 이야르 · 시완(에 8: 9) · 딤무스 · 압 · 엘룰(느 6: 15) · 티쉬리 · 마르헤스완 · 기슬르(느 1: 1) · 데벳드(에; 2: 16) · 스밧(슥 1: 7) · 아달(에 3: 7)월. 가나안식 이름: 아빕 · 시브 · 에다님 · 건기가 시작되는 시브월은 가나안식 계절이름이며 2월은 이야르이고 현재의 달력으로는 4월과 5월 사이.

5) Barbara Adam · *Time-watch: The Social Analysis of time*(Cambridge: Polity Press · 1995) · 16-17.

명분을 쌓는 연구가 된다.

시조 문예미학문예미학리듬연구는 나날의 리듬이다. 때의 리듬이다. 신학에서 364일이 365일이 되는 일이다. 하나님의 수리신학을 따른 연구이다. 인생 현실을 초월해 사는 날이다. 삶의 초월성이란 하나님의 물 잔인 말씀 안에 드는 언약궤[1]에 담기는 일[2]이다.

방주 모양은 잔 모양이다. 달 모양이다. 성경이 제시하는 달의 둥근 모형[3]은 잔 모양이다. U자형이다. 성경의 달은 자연의 순환성을 지닌 달과는 달라 벽에 화분을 놓기 위한 움푹 파인 모양이다. U[4] 모형으로 방주이다. 노아 방주는 하나님의 심판의 날에 노아와 그의 같이 간 식구와 동물들이 살아나는 방주모형이다. 신앙인의 나날을 하나님의 그릇에 담을 수 있는 잔 모양이다.

이 U의 모형은 우물과 여리고성의 물 향기와 관련지을 수 있다. 이미 2350-2200년B · C 에블라에 고대 중동 지역 도시에서 발견된 도시풍의 우물뚜껑이 발견된 일[5]이다. 역사적 기록의 우물뚜껑은 0.50m의 두께로 되어 있다. 특히 우물 뚜껑 머리에 동물이 그려진 물 덮개[6]가 발견되었다. 이러한 발견은 문화가 남겨준 우물에 대한

---

1) יְהוָה - בְּרִית וְאַרוֹן(바아론 베이트- 여호와 · 언약궤 · 민 14: 39-45).

2) David H. Aaron · "The Ark Mythology," *Biblical Ambiguities: Metaphor · Semantics and Divine Imagery*(Leiden · Boston · Köln: Brill · 2001) · 168-169.

3) Northrp Frye · *The Critical Path,*(Bloomington & London: Indiana University Press · 1973) · 59 - 61.

4) Lynn White · *The Historical Roots of Our Ecological: in The Sacred Earth: Religion · Nature · Environment* · ed. Roger S. Gottlieb(New York: Routledge · 1996) · 189.

5) B · C 884- 859: John Peter Oleson · "14-13 B · C: Water Works,"*ABD* · 885.

6) Ibid.

신앙심을 측정하는 계기가 된다. 물을 중요시하는 일이어서이다. 삶에 신앙심 부여는 삶의 어려움에서 오는 마음의 위로가 되며 그로 하여 일생을 하나님 일 하는 보람으로 한다.

이와 관련하여 동양철학으로 역 궤가 있는데 64일을 기준으로 한다. 계산상으로 두 달의 기능이 64일이 유추된다. 두달 기준이라면 62일이 최대 달력일인데 이에 비하면 64일은 이틀이 첨가된다. 한 날과 그리고 한 날을 더한 날이다. 여기에서 한 날에 대한 확장 의미가 더 하여 지는데 이 한날은 상징으로서의 하나님의 날을 더한 날이 표출되어 노출된 날이 된다. 성경은 이 한날을 강에 있어서도 한 강이라 한다., 그피고 첫날을 첫째날이라 하지 않고 한 날이라 한다. 사람도 첫째 사람이 아니라 한 사람으로 한다. 이러한 처음의 한 날을 강조하는 의미는 성경은 예수의 날로 한다. 창세기 제일 처음 날을 한 날로 한다. 빛의 날이다.

절대의 날이다. 성경에서 이 빛을 해로 표시하는 날은 넷째 날인데 제일 처음에 제일 첫날에 나오는 빛은 절대자의 빛이 된다고 설명한다. 따라서 총 64일에 대한 이해는 한 날 그리고 한 날을 두 번 더하는 날의 64일이다. 이 둘의 강조 또한 다시 태어남 의미이다. 쉽게 이해되는 말로는 부활을 말한다. 이 연장선에서 두 달 이어지기에 접근되는 64일은 일 년 열 두 달에서 한 달을 31에 해당하는 이론으로 접근하여 하루가 더 많은 32일의 곱 두 달 기능에 대한 계산법이다. 그럼으로 하여 이 64일은 달력의 달과는 달리 그러나 달력에 근거하여 32일의 곱수가 된다. 영원성의 꿈 이미지로 연구되었다. 신학에서는 하나님의 날을 가나안 달력에서 하루가 모자라는 364일이고 하루를 더한 365일로 잡았다. 이를 근거로 본 연구자도 인구에 회자하는 동양철학 64궤를 연구 자료로 하여 기존의 64궤를 마지막 두 달의 마지막인 64일째를 32일이 영구의 날 이미지로 하고 다시 한 번 더 절대자에게 헌신하는 날이다.

사랑아 나의 등에 업히라 살 맞대고
함박꽃 가득물고 어부바 오옳지이
따스한 나의 분신아 네 살결의 내 느낌

어부바 오 사랑아 내 몸의 살아 있는
하나 님 그림사랑 어부바 드림사랑
오늘도 등에 업고서 한 바퀴만 내 느낌

- 「오 내 사랑」 이영지

첫사랑 내린 날의 첫사랑 어디가고
첫사랑 사랑불만 환하게 온 천지다
첫사랑 못 만난 날이 두 곱으로 아프다

기다린 나날들의 그 기쁨 어디가고
첫사랑 사랑불만 환하게 온 세상에
불 밝힌 가슴한복판 타 들어가 아프다

- 「사랑번지기」 이영지

겨울 발 들이밀고 한쪽 발 하늘 딛고
코하나 들이밀고 두 팔로 힘껏 밀며
꽃구름 고개 내밀고 기도 굽는 女子네

- 「女子네」 이영지

한 시인의 생애는 회전하거나 그냥 머무는 것이 아니다. 첫사랑으로 돌아가는 그리움이다. 돌아보면 다시 사랑하고픈 그 첫사랑의 그 큰 힘이 계속 이어지는 나날이다. 목표의 이어짐이다.

(2) 64일. 한 달 32일, 64일 영구 입체 시조 문예미학리듬

초장: 불 → 중장: 물 → 종장: 견제 참조 주역 궤 64

불 · 중녀 · 붙음 · 남 · 눈 · 꿩 → 물 · 중남 · 빠짐 · 북 · 귀 · 대지
(⚊ · ⚋) · (⚋ · ⚊) · (⚊ · ⚋) = (1구 · 4구) · (2구 · 5구) · (3구 · 6구)

알아요 그대 뜻을
거기서 뭘 하세요
초록 잎 초록바다
처마 밑 떨어지는
물소리 처마 밑 뚫고 일어서며 솟는다

- 「거기서 뭘 하세요」 이영지[1)]

1구: (⚊ · ⚋) · (⚋ · ⚊) · (⚊ · ⚋) = (1구 · 4구) · (2구 · 5구) · (3구 · 6구)의 입체리듬이다. ☵[물]이 ☲[불]을 만나 견제를 당하는 리듬이다. ☲[불]이 먼저 놓이고 ☵[물]이 그 다음이다.

아주 잘 어울릴 것 같은 · 그리고 영원히 같아 질 것 같은 부부사이라 하더라도 서로 다른 물불의 시조 문예미학리듬이다. 누구나 자기의 고향 · 혹은 집으로 돌아가려 새들의 고향 가고 싶음 근무가 한창이다. 그러나 마땅치 않아 다음을 위하여 준비한다. 또한 모든 꿈을 접고 휴식하는 기간이 시작된다. 이러한 안까님은 함부로 아직 전지할 때가 아님을 아는 리듬이다. 여우가 물을 건널 때는 꼬리를 치켜들고 건너고 꼬리를 적시면 물을 건너지 아니하고 되돌아간다고 한다.

- 알아요 그대 뜻을 의미기호 -

1) 그림, 이영지 『시조창작리듬론』 · 136. '미완성의 리듬'

2구: 한 반도를 호랑이에 비유할 때 호랑이 꼬리에 해당하는 장기곶 등대 같다. 높이 26미터의 팔각구조물의 등대다. 100여 년 전의 시공법으로 이 등대는 반드시 동해안에서 가장 해를 먼저 맞이하는 등대다.

- 거기서 뭘 하세요 의미기호 -

3구: 서로 견제하며 불균형이지만 어울리는 결과를 드러내는 아이러니를 지니는 리듬이다. 남편의 영향 · 혹은 아내의 영향으로 그 여운이 남는 리듬이다. 그러나 내가 아내는 아니고 내가 남편이 될 수 없듯이 그 고유함은 영원히 합쳐지지 못하는 미완성으로 각기의 존재 리듬이다. 또한 아름다운 자연의 장관은 그곳을 벗어나지 않으면서 늘 다른 모습으로 변해간다. 곧 바다의 은빛물결 · 초록 잎이 바람이 흔들 릴 때도 은빛물결은 물결 그 자체이다.

- 초록 잎 초록바다 의미기호 -

4구: 파도에 부서지면서 그 자리에 묵묵히 바위이듯이 보이지만 바위는 조금씩 그 모양을 달리한다. 그러나 한 우물을 파는 공들임의 결과는 한 우물을 파는 자의 긴 기다림에 햇빛이 빛 부셔오는 리듬이다.

- 처마 밑 떨어지는 의미기호 -

5구: 미완성은 미완성으로 남아 있기에 오늘도 하늘은 푸르르고 나무는 바람에 나부끼고 나는 희망을 버리지 않는다. 외길로 걷는다. 즐거움이 있다.

- 물소리 의미기호 -

6구: 처마 밑에 지붕의 물이 떨어진다. 단단한 땅 위에 오래도록 내리는 물은 바위를 뚫고 단단한 땅을 뚫고 움푹 파이게 한다. 휘날리면서 흔들리면서 오늘도 작은 시골길을 따라 산길로 들어서면 새들이 웃고 해와 달이 웃어는 산나리 꽃이 핀다.

불이 물을 만나 불 속에 물이 드는 90° 방향리듬1)이다. 문예미학 리듬(64)으로 불이 물을 만나 불 속에 물이 드는 초장(━╍) 중장(╍━) 종장(━╍)의 입체리듬으로 가장 밑이 1번이 됨으로 ☲불이 먼저 놓이고 그 다음이 ☵물의 순서이다. 그러므로 불이 아래 놓이고 그 위에 물이 있다.

- 처마 밑 뚫고 일어서며 솟는다 의미기호 ╍

불 → 물의 입체리듬은 (━ · ╍) · (╍ · ━) · (━ · ╍) 이들이다. 음양의 건전한 리듬이 반복되지만 끝 묶음에서 견제당하는 리듬이다. 밑이 1번이 됨으로 ☲불이 그리고 그 다음이 ☵물리듬이다.

그대가 날 부르고
내가 또 그대 불러
손뼉을 마주하며 밤낮을 같이 해도
외길로 나 혼자 남는
그대와 나
다른 길

- 「다른 길」 이영지

불이 물을 만나 합칠 수 없다는 미완성의 이미지로 인간의 한계성을 드러내는 진리이다. 90° 방향 바로 옆자리 미완성 리듬2)이다.

1) 참조 · 명지어문학 207 시조문예미학 · 시조창작리듬론 135-137 참고 ━ ╍ ☰ ☱ ☶ ☷ ☰하늘 ☱(연못) ☲(불) ☳(우레) ☴(바람) ☵(물) ☶(산) ☷(땅).

비누를 사알사알 묻히어 생각해요
비누가 생각하라 뜻에요 억누르지
말아요 비누[1]방울아 방울방울 날아요

집안의 어른에게 물어요
서두르지
말아요
비누로만 누비어 들어봐요
잘 여쭤
문대어 봐요 부드러운 속삭임

물에만 녹아나요 물이 말씀에요
먼저는 물어보고 그리고 문질러요
사알살
마음이 녹는 부드러운 느낌요

날마다 입느라고 하얀 옷 내 옷 위에
낀 때가 날로 익어 저리로 저리 끼고
그래서 나의 빨랫감 비누에게 다가가

손으로 옴팍옴팍 빠르게 비벼비벼
그리움 뛰다뛰다 싹싹싹 비벼비벼
옷결이 올라앉으며 달콤 내음 파악팍

풍기는 그리움의 내음을 반겨주며
날이며 날마다로 달콤한 부드러움
그리운 단 비누 내음 기분 좋다 으으음 - 「비누 내음」 이영지

본 연구는 한국 시조 문예미학 연구이다. 이 시조 문예미학은 이어짐의 연속적 날이 나날마다 독특한 이어짐이 있는데 그 원인이

---

2) 참고: 물이 불을 만나 조화의 시조 문예미학리듬 각도 90° 방향이다. 시조 문예미학리듬 63

1) בינו(비누 · 생각하라 · VQMMYP · consider · συνετε · 신 32:7).

예수십자가의 돌아가심으로 인한 나날의 행복한 연속임을 알린다. 그 증거는 여호와 글자 안에 있는 못이라는 뜻과 이어짐이라는 글자 ו 베 히브리어가 나타내준다. 누구 바로 사랑하는 그 분의 거룩한 희생으로 살아가는 행복한 하루하루가 놓이고 또 놓이고 하는 입체리듬의 한 생애를 나타낸다.

이러한 한국 시조 문예미학의 문예미학리듬 연구는 전 세계에서 유일하게 문학 장르 중 현존하는 시조 문예미학리듬에 대한 연구가 되었다. 지금은 몇 만 년 전의 일도 과학의 힘 DNA가 알아내는 시대이다. 우리의 지금 쓰는 말이 발견되는 이 시점에 귀중한 시조 문예미학의 원리를 알려줄 수 있다는데 본 연구는 집중하였다.

고조선에서 발견되는 글자의 형상은 한글이 원래 우리의 주변에서 늘 보는 만물의 형상 · 소리에 따라 글자가 만들어 진 한글이다. 단순한 소리글자가 아니다. 자생의 시조문예미학논리를 가능하게 하였다. 숫자의 지시어가 제공하는 나날들의 연속이 한 사람의 생애 리듬임을 오묘한 우리말 리듬으로 한다. 그러기에 본 한국시조 문예미학리듬 연구에서 문학성을 지닌 단계로 끌어 올리도록 일어나는 힘이었다.

한국 문학 장르인 시조 문예미학은 이 세상의 형상들인 물 · 불 · 바람 · 하늘 · 땅 · 연못 · 우레로 공감된 의미소로 예를 들어 논할 수 있다. 자생원소 언어에서 신묘하게도 우리나라 사계절 환경이 주는 그 때 그 때 느끼는 감성이 한국시조 문예미학이 있다.

이 세상에 잠깐 왔다가 없어지는 유한한 존재이지만 그때 그 때의 귀중한 기록이 한국특유의 사계절과 함께 마음의 정서를 드러내는 방법으로 길이길이 남을 수 있는 한국시조 문예미학이 존재한다. 시조時調 · 때의 리듬은 하루 · 이틀 · 사흘 · 나흘 등으로 이어진 서열과 하루 · 한 달 · 1년이라는 때의 리듬이 특이하게 서열순서를 가진다. 한 날 한 날로 이어진다. 일회적인 사람 일생 서열 그때 그 때 정서이다. 한 편의 시조 문예미학 45자 내외에서이다.

한국시조 문예미학은 입체리듬 문예미학이다. 이 리듬은 한국시조 문예미학 초장 · 중장이 한 달의 반을 근거로 하는 15자와 시적 연관성의 은유를 가진다. 시조작품의 자수의 중요성은 그 안에 우리말의 오묘한 이치가 들어갈 수 있다. 면면히 이어오는 자생의 시조작품의 입체리듬을 만든다. 초장 · 중장 15자를 만들어 똑 같은 리듬 반복에서 의미 내용이 더욱 두드러지게 함이 허락되는 이 놀라운 사실은 때에 따라서는 의미 중첩 또는 상응 그리고 반대의 의미개념이 중상에서 다시 이루어진다. 똑 같은 삶을 사는 사람이 아닌 개별 개인의 중요성이 한국시조 문예미학의 초장과 중장과의 이론은 글자 수는 같은 배열이되 의미의 중첩 또는 반대 · 그리고 상응이라는 시적 이론이다. 한국시조 문예미학은 달이 차고 기우는 이동성의 리듬 초 · 중장 원리로 시작한다. 이 세상에서 한 달은 계속 반복되지만 그러나 한 사람의 생애는 그 한계성의 중요함으로 한 개인의 은유의 의미 초장 · 중장이 종장으로 넘어가면서 다시 15자를 만들어내는 절묘한 마감을 함과 같다. 한 사람의 생애가 처음과 끝이 있음과 같다. 끝의 유한성을 시조종장이 대변한다. 처음과 끝이 있는 철학은 이스라엘 철학 그리고 한 사람의 생애 이론이다. 기독교 철학이다.

제4부 이영도 시조와 황진이 시조의 유사성과 상이성의 님

1 이영도 시조와 황진이 시조

시조는 고시조와 현대시조가 있다. 그런데 현대시조로서의 이영도 시조라고 할 때 황진이 시와 연관시켜서 논의되는 경우가 많다.

> 나는 감히 단언한다. 우리 고시조에 황진이가 있다면 현대시조에는 이영도가 있다고[1]

이러한 유사성이 있을 것이라는 연구는 구체적으로 그 유사성을 탐색함으로써 이영도 시조와 황진이 시조는 고대와 현대의 공간개념이 확실히 다름에도 불구하고 연결되어진다고 인식되고 있는 것을 구체화하기 위해서는 각 작품 및 주인공의 특징에 해체되어 있는 특징을 모아보아야 할 것이다. 동시에 유사성뿐만 아니라 상이성도 내재할 것이라는 가정을 해 본다.

---

1) 金東俊 補訂 『시조문학론』(서울: 宇晟文化社, 1981, 264.

1) 미인과 시조

(1) 이영도의 아름다움과 사랑 시조

미셀푸코는『말과 사물』에서 이 세상에 하나님이 흩어 놓은 기호들을 찾아보는 것이 유사성을 발견하는 일이다[1] 하였다. 우리들의 마음은 늘 아름다웁기를 바라는 환상이 있다. 이 대치심리로 신비롭기 까지 한 여인의 아름다움에 관심을 가진다. 이 아름다움에 대하여 문학작품은 항상 그 흔적을 남긴다. 신이 만들어 놓은 걸작품에 감탄하고 유혹당하면서 이끌리듯 문학 작품에 주인공들이 등장한다. 이 아름다움에 대한 환상적 상상력의 날개는 작품 연구가에 의해서도 이영도와 황진이 두 여인이 모두 아름다웠다는 것에 머물게 한다.

그 중에 한국 시조 작품이 서정적이라는 데서도 그 연원을 찾을 수 있다. 서정시는 일반적으로 대상을 바라보며 시적인 감흥이 일어나고 그로 인하여 작품이 표출되는데 인간관계일 경우 그 주제는 아름다운 여인과의 사랑과 이별을 주제로 찾게 된다. 어느 영화를 보거나 문학작품을 보아도 미인은 필히 작품의 주인공이 된다.

실제 이영도는 아름다운 여인이었다.

> 이영도는 아름다운 여인이었다. 다정다감한 여인이었다. 그러나 그보다는 맑고 고요하고 격조 높은 시를 쓰고 시를 이야기하고 또 시를

---

1) 미셀푸코, 옮긴이 이광래 『말과 사물』(서울: 민음사, 1987, 101 참조.

생활하고.........우리 시대에 와서도 일찍부터 시조 여류 시조작가가 나타나지 않은 것이 아니었지만 그 중에서도 여름밤 구름을 뚫고 나타나는 달처럼 모두들 쳐다보도록 맑고 환한 모습을 드러내 보인 두드러진 여류시조작가.....[1])

"...인간 이영도는 아름다운 시인이었다. 시인 이영도는 맑고 흰 살결 곱게 매만진 머리, 그리고 잘 어울리던 한복차림, 멋을 알고 멋을 부리던 한국의 멋진 여인이었다"[2])

이영도의 아름다움에 대한 극찬은 그가 시조시인이었다는 점으로 하여 더욱 가미된다.

아름다운 시인 이영도는 그의 작품세계에서 실화적인 일화를 표출한다.

조심히 이 한 밤을 자취 없이 오는 눈
그의 가슴처럼 넓고 고운 사랑일레
이 산천 허물도 없이 한 품안에 안겼네

－「눈」 이영도

어루만지듯
당신
숨결
이마에 다시하면

내 사랑은 아지랑이
춘 삼월 아지랑이

종다리
노오란 텃밭에
나비

1) 이은상, 이영도 시조집 『言約』 (서울: 중앙출판공사, 1976, 序.
2) 김남환 『落江』 19집 (대구: 영남시조학회,1986, 25.

나비
　나비
　　나비

– 「아지랑이」 이영도

오면 민망하고 아니 오면 서글프고
행여나 그 음성과 귀 기우려 기다리네
때로는 종일을 두고 바라기도 하니라

– 「무제」 이영도

실제 청마 유치환시인의 편지『사랑했으므로 행복하였네라』를 책으로 펴 낼 만큼 일화를 남긴다.

그때 한창 『사랑하였으므로 행복하였네라』라는 청마 신생님의 편지가 책으로 나와 세상이 떠들썩했던 때였으므로 청마선생님에 대해서도 여쭈어 보았다. ....청마와 시조와 노을을 사랑한 여인......[1)]

사랑하는 것은
사랑을 받느니 보다 행복하느니라
오늘도 나는
에메랄드빛 하늘이 훤히 내다뵈는
우체국 창문 앞에 와서 너에게 편지를 쓴다.

행길을 향한 문으로 숱한 사람들이
제각기 한 가지씩 생각에 족한 얼굴로 와선
총총히 우표를 사고 전보 지를 받고
먼 고향으로 또는 그리운 사람에게로
슬프고 즐겁고 다정한 사연들을 보내나니

---

1) 정표년, "이영도 시인의 생애와 문학," 『시조생활』 창간호 (서울: 시조생활사, 1989, 106/ "청마와 시조와 노을을 사랑하시고," 『낙강』 19집 (대구: 영남시조문학회, 1976. 34.

세상의 고달픈 바람결에 시달리고 나부끼어
더욱더 의지 삼고 피어 헝클어진
인정의 꽃밭에서
너와 나의 애틋한 연분도
한 방울 연연한 진홍빛 양 귀비 꽃인지도 모른다
*사랑하는 것은
사랑을 받느니보다 행복하니라
오늘도 나는 너에게 편지를 쓰나니
그리운이여, 그러면 안녕!

설령 이것이 이 세상 마지막 인사가 될지라도
사랑하였으므로 나는 진정 행복하였네라

– 「행복」 유치환

유치환의 「행복」 전문이다. 삶의 고귀성은 사랑을 통해 극대화할 수 있으며 사랑이야기는 '천년 싱싱할 수 있는 사랑'이 표현된 유치환의 행복[1]일 수 있다. 청마가 이영도 시인에게 보낸 편지를 그녀는 책으로 엮어 냈다. 따라서 그녀의 주변을 알고 있는 시조시인들은 그녀의 작품을 평가할 때 유치환 시인과 관련짓는다.

그대 그리움이
고요히 젖는 이 밤

한결 외로움도
보배 냥 오붓하고
실실이 푸는 그 사연
장지 밖에 듣는다

– 「비」 이영도

1) 윤재천, '천년 싱싱할 수 있는 사랑,' 『문학예술』 (서울: 문학예술사, 1990, 98.

위의 시조를 정완영은 이렇게 평한다.

> 이영도 선생의 알뜰한 작품이다. 그리운 사람을 못내 그리워하는 곡진한 심정이 잘 담겨 있다. 言短意長. 이 짧디 짧은 단수 하나로 하여 우리들은 몸도 마음도 온통 촉촉하게 젖어드는....[1)]

짧디 짧은 단수 하나에서 곡진한 정을 이영도 시인은 시조작품 「비」와 동일시하였다. 그러나 어떤 특정인물을 독자로 하여금 연상시키게 하는 것은 작품의 객관적 평가 이전에 풍문으로든 혹은 실제 보았던 기정사실에 대한 이영도 시인과 유치환과의 사랑이라는 신입관념의 상상으로 문학작품을 바라보게 된다. 그럼에도 불구하고 이영도 작품을 유명한 황진이 시조와 관련시켜 미화시키는 일반적인 인식은 그녀의 아름다운 분위기와 어울리는 시조와 더불어 일상생활에서 경험되어졌던 그들의 사랑과 연관시킨다. 그녀의 멋과 시조와 생애와의 관련성이 신비한 분위기에 있어서이다.

사람들은 누구나 영화의 주인공처럼 살기를 희망한다. 더구나 사랑의 이야기가 첨가되는 문학스토리는 기록이 없더라도 마을마다 고을마다 사랑의 전설이 여주인공의 아름다움과 더불어 있다. 여주인공의 아름다운 이야기는 아주 신비하게 엮이어 지면서 애틋한 슬픔을 지니거나 아니면 아주 통쾌한 즐거움을 선사한다. 아마 이 세상에 사람들이 살아 있는 한 두고두고 전하여 질 것이다. 이영도나 황진이나 모두 여성이면서 이 아름다움과 겻 들여진 이야기는 님의 의미로 전하여 진다.

---

1) 정완영, 『시조창작법』 (서울: 중앙신서, 1981, 30.

(2) 황진이의 아름다움과 그의 사랑시조

이영도의 시조를 논할 때 그녀의 아름다움과 그의 작품과의 연관성을 두려하는 것처럼 황진이의 아름다움과 그의 시조도 같은 맥락을 가진다.

황진이와 벽계수와의 일화는 황진이의 아름다움이 같이 논하여 진다.

黃眞伊松京名妓也 色藝俱絶 宗室碧溪守者 思欲一眄[1)]

황진이는 아름답고 그리고 예술에 능하다고 전하여 진다. 이미 알려져 있는 벽계수와의 일화는 서유영의 금계필담[錦溪筆談]을 통해서 보면 벽계수의 시각을 자극시키기 위해 그의 앞에서 서서 시조를 읊는다.

청산리 벽계수야 수이 감을 자랑마라
일도 창해 ᄒᆞ면 다시 오기 어려웨라
명월이 만공산 ᄒᆞ니 쉬어간들 엇더리

– 진청[診靑] 286[2)] – 黃眞伊 [甁歌:539]

---

1) 서유영, 黃眞伊松京名妓也 色藝俱絶 宗室碧溪守者 思欲一眄 而眞高自標致 非風流名士不得親 乃謀於蓀谷李達 達目 公欲 一眄眞娘 能從吾言乎 碧溪守曰 當從君言矣達曰 挾琴隨後 乘小驢過眞娘之家 登樓賖酒而 常飮 彈琴一曲 則眞娘必來坐君傍矣 君視若無見 則起乘驢而行 則眞娘亦當隨後而來 若行過吹笛橋而不顧則必不成矣 碧溪守從其言乘小驢 使小童挾琴而過眞家登樓 酒餘而飮 彈琴一曲 則起乘起而去 眞果追綜而來 當吹笛橋 問於琴童智其碧溪守也 乃曼聲而歌曰 〈靑山裏碧溪守水莫跨過去來休, 一到滄海難再見 那得不少 留明月滿空山 臨去願一遊〉 碧溪守聞此歌不能去到橋遠回顧 遽落驢眞娘笑曰 此非名士乃風流郎也 旣徑遠 碧溪水慙恨不己;「錦溪筆談」下卷에서.

명월은 황진이의 또 다른 이름이다. 위의 시조에서 "명월이 만공산ㅎ니...."로 표현한 것은 그 스스로 아름다운 여인이 있으니....라고 말한 것으로 이해할 수 있다. 이러한 학론은 흡인본능설이다. 흔히 아름다운 여인을 달덩이 같다고 하는데 황진이는 자신을 명월 달덩이로 하여 벽계수의 마음을 사로잡는다. 이러한 흡인 본능성과 관계되는 벽계수의 관심도 우선은 황진이의 아름다움에서 시작된다.

서동이 지은 서동요도 선화공주의 아름다움에 있다. 다음은 선화공주의 아름다움에 대한 기록이다.

> 聞新羅眞平王第三公主善花(一作善花美艷無雙削髮來京師　以薯草.창.. 乃作謠　誘群童而唱之云?1).

---

2) 최남선본 청구영언 문고본, 고금가곡에는 허강許彊작으로 되어 있고, 가곡원류에 황진이로 되어 있다. 靑山裏碧溪水容易東流彌莫誇一倒滄江離再見具留明月暎婆海東小樂府.

1) 향가는 한자의 음과 훈을 빌어 적는 향찰 표기에 의해 기록되어 전하는 신라 및 고려 시대의 시가를 말한다. 「삼국유사」에 실린 14수와 「균여전」에 실린 11수 등 모두 25수의 시가이다. '나라 노래', '우리 노래' 등으로 향가라는 명칭 외에 도솔가사뇌가사내 등으로 불린다. 우리나라 최초의 정형시 4구체와 8구체, 10구체로 4구체는 민요적 시형, 8구체는 4구체를 중첩시킨 시형 8구체에 감탄사로 시작되는 낙구 2구를 보태어 10구체이다. 민요적 성격임으로 광범위한 작가층이다. 그 중 '서동요'는 현전 향가 중 가장 오래된(眞平王代, 6세기 전 「삼국유사」 권2 '武王'조에 실려 있다. 가사는 3구절에, 총 25자의 한자로 기록된다.

善花公主主隱 선화공주니믄 善花公主니리믄
他密只嫁良置古 그지 얼어두고 그 어러 두고
薯童房乙 맛둥방 薯童 방
夜矣卯乙抱遣去如 바 몰 안고가다 바매 알 안고 가다
원문: 양주동 해독, 김완진 해독

武王(古本作武康.非也.百濟無武康:　第三十,武王名璋.母寡居.築室於京師南池邊.池龍交通而生.小名薯童.器量難測.常掘薯.賣爲活業.國人因以爲名.聞新羅眞平王第三公主善花(一作善化.美艷無雙.剃髮來京師.以薯餉閭里童.童親附之.乃作謠.誘群童而唱之云.善化公主主隱他密只嫁良置古薯童房乙夜矣卯乙抱遣去如.東謠滿京.達於宮禁.百官極諫.竄流公主於遠方.將行.王后以純金一斗贈行.公主將至竄所.薯童出

주인공의 이름은 선화善花인데 일명 선화善化라로도 불리어진다. 화花나 화化는 선화의 '선善'이 셋째임으로 셋째 딸인 셋희이다. 즉 셋째 딸[1]이다. 한국 민속에 따르면 혼인미담으로 셋째 딸은 물어보지도 말고 데려 간다는 속설이 있다. 따라서 셋째 딸은 가장 아름다운 여인이라는 말이다. 서동요에서도 서동이 선화에게 반한 것은 가장 아름다운 여인이어서이다. 서동이 실제 인물이 아니고 서동요가 백제와 신라와의 유대관계를 위한 의도적인 인물의 작품[2]이라고 본대도 가장 아름다운 여인과의 사람들의 관심과 그리고 전래전설로도 충분이 관심거리이다.

이 아름다움은 수로부인에게도 해당[3]된다.

紫布岩乎邊希자포암호변희
執音乎手母牛放敎遣집음호수모우방교견
吾肹不喩慚肹伊賜等오힐불유참힐이사등
花肹折叱可獻乎理音如화힐절질가헌호리음여

븕게 픤 바희 ᄀᆞ희
자ᄇᆞ 은 손 암 쇼 노ᄒᆡ시고
나홀 안디 븟그리샤ᄃᆞᆫ

拜途中.將欲侍衛而行.公主雖不識其從來.偶爾信悅.因此隨行.潛通焉.然後知薯童名.乃信童謠之驗.同至百濟.出母后所贈金.將謀計活.薯童大笑曰.此何物也.主曰.此是黃金.可致百年之富.薯童曰.吾自小掘薯之地.委積如泥土.主聞大驚曰.此是天下至寶.君今知金之所在.則此寶輸送父母宮殿何如.薯童曰可.於是聚金.積如丘陵.詣龍華山師子寺知命法師所.問輸金之計.師曰.吾以神力可輸.將金來矣.主作書,幷金置於師子前.師以神力. 三國遺事 卷二 武王.

1) 양주동, 『고가연구』(서울: 박문관 · 433.
善化公主主隱他密只嫁良置古薯童房乙夜矣卯乙抱遣去如.

2) 이재선, 『향가의 이해』(서울: 삼성미술 문화재단 · 188~199.

3) 삼국유사 권 2, 수로부인에서

곶을 것가 받ᄌᆞ오리이다

– 「헌화가」[1]실명노인

일연이 지은 헌화가는 신라 성덕왕 시절 강릉태수가 아내 水路부인水路婦人과 동대산에서 발원한 맑은 물이 골곡포를 이루는 넓은 계곡 사이에 5리 나 되는 암벽이 병풍을 둘러쳐 있는 절경을 배경으로 한다. 수로부인이 벼랑 바위에 붉게 핀 철쭉꽃 갖기를 바라자 이를 실명노인이 꺾어 준다는 이야기이다.

앞을 보지 못하는 실명노인은 아름다운 꽃을 볼 수 없을뿐더러 수로부인의 아름다움도 볼 수 없다. 그런데도 꽃을 꺾어 바친다는 이야기이다. 실명노인은 수로부인에게 조건으로 나를 아니 부끄러워하신다면 꽃을 꺾어 바치겠다 했다. 이후 이 실명노인과 수로부인은 골곡포를 떠난 지 이틀째 병곡의 대진마을을 지나던 중 갑자기 먹구름과 함께 바다에서 파도가 일 때에도 해룡이 수로부인을 바닷 속으로 데리고 들어갔다. 동행하던 실명노인이 즉석에서 「해가海歌」를 지어 부른다. 마을 사람들과 노랫소리가 용궁에까지 들리도록 부른다.

龜乎龜乎出水路구호구호출수로
掠人婦女罪何極약인부녀죄하극
汝若悖逆不出獻여약패역불출현
入網捕掠燔之喫입망포락번지끽

거북아 거북아 수로를 내어 놓아라
남의 아녀자를 약탈한 죄가 어찌 크지 않으리오

1) 김완진, 『향가 해독법 연구』(서울대학교 출판부, 1980 · 70. 참조

네가 만약 거절하고 내어놓지 않는다면
그물을 놓아 기필코 잡아다 불에 구워먹으리

거북이는 수로부인을 돌려주었고 실명노인은 강릉까지 동행하였다. 수로부인의 아름다움은 물가나 큰 연못을 지날 때마다 일어난다.

그 후 강릉까지 따라갔던 실명노인은 지금의 영덕 36429 경상북도 영덕군 영덕읍 군청길 116번지를 돌아온다. 감사의 선물로 정숙한 부인을 얻어 잘 산다는 이 전설은 부경리에서 고려 중엽까지 전해지고 남정면 정수사 승려들에게 알려지고 당시 군위 인각사에서 일연一然이 『삼국유사』 집필에 기록된다. 유일하게 장소가 알려진 「헌화가」와 그리고 수로부인을 살리기 위한 '해가'도 『삼국유사』 기이편 가락국기駕洛国記에 「구지가亀旨歌」와 기록과 비슷하다. 모두 수로부인 아름다움에서 일어난 기록이다.

'아름다움의 어원은 '안음답다'의 활음조현상 언어이다. 안음은 자기 품 안에 안음이다. 팔을 안으로 구부려 안는 행위는 사랑으로 보듬는 일이다. 마음속에 대상에 대한 사랑이 있으면 아름답게 대상이 보인다. 소월의 시 「진달래꽃」에서도 "아름 따다" 시어가 있다. 약 꽃 진달래꽃을 한 아름 따서 가시는 님이 못가도록 하는 약효의 꽃이다. 불가능을 가능의 세계로 만드는 기적이 일어난 안음의 일이다. 아름다움과 연관되어 진다. 마음의 아름다움이 선결조건이다. 눈으로 볼 수 없었던 실명노인조차 아름다움 곧 내가 할 수 있는 마음의 폭을 아름답게 하는 일일 때 꽃을 꺾어 줄 수 있음을 전한다. 사랑으로 대상을 향하면 아름다움의 분위기가 된다. 아름다운 일이다. 안음다운 일이다.

2) 이영도 시조와 황진이 시조와의 상이성의 님

(1) 이별에의 절망

모두들 결혼할 때 자기 아내를 평생 행복하게 해 줄 자신이 있어서 포옹할 수 있는 일터를 만든다. 내가 다스릴 수 있는, 안을 수 있는 대상이 아름다운 님의 이야기이다. 가장 아름다운 여인이란 미모의 아름다움만이 아니라는 이야기다. 그만큼 가장 여성스럽게 남자에게 기댈 줄 아는 여성이야말로 가장 아름다운 여인이다.

다른 남자에게 안기는 예화가 있다. 처용랑의 아내는 남편이 '밤드리 노니다가 들어와 보니' 가랑이가 넷 이 되어 있다. 아내를 혼자 있게, 안아주지 않고 밤늦도록 혼자 놀다 와 보니이다. 그럼으로 이 보호받을 내상을 보호히고 있지 않는 남편에게서 아름다운 여인은 안기지 않았다.

아름다운 여인과 그리고 그의 대상과의 관계는 이별의 아픔이 주제가 되는 경우가 많다. 이것은 또한 인간 누구나 정을 갖지 않는 경우가 없기 때문에 누구나 이별의 사실을 갖지 않는 경우도 없다는 보편성을 지닌다.

> 어져 내일이야 그릴 줄 모르던가
> 이시라 ᄒᆞ더면 가랴마는 제구테야
> 보내고 그리난 정은 나도몰라 ᄒᆞ노라 　　　- 황진이 병가甁歌 25[1)]

1) 이 시조의 작자가 규장각본 가곡원류에는 김헌으로 되어 있음

비록 신에 가까운 의지적인 행동으로 님을 보낸다 할지라도 그 이별 뒤에 절망감과 아쉬움은 어떤 대책이 없다. 그 결과 눈물과 한숨의 가장 애절한 시조가 표출된다.

이러한 시조는 매창의 작품에도 있다.

이화우 흩날릴 제 울며 잡고 이별한 님
추풍낙엽에도 져도 날을 생각난가
천리에 외로운 꿈만 오락가락 하도다

– 매창

울며불며 잡은 사매 떨떨이고 가들마오
그는 장부라 도라가면 잇건마난
소첩은 아녀자라 못내 잇슴네

– 계량

흔히 말하는 이른바 우리문학 특히 고시조의 한을 주제로 한 이별의 문예미학이다. 그런데 본 연구자가 연구한 바에 의하면 이 한의 문학을 정체성으로 하지 않고 그 출구를 열어 두는데 우리문학의 우수성이 있다. 이 점은 흔히 김소월의 시가 한의 문학이라고 일컬어지는데 반하여 오히려 김소월의 「산유화山有花」 「진달래꽃」 시에서 아주 은유적인 의미가 숨어서 출구를 열어 두는데 있다. 얼핏 보기에는 한국문학의 작품의 전체적인 주제를 한의 문학인것처럼 보이지만 사실은 고도의 은유로 하고 있다는 점이다. 정석가를 청산에 살으리랏다 등에서 우리 문학의 우수성은 이 한의 정서를 오히려 끈질긴 인내력으로 일어서는 문학에 있다. 오랜 연사와 그 의미를 나란히 유지하는 한국문예미학이다.

(2) 이별에의 승화

이영도 시조의 특징이 있다. 님과의 아름다운 이야기와 이별은 눈물과 한숨과 애절한 뒷모습을 남긴다. 정든 뒤, 님이 떠나간 뒤라 하더라도 이영도 시조작품은 특히 황진이 시조와는 다른 승화의 이미지를 보인다.

이영도는 님과 이별 시조작품으로 승화의 이미지를 보인다.

어느 먼 그리움에 저렇듯 도사리고
마음속 어인 고독 차라리 비수 같아
창창한 서역 만리를 홀로 가는 쪼각달

이 무슨 결별이뇨 돌아올 기약 없어
한 하늘 억만성과 초롱을 밝혀 들고
발 없는 눈짓 모우고 지켜 새는 이 한 밤

－「새벽달」 이영도

1수에 비록 '하늘'시어를 사용하지 않았다 하더라도 물질계의 조각달 시어를 통해 '하늘'의 이미지에 있게 한다. '홀로 가는 쪼각달'이 그 예가 된다. 그리고 2수에서는 '한 하늘'을 구체화 한다. 우주의 삶이 즉 전 생애가 이 하늘로 확대된다. 따라서 이영도의 시어 분포는 특이한 환상 세계를 보이기 시작하는바 하늘 시어를 가장 많게 작품화한다. 더 나아가 새 종류가 많아 비상을 이미지로 한다.

이영도의 『청정집』1) 시어 분포를 보면 가장 많게 하늘시어를

1) 이영도, 『청정집』(서울: 문예사, 1954.

통해 환상을 그 주제로 한다. 이 하늘은 새로 구체화 시키면서 일상을 넘어선 다음 그의 시조집 『언약』[1] 시어 분포를 통해서는 좀 더 구체적으로 '언약' 제목이 말하는 바와 같이 승화이미지로 변한다. 시적 표현법으로 그리움을 시적 승화를 거친다. 현실자각에 「散畓」과 「보리 고개」를 통해 가난을 넘어서고, 「아랑각」을 통해 절개, 현실대처에 「고비」「기도」「낙화」시를 통해 기도로 대처한다. 천상의 님을 향한 그리움을 「바위」「달무리」「어머님」「눈길에서」「강설」에서 소재늬앙스가 풍기는 그리움 소재로 한다. 외로움의 슬픔 「종」1. 2. 3과 「추정」에서 고독도, 사모이미지로, 「비익사」「飛翼詞」「무주구천동」「설야」로 언약이미지로 바꾼다. 이 언약 이미지는 이영도의 경우 신앙의 깊이로 전이시킨다. 구체적으로 「사룡」「思竜」은 신의 은혜, 「부활절의 노래」에서 부활의 기쁨을 읊는다. 시집 제목이 되는 「언약」에서 예지를 간다. 「장명등」長明灯에서 발원의 주제가 노출된 이영도 시의 심상 이미지는 상승 시어를 택한다. 시어 중에서 가장 많은 '하늘' 시어이다.

> 서리 찬 하늘을 이고 가지 끝에 붉은 열매
> 모진 그 세월에 안으로 영근 사랑
> 애락은 낙엽에 지우고 오직 남은 기약이여!
>
> –「파천」이영도
>
> 파도에 딩굴어도 실버들에 휘감아도
> 설레어 그 하늘가 깃들 곳 없는 자락
> 메아리 구천을 돌아 먼 울음 학 울음!
>
> –「바위 Ⅱ」이영도

---

1) 이영도, 『언약』(서울: 중앙출판공사, 1975.

매미는 한결 붉게 물이 들라 피어 있고
산에는 뻐꾸기 타이르듯 울어 쌓고
먼 하늘 속은 메 끝엔 타오르는 노을 빛

「석양」 이영도

쫒기는 삶에도 생각은 잠잠하다
한 줄기 내린 뒤엔 앞산도 낯이 설고
시원히 열리는 저 하늘 바다 뵈는 내 가슴

「우후雨後」 이영도

이영도 시인의 하늘로의 비상은 성경의 '궁창'으로도 표현된다.

여기는 슬기의 이방 당신마저 외면하면
목마른 소망들이 시항 잃은 벌판인데
먼 궁창 대귀 권 밖에선 달빛보다 곱다던가

주여! 이젠 그 못 자국 만지게 하옵소서
수리크던 첨탑들도 허울로만 남아 선 자리
기댈 곳 없는 내 의지 홀로 추청秋晴을 간磨다

-「추청秋晴을 간다」 이영도

이영도 시인의 승화이미지는 사랑하는 사람과의 이별관계가 한과 슬픔과 절망만으로 그 모습을 남기지 않는다. 승화 차원으로 이어지는 인간승리이다.

사실 연구한 바에 따르면 이영도의 '하늘'시어 빈도수보다 조사한 바의 50인의 시인들 중 가장 '하늘'시어를 많이 사용한 시인으로는 송욱이 있다. 송욱은 그의 시집 『나무는 즐겁다』1)에서 '하늘'이 이영도 시인과는 달리 표출된다.

1) 송 욱, 『나무는 즐겁다』(서울 : 민음사, 1979.

물과 돌이 합창하는
개울소리는
빗소리처럼
하늘에 어울리다
하늘에 찬다

－「개울」 송 욱

언제나 떳떳하게
가운데를 걷기는
칼날을 밟기보다
하늘에 오르기…

－「우주시대중도찬」 송 욱

나는 어느 어스름
무덤에는 죽은 사람
거리에는 산송장들
갈대끼리 자라며
기대어 산다
어찔하여 뒤덮을 하늘
시내끼리 흐르며
목 놓아 산다

－「어느 어스름」 송 욱

비행기도 타지 않고
모내기도 하지 않고
하늘을 가는
신선이란 모조리
도적놈들
…
하늘처럼 미친다

－「삼선교」 송 욱

영원히 깃들이는 바다는
다만 등을 어루만질 뿐
붉은 피가 날물처럼

손을 들고 소리치며
하늘 끝으로 사라진 뒤에

-「영원히 깃들이는 바다는」 송 욱

고래를 타고 하늘에 올라가도
별처럼 하늘에 가득 차기로서니
…
하늘에 다닫는 사다리라도

-「외로운 영혼 앞에서」 송 욱

새벽 다섯 시 엷푸른 하늘에
…
높푸른 하늘은
하늘과 구름을 싣고 달린다

-「설악산 백담사」 송 욱

연구한 바에 따르면 우리나라 시인 중에서 가장 많이 하늘 시어가 많은 시인은 송욱 시 제목은 「겨울에 꽃이 온다」·「살아가는 두 몸이라」·「출렁이른 물결을」·「時体図시휴도」· 「시인」·「햄리트에게」·「소나기」·「바다」·「개울」·「암무지개아가씨」·「산이 있는 곳에서」·「비와 매미」·「우주시대중도찬」·「나는 어느 어스름」·「삼선교」 ·「영원이 깃들이는 바다」·「외로운 영혼 앞에서」·「설악산 백담사」·「여의주」·「아악」·「제주 섬이 꿈꾼다」·「쥴리에트에게」 등이다.

그런데 송욱 시에서 하늘은 항상 나와는 떨어진 높은 세계이거나 아주 낮은 세계로 역설된다. 그에 비하면 이영도 시인의 하늘은 심지어 문명어까지 은유를 통해 그의 내면 심상의 세계를 승화시키어 하늘이미지로 한다. 이영도 시인은 일상의 시를 시조작품으로 승화

한다. 물질계의 최다 빈도 시어가 타시인보다 가장 높음에도 그 주제 내용을 승화이미지로 한다.

이영도 시조는 다른 시인들보다 물질계의 최다 빈도 율을 가진다. 특히 물질계의 자연어와 문명어의 분포율이 각각 30%로서 동일 분포율을 보인다. 이것은 시어의 절대적인 시적 대치어[1]로서의 호용 가치율이다. 님 그리고 당신이라는 인간 시어를 사용하지 않고 님 과의 이별 슬픔도 눈[雪] 시어를 통해 십자가의 상징성으로까지 확대 승화시킨다. 이 점은 이영도 시인의 연시조일 경우 고시조에서 보이는 은유와 동일하다. 님을 절대치로 하는 일이다. 한과 이별과 슬픔이 물질계의 시어로 대치되면서도 그 의미를 하늘이미지로 하고 있는 데에 그녀가 늦게 기독교 종교를 가지면서 일어난 일이다. 고시조와 구별된다.

> 눈이 오시네 당신 가고 점점이 자욱마다
> 덮어도 덮어도 번지는 장밋빛 호곡[號哭]의 월휘[月彙]
> 쟁쟁히 아픔을 밝히며 이 한밤을 쌓이네
>
> 그 밤 닭 울기 전 너는 세 번을 부인한 이름
> 오늘 내 불면의 밤을 3억의 3만으로 쌓이네
> 쟁쟁히 말씀을 밝히며 이 한 밤을 쌓이네
>
> –「강설」 이영도

이러한 이영도의 시조작품의 일상의 경험바탕은 시조작품 쓰는 순서에 있어서도 1수에서 개인의 이별의 슬픔이 내재하다가 2수

1) 이영지, 『이상시 연구』 · 135~137; 『이상시의 시학 연구』(서울:창조문학사, 2016 · 259.

연작 시조 작품에서 승화로 바뀌어 진다. 이 상승이미지는 1수의 당신이 가고 난 뒤에 내리는 눈과 그의 심상세계인 장밋빛 호곡의 슬픔 이미지는 2수에서 신앙과 말씀으로 승화한다. 셀리가 절망을 이기는 방법으로 인간마음을 시속에서 되살리는 피나는 노력을 기울였듯이[1] 이영도는 그의 내면적 슬픔을 그의 신앙차원으로 승화시킨다. 이러한 시조작품의 경향은 불꽃으로서의 꽃의 시적 표현으로 은유한다. 이러한 상승적 이미지가 되어가는 시 작법의 변형스타일은 그녀의 현실과 비현실사시의 칸 막이를 헐고 사물화의 동일시가 되는 일이다.

그녀의 작품은 차츰 하늘을 바라 기원형식으로 된다.

다만 주여, 주여

-「흐름 속에서」 이영도

주여, 이젠 그 못 자국 만지게 하옵소서!

-「추정을 간다」 이영도

이젠 숨결 고루시고 어진 눈매 돌리소서
서성이는 계절의 길목 죽지 지친 목숨 위엔
그 말씀 말씀만이 아닌 다만 손길로서 거두소서

이간에 검을 전하려 오신 주여!
카인의 그 피 홍건히 질척이는
그 터진 상잔의 호곡위에 인자 다시 보내소서

내가 세상에 화평을 주려 온 줄 생각하지 말라 화평이 아니요 검을 주러 왔노라 - 마태복음 11장 34절

-「갈원」 이영도

---

1) Cedric H. Whitman, *Euripides and Ful Circle of Myth* · 28.

등이 굽은 예순 해여!

–「흐름 속에서」 이영도

사랑이여, 애증이여!

–「검을 쪼는 애증이여!」 이영도

검을 쪼는 까마귀여!

–「종」 이영도

꿈을 쫓던 나의 새여!

–「연」 이영도

원수도
회억에 뜨는
꽃잎 같은 이름이여!

–「봄」 이영도

그 꽃잎
낱낱이 어리는
고향하늘 메아리여!

–「보리 고개」 이영도

한 줄기
칠 흙을 밝혀
아른아른 발원이여!

–「장명등」 이영도

목마른
고비를 넘어
등이 타는 조국이여!

–「입춘」 이영도

어머님!
흰 눈을 내려

약손으로 덮으소서

– 「등불」 이영도

이러한 기원 형식의 표출은 김현승 시에서도 볼 수 있다. 하늘을 꿈꾸는 자는 하나하나 촛불을 켜고 또 하나의 꽃이 불로 빛나는 기원이다.[1] 기원 이미지는 불꽃이어서 불꽃에 대한 명상으로 삶을 높이는 일이다. 일종의 초생명적 비약기원이다.

멀리 멀리 흘러갔던
보랏빛 구름들과 바다 거품 속으로
그만 나의 연륜들을 불러들이자
나로 하여금 돌아오는 길목에 서게 하여 다오!

나의 시는
수요일 기도보다 가벼웠고
너무나 오래인 동안
나는 나의 체온을 비워 두었다

나의 가는 목에 어느덧
바람이 차면
저버린 꿈들의 포장지, 지는 낙엽들을 모아
지금은 나의 옛집을 바를 때…

나로 하여금 돌아오는 길목에 서게 하여 다오!
그림자와 같이 길던
한숨마다 멀리 저바리고

– 「가을의 위상」 김현승

가을에는
기도하게 하소서
나의 영혼,

1) 가스똥 바슐라르, 이가림 역 『촛불의 미학』 (서울: 문예출판사 · 129.

굽이치는 바다와
백합의 골짜기를 지나
마른 나뭇가지 위에 다다른 까마귀같이

– 「가을의 기도」 김현승

넓이와 높이보다
내게 깊이를 주소서
나의 눈물에 해당하는

산비탈과
먼 집들에 불을 피우시고
가까운 곳에서 나를 배회하게 하소서

나의 공허를 위하여
오늘은 저 황금빛마저 그 자리를
떠나게 하소서
당신께서 내게 약속하신 시간이 이르렀습니다

지금은 기적들을 해가 지는 먼 곳으로 따라 보내소서

지금은 비둘기 대신 저 공중으로 산 까마귀들을
바람에 날리소서
많은 진리들 가운데 위대한 공허를 선택하여
나로 하여금 그 뜻을 알게 하소서

이제 많은 사람들이 새 술을 빚어
깊은 지하실에 묻을 시간이 오면
나는 저녁 종소리와 함께 호올로 물러가
나는 내 사랑하는 마른 풀의 향기를 마실 것입니다

– 「가을의 시」 김현승

김현승 시는 고독한 촛불의 불꽃으로 타올라 존재와 비존재 사이에서 심오한 혼의 고독 수직성으로 직립해 있다.

2 환상의 문학

1) 무릉에서 님을 만남

이영도 시조의 타오르는 촛불 이미지 기원은 감추어진 사랑, 탁터놓고 고백할 수 없는 불꽃의 감상적인 아름다움을 지닌 외로운 불꽃이다. 영감의 불 속에서 열렬한 삶을 전개해 나가는 이영도 시조에서의 기원은 따사하고 감미롭고 사랑스러운 기원이다.

이영도 시인과 그의 작품과의 관계는 이중구조이다. 그의 생애는 환상 시의 구조로 되어 있다. 이와 일상의 환상 이미지가 「무릉」 시에서는 환상의 이중구조를 만든다.

무릉에 이르르니 물은 한결 조요하고
만정 꽃구름이 서운인양 부시는데
그윽한 풍류 소리가 넋을 절로 앗아라

무지개 구름다리 층층이 건너가니
영롱한 산호루는 호심에 잠겨 있고
선인이 연사를 띄워 손짓하여 부른다

꿈속에 그리던 임을 황망히 우러르니
서릿 빛 긴 나룻에 춘풍이 감도는 듯
봉의 눈 어린 미소는 나를 잊게 하여라

백포 황건으로 나타나는 선풍도골
취기 도도하여 호창한 신선들은
백옥경 감로를 떠서 내게 잔을 권하나

가만히 고개를 드니 해가 이미 겨웠는데
열린 장지 밖에 낙화는 분분하고
먼 저자 인마소리만 요란하게 들린다

- 「무릉」 이영도

이 시조에서 님은 꿈속에 그리던 임이다. 꿈속이라 함은 환상 세계의 무릉이다.

2곡은 어디메오 화암의 춤만커다
벽파의 곳츨 띄워 야외로 보내노라
사람이 승지를 모르니 알게 한들 엇더리
- 이이 「석담 구곡가 2구」

두류산 양단수를 녜 듯고 이제 보니
도화 뜬 맑은 물에 산영조차 잠겻세라
아희야 무릉이 어듸메오 나는 옌가 하노라

- 조식

명리예 뜨시업서 비오새 막대집고
방수심산하야 피세대에 드러오니
어즈버 무릉도원도 여긔련가 하노라

- 박인로

취하야 누언다가 여를 아래 나리려다
낙홍이 흘려오니 도원이 갓갑도다
인세홍진이 언메나 가렷나니

- 윤선도

무릉 어제 밤의 구름이 머흐더니
다정한 봉황이 교태 계워 싸호다가
인간의 떠러딘 지찰차자 무슴 홀다

- 정 철

망해를 뷔야 신고 죽장을 흣더디니 도화핀 시내길이 방초주에 니어세라 닷붓근 명경중 절로 그린 병풍 그림재 벗을 삼고 새와도 함께가니 도원은 여긔로다 무릉은 어디메오 … 마의를 니믜차고 갈건을 기우 쓰고 구부락 비기락 보난거시 고기로다

– 「성산별곡」 정 철

도화동 나린 물이 불사주야하야
낙화조차 흘러오니 천태인가 무릉인가
이때히 어딘게오

– 「독락당」 박인로

열읍 수령이 상국의 법을 밧아
에미일십이 원근업시 다갓하니
엇그제 석호촌이 무릉도원 되엿난가.

– 「영남가」 박인로

무릉이나 무릉도원의 구분은 심상세계의 만족감을 지시해주는 곳이다. 무릉도원과 무릉의 차이는 복숭아꽃이 핀 봄의 계절을 배경으로 하여 마음의 만족을 느끼는 곳이다. 이러한 아름다운 경관과 심상의 세계는 마음을 신체 부위에 지시하려고 한다면 심장 부위가 될 것이다. 이것은 서양인이 머리부위를 가리키기 십상인 것[1]에 비유될 수 있다.

그런데 이영도 시조에서는 님을 만나는 곳은 무릉이다. 무릉도원의 개념은 마음속의 무릉도 있고 아주 기분 좋을 장소이거나 혹은 절경을 보는 마음의 세계이다. 살기 좋은 곳일 수도 있다. 이영도 시인의 무릉은 초장에서는 물이 조용히 흐르는 곳이다. 즐기는 상상력을 조용히 흐르는 물로 한다. 봄의 태양이 비추어진 무릉이다.

---

1) 조명환, 『언어 심리학』(서울: 민음사, 1985 · 182.

감성적인 곳이다. 거울에 비추어진 자신의 모습을 일치 시키는 이미지이다. 이영도 시인의 무릉은 아름다움 곧 아름다웠던 환상의 세계이다. 이 나르시즘의 응시는 자신의 아름다움에 대해 님프를 그린다. 이영도 시조에서의 무릉에 이르르니 한 것은 이 자연이 아름다우니 나도 아름답고 또 내가 아름다우니 님도 아름다우니가 된다.

중장에서는 꽃구름이 있는 곳이다. 이 꽃구름은 꽃과 구름으로 나누어진다. 꽃은 식물이고 구름은 물질이다. 꽃구름은 물질계 시어이다. 그러나 이 이미지는 꽃은 구름덩이 즉 꽃 덩이 구름으로 전환하여 가장 아름다운 꽃 덩이가 된다. 이 전이의 법칙은 인간의 마음속에서 아름다움이 있는 결과로 인한 꽃 덩이다. 꽃은 바슐라르의 역동 원소론의 이미지에서 바람으로 형성되어 있다. 꽃 덩이 속의 시인 마음은 이미 꽃 시인이 되어 가장 아름다움을 지닌 불꽃이다. 이 점은 수로부인과 연결된다. 누구를 사랑하는 꽃이 된 이영도 시인이다. 종장에서는 풍류소리가 나는 곳으로 된다. 풍류는 흥을 기본으로 한다. 앞의 초장에서 조용히 흐르는 물이 봄의 이미지라면 중장에서 누구를 사랑하는 홍이 종장에서 그 깊이를 더하여 넋을 잃는다. 2수의 무릉은 초장에서 무지개 구름다리가 있는 곳이다. 무지개는 하늘 저편 비온 뒤에 그 신비함을 드러낸다. 이 무지개와 구름다리가 합쳐서 이쪽과 저쪽을 균등하게 왕래한다. 인간세계와 무릉과의 왕래이다. '건너가니…'로 하여 이미 이동이 있다. 중장에서는 이영도 시인의 무릉이 되는 목적지인 산호루다. 누각은 정자보다 대규모의 크기로 높고 넓다. 관악루기에 '위에는 호남악양현서문이 있고 아래에는 동정호 군산이 있어서 경치는 지극히 아름답다고 하였다'[1] 이영도 시인의 산호루는 산호로 이루어진 누각이니 호화롭기 그지없다. 이 산호루는 님이 연사를 띄워, 나를 타고 오라고 부르는 곳이다. 이 때 님은 선인으로 황홀한 장소로 인도한다. 이 황홀한 장소는 춘향과 이 도령이 만나는 광한루에 비교되어진다.

> 광한루전 도하야 하마석에 선듯나려 누상에 올나가니 고대사망등가긔 울총울총 영리하져 방자가 사면지면 다 고하다 동편을 가르치며 구름밧긔 은은하게 지리산남 녹인디 신선니려 노난듸요 서편을 가르치며 엄숙한 뜬 긔운이 광광모를 뫼셔시니 영이한 일 만삽지요 남편을 가르치며 져 소을 너머가면 구례가 접계온다. 화긔연곡승 지지요 북편을 가르치며 져거슨 교룡사셩 좌도관방중디디요 저집 일흠 영주각 저 다리는 오작교요 도령님 드르신 후 네 말 듯고 경긔보니 이게 어듸 인간이냐 네 몸이 우화하야 천상에 올나왔나 뒤 짐지고 긔르면서 혼자 탄식하난 마리 광한루는 죠타만 향아는 어듸가고 오작교 분명하니 진녀성을 거의볼듯
>
> – 「춘향가」 판소리 신채효

만난 곳은 동편 '선유지' 서편 '영지' 남편 '선경' 화개동이다.

---

1) 국어일보사 정장본편 제3집인 『고금문선』 101페이지 在洞庭一湖 遠山谷長江 浩浩蕩蕩 내가 보니 파릉의 뛰어난 풍광은 동정이라는 한 호수 있으니. 銜遠山, 呑長江, 浩浩蕩蕩, 橫無際涯 함원산 탄장강 호호탕탕 횡무제애: 먼 산을 머금고 장강을 삼켜 힘찬 기세가 끝 간 데를 모르고 朝暉夕陰, 氣象萬千 조휘석음 기상만천: 아침에는 햇살이 눈부시고 저녁에는 노을이 아름답고 날씨는 천변만화 조화를 부리니 此則岳陽樓之大觀也, 前人之述備矣 차즉악양루지대관야 전인지술비의 이것이 악양루의 큰 볼거리로서, 옛사람들도 모두 이를 기술해두었다.然則北通巫峽, 南極瀟湘 연즉북통무협 남극소상그런즉 북으로는 무협으로 통하고 남으로는 소수와 상강으로 이어져遷客騷人, 多會於此, 覽物之情, 得無異乎? 천객소인 다회어차 남물지정 득무이호유배 온 사람과 시인들이 이 곳에 많이 모이니, 관람하는 감정이 다르지 않을 수 있겠는가?…至若春和景明, 波瀾不驚 지약춘화경명 파란불경: 따뜻한 봄이 되면 경치가 맑고 밝고 물결도 일지 않아 上下天光, 一碧萬頃 상하천광 일벽만경위아래 하늘빛이 한결같이 푸르러 끝 모르게 드넓다.沙鷗翔集, 錦鱗游泳 사구상집 금린유영모래 가에는 갈매기가 날아 모이고, 비단 빛 물고기들은 헤엄쳐 놀며,岸芷汀蘭, 鬱鬱青青 안지정란 울울청청강 언덕의 지초와 물가의 난초의 향기가 자욱히 퍼지고 무성하다. 漁歌互答, 此樂何極? 어가호답 차락하극 고기잡이 노랫소리가 화답을 하니, 이 즐거움이 어찌 끝이 있겠는가?

2) 님의 모습

(1) 선인

이 환상의 분위기는 이 도령이 반할 수 있는 곳이다. 그 속에 선인이 되어 있는 상태로 춘향을 만난다.

> 배회고면 하노라니 난듸업난 일륜 명월 옥운간에 오락가락 정신을 제우 수습하야 유심히 다시 보니 미인이라
>
> – 「춘향가」 판소리 신채효

님과의 만남은 아름다움전제조건에서 마음속에 환상인 무릉을 만난다. 선인은 늙어도 죽지 않는 사람으로 예로부터 선의 원류를 '청구'라 하였는데 이른바 동방선계인 곧 조선이었다. 이 선인을 이영도는 '꿈속에 그리던 님을 황망히 우러르니'라 하였다. 속세를 떠나 선경에 살며 구름과 학을 벗하고 불노장생의 법을 닦는 님으로 이영도의 님은 영원의 존재이며 속세와는 다른 세계에 사는 님이다.

이영도의 님이 바로 우리나라의 옛 이름 조선이고 본래의 이름이 얻은이고 에덴이다. 천국이다. 이 언덕은 메소포타미아 지리적 조건에서는 두 개의 강 사이에 끼어 있는 땅을 지칭하며 태평양 지역에서 천지개벽으로 인한 사라진 무 제국帝國에서 동이족이 가지는 언어의 유사성 그대로를 발견[1] 된다.

---

1) 강상원, 「사라진(沈沒) 무제국- 東夷族에 母國」(서울: 朝鮮世宗太學院, 2013) · 27.

(2) 봉

이영도의 님은 상상의 상서로운 새다. 이 신비의 새는 닭의 머리와 뱀의 목과 제비의 턱과 등을 가진 새로서 용 · 거북 · 기린과 함께 4령의 하나인 새다. 봉황이 아닌 봉이 됨으로써 여성인 이영도에게서 봉이다. 비상의 날개를 지니고 더 높은 세계에서 노닌다. 인간의 이상에다 날개를 달고 있는 상징성이다. 봉에 관련된 백제에서 발굴된 백제금동대향로[1]에 봉이 있다. 한국인의 마음속에 있는 타임머신이다.

---

1) 百濟金銅大香爐는 고대 삼국 시대 백제의 유물 향로다. 17세기전반에 높이 62.5㎝, 직경 19㎝, 무게 11.8㎏로 충청남도 부여군 부여읍 금성로 5, 국립부여박물관에 문화재 국보 제287호로 등재되어 있다. 충청남도 부여군 부여읍 능산리 절터에서 출토(1993년 12월 12일 부여 능산리의 백제시대 고분군(古墳群)과 사비성(泗泌城)의 나성(羅城)터 중간에 위치한 백제유적 반굴 현장) 몸 연꽃봉오리로, 뚜껑은 산모양, 정상에 봉황, 아래에는 용 배치하였다. 신선이 용과 봉황과 어우러져 물 가운데 박산(博山) 즉 신선세계의 별천지 이상향의 박산향로.

뚜껑 박산은 5단, 각단이 5봉우리, 큰 산 25개의 각단은 엇갈리게 배치하 연결한 49봉우리로 중첩. 최정상에 봉황과 상상의 동물 37마리와 악사(樂士) 5인을 비롯한 17인의 신선. 나무 6그루, 향연구멍(香煙穴) 12개, 산길과 산 사이 시냇물과 폭포와 낚시터 호수까지 있다.

향로몸체는 연꽃 뚜껑인 산의 5단과 일치시키려 된 5단 연판에 2인의 신선과 25마리의 물가를 맴도는 동물과 물고기와 수중 동물이며 역시 물과 관련한 용이 향로를 입에 물고 몸통, 꼬리, 수염, 머리카락 모두 연꽃과 당초문 조각이다. 몸통 맨 바깥쪽이 바다 파도이고 맨 위 봉황은 비상의 몸짓으로 날개와 꼬리가 50도 가량 기울며 춤을 추며 묘음(妙音)과 오음(五音)소리를 낸다. 물에 있는 연꽃에 의해 화생된다. 배열은 정상에 봉황, 산의 5방위와 5단과 각 단 5봉으로 5곳의 박산문(博山文)을 남긴 원앙 5마리, 악사(樂士)5인, 구멍을 2겹으로 뚫어 향연구멍(香煙穴) 12로 한다.

그림에는 악사가 있는데 도교의 신선과 봉황새는 절로 노래하고 절로 춤을 추며 악사도 음악을 연주한다. 연꽃봉오리형 뚜껑은 봉래산(蓬萊山)의 삼신산(三神山)이다. 따라서 백제금동대향로는 도교적 이상향 향로로 7세기전반에 제작된 것으로 본다.

(3) 신선들

이제 이영도 시인의 심상세계에서 님은 단수 개념이 아니라 복수(複数) 님으로 발전한다. 홍문표 시에서도 님의 다수개념이다. 서로 같이 하여 그리고 낮이 익어[1] 서로 공유하며 에덴동산에서 노니는 발걸음이다. 무리를 보고 아파![2]해 하나님의 성품과 속성을 이어서 지음 받았다는 사실을 보여준[3]다. 님이 우리들이 되는 개념이다. 홍문표 에덴시학의 큰 묘약이 님의 복수개념을 쓰는데 있다.

한용운 님도 그리운 모든 것이라 하였다.

> 님만 님이 아니라 긔룬 것은 다 님이다. 중생이 석가의 님이라면 철학은 칸트의 님이다. 장미화의 님은 봄이라면 마시니의 님은 이태리다. 님은 내가 사랑할 뿐 아니라 나를 사랑하느니라. 연애가 자유라면 님도 자우일 것이다. [4]

님의 정의를 한용운은 '긔룬 것' 이라 하였다. 이 때 묻은 의미를 지닐 수 없는[5]이어서 한용운에게는 이별이 없다.

> 우리는맛날때에떠날것을염녀하는것과가티떠날때에다시맛날것을밋습니다.
> 아아님은갓지ㅏ는나는님을보내지아니하얏습니다
> 제곡조를못이기는사랑의노래는님의침묵을휩싸고돔니다

---

1) נִזְכִּירָה(나즈키라 · 우리가 기억하며 · 아 1:4).

2) אֲהֵבוּךָ(아페부하 · 처녀들이 너를 사랑함이 · 아 1:4).

3) 홍 문표 "우리의 모양대로 사람을 만들자"(서울: 한국문인교회 · 2013) 예배 설교문(창 1:26~31) · 2013. 6. 23.

4) 한용운, 님의 침묵』 '군말'에서

5) 조동일, 『한국문학사상사시론』 (서울: 지식산업사, 1979) · 355.

－ 「님의 침묵」 한용운

이 순수한 믿음은 희망과 확신이다. 이영도시인에게도 예외가 아니다. 이상향에의 추구이며 가장 바람직한 세계로 날개를 달고 오르게 된다. 이 때문에 이영도에게서는 구름이 되는 일이다.

정녕 윤회 있어 받아야 할 몸이라면
아예 목숨을 랑 허공에 앗아지고
한 오리 연기로 올라 구름이나 되려오

무수한 해와 달을 품안에 안아보고
삼라만상을 발아래 굽어보고
유유히 산악을 넘는 구름이나 되려오

저녁놀 비껴 뜨면 꽃구름이 되었다가
때로는 한 하늘 먹장으로 덮어도 보고
아침 해 솟는 빛 앞에 몸을 맡겨 타려오

아득한 소망대로 이우러 지량이면
인간을 멀리하여 무량한 하늘가로
닻 없이 떠서 오가는 구름이나 되려오

－ 「구름」 이영도

현실을 이길 수 있는 힘이 되는 님과의 같이 있음을 괴테는 동경 주제로서 등장시킨다. 님의 시어를 한용운은 '당신'이 395회 '님'이 186회로 동일시되어 님이 그리운 표현을 114회, 만남 21회 등으로 본능적 이미지로 한다.

3 환상의 실체

홍문표는 시집 『지상의 연가 ~ 늘 푸른 강물이듯이』 를 통해 님을 '당신' 시어 51회[1]로 한다. 52세 때 지은 시의 당신에게 온전히 바치는 시다. 이영도는 시조집 『언약』[2]으로 그야말로 한방 날리는 묘수를 신의 수로 한다. 시인의 신념을 높이 끌어 올리는 일이다. 이영도 시인에게 작품 내에서의 승화이다. 이영도 시조는 그의 삶과 시조를 환상의 삶으로 언약의 개념을 구체화한다. 작품의 외연과 사상의 내포를 연결한다. 항상 머리를 고전적으로 틀어 올리고 한복으로 일상화해온 삶과 그의 아름다운 미모가 이를 뒷받침 해준다. 그러면서도 이영도 시조가 현대시로서의 면모를 갖추는 특징은 시조 3장 3행 형식에서 벗어나 그 틀을 현대화의 가능성을 열어둔다. 시조작품의 자수의 비밀은 자생성의 철학이다. 이에 이영도는 시조작품에서 형식을 다르게 한다.

'가만히 고개를 드는'의 이영도 시조에서 무릉의 환상이 깨어남에서도 절망에 있지 않다.

> 너는 저만치 가고 나는 여기 섰는데
> 손 한번 흔들지 못한 체 돌아선 하늘과 땅
> 애모는 사리로 맺혀 푸른 돌로 굳어라
>
> - 「탑」 이영도

비록 '하늘과 땅'만큼의 거리가 있다할지라도 그 긴장거리에 있는

---

1) 이영지, 『홍문표 에덴시학연구』 (서울: 창조문학사, 2019) · 319.
2) 이영도, 『언약』 (서울: 중앙출판공사, 1975.

나는 '사리로 맺혀 푸른 돌로 굳어' 있다. 무릉이 아닌 현실의 '오후'는 허난설헌의 선적 요소와 비교할 수 있다.

허난설헌이 계량에 부친 동서남북상하 방향은 선계의 가장 아름다운 세계이긴 하지만 동서남북으로 연결된 환상 세계는 각 방위에 따라 '천선天仙이 되었다가 '계량하'에서 급기야 현실로 돌아오는 점과 이영도 시조작품은 닮았다. 머리로 하늘을 향하되 땅에서 발을 뗄 수 없는 인간 존재의 모습이다.

이영도 시인은 허난설과 다른 점이 있다면 기독교로 옮기는 시상이다. 시조집『언약』은 제목이 말해주듯이 기독교 시로서의 위치를 공고히 한다. 조신의 꿈에서 보면 김시랑을 만나 40여년의 생활 중 부부는 몹시 가난하여 아이들 둘을 서로 맡아 가지고 꿈에서 깨어난다. 이 때 조신의 머리는 하얗게 세어 있다. 이 허무의 세계와는 달리 이영도는 그의 내면세계를 신앙의 힘으로 극복한 시조에서 사랑과 이별과 승화의 시조원리인 3장 6구의 곡선을 그린다. 이 곡선은 비상의 곡선이며 꿈과 현실을 승화시키는 절대의 신과 그 초월의 경지에 드는 힘으로 한다.

대한민국은 오랜 역사가 있다. 그 자리에서 지혜로서 일어났다.
일 1 ㅡ을 11회 반복하면서 일어섰다.

一 始 無 始 一 析 三 極 無　일시무시일척삼극무
盡 本 天 一 一 地 一 二 人　진본천일일지일이인
一 三 一 積 十 鉅 無 櫃 化　일삼일적십거무궤화
三 天 二 三 地 二 三 人 二　삼천이삼지이삼인이

三 大 三 合 六 生 七 八 九　삼대삼합육생칠팔구
運 三 四 成 環 五 十 一 妙　운삼사성환오십일묘
衍 萬 往 萬 來 用 變 不 動　연만왕만래용변부동
本 本 心 本 太 陽 昻 明 人　본본심본태양앙명인
中 天 地 一 一 終 無 終 一　중천지일일종무종일[1]

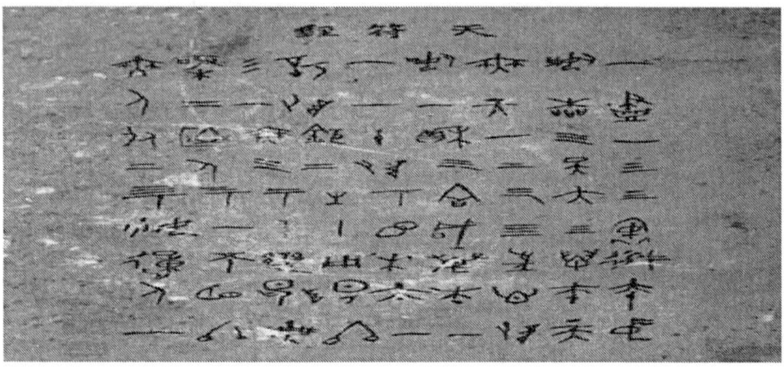

2)

천부경은 숫자의 장이다. 반복회수 一[11회] 三[6회] 無[4회] 本[3회] 二[4회] 人[3회] 始[2회] 万[2회] 天[2회] 地[2회] 十[2회] 終[2회] 大[1회] 太[1회]로 한다. 1이 11회 사용됨으로써 중요한 전달메시지가 된다. 여기에 大(1) 太(1)를 같은 글자로 볼 경우 2회가 된다. 나머지는 1회씩 사용되었다. 천부경이 전하는 진리는 1 '지금' 속에서 일어나는[3] 일이다. 우선 이 1의 최소공배수 11과 천부경이 지닌 10의 의미지수는 10의 마방진수이다. 1의 10배는 10이다. 1과 11과의 관계는 0.1의 10배가 1이고 1.1의 10배가 11이다. 천부경의 숫자는 1에서 10까지이다. 이 비율의 등가원

---

1) 천부경: 고려시대 포은 정몽주 옥은 야은 길재와 더불어 오은 吳隱 중에 한 사람인 농은 農隱 유집에서 발견된 천부경이라고 기록되어 있음.

2) 천부경: 고려시대 포은 정몽주 옥은 야은 길재와 더불어 오은 吳隱 중에 한 사람인 농은 農隱 유집에서 발견된 천부경이라고 기록되어 있음.

3) 에드문드 후설, 이종훈 옮김, 『시간의식』 (한길사, 1996)., 참조.

리는 1.1과 11의 10배 관계이고 천부경 내의 1의 10회 사용 의 등가 원리 10회 리듬이다. 그 자리에서 진동하며 일어서는 위력이다. 이름이 바뀌면서도 그때 그때 흐름에 변하지 않는 우리나라 대한민국은 아주 큰 나라의미로 일관하면서 멸망하지 않고 자생된 한국시조 문예미학이 있다.

15자 내외의 각장이 만들어내는 입체리듬은 드디어 종장에서 중층 입체 댄싱리듬으로 더하여 진다. 다름 아닌 종장이 이들 초장 · 중장의 원리를 다시 조율하는 입체리듬이다. 이 입체 원리는 이른바 양장시조 이론 곧 초 · 중장이 동전의 양면으로 포개지면서 종장이 놓이어 시의 내포기 되면서 종장에서 한편의 입체리듬으로 점프한 이은상 시조의 양장 실험시조에서 이론에서 증명된다. 그래서 한국시조 문예미학이 드러난다. 45자 내외의 시조 한편이 자생된다.

우리말은 첨가어가 접미사와 접두사기 붙으면서 3 · 4 리듬을 만든다. 이 결과 3 · 4 · 3 · 4 리듬을 2회 반복하며 한국시조 초장과 중장 문예미학리듬을 만든다. 그리고 그 끝마무리를 3 · 5 · 4 · 3 리듬을 만든다. 절대의 마음의 즐거움과 슬픔을 3으로 하고 이와 대응되는 허사 끝구 3과 중간에 이들을 나의 것으로 만드는 5 · 4의 간드러지는 매력을 넣어 설명하는 리듬으로 3 · 5 · 4 · 3 리듬이 되면서 한국시조 문예미학이 형성된다.

초장 3 · 4 · 3 · 4
중장 3 · 4 · 3 · 4
종장 3 · 5 · 4 · 3

우리 언어 습관은 첨가어가 붙으면서 수메르 문화를 전해준 이력을 가진다. 세계 최초 문화권이라는 수메르문명의 근원지다. 전 세계에서 유일하게 하나님이 허락하신 사계절에서 하늘 뜻과 현실을 초 · 중장으로 하고 회복하여 내 것으로 만드는 종장 리듬을 만든다. 그때 그 때의 귀중한 기록이 한국특유의 사계절과 함께 마음의 정서를 드러내는 방법으로 길이길이 남을 수 있는 한국시조 문예미학이 있다.

□ 저자 약력

문학박사 · 철학박사 · 시인 · 시조시인

저서: 『한국 시조 문학론』 1996 『한국 시조 시학연구』 2017
『이상시연구』 1997 『이상시학연구』 2017
『시조창작리듬론』 1997 한국 시조작품 창작리듬연구』 2020
『시조 문예미학』 2001 『한국시조 문예미학 연구』 2020
『물에대한 신학과 문학의 비교 연구』 2018 『물의 신학과 문학』 2013
『물의 신학과 물의 시학』 2017
『홍문표 에덴시학연구』 2019

시조집: 『하오의 벨소리』 1989 『행복의 순위』 1997 『행복행 내님네』 1998 『행복보라』 2000
『두 천년을 사는 행복』 2001 『일곱 금촛대 위에 행복』 1999
『키스하지 않은 결혼의 행복』 2002 『하나님의 행복한 연출』 2007
『행복의 물을 먹으며 · 사랑으로』 2008 『사랑비비행복』 2015 『사랑이랑행복이랑』 2015
『알았아와요 이브』 2016 『장미와 앵두』 2018 『나비야 누이야 』 2020

전자시집: 『행복함에 든 사랑받으세요』 2013 『행복코를 맞대고 사랑우산을 쓰면』 2011
『행복잔찰랑사랑찰랑』 2013 『드림행복』 2013 『햇살보쌈』 2013 『사랑 너는』 2014
『사랑비비』 2014 『첫사랑이』 2016 『알았아와요 이브』 2016 『사랑사과』 2016
『사랑일기 포오란 사랑두께』 2016

전자저서: 『물은생명이다의문학과신학의비교』 2012 『한국인이 복을 받는 이유는 따로 있다』 2012
『이상시 오감도의 구조와 상징』 2013 『한국 시조작품 창작리듬연구』 2020
『개정판 이상시학 연구』 2020

전자수필집: 『행복에 대하여』 2015 『추석선물』 2015

전자비디오북: 『꽃과 나비의 사랑』 2019 『사랑사과』 2019 『사랑 너는』 2019 『추석선물』 2019
『행복에 대하여』 2019

학위논문: 문학박사: 이상 시 「오감도의 구조와 상징에 관한 연구」 명지대학교 1985
철학박사: 「물의 초월성과 현실성과 회복성에 관한 연구」 서울기독대학교
-사랑의 U리듬을 중심으로 2008

한국시조 문예미학 연구

2020년 10월 1일 초판 발행
저 자 이 영 지
발행인 신 용 호
발행처 창조문학사
서울 서대문구 홍은동 397-26 동천아카데미 5층
등록번호 제1-263호
전화 374-9011, Fax 374-5217
공급처 한국출판협동조합 전화 716-5616~9
저자와 협의에 의해 인지를 생략합니다.
ISBN 89--7734-772-4

파본은 바꾸어 드립니다 30000원